全国学术期刊名录

《全国学术期刊名录》编写组　编

中国财经出版传媒集团
中国财经经济出版社

图书在版编目（CIP）数据

全国学术期刊名录/《全国学术期刊名录》编写组编. --北京：中国财政经济出版社，2020.12
ISBN 978-7-5223-0192-1

Ⅰ.①全… Ⅱ.①全… Ⅲ.①学术期刊-期刊目录-中国 Ⅳ.①Z88：G237.5

中国版本图书馆 CIP 数据核字（2020）第 241173 号

责任编辑：苏小珺　　责任校对：张　凡
封面设计：楠竹文化　　责任印制：党　辉

全国学术期刊名录
QUANGUO XUESHU QIKAN MINGLU

中国财政经济出版社 出版

URL：http：//www.cfeph.cn
E-mail：cfeph@cfeph.cn

社址：北京市海淀区阜成路甲 28 号　邮政编码：100142
营销中心电话：010-88191522
天猫网店：中国财政经济出版社旗舰店
网址：https：//zgczjjcbs.tmall.com
北京时捷印刷有限公司印刷　各地新华书店经销
成品尺寸：210mm×285mm　16 开　30 印张　958 000 字
2021 年 3 月第 1 版　2021 年 3 月北京第 1 次印刷
定价：120.00 元
ISBN 978-7-5223-0192-1
（图书出现印装问题，本社负责调换，电话：010-88190548）
本社质量投诉电话：010-88190744
打击盗版举报热线：010-88191661　QQ：2242791300

前　言

学术期刊是传播学术成果、开展学术交流、推动学术创新的重要载体，是国家科技竞争力和文化软实力的重要体现。近年来，随着中国科学文化事业的快速发展，中国学术期刊也取得了长足发展，并日益受到社会各界的关注。

但是我们也要看到，究竟什么是学术期刊，学术期刊应该如何规范管理，长期缺少相关的政策依据。2014 年，原国家新闻出版广电总局发出《关于规范学术期刊出版秩序 促进学术期刊健康发展的通知》，提出“严格学术期刊出版资质和要求，建立完善学术期刊出版准入制度”，是开展学术期刊资质认定工作的起点。按照《通知》要求，原国家新闻出版广电总局在 2014 年、2016 年开展了两批学术期刊认定工作。在各省级管理部门初审的基础上，组织权威专家，认真审看样刊，严格认定标准，最终确定两批共 6449 种学术期刊名单，并向社会公布。

为满足学界和公众对学术期刊相关信息的需求，本书编写组经多方查询、核对，编写这本《全国学术期刊名录》。《名录》以管理部门公布的两批学术期刊名单为基础，按照期刊名称首字母排序，汇集了有关期刊的名称、刊号、主管单位、主办单位、通信地址、网站地址等信息，供学界和公众研究和参考。这是目前首次汇总并正式出版的中国学术期刊名录。

按照管理部门的有关要求，学术期刊应满足主办单位具有学术出版资质和专业背景、办刊宗旨以开展学术研究为主、拥有相应学科领域专职编辑人员、组建编委会并定期换届改选、执行严格规范的组稿审稿和同行评议制度、文章编排格式和内容质量符合有关标准要求、刊发文章以学术论文文献为主等标准，并应具备相应的学术水平和出版质量。另外，根据管理部门的规定，存在转让出版权、超越办刊宗旨、大量刊登质量低劣论文牟利问题的期刊，不列入学术期刊之列。

需要说明的是，学术期刊名录及信息并非一成不变。近年来，国家大力支持学术期刊创办，新创了一批服务学术前沿、空白领域的期刊。同时，一批存在违规问题或经营困难的期刊履行停办注销程序，退出历史舞台。因此，本书收录的期刊，尚不能百分百代表中国学术期刊的全貌，因信息变动等原因，相关信息可能还存在错误和疏漏。以上不足，期待读者们予以指正。

本书编写组

2020 年 12 月

A

刊名：阿坝师范学院学报
刊号：CN51-1767/G4
主办单位：阿坝师范学院
主管单位：四川省教育厅
地址：四川省阿坝州汶川县水磨镇阿坝师范学院，xb. abtu. edu. cn

刊名：阿拉伯世界研究
刊号：CN31-1973/C
主办单位：上海外国语大学
主管单位：中华人民共和国教育部
地址：上海市虹口大连西路 550 号，mideast. shisu. edu. cn/3974

刊名：癌变·畸变·突变
刊号：CN44-1063/R
主办单位：中国环境诱变剂学会
主管单位：中国科学技术协会
地址：广东省汕头市金平区新陵路22号汕头大学医学院内，www. egh. net. cn

刊名：癌症
刊号：CN44-1195/R
主办单位：中山大学肿瘤防治中心
主管单位：中华人民共和国教育部
地址：广东省广州市天河区东风东路 651 号，www. cjcsysu. cn

刊名：癌症进展
刊号：CN11-4971/R
主办单位：中国医学科学院
主管单位：中华人民共和国国家卫生健康委员会
地址：北京市东城区东单三条 9 号中国协和医科大学出版社，www. aizhengjinzhan. com

刊名：安徽大学学报（哲学社会科学版）
刊号：CN34-1040/C
主办单位：安徽大学
主管单位：安徽省教育厅
地址：安徽省合肥市蜀山区肥西路 3 号《安徽大学学报》编辑部，ahdxzsb. paperopen. com

刊名：安徽大学学报（自然科学版）
刊号：CN34-1063/N
主办单位：安徽大学
主管单位：安徽省教育厅
地址：安徽省合肥市蜀山区肥西路 3 号《安徽大学学报》编辑部，ahdxzkb. paperopen. com

刊名：安徽地质
刊号：CN34-1111/P
主办单位：安徽省地质学会
主管单位：安徽省地质矿产勘查局
地址：安徽省合肥市包河区屯溪路 296 号

刊名：安徽电气工程职业技术学院学报
刊号：CN34-1279/Z
主办单位：安徽电气工程职业技术学院
主管单位：安徽省教育厅
地址：安徽省合肥市蜀山区黄山路 330 号，adzd. cbpt. cnki. net

刊名：安徽电子信息职业技术学院学报
刊号：CN34-1212/Z
主办单位：安徽电子信息职业技术学院、安徽省电子学会
主管单位：安徽省教育厅
地址：安徽省蚌埠市龙子湖区曹山路1000号安徽电子信息职业技术学院，ahdj. cbpt. cnki. net

刊名：安徽工程大学学报
刊号：CN34-1318/N
主办单位：安徽工程大学
主管单位：安徽省教育厅
地址：安徽省芜湖市鸠江区北京中路 8 号，ahjd. cbpt. cnki. net

刊名：安徽工业大学学报（社会科学版）
刊号：CN34-1215/C
主办单位：安徽工业大学
主管单位：安徽省教育厅
地址：安徽省马鞍山市花山区湖东路 59 号，211. 70. 146. 10/Jweb_sk

刊名：安徽工业大学学报（自然科学版）
刊号：CN34-1254/N
主办单位：安徽工业大学
主管单位：安徽省教育厅
地址：安徽省马鞍山市花山区湖东路 59 号，211. 70. 146. 10/Jweb_zk

刊名：安徽广播电视大学学报
刊号：CN34-1171/G4
主办单位：安徽广播电视大学
主管单位：安徽省教育厅
地址：安徽省合肥市包河区九华山路 3 号，ahtvu.ah.cn/xb

刊名：安徽行政学院学报
刊号：CN34-1310/D
主办单位：安徽行政学院
主管单位：安徽行政学院
地址：安徽省合肥市包河区屯溪路 301 号，ahxz.cbpt.cnki.net

刊名：安徽化工
刊号：CN34-1114/TQ
主办单位：安徽省化工研究院
主管单位：安徽省石油化工集团有限责任公司
地址：安徽省合肥市庐阳区阜阳北路 363 号，www.ahhgzz.com.cn

刊名：安徽建筑
刊号：CN34-1124/TU
主办单位：安徽省建筑科学研究设计院
主管单位：安徽建工集团有限公司
地址：安徽省合肥市蜀山区山湖路 567 号，www.ahjz.org.cn

刊名：安徽建筑大学学报
刊号：CN34-1325/TU
主办单位：安徽建筑大学
主管单位：安徽省教育厅
地址：安徽省合肥市蜀山区经济技术开发区紫云路 292 号，xuebao.ahjzu.edu.cn

刊名：安徽警官职业学院学报
刊号：CN34-1247/Z
主办单位：安徽警官职业学院
主管单位：安徽省司法厅
地址：安徽省合肥市蜀山区清溪路 78 号，www.jgzy.chinajournal.net.cn

刊名：安徽科技学院学报
刊号：CN34-1300/N
主办单位：安徽科技学院
主管单位：安徽省教育厅
地址：安徽省滁州市凤阳县东华路 9 号《安徽科技学院学报》编辑部，xb.ahstu.edu.cn

刊名：安徽理工大学学报（社会科学版）
刊号：CN34-1217/C
主办单位：安徽理工大学
主管单位：安徽省教育厅
地址：安徽省淮南市田家庵区泰丰大街 168 号，xuebao.aust.edu.cn

刊名：安徽理工大学学报（自然科学版）
刊号：CN34-1220/N
主办单位：安徽理工大学
主管单位：安徽省教育厅
地址：安徽省淮南市田家庵区泰丰大街 168 号，xuebao.aust.edu.cn

刊名：安徽林业科技
刊号：CN34-1314/S
主办单位：安徽省林业科学研究院、安徽省林学会
主管单位：安徽省林业局
地址：安徽省合肥市蜀山区长江西路 820 号，www.ahlky.com

刊名：安徽农学通报
刊号：CN34-1148/S
主办单位：安徽省农学会
主管单位：安徽省农业科学院
地址：安徽省合肥市庐阳区徽州大道 197 号省农业农村厅院内，www.ahnxtb.cn

刊名：安徽农业大学学报
刊号：CN34-1162/S
主办单位：安徽农业大学
主管单位：安徽省教育厅
地址：安徽省合肥市蜀山区长江西路 130 号，ahnydxxb.ahau.edu.cn

刊名：安徽农业大学学报（社会科学版）
刊号：CN34-1195/C
主办单位：安徽农业大学
主管单位：安徽省教育厅
地址：安徽省合肥市蜀山区长江西路 130 号，ahndskxb.ahau.edu.cn

刊名：安徽农业科学

刊号：CN34-1076/S
主办单位：安徽省农业科学院
主管单位：安徽省农业科学院
地址：安徽省合肥市庐阳区农科南路40号，www.ahnykx.com

刊名：安徽商贸职业技术学院学报
刊号：CN34-1242/Z
主办单位：安徽商贸职业技术学院
主管单位：安徽省教育厅
地址：安徽省芜湖市弋江区文昌西路24号，www2.abc.edu.cn/xbbjb

刊名：安徽师范大学学报（人文社会科学版）
刊号：CN34-1041/C
主办单位：安徽师范大学
主管单位：安徽省教育厅
地址：安徽省芜湖市镜湖区北京东路1号安徽师范大学，journal.ahnu.edu.cn

刊名：安徽师范大学学报（自然科学版）
刊号：CN34-1064/N
主办单位：安徽师范大学
主管单位：安徽省教育厅
地址：安徽省芜湖市镜湖区北京东路1号安徽师范大学，journal.ahnu.edu.cn

刊名：安徽史学
刊号：CN34-1008/K
主办单位：安徽省社会科学院
主管单位：安徽省社会科学院
地址：安徽省合肥市包河区徽州大道1009号安徽省社会科学院内，www.ahshixue.cn

刊名：安徽水利水电职业技术学院学报
刊号：CN34-1240/Z
主办单位：安徽水利水电职业技术学院
主管单位：安徽省教育厅
地址：安徽省合肥市肥东县合马路18号，www.ahsdxy.edu.cn

刊名：安徽体育科技
刊号：CN34-1153/N
主办单位：安徽体育运动职业技术学院、安徽省体育学会
主管单位：安徽省体育局
地址：安徽省合肥市包河区花园大街1号，www.ahty.net

刊名：安徽卫生职业技术学院学报
刊号：CN34-1213/Z
主办单位：安徽医学高等专科学校
主管单位：安徽省卫生健康委员会
地址：安徽省合肥市包河区芜湖路387号，ahwz.cbpt.cnki.net

刊名：安徽冶金科技职业学院学报
刊号：CN34-1281/Z
主办单位：安徽冶金科技职业学院
主管单位：马钢（集团）控股有限公司
地址：安徽省马鞍山市雨山区湖西南路555号安徽冶金科技职业学院，www.avcmt.edu.cn

刊名：安徽医科大学学报
刊号：CN34-1065/R
主办单位：安徽医科大学
主管单位：安徽省教育厅
地址：安徽省合肥市蜀山区梅山路81号，aydxb.cn

刊名：安徽医学
刊号：CN34-1077/R
主办单位：安徽省医学情报研究所
主管单位：安徽省卫生健康委员会
地址：安徽省合肥市庐阳区永红路15号，www.ahyxzz.cn

刊名：安徽医药
刊号：CN34-1229/R
主办单位：安徽省药学会
主管单位：安徽省药品监督管理局
地址：安徽省合肥市包河区乌鲁木齐路15号，www.ahyyzz.cn

刊名：安徽预防医学杂志
刊号：CN34-1154/R
主办单位：安徽省预防医学会、安徽省疾病预防控制中心
主管单位：安徽省卫生健康委员会
地址：安徽省合肥市蜀山区经济技术开发区繁华大道12560号，ahyf.cbpt.cnki.net

刊名：安徽职业技术学院学报

刊号：CN34-1280/Z
主办单位：安徽职业技术学院
主管单位：安徽省教育厅
地址：安徽省合肥市新站区文忠路 2600 号，www. uta. edu. cn/xuebao

刊名：安徽中医药大学学报
刊号：CN34-1324R
主办单位：安徽中医药大学
主管单位：安徽省教育厅
地址：安徽省合肥市蜀山区梅山路 103 号安徽中医药大学东区华佗楼，xuebao. ahtcm. edu. cn

刊名：安康学院学报
刊号：CN61-1460/Z
主办单位：安康学院
主管单位：陕西省教育厅
地址：陕西省安康市汉滨区育才路 92 号，kjc. aku. edu. cn/akxyxb. htm

刊名：安庆师范大学学报（社会科学版）
刊号：CN34-1329/C
主办单位：安庆师范大学
主管单位：安徽省教育厅
地址：安徽省安庆市宜秀区集贤北路 1318 号《安庆师范大学学报》编辑部，xb. aqnu. edu. cn

刊名：安庆师范大学学报（自然科学版）
刊号：CN34-1328/N
主办单位：安庆师范大学
主管单位：安徽省教育厅
地址：安徽省安庆市宜秀区集贤北路 1318 号《安庆师范大学学报》编辑部，xb. aqnu. edu. cn

刊名：安全、健康和环境
刊号：CN37-1388/X
主办单位：中国石油化工股份有限公司青岛安全工程研究院
主管单位：中国石油化工集团有限公司
地址：山东省青岛市市南区延安三路 218 号，hseb-jb. qdrise. com. cn

刊名：安全与电磁兼容
刊号：CN11-3452/TM
主办单位：中国电子技术标准化研究院
主管单位：中华人民共和国工业和信息化部
地址：北京市东城区安定门东大街 1 号，www. safe-tyandemc. com

刊名：安全与环境工程
刊号：CN42-1638/X
主办单位：中国地质大学（武汉）
主管单位：中华人民共和国教育部
地址：湖北省武汉市洪山区鲁磨路 388 号，aqyhj. cug. edu. cn

刊名：安全与环境学报
刊号：CN11-4537/X
主办单位：北京理工大学、中国环境科学学会、中国职业安全健康协会
主管单位：中国兵器工业集团有限公司
地址：北京市海淀区中关村南大街 5 号，www. aq-yhjxb. com

刊名：安顺学院学报
刊号：CN52-1145
主办单位：安顺学院
主管单位：安顺学院
地址：贵州省安顺市西秀区开发区学院路 25 号，xb. as. edu. cn

刊名：安阳工学院学报
刊号：CN41-1375/Z
主办单位：安阳工学院
主管单位：河南省教育厅
地址：河南省安阳市文峰区黄河大道 63 号，xbbjb. ayit. edu. cn

刊名：安阳师范学院学报
刊号：CN41-1331/Z
主办单位：安阳师范学院
主管单位：河南省教育厅
地址：河南省安阳市文峰区弦歌大道 436 号，xb. aynu. edu. cn

刊名：安装
刊号：CN11-5267/TU
主办单位：中国安装协会
主管单位：中国安装协会
地址：北京市西城区阜外大街甲 9 号国宾酒店 B 座 9603，www. azxh. cn/zzjs. aspx

刊名：桉树科技
刊号：CN44-1246/S
主办单位：国家林业和草原局桉树研究开发中心
主管单位：国家林业和草原局桉树研究开发中心
地址：广东省湛江市霞山区人民大道中 30 号，www. chinaeuc. com

刊名：生物资源
刊号：CN42-1886/Q
主办单位：武汉大学、武汉科学技术情报中心
主管单位：中华人民共和国教育部
地址：湖北省武汉市武昌区八一路 299 号，swzy. whu. edu. cn

刊名：鞍钢技术
刊号：CN21-1105/TF
主办单位：鞍山钢铁集团有限公司
主管单位：鞍山钢铁集团有限公司
地址：辽宁省鞍山市铁东区五一路 63 号，www. ansteel. cn

刊名：鞍山师范学院学报
刊号：CN21-1391/G4
主办单位：鞍山师范学院
主管单位：鞍山市教育局
地址：辽宁省鞍山市铁东区平安路 43 号，assf. cbpt. cnki. net

刊名：按摩与康复医学
刊号：CN44-1667/R
主办单位：广东省第二中医院（广东省中医药工程技术研究院）
主管单位：广东省中医药局
地址：广东省广州市越秀区恒福路 60 号，amyd. cbpt. cnki. net

B

刊名：八桂侨刊
刊号：CN45-1269/D
主办单位：广西华侨历史学会
主管单位：广西壮族自治区归国华侨联合会
地址：广西壮族自治区南宁市青秀区桃源路 4-2 号广西侨联办公楼，wwm. gxql. cn

刊名：白城师范学院学报
刊号：CN22-1363/G4
主办单位：白城师范学院
主管单位：吉林省教育厅
地址：吉林省白城市洮北区中兴西大路 57 号，bcnuj. bcsfxy. com

刊名：白血病 · 淋巴瘤
刊号：CN11-5356/R
主办单位：中华医学会、山西省肿瘤研究所、山西省肿瘤医院
主管单位：中华人民共和国国家卫生健康委员会
地址：北京市东城区东四西大街 42 号，www. bxblbl. com. cn

刊名：百色学院学报
刊号：CN45-1355/Z
主办单位：百色学院
主管单位：百色学院
地址：广西壮族自治区百色市右江区中山二路 21 号，www. mzsf. chinajournal. net. cn

刊名：半导体光电
刊号：CN50-1092/TN
主办单位：中国电子科技集团公司第四十四研究所
主管单位：中国电子科技集团有限公司
地址：重庆市南岸区南坪花园路 14 号，www. semiopto. net

刊名：半导体技术
刊号：CN13-1109/TN
主办单位：中国电子科技集团公司第十三研究所
主管单位：中国电子科技集团有限公司
地址：河北省石家庄市新华区合作路 113 号，www. bdtj. cbpt. cnki. net

刊名：包钢科技
刊号：CN15-1210/TF
主办单位：内蒙古包钢钢联股份有限公司技术中心
主管单位：包头钢铁（集团）有限责任公司
地址：内蒙古自治区包头市昆都仑区包钢河西工业区技术中心主楼 B 座 603 室《包钢科技》编辑部，www. btsteel. com

刊名：包头医学
刊号：CN15-1171/R
主办单位：包头市医学信息研究所

主管单位：包头市卫生健康委员会
地址：内蒙古自治区包头市昆都仑区乌兰道 18 号

刊名：包头医学院学报
刊号：CN15-1182/R
主办单位：包头医学院
主管单位：内蒙古自治区教育厅
地址：内蒙古自治区包头市东河区建设路 31 号，btyxyxb. btmc. edu. cn

刊名：包头职业技术学院学报
刊号：CN15-1223/G4
主办单位：包头职业技术学院
主管单位：内蒙古自治区教育厅
地址：内蒙古自治区包头市青山区建华路 15 号，www. btzyjsxy. cn

刊名：包装工程
刊号：CN50-1094/TB
主办单位：中国兵器工业第五九研究所
主管单位：中国兵器装备集团公司
地址：重庆市九龙坡区渝州路 33 号，www. packjour. cn

刊名：包装世界
刊号：CN33-1092/TB
主办单位：浙江省包装技术协会
主管单位：浙江省经济贸易委员会
地址：浙江省杭州市西湖区天目山路50号信息技术大厦 1202 室

刊名：包装学报
刊号：CN43-1499/TB
主办单位：湖南工业大学
主管单位：湖南省教育厅
地址：湖南省株洲市天元区泰山路 88 号，journals. hut. edu. cn：6688

刊名：包装与食品机械
刊号：CN34-1120/TS
主办单位：合肥通用机械研究院包装机械研究所、中国机械工程学会
主管单位：合肥通用机械研究院
地址：安徽省合肥市蜀山区长江西路 888 号，www. pfm114. com

刊名：宝钢技术
刊号：CN31-1499/TF
主办单位：宝钢集团有限公司
主管单位：中国宝武钢铁集团有限公司
地址：上海市宝山区富锦路655 号

刊名：宝钢技术研究
刊号：CN31-2001/TF
主办单位：宝钢集团有限公司
主管单位：中国宝武钢铁集团有限公司
地址：上海市宝山区富锦路655 号

刊名：宝鸡文理学院学报（社会科学版）
刊号：CN61-1343/C
主办单位：宝鸡文理学院
主管单位：陕西省教育厅
地址：陕西省宝鸡市渭滨区宝光路 44 号，bjwl. chinajournal. net. cn

刊名：宝鸡文理学院学报（自然科学版）
刊号：CN61-1290/N
主办单位：宝鸡文理学院
主管单位：陕西省教育厅
地址：陕西省宝鸡市渭滨区宝光路 44 号

刊名：宝石和宝石学杂志（中英文）
刊号：CN42-1438/TS
主办单位：中国地质大学（武汉）
主管单位：中华人民共和国教育部
地址：湖北省武汉市洪山区鲁磨路 388 号，www. bshb. cbpt. cnki. net

刊名：保定学院学报
刊号：CN13-1388/G4
主办单位：保定学院
主管单位：河北省教育厅
地址：河北省保定市莲池区七一东路 3027 号，xuebao. bdu. edu. cn

刊名：保健医学研究与实践
刊号：CN50-1184/R
主办单位：西南大学
主管单位：中华人民共和国教育部
地址：重庆市北碚区天生路 2 号西南大学医院编辑部，bjyx. swu. edu. cn

刊名：保密科学技术
刊号：CN11-5948/TP
主办单位：国家保密科技测评中心
主管单位：国家保密局
地址：北京市海淀区交大东路，bmkxjs. net. cn

刊名：保山学院学报
刊号：CN53-1215/Z
主办单位：保山学院
主管单位：云南省教育厅
地址：云南省保山市隆阳区远征路 16 号，xb. bsnc. cn

刊名：保鲜与加工
刊号：CN12-1330/S
主办单位：国家农产品保鲜工程技术研究中心（天津）
主管单位：天津市农业科学院
地址：天津市西青区津静公路 17 公里处，www. bxyjg. com

刊名：保险职业学院学报
刊号：CN43-1434/F
主办单位：保险职业学院
主管单位：中国人寿保险（集团）公司
地址：湖南省长沙市天心区中豹塘路 196 号，zbxg. cbpt. cnki. net

刊名：暴雨灾害
刊号：CN42-1771/P
主办单位：中国气象局武汉暴雨研究所
主管单位：湖北省气象局
地址：湖北省武汉市江夏区金融港二路 6 号，byzh. org. cn

刊名：爆破
刊号：CN42-1164/TJ
主办单位：武汉理工大学
主管单位：中华人民共和国教育部
地址：湖北省武汉市洪山区珞狮路 122 号武汉理工大学马房山校区西院《爆破》编辑部，www. chinablasting. com

刊名：爆破器材
刊号：CN32-1163/TJ
主办单位：中国兵工学会
主管单位：中国科学技术协会
地址：江苏省南京市玄武区孝陵卫街 200 号南京理工大学内，www. baopoqicai. com

刊名：爆炸与冲击
刊号：CN51-1148/O3
主办单位：中国力学学会、四川省力学学会、中国工程物理研究院流体物理研究所
主管单位：四川省科学技术协会
地址：四川省绵阳市游仙区绵山路 64 号，www. bzy-cj. cn

刊名：北方蚕业
刊号：CN61-1297/S
主办单位：西北农林科技大学
主管单位：中华人民共和国教育部
地址：陕西省咸阳市杨凌区西农路 22 号，www. bf-cy. chinajournal. net. cn

刊名：北方法学
刊号：CN23-1546/D
主办单位：黑龙江大学
主管单位：黑龙江大学
地址：黑龙江省哈尔滨市南岗区学府路 74 号黑龙江大学汇文楼 833-1，bffx. hlju. edu. cn

刊名：北方工业大学学报
刊号：CN11-2555/TF
主办单位：北方工业大学
主管单位：中国有色金属工业协会
地址：北京市石景山区晋元庄路 5 号，xuebao. ncut. edu. cn

刊名：北方果树
刊号：CN21-1218/S
主办单位：辽宁省果树科学研究所等 3 单位
主管单位：辽宁省农业科学院
地址：辽宁省营口市鲅鱼圈区熊岳镇铁东街，bfgs. cbpt. cnki. net

刊名：北方金融
刊号：CN15-1370
主办单位：中国人民银行呼和浩特中心支行、内蒙古自治区金融学会
主管单位：中国人民银行呼和浩特中心支行
地址：内蒙古自治区呼和浩特市新城区新华大街 52

号，www. cff. org. cn/zgjrlt/cffqk7/92737/92978/index. html

刊名：北方交通
刊号：CN21-1536/U
主办单位：辽宁省交通科学研究院有限责任公司
主管单位：辽宁省交通建设投资集团有限责任公司
地址：辽宁省沈阳市沈河区文萃路 81 号，kyy. lnjt-tz. cn

刊名：北方经济
刊号：CN15-1154/F
主办单位：内蒙古自治区发展研究中心
主管单位：内蒙古自治区发展研究中心
地址：内蒙古自治区呼和浩特市赛罕区敕勒川大街发展大厦 C 座，www. bfjjchina. cn

刊名：北方论丛
刊号：CN23-1073/C
主办单位：哈尔滨师范大学
主管单位：哈尔滨师范大学
地址：黑龙江省哈尔滨市利民区师大路 1 号，bflc-zz. cn

刊名：北方民族大学学报
刊号：CN64-1065/G4
主办单位：北方民族大学
主管单位：宁夏回族自治区教育厅
地址：宁夏回族自治区银川市西夏区文昌北街 204 号，xbbjb. nun. cn

刊名：北方农业学报
刊号：CN15-1375/S
主办单位：内蒙古农牧业科学院
主管单位：内蒙古农牧业科学院
地址：内蒙古自治区呼和浩特市玉泉区昭君路 22 号，nmgn. cbpt. cnki. net

刊名：北方水稻
刊号：CN21-1530/S
主办单位：辽宁省盐碱地利用研究所
主管单位：辽宁省农业科学院
地址：辽宁省盘锦市兴隆台区惠宾街 101 号

刊名：北方文物
刊号：CN23-1029/K
主办单位：黑龙江省文物考古研究所
主管单位：黑龙江省文化和旅游厅
地址：黑龙江省哈尔滨市南岗区宣德街 44 号，www. beifangww. cn

刊名：北方音乐
刊号：CN23-1062/J
主办单位：黑龙江省音乐家协会
主管单位：黑龙江省文学艺术界联合会
地址：黑龙江省哈尔滨市香坊区文府街 6-1 号，www. bfyyzz. com

刊名：北方园艺
刊号：CN23-1247/S
主办单位：黑龙江省农业科学院、黑龙江省园艺学会
主管单位：黑龙江省农业科学院
地址：黑龙江省哈尔滨市南岗区学府路 368 号，www. haasep. cn

刊名：北华大学学报（社会科学版）
刊号：CN22-1319/C
主办单位：北华大学
主管单位：吉林省教育厅
地址：吉林省吉林市丰满区滨江东路 3999 号，xb. beihua. edu. cn

刊名：北华大学学报（自然科学版）
刊号：CN22-1316/N
主办单位：北华大学
主管单位：吉林省教育厅
地址：吉林省吉林市丰满区滨江东路 3999 号，xb. beihua. edu. cn

刊名：北华航天工业学院学报
刊号：CN13-1378/Z
主办单位：北华航天工业学院
主管单位：河北省教育厅
地址：河北省廊坊市广阳区爱民东道 133 号，hhgy. chinajournal. net. cn

刊名：北京财贸职业学院学报
刊号：CN11-5679/F
主办单位：北京财贸职业学院
主管单位：北京市教育委员会
地址：北京市东城区东四南大街礼士胡同 41 号，

sdcm. cbpt. cnki. net

刊名：**北京测绘**
刊号：CN11-3537/P
主办单位：北京市测绘设计研究院、北京测绘学会
主管单位：北京市规划和国土资源管理委员会
地址：北京市海淀区羊坊店路 15 号，bjch. china-journal. net. cn

刊名：**北京城市学院学报**
刊号：CN11-5388/Z
主办单位：北京城市学院
主管单位：北京市教育委员会
地址：北京市海淀区北四环中路269 号，hdzd. cbpt. cnki. net

刊名：**北京大学教育评论**
刊号：CN11-4848/G4
主办单位：北京大学
主管单位：中华人民共和国教育部
地址：北京市海淀区颐和园路 5 号北京大学电教楼 227 室，www. oaj. pku. edu. cn/jypl

刊名：**北京大学学报（哲学社会科学版）**
刊号：CN11-1561/C
主办单位：北京大学
主管单位：中华人民共和国教育部
地址：北京市海淀区颐和园路 5 号北京大学六院，journal. pku. edu. cn

刊名：**北京大学学报（自然科学版）**
刊号：CN11-2442/N
主办单位：北京大学
主管单位：中华人民共和国教育部
地址：北京市海淀区颐和园路 5 号北京大学校内，xbna. pku. edu. cn

刊名：**北京大学学报（医学版）**
刊号：CN11-4691/R
主办单位：北京大学
主管单位：中华人民共和国教育部
地址：北京市海淀区学院路 38 号北京大学医学部内，xuebao. bjmu. edu. cn

刊名：**北京档案**
刊号：CN11-2783/G2
主办单位：北京市档案局、北京市档案学会
主管单位：北京市档案局
地址：北京市东城区建国门内贡院西街 8 号，bj-danganzz. cn

刊名：**北京党史**
刊号：CN11-3950/D
主办单位：中共北京市委党史研究室
主管单位：中共北京市委党史研究室
地址：北京市西城区车公庄大街 6 号

刊名：**北京第二外国语学院学报**
刊号：CN11-2802/H
主办单位：北京第二外国语学院
主管单位：北京市教育委员会
地址：北京市朝阳区定福庄南里 1 号，journal. bisu. edu. cn

刊名：**北京电影学院学报**
刊号：CN11-1677/J
主办单位：北京电影学院
主管单位：北京市教育委员会
地址：北京市海淀区西土城路 4 号北京电影学院，www. bfa. edu. cn/kycz/kycz. htm

刊名：**北京电子科技学院学报**
刊号：CN11-4093/Z
主办单位：北京电子科技学院
主管单位：中共中央办公厅
地址：北京市丰台区富丰路 7 号，www. besti. edu. cn

刊名：**北京服装学院学报（自然科学版）**
刊号：CN11-2523/TS
主办单位：北京服装学院
主管单位：北京市教育委员会
地址：北京市朝阳区和平街北口樱花路甲 2 号，www. bjfzxyxb. cn

刊名：**北京工商大学学报（社会科学版）**
刊号：CN11-4509/C
主办单位：北京工商大学
主管单位：北京市教育委员会
地址：北京市海淀区阜成路 33 号，skxb. btbu. edu. cn

刊名：**北京工业大学学报**
刊号：CN11-2286/T

主办单位：北京工业大学
主管单位：北京市教育委员会
地址：北京市朝阳区平乐园 100 号，www. bjutxuebao. com

刊名：北京工业大学学报（社会科学版）
刊号：CN11-4558/G
主办单位：北京工业大学
主管单位：北京市教育委员会
地址：北京市朝阳区平乐园 100 号，www. bjutxuebao. com

刊名：北京工业职业技术学院学报
刊号：CN11-4808/G4
主办单位：北京工业职业技术学院
主管单位：北京市教育委员会
地址：北京市石景山区石门路 368 号，bgzj. cbpt. cnki. net

刊名：北京行政学院学报
刊号：CN11-4054/D
主办单位：北京行政学院
主管单位：北京行政学院
地址：北京市西城区车公庄大街 6 号，www. bai. gov. cn/second/index. aspx？nodeid = 14

刊名：北京航空航天大学学报
刊号：CN11-2625/V
主办单位：北京航空航天大学
主管单位：中华人民共和国工业和信息化部
地址：北京市海淀区学院路 37 号，bhxb. buaa. edu. cn

刊名：北京航空航天大学学报（社会科学版）
刊号：CN11-3979/C
主办单位：北京航空航天大学
主管单位：中华人民共和国工业和信息化部
地址：北京市海淀区学院路 37 号，bhxb. edu. cn

刊名：北京化工大学学报（社会科学版）
刊号：CN11-4741/C
主办单位：北京化工大学
主管单位：中华人民共和国教育部
地址：北京市朝阳区北三环东路 15 号，bhgs. cbpt. cnki. net

刊名：北京化工大学学报（自然科学版）
刊号：CN11-4755/TQ
主办单位：北京化工大学
主管单位：中华人民共和国教育部
地址：北京市朝阳区北三环东路 15 号，www. journal. buct. edu. cn

刊名：北京建筑大学学报
刊号：CN10-1250/TU
主办单位：北京建筑大学
主管单位：北京市教育委员会
地址：北京市西城区展览馆路 1 号，bjjz. cbpt. cnki. net

刊名：北京交通大学学报
刊号：CN11-5258/U
主办单位：北京交通大学
主管单位：中华人民共和国教育部
地址：北京市海淀区西直门外上园村 3 号北京交通大学，jdxb. bjtu. edu. cn

刊名：北京交通大学学报（社会科学版）
刊号：CN11-5224/C
主办单位：北京交通大学
主管单位：中华人民共和国教育部
地址：北京市海淀区西直门外上园村 3 号北京交通大学 8 公寓楼 838 室，xbsk. bjtu. edu. cn

刊名：北京教育（高教）
刊号：CN11-1129/G4
主办单位：北京教育音像报刊总社
主管单位：北京市教育委员会
地址：北京市西城区白广路 18 号，www. bjedu1949. cn

刊名：北京教育学院学报
刊号：CN11-4581/G4
主办单位：北京教育学院
主管单位：北京市教育委员会
地址：北京市西城区什坊街 2 号，bjjx. cbpt. cnki. net

刊名：北京警察学院学报
刊号：CN10-1116/D
主办单位：北京警察学院
主管单位：北京市公安局
地址：北京市昌平区南口镇南涧路 11 号，jcxy. cbpt. cnki. net

刊名：北京科技大学学报（社会科学版）
刊号：CN11-3975/C
主办单位：北京科技大学
主管单位：中华人民共和国教育部
地址：北京市海淀区学院路30号图书馆305室，bkds. cbpt. cnki. net

刊名：北京口腔医学
刊号：CN11-3639/R
主办单位：首都医科大学附属北京口腔医院
主管单位：北京市卫生健康委员会
地址：北京市东城区天坛西里4号，www. bjkqyx. com

刊名：北京劳动保障职业学院学报
刊号：CN11-5592/D
主办单位：北京劳动保障职业学院
主管单位：北京市人力资源和社会保障局
地址：北京市朝阳区惠新东街5号，www. bvclss. cn

刊名：北京理工大学学报
刊号：CN11-2596/T
主办单位：北京理工大学
主管单位：中华人民共和国工业和信息化部
地址：北京市海淀区中关村南大街5号，journal. bit. edu. cn

刊名：北京理工大学学报（社会科学版）
刊号：CN11-4083/C
主办单位：北京理工大学
主管单位：中华人民共和国工业和信息化部
地址：北京市海淀区中关村南大街5号，journal. bit. edu. cn/sk

刊名：北京联合大学学报
刊号：CN11-3224/N
主办单位：北京联合大学
主管单位：北京市教育委员会
地址：北京市朝阳区北四环东路97号，bjlh. cbpt. cnki. net

刊名：北京联合大学学报（人文社会科学版）
刊号：CN11-5117/C
主办单位：北京联合大学
主管单位：北京市教育委员会
地址：北京市朝阳区北四环东路97号，bjlb. cbpt. cnki. net

刊名：北京林业大学学报
刊号：CN11-1932/S
主办单位：北京林业大学
主管单位：中华人民共和国教育部
地址：北京市海淀区清华东路35号北京林业大学综合楼117室，j. bjfu. edu. cn

刊名：北京林业大学学报（社会科学版）
刊号：CN11-4740/C
主办单位：北京林业大学
主管单位：中华人民共和国教育部
地址：北京市海淀区清华东路35号北京林业大学行政楼118室，journal. bjfu. edu. cn

刊名：北京农学院学报
刊号：CN11-2156/S
主办单位：北京农学院
主管单位：北京市教育委员会
地址：北京市昌平区回龙观镇北农路7号，bnxb. cbpt. cnki. net

刊名：北京农业职业学院学报
刊号：CN11-4859/G4
主办单位：北京农业职业学院
主管单位：中共北京市委农村工作委员会
地址：北京市海淀区四季青镇香山普安店29号，bjzyxy. ijournals. cn

刊名：北京汽车
刊号：CN11-2227/U
主办单位：北京汽车研究所有限公司、北京汽车工程学会
主管单位：北京汽车集团有限公司
地址：北京市丰台区方庄南路9号院，www. bari. cn

刊名：北京社会科学
刊号：CN11-1105/C
主办单位：北京市社会科学院
主管单位：北京市社会科学院
地址：北京市海淀区北四环中路33号，www. bjshkx. net

刊名：北京生物医学工程
刊号：CN11-2261/R
主办单位：北京市心肺血管疾病研究所
主管单位：北京市卫生健康委员会

地址：北京市朝阳区安定门外安贞里安贞医院内，www. beijingbme. com

刊名：北京师范大学学报（社会科学版）
刊号：CN11-1514/C
主办单位：北京师范大学
主管单位：中华人民共和国教育部
地址：北京市海淀区新街口外大街19号北京师范大学内，bjsf. cbpt. cnki. net

刊名：北京师范大学学报（自然科学版）
刊号：CN11-1991/N
主办单位：北京师范大学
主管单位：中华人民共和国教育部
地址：北京市海淀区新街口外大街19号北京师范大学内，like-xb. bnu. edu. cn

刊名：北京石油化工学院学报
刊号：CN11-3981/TE
主办单位：北京石油化工学院
主管单位：北京市教育委员会
地址：北京市大兴区清源北路19号北京石油化工学院内，journal. bipt. edu. cn

刊名：北京市工会干部学院学报
刊号：CN11-5273/D
主办单位：北京市工会干部学院
主管单位：北京市总工会
地址：北京市西城区陶然亭路53号

刊名：北京经济管理职业学院学报
刊号：CN10-1374/F
主办单位：北京经济管理职业学院
主管单位：北京市教育委员会
地址：北京市朝阳区花家地街12号，www. biem. edu. cn

刊名：北京水务
刊号：CN11-5445/TV
主办单位：北京水利学会、北京市水科学技术研究院、北京市水利规划设计研究院
主管单位：北京市水务局
地址：北京市海淀区车公庄西路21号院内D座，www. bjshxh. org. cn

刊名：北京体育大学学报
刊号：CN11-3785/G8
主办单位：北京体育大学
主管单位：国家体育总局
地址：北京市海淀区中关村北大街《北京体育大学学报》编辑部，bjtd. chinajournal. net. cn

刊名：北京舞蹈学院学报
刊号：CN11-3982/J
主办单位：北京舞蹈学院
主管单位：北京市教育委员会
地址：北京市海淀区万寿寺路1号院，xb. bda. edu. cn

刊名：北京信息科技大学学报（自然科学版）
刊号：CN11-5866/N
主办单位：北京信息科技大学
主管单位：北京市教育委员会
地址：北京市海淀区清河小营东路12号，bjgy. cbpt. cnki. net

刊名：北京医学
刊号：CN11-2273/R
主办单位：中华医学会北京分会
主管单位：北京市卫生健康委员会
地址：北京市东城区东单三条甲7号，www. bjyxh. org. cn/News/BookDetail/3

刊名：北京印刷学院学报
刊号：CN11-3136/TS
主办单位：北京印刷学院
主管单位：北京市教育委员会
地址：北京市大兴区黄村兴华北路25号，bigc. edu. cn

刊名：北京邮电大学学报
刊号：CN11-3570/TN
主办单位：北京邮电大学
主管单位：中华人民共和国教育部
地址：北京市海淀区西土城路10号北京邮电大学，www. buptjournal. cn

刊名：北京邮电大学学报（社会科学版）
刊号：CN11-4064/C
主办单位：北京邮电大学
主管单位：中华人民共和国教育部
地址：北京市海淀区西土城路10号北京邮电大学教1楼119房间，journalsk. bupt. edu. cn

刊名：北京中医药
刊号：CN11-5635/R
主办单位：北京中医药学会、北京中西医结合学会、北京市中药研究所
主管单位：北京市中医管理局
地址：北京市东城区东单三条甲 7 号，www.bjtcm.net

刊名：北京中医药大学学报
刊号：CN11-3574/R
主办单位：北京中医药大学
主管单位：中华人民共和国教育部
地址：北京市朝阳区北三环东路 11 号，xben.bucm.edu.cn

刊名：蚌埠学院学报
刊号：CN34-1321/Z
主办单位：蚌埠学院
主管单位：安徽省教育厅
地址：安徽省蚌埠市龙子湖区曹山路 1866 号，192.168.0.155

刊名：蚌埠医学院学报
刊号：CN34-1067/R
主办单位：蚌埠医学院
主管单位：安徽省教育厅
地址：安徽省蚌埠市龙子湖区东海大道 2600 号，xuebao.bbmc.edu.cn

刊名：比较教育研究
刊号：CN11-2878/G4
主办单位：北京师范大学
主管单位：中华人民共和国教育部
地址：北京市海淀区新街口外大街 19 号北京师范大学英东教育楼 746 室，www.bjjy.chinajournal.net.cn

刊名：边疆经济与文化
刊号：CN23-1524/F
主办单位：黑龙江省边疆经济学会
主管单位：黑龙江省边疆经济学会
地址：黑龙江省哈尔滨市呼兰区师大路 1 号

刊名：边界与海洋研究
刊号：CN42-1877/D
主办单位：武汉大学
主管单位：中华人民共和国教育部
地址：湖北省武汉市武昌区珞珈山路 16 号武汉大学中国边界与海洋研究院，cictsmr.whu.edu.cn/index.php? id = publications&cate = bjyhyyj

刊名：编辑学报
刊号：CN11-2493/G2
主办单位：中国科学技术期刊编辑学会
主管单位：中国科学技术协会
地址：北京市海淀区学院南路 86 号西 401 室，bjxb.cessp.org.cn

刊名：编辑学刊
刊号：CN31-1116/G2
主办单位：上海市编辑学会、上海文艺出版（集团）有限公司
主管单位：上海市新闻出版局
地址：上海市黄浦区绍兴路 7 号，www.bjxuekan.cn

刊名：编辑之友
刊号：CN14-1066/G2
主办单位：山西三晋报刊传媒集团有限责任公司
主管单位：山西出版传媒集团有限责任公司
地址：山西省太原市迎泽区建设南路 21 号出版大厦 12 层，www.bianjizhiyou.cn

刊名：变压器
刊号：CN21-1119/TM
主办单位：沈阳变压器研究所
主管单位：沈阳变压器研究所
地址：辽宁省沈阳市沈北新区虎石台南大街 20 号

刊名：标记免疫分析与临床
刊号：CN11-3294/R
主办单位：中国同辐股份有限公司
主管单位：中国核工业集团有限公司
地址：北京市西城区三里河二区甲 1 号，www.chinabjmy.com

刊名：标准科学
刊号：CN11-5811/T
主办单位：中国标准化研究院、中国标准化协会
主管单位：国家市场监督管理总局
地址：北京市海淀区知春路 4 号，sjbz.cbpt.cnki.net

刊名：表面技术
刊号：CN50-1083/TG

主办单位：中国兵器工业第五九研究所
主管单位：中国兵器装备集团公司
地址：重庆市九龙坡区石桥铺渝州路33号，www.surface-techj.com

刊名：滨州学院学报
刊号：CN37-1435/Z
主办单位：滨州学院
主管单位：山东省教育厅
地址：山东省滨州市滨城区黄河五路391号，jbu.bzu.edu.cn

刊名：冰川冻土
刊号：CN62-1072/P
主办单位：中国科学院寒区旱区环境与工程研究所、中国地理学会
主管单位：中国科学院
地址：甘肃省兰州市城关区天水中路8号，www.bcdt.ac.cn

刊名：冰雪运动
刊号：CN23-1223/G8
主办单位：中国滑冰协会、中国滑雪协会、中国冰球协会
主管单位：国家体育总局冬季运动管理中心
地址：黑龙江省哈尔滨市南岗区宣信街7号

刊名：兵工学报
刊号：CN11-2176/TJ
主办单位：中国兵工学会
主管单位：中国科学技术协会
地址：北京市海淀区车道沟10号中国兵工学会内，www.co-journal.com

刊名：兵工自动化
刊号：CN51-1419/TP
主办单位：中国兵器工业第五八研究所
主管单位：中国兵器装备集团有限公司
地址：四川省绵阳市游仙区仙人路二段7号，bg-zdh.ijournals.com.cn

刊名：兵器材料科学与工程
刊号：CN33-1331/TJ
主办单位：中国兵工学会、中国兵器工业集团第五二研究所
主管单位：中国科学技术协会
地址：浙江省宁波市鄞州区高新区凌云路199号，www.bckg.cbpt.cnki.net

刊名：兵器试验
刊号：CN22-1317/TJ
主办单位：白城兵器试验中心
主管单位：白城兵器试验中心

刊名：兵器装备工程学报
刊号：CN50-1213/TJ
主办单位：重庆市兵工学会、重庆理工大学
主管单位：西南兵工局
地址：重庆市巴南区红光大道69号重庆理工大学期刊社，scbg.qks.cqut.edu.cn

刊名：兵团党校学报
刊号：CN65-1199/D
主办单位：中共新疆生产建设兵团委员会党校
主管单位：中共新疆生产建设兵团委员会党校
地址：新疆维吾尔自治区五家渠市迎宾路619号《兵团党委党校校刊》编辑部，dwdx.xjbt.gov.cn

刊名：兵团教育学院学报
刊号：CN65-1196/G4
主办单位：兵团教育学院
主管单位：兵团教育学院
地址：新疆维吾尔自治区石河子市北四路《兵团教育学院学报》编辑部，btjx.chinajournal.net.cn

刊名：兵团医学
刊号：CN65-1237/R
主办单位：兵团医学会
主管单位：兵团卫生健康委员会
地址：新疆维吾尔自治区乌鲁木齐市天山区五星南路334号

刊名：病毒学报
刊号：CN11-1865/R
主办单位：中国微生物学会
主管单位：中国科学技术协会
地址：北京市西城区迎新街100号，bdxb.chinajournal.net

刊名：波谱学杂志

刊号：CN42-1180/O4
主办单位：中国科学院武汉物理与数学研究所
主管单位：中国科学院
地址：湖北省武汉市武昌区小洪山西区 30 号，magres. wipm. ac. cn

刊名：玻璃
刊号：CN13-1106/TQ
主办单位：秦皇岛玻璃工业研究设计院
主管单位：秦皇岛玻璃工业研究设计院
地址：河北省秦皇岛市海港区河北大街西段 91 号，www. qgrdi. cn

刊名：玻璃钢/复合材料
刊号：CN11-2168/TU
主办单位：北京玻璃钢研究设计院有限公司
主管单位：中国建筑材料联合会
地址：北京市大兴区经海四路 25 号院 6 号楼 6 层，www. frp. cn

刊名：玻璃纤维
刊号：CN32-1129/TQ
主办单位：南京玻璃纤维研究设计院有限公司
主管单位：南京玻璃纤维研究设计院有限公司
地址：江苏省南京市雨花台区雨花西路安德里 30 号玻纤院 1 号楼 326，www. blxwtg. com

刊名：渤海大学学报（哲学社会科学版）
刊号：CN21-1512/C
主办单位：渤海大学
主管单位：辽宁省教育厅
地址：辽宁省锦州市太和区高新技术产业开发区科技路 19 号，210. 47. 176. 3/page/depart/xb

刊名：渤海大学学报（自然科学版）
刊号：CN21-1514/N
主办单位：渤海大学
主管单位：辽宁省教育厅
地址：辽宁省锦州市太和区高新技术产业开发区科技路 19 号，210. 47. 176. 3/page/depart/xb

C

刊名：CT 理论与应用研究
刊号：CN11-3017/P
主办单位：中国地震局地球物理研究所、清华同方威视技术有限公司
主管单位：中国地震局
地址：北京市海滨区民族大学南路 5 号，www. ctt-acn. org

刊名：材料保护
刊号：CN42-1215/TB
主办单位：武汉材料保护研究所有限公司
主管单位：中国机械工业联合会
地址：湖北省武汉市硚口区汉口宝丰二路 126 号，www. mat-pro. com

刊名：材料导报
刊号：CN50-1078/TB
主办单位：重庆西南信息有限公司
主管单位：重庆西南信息有限公司
地址：重庆市渝北区洪湖西路 18 号，www. mater-rep. com

刊名：材料工程
刊号：CN11-1800/TB
主办单位：中国航发北京航空材料研究院
主管单位：中国航空发动机集团有限公司
地址：北京 81 信箱 62 分箱，jme. biam. ac. cn

刊名：材料开发与应用
刊号：CN41-1149/TB
主办单位：洛阳船舶材料研究所
主管单位：中国船舶集团有限公司
地址：河南省洛阳市洛龙区滨河南路 169 号，clky. chinajournal. net. cn

刊名：材料科学与工程学报
刊号：CN33-1307/T
主办单位：浙江大学
主管单位：中华人民共和国教育部
地址：浙江省杭州市西湖区浙大路 38 号浙江大学玉泉校区曹光彪 317 室，clkx. cbpt. cnki. net

刊名：材料科学与工艺
刊号：CN23-1345/TB
主办单位：哈尔滨工业大学
主管单位：中华人民共和国工业和信息化部
地址：黑龙江省哈尔滨市南岗区西大直街 92 号，hit. alljournals. cn/mst_cn/ch/index. aspx

刊名：**材料热处理学报**
刊号：CN11-4545/TG
主办单位：中国机械工程学会
主管单位：中国科学技术协会
地址：北京市海淀区学清路 18 号，www. mhtcn. org

刊名：**材料研究学报**
刊号：CN21-1328/TG
主办单位：国家自然科学基金委员会、中国材料研究学会
主管单位：中国科学院
地址：辽宁省沈阳市沈河区文化路 72 号，www. cjmr. org

刊名：**材料研究与应用**
刊号：CN44-1638/TG
主办单位：广东省科学院新材料研究所
主管单位：广东省科学院
地址：广东省广州市天河区长兴路 363 号广东省科学院新材料研究所，www. gdinm. com

刊名：**材料与冶金学报**
刊号：CN21-1473/TF
主办单位：东北大学
主管单位：中华人民共和国教育部
地址：辽宁省沈阳市和平区文化路 3 号巷 11 号，www. som. neu. edu. cn/1756/list. htm

刊名：**财会通讯**
刊号：CN42-1103/F
主办单位：湖北省会计学会
主管单位：湖北省社会科学界联合会
地址：湖北省武汉市武昌区紫阳东路 21 号，www. cktx. net

刊名：**财会学习**
刊号：CN11-5460/F
主办单位：《中国建材报》社、中国会计学会建材分会
主管单位：中国建筑材料联合会
地址：北京市海淀区三里河路 11 号，ckxx. caizhizz. net

刊名：**财会研究**
刊号：CN62-1096/F
主办单位：甘肃省财政科学研究所
主管单位：甘肃省财政厅
地址：甘肃省兰州市城关区东岗西路 696 号，czt. gansu. gov. cn：82

刊名：**财会月刊**
刊号：CN42-12901F
主办单位：武汉出版社、武汉市会计学会
主管单位：武汉出版社
地址：湖北省武汉市江岸区西马路 2 号，www. ck-yk. cn

刊名：**财经科学**
刊号：CN51-1104/F
主办单位：西南财经大学
主管单位：西南财经大学
地址：四川省成都市青羊区光华村 55 号，www. cjkxzz. cn

刊名：**财经理论研究**
刊号：CN15-1366/F
主办单位：内蒙古财经大学
主管单位：内蒙古自治区教育厅
地址：内蒙古自治区呼和浩特市回民区北二环 185 号，www. imufe. edu. cn/xbb

刊名：**财经理论与实践**
刊号：CN43-1057/F
主办单位：湖南大学
主管单位：中华人民共和国教育部
地址：湖南省长沙市岳麓区麓山南路 2 号湖南大学南校学区，www. cjllysj. cn

刊名：**财经论丛**
刊号：CN33-1388/F
主办单位：浙江财经大学
主管单位：浙江省教育厅
地址：浙江省杭州市钱塘新区学源路 18 号，www. cjlc. zufe. edu. cn

刊名：**财经问题研究**
刊号：CN21-1096/F
主办单位：东北财经大学
主管单位：辽宁省教育厅
地址：辽宁省大连市沙河口区尖山路 217 号，zzs. dufe. edu. cn/Jweb_cjyj/CN/column/column372. shtml

刊名：**财经研究**

刊号：CN31-1012/F
主办单位：上海财经大学
主管单位：中华人民共和国教育部
地址：上海市杨浦区国定路777号，cjyj. sufe. edu. cn

刊名：财贸经济
刊号：CN11-1166/F
主办单位：中国社会科学院财经战略研究院
主管单位：中国社会科学院
地址：北京市西城区月坛北小街2号，www. cmjj. org

刊名：财贸研究
刊号：CN34-1093/F
主办单位：安徽财经大学
主管单位：安徽省教育厅
地址：安徽省蚌埠市龙子湖区曹山路962号，www. cmyj. cbpt. cnki. net

刊名：财务研究
刊号：CN10-1242/F
主办单位：中国财政杂志社
主管单位：中华人民共和国财政部
地址：北京市海淀区万寿路西街甲11号院3号楼，czzz. mof. gov. cn

刊名：财务与会计
刊号：CN11-1177/F
主办单位：中国财政杂志社
主管单位：中华人民共和国财政部
地址：北京市海淀区万寿路西街甲11号院3号楼，czzz. mof. gov. cn

刊名：财务与金融
刊号：CN43-1485/F
主办单位：中南大学
主管单位：中华人民共和国教育部
地址：湖南省长沙市岳麓区麓山南路932号，bs. csu. edu. cn

刊名：财政监督
刊号：CN42-1706/F
主办单位：湖北知音传媒股份有限公司、湖北省中央企业会计学会
主管单位：湖北知音传媒集团有限公司
地址：湖北省武汉市武昌区中北路81号平安财富中心A座7楼，czjd. cbpt. cnki. net

刊名：财政金融文摘
刊号：CN11-5770/F
主办单位：中国人民大学
主管单位：中华人民共和国教育部
地址：北京市海淀区中关村大街甲59号文化大厦13、14层，www. zlzx. com. cn

刊名：财政科学
刊号：CN10-1368/F
主办单位：中国财政科学研究院
主管单位：中华人民共和国财政部
地址：北京市海淀区阜成路甲28号新知大厦，czkx. cbpt. cnki. net

刊名：财政研究
刊号：CN11-1077/F
主办单位：中国财政学会
主管单位：中华人民共和国财政部
地址：北京市海淀区阜成路甲28号新知大厦财政部科研所，czyj. cbpt. cnki. net

刊名：采矿技术
刊号：CN43-1347/TD
主办单位：长沙矿山研究院有限责任公司
主管单位：长沙矿山研究院有限责任公司
地址：湖南省长沙市岳麓区麓山南路343号，www. chinamine. net

刊名：采矿与安全工程学报
刊号：CN32-1760/TD
主办单位：中国矿业大学、中国煤炭工业劳动保护科学技术学会
主管单位：中华人民共和国教育部
地址：江苏省徐州市铜山区大学路1号中国矿业大学南湖校区矿业科学中心B510，ckxb. cumt. edu. cn

刊名：残疾人研究
刊号：CN11-6014/D
主办单位：残疾人事业发展研究会
主管单位：中国残疾人联合会
地址：北京市西城区太平街甲6号富力摩根B座518室，www. cdpf. org. cn/ztzl/special/CDRS/cjryjzz

刊名：蚕桑茶叶通讯
刊号：CN36-1110/S
主办单位：江西省蚕桑茶叶研究所
主管单位：江西省农业农村厅
地址：江西省南昌市南昌县黄马乡，www. ccphoenix. cn/main. asp

刊名：蚕桑通报
刊号：CN33-1081/S
主办单位：浙江省蚕桑学会
主管单位：浙江大学
地址：浙江省杭州市西湖区余杭塘路866号

刊名：蚕学通讯
刊号：CN50-1065/S
主办单位：重庆市蚕丝学会、西南大学
主管单位：重庆市科学技术协会
地址：重庆市北碚区天生路216号西南大学南区生物技术学院《蚕学通讯》编辑部

刊名：蚕业科学
刊号：CN32-1115/S
主办单位：中国蚕学会、中国农业科学院蚕业研究所
主管单位：中国科学技术协会
地址：江苏省镇江市润州区四摆渡中国农业科学院蚕业研究所，www. cykxjournal. com

刊名：沧州师范学院学报
刊号：CN13-1408/G4
主办单位：沧州师范学院
主管单位：河北省教育厅
地址：河北省沧州市运河区青海南大道16号，cszx. chinajournal. net. cn

刊名：曹雪芹研究
刊号：CN10-1177/I
主办单位：中华书局有限公司
主管单位：中国出版传媒股份有限公司
地址：北京市丰台区太平桥西里38号

刊名：草地学报
刊号：CN11-3362/S
主办单位：中国草学会
主管单位：中国科学技术协会
地址：北京市海淀区圆明园西路2号中国农业大学动科楼117房间，manu40. magtech. com. cn/Jweb_cdxb/CN/volumn/current. shtml

刊名：草食家畜
刊号：CN65-1108/S
主办单位：新疆畜牧科学院
主管单位：新疆畜牧科学院
地址：新疆维吾尔自治区乌鲁木齐市头屯河区阿里山街468号，cqjq. cbpt. cnki. net

刊名：草食家畜（哈文版）
刊号：CN65-1108/S-H
主办单位：新疆畜牧科学院
主管单位：新疆畜牧科学院
地址：新疆维吾尔自治区乌鲁木齐市头屯河区阿里山街468号

刊名：草食家畜（维文版）
刊号：CN65-1108/S-W
主办单位：新疆畜牧科学院
主管单位：新疆畜牧科学院
地址：新疆维吾尔自治区乌鲁木齐市头屯河区阿里山街468号

刊名：草业科学
刊号：CN62-1069/S
主办单位：中国草学会、兰州大学草地农业科技学院
主管单位：中国科学技术协会
地址：甘肃省兰州市城关区嘉峪关西路3号，cykx. lzu. edu. cn

刊名：草业学报
刊号：CN62-1105/S
主办单位：中国草学会、兰州大学
主管单位：中国科学技术协会
地址：甘肃省兰州市城关区嘉峪关西路768号，cyxb. magtech. com. cn

刊名：草学
刊号：CN51-1777/S
主办单位：四川省草原科学研究院
主管单位：四川省农业农村厅
地址：四川省成都市郫县犀浦镇国宁西路368号，sccy. cbpt. cnki. net

刊名：草原文物
刊号：CN15-1361/K
主办单位：内蒙古自治区文物考古研究所
主管单位：内蒙古自治区文化和旅游厅
地址：内蒙古自治区呼和浩特市赛罕区展东路南巷1号

刊名：草原与草坪
刊号：CN62-1156/S
主办单位：甘肃农业大学、中国草学会
主管单位：甘肃省教育厅
地址：甘肃省兰州市安宁区营门村1号，cycp. cbpt. cnki. net

刊名：草原与草业
刊号：CN15-1367/S
主办单位：内蒙古自治区草原工作站、内蒙古自治区草原学会
主管单位：内蒙古自治区农牧厅
地址：内蒙古自治区呼和浩特市昭乌达南路内蒙古草原工作站

刊名：测绘
刊号：CN51-1711/P
主办单位：四川省测绘地理信息学会
主管单位：四川省测绘地理信息局
地址：四川省成都市高新区九兴大道7号，www. sc-ssmg. org. cn

刊名：测绘地理信息
刊号：CN42-1840/P
主办单位：武汉大学
主管单位：中华人民共和国教育部
地址：湖北省武汉市洪山区八一路299号武汉大学科技期刊中心，chxg. cbpt. cnki. net

刊名：测绘工程
刊号：CN23-1394/TF
主办单位：黑龙江工程学院、中国测绘地理信息学会
主管单位：黑龙江省教育厅
地址：黑龙江省哈尔滨市道外区红旗大街999号黑龙江工程学院院内，xsqk. hljit. edu. cn/Jweb_chgc

刊名：测绘科学
刊号：CN11-4415/P
主办单位：中国测绘科学研究院
主管单位：中华人民共和国自然资源部
地址：北京市海淀区莲花池西路28号，chkd. cbpt. cnki. net

刊名：测绘通报
刊号：CN11-2246/P
主办单位：中国地图出版社（测绘出版社）
主管单位：中华人民共和国自然资源部
地址：北京市西城区三里河路50号，tb. sinomaps. com

刊名：测绘学报
刊号：CN11-2089/P
主办单位：中国测绘学会
主管单位：中国科学技术协会
地址：北京市西城区三里河路50号，xb. sinomaps. com

刊名：测绘与空间地理信息
刊号：CN23-1520/P
主办单位：黑龙江省测绘地理信息学会
主管单位：黑龙江测绘地理信息局
地址：黑龙江省哈尔滨市南岗区测绘路32号，www. chxh. org. cn

刊名：测井技术
刊号：CN61-1223/TE
主办单位：中国石油天然气集团有限公司
主管单位：中国石油天然气集团有限公司
地址：陕西省西安市雁塔区丈八五路50号，www. cnpcwlt. com

刊名：测控技术
刊号：CN11-1764/TB
主办单位：中国航空工业集团公司、北京长城航空测控技术研究所
主管单位：中国航空工业集团有限公司
地址：北京市朝阳区建国路126号瑞赛大厦1501室，www. mct. com. cn

刊名：测试技术学报
刊号：CN14-1301/TP
主办单位：中北大学、中国兵工学会
主管单位：山西省教育厅
地址：山西省太原市尖草坪区学院路3号，xuebao. nuc. edu. cn

刊名：茶业通报
刊号：CN34-1079/S
主办单位：安徽省茶业学会
主管单位：安徽省科学技术协会
地址：安徽省合肥市蜀山区长江西路 130 号安徽农业大学茶业楼 203

刊名：茶叶
刊号：CN33-1096/S
主办单位：浙江省茶叶学会、中国茶叶博物馆
主管单位：浙江省科学技术协会
地址：浙江省杭州市江干区凯旋路 268 号

刊名：茶叶科学
刊号：CN33-1115/S
主办单位：中国茶叶学会
主管单位：中国科学技术协会
地址：浙江省杭州市西湖区梅灵南路 9 号，www.tea-science.com

刊名：茶叶学报
刊号：CN35-1330/S
主办单位：福建省农业科学院茶叶研究所
主管单位：福建省农业科学院
地址：福建省福安市社口镇湖头洋 1 号，cyxb.fjnyxb.cn

刊名：茶叶通讯
刊号：CN43-1106/S
主办单位：湖南省茶叶学会
主管单位：湖南省农业科学院
地址：湖南省长沙市芙蓉区远大二路 702 号，cytx.cbpt.cnki.net

刊名：柴达木开发研究
刊号：CN63-1031/C
主办单位：柴达木日报社
主管单位：柴达木日报社
地址：青海省海西蒙古族藏族自治州德令哈市柴达木东路 7 号

刊名：柴油机
刊号：CN31-1261/TK
主办单位：中国船舶重工集团公司第七一一研究所
主管单位：中国船舶集团有限公司
地址：上海市闵行区华宁路 3111 号，cyjzz.csic-711.com

刊名：柴油机设计与制造
刊号：CN31-1430/TH
主办单位：上海柴油机股份有限公司
主管单位：上海汽车工业（集团）总公司
地址：上海市杨浦区军工路 2636 号，cygs.cbpt.cnki.net

刊名：产经评论
刊号：CN44-1670/F
主办单位：暨南大学
主管单位：暨南大学
地址：广东省广州市天河区黄埔大道西 601 号，cjpl.jnu.edu.cn

刊名：产业经济评论
刊号：CN10-1223/F
主办单位：电子工业出版社有限公司
主管单位：中华人民共和国工业和信息化部
地址：北京市丰台区万丰路金家村 288 号院，www.rie.sdu.edu.cn

刊名：产业经济研究
刊号：CN32-1683/F
主办单位：南京财经大学
主管单位：江苏省教育厅
地址：江苏省南京市鼓楼区铁路北街 128 号，cyjj.cbpt.cnki.net

刊名：产业用纺织品
刊号：CN31-1595/TS
主办单位：东华大学、全国产业用纺织品科技情报站
主管单位：中华人民共和国教育部
地址：上海市长宁区延安西路 1882 号，web.dhu.edu.cn

刊名：产业与科技论坛
刊号：CN13-1371/F
主办单位：河北省科学技术协会
主管单位：河北省科学技术协会
地址：河北省石家庄市桥西区槐安西路 88 号，www.cykjlt.com

刊名：昌吉学院学报

刊号：CN65-1226/G4
主办单位：昌吉学院
主管单位：昌吉学院
地址：新疆维吾尔自治区昌吉回族自治州昌吉市世纪大道南段9号，cjxy. chinajournal. net. cn

刊名：长安大学学报（社会科学版）
刊号：CN61-1391/C
主办单位：长安大学
主管单位：中华人民共和国教育部
地址：陕西省西安市雁塔区南二环路中段长安大学杂志社，skxb. chd. edu. cn

刊名：长安大学学报（自然科学版）
刊号：CN61-1393/N
主办单位：长安大学
主管单位：中华人民共和国教育部
地址：陕西省西安市雁塔区南二环路中段长安大学杂志社，zzszrb. chd. edu. cn

刊名：长白学刊
刊号：CN22-1009/D
主办单位：中共吉林省委党校（吉林省行政学院）
主管单位：中共吉林省委党校（吉林省行政学院）
地址：吉林省长春市朝阳区前进大街1299号，cbxk. cbpt. cnki. net

刊名：长春大学学报
刊号：CN22-1283/G4
主办单位：长春大学
主管单位：吉林省教育厅
地址：吉林省长春市朝阳区卫星路6543号《长春大学学报》编辑部，cdxb. chinajournal. net. cn

刊名：长春工程学院学报（社会科学版）
刊号：CN22-1322/C
主办单位：长春工程学院
主管单位：吉林省教育厅
地址：吉林省长春市朝阳区红旗街2495号，xbbjb. ccit. edu. cn

刊名：长春工程学院学报（自然科学版）
刊号：CN22-1323/N
主办单位：长春工程学院
主管单位：吉林省教育厅
地址：吉林省长春市朝阳区红旗街2494号，xbbjb. ccit. edu. cn

刊名：长春工业大学学报
刊号：CN22-1382/T
主办单位：长春工业大学
主管单位：吉林省教育厅
地址：吉林省长春市朝阳区延安大街2055号，xb. xsqk. ccut. edu. cn

刊名：长春教育学院学报
刊号：CN22-1298/G4
主办单位：长春教育学院
主管单位：长春市教育局
地址：吉林省长春市绿园区青萍路242号，www. ccjyxb. com

刊名：长春金融高等专科学校学报
刊号：CN22-1290/F
主办单位：长春金融高等专科学校
主管单位：吉林省教育厅
地址：吉林省长春市南关区人民大街7696号，ccjr. chinajournal. net. cn

刊名：长春理工大学学报（社会科学版）
刊号：CN22-1312/C
主办单位：长春理工大学
主管单位：吉林省教育厅
地址：吉林省长春市朝阳区卫星路7089号，xuebao. cust. edu. cn

刊名：长春理工大学学报（自然科学版）
刊号：CN22-1364/TH
主办单位：长春理工大学
主管单位：吉林省教育厅
地址：吉林省长春市朝阳区卫星路7089号，xuebao. cust. edu. cn

刊名：长春师范大学学报
刊号：CN22-1409/G4
主办单位：长春师范大学
主管单位：吉林省教育厅
地址：吉林省长春市二道区长吉北路677号，xuebao. ccsfu. edu. cn

刊名：长春市委党校学报
刊号：CN22-1299/D

主办单位：中共长春市委党校
主管单位：中共长春市委
地址：吉林省长春市朝阳区硅谷大街 7337 号，www. ccdx. org. cn/dxxb/xbjj

刊名：长春中医药大学学报
刊号：CN22-1375/R
主办单位：长春中医药大学
主管单位：吉林省教育厅
地址：吉林省长春市南关区博硕路 1035 号，czxx. cbpt. cnki. net

刊名：长江大学学报（社会科学版）
刊号：CN42-1740/C
主办单位：长江大学
主管单位：湖北省教育厅
地址：湖北省荆州市荆州区南环路 1 号，qks. yangtzeu. edu. cn

刊名：长江大学学报（自然科学版）
刊号：CN42-1741/N
主办单位：长江大学
主管单位：湖北省教育厅
地址：湖北省荆州市荆州区南环路 1 号，cjdxlgsxk. paperonce. org

刊名：长江工程职业技术学院学报
刊号：CN42-1745/TV
主办单位：长江工程职业技术学院
主管单位：湖北省教育厅
地址：湖北省武汉市江夏区文化路 9 号，cjzg. cbpt. cnki. net

刊名：长江科学院院报
刊号：CN42-1171/TV
主办单位：长江科学院
主管单位：水利部发展研究中心
地址：湖北省武汉市江岸区江大路九万方，ckyyb. crsri. cn

刊名：长江流域资源与环境
刊号：CN42-1320/X
主办单位：中国科学院资源环境与技术局、中国科学院武汉文献情报中心
主管单位：中国科学院
地址：湖北省武汉市武昌区小洪山西区 25 号武汉文献情报中心，yangtzebasin. whlib. ac. cn

刊名：长江论坛
刊号：CN42-1344/D
主办单位：中共武汉市委党校
主管单位：中共武汉市委党校
地址：湖北省武汉市江汉区常青五路 29 号，www. whdx. gov. cn

刊名：长江师范学院学报
刊号：CN50-1195/Z
主办单位：长江师范学院
主管单位：重庆市教育委员会
地址：重庆市涪陵区聚贤大道 16 号，flsz. cbpt. cnki. net

刊名：长江蔬菜
刊号：CN42-1172/S
主办单位：《长江蔬菜》杂志社
主管单位：武汉市农业农村局
地址：湖北省武汉市江汉区琼楼里 588 号怡景商务大厦 A 座 8 层，www. cjveg. com

刊名：长江学术
刊号：CN42-1754/H
主办单位：武汉大学
主管单位：武汉大学
地址：湖北省武汉市武昌区珞珈山路 16 号武汉大学文学院，cjxs. whu. edu. cn

刊名：长沙大学学报
刊号：CN43-1276/G4
主办单位：长沙大学
主管单位：长沙市教育委员会
地址：湖南省长沙市开福区洪山路 98 号，xbbjb. ccsu. cn

刊名：长沙航空职业技术学院学报
刊号：CN43-1396/Z
主办单位：长沙航空职业技术学院
主管单位：湖南省经济和信息化委员会
地址：湖南省长沙市雨花区跳马镇田心桥，www. cavtc. cn

刊名：长沙理工大学学报（社会科学版）
刊号：CN43-1447/C

主办单位：长沙理工大学
主管单位：长沙理工大学
地址：湖南省长沙市雨花区万家丽南路二段960号，www.csust.edu.cn/qkzx

刊名：长沙理工大学学报（自然科学版）
刊号：CN43-1444/N
主办单位：长沙理工大学
主管单位：湖南省教育厅
地址：湖南省长沙市雨花区万家丽南路二段960号，www.csust.edu.cn/qkzx

刊名：长沙民政职业技术学院学报
刊号：CN43-1372/Z
主办单位：长沙民政职业技术学院
主管单位：湖南省教育厅
地址：湖南省长沙市雨花区香樟路22号，kyc.csmzxy.com/info/1069/1558.htm

刊名：长治学院学报
刊号：CN14-1328/Z
主办单位：长治学院
主管单位：长治学院
地址：山西省长治市潞州区城北东街73号，xbbjb.czc.edu.cn

刊名：长治医学院学报
刊号：CN14-1183/R
主办单位：长治医学院
主管单位：山西省教育厅
地址：山西省长治市潞州区解放东街161号，xb.czmc.com

刊名：常熟理工学院学报
刊号：CN32-1749/Z
主办单位：常熟理工学院
主管单位：江苏省教育厅
地址：江苏省苏州市常熟市南三环路99号《常熟理工学院学报》编辑部，cslgdxxb.paperopen.com

刊名：常州大学学报（社会科学版）
刊号：CN32-1821/C
主办单位：常州大学
主管单位：江苏省教育厅
地址：江苏省常州市武进区滆湖中路21号《常州大学学报》编辑部，xuebaoskb.cczu.edu.cn

刊名：常州大学学报（自然科学版）
刊号：CN32-1822/N
主办单位：常州大学
主管单位：江苏省教育厅
地址：江苏省常州市武进区滆湖中路21号《常州大学学报》编辑部，xuebao.cczu.edu.cn

刊名：常州工学院学报
刊号：CN32-1598/T
主办单位：常州工学院
主管单位：江苏省教育厅
地址：江苏省常州市新北区辽河路666号，xuebao.czu.cn

刊名：常州工学院学报（社会科学版）
刊号：CN32-1732/C
主办单位：常州工学院
主管单位：江苏省教育厅
地址：江苏省常州市新北区辽河路666号，xuebao.czu.cn

刊名：常州信息职业技术学院学报
刊号：CN32-1688/Z
主办单位：常州信息职业技术学院
主管单位：江苏省经济和信息化委员会
地址：江苏省常州市武进区鸣新中路22号，xb.ccit.js.cn

刊名：超硬材料工程
刊号：CN45-1331/TD
主办单位：中国有色桂林矿产地质研究院有限公司
主管单位：中国有色金属工业协会
地址：广西壮族自治区桂林市七星区辅星路9号，www.rigm.ac.cn

刊名：巢湖学院学报
刊号：CN34-1260/Z
主办单位：巢湖学院
主管单位：安徽省教育厅
地址：安徽省合肥市巢湖市半汤路，xb.chu.edu.cn

刊名：车辆与动力技术
刊号：CN11-4493/TH
主办单位：中国兵工学会
主管单位：中国科学技术协会
地址：北京市海淀区中关村南大街5号，bgtk.chinajournal.net.cn

刊名：车用发动机
刊号：CN14-1141/TH
主办单位：中国北方发动机研究所
主管单位：中国兵器工业集团有限公司
地址：山西省大同市云冈区西花园河西路三条1号，www.cyfdjjournal.com

刊名：沉积学报
刊号：CN62-1038/P
主办单位：中国科学院地质与地球物理研究所兰州油气资源研究中心
主管单位：中国科学院
地址：甘肃省兰州市城关区东岗西路382号，www.cjxb.ac.cn

刊名：沉积与特提斯地质
刊号：CN51-1593/P
主办单位：中国地质调查局成都地质调查中心
主管单位：中国人民共和国自然资源部
地址：四川省成都市金牛区一环路北三段2号，www.scgeophyinfo.cn：81

刊名：成才之路
刊号：CN23-1437/G4
主办单位：黑龙江省创联文化传媒有限公司
主管单位：黑龙江省科学技术协会
地址：黑龙江省哈尔滨市香坊区南直路58号，www.cczl.net

刊名：成都大学学报（社会科学版）
刊号：CN51-1064/C
主办单位：成都大学
主管单位：成都市人民政府
地址：四川省成都市成洛大道2025号成都大学内，cddb.chinajournal.net.cn

刊名：成都大学学报（自然科学版）
刊号：CN51-1216/N
主办单位：成都大学
主管单位：成都市人民政府
地址：四川省成都市成洛大道2025号成都大学内，journal.cdu.edu.cn/index.php？m=journal&a=home&journal_id=1

刊名：成都工业学院学报
刊号：CN51-1747/TN
主办单位：成都工业学院
主管单位：四川省教育厅
地址：四川省成都市郫都区中信大道二段1号，paper.cdtu.edu.cn

刊名：成都行政学院学报
刊号：CN51-1539/D
主办单位：成都行政学院
主管单位：成都市人民政府
地址：四川省成都市龙泉驿区驿都西路1492号，cdxz.cbpt.cnki.net

刊名：成都航空职业技术学院学报
刊号：CN51-1629/Z
主办单位：成都航空职业技术学院
主管单位：四川省教育厅
地址：四川省成都市龙泉驿区车城东七路699号，www.cap.edu.cn/campus/sy/ztwz/xyxb

刊名：成都理工大学学报（社会科学版）
刊号：CN51-1641/C
主办单位：成都理工大学
主管单位：四川省教育厅
地址：四川省成都市成华区二仙桥东三路1号，www.ajc.cdut.edu.cn

刊名：成都理工大学学报（自然科学版）
刊号：CN51-1634/N
主办单位：成都理工大学
主管单位：四川省教育厅
地址：四川省成都市成华区二仙桥东三路1号，www.xbzk.cdut.edu.cn

刊名：成都师范学院学报
刊号：CN51-1748/G4
主办单位：成都师范学院
主管单位：四川省教育厅
地址：四川省成都市温江区海科路东段99号，xb.cdnu.edu.cn

刊名：成都体育学院学报
刊号：CN51-1097/G8
主办单位：成都体育学院
主管单位：四川省教育厅

地址：四川省成都市武侯区体院路 2 号《成都体育学院学报》编辑部，cdtyxb. cdsu. edu. cn

刊名：成都信息工程大学学报
刊号：CN51-1769/TN
主办单位：成都信息工程大学
主管单位：成都信息工程大学
地址：四川省成都市双流区西南航空港经济开发区学府路一段 24 号，xb. cuit. edu. cn

刊名：成都医学院学报
刊号：CN51-1705/R
主办单位：成都医学院
主管单位：四川省教育厅
地址：四川省成都市新都区新都大道 783 号，cdyu. cbpt. cnki. net

刊名：成都中医药大学学报
刊号：CN51-1501/R
主办单位：成都中医药大学
主管单位：四川省教育厅
地址：四川省成都市金牛区十二桥路 37 号，xuebao. cdutcm. edu. cn

刊名：成都中医药大学学报（教育科学版）
刊号：CN51-1576/G4
主办单位：成都中医药大学
主管单位：四川省教育厅
地址：四川省成都市温江区柳台大道 1166 号，xuebao. cdutcm. edu. cn

刊名：成人教育
刊号：CN23-1067/G4
主办单位：黑龙江省教育学院
主管单位：黑龙江省教育学院
地址：黑龙江省哈尔滨市南岗区和兴路 133 号，crjy. chinajournal. net. cn

刊名：成组技术与生产现代化
刊号：CN41-1226/TB
主办单位：机械工业第六设计研究院有限公司、中国机械工程学会成组技术分会、中原工学院
主管单位：机械工业第六设计研究院有限公司
地址：河南省郑州市中原区中原中路 191 号

刊名：承德石油高等专科学校学报
刊号：CN13-1265/TE
主办单位：承德石油高等专科学校
主管单位：河北省教育厅
地址：河北省承德市双桥区学院路 2 号，cdsy. chinajournal. net. cn

刊名：承德医学院学报
刊号：CN13-1154/R
主办单位：承德医学院
主管单位：河北省教育厅
地址：河北省承德市双桥区安远路《承德医学院学报》编辑部，xuebao. cdmc. edu. cn

刊名：城建档案
刊号：CN11-3484/TU
主办单位：中国城科会城建档案信息专业委员会
主管单位：中华人民共和国住房和城乡建设部
地址：北京市海淀区三里河路 9 号中华人民共和国住房和城乡建设部内，www. cityup. org/chinasus

刊名：城市
刊号：CN12-1225/C
主办单位：天津市建设工程技术研究所、天津市城市科学研究会
主管单位：天津市城乡建设委员会
地址：天津市河西区南昌路 116 号

刊名：城市道桥与防洪
刊号：CN31-1602/U
主办单位：上海市政工程设计研究总院（集团）有限公司
主管单位：中华人民共和国住房和城乡建设部
地址：上海市杨浦区中山北二路 901 号，csdq. cbpt. cnki. net

刊名：城市地质
刊号：CN11-5519/P
主办单位：北京市地质矿产勘查开发局
主管单位：北京市地质矿产勘查开发局
地址：北京市海淀区西四环北路 123 号，csdz. cbpt. cnki. net

刊名：城市发展研究
刊号：CN11-3504/TU
主办单位：中国城市科学研究会

主管单位：中国科学技术协会
地址：北京市海淀区三里河路9号，urbanstudies.chinasus.org

刊名：城市观察
刊号：CN44-1664/C
主办单位：广州市社会科学界联合会
主管单位：广州市社会科学界联合会
地址：广东省广州市天河区龙口东路363号宝供大厦二楼，www.gzsk.org.cn/index.phpm=content&c=index&a=lists&catid=56

刊名：城市规划
刊号：CN11-2378/TU
主办单位：中国城市规划学会
主管单位：中华人民共和国住房和城乡建设部
地址：北京市海淀区三里河路9号中华人民共和国住房和城乡建设部机关北配楼111室，www.planning.com.cn

刊名：城市规划学刊
刊号：CN31-1938/TU
主办单位：同济大学
主管单位：中华人民共和国教育部
地址：上海市杨浦区四平路1239号，cxgh.cbpt.cnki.net

刊名：城市轨道交通研究
刊号：CN31-1749/U
主办单位：同济大学
主管单位：中华人民共和国教育部
地址：上海市普陀区真南路500号，www.umt1998.com

刊名：城市建筑
刊号：CN23-1528/TU
主办单位：黑龙江科学技术出版社有限公司
主管单位：黑龙江科学技术出版社有限公司
地址：黑龙江省哈尔滨市南岗区公安街70-2号，www.uazzs.cn

刊名：城市交通
刊号：CN11-5141/U
主办单位：住房和城乡建设部城市交通工程技术中心、中国城市规划设计研究院
主管单位：中华人民共和国住房和城乡建设部
地址：北京市海淀区三里河路9号中园城市规划设计研究院内，www.chinautc.com

刊名：城市勘测
刊号：CN42-1309/TU
主办单位：中国城市规划协会、武汉市测绘研究院
主管单位：中华人民共和国住房和城乡建设部
地址：湖北省武汉市江汉区万松园路209号，www.cskc.cn

刊名：城市燃气
刊号：CN11-4756/TU
主办单位：中国城市燃气协会
主管单位：中华人民共和国住房和城乡建设部
地址：北京市西城区西直门南小街22号

刊名：城市设计
刊号：CN10-1376/TU
主办单位：清华大学
主管单位：中华人民共和国教育部
地址：北京市海淀区双清路30号清华大学学研大厦A座，urbandesign.tsinghua.journals.com

刊名：城市问题
刊号：CN11-1119/C
主办单位：北京市社会科学院
主管单位：北京市社会科学院
地址：北京市朝阳区北四环中路33号，cswt.china-journal.net.cn

刊名：城市学刊
刊号：CN43-1529/TU
主办单位：湖南城市学院
主管单位：湖南省教育厅
地址：湖南省益阳市赫山区迎宾路518号，hnc-sxyxb.paperonce.org

刊名：城市与环境研究
刊号：CN10-1211/C
主办单位：中国社会科学院城市发展与环境研究所、社会科学文献出版社
主管单位：中国社会科学院
地址：北京市西城区北三环中路甲29号院3号楼华龙大厦13、15层，www.csyhjyj.com

刊名：城市住宅
刊号：CN11-3679/TU

主办单位：亚太建设科技信息研究院、中国建筑设计研究院
主管单位：中华人民共和国住房和城乡建设部
地址：北京市西城区车公庄大街 19 号，www. cszz. cn

刊名：城镇供水
刊号：CN11-1703/TU
主办单位：中国城镇供水排水协会
主管单位：中华人民共和国住房和城乡建设部
地址：北京市西城区宣武门西大街甲 121 号，www. czgszz. cn

刊名：池州学院学报
刊号：CN34-1302/G4
主办单位：池州学院
主管单位：安徽省教育厅
地址：安徽省池州市贵池区教育园区牧之路 199 号《池州学院学报》编辑部，www. bjb. czu. edu. cn

刊名：赤峰学院学报（哲学社会科学蒙文版）
刊号：CN15-1342/C
主办单位：赤峰学院
主管单位：内蒙古自治区教育厅
地址：内蒙古自治区赤峰市红山区学院北街赤峰学院院内，www. cfxy. cn/xb

刊名：赤峰学院学报（哲学社会科学汉文版）
刊号：CN15-1341/C
主办单位：赤峰学院
主管单位：内蒙古自治区教育厅
地址：内蒙古自治区赤峰市红山区学院北街赤峰学院院内，www. cfxy. cn/xb

刊名：赤峰学院学报（自然科学版）
刊号：CN15-1343/N
主办单位：赤峰学院
主管单位：内蒙古自治区教育厅
地址：内蒙古自治区赤峰市红山区学院北街赤峰学院院内，www. cfxy. cn/xb

刊名：重庆大学学报（社会科学版）
刊号：CN50-1023/C
主办单位：重庆大学
主管单位：中华人民共和国教育部
地址：重庆市沙坪坝区沙正街 174 号，journals. cqu. edu. cn

刊名：重庆大学学报
刊号：CN50-1044/N
主办单位：重庆大学
主管单位：中华人民共和国教育部
地址：重庆市沙坪坝区沙正街 174 号，qks. cqu. edu. cn

刊名：重庆第二师范学院学报
刊号：CN50-1209/G4
主办单位：重庆第二师范学院
主管单位：重庆市教育委员会
地址：重庆市南岸区学府大道 9 号，cqyj. ijournals. cn

刊名：重庆电力高等专科学校学报
刊号：CN50-1039/TK
主办单位：重庆电力高等专科学校
主管单位：重庆市电力工业局
地址：重庆市九龙坡区五龙庙电力四村 9 号，www. cqepc. com. cn/xb

刊名：重庆电子工程职业学院学报
刊号：CN50-1196/Z
主办单位：重庆电子工程职业学院
主管单位：重庆市教育委员会
地址：重庆市沙坪坝区重庆大学城 76 号《重庆电子工程职业学院学报》编辑部，www. cqcet. edu. cn/kxyj/xskw1. htm

刊名：重庆高教研究
刊号：CN50-1028/G4
主办单位：重庆文理学院、重庆市高等教育学会
主管单位：重庆市教育委员会
地址：重庆市永川区红河大道 319 号，yxxy. cbpt. cnki. net

刊名：重庆工商大学学报（社会科学版）
刊号：CN50-1154/C
主办单位：重庆工商大学
主管单位：重庆市教育委员会
地址：重庆市南岸区学府大道 19 号，journal. ctbu. edu. cn

刊名：重庆工商大学学报（自然科学版）
刊号：CN50-1155/N

主办单位：重庆工商大学
主管单位：重庆市教育委员会
地址：重庆市南岸区学府大道 19 号，journal. ctbu. edu. cn

刊名：重庆广播电视大学学报
刊号：CN50-1037/G4
主办单位：重庆广播电视大学
主管单位：重庆市教育委员会
地址：重庆市九龙坡区华龙大道 1 号，keyan. cqtbi. edu. cn/xbbj. htm

刊名：重庆建筑
刊号：CN50-1150/U
主办单位：重庆市建筑科学研究院
主管单位：重庆市城乡建设委员会
地址：重庆市渝中区长江二路 221 号 1 栋 309 室，cqjz. cbpt. cnki. net

刊名：重庆交通大学学报（自然科学版）
刊号：CN50-1190/U
主办单位：重庆交通大学
主管单位：重庆交通大学
地址：重庆市南岸区学府大道 66 号，xbzk. cqjtu. edu. cn

刊名：重庆交通大学学报（社会科学版）
刊号：CN50-1191/C
主办单位：重庆交通大学
主管单位：重庆交通大学
地址：重庆市南岸区学府大道 66 号，xbskb. cqjtu. edu. cn

刊名：重庆科技学院学报（自然科学版）
刊号：CN50-1174/N
主办单位：重庆科技学院
主管单位：重庆市教育委员会
地址：重庆市沙坪坝区大学城东路 20 号，xbbjb. cqust. edu. cn

刊名：重庆科技学院学报（社会科学版）
刊号：CN50-1174/N
主办单位：重庆科技学院
主管单位：重庆市教育委员会
地址：重庆市沙坪坝区大学城东路 20 号，xbbjb. cqust. edu. cn

刊名：重庆理工大学学报
刊号：CN50-1205/T
主办单位：重庆理工大学
主管单位：重庆市教育委员会
地址：重庆市巴南区红光大道 69 号，qks. cqut. edu. cn

刊名：重庆三峡学院学报
刊号：CN50-1034/C
主办单位：重庆三峡学院
主管单位：重庆市教育委员会
地址：重庆市万州区百安坝天星路 666《重庆三峡学院学报》编辑部，www. sanxiau. edu. cn/xbbjb

刊名：重庆社会科学
刊号：CN50-1168/C
主办单位：重庆社会科学院
主管单位：重庆社会科学界联合会
地址：重庆市江北区桥北村 270 号，www. reform. net. cn

刊名：重庆师范大学学报（社会科学版）
刊号：CN50-1164/C
主办单位：重庆师范大学
主管单位：重庆市教育委员会
地址：重庆市沙坪坝区大学城中路 37 号，csdzs. cqnu. edu. cn

刊名：重庆师范大学学报（自然科学版）
刊号：CN50-1165/N
主办单位：重庆师范大学
主管单位：重庆市教育委员会
地址：重庆市沙坪坝区大学城中路 37 号，csdzs. cqnu. edu. cn

刊名：重庆文理学院学报（社会科学版）
刊号：CN50-1182/C
主办单位：重庆文理学院
主管单位：重庆市教育委员会
地址：重庆市永川区红河大道 319 号，cqwlxb. cqwu. net

刊名：重庆医科大学学报
刊号：CN50-1046/R
主办单位：重庆医科大学
主管单位：重庆市教育委员会

地址：重庆市沙坪坝区大学城中路61号重庆医科大学缙云校区兰园2-2201，cyxb. cnjournals. com

刊名：重庆医学
刊号：CN50-1097/R
主办单位：重庆市卫生信息中心
主管单位：重庆市卫生健康委员会
地址：重庆市渝北区回兴唐家沟宝环路420号，www. cqyxzz. com

刊名：重庆邮电大学学报（社会科学版）
刊号：CN50-1180/C
主办单位：重庆邮电大学
主管单位：重庆市教育委员会
地址：重庆市南岸区崇文路2号重庆邮电大学期刊社，journal. cqupt. edu. cn

刊名：重庆邮电大学学报（自然科学版）
刊号：CN50-1181/N
主办单位：重庆邮电大学
主管单位：重庆市教育委员会
地址：重庆市南岸区崇文路2号重庆邮电大学期刊社，journal. cqupt. edu. cn

刊名：出版参考
刊号：CN11-1743/G2
主办单位：中国出版协会、中国新闻出版研究院
主管单位：国家新闻出版广电总局
地址：北京市丰台区三路居路97号

刊名：出版发行研究
刊号：CN11-1537/G2
主办单位：中国新闻出版研究院
主管单位：国家新闻出版广电总局
地址：北京市丰台区三路居路97号，www. cbfxyjzz. cn

刊名：出版广角
刊号：CN45-1216/G2
主办单位：广西期刊传媒集团
主管单位：广西师范大学
地址：广西壮族自治区南宁市青秀区望园路13号综合楼4楼402，www. cbgjzz. cn

刊名：出版科学
刊号：CN42-1618/G2
主办单位：湖北省编辑学会
主管单位：湖北省新闻出版局
地址：湖北省武汉市武昌区武汉大学信息管理学院，www. cbkx. whu. deu. cn

刊名：出版与印刷
刊号：CN31-1643/TS
主办单位：上海出版印刷高等专科学校
主管单位：上海市教育委员会
地址：上海市杨浦区营口路101号，cbyys. sppc. edu. cn

刊名：初中数学教与学
刊号：CN32-1392/G4
主办单位：扬州大学
主管单位：江苏省教育厅
地址：江苏省扬州市邗江区四望亭路扬州大学瘦西湖校区，cjyx. cbpt. cnki. net

刊名：滁州学院学报
刊号：CN34-1288/Z
主办单位：滁州学院
主管单位：安徽省教育厅
地址：安徽省滁州市琅琊区会峰西路1号，czsb. cbpt. cnki. net

刊名：滁州职业技术学院学报
刊号：CN34-1243/Z
主办单位：滁州职业技术学院
主管单位：安徽省教育厅
地址：安徽省滁州市南谯区丰乐大道2188号，czzj. cbpt. cnki. net

刊名：储能科学与技术
刊号：CN10-1076/TK
主办单位：化学工业出版社有限公司、中国化工学会
主管单位：中国石油和化学工业联合会
地址：北京市东城区青年湖南街13号，www. energystorage-journal. com

刊名：楚雄师范学院学报
刊号：CN53-1175/Z
主办单位：楚雄师范学院
主管单位：云南省教育厅
地址：云南省楚雄彝族自治州楚雄市鹿城南路546号，xbbjb. cxtc. edu. cn

刊名：**川北医学院学报**
刊号：CN51-1254/R
主办单位：川北医学院
主管单位：四川省教育厅
地址：四川省南充市顺庆区涪江路 234 号，www.nsmc.edu.cn/xuebao

刊名：**传播与版权**
刊号：CN45-1390/G2
主办单位：广西期刊传媒集团有限公司、广西期刊协会
主管单位：广西师范大学
地址：广西壮族自治区南宁市青秀区望园路 13 号

刊名：**传承**
刊号：CN45-1357/D
主办单位：中共广西壮族自治区委员会党史研究室、百色干部学院
主管单位：中共广西壮族自治区委员会党史研究室
地址：广西壮族自治区百色市百东新区聚贤路 1 号

刊名：**传动技术**
刊号：CN31-1596/TP
主办单位：上海交通大学
主管单位：中华人民共和国教育部
地址：上海市徐汇区华山路

刊名：**传感技术学报**
刊号：CN32-1322/TN
主办单位：东南大学、中国微米纳米技术学会
主管单位：中华人民共和国教育部
地址：江苏省南京市玄武区四牌楼 2 号东南大学《传感技术学报》编辑部，www.chinatransducers.com

刊名：**传感器与微系统**
刊号：CN23-1537/TN
主办单位：中国电子科技集团公司第四十九研究所
主管单位：中国电子科技集团有限公司
地址：黑龙江省哈尔滨市南岗区一曼街 29 号 49 所编辑部，www.china-tmt.net

刊名：**传媒**
刊号：CN11-4574/G2
主办单位：中国新闻出版研究院
主管单位：国家新闻出版广电总局
地址：北京市丰台区三路居路 97 号，www.chuanmeizz.cn

刊名：**传媒观察**
刊号：CN32-1712-G2
主办单位：江苏新华报业传媒集团有限公司
主管单位：江苏新华报业传媒集团有限公司
地址：江苏省南京市建邺区江东中路 369 号，cmgc.jschina.com.cn

刊名：**船舶**
刊号：CN31-1561/U
主办单位：中国船舶及海洋工程设计研究院
主管单位：中国船舶集团有限公司
地址：上海市黄浦区西藏南路 168 号，chuanbo.magtechjournal.com

刊名：**船舶标准化工程师**
刊号：CN31-1981/U
主办单位：中国船舶重工集团公司第七〇四研究所
主管单位：中国船舶集团有限公司
地址：上海市徐汇区中山南二路 851 号，www.cssmc.cn

刊名：**船舶标准化与质量**
刊号：CN11-3922/U
主办单位：中国船舶工业综合技术经济研究院
主管单位：中国船舶集团有限公司
地址：北京市海淀区学院南路 70 号

刊名：**船舶工程**
刊号：CN31-1281/U
主办单位：中国造船工程学会
主管单位：中国船舶集团有限公司
地址：上海市徐汇区中山南二路 851 号，www.cssmc.cn

刊名：**船舶力学**
刊号：CN32-1468/U
主办单位：中国船舶科学研究中心、中国造船工程学会
主管单位：中国船舶集团有限公司
地址：江苏省无锡市滨湖区山水东路 222 号，cblx.cssrc.com.cn

刊名：**船舶设计通讯**

刊号：CN31-1397/U
主办单位：上海船舶研究设计院
主管单位：中国船舶集团公司
地址：上海市浦东新区祖冲之路2633号

刊名：船舶与海洋工程
刊号：CN31-2076/U
主办单位：上海市船舶与海洋工程学会
主管单位：上海市科学技术协会
地址：上海市静安区江宁路495号，www.ssname.com.cn

刊名：船舶职业教育
刊号：CN21-1590/G4
主办单位：渤海船舶职业学院、辽宁科学技术出版社有限责任公司
主管单位：葫芦岛市人民政府
地址：辽宁省葫芦岛市兴城市龙兴路29号，www.bhcy.cn

刊名：船电技术
刊号：CN42-1267/U
主办单位：武汉船用电力推进装置研究所
主管单位：中国船舶集团有限公司
地址：湖北省武汉市洪山区南湖汽校一村712研究所

刊名：船海工程
刊号：CN42-1645/U
主办单位：武汉造船工程学会
主管单位：湖北省科学技术协会
地址：湖北省武汉市武昌区武汉理工大学余家头校区，www.chgck.net

刊名：船山学刊
刊号：CN43-1190C
主办单位：湖南省社会科学界联合会
主管单位：湖南省社会科学界联合会
地址：湖南省长沙市开福区德雅路浏河村巷37号湖南省社会科学界联合会《船山学刊》，www.csxk.chinajournal.net.cn

刊名：创新
刊号：CN45-1348/C
主办单位：南宁市社会科学院
主管单位：南宁市社会科学院
地址：广西壮族自治区南宁市青秀区东宝路3号，sky.nanning.gov.cn/cxxsqk

刊名：创新人才教育
刊号：CN10-1118/G4
主办单位：中国人民大学
主管单位：中华人民共和国教育部
地址：北京市海淀区中关村大街甲59号文化大厦13、14层，www.zlzx.com.cn

刊名：创新与创业教育
刊号：CN43-1503/G4
主办单位：中南大学
主管单位：中华人民共和国教育部
地址：湖南省长沙市岳麓区麓山南路932号中南大学校本部中南大学出版社二楼，www.cxcyjy.com

刊名：创意设计源
刊号：CN31-2021/TS
主办单位：上海工艺美术职业学院
主管单位：上海国盛（集团）有限公司
地址：上海市嘉定区嘉行公路851号

刊名：创意与设计
刊号：CN32-1794/TS
主办单位：江南大学、中国轻工业信息中心
主管单位：中华人民共和国教育部
地址：江苏省无锡市滨湖区蠡湖大道1800号，sod-cn.jiangnan.edu.cn/cyysj/zzjj.htm

刊名：纯粹数学与应用数学
刊号：CN61-1240/O1
主办单位：西北大学
主管单位：陕西省教育厅
地址：陕西省西安市长安区学府大街西北大学数学学院《纯粹数学与应用数学》编辑部，pure-mathe.paperonce.org

刊名：纯碱工业
刊号：CN21-1155/TQ
主办单位：中昊（大连）化工研究设计院有限公司、中国纯碱工业协会
主管单位：中昊（大连）化工研究设计院有限公司
地址：辽宁省大连市沙河口区高新区黄浦路201号，cjgy.cbpt.cnki.net

刊名：辞书研究
刊号：CN31-1997/G2
主办单位：上海辞书出版社有限公司
主管单位：上海世纪出版（集团）有限公司
地址：上海市静安区陕西北路 457 号，www.cishu.cc

刊名：磁共振成像
刊号：CN11-5902/R
主办单位：中国医院协会、首都医科大学附属北京天坛医院
主管单位：中华人民共和国国家卫生健康委员会
地址：北京市西城区宣武门东大街 22 号楼 1 层 020 号，www.cjmri.cn

刊名：磁性材料及器件
刊号：CN51-1266/TN
主办单位：西南应用磁学研究所
主管单位：中国电子科技集团有限公司
地址：四川省绵阳市涪城区涪高新区滨河北路西段 268 号，www.cxclqj.cn

刊名：卒中与神经疾病
刊号：CN42-1402/R
主办单位：武汉大学人民医院
主管单位：中华人民共和国教育部
地址：湖北省武汉市武昌区张之洞路 9 号，wdstroke.paperopen.com

刊名：催化学报
刊号：CN21-1601/O6
主办单位：中国科学院大连化学物理研究所、中国化学会
主管单位：中国科学院
地址：辽宁省大连市沙河口区中山路 457 号大连化学物理研究所行政办公楼，www.cjcatal.org

D

刊名：大坝与安全
刊号：CN33-1260/TK
主办单位：国家能源局大坝安全监察中心、中国水力发电工程学会
主管单位：国家能源局
地址：浙江省杭州市余杭区高教路 201 号，magtech.dam.com.cn

刊名：大氮肥
刊号：CN33-1369/TQ
主办单位：中石化宁波技术研究院有限公司
主管单位：中国石油化工集团有限公司
地址：浙江省宁波市鄞州区国家高新区院士路 660 号

刊名：大地测量与地球动力学
刊号：CN42-1655/P
主办单位：中国地震局地震研究所
主管单位：中国地震局
地址：湖北省武汉市武昌区洪山侧路 40 号，www.jgg09.com

刊名：大地构造与成矿学
刊号：CN44-1595/P
主办单位：中国科学院广州地球化学研究所
主管单位：中国科学院
地址：广东省广州市天河区科华街 511 号，www.ddgzyckx.com

刊名：大电机技术
刊号：CN23-1253/TM
主办单位：哈尔滨大电机研究所
主管单位：哈尔滨电气集团公司
地址：黑龙江省哈尔滨市香坊区三大动力路 51 号，djdj.chinajournal.net.cn

刊名：大豆科技
刊号：CN23-1549/S
主办单位：黑龙江省绿色食品科学研究院
主管单位：东北农业大学
地址：黑龙江省哈尔滨市松北区科技创新城创新一路 2727 号

刊名：大豆科学
刊号：CN23-1227/S
主办单位：黑龙江省农业科学院
主管单位：黑龙江省农业科学院
地址：黑龙江省哈尔滨市南岗区学府路 368 号，ddkx.haasep.cn

刊名：大观（论坛）
刊号：CN41-1431/J
主办单位：开封东京文学文化传媒有限责任公司
主管单位：开封市文学艺术界联合会

地址：河南省开封市龙亭区北土街9号

刊名：大理大学学报
刊号：CN53-1232/Z
主办单位：大理大学
主管单位：云南省教育厅
地址：云南省大理白族自治州大理市大理镇弘圣路2号，journal15. magtechjournal. com/Jwk_dlxyzk/index. html

刊名：大连大学学报
刊号：CN21-1390/G4
主办单位：大连大学
主管单位：大连市人民政府
地址：辽宁省大连市金州区学府大街10号，dali. cbpt. cnki. net

刊名：大连干部学刊
刊号：CN21-1409/D
主办单位：中共大连市委党校、大连行政学院、大连市社会主义学院
主管单位：中共大连市委办公室
地址：辽宁省大连市西岗区滨海西路75号，wuz5. ovtj. cn/qk/4134

刊名：大连工业大学学报
刊号：CN21-1560/TS
主办单位：大连工业大学
主管单位：辽宁省教育厅
地址：辽宁省大连市甘井子区轻工苑1号，xb. dlpu. edu. cn

刊名：大连海事大学学报
刊号：CN21-1360/U
主办单位：大连海事大学
主管单位：中华人民共和国交通运输部
地址：辽宁省大连市甘井子区凌海路1号文源楼519学术期刊中心，xb. dlmu. edu. cn

刊名：大连海事大学学报（社会科学版）
刊号：CN21-1475/C
主办单位：大连海事大学
主管单位：中华人民共和国交通运输部
地址：辽宁省大连市甘井子区凌海路1号大连海事大学学术期刊中心，xb. dlmu. edu. cn

刊名：大连海洋大学学报
刊号：CN21-1575/S
主办单位：大连海洋大学
主管单位：辽宁省教育厅
地址：辽宁省大连市沙河口区黑石礁街52号，xuebao. dlou. edu. cn

刊名：大连交通大学学报
刊号：CN21-1550/U
主办单位：大连交通大学
主管单位：辽宁省教育厅
地址：辽宁省大连市沙河口区黄河路794号，dltd. cbpt. cnki. net

刊名：大连教育学院学报
刊号：CN21-1408/G4
主办单位：大连教育学院
主管单位：大连市教育局
地址：辽宁省大连市西岗区五四路82号，dljy. chinajournal. net. cn

刊名：大连理工大学学报
刊号：CN21-1117/N
主办单位：大连理工大学
主管单位：教育部科学技术司
地址：辽宁省大连市甘井子区软件园路80号，press. dlut. edu. cn

刊名：大连理工大学学报（社会科学版）
刊号：CN21-1383/C
主办单位：大连理工大学
主管单位：中华人民共和国教育部
地址：辽宁省大连市甘井子区凌工路2号，xbsk. dlut. edu. cn

刊名：大连民族大学学报
刊号：CN21-1600/G4
主办单位：大连民族大学
主管单位：中华人民共和国国家民族事务委员会
地址：辽宁省大连市金普新区辽河西路18号，xb. dlnu. edu. cn

刊名：大连医科大学学报
刊号：CN21-1369/R
主办单位：大连医科大学
主管单位：辽宁省教育厅

地址：辽宁省大连市旅顺口区旅顺南路西段 9 号，dlykdx. cnjournals. net

刊名：大麦与谷类科学
刊号：CN32-1769/S
主办单位：江苏沿海地区农业科学研究所
主管单位：江苏省农业科学院
地址：江苏省盐城市亭湖区开放大道北路 9 号，dmkx. cbpt. cnki. net

刊名：大气科学
刊号：CN11-1768/O4
主办单位：中国科学院大气物理研究所、中国气象学会
主管单位：中国科学院
地址：北京市东城区黄城根北街 16 号，www. iap-journals. ac. cn/dqkx

刊名：大气科学进展
刊号：CN11-1925/O4
主办单位：中国科学院大气物理研究所
主管单位：中国科学院
地址：北京市东城区东黄城根北街 16 号，www. iap-journals. ac. cn/aas

刊名：大气科学学报
刊号：CN32-1803/P
主办单位：南京信息工程大学
主管单位：江苏省教育厅
地址：江苏省南京市浦口区宁六路 219 号南京信息工程大学期刊部《大气科学学报》编辑部，dqkxxb. cnjournals. org

刊名：大气与环境光学学报
刊号：CN34-1298/O4
主办单位：中国科学院合肥物质科学研究院
主管单位：中国科学院
地址：安徽省合肥市蜀山区蜀山湖路 350 号，gk. hfcas. ac. cn

刊名：大庆社会科学
刊号：CN23-1020/C
主办单位：大庆市社会科学界联合会
主管单位：大庆市社会科学界联合会
地址：黑龙江省大庆市萨尔图区东风路 19 号

刊名：大庆师范学院学报
刊号：CN23-1568/G4
主办单位：大庆师范学院
主管单位：黑龙江省教育厅
地址：黑龙江省大庆市让胡路区西宾西路，xbbjb. dqsy. net

刊名：大庆石油地质与开发
刊号：CN23-1286/TE
主办单位：大庆油田有限责任公司
主管单位：中国石油天然气集团有限公司
地址：黑龙江省大庆市让胡路区西苑街大庆油田勘探开发研究院编辑部，dqsk. cbpt. cnki. net

刊名：大数据
刊号：CN10-1321/G2
主办单位：人民邮电出版社有限公司
主管单位：中华人民共和国工业和信息化部
地址：北京市东城区广渠门大街 80 号 606 室，www. j-bigdataresearch. com. cn

刊名：大型铸锻件
刊号：CN51-1396/TG
主办单位：中国重型机械大型铸锻件行业协会、中国第二重型机械集团有限公司大型铸锻件研究所
主管单位：四川省科学技术协会
地址：四川省德阳市旌阳区珠江西路 460 号《大型铸锻件》编辑部，dxzl. cbpt. cnki. net

刊名：大学化学
刊号：CN11-1815/O6
主办单位：北京大学、中国化学会
主管单位：中华人民共和国教育部
地址：北京市海淀区成府路 202 号北京大学化学楼，www. dxhx. pku. edu. cn

刊名：大学教育
刊号：CN45-1387/G4
主办单位：广西教育学院
主管单位：广西教育学院
地址：广西壮族自治区南宁市青秀区鲤湾路 17 号教育大厦 5 楼，dxjygw. com

刊名：大学教育科学
刊号：CN43-1398/G4

主办单位：湖南大学中国机械工业教育协会
主管单位：中华人民共和国教育部
地址：湖南省长沙市岳麓区麓山南路湖南大学7舍316，dxjykx.cnmanu.cn

刊名：大学数学
刊号：CN34-1221/O1
主办单位：中华人民共和国教育部数学与统计学教学指导委员会、合肥工业大学
主管单位：中华人民共和国教育部
地址：安徽省合肥市包河区屯溪路193号合肥工业大学320信箱，gksx.cbpt.cnki.net

刊名：大学图书馆学报
刊号：CN11-2952/G2
主办单位：北京大学
主管单位：中华人民共和国教育部
地址：北京市海淀区颐和园路5号北京大学图书馆302室，www.oaj.pku.edu.cn/wk3/syxk/CN/1002-1027/home.shtml

刊名：大学图书情报学刊
刊号：CN34-1141/G2
主办单位：安徽省高等学校图书情报工作委员会
主管单位：安徽省教育厅
地址：安徽省合肥市蜀山区肥西路3号安徽大学逸夫馆B-401，dxtq.chinajournal.net.cn

刊名：大学物理
刊号：CN11-1910/O4
主办单位：中国物理学会
主管单位：中国科学技术协会
地址：北京市海淀区新街口外大街19号北京师范大学科技楼C区701室，dxwl.bnu.edu.cn

刊名：大学物理实验
刊号：CN22-1228/O4
主办单位：吉林化工学院
主管单位：吉林化工学院
地址：吉林省吉林市龙潭区承德街45号，www.dwsl.chinajournal.net.cn

刊名：大众考古
刊号：CN32-1839/K
主办单位：江苏人民出版社有限公司
主管单位：江苏凤凰出版传媒股份有限公司
地址：江苏省南京市栖霞区仙林大道163号南京大学历史学院151室，www.njucni.com/dzkg

刊名：代数集刊
刊号：CN11-3382/O1
主办单位：中国科学院数学与系统科学研究院、苏州大学
主管单位：中国科学院
地址：北京市海淀区中关村东路55号中国科学院数学与系统科学研究院内，algebra.math.ac.cn

刊名：单片机与嵌入式系统应用
刊号：CN11-4530/V
主办单位：北京航空航天大学
主管单位：中华人民共和国工业和信息化部
地址：北京市海淀区学院路37号，mesnet.com.cn

刊名：淡水渔业
刊号：CN42-1138/S
主办单位：中国水产科学研究院长江水产研究所
主管单位：中国水产科学研究院长江水产研究所
地址：湖北省武汉市江夏区武大园一路8号，dsyy.cbpt.cnki.net

刊名：弹道学报
刊号：CN32-1343/TJ
主办单位：中国兵工学会
主管单位：中国科学技术协会
地址：江苏省南京市玄武区孝陵卫200号《弹道学报》编辑部，ddxb.paperopen.com

刊名：弹箭与制导学报
刊号：CN61-1234/TJ
主办单位：中国兵工学会
主管单位：中国科学技术协会
地址：陕西省西安市雁塔区丈八东路10号，a.paperopen.com

刊名：当代财经
刊号：CN36-1030/F
主办单位：江西财经大学
主管单位：江西财经大学
地址：江西省南昌市青山湖区昌北经济开发区双港东大街168号，cfe.jxufe.cn

刊名：当代传播

刊号：CN65-1201/G2
主办单位：新疆新闻工作者协会、新疆日报社
主管单位：新疆新闻工作者协会、新疆日报社
地址：新疆维吾尔自治区乌鲁木齐市沙依巴克区扬子江路 11 号，dangdaicb. cn

刊名：当代电视
刊号：CN11-1322/J
主办单位：中国电视艺术家协会
主管单位：中国文学艺术界联合会
地址：北京市朝阳区德胜门外北沙滩 1 号院 32 号楼 A 座 510、512 室

刊名：当代电影
刊号：CN11-1447/G2
主办单位：中国电影艺术研究中心、中国传媒大学
主管单位：国家电影局
地址：北京市海淀区文慧园路 3 号，www. dangdaidy. cn

刊名：当代法学
刊号：CN22-1051/D
主办单位：吉林大学
主管单位：吉林大学
地址：吉林省长春市朝阳区前进大街 2699 号吉林大学法学院，ddfx. paperonce. org

刊名：当代韩国
刊号：CN11-3467/D
主办单位：社会科学文献出版社、中国社会科学院韩国研究中心
主管单位：中国社会科学院
地址：北京市西城区北三环中路甲 29 号院 3 号楼华龙大厦 B 座 1321 室，ddhg. ajcass. org

刊名：当代护士
刊号：CN43-1229/R
主办单位：湖南省护理学会
主管单位：湖南省卫生健康委员会
地址：湖南省长沙市芙蓉区新军路 43 号，www. ddhszz. com

刊名：当代化工
刊号：CN21-1457/TQ
主办单位：沈阳市医药和化工行业联合会、中国石油天然气股份有限公司抚顺石化分公司、中国石油化工股份有限公司抚顺石油化工研究院
主管单位：沈阳市医药和化工行业联合会
地址：辽宁省沈阳市大东区珠林路 240-1 号 4 门，www. cccim. com

刊名：当代会计
刊号：CN36-1330/F
主办单位：江西省报刊传媒有限责任公司
主管单位：中文天地出版传媒集团股份有限公司
地址：江西省南昌市东湖区阳明路 310 号出版大厦，kjdd. cbpt. cnki. net

刊名：当代继续教育
刊号：CN42-1842/G4
主办单位：湖北大学
主管单位：湖北省教育厅
地址：湖北省武汉市武昌区友谊大道 368 号湖北大学内，www. hubu. edu. cn/xkky/xsqk. htm

刊名：当代教师教育
刊号：CN61-1469/G4
主办单位：陕西师范大学
主管单位：中华人民共和国教育部
地址：陕西省西安市雁塔区长安南路 199 号陕西师范大学 111 号信箱，www. snnu. edu. cn/xsyj/xsqk

刊名：当代教研论丛
刊号：CN23-1586/G4
主办单位：哈尔滨市教育研究院
主管单位：哈尔滨市教育研究院
地址：黑龙江省哈尔滨市道外区景阳街 21 号，www. ddjylc. com

刊名：当代教育科学
刊号：CN37-1408/G4
主办单位：山东省教育科学研究院
主管单位：山东省教育科学研究院
地址：山东省济南市市中区土屋路 3-1 号 422-6 室，www. zgcrjy. com

刊名：当代教育理论与实践
刊号：CN43-1492/G4
主办单位：湖南科技大学
主管单位：湖南省教育厅

地址：湖南省湘潭市雨湖区石码头2号湖南科技大学期刊社，hnkjdd. cnjournals. com

刊名：当代教育论坛
刊号：CN43-1391/G4
主办单位：湖南省教育科学研究院
主管单位：湖南省教育厅
地址：湖南省长沙市开福区教育街11号湖南省教育科学研究院（教育厅西院），ddjylt. cnmanu. cn

刊名：当代教育与文化
刊号：CN62-1202/G4
主办单位：西北师范大学
主管单位：甘肃省教育厅
地址：甘肃省兰州市安宁区安宁东路967号西北师范大学《当代教育与文化》编辑部，www. nwnu. edu. cn

刊名：当代经济
刊号：CN42-1430/F
主办单位：湖北省国有资产管理委员会、湖北省经济管理干部学院
主管单位：湖北省国有资产管理委员会
地址：湖北省武汉市江夏区高新二路29号，www. ddjjzzs. com

刊名：当代经济管理
刊号：CN13-1356/F
主办单位：河北地质大学
主管单位：河北省教育厅
地址：河北省石家庄市裕华区槐安东路136号河北地质大学，djgl. cbpt. cnki. net

刊名：当代经济科学
刊号：CN61-1400/F
主办单位：西安交通大学
主管单位：中华人民共和国教育部
地址：陕西省西安市雁塔区雁塔西路76号016信箱，jjkx. xjtu. edu. cn

刊名：当代经济研究
刊号：CN22-1232/F
主办单位：吉林财经大学
主管单位：吉林省教育厅
地址：吉林省长春市南关区净月开发区净月大街3699号，www. ddjjyj. com

刊名：当代美术家
刊号：CN50-1027/J
主办单位：四川美术学院
主管单位：四川美术学院
地址：重庆市沙坪坝区大学城四川美术学院行政楼218室，dangdaimeishujia. meishujia. cn

刊名：当代农村财经
刊号：CN10-1222/F
主办单位：中国农村财经研究会
主管单位：中华人民共和国财政部
地址：北京市西城区三里河南三巷3号

刊名：当代青年研究
刊号：CN31-1221/C
主办单位：上海社会科学院社会学研究所
主管单位：上海社会科学院
地址：上海市黄浦区淮海中路622号，qing. cbpt. cnki. net

刊名：当代石油石化
刊号：CN11-4547/TQ
主办单位：中国石油化工集团公司经济技术研究院
主管单位：中国石油化工集团有限公司
地址：北京市朝阳区安外小关街24号，sygd. cbpt. cnki. net

刊名：当代世界社会主义问题
刊号：CN37-1065/D
主办单位：山东大学
主管单位：中华人民共和国教育部
地址：山东省济南市历城区洪家楼路5号，www. ddsjshzywt. cn

刊名：当代体育科技
刊号：CN23-1579/G8
主办单位：黑龙江文化产业投资控股集团有限公司
主管单位：中共黑龙江省委宣传部
地址：黑龙江省哈尔滨市南岗区宣化街451-6号，www. ddtykj. com

刊名：当代外国文学
刊号：CN32-1087/I
主办单位：南京大学外国文学研究所
主管单位：中华人民共和国教育部
地址：江苏省南京市栖霞区仙林大道163号，cfl. nju. edu. cn

刊名：当代外语研究
刊号：CN31-2039/H
主办单位：上海交通大学
主管单位：中华人民共和国教育部
地址：上海市闵行区东川路800号，ddwyyj.cbpt.cnki.net

刊名：当代文坛
刊号：CN51-1076/I
主办单位：四川省作家协会
主管单位：四川省作家协会
地址：四川省成都市锦江区红星路二段85号，ddwt.chinajournal.net.cn

刊名：当代修辞学
刊号：CN31-2043/H
主办单位：复旦大学
主管单位：中华人民共和国教育部
地址：上海市杨浦区邯郸路220号，xcxx.cbpt.cnki.net

刊名：当代亚太
刊号：CN11-3706/C
主办单位：中国社会科学院亚太与全球战略研究院、中国亚洲太平洋学会
主管单位：中国社会科学院
地址：北京市东城区张自忠路3号东院，niis.cass.cn/xsqk/ddyt

刊名：当代医学
刊号：CN11-4449/R
主办单位：中国医师协会
主管单位：中华人民共和国国家卫生健康委员会
地址：北京市朝阳区团结湖南里甲5号京龙大厦710室，www.cmed.org.cn

刊名：当代医学科学
刊号：CN42-1898/R
主办单位：华中科技大学
主管单位：中华人民共和国教育部
地址：湖北省武汉市硚口区航空路13号同济医学院图书馆南侧楼，tjxb.hust.edu.cn

刊名：当代语言学
刊号：CN11-3879/H
主办单位：中国社会科学院语言所
主管单位：中国社会科学院
地址：北京市东城区建国门内大街5号613室，www.ddyyx.com

刊名：当代职业教育
刊号：CN51-1728/G4
主办单位：四川广播电视大学
主管单位：四川省教育厅
地址：四川省成都市金牛区一环路西三段3号，ddzyjy.scrtvu.net

刊名：当代中国价值观研究
刊号：CN10-1362/D
主办单位：北京师范大学
主管单位：中华人民共和国教育部
地址：北京市海淀区新街口外大街19号北京师范大学9区教3楼，ciccsv.bnu.edu.cn/zxkw/jzgyj.html

刊名：当代中国史研究
刊号：CN11-3200/K
主办单位：当代中国研究所
主管单位：中国社会科学院
地址：北京市西城区地安门西大街旌勇里8号，www.ddzgs.org

刊名：当代作家评论
刊号：CN21-1046/I
主办单位：辽宁省作家协会
主管单位：辽宁省作家协会
地址：辽宁省沈阳市大东区小北关街31号，www.liaoningwriter.org.cn/news-list-dangdaizuojiapinglun2019niandi.html

刊名：档案
刊号：CN62-1025/G2
主办单位：甘肃省档案局（馆）
主管单位：甘肃省档案局（馆）
地址：甘肃省兰州市城关区雁滩路3680号

刊名：档案管理
刊号：CN41-1216/G2
主办单位：河南省档案局
主管单位：河南省档案局

地址：河南省郑州市金水区金水路 17 号，www.danganj. net

刊名：档案学通讯
刊号：CN11-1450/G2
主办单位：中国人民大学
主管单位：中华人民共和国教育部
地址：北京市东城区张自忠路 3 号，www. daxtx. net

刊名：档案学研究
刊号：CN11-1226/G2
主办单位：中国档案学会
主管单位：中国科学技术协会
地址：北京市西城区永安路 106 号，daxy. chinajournal. net. cn

刊名：档案与建设
刊号：CN32-1085/G2
主办单位：江苏省档案局（馆）、江苏省档案学会
主管单位：江苏省档案局（馆）
地址：江苏省南京市鼓楼区青岛路 1 号，www. dajs. gov. cn/col/col64/index. html

刊名：党的文献
刊号：CN11-1359/D
主办单位：中共中央党史和文献研究院、中央档案馆
主管单位：中共中央党史和文献研究院、中央档案馆
地址：北京市西城区前毛家湾 1 号，www. dswxyjy. org. cn/GB/427245/423799/index. html

刊名：党史文苑
刊号：CN36-1173/D
主办单位：中共江西省委党史研究室、江西省中共党史学会
主管单位：中共江西省委党史研究室
地址：江西省南昌市东湖区叠山路 511 号一楼，www. jxdys. cn/dswy

刊名：党史研究与教学
刊号：CN35-1059/A
主办单位：中共福建省委党校
主管单位：中共福建省委党校
地址：福建省福州市鼓楼区柳河路 61 号

刊名：党政干部学刊
刊号：CN21-1254
主办单位：中共辽宁省委党校
主管单位：中共辽宁省委党校
地址：辽宁省沈阳市和平区五里河街 18 号

刊名：党政研究
刊号：CN51-1755/D
主办单位：中共四川省委省直机关党校
主管单位：中共四川省委省直机关党校
地址：四川省成都市青羊区玉沙路 163 号，scwd. cbpt. cnki. net

刊名：导弹与航天运载技术
刊号：CN11-3263/V
主办单位：北京航天长征科技信息研究所、中国运载火箭技术研究院
主管单位：中国航天科技集团有限公司
地址：北京市 9200 信箱 21 分箱，www. ddht1972. com

刊名：导航定位学报
刊号：CN10-1096/P
主办单位：中国测绘科学研究院、中国测绘地理信息学会、中国卫星导航定位协会
主管单位：中华人民共和国自然资源部
地址：北京市海淀区莲花池西路 28 号，dhdwxb. chinajournal. net. cn

刊名：导航定位与授时
刊号：CN10-1226/V
主办单位：北京自动化控制设备研究所、中国宇航出版有限责任公司
主管单位：中国航天科工集团有限公司
地址：北京市东城区滨河路 1 号，dhdwyss. zghtqk. com

刊名：导航与控制
刊号：CN11-5804/V
主办单位：北京航天控制仪器研究所
主管单位：中国航天科技集团有限公司
地址：北京市海淀区永定路 52 号，dhykz. zghtqk. com

刊名：道德与文明
刊号：CN12-1029/B
主办单位：中国伦理学会、天津社会科学院
主管单位：天津社会科学院
地址：天津市南开区迎水道 7 号，www. ddywm. net

刊名：德国研究
刊号：CN31-2032/C
主办单位：同济大学
主管单位：中华人民共和国教育部
地址：上海市杨浦区四平路1239号，www.dgyj.cbpt.cnki.net

刊名：德语人文研究
刊号：CN10-1069/H
主办单位：北京外国语大学
主管单位：中华人民共和国教育部
地址：北京市海淀区西三环北路2号，www.bfsu-journals.com

刊名：德州学院学报
刊号：CN37-1372/Z
主办单位：德州学院
主管单位：山东省教育厅
地址：山东省德州市德城区大学西路566号，dzxyxb.dzu.edu.cn

刊名：灯与照明
刊号：CN50-1063/TB
主办单位：西南灯泡情报站
主管单位：重庆市科学技术协会
地址：重庆市沙坪坝区重庆大学B区建筑馆三楼，journals.cqu.edu.cn

刊名：邓小平研究
刊号：CN51-1763/A
主办单位：四川省社会科学院
主管单位：四川省社会科学院
地址：四川省成都市青羊区一环路西一段155号，www.sass.cn/913168/default.aspx

刊名：低碳世界
刊号：CN10-1007/TK
主办单位：中国科学技术信息研究所
主管单位：中华人民共和国科学技术部
地址：北京市海淀区复兴路15号138室

刊名：低温工程
刊号：CN11-2478/V
主办单位：北京航天试验技术研究所
主管单位：中国航天科技集团有限公司
地址：北京市丰台区云岗101所

刊名：低温建筑技术
刊号：CN23-1170
主办单位：黑龙江省寒地建筑科学研究院
主管单位：黑龙江省住房和城乡建设厅
地址：黑龙江省哈尔滨市南岗区清滨路60号，draw.chinajournal.net.cn

刊名：低温物理学报
刊号：CN34-1053/O4
主办单位：中国科学技术大学
主管单位：中国科学院
地址：安徽省合肥市包河区金寨路96号，dwwl.ustc.edu.cn

刊名：低温与超导
刊号：CN34-1059/O4
主办单位：中国电子科技集团公司第十六研究所
主管单位：中国电子科技集团有限公司
地址：安徽省合肥市蜀山区高新区望江西路658号，dwyc.cbpt.cnki.net

刊名：低温与特气
刊号：CN21-1278/TQ
主办单位：中昊光明化工研究设计院有限公司
主管单位：中昊光明化工研究设计院有限公司
地址：辽宁省大连市甘井子区甘北路34号，www.chemchina.com/gmhg/xwymt/qkzz/deytq/A49020601-web_1.htm

刊名：地层学杂志
刊号：CN32-1187/P
主办单位：全国地层委员会、中国科学院南京地质古生物研究所
主管单位：中国科学院
地址：江苏省南京市玄武区北京东路39号中国科学院南京地质古生物研究所《地层学杂志》编辑部，dcxzz.chinasciencejournal.com

刊名：地方财政研究
刊号：CN21-1520/F
主办单位：辽宁省财政科学研究所、东北财经大学财税学院
主管单位：东北财经大学
地址：辽宁省沈阳市和平区南京北街103号，www.dfczyj.com

刊名：地方文化研究
刊号：CN36-1322/C
主办单位：江西科技师范大学
主管单位：江西省教育厅
地址：江西省南昌市红谷滩区学府大道589号，zzzs. jxstnu . edu. cn

刊名：地方治理研究
刊号：CN36-1343/D
主办单位：江西行政学院
主管单位：江西行政学院
地址：江西省南昌市红谷滩区龙虎山大道1866号，jxxz. chinajournal. net. cn

刊名：地矿测绘
刊号：CN53-1124/TD
主办单位：云南省地矿测绘院
主管单位：云南地矿总公司（集团）
地址：云南省昆明市官渡区大石坝云南省地矿测绘院内，www. yndkch. com/list/front. article. articleList/15/2/187. html

刊名：地理教学
刊号：CN31-1022/G4
主办单位：华东师范大学
主管单位：中华人民共和国教育部
地址：上海市普陀区中山北路3663号，dljx. ecnu. edu. cn

刊名：地理教育
刊号：CN50-1089/K
主办单位：重庆师范大学
主管单位：重庆市教育委员会
地址：重庆市沙坪坝区大学城中路37号重庆师范大学，www. cqnuj. cn/bjzx/dl1. html

刊名：地理科学
刊号：CN22-1124/P
主办单位：中国科学院东北地理与农业生态研究所、中国地理学会
主管单位：中国科学院
地址：吉林省长春市宽城区高新北区盛北大街4888号，geoscien. neigae. ac. cn

刊名：地理科学进展
刊号：CN11-3858/P
主办单位：中国科学院地理科学与资源研究所、中国地理学会
主管单位：中国科学院
地址：北京市东城区东黄城根北街16号，www. progressingeography. com

刊名：地理空间信息
刊号：CN42-1692/P
主办单位：湖北省测绘地理信息学会、湖北省测绘行业协会
主管单位：湖北省自然资源厅
地址：湖北省武汉市武昌区中南一路50号，dxkj. cbpt. cnki. net

刊名：地理信息世界
刊号：CN11-4969/P
主办单位：国家基础地理信息中心、中国地理信息产业协会、黑龙江测绘地理信息局
主管单位：中华人民共和国自然资源部
地址：北京市海淀区莲花池西路28号，chrk. cbpt. cnki. net

刊名：地理学报
刊号：CN11-1856/P
主办单位：中国科学院地理科学与资源研究所、中国地理学会
主管单位：中国科学院
地址：北京市朝阳区大屯路甲11号，www. geog. com. cn

刊名：地理研究
刊号：CN11-1848/P
主办单位：中国科学院地理科学与资源研究所、中国地理学会
主管单位：中国科学院
地址：北京市朝阳区大屯路甲11号，www. dlyj. ac. cn

刊名：地理与地理信息科学
刊号：CN13-1330/P
主办单位：河北省科学院地理科学研究所
主管单位：河北省科学院
地址：河北省石家庄市长安区西大街94号地理科学研究所，dlgt. cbpt. cnki. net

刊名：地球化学

刊号：CN44-1398/P
主办单位：中国科学院广州地球化学研究所
主管单位：中国科学院
地址：广东省广州市天河区科华街511号中国科学院广州地球化学研究所，www.geochimica.cn

刊名：**地球化学学报**
刊号：CN52-1161/P
主办单位：中国科学院地球化学研究所
主管单位：中国科学院地球化学研究所
地址：贵州省贵阳市观山湖区林城西路99号，english.gyig.cas.cn/pu/cjog

刊名：**地球环境学报**
刊号：CN61-1482/X
主办单位：中国科学院地球环境研究所
主管单位：中国科学院
地址：陕西省西安市雁塔区雁翔路97号中国科学院地球环境研究所，jee.ieecas.cn

刊名：**地球科学进展**
刊号：CN62-1091/P
主办单位：中国科学院资源环境科学信息中心、国家自然科学基金委员会地球科学部、中国科学院资源环境科学与技术局
主管单位：中国科学院
地址：甘肃省兰州市城关区天水中路8号，adearth.ac.cn

刊名：**地球科学与环境学报**
刊号：CN61-1423/P
主办单位：长安大学
主管单位：中华人民共和国教育部
地址：陕西省西安市雁塔区南二环路中段长安大学杂志社，jese.chd.edu.cn

刊名：**地球科学**
刊号：CN42-1874/P
主办单位：中国地质大学（武汉）
主管单位：中华人民共和国教育部
地址：湖北省武汉市洪山区鲁磨路388号，www.earth-science.net

刊名：**地球物理学报**
刊号：CN11-2074/P
主办单位：中国科学院地质与地球物理研究所、中国地球物理学会
主管单位：中国科学院
地址：北京市东城区东黄城根北街16号，www.geophy.cn

刊名：**地球物理学进展**
刊号：CN11-2982/P
主办单位：中国科学院地质与地球物理研究所、中国地球物理学会
主管单位：中国科学院
地址：北京市东城区东黄城根北街16号，www.progeophys.cn

刊名：**地球信息科学学报**
刊号：CN11-5809/P
主办单位：中国科学院地理科学与资源研究所、中国地理学会
主管单位：中国科学院
地址：北京市东城区东黄城根北街16号，www.dqxxkx.cn

刊名：**地球学报**
刊号：CN11-3474/P
主办单位：中国地质科学院
主管单位：中华人民共和国自然资源部
地址：北京市东城区东黄城根北街16号，www.cagsbulletin.com

刊名：**地球与环境**
刊号：CN52-1139/P
主办单位：中国科学院地球化学研究所、中国矿物岩石地球化学学会
主管单位：中国科学院
地址：贵州省贵阳市观山湖区林城西路99号，dqyhj.cnjournals.cn

刊名：**地下空间与工程学报**
刊号：CN50-1169/TU
主办单位：重庆大学
主管单位：中华人民共和国教育部
地址：重庆市沙坪坝区沙北街83号重庆大学B区岩土馆，dxkjxb.cqu.edu.cn

刊名：**地下水**
刊号：CN61-1096/TV
主办单位：陕西省水工程勘察规划研究院、全国地

下水信息网、陕西省水利学会
主管单位：陕西省水利厅
地址：陕西省西安市莲湖区莲湖路185号，www.sx-sky.com.cn/dixiashui

刊名：地学前缘
刊号：CN11-3370/P
主办单位：中国地质大学（北京）、北京大学
主管单位：中华人民共和国教育部
地址：北京市海淀区学院路29号中国地质大学，earthsciencefrontiers.net.cn

刊名：地域研究与开发
刊号：CN41-1085/P
主办单位：河南省科学院地理研究所
主管单位：河南省科学院
地址：河南省郑州市二七区陇海中路64号，www.yjykf.com

刊名：地震
刊号：CN11-1893/P
主办单位：中国地震局地震预测研究所、中国地震学会地震预报专业委员会、中国地震学会地震流体专业委员会、中国地震学会地震电磁学专业委员会
主管单位：中国地震局
地址：北京市海淀区复兴路63号166信箱，dizhen.ief.ac.cn

刊名：地震地磁观测与研究
刊号：CN11-2327/P
主办单位：中国地震台网中心、中国地震学会地震观测技术专业委员会、中国地震局地球物理研究所
主管单位：中国地震局
地址：北京市海淀区民族大学南路5号，www.dzdc-zz.com

刊名：地震地质
刊号：CN11-2192/P
主办单位：中国地震局地质研究所
主管单位：中国地震局
地址：北京市朝阳区严里甲1号中国地震局地质研究所，www.dzdz.ac.cn

刊名：地震工程学报
刊号：CN62-1208/P
主办单位：中国地震局兰州地震研究所
主管单位：中国地震局
地址：甘肃省兰州市城关区东岗西路450号，dzgcxb.ijournals.cn

刊名：地震工程与工程振动
刊号：CN23-1157/P
主办单位：中国地震局工程力学研究所
主管单位：中国地震局
地址：黑龙江省哈尔滨市南岗区学府路29号，dg-gc.iem.ac.cn

刊名：地震科学进展
刊号：CN11-2362/P
主办单位：中国地震学会、中国地震局地球物理研究所
主管单位：中国科学技术协会
地址：北京市海淀区民族大学南路5号，www.gjdzdt.cn

刊名：地震学报
刊号：CN11-2021/P
主办单位：中国地震学会、中国地震局地球物理研究所
主管单位：中国科学技术协会
地址：北京市海淀区民族大学南路5号，www.dzxb.org

刊名：地震研究
刊号：CN53-1062/P
主办单位：云南省地震局
主管单位：云南省地震局
地址：云南省昆明市盘龙区北辰大道148号，dzyj.paperopen.com

刊名：地质科技情报
刊号：CN42-1240/P
主办单位：中国地质大学（武汉）
主管单位：中华人民共和国教育部
地址：湖北省武汉市洪山区鲁磨路388号中国地质大学（武汉）《地质科技情报》编辑部，dz-kjqb.cug.edu.cn

刊名：地质科学
刊号：CN11-1937/P

主办单位：中国科学院地质与地球物理研究所
主管单位：中国科学院
地址：北京市东城区东黄城根北街16号，www.dzkx.org

刊名：地质力学学报
刊号：CN11-3672/P
主办单位：中国地质科学院地质力学研究所
主管单位：中华人民共和国自然资源部
地址：北京市海淀区民族学院南路11号，journal.geomech.ac.cn

刊名：地质论评
刊号：CN11-1952/P
主办单位：中国地质学会
主管单位：中国科学技术协会
地址：北京市东城区东黄城根北街16号，www.geojournals.cn/georev/ch/index.aspx

刊名：地质调查与研究
刊号：CN12-1353/P
主办单位：中国地质调查局天津地质调查中心
主管单位：中华人民共和国自然资源部
地址：天津市河东区大直沽八号路4号，qhwj.cbpt.cnki.net

刊名：地质通报
刊号：CN11-4648/P
主办单位：中国地质调查局
主管单位：中华人民共和国自然资源部
地址：北京市东城区东黄城根北街16号，dzhtb.cgs.cn

刊名：地质学报
刊号：CN11-1951/P
主办单位：中国地质学会
主管单位：中国科学技术协会
地址：北京市东城区东黄城根北街16号，www.geojournals.cn/dzxb/ch/index.aspx

刊名：地质学刊
刊号：CN32-1796/P
主办单位：江苏省地质调查研究院、江苏省地质学会、中国地质学会
主管单位：江苏省自然资源厅
地址：江苏省南京市玄武区珠江路700号地质大厦815室，www.journalofgeology1977.com

刊名：地质与勘探
刊号：CN11-2043/P
主办单位：中国冶金地质总局矿产资源研究院、中国地质学会
主管单位：中国钢铁工业协会
地址：北京市朝阳区安贞里二区11号楼1层，www.dzykt.com

刊名：地质与资源
刊号：CN21-1458/P
主办单位：中国地质调查局沈阳地质调查中心
主管单位：中华人民共和国自然资源部
地址：辽宁省沈阳市皇姑区黄河北大街280号，www.dzyzyzz.com

刊名：地质灾害与环境保护
刊号：CN51-1467/P
主办单位：成都理工大学、地质灾害防治与地质环境保护国家重点实验室
主管单位：四川省教育厅
地址：四川省成都市成华区二仙桥东三路1号，www.cdut.edu.cn/kxyj/xsqk.htm

刊名：地质找矿论丛
刊号：CN12-1131/P
主办单位：中钢集团天津地质研究院有限公司
主管单位：中钢集团天津地质研究院有限公司
地址：天津市河东区广宁路友爱东道平房4号（中钢集团天津地质院编辑部），dzzklc.cnjournals.cn

刊名：地质装备
刊号：CN11-4410/TD
主办单位：中国地质装备集团有限公司、北京卓众出版有限公司、北京探矿工程研究所
主管单位：中国机械工业集团有限公司
地址：北京市朝阳区望京西园二区221号，www.cgeg.com.cn/hyylm/dzzbzz

刊名：第欧根尼
刊号：CN11-1165/B
主办单位：中国社会科学院信息情报研究院
主管单位：中国社会科学院
地址：北京市东城区建国门内大街5号

刊名：第三军医大学学报
刊号：CN50-1126/R
主办单位：第三军医大学（陆军军医大学）
主管单位：第三军医大学（陆军军医大学）
地址：重庆市沙坪坝区高滩岩正街30号，aammt.tmmu.edu.cn

刊名：第四纪研究
刊号：CN11-2708/P
主办单位：中国科学院地质与地球物理研究所、中国第四纪研究委员会
主管单位：中国科学院
地址：北京市东城区东黄城根北街16号，www.dsjyj.com.cn

刊名：癫痫与神经电生理学杂志
刊号：CN52-1152/R
主办单位：贵州医科大学
主管单位：贵州医科大学
地址：贵州省贵阳市云岩区贵医街28号

刊名：癫痫杂志
刊号：CN51-1762/R
主办单位：四川大学
主管单位：中华人民共和国教育部
地址：四川省成都市武侯区国学巷37号四川大学华西医院水塔楼3023，www.journalep.com

刊名：电波科学学报
刊号：CN41-1185/TN
主办单位：中国电子学会
主管单位：中国科学技术协会
地址：河南省新乡市牧野区建设东路84号，www.cjors.cn

刊名：电测与仪表
刊号：CN23-1202/TH
主办单位：哈尔滨电工仪表研究所有限公司、中国仪器仪表学会电磁测量信息处理分会
主管单位：哈尔滨电工仪表研究所有限公司
地址：黑龙江省哈尔滨市松北区创新路2000号，www.emijournal.net

刊名：电池
刊号：CN43-1129/TM
主办单位：全国电池工业电池信息中心、湖南轻工研究院有限责任公司
主管单位：中国轻工业联合会
地址：湖南省长沙市天心区仰天湖路新村1号，www.batterypub.com

刊名：电池工业
刊号：CN32-1448/TM
主办单位：中国电池工业协会、轻工业化学电源研究所
主管单位：中国轻工业联合会
地址：江苏省苏州市姑苏区莫邪路688号，icps.energy.suda.edu.cn/14042/main.htm

刊名：电瓷避雷器
刊号：CN61-1129/TM
主办单位：西安电瓷研究所
主管单位：西安电瓷研究所
地址：陕西省西安市莲湖区西二环北段18号，www.dcblq.com

刊名：电大理工
刊号：CN21-1126/G4
主办单位：辽宁广播电视大学
主管单位：辽宁省教育厅
地址：辽宁省沈阳市皇姑区黄河北大街50号

刊名：电动工具
刊号：CN31-1433/TM
主办单位：上海电动工具研究所（集团）有限公司
主管单位：上海市国有资产监督管理委员会
地址：上海市徐汇区桂箐路19号，ddgj.cbpt.cnki.net

刊名：电镀与环保
刊号：CN31-1507/X
主办单位：上海市轻工业科技情报研究所
主管单位：中国轻工业联合会
地址：上海市静安区余姚路607弄19号

刊名：电镀与精饰
刊号：CN12-1096/TG
主办单位：天津市电镀工程学会
主管单位：天津市科协技术协会
地址：天津市河东区新开路美福园2-1-102，www.pfoc.org.cn

刊名：**电镀与涂饰**
刊号：CN44-1237/TS
主办单位：广州大学
主管单位：广州大学
地址：广东省广州市黄埔区科学城科研路6号，www.plating.org

刊名：**电工材料**
刊号：CN45-1288/TG
主办单位：桂林电器科学研究院有限公司
主管单位：中国机械工业集团有限公司
地址：广西壮族自治区桂林市七星区东城路8号，www.e-material.com.cn

刊名：**电工电能新技术**
刊号：CN11-2283/TM
主办单位：中国科学院电工研究所
主管单位：中国科学院
地址：北京市海淀区中关村北二条6号中国科学院电工研究所，159.226.64.23/Jwk_dgdn/CN/volumn/home.shtml

刊名：**电工电气**
刊号：CN32-1800/TM
主办单位：苏州电器科学研究所有限公司
主管单位：江苏省机械工业联合会
地址：江苏省苏州市虎丘区苏州高新区滨河路永和街7号，www.idgdq.cn

刊名：**电工钢**
刊号：CN42-1903/TF
主办单位：武汉钢铁有限公司
主管单位：宝山钢铁股份有限公司
地址：湖北省武汉市青山区冶金大道路28号，www.bwjournal.com/dgg/CN/2096-7101/home.shtml

刊名：**电工技术**
刊号：CN50-1072/TM
主办单位：重庆西南信息有限公司
主管单位：重庆西南信息有限公司
地址：重庆市渝北区洪湖西路18号，www.chinaet.net

刊名：**电工技术学报**
刊号：CN11-2188/TM
主办单位：中国电工技术学会
主管单位：中国科学技术协会
地址：北京市西城区莲花池东路102号天莲大厦10层，www.ces-transaction.com

刊名：**电气技术与经济**
刊号：CN10-1539/TM
主办单位：机械工业北京电工技术经济研究所
主管单位：中国机械工业联合会
地址：北京市丰台区南四环西路188号12区30号楼，beri.org.cn

刊名：**电光与控制**
刊号：CN41-1227/TN
主办单位：中国航空工业集团公司洛阳电光设备研究所
主管单位：中国航空工业集团公司
地址：河南省洛阳市西工区凯旋西路25号，www.dgykz.com

刊名：**电焊机**
刊号：CN51-1278/TM
主办单位：成都电焊机研究所
主管单位：成都电焊机研究所
地址：四川省成都市成华区二环路东一段29号，www.toweld.com

刊名：**电化教育研究**
刊号：CN62-1022/G4
主办单位：西北师范大学、中国电化教育研究会
主管单位：中国电化教育研究会、西北师范大学
地址：甘肃省兰州市安宁区安宁东路967号西北师范大学内，aver.nwnu.edu.cn

刊名：**电化学**
刊号：CN35-1172/O6
主办单位：中国化学会、厦门大学
主管单位：中国科学技术协会
地址：福建省厦门市思明区思明南路422号，electrochem.xmu.edu.cn

刊名：**电机技术**
刊号：CN31-1288/TM
主办单位：上海电气（集团）总公司
主管单位：上海电气（集团）总公司
地址：上海市闵行区江川路555号

刊名：**电机与控制学报**

刊号：CN23-1408/TM
主办单位：哈尔滨理工大学
主管单位：黑龙江省教育厅
地址：黑龙江省哈尔滨市南岗区学府路 52 号，emc. hrbust. edu. cn

刊名：电机与控制应用
刊号：CN31-1959/TM
主办单位：上海电器科学研究所（集团）有限公司
主管单位：上海市经济和信息化委员会
地址：上海市普陀区武宁路 505 号，www. motor-abc. cn

刊名：电加工与模具
刊号：CN32-1589/TH
主办单位：苏州电加工机床研究所、中国机械工程学会特种加工分会
主管单位：苏州电加工机床研究所
地址：江苏省苏州市虎丘区新区金山路 180 号，www. djgu. cbpt. cnki. net

刊名：电力安全技术
刊号：CN32-1543/TM
主办单位：中国电机工程学会安全技术专业委员会、苏州热工研究院有限公司
主管单位：国家电网有限公司
地址：江苏省苏州市姑苏区西环路 1788 号，www. csest. com

刊名：电力大数据
刊号：CN52-1106/TK
主办单位：贵州电力试验研究院
主管单位：贵州电网公司
地址：贵州省贵阳市南明区解放路 251 号，dldsj. ijournals. cn

刊名：电力电容器与无功补偿
刊号：CN61-1468/TM
主办单位：西安电力电容器研究所
主管单位：西安电力电容器研究所
地址：陕西省西安市莲湖区西二环北段 18 号，www. dldrq. com

刊名：电力电子技术
刊号：CN61-1124/TM
主办单位：电力电子技术研究所
主管单位：电力电子技术研究所
地址：陕西省西安市雁塔区朱雀大街 94 号，www. dldzjs. com

刊名：电力工程技术
刊号：CN32-1866/TM
主办单位：国网江苏省电力公司、江苏省电机工程学会
主管单位：国网江苏省电力公司
地址：江苏省南京市玄武区中山路 248 号《电力工程技术》编辑部，www. epet-info. com

刊名：电力机车与城轨车辆
刊号：CN43-1402/U
主办单位：中车株洲电力机车有限公司
主管单位：中国中车集团有限公司
地址：湖南省株洲市石峰区田东路 377 号，djji. cbpt. cnki. net

刊名：电力建设
刊号：CN11-2583/TM
主办单位：国网经济技术研究院有限公司、中国电力工程顾问集团有限公司、中国电力科学研究院有限公司
主管单位：国家电网有限公司
地址：北京市西城区文华胡同 21 号，www. cepc. com. cn

刊名：电力科技与环保
刊号：CN32-1808/X
主办单位：国电科学技术研究院有限公司
主管单位：国家能源投资集团有限责任公司
地址：江苏省南京市栖霞区仙境路 10 号，dlhb. qkpt. cnki. cn

刊名：电力科学与工程
刊号：CN13-1328/TK
主办单位：华北电力大学
主管单位：中华人民共和国教育部
地址：河北省保定市莲池区永华北大街 619 号，dlkxygc. ncepu. edu. cn

刊名：电力科学与技术学报
刊号：CN43-1475/TM
主办单位：长沙理工大学
主管单位：湖南省教育厅

地址：湖南省长沙市天心区赤岭路45号长沙理工大学，dlkjxb. csust. edu. cn

刊名：电力系统保护与控制
刊号：CN41-1401/TM
主办单位：许昌开普电气研究院
主管单位：许昌开普电气研究院
地址：河南省许昌市建安区尚德路17号，www. dlbh. net

刊名：电力系统及其自动化学报
刊号：CN12-1251/TM
主办单位：天津大学
主管单位：中华人民共和国教育部
地址：天津市南开区卫津路92号，dlzd. cbpt. cnki. net

刊名：电力系统自动化
刊号：CN32-1180/TP
主办单位：国网电力科学研究院有限公司
主管单位：国家电网有限公司
地址：江苏省南京市江宁区诚信大道19号，www. aeps-info. com

刊名：电力信息与通信技术
刊号：CN10-1164/TK
主办单位：中国电力科学研究院有限公司
主管单位：国家电网有限公司
地址：北京市海淀区清河小营东路15号，www. dlxxtx. com

刊名：电力需求侧管理
刊号：CN32-1592/TK
主办单位：英大传媒投资集团南京有限公司、国网（江苏）电力需求侧管理指导中心有限公司
主管单位：英大传媒投资集团有限公司
地址：江苏省南京市鼓楼区北京西路20号，www. sgdsm. com

刊名：电力学报
刊号：CN14-1185/TM
主办单位：山西省电机工程学会、山西大学
主管单位：国网山西省电力公司
地址：山西省太原市小店区坞城路92号，dily. cbpt. cnki. net

刊名：电力与能源
刊号：CN31-2051/TK
主办单位：上海市能源研究所、上海市电力公司、上海市工程热物理学会
主管单位：上海科学院
地址：上海市虹口区邯郸路177号，www. mat-test. com

刊名：电力自动化设备
刊号：CN32-1318/TM
主办单位：南京电力自动化研究所有限公司、国电南京自动化股份有限公司
主管单位：中国华电集团有限公司
地址：江苏省南京市浦口区高新技术产业开发区星火路8号，www. epae. cn

刊名：电脑与电信
刊号：CN44-1606/TN
主办单位：广东省科技合作研究促进中心
主管单位：广东省科学技术厅
地址：广东省广州市越秀区连新路171号广东国际科技中心，www. computertelecom. com. cn

刊名：电脑与信息技术
刊号：CN43-1202/TP
主办单位：湖南省电子研究所有限公司
主管单位：湖南省兵器工业集团有限责任公司
地址：湖南省长沙市芙蓉区解放东路53号

刊名：电气传动
刊号：CN12-1067/TP
主办单位：天津电气科学研究院有限公司、中国自动化学会
主管单位：天津电气科学研究院有限公司
地址：天津市东丽区滨海高新区创新大道354号，www. au365. cn

刊名：电气传动自动化
刊号：CN62-1106/TM
主办单位：天水电气传动研究所有限责任公司
主管单位：甘肃省机械工业总公司
地址：甘肃省天水市麦积区羲皇大道甘铺工业示范区22号，www. tedri. com/html/kjqk

刊名：电气电子教学学报
刊号：CN32-1487/TN
主办单位：东南大学、教育部高等学校电工电子基

础课程教学指导分委员会、中国工程教育认证协会电子信息与电气工程类专业认证分委员会
主管单位：中华人民共和国教育部
地址：江苏省南京市玄武区四牌楼 2 号东南大学《电气电子教学学报》编辑部，jeee. seu. edu. cn

刊名：电气防爆
刊号：CN41-1318/TM
主办单位：南阳防爆电气研究所
主管单位：南阳防爆电气研究所
地址：河南省南阳市宛城区仲景北路 20 号，dqfb. china-ex. com

刊名：电气工程学报
刊号：CN10-1289/TM
主办单位：机械工业信息研究院
主管单位：中国机械工业联合会
地址：北京市西城区百万庄大街 22 号，www. cjeec-mp. cn

刊名：电气化铁道
刊号：CN11-2701/U
主办单位：中铁电气化局集团有限公司、中国铁道学会电气化委员会
主管单位：中国铁路工程总公司
地址：北京市丰台区金家村 1 号，www. eeb. cn/tab-id/170/Default. aspx

刊名：电气技术
刊号：CN11-5255/TM
主办单位：中国电工技术学会
主管单位：中国科学技术协会
地址：北京市西城区莲花池东路 102 号天莲大厦 10 层，www. cesmedia. cn

刊名：电气开关
刊号：CN21-1279/TM
主办单位：沈阳电气传动研究所（有限公司）
主管单位：沈阳电气传动研究所（有限公司）
地址：辽宁省沈阳市于洪区巢湖街 10 号

刊名：电气时代
刊号：CN11-1244/TM
主办单位：机械工业信息研究院
主管单位：中国机械工业联合会
地址：北京市西城区百万庄大街 22 号，www. eage. com. cn

刊名：电气应用
刊号：CN11-5249/TM
主办单位：机械工业信息研究院
主管单位：中国机械工业联合会
地址：北京市西城区百万庄大街 22 号，www. eage. com. cn

刊名：电气自动化
刊号：CN31-1376/TM
主办单位：上海电气自动化设计研究所有限公司、上海市自动化学会
主管单位：上海电气（集团）总公司
地址：上海市黄浦区蒙自路 360 号，www. dqzdh-1979. com

刊名：电器与能效管理技术
刊号：CN31-2099/TM
主办单位：上海电器科学研究所（集团）有限公司
主管单位：上海市经济和信息化委员会
地址：上海市普陀区武宁路 505 号，www. eaes-seari. com

刊名：电声技术
刊号：CN11-2122/TN
主办单位：电视电声研究所
主管单位：中国电子科技集团有限公司
地址：北京市朝阳区酒仙桥北路乙 7 号 15 号楼 3 层 315—321 号，www. videoe. cn

刊名：电世界
刊号：CN31-1327/TM
主办单位：上海电机学院、上海市电机工程学会
主管单位：上海电机学院
地址：上海市浦东新区水华路 300 号，www. ew-1946. net

刊名：电视技术
刊号：CN11-2123/TN
主办单位：电视电声研究所
主管单位：中国电子科技集团有限公司
地址：北京市朝阳区酒仙桥北路乙 7 号 15 号楼 3 层 315—321 号，www. videoe. cn

刊名：电视研究
刊号：CN11-3068/G2
主办单位：中央电视台
主管单位：国家广播电视总局
地址：北京市朝阳区光华路甲1号院中央电视台新址，www.tvyanjiuzz.cn

刊名：电视指南
刊号：CN11-5054/J
主办单位：中国广播影视出版社有限公司
主管单位：国家广播电视总局
地址：北京市西城区真武庙二条9号中国电视音像资料馆14层，www.dsznzzs.com

刊名：电网技术
刊号：CN11-2410/TM
主办单位：国家电网有限公司
主管单位：国家电网有限公司
地址：北京市海淀区清河小营东路15号，www.dwjs.com.cn

刊名：电网与清洁能源
刊号：CN61-1474/TK
主办单位：国网陕西省电力公司、西安理工大学水利水电土木建筑研究设计院
主管单位：国家电网有限公司
地址：陕西省西安市雁塔区科技六路15号汇金国际，www.apshe.cn

刊名：电线电缆
刊号：CN31-1392/TM
主办单位：上海电缆研究所有限公司
主管单位：上海市国有资产监督管理委员会
地址：上海市杨浦区军工路1000号，dxdl.cbpt.cnki.net

刊名：电信技术
刊号：CN11-2100/TN
主办单位：人民邮电出版社有限公司
主管单位：中华人民共和国工业和信息化部
地址：北京市东城区广渠门内大街80号通正国际大厦606室，www.ttm.com.cn

刊名：电信科学
刊号：CN11-2103/TN
主办单位：中国通信学会、人民邮电出版社有限公司
主管单位：中国科学技术协会
地址：北京市东城区广渠门内大街80号通正国际大厦602室，www.telecomsci.com

刊名：电信快报
刊号：CN31-1273/TN
主办单位：电信科学技术第一研究所有限公司、上海市互联网协会
主管单位：电信科学技术研究院有限公司
地址：上海市徐汇区平江路48号，www.telecominfo.com.cn

刊名：信息通信技术与政策
刊号：CN10-1576/TN
主办单位：中国信息通信研究院
主管单位：中华人民共和国工业和信息化部
地址：北京市海淀区学院路40号中国信息通信研究院，www.caict.ac.cn/ywjs/kjqk

刊名：电讯技术
刊号：CN51-1267/TN
主办单位：西南电子技术研究所（中国电子科技集团公司第十研究所）
主管单位：中国电子科技集团有限公司
地址：四川省成都市金牛区营康西路85号，www.teleonline.cn

刊名：电影评介
刊号：CN52-1014/J
主办单位：当代贵州期刊传媒集团有限责任公司
主管单位：当代贵州期刊传媒集团有限责任公司
地址：贵州省贵阳市云岩区宝山北路372号贵州日报大楼1705，www.iddgz.com

刊名：电影文学
刊号：CN22-1090/I
主办单位：长影集团有限责任公司
主管单位：长影集团有限责任公司
地址：吉林省长春市朝阳区红旗街1118号，dylx.chinajournal.net.cn

刊名：电影新作
刊号：CN31-1145/J
主办单位：上海电影艺术研究所、上海电影家协会
主管单位：上海文化广播影视集团

地址：上海市徐汇区漕溪北路 595 号，www. dyxinzuo. cn

刊名：电影艺术
刊号：CN11-1528/J
主办单位：中国电影家协会
主管单位：中国文学艺术界联合会
地址：北京市朝阳区北三环东路 22 号，www. dyyishu. cn

刊名：电源技术
刊号：CN12-1126/TM
主办单位：中国电子科技集团公司第十八研究所
主管单位：中国电子科技集团有限公司
地址：天津市西青区海泰大道华科七路 6 号，www. cjpstj. com

刊名：电源学报
刊号：CN12-1420/TM
主办单位：中国电源学会、国家海洋技术中心
主管单位：国家海洋局
地址：天津市南开区黄河道 467 号大通大厦 16 层，www. jops. cn

刊名：电站辅机
刊号：CN31-1505/TM
主办单位：上海电站辅机厂有限公司
主管单位：上海电气（集团）总公司
地址：上海市杨浦区隆昌路 621 号

刊名：电站系统工程
刊号：CN23-1334/TM
主办单位：哈尔滨电站设备成套设计研究所有限公司
主管单位：中国机械工业集团有限公司
地址：黑龙江省哈尔滨市香坊区旭升街 1 号，dzxt. chinajournal. net. cn

刊名：电子测量技术
刊号：CN11-2175/TN
主办单位：北京无线电技术研究所
主管单位：北京电子控股有限责任公司
地址：北京市东城区地安门东大街 89 号，emt. etmchina. com

刊名：电子测量与仪器学报
刊号：CN11-2488/TN
主办单位：中国电子学会、中电新一代（北京）信息技术研究院
主管单位：中国科学技术协会
地址：北京市东城区北河沿大街 79 号，jemi. etmchina. com

刊名：电子产品可靠性与环境试验
刊号：CN44-1412/TN
主办单位：工业和信息化部电子第五研究所
主管单位：中华人民共和国工业和信息化部
地址：广东省广州市天河区东莞庄路 110 号五所大院

刊名：电子产品世界
刊号：CN11-3374/TN
主办单位：中国科学技术信息研究所、美国国际数据集团
主管单位：中华人民共和国科学技术部
地址：北京市海淀区复兴路 15 号 816 室

刊名：电子工业专用设备
刊号：CN62-1077/TN
主办单位：中国电子科技集团公司第四十五研究所
主管单位：中国电子科技集团有限公司
地址：北京市朝阳区安贞西里三区 26 号浙江大厦 913 室，www. cepem. com. cn

刊名：电子工艺技术
刊号：CN14-1136/TN
主办单位：中国电子科技集团公司第二研究所
主管单位：中国电子科技集团有限公司
地址：山西省太原市万柏林区和平南路 115 号，www. ersuo. com/technology_magazines. asp

刊名：电子机械工程
刊号：CN32-1539/TN
主办单位：南京电子技术研究所
主管单位：江苏省国防科学技术工业办公室
地址：江苏省南京市雨花台区国睿路 8 号，www. dzjxgc. cn

刊名：电子技术应用
刊号：CN11-2305/TN
主办单位：华北计算机系统工程研究所
主管单位：中国电子信息产业集团有限公司

地址：北京市海淀区清华东路 25 号，dzjy. cbpt. cnki. net

刊名：电子技术与软件工程

刊号：CN10-1108/TP

主办单位：中国电子学会、中电新一代（北京）信息技术研究院

主管单位：中国科学技术协会

地址：北京市海淀区玉渊潭南路普惠南里 13 号，www. eg-soft. com

刊名：电子科技

刊号：CN61-1291/TN

主办单位：西安电子科技大学

主管单位：中华人民共和国教育部

地址：陕西省西安市雁塔区太白南路 2 号，journal. xidian. edu. cn/dzkj

刊名：电子科技大学学报

刊号：CN51-1207/T

主办单位：电子科技大学

主管单位：中华人民共和国教育部

地址：四川省成都市成华区建设北路二段 4 号《电子科技大学学报》编辑部，www. juestc. uestc. edu. cn

刊名：电子科技大学学报（社会科学版）

刊号：CN51-1569/C

主办单位：电子科技大学

主管单位：中华人民共和国教育部

地址：四川省成都市成华区建设北路二段 4 号《电子科技大学学报》编辑部，www. xb. uestc. edu. cn

刊名：电子器件

刊号：CN32-1416/TN

主办单位：东南大学

主管单位：中华人民共和国教育部

地址：江苏省南京市玄武区四牌楼 2 号东南大学《电子器件》编辑部，www. chinaelectrondevices. com

刊名：电子设计工程

刊号：CN61-1477/TN

主办单位：西安三才科技实业有限公司

主管单位：九三学社陕西省委员会

地址：陕西省西安市莲湖区劳动南路 210 号 5-1-3，mag. ieechina. com

刊名：电子显微学报

刊号：CN11-2295/TN

主办单位：中国物理学会

主管单位：中国科学技术协会

地址：北京市海淀区中关村北二条 13 号，www. dzxwxb. ac. cn

刊名：电子信息对抗技术

刊号：CN51-1694/TN

主办单位：中国电子科技集团公司第二十九研究所、电子信息控制国家重点实验室

主管单位：中国电子科技集团有限公司

地址：四川省成都市金牛区茶店子 429 信箱 011 分箱

刊名：电子学报

刊号：CN11-2087/TN

主办单位：中国电子学会、中电新一代（北京）信息技术研究院

主管单位：中国科学技术协会

地址：北京市海淀区玉渊潭南路普惠南里 13 号楼 305，ejournal. org. cn

刊名：电子与封装

刊号：CN32-1709/TN

主办单位：中国电子科技集团公司第五十八研究所

主管单位：中国电子科技集团有限公司

地址：江苏省无锡市滨湖区建筑西路 777 号，ep. org. cn

刊名：电子与信息学报

刊号：CN11-4494/TN

主办单位：中国科学院电子学研究所、国家自然科学基金委员会信息科学部

主管单位：中国科学院

地址：北京市东城区东黄城根北街 16 号，ie. ac. cn

刊名：电子元件与材料

刊号：CN51-1241/TN

主办单位：国营第 715 厂、中国电子学会、中国电子元件行业协会

主管单位：中华人民共和国工业和信息化部

地址：四川省成都市成华区一环路东一段 159 号信

息产业大厦 1101 室，www.cnelecom.net

刊名：电子政务
刊号：CN11-5181/TP
主办单位：中国科学院文献情报中心
主管单位：中国科学院
地址：北京市海淀区北四环西路 33 号，www.cnegov.org

刊名：电子知识产权
刊号：CN11-3226/D
主办单位：工业和信息化部电子科技情报研究所、工业和信息化部电子知识产权咨询服务中心
主管单位：中华人民共和国工业和信息化部
地址：北京市石景山区鲁谷路 35 号电科大厦

刊名：雕塑
刊号：CN11-3579/J
主办单位：中国工艺美术学会
主管单位：中国轻工业联合会
地址：北京市朝阳区劲松嘉园 A 座 506 室

刊名：调研世界
刊号：CN11-3705/C
主办单位：中国统计学会
主管单位：国家统计局
地址：北京市西城区月坛南街 57 号，dysj.cbpt.cnki.net

刊名：东北财经大学学报
刊号：CN21-1414/F
主办单位：东北财经大学
主管单位：辽宁省教育厅
地址：辽宁省大连市沙河口区尖山路 217 号，zzs.dufe.edu.cn/Jweb_cjxb

刊名：东北大学学报（社会科学版）
刊号：CN21-1413/G4
主办单位：东北大学
主管单位：中华人民共和国教育部
地址：辽宁省沈阳市和平区文化路 3 巷 11 号，xuebao.neu.edu.cn

刊名：东北大学学报（自然科学版）
刊号：CN21-1344/T
主办单位：东北大学
主管单位：中华人民共和国教育部
地址：辽宁省沈阳市和平区文化路 3 号巷 11 号，xuebao.neu.edu.cn

刊名：东北电力大学学报
刊号：CN22-1373/TM
主办单位：东北电力大学
主管单位：吉林省教育厅
地址：吉林省吉林市船营区长春路 169 号，xb.neepu.edu.cn

刊名：东北电力技术
刊号：CN21-1282/TM
主办单位：国网辽宁省电力有限公司
主管单位：国家电网有限公司
地址：辽宁省沈阳市和平区四平街 39 号

刊名：东北林业大学学报
刊号：CN23-1268/S
主办单位：东北林业大学
主管单位：中华人民共和国教育部
地址：黑龙江省哈尔滨市香坊区和兴路 26 号，dlxb.nefu.edu.cn

刊名：东北农业大学学报（社会科学版）
刊号：CN23-1518/C
主办单位：东北农业大学
主管单位：东北农业大学
地址：黑龙江省哈尔滨市香坊区长江路 600 号东北农业大学，publish.neau.edu.cn/dbnydxxb_shkxb_.htm

刊名：东北农业大学学报
刊号：CN23-1392/S
主办单位：东北农业大学
主管单位：东北农业大学
地址：黑龙江省哈尔滨市香坊区长江路 600 号东北农业大学学术理论研究部，publish.neau.edu.cn/dbnydxxb.htm

刊名：东北农业科学
刊号：CN22-1376/S
主办单位：吉林省农业科学院、中国农业科技东北创新中心
主管单位：吉林省人民政府

地址：吉林省长春市南关区生态大街 1363 号，www. jlnykx. cn

刊名：东北师大学报（哲学社会科学版）
刊号：CN22-1062/C
主办单位：东北师范大学
主管单位：中华人民共和国教育部
地址：吉林省长春市南关区净月开发区净月大街 2555 号，dswkxb. nenu. edu. cn

刊名：东北师大学报（自然科学版）
刊号：CN22-1123/N
主办单位：东北师范大学
主管单位：中华人民共和国教育部
地址：吉林省长春市南关区净月开发区净月大街 2555 号，dslkxb. nenu. edu. cn

刊名：东北石油大学学报
刊号：CN23-1582/TE
主办单位：东北石油大学
主管单位：黑龙江省教育厅
地址：黑龙江省大庆市龙凤区学府街 99 号，xuebao. nepu. edu. cn

刊名：东北水利水电
刊号：CN22-1097/TV
主办单位：水利部松辽水利委员会
主管单位：中华人民共和国水利部
地址：吉林省长春市朝阳区解放大路 4188 号，dbslsd. paperopen. com

刊名：东北亚论坛
刊号：CN22-1180/C
主办单位：吉林大学
主管单位：中华人民共和国教育部
地址：吉林省长春市朝阳区前进大街 2699 号吉林大学东荣大厦 415 室《东北亚论坛》编辑部，www. dbyl. cbpt. cnki. net

刊名：东北亚外语研究
刊号：CN21-1587/H
主办单位：大连外国语大学
主管单位：辽宁省教育厅
地址：辽宁省大连市旅顺口区旅顺南路西段 6 号，ryzs. cbpt. cnki. net

刊名：东北亚学刊
刊号：CN12-1427/C
主办单位：天津社会科学院东北亚研究所、天津社会科学院出版社有限公司
主管单位：天津社会科学院
地址：天津市南开区迎水道 7 号，www. tass-tj. org. cn/Page/DBYXKDefault. aspx? NCode = dbyxk

刊名：东方电气评论
刊号：CN51-1333/TM
主办单位：中国东方电气集团有限公司
主管单位：中国东方电气集团有限公司
地址：四川省成都市郫都区西芯大道 18 号

刊名：东方法学
刊号：CN31-2008/D
主办单位：上海人民出版社有限责任公司、上海市法学会
主管单位：上海世纪出版股份有限公司
地址：上海市黄浦区福建中路 193 号，sls. org. cn/moxing/oriental. html? id = 6

刊名：东方翻译
刊号：CN31-2025/H
主办单位：上海市文艺期刊中心
主管单位：上海市文学艺术界联合会
地址：上海市静安区延安西路 238 号，www. ejtrans. com

刊名：东方论坛：青岛大学学报（社会科学版）
刊号：CN37-1216/C
主办单位：青岛大学
主管单位：山东省教育厅
地址：山东省青岛市市南区宁夏路 308 号，rwskc. qdu. edu. cn/dflt. htm

刊名：东方汽轮机
刊号：CN51-1722/TK
主办单位：东方电气集团东方汽轮机有限公司
主管单位：中国东方电气集团有限公司
地址：四川省德阳市旌阳区高新技术产业园金沙江西路 666 号

刊名：东莞理工学院学报
刊号：CN44-1456/T
主办单位：东莞理工学院

主管单位：广东省教育厅
地址：广东省东莞市松山湖区大学路 1 号，dglg. cbpt. cnki. net

刊名：东华大学学报（社会科学版）
刊号：CN31-1848/C
主办单位：东华大学
主管单位：中华人民共和国教育部
地址：上海市长宁区延安西路 1882 号，qkzx. dhu. edu. cn

刊名：东华大学学报
刊号：CN31-1920/TS
主办单位：东华大学
主管单位：中华人民共和国教育部
地址：上海市长宁区延安西路 1882 号，dhdy. cbpt. cnki. net

刊名：东华大学学报（自然科学版）
刊号：CN31-1865/N
主办单位：东华大学
主管单位：中华人民共和国教育部
地址：上海市长宁区延安西路 1882 号，dhdz. cbpt. cnki. net

刊名：东华理工大学学报（社会科学版）
刊号：CN36-1299/C
主办单位：东华理工大学
主管单位：江西省教育厅
地址：江西省抚州市临川区学府路 56 号，sse. ecit. edu. cn

刊名：东华理工大学学报（自然科学版）
刊号：CN36-1300/N
主办单位：东华理工大学
主管单位：江西省教育厅
地址：江西省抚州市监川区学府路 56 号，nse. ecit. edu. cn

刊名：东疆学刊
刊号：CN22-1162/C
主办单位：吉林省教育厅
主管单位：延边大学
地址：吉林省延边朝鲜族自治州延吉市公园路 977 号科技楼 511 号，ybu. edu. cn

刊名：东南传播
刊号：CN35-1274/J
主办单位：福建省广播影视集团
主管单位：福建省广播影视集团
地址：福建省福州市鼓楼区白马北路 253 号广电大院 4 层，dncb. chinajournal. net. cn

刊名：东南大学学报（医学版）
刊号：CN32-1647/R
主办单位：东南大学
主管单位：中华人民共和国教育部
地址：江苏省南京市鼓楼区丁家桥 87 号东南大学，www. ddxbyxb. cn

刊名：东南大学学报（哲学社会科学版）
刊号：CN32-1517/C
主办单位：东南大学
主管单位：中华人民共和国教育部
地址：江苏省南京市玄武区四牌楼 2 号，skxb. seu. edu. cn

刊名：东南大学学报（自然科学版）
刊号：CN32-1178/N
主办单位：东南大学
主管单位：中华人民共和国教育部
地址：江苏省南京市玄武区四牌楼 2 号，journal. seu. edu. cn

刊名：东南文化
刊号：CN32-1096/K
主办单位：南京博物院
主管单位：江苏省文化和旅游厅
地址：江苏省南京市玄武区中山东路 321 号南京博物院，dnwh. njmuseum. com

刊名：东南学术
刊号：CN35-1197/C
主办单位：福建省社会科学界联合会
主管单位：福建省社会科学界联合会
地址：福建省福州市鼓楼区柳兴路 83 号，dnxsh. cbpt. cnki. net

刊名：东南亚研究
刊号：CN44-1124/D
主办单位：暨南大学东南亚研究所
主管单位：暨南大学

地址：广东省广州市天河区黄河大道601号暨南大学第二文科楼6楼，www. dnyyj. cn

刊名：东南亚纵横
刊号：CN45-1176/D
主办单位：广西社会科学院东南亚研究所
主管单位：广西社会科学院
地址：广西壮族自治区南宁市青秀区新竹路5号广西社会科学院501办公室，www. gass. gx. cn/html/2020/qk_0630/44. html

刊名：东南园艺
刊号：CN35-1317/S
主办单位：福建省农业科学院果树研究所
主管单位：福建省农业科学院
地址：福建省福州市晋安区埔垱村24号福建省农业科学院果树研究所，www. faas. cn/cms/html/fjsnykxy/dnyy

刊名：东吴学术
刊号：CN32-1815/C
主办单位：常熟理工学院
主管单位：江苏省教育厅
地址：江苏省苏州市常熟市南三环路99号常熟理工学院《东吴学术》编辑部，soochow. academic. cslg. edu. cn

刊名：东岳论丛
刊号：CN37-1062/C
主办单位：山东省社会科学院
主管单位：山东省社会科学院
地址：山东省济南市市中区舜耕路56号，www. dongyueluncong. com

刊名：动力工程学报
刊号：CN31-2041/TK
主办单位：上海上发院发电成套设备工程有限公司、中国动力工程学会
主管单位：上海发电设备成套设计研究院有限责任公司
地址：上海市闵行区剑川路1115号，jcspe. speri. com. cn

刊名：动力学与控制学报
刊号：CN43-1409/O3
主办单位：中国力学学会、湖南大学
主管单位：中华人民共和国教育部
地址：湖南省长沙市岳麓区湖南大学逸夫楼301，dlxykzxb. cnjournals. net

刊名：动物学研究
刊号：CN53-1229/Q
主办单位：中国科学院昆明动物研究所、中国动物学会
主管单位：中国科学院
地址：云南省昆明市五华区教场东路32号，www. zoores. ac. cn

刊名：动物学杂志
刊号：CN11-1830/Q
主办单位：中国科学院动物研究所、中国动物学会
主管单位：中国科学院
地址：北京市朝阳区大屯路中国科学院动物研究所内，dwxzz. ioz. ac. cn

刊名：动物医学进展
刊号：CN61-1306/S
主办单位：西北农林科技大学
主管单位：中华人民共和国教育部
地址：陕西省咸阳市杨凌区西北农林科技大学动物医学院，dyjz. cbpt. cnki. net

刊名：动物营养学报
刊号：CN11-5461/S
主办单位：中国畜牧兽医学会
主管单位：中国科学技术协会
地址：北京市海淀区圆明园西路2号院56号楼1层101、102，www. chinajan. com

刊名：都市快轨交通
刊号：CN11-5144/U
主办单位：北京交通大学、北京城建设计发展集团股份有限公司
主管单位：中华人民共和国教育部
地址：北京市海淀区上园村3号北京交通大学思源楼514室，www. urt. cn

刊名：毒理学杂志
刊号：CN11-5263/R
主办单位：北京市预防医学研究中心、北京大学公共卫生学院
主管单位：北京市卫生健康委员会

地址：北京市东城区和平里中街16号，www.dlxzzb-jb.cn

刊名：杜甫研究学刊
刊号：CN51-1047/I
主办单位：四川省杜甫学会、成都杜甫草堂博物馆
主管单位：成都市文化广电旅游局
地址：四川省成都市青羊区青华路37号

刊名：断块油气田
刊号：CN41-1219/TE
主办单位：中国石化集团中原石油勘探局有限公司
主管单位：中国石油化工集团有限公司
地址：河南省濮阳市华龙区中原东路360号《断块油气田》编辑部，www.dkyqt.com

刊名：锻压技术
刊号：CN11-1942/TG
主办单位：北京机电研究所有限公司、中国机械工程学会塑性工程分会
主管单位：中国机械工业联合会
地址：北京市海淀区学清路18号北京机电研究所，www.fstjournal.net

刊名：锻压装备与制造技术
刊号：CN37-1392/TG
主办单位：济南铸造锻压机械研究所有限公司、中国机床工具工业协会
主管单位：济南铸造锻压机械研究所有限公司
地址：山东省济南市长清区凤凰路500号，www.cmet.org.cn

刊名：锻造与冲压
刊号：CN11-5136/TH
主办单位：中国锻压协会
主管单位：中国机械工业联合会
地址：北京市昌平区回龙观镇生命园路4号院1号楼9层3单元1006、1004，www.metalforming.com.cn

刊名：对外经贸
刊号：CN23-1578/F
主办单位：黑龙江省国际经济贸易学会
主管单位：黑龙江省商务厅
地址：黑龙江省哈尔滨市南岗区革新街165号，hljw.cbpt.cnki.net

刊名：对外经贸实务
刊号：CN42-1113/F
主办单位：武汉纺织大学
主管单位：湖北省教育厅
地址：湖北省武汉市江夏区阳光大道1号武汉纺织大学期刊社，www.dwjmsw.cn

刊名：敦煌学辑刊
刊号：CN62-1027/K
主办单位：敦煌学研究所
主管单位：中华人民共和国教育部
地址：甘肃省兰州市城关区嘉峪关西路3号兰州大学一分部衡山堂5楼，www.dhxjkbjb.cn

刊名：敦煌研究
刊号：CN62-1007/K
主办单位：敦煌研究院
主管单位：甘肃省文化和旅游厅
地址：甘肃省兰州市城关区南滨河东路522号，www.dhyj.net.cn

刊名：多晶硅
刊号：CN10-1025/TQ
主办单位：中国化工信息中心
主管单位：中国石油和化学工业联合会
地址：北京市海淀区小关街53号

E

刊名：俄罗斯东欧中亚研究
刊号：CN10-1111/D
主办单位：中国社会科学院俄罗斯东欧中亚研究所
主管单位：中国社会科学院
地址：北京市东城区张自忠路3号东院，www.oyyj-oys.org

刊名：俄罗斯文艺
刊号：CN11-5702/I
主办单位：北京师范大学
主管单位：中华人民共和国教育部
地址：北京市海淀区新街口外大街19号北京师范大学内，elsw.chinajournal.net.cn

刊名：俄罗斯学刊
刊号：CN23-1570/C
主办单位：黑龙江大学

主管单位：黑龙江大学
地址：黑龙江省哈尔滨市南岗区学府路 74 号，elsxk. hlju. edu. cn

刊名：俄罗斯研究
刊号：CN31-1843/D
主办单位：华东师范大学
主管单位：中华人民共和国教育部
地址：上海市普陀区中山北路 3663 号，ru. ecnu. edu. cn

刊名：鄂州大学学报
刊号：CN42-1454/G4
主办单位：鄂州大学学报
主管单位：湖北省教育厅
地址：湖北省鄂州市鄂城区凤凰路 78 号，www. ezu. cn/xuebao

刊名：儿科药学杂志
刊号：CN1672-108X
主办单位：重庆医科大学附属儿童医院
主管单位：重庆市卫生健康委员会
地址：重庆市渝中区中山二路 136 号，ekyxzz. com. cn

F

刊名：发电设备
刊号：CN31-1391/TN
主办单位：上海上发院发电成套设备工程有限公司
主管单位：上海发电设备成套设计研究院有限责任公司
地址：上海市闵行区剑川路 1115 号，fdsb. speri. com. cn

刊名：发光学报
刊号：CN22-1116/O4
主办单位：中国科学院长春光学精密机械与物理研究所、中国物理学会发光分会
主管单位：中国科学院
地址：吉林省长春市二道区东南湖大路 3888 号，www. fgxb. org

刊名：发酵科技通讯
刊号：CN33-1131/TS
主办单位：浙江工业大学
主管单位：浙江工业大学
地址：浙江省杭州市下城区潮王路 18 号，fjkj. qks. zjut. edu. cn

刊名：发展研究
刊号：CN35-1041/F
主办单位：福建省人民政府发展研究中心
主管单位：福建省人民政府发展研究中心
地址：福建省福州市鼓楼区华林路 76 号福建省人民政府发展研究中心，fzyj. nxhh. net

刊名：阀门
刊号：CN21-1131/TH
主办单位：沈阳阀门研究所
主管单位：沈阳阀门研究所
地址：辽宁省沈阳市铁西区经济技术开发区开发大路 15 号，www. chinavalveinfo. net

刊名：法国研究
刊号：CN42-1087/D
主办单位：武汉大学
主管单位：中华人民共和国教育部
地址：湖北省武汉市洪山区八一路 299 号武汉大学外语学院《法国研究》编辑部，ssroff. whu. edu. cn/info/1150/5060. htm

刊名：法律科学（西北政法大学学报）
刊号：CN61-1470/D
主办单位：西北政法大学
主管单位：陕西省教育厅
地址：陕西省西安市雁塔区长安南路 300 号西北政法大学 20 号信箱，flkx. nwupl. edu. cn

刊名：法律适用
刊号：CN11-3126/D
主办单位：国家法官学院
主管单位：中华人民共和国最高人民法院
地址：北京市东城区东交民巷 27 号，flsy. chinajournal. net. cn

刊名：法商研究
刊号：CN42-1664/D
主办单位：中南财经政法大学
主管单位：中南财经政法大学
地址：湖北省武汉市江夏区南湖大道 182 号，fsyj. zuel. edu. cn

刊名：法学
刊号：CN31-1050/D
主办单位：华东政法大学
主管单位：上海市教育委员会
地址：上海市长宁区万航渡路 1575 号，lawscience. ecupl. edu. cn

刊名：法学家
刊号：CN11-3212/D
主办单位：中国人民大学
主管单位：中华人民共和国教育部
地址：北京市海淀区中关村大街 59 号中国人民大学明德法学楼 503 室，www. faxuejia. org. cn

刊名：法学论坛
刊号：CN37-1343/D
主办单位：山东省法学会
主管单位：山东省法学会
地址：山东省济南市历下区经十路 15743 号，fxlt. ijournal. cn

刊名：法学评论
刊号：CN42-1086/D
主办单位：武汉大学
主管单位：中华人民共和国教育部
地址：湖北省武汉市武昌区八一路 483 号武汉大学法学院内，fxpl. cbpt. cnki. net

刊名：法学文摘
刊号：CN11-5767/D
主办单位：中国人民大学
主管单位：中华人民共和国教育部
地址：北京市海淀区中关村大街甲 59 号文化大厦 13、14 层，www. zlzx. com. cn

刊名：法学研究
刊号：CN11-1162/D
主办单位：中国社会科学院法学研究所
主管单位：中国社会科学院
地址：北京市东城区沙滩北街 15 号，www. faxueyanjiu. com

刊名：法学杂志
刊号：CN11-1648/D
主办单位：北京市法学会
主管单位：北京市法学会
地址：北京市丰台区四方景园 1 区 6 号楼，www. bjfxh. org. cn

刊名：法医学杂志
刊号：CN31-1472/R
主办单位：司法鉴定科学研究院
主管单位：中华人民共和国司法部
地址：上海市普陀区光复西路 1347 号，www. fyxzz. cn

刊名：法制与经济
刊号：CN45-1188/D
主办单位：广西日报社
主管单位：广西日报社
地址：广西壮族自治区南宁市青秀区民主西路 21 号，fzyjjzz. com. cn

刊名：法制与社会发展
刊号：CN22-1243/D
主办单位：吉林大学
主管单位：中华人民共和国教育部
地址：吉林省长春市朝阳区高新技术产业开发区前进大街 2699 号吉林大学南区逸夫图书馆 3 楼，fzyshfz. paperonce. org

刊名：法治社会
刊号：CN44-1722/D
主办单位：广东时代传媒有限公司、广东省法学会
主管单位：南方出版传媒股份有限公司
地址：广东省广州市天河区珠江新城华利路 19 号远洋明珠大厦 4 楼 1-18 室，fzhs. cbpt. cnki. net

刊名：法治研究
刊号：CN33-1343/D
主办单位：浙江省法学会
主管单位：中共浙江省委政法委员会
地址：浙江省杭州市西湖区省府路政法大楼 3 楼，www. fzyjzzs. com

刊名：犯罪研究
刊号：CN31-1809/D
主办单位：上海市犯罪学学会
主管单位：上海市社会科学界联合会
地址：上海市长宁区万航渡路 1575 号

刊名：方言
刊号：CN11-1052/H

主办单位：中国社会科学院语言研究所
主管单位：中国社会科学院
地址：北京市东城区建国门内大街 5 号，www. fyzazhi. org

刊名：防爆电机
刊号：CN23-1259/TM
主办单位：佳木斯防爆电机研究所
主管单位：黑龙江省机械工业联合会
地址：黑龙江省佳木斯市前进区安庆街 3 号，www. jexm. net

刊名：防护林科技
刊号：CN23-1335/S
主办单位：黑龙江省森林与环境科学研究院
主管单位：黑龙江省林业科学院
地址：黑龙江省齐齐哈尔市龙沙区合意大街 8 号，fhlk. cbpt. cnki. net

刊名：防灾减灾工程学报
刊号：CN32-1695/P
主办单位：江苏省地震局
主管单位：江苏省地震局
地址：江苏省南京市玄武区卫岗 3 号，fzjzgcxb. jsseism. gov. cn

刊名：防灾减灾学报
刊号：CN21-1573/P
主办单位：辽宁省地震局
主管单位：辽宁省地震局
地址：辽宁省沈阳市皇姑区黄河北大街 44 号，ddyj. cbpt. cnki. net

刊名：防灾科技学院学报
刊号：CN13-1377/P
主办单位：防灾科技学院
主管单位：中国地震局
地址：河北省廊坊市三河市燕郊经济开发区学院街 465 号防灾科技学院，fzxb. cidp. edu. cn

刊名：仿生工程学报
刊号：CN22-1355/TB
主办单位：吉林大学
主管单位：中华人民共和国教育部
地址：吉林省长春市南关区人民大街 5988 号，jbe. jlu. edu. cn

刊名：纺织报告
刊号：CN32-1853/TS
主办单位：江苏苏豪传媒有限公司
主管单位：江苏省苏豪控股集团有限公司
地址：江苏省南京市雨花台区软件大道 48 号，www. meetsohomedia. com

刊名：纺织标准与质量
刊号：CN11-2670/TS
主办单位：中国纺织科学研究院有限公司
主管单位：中国纺织工业联合会
地址：北京市朝阳区延静里中街 3 号，www. cttc. net. cn/qiye_biaozhun/show-6762. html

刊名：纺织导报
刊号：CN11-1714/TS
主办单位：中国纺织信息中心
主管单位：中国纺织工业联合会
地址：北京市东城区东长安街 12 号，www. texleader. com. cn

刊名：纺织服装教育
刊号：CN31-2077/G4
主办单位：东华大学、中国纺织服装教育学会
主管单位：中华人民共和国教育部
地址：上海市长宁区延安西路 1882 号，fzjy. dhu. edu. cn

刊名：纺织高校基础科学学报
刊号：CN61-1296/TS
主办单位：西安工程大学
主管单位：陕西省教育厅
地址：陕西省西安市碑林区金花南路 19 号西安工程大学 179 信箱，fzgx. xpu. edu. cn

刊名：纺织机械
刊号：CN11-2404/TS
主办单位：中国纺织机械协会
主管单位：中国纺织工业联合会
地址：北京市朝阳区延静里中街 3 号，www. ctma. net

刊名：纺织检测与标准
刊号：CN31-2117/TQ
主办单位：上海市纺织科学研究院
主管单位：上海纺织控股（集团）公司
地址：上海市杨浦区平凉路 988 号

刊名：纺织科技进展
刊号：CN51-1680/TS
主办单位：四川省纺织科技情报中心站、四川省纺织工程学会
主管单位：四川省经济和信息化委员会
地址：四川省成都市青羊区十二桥路2号，www.fz-kjjz.com

刊名：纺织科学研究
刊号：CN11-2717/TS
主办单位：中国纺织科学研究院有限公司
主管单位：中国纺织工业联合会
地址：北京市朝阳区延静里中街3号，www.fzkxyj.com

刊名：纺织科学与工程学报
刊号：CN51-1782/TS
主办单位：成都纺织高等专科学校
主管单位：四川省教育厅
地址：四川省成都市犀浦区泰山大道，www.cdtc.edu.cn：90/fzxb/index.htm

刊名：纺织器材
刊号：CN61-1131/TS
主办单位：陕西纺织器材研究所、中国纺织信息中心、中国纺织机械协会
主管单位：陕西纺织器材研究所
地址：陕西省咸阳市秦都区渭阳西路37号，www.ctainfo.cn

刊名：纺织学报
刊号：CN11-5167/TS
主办单位：中国纺织工程学会
主管单位：中国科学技术协会
地址：北京市朝阳区延静里中街3号主楼6层，www.fzxb.org.cn

刊名：放射学实践
刊号：CN42-1208/R
主办单位：华中科技大学同济医学院
主管单位：中华人民共和国教育部
地址：湖北省武汉市蔡甸区中法新城同济医院专家社区C栋，www.fsxsj.net

刊名：飞行力学
刊号：CN61-1172/V
主办单位：中国飞行试验研究院
主管单位：中国航空工业集团公司
地址：陕西省西安市阎良区第73号信箱《飞行力学》编辑部，fhlx.cbpt.cnki.net

刊名：飞航导弹
刊号：CN11-1770/TJ
主办单位：北京海鹰科技情报研究所
主管单位：中国航天科工集团有限公司
地址：北京市丰台区云岗北区西里1号

刊名：飞机设计
刊号：CN-1339/V
主办单位：沈阳飞机设计研究所
主管单位：中国航空工业集团公司
地址：辽宁省沈阳市皇姑区塔湾路40号

刊名：非金属矿
刊号：CN32-1144/TD
主办单位：苏州非金属矿工业设计研究院
主管单位：苏州非金属矿工业设计研究院
地址：江苏省苏州市虎丘区安杨路169号，www.szfjsk.com

刊名：分析测试技术与仪器
刊号：CN62-1123/O6
主办单位：中国科学院兰州化学物理研究所、中国科学院计划财务局、中国科学院兰州分院测试中心
主管单位：中国科学院
地址：甘肃省兰州市城关区天水中路18号，www.fxcsjsyyq.net

刊名：分析测试学报
刊号：CN44-1318/TH
主办单位：中国广州分析测试中心、中国分析测试协会
主管单位：广东省科学技术厅
地址：广东省广州市越秀区先烈中路100号9-1号楼，new.fxcsxb.com

刊名：分析化学
刊号：CN22-1125/O6
主办单位：中国科学院长春应用化学研究所、中国化学会
主管单位：中国科学院
地址：吉林省长春市朝阳区人民大街5625号，www.analchem.cn

刊名：**分析科学学报**
刊号：CN42-1338/O
主办单位：武汉大学（北京大学、南京大学）
主管单位：中华人民共和国教育部
地址：湖北省武汉市武昌区珞珈山16号武汉大学化学与分子科学学院，www.fxkxxb.whu.edu.cn

刊名：**分析、理论与应用**
刊号：CN32-1631/O1
主办单位：南京大学
主管单位：江苏省教育厅
地址：江苏省南京市鼓楼区汉口路22号南京大学数学系，mathj.nju.edu.cn

刊名：**分析试验室**
刊号：CN11-2017/TF
主办单位：中国有色金属学会、有研科技集团有限公司
主管单位：中国科学技术协会
地址：北京市西城区新街口外大街2号，www.anal-ab.cn

刊名：**分析仪器**
刊号：CN11-1822/TH
主办单位：中国仪器仪表行业协会、北京市北分仪器技术有限责任公司
主管单位：中国机械工业联合会
地址：北京市海淀区温泉镇北京分析仪器研究所

刊名：**分子催化**
刊号：CN62-1039/O6
主办单位：中国科学院兰州化学物理研究所
主管单位：中国科学院
地址：甘肃省兰州市城关区天水中路18号，www.jmcchina.org

刊名：**分子科学学报**
刊号：CN22-1262/O4
主办单位：中国化学会
主管单位：中国科学技术协会
地址：吉林省长春市南关区人民大街5268号，fzkb.cbpt.cnki.net

刊名：**分子细胞生物学报**
刊号：CN31-2002/Q
主办单位：中国科学院上海生命科学研究院生物化学与细胞生物学研究所、中国细胞生物学学会
主管单位：中国科学院
地址：上海市徐汇区岳阳路319号，academic.oup.com/jmcb

刊名：**分子影像学杂志**
刊号：CN44-1630/R
主办单位：南方医科大学
主管单位：广东省教育厅
地址：广东省广州市白云区广州大道北1838号《分子影像学杂志》编辑部，www.j-fzyx.com

刊名：**分子诊断与治疗杂志**
刊号：CN44-1656/R
主办单位：《中国家庭医生》杂志社有限公司
主管单位：中山大学
地址：广东省广州市天河区天河北路179号祥龙大厦10—11楼，yxyq.cbpt.cnki.net

刊名：**分子植物**
刊号：CN31-2013/Q
主办单位：中国科学院上海生命科学研究院植物生理生态研究所、中国植物生理与植物分子生物学学会
主管单位：中国科学院
地址：上海市徐汇区岳阳路319号，www.mplant.org

刊名：**分子植物育种**
刊号：CN46-1068/S
主办单位：海南省生物工程协会
主管单位：海南省科学技术协会
地址：海南省海口市龙华区海秀大道128号双岛公寓13B室，molplantbreed.org

刊名：**粉煤灰综合利用**
刊号：CN13-1187/TU
主办单位：河北省墙体材料革新办公室、石家庄市建筑节能与墙材革新管理中心
主管单位：河北省墙体材料革新办公室
地址：河北省石家庄市裕华区槐中路244号

刊名：**粉末冶金材料科学与工程**
刊号：CN43-1448/TF

主办单位：中南大学
主管单位：中华人民共和国教育部
地址：湖南省长沙市岳麓区麓山南路932号中南大学校本部，pmbjb.csu.edu.cn

刊名：粉末冶金工业
刊号：CN11-3371/TF
主办单位：中国钢研科技集团有限公司、中国钢协粉末冶金协会、中国机协粉末冶金专业协会
主管单位：中国钢铁工业协会
地址：北京市海淀区学院南路76号，edit.chinamet.cn

刊名：粉末冶金技术
刊号：CN11-1974/TF
主办单位：中国机械工程学会、中国金属学会、中国有色金属学会、北京科技大学
主管单位：中国科学技术协会
地址：北京市丰台区宋庄路11号，fmyj.cbpt.cnki.net

刊名：风机技术
刊号：CN21-1167/TH
主办单位：沈阳鼓风机研究所
主管单位：沈阳鼓风机研究所
地址：辽宁省沈阳市铁西区经济技术开发区开发大路16号甲，www.cftn.cn

刊名：风景园林
刊号：CN11-5366/S
主办单位：北京林业大学
主管单位：中华人民共和国教育部
地址：北京市海淀区清华东路35号，www.lalavision.com

刊名：风湿病与关节炎
刊号：CN10-1073/R
主办单位：中华中医药学会
主管单位：中国科学技术协会
地址：北京市朝阳区北四环东路115号院6号楼109室，www.fsbygjy.com

刊名：佛山科学技术学院学报（社会科学版）
刊号：CN44-1439/C
主办单位：佛山科学技术学院
主管单位：佛山科学技术学院
地址：广东省佛山市南海区狮山镇广云路33号佛山科学技术学院仙溪校区，xbbjb.fosu.edu.cn

刊名：佛山科学技术学院学报（自然科学版）
刊号：CN44-1438/N
主办单位：佛山科学技术学院
主管单位：佛山科学技术学院
地址：广东省佛山市南海区狮山镇广云路33号佛山科学技术学院仙溪校区，xbbjb.fosu.edu.cn

刊名：佛山陶瓷
刊号：CN44-1394/TS
主办单位：佛山市陶瓷研究所
主管单位：广东佛陶集团股份有限公司
地址：广东省佛山市禅城区石湾榴苑路18号

刊名：服饰导刊
刊号：CN42-1826/TS
主办单位：武汉纺织大学
主管单位：武汉纺织大学
地址：湖北省武汉市洪山区纺织路1号，qk.fsdk.net.cn

刊名：辐射防护
刊号：CN14-1143/TL
主办单位：中国辐射防护学会、中国辐射防护研究院
主管单位：中国核工业集团有限公司
地址：山西省太原市小店区学府街102号，journal01.magtech.org.cn/Jwk3_fsfh/CN/1000-8187/home.shtml

刊名：辐射防护通讯
刊号：CN14-1114/TL
主办单位：中国辐射防护研究院
主管单位：中国辐射防护研究院
地址：山西省太原市小店区学府街102号，www.cirp.org.cn/fsfhtx

刊名：辐射研究与辐射工艺学报
刊号：CN31-1258/TL
主办单位：中国科学院上海应用物理研究所
主管单位：中国科学院
地址：上海市嘉定区嘉罗公路2019号，www.j.sinap.ac.cn

刊名：福光技术

刊号：CN35-1113/TN
主办单位：福建省光学学会
主管单位：福建省科学技术协会
地址：福建省福州市仓山区上山路 32 号

刊名：福建茶叶
刊号：CN35-1111/S
主办单位：福建省茶叶学会
主管单位：福建省科学技术协会
地址：福建省福州市鼓楼区湖东路 189 号

刊名：福建畜牧兽医
刊号：CN35-1103/S
主办单位：福建省农业科学院畜牧兽医研究所
主管单位：福建省农业科学院
地址：福建省福州市晋安区新店埔党路 100 号

刊名：福建稻麦科技
刊号：CN35-1147/S
主办单位：福建省农业科学院水稻研究所
主管单位：福建省农业科学院
地址：福建省福州市仓山区城门镇连坂村福建省农业科学院水稻研究所，fjdm. fjnyxb. cn

刊名：福建地质
刊号：CN35-1080/P
主办单位：福建省地质测绘院
主管单位：福建省地质矿产勘查开发局
地址：福建省福州市晋安区塔头路 2 号，fjdz. cbpt. cnki. net

刊名：福建电脑
刊号：CN35-1115/TP
主办单位：福建省计算机学会、福建省计算中心
主管单位：福建省科学技术厅
地址：福建省福州市闽侯县上街大学城学园路 2 号福州大学数学与计算机科学学院，www. jfc19. cn

刊名：福建分析测试
刊号：CN35-1246/T
主办单位：福建省测试技术研究所
主管单位：福建省科技厅
地址：福建省福州市鼓楼区北环中路 61 号，fjfc. cbpt. cnki. net

刊名：福建工程学院学报
刊号：CN35-1267/Z
主办单位：福建工程学院
主管单位：福建省教育厅
地址：福建省福州市闽侯县学府南路 33 号，gcxyxb. fjut. edu. cn

刊名：福建广播电视大学学报
刊号：CN35-1200/G4
主办单位：福建广播电视大学
主管单位：福建广播电视大学
地址：福建省福州市晋安区桂山路 109 号，fjgb. cbpt. cnki. net

刊名：福建行政学院学报
刊号：CN35-1295/D
主办单位：福建行政学院
主管单位：福建行政学院
地址：福建省福州市鼓楼区柳河路 61 号，swdx. cbpt. cnki. net

刊名：福建基础教育研究
刊号：CN35-1298/G4
主办单位：福建教育学院
主管单位：福建教育学院
地址：福建省福州市鼓楼区梦山路 73 号，www. fjjcjyyj. com

刊名：福建建材
刊号：CN35-1107/TU
主办单位：福建能源报业有限公司
主管单位：福建省能源集团有限责任公司
地址：福建省福州市鼓楼区省府路 1 号金皇大厦 10 楼

刊名：福建建设科技
刊号：CN35-1165/TU
主办单位：福建省住房和城乡建设厅科技情报中心站、福建省建筑科学研究院
主管单位：福建省住房和城乡建设厅
地址：福建省福州市闽侯县创业路 8 号万福中心 3 号楼 18 层，fjjk. cbpt. cnki. net

刊名：福建建筑
刊号：CN35-1120/TU
主办单位：福建省土木建筑学会

主管单位：福建省科学技术协会
地址：福建省福州市鼓楼区北大路240号建工楼518，fjjz. cbpt. cnki. net

刊名：福建江夏学院学报
刊号：CN35-1310/C
主办单位：福建江夏学院
主管单位：福建江夏学院
地址：福建省福州市闽侯县溪源宫路2号，fcgy. cbpt. cnki. net

刊名：福建交通科技
刊号：CN35-1099/U
主办单位：福建省交通科学技术研究所
主管单位：福建省交通运输厅
地址：福建省福州市台江区五一中路104号

刊名：福建教育学院学报
刊号：CN35-1240/G4
主办单位：福建教育学院
主管单位：福建教育学院
地址：福建省福州市鼓楼区梦山路73号，www. fjjcjyyj. com

刊名：福建金融
刊号：CN35-1129/F
主办单位：福建省金融学会
主管单位：中国人民银行福州中心支行
地址：福建省福州市鼓楼区五四路220号，fjjr. cbpt. cnki. net

刊名：福建金融管理干部学院学报
刊号：CN35-1229/F
主办单位：福建金融管理干部学院
主管单位：福建金融管理干部学院
地址：福建省福州市闽侯县溪源宫路2号金融学院

刊名：福建警察学院学报
刊号：CN35-1294/D
主办单位：福建警察学院
主管单位：福建省公安厅
地址：福建省福州市仓山区首山路59号，fjga. chinajournal. net. cn

刊名：福建林业科技
刊号：CN35-1136/S
主办单位：福建省林学会、福建省林业科学研究院
主管单位：福建省林业局
地址：福建省福州市晋安区新店镇上赤桥35号，fjlk. chinajournal. net. cn

刊名：福建论坛（人文社会科学版）
刊号：CN35-1248/C
主办单位：福建社会科学院
主管单位：福建社会科学院
地址：福建省福州市鼓楼区柳河路18号，www. fjltrwb. cn

刊名：福建农机
刊号：CN35-1090/S
主办单位：福建省机械科学研究院、福建省农业机械管理局、福建省农业机械学会
主管单位：福建省经济和信息化委员会
地址：福建省福州市鼓楼区六一中路115号

刊名：福建农林大学学报（哲学社会科学版）
刊号：CN35-1258/C
主办单位：福建农林大学
主管单位：福建农林大学
地址：福建省福州市仓山区上下店路15号，fjly. cbpt. cnki. net

刊名：福建农林大学学报（自然科学版）
刊号：CN35-1255/S
主办单位：福建农林大学
主管单位：福建农林大学
地址：福建省福州市仓山区上下店路15号，jfafu. paperopen. com

刊名：福建农业科技
刊号：CN35-1078/S
主办单位：福建省农业科学院
主管单位：福建省农业科学院
地址：福建省福州市鼓楼区五四路247号福建省农业科学院高新大楼405，fjnk. fjnyxb. cn

刊名：福建农业学报
刊号：CN35-1195/S
主办单位：福建省农业科学院
主管单位：福建省农业科学院
地址：福建省福州市鼓楼区五四路247号福建省农业科学院高新大楼401—402，www. fjnyxb. cn

刊名：福建轻纺
刊号：CN35-1154/TS
主办单位：福建省轻工业研究所
主管单位：福建省轻纺（控股）有限责任公司
地址：福建省福州市台江区交通路万科广场 B 区 S5 #5 层，www. fjqgs. com/Magazine. aspx

刊名：福建热作科技
刊号：CN35-1124/S
主办单位：福建省热带作物科学研究所、福建省热带作物学会、福建省农业农村厅农垦处、福建省农业农村厅种植业管理处、福建省南亚热带作物开发办公室
主管单位：福建省农业农村厅
地址：福建省漳州市芗城区天宝五峰，www. fjtc. org

刊名：福建商学院学报
刊号：CN35-1333/G4
主办单位：福建商学院
主管单位：福建商学院
地址：福建省福州市连江县潘渡乡连潘路 2 号，fjsy. cbpt. cnki. net

刊名：福建省社会主义学院学报
刊号：CN35-1209/D
主办单位：福建省社会主义学院
主管单位：中共福建省委统一战线工作部
地址：福建省福州市鼓楼区湖东路 118 号，www. fjssy. org. cn

刊名：福建师大福清分校学报
刊号：CN35-1225/G4
主办单位：福建师范大学福清分校
主管单位：福建省教育厅
地址：福建省福清市龙江街道校园新村 1 号，fjfq. cbpt. cnki. net

刊名：福建师范大学学报（自然科学版）
刊号：CN35-1074/N
主办单位：福建师范大学
主管单位：福建师范大学
地址：福建省福州市闽侯县上街路大学城《福建师范大学学报》编辑部，fjsz. cbpt. cnki. net

刊名：福建师范大学学报（哲学社会科学版）
刊号：CN35-1016/C
主办单位：福建师范大学
主管单位：福建师范大学
地址：福建省福州市闽侯县上街路大学城《福建师范大学学报》编辑部，fjsx. cbpt. cnki. net

刊名：福建水力发电
刊号：CN35-1153/TV
主办单位：福建省水力发电工程学会、福建省水利水电勘测设计研究院
主管单位：福建省科学技术协会
地址：福建省福州市东鼓楼区大路 158 号

刊名：福建体育科技
刊号：CN35-1093/G8
主办单位：福建省体育科学学会、福建省体育科学研究所
主管单位：福建省体育局
地址：福建省福州市鼓楼区福飞路 151 号，fuji. cbpt. cnki. net

刊名：福建文博
刊号：CN35-1005/K
主办单位：福建博物院、福建省考古博物馆学会
主管单位：福建省文化和旅游厅
地址：福建省福州市鼓楼区湖头街 96 号福建博物院内

刊名：福建冶金
刊号：CN35-1143/TF
主办单位：福建省冶金（控股）有限责任公司、福建省金属学会
主管单位：福建省冶金（控股）有限责任公司
地址：福建省福州市鼓楼区省府路 1 号

刊名：福建医科大学学报
刊号：CN35-1192/R
主办单位：福建医科大学
主管单位：福建医科大学
地址：福建省福州市闽侯县学府北路 1 号，fjykdxxb. fjmu. edu. cn

刊名：福建医科大学学报（社会科学版）
刊号：CN35-1241/C
主办单位：福建医科大学
主管单位：福建省教育厅
地址：福建省福州市闽侯县学府北路 1 号，fjykdxxbskb. fjmu. edu. cn

刊名：福建医药杂志
刊号：CN35-1071/R
主办单位：福建省医学会
主管单位：福建省卫生健康委员会
地址：福建省福州市鼓楼区五四路7号，www.fjyyzz.cn

刊名：福建艺术
刊号：CN35-1139/J
主办单位：福建省艺术研究院
主管单位：福建省文化和旅游厅
地址：福建省福州市鼓楼区白马北路146号《福建艺术》编辑部，www.fjsysyjy.cn/fjyszz

刊名：福建中医药
刊号：CN35-1073/R
主办单位：福建中医药大学
主管单位：福建中医药大学
地址：福建省福州市闽侯县上街镇邱阳路1号福建中医药大学编辑部，fjzyy.fjtcm.edu.cn/ch

刊名：福州大学学报
刊号：CN35-1117/N
主办单位：福州大学
主管单位：福州大学
地址：福建省福州市闽侯县乌龙江北大道2号，xbzrb.fzu.edu.cn

刊名：福州大学学报（哲学社会科学版）
刊号：CN35-1048/C
主办单位：福州大学
主管单位：福州大学
地址：福建省福州市闽侯县乌龙江北大道2号，fzdxxb.cn

刊名：福州党校学报
刊号：CN35-1204/C
主办单位：中共福州市委党校
主管单位：中共福州市委
地址：福建省福州市晋安区福马路990号中共福州市委党校，swdx.fuzhou.gov.cn/zz/qkzz/dxxb_qkzz

刊名：腐蚀科学与防护技术
刊号：CN21-1264/TQ
主办单位：中国科学院金属研究所
主管单位：中国科学院
地址：辽宁省沈阳市沈河区文化路72号，www.cspt.org.cn

刊名：腐蚀与防护
刊号：CN31-1456/TQ
主办单位：上海市腐蚀科学技术学会、上海材料研究所
主管单位：上海市科学技术协会
地址：上海市虹口区邯郸路99号，www.mat-test.com

刊名：妇女研究论丛
刊号：CN11-2876/C
主办单位：全国妇联妇女研究所、中国妇女研究会
主管单位：中华全国妇女联合会
地址：北京市东城区建国门内大街15号，www.fnyjlc.com

刊名：阜阳师范学院学报（社会科学版）
刊号：CN34-1044/C
主办单位：阜阳师范学院
主管单位：安徽省教育厅
地址：安徽省阜阳市颍州区清河东路741号，www.fync.edu.cn

刊名：阜阳师范学院学报（自然科学版）
刊号：CN34-1069/N
主办单位：阜阳师范学院
主管单位：安徽省教育厅
地址：安徽省阜阳市颍州区清河东路741号，www.fync.edu.cn

刊名：阜阳职业技术学院学报
刊号：CN34-1216/Z
主办单位：阜阳职业技术学院
主管单位：安徽省教育厅
地址：安徽省阜阳市颍州区阜南路465号，xb.fyvtc.edu.cn

刊名：复旦教育论坛
刊号：CN31-1891/G4
主办单位：复旦大学
主管单位：中华人民共和国教育部
地址：上海市杨浦区邯郸路220号，www.fef.fudan.edu.cn

刊名：复旦学报（社会科学版）
刊号：CN31-1142/C
主办单位：复旦大学
主管单位：中华人民共和国教育部
地址：上海市杨浦区邯郸路220号，www.fdwkxb.fudan.edu.cn

刊名：复旦学报（医学版）
刊号：CN31-1885/R
主办单位：复旦大学
主管单位：中华人民共和国教育部
地址：上海市徐汇区医学院路138号，jms.fudan.edu.cn

刊名：复旦学报（自然科学版）
刊号：CN31-1330/N
主办单位：复旦大学
主管单位：中华人民共和国教育部
地址：上海市杨浦区邯郸路220号，www.jns.fudan.edu.cn

刊名：复合材料学报
刊号：CN11-1801/TB
主办单位：北京航空航天大学、中国复合材料学会
主管单位：中华人民共和国工业和信息化部
地址：北京市海淀区学院路37号（北航院内），fhclxb.buaa.edu.cn

刊名：复印报刊资料（工会工作）
刊号：CN11-4269/D
主办单位：中国人民大学
主管单位：中华人民共和国教育部
地址：北京市海淀区中关村大街甲59号文化大厦13、14层，www.zlzx.com.cn

刊名：复印报刊资料（国际政治）
刊号：CN11-4273/D
主办单位：中国人民大学
主管单位：中华人民共和国教育部
地址：北京市海淀区中关村大街甲59号文化大厦13、14层，www.zlzx.com.cn

刊名：复印报刊资料（马克思列宁主义研究）
刊号：CN11-5751/A
主办单位：中国人民大学
主管单位：中华人民共和国教育部
地址：北京市海淀区中关村大街甲59号文化大厦13、14层，www.zlzx.com.cn

刊名：复印报刊资料（生态环境与保护）
刊号：CN11-4337/P
主办单位：中国人民大学
主管单位：中华人民共和国教育部
地址：北京市海淀区中关村大街甲59号文化大厦13、14层，www.zlzx.com.cn

刊名：复印报刊资料（中国外交）
刊号：CN11-4272/D
主办单位：中国人民大学
主管单位：中华人民共和国教育部
地址：北京市海淀区中关村大街甲59号文化大厦13、14层，www.zlzx.com.cn

刊名：复印报刊资料（财务与会计导刊）
刊号：CN11-4278/F
主办单位：中国人民大学
主管单位：中华人民共和国教育部
地址：北京市海淀区中关村大街甲59号文化大厦13、14层，www.zlzx.com.cn

刊名：复印报刊资料（财政与税务）
刊号：CN11-4290/F
主办单位：中国人民大学
主管单位：中华人民共和国教育部
地址：北京市海淀区中关村大街甲59号文化大厦13、14层，www.zlzx.com.cn

刊名：复印报刊资料（产业经济）
刊号：CN11-5760/F
主办单位：中国人民大学
主管单位：中华人民共和国教育部
地址：北京市海淀区中关村大街甲59号文化大厦13、14层，www.zlzx.com.cn

刊名：复印报刊资料（成人教育学刊）
刊号：CN11-4310/G2
主办单位：中国人民大学
主管单位：中华人民共和国教育部
地址：北京市海淀区中关村大街甲59号文化大厦13、14层，www.zlzx.com.cn

刊名：复印报刊资料（出版业）
刊号：CN11-5755/G2
主办单位：中国人民大学
主管单位：中华人民共和国教育部
地址：北京市海淀区中关村大街甲 59 号文化大厦
13、14 层，www.zlzx.com.cn

刊名：复印报刊资料（初中数学教与学）
刊号：CN11-5930/G4
主办单位：中国人民大学
主管单位：中华人民共和国教育部
地址：北京市海淀区中关村大街甲 59 号文化大厦
13、14 层，www.zlzx.com.cn

刊名：复印报刊资料（初中语文教与学）
刊号：CN11-5929/G4
主办单位：中国人民大学
主管单位：中华人民共和国教育部
地址：北京市海淀区中关村大街甲 59 号文化大厦
13、14 层，www.zlzx.com.cn

刊名：复印报刊资料（创新政策与管理）
刊号：CN11-5757/G3
主办单位：中国人民大学
主管单位：中华人民共和国教育部
地址：北京市海淀区中关村大街甲 59 号文化大厦
13、14 层，www.zlzx.com.cn

刊名：复印报刊资料（档案学）
刊号：CN11-4314/G3
主办单位：中国人民大学
主管单位：中华人民共和国教育部
地址：北京市海淀区中关村大街甲 59 号文化大厦
13、14 层，www.zlzx.com.cn

刊名：复印报刊资料（地理）
刊号：CN11-4334/K
主办单位：中国人民大学
主管单位：中华人民共和国教育部
地址：北京市海淀区中关村大街甲 59 号文化大厦
13、14 层，www.zlzx.com.cn

刊名：复印报刊资料（法理学、法史学）
刊号：CN11-4261/D
主办单位：中国人民大学
主管单位：中华人民共和国教育部
地址：北京市海淀区中关村大街甲 59 号文化大厦
13、14 层，www.zlzx.com.cn

刊名：复印报刊资料（妇女研究）
刊号：CN11-4270/G3
主办单位：中国人民大学
主管单位：中华人民共和国教育部
地址：北京市海淀区中关村大街甲 59 号文化大厦
13、14 层，www.zlzx.com.cn

刊名：复印报刊资料（高等教育）
刊号：CN11-4309/G4
主办单位：中国人民大学
主管单位：中华人民共和国教育部
地址：北京市海淀区中关村大街甲 59 号文化大厦
13、14 层，www.zlzx.com.cn

刊名：复印报刊资料（高中数学教与学）
刊号：CN11-5932/G4
主办单位：中国人民大学
主管单位：中华人民共和国教育部
地址：北京市海淀区中关村大街甲 59 号文化大厦
13、14 层，www.zlzx.com.cn

刊名：复印报刊资料（高中语文教与学）
刊号：CN11-5931/G4
主办单位：中国人民大学
主管单位：中华人民共和国教育部
地址：北京市海淀区中关村大街甲 59 号文化大厦
13、14 层，www.zlzx.com.cn

刊名：复印报刊资料（公共行政）
刊号：CN11-4256/C
主办单位：中国人民大学
主管单位：中华人民共和国教育部
地址：北京市海淀区中关村大街甲 59 号文化大厦
13、14 层，www.zlzx.com.cn

刊名：复印报刊资料（管理科学）
刊号：CN11-4249/C
主办单位：中国人民大学
主管单位：中华人民共和国教育部
地址：北京市海淀区中关村大街甲 59 号文化大厦
13、14 层，www.zlzx.com.cn

刊名：复印报刊资料（国际法学）

刊号：CN11-4267/D
主办单位：中国人民大学
主管单位：中华人民共和国教育部
地址：北京市海淀区中关村大街甲59号文化大厦13、14层，www.zlzx.com.cn

刊名：复印报刊资料（国际贸易研究）
刊号：CN11-5763/F
主办单位：中国人民大学
主管单位：中华人民共和国教育部
地址：北京市海淀区中关村大街甲59号文化大厦13、14层，www.zlzx.com.cn

刊名：复印报刊资料（国民经济管理）
刊号：CN11-4277/F
主办单位：中国人民大学
主管单位：中华人民共和国教育部
地址：北京市海淀区中关村大街甲59号文化大厦13、14层，www.zlzx.com.cn

刊名：复印报刊资料（教育学）
刊号：CN11-4297/G4
主办单位：中国人民大学
主管单位：中华人民共和国教育部
地址：北京市海淀区中关村大街甲59号文化大厦13、14层，www.zlzx.com.cn

刊名：复印报刊资料（金融与保险）
刊号：CN11-4291/F
主办单位：中国人民大学
主管单位：中华人民共和国教育部
地址：北京市海淀区中关村大街甲59号文化大厦13、14层，www.zlzx.com.cn

刊名：复印报刊资料（经济法学、劳动法学）
刊号：CN11-4264/D
主办单位：中国人民大学
主管单位：中华人民共和国教育部
地址：北京市海淀区中关村大街甲59号文化大厦13、14层，www.zlzx.com.cn

刊名：复印报刊资料（经济史）
刊号：CN11-4293/F
主办单位：中国人民大学
主管单位：中华人民共和国教育部
地址：北京市海淀区中关村大街甲59号文化大厦13、14层，www.zlzx.com.cn

刊名：复印报刊资料（劳动经济与劳动关系）
刊号：CN11-4727/F
主办单位：中国人民大学
主管单位：中华人民共和国教育部
地址：北京市海淀区中关村大街甲59号文化大厦13、14层，www.zlzx.com.cn

刊名：复印报刊资料（理论经济学）
刊号：CN11-4274/F
主办单位：中国人民大学
主管单位：中华人民共和国教育部
地址：北京市海淀区中关村大街甲59号文化大厦13、14层，www.zlzx.com.cn

刊名：复印报刊资料（历史学）
刊号：CN11-4326/K
主办单位：中国人民大学
主管单位：中华人民共和国教育部
地址：北京市海淀区中关村大街甲59号文化大厦13、14层，www.zlzx.com.cn

刊名：复印报刊资料（伦理学）
刊号：CN11-4246/C
主办单位：中国人民大学
主管单位：中华人民共和国教育部
地址：北京市海淀区中关村大街甲59号文化大厦13、14层，www.zlzx.com.cn

刊名：复印报刊资料（逻辑）
刊号：CN11-4241/B
主办单位：中国人民大学
主管单位：中华人民共和国教育部
地址：北京市海淀区中关村大街甲59号文化大厦13、14层，www.zlzx.com.cn

刊名：复印报刊资料（旅游管理）
刊号：CN11-4295/G3
主办单位：中国人民大学
主管单位：中华人民共和国教育部
地址：北京市海淀区中关村大街甲59号文化大厦13、14层，www.zlzx.com.cn

刊名：复印报刊资料（中国特色社会主义理论）
刊号：CN11-5752/A

主办单位：中国人民大学
主管单位：中华人民共和国教育部
地址：北京市海淀区中关村大街甲59号文化大厦13、14层，www.zlzx.com.cn

刊名：复印报刊资料（世界社会主义运动）
刊号：CN11-5308/A
主办单位：中国人民大学
主管单位：中华人民共和国教育部
地址：北京市海淀区中关村大街甲59号文化大厦13、14层，www.zlzx.com.cn

刊名：复印报刊资料（科学技术哲学）
刊号：CN11-4240/B
主办单位：中国人民大学
主管单位：中华人民共和国教育部
地址：北京市海淀区中关村大街甲59号文化大厦13、14层，www.zlzx.com.cn

刊名：复印报刊资料（毛泽东思想）
刊号：CN11-4237/A
主办单位：中国人民大学
主管单位：中华人民共和国教育部
地址：北京市海淀区中关村大街甲59号文化大厦13、14层，www.zlzx.com.cn

刊名：复印报刊资料（贸易经济）
刊号：CN11-5764/F
主办单位：中国人民大学
主管单位：中华人民共和国教育部
地址：北京市海淀区中关村大街甲59号文化大厦13、14层，www.zlzx.com.cn

刊名：复印报刊资料（美学）
刊号：CN11-4245/C
主办单位：中国人民大学
主管单位：中华人民共和国教育部
地址：北京市海淀区中关村大街甲59号文化大厦13、14层，www.zlzx.com.cn

刊名：复印报刊资料（民商法学）
刊号：CN11-4263/D
主办单位：中国人民大学
主管单位：中华人民共和国教育部
地址：北京市海淀区中关村大街甲59号文化大厦13、14层，www.zlzx.com.cn

刊名：复印报刊资料（民族问题研究）
刊号：CN11-4271/G3
主办单位：中国人民大学
主管单位：中华人民共和国教育部
地址：北京市海淀区中关村大街甲59号文化大厦13、14层，www.zlzx.com.cn

刊名：复印报刊资料（明清史）
刊号：CN11-4330/K
主办单位：中国人民大学
主管单位：中华人民共和国教育部
地址：北京市海淀区中关村大街甲59号文化大厦13、14层，www.zlzx.com.cn

刊名：复印报刊资料（农业经济研究）
刊号：CN11-5761/F
主办单位：中国人民大学
主管单位：中华人民共和国教育部
地址：北京市海淀区中关村大街甲59号文化大厦13、14层，www.zlzx.com.cn

刊名：复印报刊资料（企业管理研究）
刊号：CN11-5307/F
主办单位：中国人民大学
主管单位：中华人民共和国教育部
地址：北京市海淀区中关村大街甲59号文化大厦13、14层，www.zlzx.com.cn

刊名：复印报刊资料（青少年导刊）
刊号：CN11-4268/G3
主办单位：中国人民大学
主管单位：中华人民共和国教育部
地址：北京市海淀区中关村大街甲59号文化大厦13、14层，www.zlzx.com.cn

刊名：复印报刊资料（区域与城市经济）
刊号：CN11-5762/F
主办单位：中国人民大学
主管单位：中华人民共和国教育部
地址：北京市海淀区中关村大街甲59号文化大厦13、14层，www.zlzx.com.cn

刊名：复印报刊资料（社会保障制度）
刊号：CN11-4251/D
主办单位：中国人民大学
主管单位：中华人民共和国教育部

地址：北京市海淀区中关村大街甲59号文化大厦13、14层，www.zlzx.com.cn

刊名：复印报刊资料（社会工作）
刊号：CN11-5753/C
主办单位：中国人民大学
主管单位：中华人民共和国教育部
地址：北京市海淀区中关村大街甲59号文化大厦13、14层，www.zlzx.com.cn

刊名：复印报刊资料（社会科学总论）
刊号：CN11-4248/C
主办单位：中国人民大学
主管单位：中华人民共和国教育部
地址：北京市海淀区中关村大街甲59号文化大厦13、14层，www.zlzx.com.cn

刊名：复印报刊资料（社会学）
刊号：CN11-4250/C
主办单位：中国人民大学
主管单位：中华人民共和国教育部
地址：北京市海淀区中关村大街甲59号文化大厦13、14层，www.zlzx.com.cn

刊名：复印报刊资料（社会主义经济理论与实践）
刊号：CN11-4275/F
主办单位：中国人民大学
主管单位：中华人民共和国教育部
地址：北京市海淀区中关村大街甲59号文化大厦1409房间，www.zlzx.com.cn

刊名：复印报刊资料（世界经济导刊）
刊号：CN11-4729/F
主办单位：中国人民大学
主管单位：中华人民共和国教育部
地址：北京市海淀区中关村大街甲59号文化大厦13、14层，www.zlzx.com.cn

刊名：复印报刊资料（世界史）
刊号：CN11-4333/K
主办单位：中国人民大学
主管单位：中华人民共和国教育部
地址：北京市海淀区中关村大街甲59号文化大厦13、14层，www.zlzx.com.cn

刊名：复印报刊资料（市场营销）
刊号：CN11-4288/F
主办单位：中国人民大学
主管单位：中华人民共和国教育部
地址：北京市海淀区中关村大街甲59号文化大厦13、14层，www.zlzx.com.cn

刊名：复印报刊资料（思想政治教育）
刊号：CN11-4298/G4
主办单位：中国人民大学
主管单位：中华人民共和国教育部
地址：北京市海淀区中关村大街甲59号文化大厦13、14层，www.zlzx.com.cn

刊名：复印报刊资料（宋辽金元史）
刊号：CN11-4329/K
主办单位：中国人民大学
主管单位：中华人民共和国教育部
地址：北京市海淀区中关村大街甲59号文化大厦13、14层，www.zlzx.com.cn

刊名：复印报刊资料（诉讼法学、司法制度）
刊号：CN11-4266/D
主办单位：中国人民大学
主管单位：中华人民共和国教育部
地址：北京市海淀区中关村大街甲59号文化大厦13、14层，www.zlzx.com.cn

刊名：复印报刊资料（台、港、澳研究）
刊号：CN11-5925/C
主办单位：中国人民大学
主管单位：中华人民共和国教育部
地址：北京市海淀区中关村大街甲59号文化大厦13、14层，www.zlzx.com.cn

刊名：复印报刊资料（体育）
刊号：CN11-4315/G8
主办单位：中国人民大学
主管单位：中华人民共和国教育部
地址：北京市海淀区中关村大街甲59号文化大厦13、14层，www.zlzx.com.cn

刊名：复印报刊资料（体制改革）
刊号：CN11-4339/D
主办单位：中国人民大学
主管单位：中华人民共和国教育部
地址：北京市海淀区中关村大街甲59号文化大厦

13、14 层，www. zlzx. com. cn

刊名：复印报刊资料（统计与精算）
刊号：CN11-4280/C
主办单位：中国人民大学
主管单位：中华人民共和国教育部
地址：北京市海淀区中关村大街甲 59 号文化大厦 13、14 层，www. zlzx. com. cn

刊名：复印报刊资料（投资与证券）
刊号：CN11-4292/F
主办单位：中国人民大学
主管单位：中华人民共和国教育部
地址：北京市海淀区中关村大街甲 59 号文化大厦 13、14 层，www. zlzx. com. cn

刊名：复印报刊资料（图书馆学情报学）
刊号：CN11-5756/G2
主办单位：中国人民大学
主管单位：中华人民共和国教育部
地址：北京市海淀区中关村大街甲 59 号文化大厦 13、14 层，www. zlzx. com. cn

刊名：复印报刊资料（外国文学研究）
刊号：CN11-4321/G
主办单位：中国人民大学
主管单位：中华人民共和国教育部
地址：北京市海淀区中关村大街甲 59 号文化大厦 13、14 层，www. zlzx. com. cn

刊名：复印报刊资料（外国哲学）
刊号：CN11-4244/B
主办单位：中国人民大学
主管单位：中华人民共和国教育部
地址：北京市海淀区中关村大街甲 59 号文化大厦 13、14 层，www. zlzx. com. cn

刊名：复印报刊资料（魏晋南北朝隋唐史）
刊号：CN11-4328/K
主办单位：中国人民大学
主管单位：中华人民共和国教育部
地址：北京市海淀区中关村大街甲 59 号文化大厦 13、14 层，www. zlzx. com. cn

刊名：复印报刊资料（文化创意产业）
刊号：CN11-5758/G0
主办单位：中国人民大学
主管单位：中华人民共和国教育部
地址：北京市海淀区中关村大街甲 59 号文化大厦 13、14 层，www. zlzx. com. cn

刊名：复印报刊资料（文化研究）
刊号：CN11-4296/G
主办单位：中国人民大学
主管单位：中华人民共和国教育部
地址：北京市海淀区中关村大街甲 59 号文化大厦 13、14 层，www. zlzx. com. cn

刊名：复印报刊资料（文艺理论）
刊号：CN11-4318/G
主办单位：中国人民大学
主管单位：中华人民共和国教育部
地址：北京市海淀区中关村大街甲 59 号文化大厦 13、14 层，www. zlzx. com. cn

刊名：复印报刊资料（舞台艺术）
刊号：CN11-4323/J
主办单位：中国人民大学
主管单位：中华人民共和国教育部
地址：北京市海淀区中关村大街甲 59 号文化大厦 13、14 层，www. zlzx. com. cn

刊名：复印报刊资料（先秦、秦汉史）
刊号：CN11-4327/K
主办单位：中国人民大学
主管单位：中华人民共和国教育部
地址：北京市海淀区中关村大街甲 59 号文化大厦 13、14 层，www. zlzx. com. cn

刊名：复印报刊资料（宪法学、行政法学）
刊号：CN11-4262/D
主办单位：中国人民大学
主管单位：中华人民共和国教育部
地址：北京海淀区中关村大街甲 59 号文化大厦 13、14 层，www. zlzx. com. cn

刊名：复印报刊资料（小学数学教与学）
刊号：CN11-5927/G4
主办单位：中国人民大学
主管单位：中华人民共和国教育部
地址：北京市海淀区中关村大街甲 59 号文化大厦 13、14 层，www. zlzx. com. cn

刊名：复印报刊资料（小学英语教与学）
刊号：CN11-5928/G4
主办单位：中国人民大学
主管单位：中华人民共和国教育部
地址：北京市海淀区中关村大街甲 59 号文化大厦 13、14 层，www.zlzx.com.cn

刊名：复印报刊资料（小学语文教与学）
刊号：CN11-5926/G4
主办单位：中国人民大学
主管单位：中华人民共和国教育部
地址：北京市海淀区中关村大街甲 59 号文化大厦 13、14 层，www.zlzx.com.cn

刊名：复印报刊资料（心理学）
刊号：CN11-4242/C
主办单位：中国人民大学
主管单位：中华人民共和国教育部
地址：北京市海淀区中关村大街甲 59 号文化大厦 13、14 层，www.zlzx.com.cn

刊名：复印报刊资料（新闻与传播）
刊号：CN11-4313/G2
主办单位：中国人民大学
主管单位：中华人民共和国教育部
地址：北京市海淀区中关村大街甲 59 号文化大厦 13、14 层，www.zlzx.com.cn

刊名：复印报刊资料（刑事法学）
刊号：CN11-4265/D
主办单位：中国人民大学
主管单位：中华人民共和国教育部
地址：北京市海淀区中关村大街甲 59 号文化大厦 13、14 层，www.zlzx.com.cn

刊名：复印报刊资料（影视艺术）
刊号：CN11-4325/J
主办单位：中国人民大学
主管单位：中华人民共和国教育部
地址：北京市海淀区中关村大街甲 59 号文化大厦 13、14 层，www.zlzx.com.cn

刊名：复印报刊资料（语言文字学）
刊号：CN11-4317/H
主办单位：中国人民大学
主管单位：中华人民共和国教育部
地址：北京市海淀区中关村大街甲 59 号文化大厦 13、14 层，www.zlzx.com.cn

刊名：复印报刊资料（造型艺术）
刊号：CN11-4324/J
主办单位：中国人民大学
主管单位：中华人民共和国教育部
地址：北京市海淀区中关村大街甲 59 号文化大厦 13、14 层，www.zlzx.com.cn

刊名：复印报刊资料（哲学原理）
刊号：CN11-4239/B
主办单位：中国人民大学
主管单位：中华人民共和国教育部
地址：北京市海淀区中关村大街甲 59 号文化大厦 13、14 层，www.zlzx.com.cn

刊名：复印报刊资料（政治学）
刊号：CN11-4255/B
主办单位：中国人民大学
主管单位：中华人民共和国教育部
地址：北京市海淀区中关村大街甲 59 号文化大厦 13、14 层，www.zlzx.com.cn

刊名：复印报刊资料（职业技术教育）
刊号：CN11-4312/G4
主办单位：中国人民大学
主管单位：中华人民共和国教育部
地址：北京市海淀区中关村大街甲 59 号文化大厦 13、14 层，www.zlzx.com.cn

刊名：复印报刊资料（中国共产党）
刊号：CN11-4258/A
主办单位：中国人民大学
主管单位：中华人民共和国教育部
地址：北京市海淀区中关村大街甲 59 号文化大厦 13、14 层，www.zlzx.com.cn

刊名：复印报刊资料（中国古代、近代文学研究）
刊号：CN11-4319/G
主办单位：中国人民大学
主管单位：中华人民共和国教育部
地址：北京市海淀区中关村大街甲 59 号文化大厦 13、14 层，www.zlzx.com.cn

刊名：复印报刊资料（中国近代史）

刊号：CN11-4331/K
主办单位：中国人民大学
主管单位：中华人民共和国教育部
地址：北京市海淀区中关村大街甲 59 号文化大厦 13、14 层，www.zlzx.com.cn

刊名：复印报刊资料（中国现代、当代文学研究）
刊号：CN11-4320/G
主办单位：中国人民大学
主管单位：中华人民共和国教育部
地址：北京市海淀区中关村大街甲 59 号文化大厦 13、14 层，www.zlzx.com.cn

刊名：复印报刊资料（中国现代史）
刊号：CN11-4332/K
主办单位：中国人民大学
主管单位：中华人民共和国教育部
地址：北京市海淀区中关村大街甲 59 号文化大厦 13、14 层，www.zlzx.com.cn

刊名：复印报刊资料（中国哲学）
刊号：CN11-4243/B
主办单位：中国人民大学
主管单位：中华人民共和国教育部
地址：北京市海淀区中关村大街甲 59 号文化大厦 13、14 层，www.zlzx.com.cn

刊名：复印报刊资料（中国政治）
刊号：CN11-4260/D
主办单位：中国人民大学
主管单位：中华人民共和国教育部
地址：北京市海淀区中关村大街甲 59 号文化大厦 13、14 层，www.zlzx.com.cn

刊名：复印报刊资料（中小学教育）
刊号：CN11-4299/G4
主办单位：中国人民大学
主管单位：中华人民共和国教育部
地址：北京市海淀区中关村大街甲 59 号文化大厦 13、14 层，www.zlzx.com.cn

刊名：复印报刊资料（中小学学校管理）
刊号：CN11-4300/G2
主办单位：中国人民大学
主管单位：中华人民共和国教育部
地址：北京市海淀区中关村大街甲 59 号文化大厦 13、14 层，www.zlzx.com.cn

刊名：复印报刊资料（中学化学教与学）
刊号：CN11-4305/G4
主办单位：中国人民大学
主管单位：中华人民共和国教育部
地址：北京市海淀区中关村大街甲 59 号文化大厦 13、14 层，www.zlzx.com.cn

刊名：复印报刊资料（中学历史、地理教与学）
刊号：CN11-4302/G4
主办单位：中国人民大学
主管单位：中华人民共和国教育部
地址：北京市海淀区中关村大街甲 59 号文化大厦 13、14 层，www.zlzx.com.cn

刊名：复印报刊资料（中学外语教与学）
刊号：CN11-4306/G4
主办单位：中国人民大学
主管单位：中华人民共和国教育部
地址：北京市海淀区中关村大街甲 59 号文化大厦 13、14 层，www.zlzx.com.cn

刊名：复印报刊资料（中学物理教与学）
刊号：CN11-4304/G4
主办单位：中国人民大学
主管单位：中华人民共和国教育部
地址：北京市海淀区中关村大街甲 59 号文化大厦 13、14 层，www.zlzx.com.cn

刊名：复印报刊资料（中学政治及其他各科教与学）
刊号：CN11-4307/G4
主办单位：中国人民大学
主管单位：中华人民共和国教育部
地址：北京市海淀区中关村大街甲 59 号文化大厦 13、14 层，www.zlzx.com.cn

刊名：复印报刊资料（宗教）
刊号：CN11-4247/C
主办单位：中国人民大学
主管单位：中华人民共和国教育部
地址：北京市海淀区中关村大街甲 59 号文化大厦 13、14 层，www.zlzx.com.cn

刊名：复印报刊资料（人口学）

刊号：CN11-5754/R
主办单位：中国人民大学
主管单位：中华人民共和国教育部
地址：北京市海淀区中关村大街甲 59 号文化大厦 13、14 层，www. zlzx. com. cn

刊名：复印报刊资料（物流管理）
刊号：CN11-5416/F
主办单位：中国人民大学
主管单位：中华人民共和国教育部
地址：北京市海淀区中关村大街甲 59 号文化大厦 13、14 层，www. zlzx. com. cn

刊名：复杂系统与复杂性科学
刊号：CN37-1402/N
主办单位：青岛大学
主管单位：山东省教育厅
地址：山东省青岛市市南区宁夏路 308 号，fzxt. qdu. edu. cn

刊名：复杂油气藏
刊号：CN31-2019/TQ
主办单位：中国石油化工股份有限公司上海海洋油气分公司、中国石油化工股份有限公司江苏油田分公司
主管单位：中国石油化工集团有限公司
地址：上海市浦东新区商城路 1225 号，www. fzyqc. net

刊名：腹部外科
刊号：CN42-1252/R
主办单位：中华医学会武汉分会
主管单位：武汉市卫生健康委员会
地址：湖北省武汉市江岸区胜利街 155 号，fbwk. net

刊名：腹腔镜外科杂志
刊号：CN37-1361/R
主办单位：山东大学
主管单位：中华人民共和国教育部
地址：山东省济南市历下区文化西路 107 号，www. fqjwkzz. cn

刊名：服装学报
刊号：CN32-1864/TS
主办单位：江南大学
主管单位：中华人民共和国教育部
地址：江苏省无锡市滨湖区蠡湖大道 1800 号江南大学《服装学报》编辑部，fzxb. paperonce. org

G

刊名：改革
刊号：CN50-1012/F
主办单位：重庆社会科学院
主管单位：重庆社会科学院
地址：重庆市江北区桥北村 274 号，www. reform. net. cn

刊名：改革与开放
刊号：CN32-1034/F
主办单位：南京工程咨询中心
主管单位：南京市发展和改革委员会
地址：江苏省南京市玄武区珠江路 280 号珠江大厦 8 楼 807 室，www. ggykf. cn

刊名：改革与战略
刊号：CN45-1006/C
主办单位：广西壮族自治区社会科学界联合会
主管单位：广西壮族自治区社会科学界联合会
地址：广西壮族自治区南宁市青秀区思贤路绿塘里 1 号，www. ggyzl. com. cn

刊名：甘肃畜牧兽医
刊号：CN62-1064/S
主办单位：甘肃农业杂志社
主管单位：甘肃省农业农村厅
地址：甘肃省兰州市城关区武都路 498 号

刊名：甘肃地质
刊号：CN62-1191/P
主办单位：甘肃省地质矿产勘查开发局、甘肃省地质学会
主管单位：甘肃省地质矿产勘查开发局
地址：甘肃省兰州市城关区红星巷 123 号，www. gsdkj. net：85/ch

刊名：甘肃高师学报
刊号：CN62-1139/G4
主办单位：兰州城市学院、甘肃民族师范学院定西师范高等专科学校、陇南师范高等专科学校
主管单位：甘肃省教育厅
地址：甘肃省兰州市安宁区街坊路 11 号，gsgs. cbpt. cnki. net

刊名：**甘肃广播电视大学学报**
刊号：CN62-1140/G4
主办单位：甘肃广播电视大学
主管单位：甘肃省教育厅
地址：甘肃省兰州市城关区南滨河东路571号，www.gsrtvu.cn/info/1432/7534.htm

刊名：**甘肃行政学院学报**
刊号：CN62-1143/D
主办单位：甘肃行政学院
主管单位：甘肃省人力资源和社会保障厅
地址：甘肃省兰州市城关区雁滩路2926号，www.gsdx.gov.cn/info/1096/12159.htm

刊名：**甘肃教育**
刊号：CN62-1024/G4
主办单位：甘肃教育社
主管单位：甘肃省教育厅
地址：甘肃省兰州市城关区雁宁路400号，www.gsjys.cn

刊名：**甘肃金融**
刊号：CN62-1157/F
主办单位：甘肃省金融学会
主管单位：中国人民银行兰州中心支行
地址：甘肃省兰州市城关区东岗西路698号

刊名：**甘肃科技**
刊号：CN62-1130/N
主办单位：甘肃省科学技术情报研究所
主管单位：甘肃省科学技术厅
地址：甘肃省兰州市城关区平凉路531号，www.gskj.net.cn

刊名：**甘肃科学学报**
刊号：CN62-1098/N
主办单位：甘肃省科学院、中国科学院资源环境科学信息中心
主管单位：甘肃省科学院
地址：甘肃省兰州市城关区定西南路229号，gskx.cbpt.cnki.net

刊名：**甘肃理论学刊**
刊号：CN62-1002/D
主办单位：中共甘肃省委党校
主管单位：中共甘肃省委党校
地址：甘肃省兰州市安宁区健宁路199号，www.gsdx.gov.cn/bkb/gsllxk.htm

刊名：**甘肃林业科技**
刊号：CN62-1059/S
主办单位：甘肃省林学会、甘肃省林业科学研究院
主管单位：甘肃省林业和草原局
地址：甘肃省兰州市城关区段家滩698号

刊名：**甘肃农业大学学报**
刊号：CN62-1055/S
主办单位：甘肃农业大学
主管单位：甘肃省教育厅
地址：甘肃省兰州市安宁区营门村1号，gsnd.cbpt.cnki.net

刊名：**甘肃农业**
刊号：CN62-1104/F
主办单位：甘肃农业杂志社
主管单位：甘肃省农业农村厅
地址：甘肃省兰州市城关区武都路498号，www.gsqikan.com

刊名：**甘肃农业科技**
刊号：CN62-1050/S
主办单位：甘肃省农业科学院
主管单位：甘肃省农业科学院
地址：甘肃省兰州市安宁区农科院新村1号，gsnykj.gsagr.ac.cn

刊名：**甘肃社会科学**
刊号：CN62-1093/C
主办单位：甘肃省社会科学院
主管单位：甘肃省社会科学院
地址：甘肃省兰州市安宁区建宁东路277号，www.gsass.net.cn

刊名：**甘肃水利水电技术**
刊号：CN62-1094/TV
主办单位：甘肃省水利水电勘测设计研究院有限责任公司
主管单位：甘肃省水利厅
地址：甘肃省兰州市城关区平凉路284号《甘肃水利水电技术》编辑部，www.gswdi.com.cn/col_dzzz/index

刊名：甘肃冶金
刊号：CN62-1053/TF
主办单位：甘肃省金属学会、西北矿冶研究院
主管单位：甘肃省冶金有色工业协会
地址：甘肃省白银市白银区人民路 19 号，gsye. chinajournal. net. cn

刊名：甘肃医药
刊号：CN62-1076/R
主办单位：甘肃省医学科学研究院
主管单位：甘肃省卫生健康委员会
地址：甘肃省兰州市七里河区小西湖东街 2 号《甘肃医药》编辑部，gsyy. gszlyy. com

刊名：甘肃政法学院学报
刊号：CN62-1129/D
主办单位：甘肃政法大学
主管单位：甘肃省教育厅
地址：甘肃省兰州市安宁区安宁西路 6 号，gszf. cbpt. cnki. net

刊名：甘肃中医药大学学报
刊号：CN62-1214/R
主办单位：甘肃中医药大学
主管单位：甘肃省教育厅
地址：甘肃省兰州市城关区定西东路35 号甘肃中医药大学期刊编辑部，gszyxyxb. gszy. edu. cn

刊名：甘蔗糖业
刊号：CN44-1210/TS
主办单位：全国甘蔗糖业信息中心
主管单位：广州甘蔗糖业研究所
地址：广东省广州市海珠区石榴岗路 10 号，www. prcsiri. cn

刊名：肝胆胰外科杂志
刊号：CN33-1196/R
主办单位：温州医学院
主管单位：浙江省教育厅
地址：浙江省温州市瓯海区茶山高教园区温州医科大学期刊社同心楼 601 室，gdy. qk. wmu. edu. cn

刊名：肝脏
刊号：CN31-1775/R
主办单位：上海市医学会
主管单位：上海市卫生健康委员会
地址：上海市徐汇区沪闵路 9585 号，www. hepatoday. org

刊名：干旱地区农业研究
刊号：CN61-1088/S
主办单位：西北农林科技大学
主管单位：中华人民共和国教育部
地址：陕西省咸阳市杨凌区邰城路 3 号，ghdqnyyj. ijournal. cn

刊名：干旱环境监测
刊号：CN65-1117/X
主办单位：新疆环境监测总站
主管单位：新疆维吾尔自治区生态环境厅
地址：新疆维吾尔自治区乌鲁木齐市新市区科学一街 428 号

刊名：干旱气象
刊号：CN62-1175/P
主办单位：甘肃省气象局
主管单位：中国气象局
地址：甘肃省兰州市城关区东岗东路 2070 号，www. ghqx. org. cn

刊名：干旱区地理
刊号：CN65-1103/X
主办单位：中国科学院新疆生态与地理研究所、中国地理学会
主管单位：中国科学院
地址：新疆维吾尔自治区乌鲁木齐市新市区北京南路 818 号，alg. xjegi. cn

刊名：干旱区地理（维文版）
刊号：CN65-1104/X
主办单位：中国科学院新疆生态与地理研究所
主管单位：中国科学院新疆生态与地理研究所
地址：新疆维吾尔自治区乌鲁木齐市新市区北京南路 818 号，alguy. xjegi. com

刊名：干旱区科学
刊号：CN65-1278/K
主办单位：中国科学院新疆生态与地理研究所、中国科技出版传媒股份有限公司、中国自然资源学会
主管单位：中国科学院

地址：新疆维吾尔自治区乌鲁木齐市新市区北京南路 818 号，jal. xjegi. com

刊名：干旱区研究
刊号：CN65-1095/X
主办单位：中国科学院新疆生态与地理研究所、中国土壤学会
主管单位：中国科学院
地址：新疆维吾尔自治区乌鲁木齐市新市区北京南路 818 号，azr. xjegi. com

刊名：干旱区研究（维文版）
刊号：CN65-1095/X
主办单位：中国科学院新疆生态与地理研究所
主管单位：中国科学院新疆生态与地理研究所
地址：新疆维吾尔自治区乌鲁木齐市新市区北京南路 818 号，azruy. xjegi. com

刊名：干旱区资源与环境
刊号：CN15-1112/N
主办单位：内蒙古农业大学沙漠治理研究所
主管单位：内蒙古农业大学
地址：内蒙古自治区呼和浩特市赛罕区鄂尔多斯东街内蒙古农业大学新区生命科学大楼 1241 办公室，ghzh. cbpt. cnki. net

刊名：赣南师范大学学报
刊号：CN36-1346
主办单位：赣南师范大学
主管单位：赣南师范大学
地址：江西省赣州市蓉江新区师院南路《赣南师范大学学报》编辑部，gnsy. cbpt. cnki. net

刊名：赣南医学院学报
刊号：CN36-1154/R
主办单位：赣南医学院
主管单位：赣南医学院
地址：江西省赣州市章贡区医学院路 1 号，gnyxyxb. gmu. cn

刊名：钢管
刊号：CN51-1164/TG
主办单位：攀钢集团成都钢铁有限责任公司
主管单位：中国钢铁工业协会
地址：四川省成都市锦江区水碾河路 6 号 34 幢，www. ggzzchina. com

刊名：钢结构（中英文）
刊号：CN10-1609/TF
主办单位：中冶建筑研究总院有限公司、中国钢结构协会
主管单位：中国钢铁工业协会
地址：北京市海淀区西土城路 33 号，gjg. ic-mag. com

刊名：钢琴艺术
刊号：CN11-3779/J
主办单位：人民音乐出版社有限公司
主管单位：中国出版传媒股份有限公司
地址：北京市东城区朝内大街甲 55 号，www. rymusic. com. cn

刊名：钢铁
刊号：CN11-2118/TF
主办单位：中国金属学会、钢铁研究总院、北京钢研柏苑出版有限责任公司
主管单位：中国科学技术协会
地址：北京市海淀区学院南路 76 号，www. chinamet. cn

刊名：钢铁钒钛
刊号：CN51-1245/TF
主办单位：攀钢集团攀枝花钢铁研究院有限公司
主管单位：攀钢集团有限公司
地址：四川省攀枝花市东区桃源街 90 号，www. gtft. cn

刊名：钢铁研究
刊号：CN42-1218/TF
主办单位：武汉钢铁（集团）公司
主管单位：武汉钢铁（集团）公司
地址：湖北省武汉市青山区冶金大道 28 号

刊名：钢铁研究学报
刊号：CN11-2133/TF
主办单位：中国钢研科技集团有限公司
主管单位：中国钢铁工业协会
地址：北京市海淀区学院南路 76 号，www. chinamet. cn/Jweb_gtyjxb_cn

刊名：港澳研究
刊号：CN10-1182/C
主办单位：全国港澳研究会
主管单位：国务院港澳事务办公室

地址：北京市西城区月坛南街77号

刊名：港工技术
刊号：CN12-1220/U
主办单位：中交第一航务工程勘察设计院有限公司
主管单位：中国交通建设集团有限公司
地址：天津市河西区洞庭路颐航大厦，www.ggjsb-jb.com

刊名：港口装卸
刊号：CN42-1116/U
主办单位：武汉理工大学
主管单位：中华人民共和国教育部
地址：湖北省武汉市武昌区和平大道1174号，www.cahkms.org

刊名：高等财经教育研究
刊号：CN14-1361/G4
主办单位：山西财经大学
主管单位：山西财经大学
地址：山西省太原市小店区坞城路696号，xb.sx-ufe.edu.cn/gdcjjyyj.htm

刊名：高等工程教育研究
刊号：CN42-1026/G4
主办单位：华中科技大学、中国工程院教育委员会、中国高教学会工程教育委员会、全国重点大学理工科教改协作组
主管单位：中华人民共和国教育部
地址：湖北省武汉市洪山区珞喻路1037号，gdgj.chinajournal.net.cn

刊名：高等继续教育学报
刊号：CN42-1845/G
主办单位：华中师范大学
主管单位：中华人民共和国教育部
地址：湖北省武汉市洪山区珞喻路152号华中师范大学，gdhs.cbpt.cnki.net

刊名：高等建筑教育
刊号：CN50-1025/G4
主办单位：重庆大学
主管单位：中国建设教育协会
地址：重庆市沙坪坝区沙正街174号，journals.cqu.edu.cn

刊名：高等教育研究
刊号：CN42-1024/G4
主办单位：华中科技大学、中国高等教育学会高等教育学专业委员会
主管单位：中华人民共和国教育部
地址：湖北省武汉市洪山区珞喻路1037号华中科技大学教育科学研究院，gdgj.chinajournal.net.cn

刊名：高等理科教育
刊号：CN62-1028/G4
主办单位：兰州大学、全国高等理科教育研究会
主管单位：中华人民共和国教育部
地址：甘肃省兰州市城关区天水南路222号兰州大学齐云楼，gdlk.cbpt.cnki.net

刊名：高等农业教育
刊号：CN21-1088/G4
主办单位：沈阳农业大学
主管单位：全国高等农业教育研究会
地址：辽宁省沈阳市沈河区东陵路120号，www.gdnyjyzz.cn

刊名：高等数学研究
刊号：CN61-1315/O1
主办单位：西北工业大学、陕西省数学会
主管单位：陕西省科学技术协会
地址：陕西省西安市碑林区西北工业大学《高等数学研究》编辑部

刊名：高等学校化学学报
刊号：CN22-1131/O6
主办单位：吉林大学
主管单位：中华人民共和国教育部
地址：吉林省长春市朝阳区前进大街2699号吉林大学鼎新楼C526室，www.cjcu.jlu.edu.cn

刊名：高等学校计算数学学报
刊号：CN32-1170/O1
主办单位：南京大学
主管单位：中华人民共和国教育部
地址：江苏省南京市鼓楼区汉口路22号南京大学数学系，mathj.nju.edu.cn

刊名：高等学校文科学术文摘
刊号：CN31-1889/C

主办单位：上海师范大学
主管单位：上海市教育委员会
地址：上海市徐汇区桂林路100号，cuaa. shnu. edu. cn

刊名：高电压技术
刊号：CN42-1239/TM
主办单位：国家高电压计量站、中国电机工程学会
主管单位：国家电网有限公司
地址：湖北省武汉市洪山区珞喻路143号，hve. epri. sgcc. com. cn

刊名：高分子材料科学与工程
刊号：CN51-1293/O6
主办单位：四川大学高分子研究所、中国石油化工股份有限公司科技开发部
主管单位：中华人民共和国教育部
地址：四川省成都市武侯区一环路南一段24号四川大学（西区）高分子研究所，pmse. scu. edu. cn

刊名：高分子通报
刊号：CN11-2051/O6
主办单位：中国化学会、中国科学院化学研究所
主管单位：中国科学技术协会
地址：北京市海淀区中关村北一街2号，www. gfztb. com

刊名：高分子学报
刊号：CN11-1857/O6
主办单位：中国科学院化学研究所、中国化学会
主管单位：中国科学院
地址：北京市海淀区中关村北一街2号，www. gfzxb. org

刊名：高技术通讯
刊号：CN11-2770/N
主办单位：中国科学技术信息研究所
主管单位：中华人民共和国科学技术部
地址：北京市西城区三里河路54号，www. hitech-863. com

刊名：高教发展与评估
刊号：CN42-1731/G4
主办单位：武汉理工大学、中国交通教育研究会高教分会等
主管单位：高教发展与评估杂志社
地址：湖北省武汉市武昌区和平大道1178号，jtgy. chinajournal. net. cn

刊名：高教论坛
刊号：CN45-1312/G4
主办单位：广西壮族自治区高等教育学会
主管单位：广西壮族自治区高等教育学会
地址：广西壮族自治区南宁市青秀区教育路3号

刊名：高教探索
刊号：CN44-1109/G4
主办单位：广东省高等教育学会
主管单位：广东省教育厅
地址：广东省广州市越秀区小北路155号

刊名：高科技与产业化
刊号：CN11-3556/N
主办单位：中国科学院文献情报中心、中国高科技产业化研究会
主管单位：中国科学院
地址：北京市海淀区北四环西路33号5D14室，www. hitech. ac. cn

刊名：高师理科学刊
刊号：CN23-1418/N
主办单位：齐齐哈尔大学
主管单位：黑龙江省教育厅
地址：黑龙江省齐齐哈尔市建华区文化大街42号，glkx. cbpt. cnki. net

刊名：高速铁路技术
刊号：CN51-1730/U
主办单位：中铁二院工程集团有限责任公司
主管单位：中国中铁股份有限公司
地址：四川省成都市金牛区通锦路3号，gstljs. paperonce. org

刊名：高校地质学报
刊号：CN32-1440/P
主办单位：南京大学
主管单位：中华人民共和国教育部
地址：江苏省南京市栖霞区仙林大道163号南京大学朱共山楼317室，geology. nju. edu. cn

刊名：高校辅导员
刊号：CN37-1471/C

主办单位：山东大学
主管单位：中华人民共和国教育部
地址：山东省济南市历城区山大南路 27 号，www.gxfdy.edu.cn

刊名：高校辅导员学刊
刊号：CN34-1306/G4
主办单位：安徽师范大学
主管单位：安徽省教育厅
地址：安徽省芜湖市镜湖区北京东路 1 号安徽师范大学内，gxfdyxk.ahnu.edu.cn

刊名：高校化学工程学报
刊号：CN33-1141/TQ
主办单位：浙江大学
主管单位：中华人民共和国教育部
地址：浙江省杭州市西湖区浙大路 38 号，gxhx.cbpt.cnki.net

刊名：高等学校化学研究
刊号：CN22-1183/O6
主办单位：吉林大学
主管单位：中华人民共和国教育部
地址：吉林省长春市朝阳区前进大街 2699 号吉林大学鼎新楼 C 座 526 室，www.cjcu.jlu.edu.cn

刊名：高校教育管理
刊号：CN32-1774/G4
主办单位：江苏大学
主管单位：江苏省教育厅
地址：江苏省镇江市京口区梦溪园巷 30 号，zzs.ujs.edu.cn/gxjy

刊名：高校马克思主义理论研究
刊号：CN10-1349/A
主办单位：清华大学
主管单位：中华人民共和国教育部
地址：北京市海淀区双清路学研大厦 A 座，smthe.tsinghuajournals.com

刊名：高校图书馆工作
刊号：CN43-1032/G2
主办单位：湖南省高等学校图书情报工作委员会
主管单位：湖南省教育厅
地址：湖南省长沙市岳麓区麓山南路 2 号湖南大学图书馆内，oldlib.hnu.cn

刊名：高校应用数学学报
刊号：CN33-1110/O1
主办单位：浙江大学、中国工业与应用数学学会
主管单位：中华人民共和国教育部
地址：浙江省杭州市西湖区浙大路 38 号，www.amjcu.zju.edu.cn/amjcua

刊名：高压电器
刊号：CN61-1127/TM
主办单位：西安高压电器研究院有限责任公司
主管单位：西安高压电器研究院有限责任公司
地址：陕西省西安市莲湖区西二环北段 18 号，www.zgydq.com

刊名：高压物理学报
刊号：CN51-1147/O4
主办单位：中国物理学会高压物理专业委员会、四川省物理学会
主管单位：四川省科学技术协会
地址：四川省绵阳市游仙区绵山路 64 号，www.gywlxb.cn

刊名：高原地震
刊号：CN63-1029P
主办单位：青海省地震局、西藏自治区地震局
主管单位：青海省地震局
地址：青海省西宁市城西区兴海路 1 号

刊名：高原气象
刊号：CN62-1061/P
主办单位：中国科学院寒区旱区环境与工程研究所
主管单位：中国科学院
地址：甘肃省兰州市城关区天水中路 8 号，www.gyqx.ac.cn

刊名：高原山地气象研究
刊号：CN51-1706P
主办单位：中国气象局成都高原气象研究所
主管单位：四川省气象局
地址：四川省成都市青羊区光华村街 20 号，gysdqxyj.cnjournal.com

刊名：高原医学杂志
刊号：CN63-1019/R
主办单位：青海省医药卫生学会联合办公室
主管单位：青海省卫生健康委员会

地址：青海省西宁市城西区南川西路69号

刊名：高中数学教与学
刊号：CN32-1398/G4
主办单位：扬州大学
主管单位：江苏省教育厅
地址：江苏省扬州市邗江区四望亭路180号扬州大学瘦西湖校区，gsjx.cbpt.cnki.net

刊名：歌海
刊号：CN45-1228/J
主办单位：广西壮族自治区民族文化艺术研究院
主管单位：广西壮族自治区民族文化艺术研究院
地址：广西壮族自治区南宁市青秀区思贤路38号

刊名：耕作与栽培
刊号：CN52-1065/S
主办单位：贵州省农作物技术推广总站
主管单位：贵州省农作物技术推广总站
地址：贵州省贵阳市云岩区延安中路62号

刊名：工程爆破
刊号：CN11-3675/TD
主办单位：中国爆破行业协会
主管单位：中国有色金属工业协会
地址：北京市丰台区南四环西路188号十一区29号楼，gcbp.cbpt.cnki.net

刊名：工程地球物理学报
刊号：CN42-1694/TV
主办单位：中国地质大学（武汉）、长江大学
主管单位：中国人民共和国水利部
地址：湖北省武汉市洪山区鲁磨路388号，www.gcdq.cbpt.cnki.net

刊名：工程地质学报
刊号：CN11-3249/P
主办单位：中国科学院地质与地球物理研究所
主管单位：中国科学院
地址：北京市东城区东黄城根北街16号，www.gcdz.org

刊名：工程管理学报
刊号：CN23-1561/TU
主办单位：哈尔滨工业大学、中建协管理现代化专业委员会
主管单位：中华人民共和国住房和城乡建设部
地址：黑龙江省哈尔滨市南岗区一匡街2号哈工大科学园2H栋426室，jem.hit.edu.cn

刊名：工程技术研究
刊号：CN44-1727/N
主办单位：广州市金属学会、广东工程职业技术学院
主管单位：广东省冶金工业总公司
地址：广东省广州市天河区渔兴路18号，www.gczz.org

刊名：工程机械
刊号：CN12-1328/TH
主办单位：天津工程机械研究院有限公司
主管单位：天津工程机械研究院有限公司
地址：天津市北辰区科技园区华实道91号，www.chinacme.com

刊名：工程机械文摘
刊号：CN12-1082/TH
主办单位：天津工程机械研究院有限公司
主管单位：天津工程机械研究院有限公司
地址：天津市北辰区科技园区华实道91号，www.cm-digest.com

刊名：工程机械与维修
刊号：CN11-3566/TH
主办单位：北京卓众出版有限公司、北京科学技术期刊学会
主管单位：中国机械工业联合会
地址：北京市朝阳区德胜门外北沙滩1号，www.ccmm.com.cn

刊名：工程建设
刊号：CN43-1465/TU
主办单位：中冶长天国际工程有限责任公司
主管单位：中冶长天国际工程有限责任公司
地址：湖南省长沙市岳麓区梅溪湖路1152号

刊名：工程建设标准化
刊号：CN11-2989/TU
主办单位：中国工程建设标准化协会、住房和城乡建设部标准定额研究所、中国建筑标准设计研究院
主管单位：中华人民共和国住房和城乡建设部

地址：北京市海淀区三里河路9号建设部内，www.cecs.org.cn

刊名：工程建设与设计
刊号：CN11-3914/TU
主办单位：国家机械工业局工程建设中心、中国机械工业勘察设计协会、中国中元国际工程有限公司
主管单位：中国机械工业联合会
地址：北京市西城区三里河路46号，www.jsysj.com

刊名：工程经济
刊号：CN11-3104/F
主办单位：中国建设工程造价管理协会建行委员会
主管单位：中国建设银行
地址：北京市西城区闹市口大街1号长安兴融中心2号楼1010室，www.coneco.com.cn/Category_764/Index.aspx

刊名：工程勘察
刊号：CN11-2025/TU
主办单位：中国建筑学会工程勘察分会、建设部综合勘察研究设计院
主管单位：中华人民共和国住房和城乡建设部
地址：北京市东城区东直门内大街177号，www.gckc.cn

刊名：工程抗震与加固改造
刊号：CN11-5260/P
主办单位：中国建筑学会、中国建筑科学研究院
主管单位：中华人民共和国住房和城乡建设部
地址：北京市朝阳区北三环东路30号，www.gckzyjggz.com

刊名：工程科学学报
刊号：CN10-1297/TF
主办单位：北京科技大学
主管单位：中华人民共和国教育部
地址：北京市东城区东黄城根北街16号，journals.ustb.edu.cn

刊名：工程科学与技术
刊号：CN51-1773/TB
主办单位：四川大学
主管单位：中华人民共和国教育部
地址：四川省成都市武侯区一环路南一段24号四川大学（西区），jsuese.scu.edu.cn

刊名：工程力学
刊号：CN11-2595/O3
主办单位：中国力学学会
主管单位：中国科学技术协会
地址：北京市海淀区双眉路30号清华大学新水利馆114室，engineeringmechanics.cn

刊名：工程热物理学报
刊号：CN11-2091/O4
主办单位：中国科学院工程热物理研究所
主管单位：中国科学院
地址：北京市海淀区北四环西路11号，jetp.etp.ac.cn

刊名：工程设计学报
刊号：CN33-1288/TH
主办单位：浙江大学
主管单位：中华人民共和国教育部
地址：浙江省杭州市西湖区天目山路148号，www.zjujournals.com/gcsjxb

刊名：工程数学学报
刊号：CN61-1269/O1
主办单位：西安交通大学
主管单位：中华人民共和国教育部
地址：陕西省西安市碑林区咸宁西路28号，schsci.xjtu.edu.cn/new_emj/index.aspx

刊名：工程塑料应用
刊号：CN37-1111/TQ
主办单位：中国兵器工业集团第五三研究所
主管单位：中国兵器工业集团有限公司
地址：山东省济南市天桥区田庄东路3号，www.epa1973.net

刊名：工程研究——跨学科视野中的工程
刊号：CN11-5780/TB
主办单位：中国科学院大学
主管单位：中国科学院
地址：北京市石景山区玉泉路19号甲中国科学院大学综合楼317室，jes.ucas.ac.cn

刊名：工程与建设
刊号：CN34-1296/N

主办单位：时代出版传媒股份有限公司、安徽省工程建设标准设计办公室
主管单位：安徽出版集团有限责任公司
地址：安徽省合肥市包河区紫云路 996 号，www.gcyujs.com

刊名：工程与试验
刊号：CN22-1392/TH
主办单位：长春机械科学研究院有限公司
主管单位：中国机械工业集团有限公司
地址：吉林省长春市朝阳区高新区越达路 1118 号

刊名：工程造价管理
刊号：CN11-3151/TB
主办单位：中国建设工程造价管理协会
主管单位：中华人民共和国住房和城乡建设部
地址：北京市海淀区三里河路 9 号建设部，gczj.cbpt.cnki.net

刊名：工程质量
刊号：CN11-3864/TB
主办单位：中国建筑业协会工程质量管理分会、国家建筑工程质量监督检验中心、中国建筑科学研究院
主管单位：中华人民共和国住房和城乡建设部
地址：北京市朝阳区北三环东路 30 号，www.gczl.org

刊名：工会理论研究（上海工会管理职业学院学报）
刊号：CN31-2048/D
主办单位：上海工会管理职业学院
主管单位：上海市总工会
地址：上海市杨浦区吉林路 2 号，www.shghxy.org.cn

刊名：工具技术
刊号：CN51-1271/TH
主办单位：成都工具研究所有限公司
主管单位：成都工具研究所有限公司
地址：四川省成都市成华区府青路二段 24 号，www.chinatool.net

刊名：工矿自动化
刊号：CN32-1627/TP
主办单位：中煤科工集团常州研究院有限公司
主管单位：中国煤炭科工集团有限公司
地址：江苏省常州市钟楼区木梳路 1 号，www.gkzdh.cn

刊名：工业安全与环保
刊号：CN42-1640/X
主办单位：中钢集团武汉安全环保研究院有限公司
主管单位：中钢集团武汉安全环保研究院有限公司
地址：湖北省武汉市青山区和平大道 1244 号，www.gyaqyhbzz.cn

刊名：工业催化
刊号：CN61-1233/TQ
主办单位：西北化工研究院有限公司
主管单位：陕西延长石油（集团）有限责任公司
地址：陕西省西安市雁塔区雁翔路99号西北化工研究院有限公司，www.gychbjb.com

刊名：工业工程
刊号：CN44-1429/TH
主办单位：广东工业大学
主管单位：广东省教育厅
地址：广东省广州市越秀区东风东路 729 号广东工业大学期刊中心，manu49.magtech.com.cn/jwk_gygc

刊名：工业工程与管理
刊号：CN31-1738/T
主办单位：上海交通大学
主管单位：中华人民共和国教育部
地址：上海市徐汇区华山路 1954 号，gygcgl.cbpt.cnki.net

刊名：工业锅炉
刊号：CN31-1400/TK
主办单位：上海工业锅炉研究所有限公司
主管单位：中国机械工业集团有限公司
地址：上海市闵行区新骏环路 138 号，www.shgygl.cn

刊名：工业和信息化教育
刊号：CN10-1101/G4
主办单位：电子工业出版社有限公司
主管单位：中华人民共和国工业和信息化部
地址：北京市丰台区金家村 288 号华信大厦，www.iite.com.cn

刊名：工业计量
刊号：CN11-2776/TB
主办单位：冶金自动化研究设计院、中国计量协会、北京钢研柏苑出版有限责任公司
主管单位：中国钢铁工业协会
地址：北京市海淀区学院南路76号，www.gyjl.com.cn

刊名：工业技术创新
刊号：CN10-1231/F
主办单位：中国电子信息产业发展研究院、赛迪工业和信息化研究院（集团）有限公司
主管单位：中华人民共和国工业和信息化部
地址：北京市海淀区紫竹院路66号赛迪大厦18层，www.china-iti.com

刊名：工业技术经济
刊号：CN22-1129/T
主办单位：吉林省科学技术信息研究所
主管单位：吉林省科学技术厅
地址：吉林省长春市南关区经济技术开发区深圳街940号，www.gyjsjj.com

刊名：工业技术与职业教育
刊号：CN13-1400/TB
主办单位：唐山工业职业技术学院
主管单位：河北省教育厅
地址：河北省唐山市曹妃甸区渤海大道25号，www.hbtc.cbpt.cnki.net

刊名：工业加热
刊号：CN61-1208/TM
主办单位：西安电炉研究所有限公司
主管单位：西安电炉研究所有限公司
地址：陕西省西安市雁塔区朱雀大街南段222号，www.gyjr.com

刊名：工业建筑
刊号：CN11-2068/TU
主办单位：中冶建筑研究总院有限公司
主管单位：中国钢铁工业协会
地址：北京市海淀区西土城路33号，gyjz.ic-mag.com

刊名：工业控制计算机
刊号：CN32-1764/TP
主办单位：江苏省计算技术研究所有限责任公司、中国计算机学会工业控制计算机专业委员会
主管单位：江苏省科学技术厅
地址：江苏省南京市玄武区龙蟠路173号，www.ipcm.com.cn

刊名：工业炉
刊号：CN12-1118/TB
主办单位：机械工业第五设计研究院有限公司
主管单位：机械工业第五设计研究院有限公司
地址：天津市南开区长江道591号

刊名：工业水处理
刊号：CN12-1087/X
主办单位：中海油天津化工研究设计院有限公司
主管单位：中海油天津化工研究设计院有限公司
地址：天津市红桥区丁字沽三号路85号，www.iwt.cn

刊名：工业微生物
刊号：CN31-1438/Q
主办单位：全国工业微生物信息中心、上海市工业微生物研究所
主管单位：中国轻工业联合会
地址：上海市徐汇区桂平路353号

刊名：工业卫生与职业病
刊号：CN21-1147/R
主办单位：鞍山钢铁集团公司
主管单位：中国钢铁工业协会
地址：辽宁省鞍山市立山区双山路14号，gywz.cbpt.cnki.net

刊名：工业仪表与自动化装置
刊号：CN61-1121/TH
主办单位：陕西鼓风机（集团）有限公司
主管单位：陕西鼓风机（集团）有限公司
地址：陕西省西安市雁塔区沣惠南路8号，yb-zdh.shaangu-group.com

刊名：工业用水与废水
刊号：CN34-1204/TQ
主办单位：东华工程科技股份有限公司
主管单位：东华工程科技股份有限公司
地址：安徽省合肥市包河区望江东路70号，hggs.cbpt.cnki.net

刊名：公安海警学院学报
刊号：CN33-1373/Z
主办单位：公安海警学院
主管单位：中华人民共和国公安部
地址：浙江省宁波市北仑区小港街道振兴西路205号，gagd.cbpt.cnki.net

刊名：公安教育
刊号：CN11-2963/D
主办单位：中国人民公安大学
主管单位：中华人民共和国公安部
地址：北京市西城区木樨地南里中国人民公安大学院内，gajy.cbpt.cnki.net

刊名：公安研究
刊号：CN11-2438/D
主办单位：中国警察协会
主管单位：中华人民共和国公安部
地址：北京市西城区木樨地南里甲1号

刊名：公共财政研究
刊号：CN37-1502/F
主办单位：大众报业集团（大众日报社）、山东省财政科学研究所
主管单位：大众报业集团（大众日报社）
地址：山东省济南市历下区泺源大街2号

刊名：公共管理学报
刊号：CN23-1523/F
主办单位：哈尔滨工业大学管理学院
主管单位：中华人民共和国工业和信息化部
地址：黑龙江省哈尔滨市南岗区法院街13号，www.ggglxbzz.cn

刊名：公共行政评论
刊号：CN44-1648/D
主办单位：广东人民出版社有限公司、广东省治理现代化研究所
主管单位：南方出版传媒股份有限公司
地址：广东省广州市东风中路305号省府大院八号楼808室，jpa.sysu.edu.cn

刊名：公共卫生与预防医学
刊号：CN42-1734/R
主办单位：湖北省预防医学会、湖北省预防医学科学院、湖北省疾病预防控制中心
主管单位：湖北省卫生健康委员会
地址：湖北省武汉市洪山区卓刀泉北路6号，mag.hbcdc.cn

刊名：公共艺术
刊号：CN31-2033/J
主办单位：上海书画出版社
主管单位：上海文艺出版总社
地址：上海市长宁区延安西路593号，www.shshuhua.com

刊名：公路
刊号：CN11-1668/U
主办单位：《公路》杂志社有限公司
主管单位：中国交通建设集团有限公司
地址：北京市东城区前炒面胡同33号，www.chnhighway.com

刊名：公路工程
刊号：CN43-1481/U
主办单位：湖南省交通科学研究院
主管单位：湖南省交通运输厅
地址：湖南省长沙市天心区芙蓉中路三段472号，www.glgczz.cn

刊名：公路交通技术
刊号：CN50-1135/U
主办单位：重庆交通科研设计院
主管单位：重庆市交通委员会
地址：重庆市南岸区学府大道33号，gljt.cbpt.cnki.net

刊名：公路交通科技
刊号：CN11-2279/U
主办单位：交通运输部公路科学研究所
主管单位：中华人民共和国交通运输部
地址：北京市海淀区西土城路8号，www.gljtkj.com

刊名：公路与汽运
刊号：CN43-1362/U
主办单位：长沙理工大学
主管单位：长沙理工大学
地址：湖南省长沙市天心区赤岭路45号长沙理工大学金盆岭校区8号信箱，www.glyqyzz.cn

刊名：功能材料

刊号：CN50-1099/TH
主办单位：重庆材料研究院
主管单位：重庆材料研究院
地址：重庆市北碚区蔡家工业园嘉德大道 8 号，www. gncl. cn

刊名：功能高分子学报
刊号：CN31-1633/O6
主办单位：华东理工大学
主管单位：中华人民共和国教育部
地址：上海市徐汇区梅陇路 130 号，gngfzxb. ecust. edu. cn

刊名：供水技术
刊号：CN12-1393/TU
主办单位：天津市自来水集团有限公司
主管单位：天津市自来水集团有限公司
地址：天津市和平区建设路 54 号院内 C 座 1、3 层，www. chinawatertech. net

刊名：供用电
刊号：CN31-1467/TM
主办单位：英大传媒（上海）有限公司、上海市电力公司
主管单位：国家电网有限公司
地址：上海市闵行区光华路 2118 号，gydi. cbpt. cnki. net

刊名：古代文明
刊号：CN22-1213/K
主办单位：世界古典文明史研究所
主管单位：东北师范大学
地址：吉林省长春市南关区人民大街 5268 号，ihac. nenu. edu. cn/JAC. htm

刊名：古地理学报
刊号：CN11-4678/P
主办单位：中国石油大学、中国矿物岩石地球化学学会
主管单位：中华人民共和国教育部
地址：北京市海淀区学院路 20 号中国石油大学《古地理学报》编辑部，www. gdlxb. org

刊名：古汉语研究
刊号：CN43-1145/H
主办单位：湖南师范大学
主管单位：湖南师范大学
地址：湖南省长沙市岳麓区麓山路 36 号湖南师范大学文学院，www. ghyyj. cn

刊名：古籍整理研究学刊
刊号：CN22-1024/C
主办单位：东北师范大学文学院古籍整理研究所
主管单位：教育部全国高校古籍整理研究工作委员会
地址：吉林省长春市南关区人民大街 5268 号

刊名：古脊椎动物学报
刊号：CN11-1905/Q
主办单位：中国科学院古脊椎动物与古人类研究所
主管单位：中国科学院
地址：北京市西城区西直门外大街 142 号，www. ivpp. ac. cn/cbw/gjzdwxb/jj

刊名：古建园林技术
刊号：CN11-2173/TU
主办单位：北京《古建园林技术》杂志社有限公司
主管单位：北京房地集团有限公司
地址：北京市东城区安德里北街甲 20 号，www. gjyljs. com

刊名：古今农业
刊号：CN11-4997/S
主办单位：全国农业展览馆
主管单位：中华人民共和国农业农村部
地址：北京市朝阳区东三环北路 16 号，www. ciae. com. cn/journals_detail/zh/4691. html

刊名：古生物学报
刊号：CN32-1188/Q
主办单位：中国古生物学会、中国科学院南京地质古生物研究所
主管单位：中国科学院
地址：江苏省南京市玄武区北京东路 39 号中科院古生物所，gswxb. cnjournals. cn

刊名：骨科
刊号：CN42-1799/R
主办单位：华中科技大学同济医学院附属同济医院
主管单位：湖北省卫生健康委员会
地址：湖北省武汉市蔡甸区五贤路同济专家社区 D 栋，oj. chmed. net

刊名：固体电子学研究与进展
刊号：CN32-1110/TN
主办单位：南京电子器件研究所
主管单位：中国电子科技集团有限公司
地址：江苏省南京市秦淮区中山东路 524 号 1601 信箱 43 分箱，gtdz. chinajournal. net. cn

刊名：固体火箭技术
刊号：CN61-1176/V
主办单位：中国航天科技集团有限公司第四研究院
主管单位：中国航天科技集团有限公司
地址：陕西省西安市 120 信箱 47 所《固体火箭技术》编辑部，pub. gthjjs. com

刊名：固体力学学报
刊号：CN42-1250/O3
主办单位：中国力学学会
主管单位：中国科学技术协会
地址：湖北省武汉市洪山区珞瑜路 1037 号华中科技大学南一楼东 317，amss. hust. edu. cn

刊名：故宫博物院院刊
刊号：CN11-1202/G2
主办单位：故宫博物院
主管单位：中华人民共和国文化和旅游部
地址：北京市东城区景山前街 4 号故宫博物院内，www. dpm. org. cn/journals. html

刊名：关东学刊
刊号：CN22-1417/C
主办单位：长春工业大学
主管单位：吉林省教育厅
地址：吉林省长春市朝阳区延安大街 2055 号长春工业大学学术期刊中心《关东学刊》编辑部，gdxk. xsqk. ccut. edu. cn

刊名：观察与思考
刊号：CN33-1217/C
主办单位：浙江省社会科学院
主管单位：浙江省社会科学院
地址：浙江省杭州市西湖区凤起路 620 号浙江省行政中心 11 号楼，gcysk. zjss. com. cn

刊名：管道技术与设备
刊号：CN21-1312/TH
主办单位：沈阳仪表科学研究院
主管单位：沈阳仪表科学研究院
地址：辽宁省沈阳市大东区北海街 242 号，52gdw. com

刊名：管理工程师
刊号：CN41-1247/V
主办单位：郑州航空工业管理学院
主管单位：河南省教育厅
地址：河南省郑州市郑东新区文苑西路 15 号，xb-bjb. zua. edu. cn

刊名：管理工程学报
刊号：CN33-1136/N
主办单位：浙江大学
主管单位：浙江大学
地址：浙江省杭州市西湖区余杭塘路 866 号，gl-gcxb. zju. edu. cn

刊名：管理科学
刊号：CN23-1510/C
主办单位：哈尔滨工业大学管理学院
主管单位：哈尔滨工业大学
地址：黑龙江省哈尔滨市南岗区法院街 13 号，glkx. hit. edu. cn

刊名：管理科学学报
刊号：CN12-1275/G3
主办单位：天津大学、国家自然科学基金委管理科学部
主管单位：中华人民共和国教育部
地址：天津市南开区卫津路 92 号天津大学 25 教学楼 A 区 908，jmsc. tju. edu. cn

刊名：管理评论
刊号：CN11-5057/F
主办单位：中国科学院大学
主管单位：中国科学院
地址：北京市石景山区玉泉路 19 号甲中国科学院大学科研楼 103 号，glplzz. com

刊名：管理世界
刊号：CN11-1235/F
主办单位：国务院发展研究中心
主管单位：国务院发展研究中心
地址：北京市朝阳区金台里 2 号院 1 号楼，www. mwm. net. cn

刊名：**管理现代化**
刊号：CN11-1403/C
主办单位：中国管理现代化研究会
主管单位：中国科学技术协会
地址：北京市朝阳区安定门外甘水桥甲 1 号太阳宫宾馆 719 室，www.glxx.cbpt.cnki.net

刊名：**管理学报**
刊号：CN42-1725/C
主办单位：华中科技大学
主管单位：中华人民共和国教育部
地址：湖北省武汉市洪山区珞喻路 1037 号华中科技大学，glxb.hust.edu.cn

刊名：**管理学刊**
刊号：CN41-1408/F
主办单位：新乡学院、中国经济规律系统研究会
主管单位：河南省教育厅
地址：河南省新乡市卫滨区金穗大道 191 号，xxxy.cbpt.cnki.net

刊名：**管理学文摘**
刊号：CN11-5774/G3
主办单位：中国人民大学
主管单位：中华人民共和国教育部
地址：北京市海淀区中关村大街甲 59 号文化大厦 13、14 层，www.zlzx.com.cn

刊名：**管子学刊**
刊号：CN37-1079/C
主办单位：山东理工大学齐文化研究院
主管单位：山东理工大学
地址：山东省淄博市张店区新村西路 266 号，gzxk.cbpt.cnki.net

刊名：**灌溉排水学报**
刊号：CN41-1337/S
主办单位：中华人民共和国水利部、中国农业科学院农田灌溉研究所、中国水利学会
主管单位：中华人民共和国水利部
地址：河南省新乡市牧野区宏力大道（东）380 号，ggps.cbpt.cnki.net

刊名：**光电工程**
刊号：CN51-1346/O4
主办单位：中国科学院光电技术研究所、中国光学学会
主管单位：中国科学院
地址：四川省成都市双流区 350 信箱光电期刊编辑部，www.oejournal.org/J/OEE.html/CN

刊名：**光电技术应用**
刊号：CN12-1444/TN
主办单位：中国电子科技集团公司光电研究院
主管单位：中国电子科技集团有限公司
地址：天津市东丽区空港经济区纬五道 9 号，www.opticsjournal.net/Journals/eota.htm

刊名：**光电子·激光**
刊号：CN12-1182/O4
主办单位：天津理工大学
主管单位：天津市教育委员会
地址：天津市西青区宾水西道 391 号，www.joelcn.com

刊名：**光电子技术**
刊号：CN32-1347/TN
主办单位：南京电子器件研究所
主管单位：中国电子科技集团有限公司
地址：江苏省南京市秦淮区中山东路 524 号 1601 信箱 43 分箱，www.opticsjournal.net/journals/gdjs.htm

刊名：**光明中医**
刊号：CN11-1592/R
主办单位：中华中医药学会
主管单位：国家中医药管理局
地址：北京市西城区三里河南一巷 11 号院 1 号楼 111 室，www.gmzyzy.com

刊名：**光谱学与光谱分析**
刊号：CN11-2200/O4
主办单位：中国光学学会
主管单位：中国科学技术协会
地址：北京市海淀区学院南路 76 号钢铁研究总院内，www.gpxygpfx.com

刊名：**光散射学报**
刊号：CN51-1395/O4
主办单位：中国物理学会光散射专业委员会、四川省物理学会
主管单位：四川省科学技术协会
地址：四川省成都市武侯区望江路 29 号四川大学物

理学院《光散射学报》编辑部，physics. scu. edu. cn/jls

刊名：光通信技术
刊号：CN45-1160/TN
主办单位：中国电子科技集团公司第三十四研究所
主管单位：中国电子科技集团有限公司
地址：广西壮族自治区桂林市七星区六合路 98 号，www. gioc. com. cn/opticalcomm

刊名：光通信研究
刊号：CN42-1266/TN
主办单位：武汉邮电科学研究院
主管单位：武汉邮电科学研究院
地址：湖北省武汉市洪山区邮科院路 88 号，gtxyj. wri. com. cn

刊名：光纤与电缆及其应用技术
刊号：CN31-1480/TN
主办单位：中国电子科技集团公司第二十三研究所
主管单位：中国电子科技集团有限公司
地址：上海市宝山区铁山路 230 号，www. gxydl. com

刊名：光学技术
刊号：CN11-1879/O4
主办单位：中国北方光电工业总公司、中国兵工学会、北京理工大学
主管单位：中国兵器工业集团有限公司
地址：北京市海淀区白石桥路 7 号，gxjs. cbpt. cnki. net

刊名：光学精密工程
刊号：CN22-1198/TH
主办单位：中国科学院长春光学精密机械与物理研究所
主管单位：中国科学院
地址：吉林省长春市二道区东南湖大路 3888 号，www. eope. net

刊名：光学学报
刊号：CN31-1252/O4
主办单位：中国科学院上海光学精密机械研究所、中国光学学会
主管单位：中国科学技术协会
地址：上海市嘉定区清河路 390 号，www. opticsjournal. net/Journals/gxxb. htm

刊名：光学仪器
刊号：CN31-1504/TH
主办单位：中国仪器仪表学会、上海光学仪器研究所、中国光学学会工程光学专业委员会
主管单位：中国科学技术协会
地址：上海市杨浦区军工路 516 号，joi. usst. edu. cn

刊名：光学与光电技术
刊号：CN42-1696/O3
主办单位：华中光电技术研究所、湖北省光学学会
主管单位：湖北省科学技术协会
地址：湖北省武汉市江夏区阳光大道 717 号，www. opticsjournal. net/Journals/gxgdjs. htm

刊名：光源与照明
刊号：CN31-1519/TB
主办单位：上海市照明学会
主管单位：上海市科学技术协会
地址：上海市杨浦区邯郸路 220 号

刊名：光子学报
刊号：CN61-1235/O4
主办单位：中国科学院西安光学精密机械研究所、中国光学学会
主管单位：中国科学院
地址：陕西省西安市长安区信息大道 17 号，www. photon. ac. cn

刊名：广播电视大学学报
刊号：CN15-1191/G4
主办单位：内蒙古自治区教育厅
主管单位：内蒙古广播电视大学
地址：内蒙古自治区呼和浩特市赛罕区新华东 34 号，www. ougz. edu. cn/bjb

刊名：广播电视信息
刊号：CN11-3229/TN
主办单位：国家广播电视总局无线电台管理局、中国有限电视网络有限公司
主管单位：国家广播电视总局
地址：北京市西城区复兴门外大街 2 号，www. rti. cn

刊名：广播与电视技术
刊号：CN11-1659/TN
主办单位：国家广播电视总局广播电视规划院

主管单位：国家广播电视总局
地址：北京市西城区真武庙二条 9 号，www. lieku. cn

刊名：广船科技
刊号：CN44-1208/U
主办单位：广州广船国际股份有限公司科学技术协会
主管单位：中共广州广船国际股份有限公司委员会
地址：广东省广州市荔湾区芳村大道南 40 号

刊名：广东财经大学学报
刊号：CN44-1711/F
主办单位：广东财经大学
主管单位：广东省教育厅
地址：广东省广州市海珠区赤沙路 21 号广东财经大学，gsxb. gdufe. edu. cn

刊名：广东蚕业
刊号：CN44-1319/S
主办单位：广东省蚕学会、广东丝源集团有限公司
主管单位：广东省丝绸纺织集团有限公司
地址：广东省广州市天河区科华街 73 号

刊名：广东畜牧兽医科技
刊号：CN44-1243/S
主办单位：广东省农业科学院畜牧研究所、广东省农业科学院动物卫生研究所、广东省畜牧兽医学会
主管单位：广东省农业科学院
地址：广东省广州市天河区五山大丰一街 1 号

刊名：广东第二师范学院学报
刊号：CN44-1688/G4
主办单位：广东第二师范学院
主管单位：广东省教育厅
地址：广东省广州市海珠区新港中路 351 号广东第二师范学院内

刊名：广东电力
刊号：CN44-1420/TM
主办单位：广东电网公司电力科学研究院、广东省电机工程学会
主管单位：广东电网公司
地址：广东省广州市越秀区东风东路水均岗 8 号，gddl. gddky. csg. cn

刊名：广东工业大学学报
刊号：CN44-1428/T
主办单位：广东工业大学
主管单位：广东省教育厅
地址：广东省广州市越秀区东风东路 729 号广东工业大学期刊中心，journal. gdut. edu. cn

刊名：广东公安科技
刊号：CN44-1373/N
主办单位：广东省公安科学技术研究所
主管单位：广东省公安厅
地址：广东省广州市越秀区黄华路 97 号

刊名：广东公路交通
刊号：CN44-1275/U
主办单位：广东华路交通科技有限公司
主管单位：广东省交通厅
地址：广东省广州市白云区白云大道北丛云路 399 号，gdgt. cbpt. cnki. net

刊名：广东开放大学学报
刊号：CN44-1719/G4
主办单位：广东开放大学（广东理工职业学院）
主管单位：广东省教育厅
地址：广东省广州市越秀区下塘西路 1 号，xbbjb. ougd. cn

刊名：广东海洋大学学报
刊号：CN44-1635/N
主办单位：广东海洋大学
主管单位：广东省教育厅
地址：广东省湛江市麻章区海大路 1 号，shdx. cbpt. cnki. net

刊名：广东行政学院学报
刊号：CN44-1447/D
主办单位：广东行政学院
主管单位：广东行政学院
地址：广东省广州市越秀区建设大马路 3 号，gddx. cn/xykbjb/index. html

刊名：广东化工
刊号：CN44-1238/TQ
主办单位：广东省石油与精细化工研究院
主管单位：广东省科学院
地址：广东省广州市越秀区越华路 116 号，www. gdchem. com

刊名：广东技术师范学院学报
刊号：CN44-1585/Z
主办单位：广东技术师范学院
主管单位：广东省教育厅
地址：广东省广州市天河区中山大道293号广东技术师范大学内，xbbjb. gpnu. edu. cn

刊名：广东建材
刊号：CN44-1249/TU
主办单位：广东省建筑材料研究院
主管单位：广东省广业资产经营有限公司
地址：广东省广州市荔湾区南岸路塘前新街6号

刊名：广东交通职业技术学院学报
刊号：CN44-1555/Z
主办单位：广东交通职业技术学院
主管单位：广东省教育厅
地址：广东省广州市天河区天源路789号广东交通职业技术学院内，www2. gdcp. cn/kyc/xb

刊名：广东农工商职业技术学院学报
刊号：CN44-1520/Z
主办单位：广东农工商职业技术学院
主管单位：广东农工商职业技术学院
地址：广东省广州市天河区粤垦路198号，www. gdaib. edu. cn

刊名：广东农业科学
刊号：CN44-1267/S
主办单位：广东省农业科学院、华南农业大学
主管单位：广东省农业科学院
地址：广东省广州市天河区五山金颖路31号广东省农业科学院农业经济与农村发展研究所内，gdnykx. cnjournals. org

刊名：广东气象
刊号：CN44-1353/P
主办单位：广东省气象学会
主管单位：广东省气象局
地址：广东省广州市越秀区福今路6号大院

刊名：广东青年职业学院学报
刊号：CN44-1693/Z
主办单位：广东青年职业学院
主管单位：共青团广东省委员会
地址：广东省广州市白云区钟落潭镇障岗现龙街南101号，kyb. gdyvc. cn

刊名：广东轻工职业技术学院学报
刊号：CN44-1571/Z
主办单位：广东轻工职业技术学院
主管单位：广东省教育厅
地址：广东省广州市海珠区新港西路152号广东轻工职业技术学院内，www. gdqy. edu. cn

刊名：广东社会科学
刊号：CN44-1067/C
主办单位：广东省社会科学院
主管单位：广东省社会科学院
地址：广东省广州市天河区天河北路618号，gdsk. chinajournal. net. cn

刊名：广东省社会主义学院学报
刊号：CN44-1496/C
主办单位：广东省社会主义学院
主管单位：广东省社会主义学院
地址：广东省广州市越秀区三元里大道99号广东省社会主义学院内，www. gdsy. com. cn/gdsy/Column. shtml? p5 = 110205

刊名：广东石油化工学院学报
刊号：CN44-1684/Z
主办单位：广东石油化工学院
主管单位：广东石油化工学院
地址：广东省茂名市茂南区官渡二路139号，web3. gdupt. edu. cn/xuebao

刊名：广东水利电力职业技术学院学报
刊号：CN44-1587/Z
主办单位：广东水利电力职业技术学院
主管单位：广东省水利厅
地址：广东省广州市天河区天寿路122号广东水利电力职业技术学院，www. gdsdxy. cn

刊名：广东水利水电
刊号：CN44-1430/TV
主办单位：广东省水利水电科学研究院
主管单位：广东省水利厅
地址：广东省广州市天河区天寿路101号，gdslsd. gdsky. com. cn

刊名：广东饲料
刊号：CN44-1393/S
主办单位：广东省饲料行业协会
主管单位：广东省农业农村厅
地址：广东省广州市天河区先烈东路 135 号，www. gdfeed. org. cn

刊名：广东通信技术
刊号：CN44-1221/TN
主办单位：广东省通信学会、广东省电信情报中心站
主管单位：中国电信股份有限公司广东分公司
地址：广东省广州市天河区中山大道西 109 号，www. gdtxxh. cn

刊名：广东土木与建筑
刊号：CN44-1386/TU
主办单位：广东省建筑科学研究院集团股份有限公司、广东省土木建筑学会
主管单位：广东省建筑工程集团有限公司
地址：广东省广州市天河区先烈东路 121 号，www. gdtm. cbpt. cnki. net

刊名：广东外语外贸大学学报
刊号：CN44-1554/Z
主办单位：广东外语外贸大学
主管单位：广东省教育厅
地址：广东省广州市白云区白云大道北 2 号，gdwy. cbpt. cnki. net

刊名：广东药科大学学报
刊号：CN44-1733/R
主办单位：广东药科大学
主管单位：广东省教育厅
地址：广东省广州市番禺区大学城外环东路 280 号，branch. gdpu. edu. cn/xuebao

刊名：广东医学
刊号：CN44-1192/R
主办单位：广东省医学学术交流中心（广东省医学情报研究所）
主管单位：广东省卫生健康委员会
地址：广东省广州市越秀区惠福西路进步里 2 号，www. gdyx. cn

刊名：广东医科大学学报
刊号：CN44-1731/R
主办单位：广东医科大学
主管单位：广东省教育厅
地址：广东省湛江市霞山区文明东路 2 号，gdyk-dxxb. ijournals. cn

刊名：广东艺术
刊号：CN44-1422/J
主办单位：广东省艺术研究所
主管单位：广东省文化和旅游厅
地址：广东省广州市天河区水荫四横路 32 号演音大楼 B 座 3 楼，www. gdarts. com

刊名：广东印刷
刊号：CN44-1222/TS
主办单位：广东省印刷技术研究所
主管单位：广东省新闻出版广电局
地址：广东省广州市天河区长福路 176 号

刊名：广东园林
刊号：CN44-1219/S
主办单位：广东园林学会
主管单位：广东省科学技术协会
地址：广东省广州市天河区先烈中路 120 号，www. gdylxh1962. com/publication. aspx

刊名：广东造船
刊号：CN44-1270/U
主办单位：广东造船工程学会
主管单位：广东省科学技术协会
地址：广东省广州市越秀区盘福路 67 号

刊名：广东职业技术教育与研究
刊号：CN44-1653/Z
主办单位：广东科技出版社有限公司
主管单位：南方出版传媒股份有限公司
地址：广东省广州市越秀区环市东水荫路 11 号，www. gdswszyjyxh. com

刊名：广西财经学院学报
刊号：CN45-1340/F
主办单位：广西财经学院
主管单位：广西财经学院
地址：广西壮族自治区南宁市西乡塘区明秀西路 100 号，www01. gxufe. edu. cn/xbbjb

刊名：广西蚕业
刊号：CN45-1213/S
主办单位：广西蚕业技术推广总站、广西蚕学会
主管单位：广西壮族自治区农业农村厅
地址：广西壮族自治区南宁市西乡塘区下均路10号，gccy.cbpt.cnki.net

刊名：广西畜牧兽医
刊号：CN45-1163/S
主办单位：广西壮族自治区畜牧总站、广西壮族自治区畜牧兽医学会
主管单位：广西壮族自治区水产畜牧兽医局
地址：广西壮族自治区南宁市西乡塘区秀灵路75号广西大学东校园内

刊名：广西大学学报（哲学社会科学版）
刊号：CN45-1070/C
主办单位：广西大学
主管单位：广西大学
地址：广西壮族自治区南宁市西乡塘区大学东路100号《广西大学学报》编辑部，xbbj.gxu.edu.cn

刊名：广西大学学报（自然科学版）
刊号：CN45-1071/N
主办单位：广西大学
主管单位：广西大学
地址：广西壮族自治区南宁市西乡塘区大学路100号，xbbj.gxu.edu.cn

刊名：广西地方志
刊号：CN45-1034/K
主办单位：广西壮族自治区地方志编纂委员会办公室、广西地方志协会
主管单位：广西壮族自治区地方志编纂委员会办公室
地址：广西壮族自治区南宁市西乡塘区罗文大道28号，ydfz.chinajournal.net.cn

刊名：广西电力
刊号：CN45-1307/TK
主办单位：广西电网公司电力科学研究院、广西电机工程学会
主管单位：广西电网公司
地址：广西壮族自治区南宁市兴宁区民主路62号

刊名：广西广播电视大学学报
刊号：CN45-1243/G4
主办单位：广西广播电视大学
主管单位：广西广播电视大学
地址：广西壮族自治区南宁市青秀区东宝路11号，gbds.cbpt.cnki.net

刊名：广西教育学院学报
刊号：CN45-1076/G4
主办单位：广西教育学院
主管单位：广西教育学院
地址：广西壮族自治区南宁市青秀区建政路37号，www.gxec.net.cn

刊名：广西经济管理干部学院学报
刊号：CN45-1261/F
主办单位：广西经济管理干部学院
主管单位：广西经济管理干部学院
地址：广西壮族自治区南宁市西乡塘区大学东路105号《广西经济管理干部学院学报》编辑部，jggb.cbpt.cnki.net

刊名：广西警察学院学报
刊号：CN45-1405/D
主办单位：广西警察学院
主管单位：广西警察学院
地址：广西壮族自治区南宁市青秀区长湖路6号，gxga.cbpt.cnki.net

刊名：广西科技大学学报
刊号：CN45-1395/T
主办单位：广西科技大学
主管单位：广西科技大学
地址：广西壮族自治区柳州市城中区东环大道268号，www.gxgx.cbpt.cnki.net

刊名：广西科技师范学院学报
刊号：CN45-1401/G4
主办单位：广西科技师范学院
主管单位：广西科技师范学院
地址：广西壮族自治区来宾市兴宾区铁北大道966号《广西科技师范学院学报》编辑部，lzsz.chinajournal.net.cn

刊名：广西科学
刊号：CN45-1206/G3

主办单位：广西科学院、广西壮族自治区科学技术协会
主管单位：广西壮族自治区科学技术厅
地址：广西壮族自治区南宁市西乡塘区大岭路98号，gxkx. ijournal. cn/gxkx/ch

刊名：广西科学院学报
刊号：CN45-1075/N
主办单位：广西科学院
主管单位：广西科学院
地址：广西壮族自治区南宁市西乡塘区大岭路98号，gxkx. ijournal. cn/gxkxyxb/cn

刊名：广西林业科学
刊号：CN45-1212/S
主办单位：广西壮族自治区林业科学研究院
主管单位：广西壮族自治区林业局
地址：广西壮族自治区南宁市西乡塘区邕武路23号，www. gxlykx. com. cn

刊名：广西民族大学学报（哲学社会科学版）
刊号：CN45-1349/C
主办单位：广西民族大学
主管单位：广西民族大学
地址：广西壮族自治区南宁市西乡塘区大学东路188号，xuebao. gxun. edu. cn

刊名：广西民族大学学报（自然科学版）
刊号：CN45-1350/N
主办单位：广西民族大学
主管单位：广西民族大学
地址：广西壮族自治区南宁市西乡塘区大学东路188号《广西民族大学学报》编辑部，xuebao. gxun. edu. cn

刊名：广西民族师范学院学报
刊号：CN45-1378/G4
主办单位：广西民族师范学院
主管单位：广西民族师范学院
地址：广西壮族自治区崇左市城南区佛子路23号，nlsf. cbpt. cnki. net

刊名：广西民族研究
刊号：CN45-1041/C
主办单位：广西民族研究中心
主管单位：广西壮族自治区民族宗教事务委员会
地址：广西壮族自治区南宁市青秀区云景路1号，gxmzyj. cn

刊名：广西农学报
刊号：CN45-1133/S
主办单位：广西农业广播电视学校
主管单位：广西壮族自治区农业农村厅
地址：广西壮族自治区南宁市青秀区七星路135号广西农业农村厅内，gxlb. chinajournal. net. cn

刊名：广西青年干部学院学报
刊号：CN45-1242/D
主办单位：广西青年干部学院
主管单位：共青团广西壮族自治区委员会
地址：广西壮族自治区南宁市青秀区思贤路55号，gxql. cbpt. cnki. net

刊名：广西社会科学
刊号：CN45-1185/C
主办单位：广西壮族自治区社会科学界联合会
主管单位：广西壮族自治区社会科学界联合会
地址：广西壮族自治区南宁市青秀区思贤路绿塘里1号，www. gxskl. gov. cn

刊名：广西社会主义学院学报
刊号：CN45-1250/D
主办单位：广西社会主义学院
主管单位：广西社会主义学院
地址：广西壮族自治区南宁市西乡塘区新村大道6号，www. gxsy. org

刊名：广西师范大学学报（哲学社会科学版）
刊号：CN45-1066/C
主办单位：广西师范大学
主管单位：广西师范大学
地址：广西壮族自治区桂林市七星区育才路15号，xuebao. gxnu. edu. cn

刊名：广西师范大学学报（自然科学版）
刊号：CN45-1067/N
主办单位：广西师范大学
主管单位：广西师范大学
地址：广西壮族自治区桂林市七星区育才路15号，xuebao. gxnu. edu. cn

刊名：广西师范学院学报（哲社社会科学版）

刊号：CN45-1068/C
主办单位：广西师范学院
主管单位：广西师范学院
地址：广西壮族自治区南宁市西乡塘区明秀东路175号，syxi.cbpt.cnki.net

刊名：广西师范学院学报（自然科学版）
刊号：CN45-1069/N
主办单位：广西师范学院
主管单位：广西师范学院
地址：广西壮族自治区南宁市西乡塘区明秀东路175号，gxsz.cbpt.cnki.net

刊名：广西水利水电
刊号：CN45-1147/TV
主办单位：广西水利电力勘测设计研究院
主管单位：广西壮族自治区水利厅
地址：广西壮族自治区南宁市青秀区民主路1-5号，gxsl.chinajournal.net.cn

刊名：广西物理
刊号：CN45-1150/O4
主办单位：广西物理学会、广西师范大学
主管单位：广西壮族自治区科学技术协会
地址：广西壮族自治区桂林市七星区育才路15号，imqmd.com/gxwl

刊名：广西医科大学学报
刊号：CN45-1221/R
主办单位：广西医科大学
主管单位：广西医科大学
地址：广西壮族自治区南宁市青秀区双拥路22号《广西医科大学学报》编辑部，gxyd.cbpt.cnki.net

刊名：广西医学
刊号：CN45-1122/R
主办单位：广西壮族自治区医学科学信息研究所
主管单位：广西壮族自治区卫生健康委员会
地址：广西壮族自治区南宁市青秀区东葛路207号，gxyxzz.gxmi.net

刊名：广西政法管理干部学院学报
刊号：CN45-1262/D
主办单位：广西政法管理干部学院
主管单位：中共广西区委政法委
地址：广西壮族自治区南宁市青秀区长湖路6号《广西政法管理干部学院学报》编辑部，gxzfglgbxyxb.soripan.net

刊名：广西职业技术学院学报
刊号：CN45-1360/Z
主办单位：广西职业技术学院
主管单位：广西壮族自治区农垦局
地址：广西壮族自治区南宁市江南区明阳大道19号广西职业技术学院，tsg.gxzjy.com

刊名：广西植保
刊号：CN45-1181/S
主办单位：广西壮族自治区植保总站、广西昆虫学会、广西植保学会、广西植病学会
主管单位：广西壮族自治区农业农村厅
地址：广西壮族自治区南宁市青秀区新竹小区76栋广西植保综合大楼，gxzb.cbpt.cnki.net

刊名：广西植物
刊号：CN45-1134/Q
主办单位：广西植物研究所、广西植物学会
主管单位：广西科学院
地址：广西壮族自治区桂林市雁山区雁山街85号，www.guihaia-journal.com

刊名：广西中医药
刊号：CN45-1123/R
主办单位：广西中医药大学、广西中医药学会
主管单位：广西中医药大学
地址：广西壮族自治区南宁市青秀区五合大道13号，gxzy.chinajournal.net.cn

刊名：广西中医药大学学报
刊号：CN45-1391/R
主办单位：广西中医药大学
主管单位：广西中医药大学
地址：广西壮族自治区南宁市青秀区五合大道13号，bjb.gxtcmu.edu.cn

刊名：广义虚拟经济研究
刊号：CN11-5905/F
主办单位：中航出版传媒有限责任公司
主管单位：中国航空工业集团有限公司
地址：北京市朝阳区安定门外小关东里14号，www.aviationnow.com.cn

刊名：**广州城市职业学院学报**
刊号：CN44-1642/Z
主办单位：广州城市职业学院
主管单位：广州城市职业学院
地址：广东省广州市白云区广园中路 248 号，cms.gcp.edu.cn/xbbjb

刊名：**广州大学学报（社会科学版）**
刊号：CN44-1545/C
主办单位：广州大学
主管单位：广州市教育局
地址：广东省广州市番禺区大学城外环西路 230 号 A213 信箱广州大学行政东楼后座 212 室，xb-sk.gzhu.edu.cn

刊名：**广州大学学报（自然科学版）**
刊号：CN44-1546/N
主办单位：广州大学
主管单位：广州市教育局
地址：广东省广州市番禺区大学城外环西路 230 号 A213 信箱广州大学行政东楼后座 212 室，xb-zk.gzhu.edu.cn

刊名：**广州广播电视大学学报**
刊号：CN44-1547/Z
主办单位：广州市广播电视大学
主管单位：广州市广播电视大学
地址：广东省广州市越秀区麓景西路 41 号，www.ougz.edu.cn/bjb

刊名：**广州航海学院学报**
刊号：CN44-1713/U
主办单位：广州航海学院
主管单位：广东省教育厅
地址：广东省广州市黄埔区红山三路 101 号，ghzk.cbpt.cnki.net

刊名：**广州化工**
刊号：CN44-1228/TQ
主办单位：广州化工研究设计院、广州市化工行业协会
主管单位：广州化工集团有限公司
地址：广东省广州市白云区石井镇鹤联街联和路 2 号万力创新园 D 座 207，gzha.cbpt.cnki.net

刊名：**广州化学**
刊号：CN44-1317/06
主办单位：中国科学院广州化学研究所
主管单位：中国科学院广州分院
地址：广东省广州市天河区兴科路 368 号广州化学研究所内，gzhx.chinajournal.net.cn

刊名：**广州建筑**
刊号：CN44-1229/TU
主办单位：广州市建筑科学研究院有限公司
主管单位：广州市建筑集团有限公司
地址：广东省广州市白云区白云大道北 833 号建研大厦，gzjz.gibs.com.cn

刊名：**广州社会主义学院学报**
刊号：CN44-1589/C
主办单位：广州市社会主义学院
主管单位：中共广州市委统一战线工作部
地址：广东省广州市越秀区起义路 144 号，www.tzll.org

刊名：**广州市公安管理干部学院学报**
刊号：CN44-1464/D
主办单位：广州市公安管理干部学院
主管单位：广州市公安局
地址：广东省广州市白云区广州大道北同和同沙路 135 号

刊名：**广州体育学院学报**
刊号：CN44-1129/G
主办单位：广州体育学院
主管单位：广东省教育厅
地址：广东省广州市天河区广州大道中 1268 号行政楼 927 房，gztyxy.ijournals.cn

刊名：**广州医科大学学报**
刊号：CN44-1710/R
主办单位：广州医科大学
主管单位：广州医科大学
地址：广东省广州市番禺区新造镇，www.gzhmu.edu.cn/10020623

刊名：**广州医药**
刊号：CN44-1199/R
主办单位：广州市第一人民医院
主管单位：广州市卫生健康委员会
地址：广东省广州市越秀区盘福路 1 号广州市第一

人民医院白兰楼 4 楼，gzyy. cbpt. cnki. net

刊名：广州中医药大学学报
刊号：CN44-1425/R
主办单位：广州中医药大学
主管单位：广东省教育厅
地址：广东省广州市番禺区广州大学城外环东路 232 号，xb. zyxy. com. cn

刊名：规划师
刊号：CN45-45-1210/TU
主办单位：广西期刊传媒集团有限公司
主管单位：广西师范大学
地址：广西壮族自治区南宁市青秀区月湾路 1 号南国弈园 6 楼，www. planners. com. cn

刊名：硅酸盐通报
刊号：CN11-5440/TQ
主办单位：中国硅酸盐学会、中材人工晶体研究院有限公司
主管单位：中国科学技术协会
地址：北京市朝阳区东坝红松园 1 号，jtxb. cn

刊名：硅酸盐学报
刊号：CN11-2310/TQ
主办单位：中国硅酸盐学会
主管单位：中国科学技术协会
地址：北京市海淀区三里河路 11 号中国硅酸盐学会，www. jccsoc. com

刊名：轨道交通装备与技术
刊号：CN32-1836/U
主办单位：中车戚墅堰机车车辆工艺研究所有限公司
主管单位：中国中车集团有限公司
地址：江苏省常州市武进区五一路 99 号，tdgr. cbpt. cnki. net

刊名：贵金属
刊号：CN53-1063/TG
主办单位：昆明贵金属研究之所、中国有色金属学会
主管单位：云南省贵金属新材料控股集团有限公司
地址：云南省昆明市五华区高新技术开发区科技路 988 号，www. j-preciousmetals. com

刊名：贵阳市委党校学报
刊号：CN52-5029/D
主办单位：中共贵阳市委党校
主管单位：中共贵阳市委党校
地址：贵州省贵阳市南明区园林路 98 号，www. gydx. cbpt. cnki. net

刊名：贵阳学院学报（社会科学版）
刊号：CN52-1141/C
主办单位：贵阳学院
主管单位：贵州省教育厅
地址：贵州省贵阳市南明区龙洞堡见龙洞路 103 号，xb. gyu. cn

刊名：贵阳学院学报（自然科学版）
刊号：CN52-1142/N
主办单位：贵阳学院
主管单位：贵州省教育厅
地址：贵州省贵阳市南明区龙洞堡见龙洞路 103 号，xb. gyu. cn

刊名：贵阳中医学院学报
刊号：CN52-5011/G2
主办单位：贵州中医药大学
主管单位：贵州中医药大学
地址：贵州省贵阳市花溪区贵安新区大学城贵州中医药大学院内，www. gyzx. cbpt. cnki. net

刊名：贵州工程应用技术学院学报
刊号：CN52-5036/Z
主办单位：贵州工程应用技术学院
主管单位：贵州工程应用技术学院
地址：贵州省毕节市七星关区学院路，xb. gues. edu. cn

刊名：贵州医科大学学报
刊号：CN52-1164/R
主办单位：贵州医科大学
主管单位：贵州医科大学
地址：贵州省贵阳市云岩区北京路 9 号，xbbjb. gmc. edu. cn

刊名：贵州财经大学学报
刊号：CN52-1156/F
主办单位：贵州财经大学
主管单位：贵州财经大学
地址：贵州省贵阳市花溪区大学城贵州财经大学，gcxb. gufe. edu. cn

刊名：贵州畜牧兽医
刊号：CN52-1099/S
主办单位：贵州省畜牧兽医研究所
主管单位：贵州省畜牧兽医研究所
地址：贵州省贵阳市南明区小碧乡老里坡

刊名：贵州大学学报（社会科学版）
刊号：CN52-5001/C
主办单位：贵州大学
主管单位：贵州大学
地址：贵州省贵阳市花溪区花溪大道南段 2708 号，jour. gzu. edu. cn

刊名：贵州大学学报（艺术版）
刊号：CN52-5025/J
主办单位：贵州大学
主管单位：贵州大学
地址：贵州省贵阳市花溪区花溪大道南段 2708 号，jour. gzu. edu. cn

刊名：贵州大学学报（自然科学版）
刊号：CN52-5002/N
主办单位：贵州大学
主管单位：贵州大学
地址：贵州省贵阳市花溪区花溪大道南段 2708 号，jour. gzu. edu. cn

刊名：贵州地质
刊号：CN52-1059/P
主办单位：贵州省地质学会、贵州省地质调查院
主管单位：贵州省地质矿产勘查开发局
地址：贵州省贵阳市云岩区北京路 219 号银海元隆广场 7 号楼，gzdz. cnjournals. org

刊名：贵州广播电视大学学报
刊号：CN52-5019/G4
主办单位：贵州广播电视大学
主管单位：贵州广播电视大学
地址：贵州省贵阳市观山湖区云潭南路 3 号，www. gztvu. com/xysy. htm

刊名：贵州教育
刊号：CN52-1030/G4
主办单位：贵州教育期刊发展有限公司
主管单位：贵州省教育厅
地址：贵州省贵阳市观山湖区金朱东路 162 号

刊名：贵州警官职业学院学报
刊号：CN52-1136/Z
主办单位：贵州警察学院
主管单位：贵州警察学院
地址：贵州省贵阳市南明区见龙洞路《贵州警察学院学报》编辑部，xbbjb. gzjgxy. cn

刊名：贵州科学
刊号：CN52-1076/N
主办单位：贵州科学院
主管单位：贵州科学院
地址：贵州省贵阳市云岩区陕西路 1 号，gzkx. cbpt. cnki. net

刊名：贵州林业科技
刊号：CN52-1091/S
主办单位：贵州省林业科学研究院
主管单位：贵州省林业科学研究院
地址：贵州省贵阳市南明区富源南路 382 号贵州省林科院内

刊名：贵州民族大学学报
刊号：CN52-1155/C
主办单位：贵州民族大学
主管单位：贵州民族大学
地址：贵州省贵阳市花溪区贵州民族大学，xbbj. gzmu. edu. cn

刊名：贵州民族研究
刊号：CN52-1001/C
主办单位：贵州省民族研究院
主管单位：贵州省民族宗教事务委员会
地址：贵州省贵阳市云岩区扁井巷 27 号，www. gzmzyj. cn

刊名：贵州农业科学
刊号：CN52-1054/S
主办单位：贵州省农业科学院
主管单位：贵州省农业科学院
地址：贵州省贵阳市花溪区金欣社区 1 号，www. gznykx. cn

刊名：贵州商学院学报

刊号：CN52-1162/F
主办单位：贵州商学院
主管单位：贵州商学院
地址：贵州省贵阳市白云区二十六大道1号，www.gzcc.edu.cn/xb

刊名：贵州社会科学
刊号：CN52-1005/C
主办单位：贵州社会科学院
主管单位：贵州社会科学院
地址：贵州省贵阳市南明区梭石巷19号，www.gzshkx.cn

刊名：贵州社会主义学院学报
刊号：CN52-5024/G4
主办单位：贵州省社会主义学院
主管单位：贵州省社会主义学院
地址：贵州省贵阳市南明区见龙巷42号，www.gzssy.org.cn

刊名：贵州师范大学学报（社会科学版）
刊号：CN52-5005/C
主办单位：贵州师范大学
主管单位：贵州师范大学
地址：贵州省贵阳市云岩区宝山北路116号，www.gzsf.cbpt.cnki.net

刊名：贵州师范大学学报（自然科学版）
刊号：CN52-5006/N
主办单位：贵州师范大学
主管单位：贵州师范大学
地址：贵州省贵阳市云岩区宝山北路116号，www.natr.cbpt.cnki.net

刊名：贵州师范学院学报
刊号：CN52-1151/C
主办单位：贵州师范学院
主管单位：贵州师范学院
地址：贵州省贵阳市乌当区高新路115号，xuebao.gznc.edu.com

刊名：贵州文史丛刊
刊号：CN52-1004/K
主办单位：贵州省文史研究馆
主管单位：中共贵州省委统一战线工作部
地址：贵州省贵阳市云岩区中华北路285号，wsg.guizhou.gov.cn/gbqk/wsck

刊名：贵州医药
刊号：CN52-1062/R
主办单位：贵州省卫生健康学术促进中心
主管单位：贵州省卫生健康学术促进中心
地址：贵州省贵阳市云岩区市北路11号，gzyi.cbpt.cnki.net

刊名：桂海论丛
刊号：CN45-1180/D
主办单位：中共广西壮族自治区委员会党校、广西行政学院
主管单位：中共广西壮族自治区委员会党校
地址：广西壮族自治区南宁市青秀区荔滨大道18号广西区党校行政中心403室，www.gxdx.gov.cn/SmallClassList/S399_Page_1.html

刊名：桂林电子科技大学学报
刊号：CN45-1351/TN
主办单位：桂林电子科技大学
主管单位：桂林电子科技大学
地址：广西壮族自治区桂林市七星区金鸡路1号，gldz.cbpt.cnki.net

刊名：桂林航天工业学院学报
刊号：CN45-1392/V
主办单位：桂林航天工业学院
主管单位：桂林航天工业学院
地址：广西壮族自治区桂林市七星区金鸡路2号，glht.cbpt.cnki.net

刊名：桂林理工大学学报
刊号：CN45-1375/N
主办单位：桂林理工大学
主管单位：桂林理工大学
地址：广西壮族自治区桂林市七星区建干路12号，xbz.glut.edu.cn

刊名：桂林师范高等专科学校学报
刊号：CN45-1302/Z
主办单位：桂林师范高等专科学校
主管单位：桂林市教育局
地址：广西壮族自治区桂林市临桂区飞虎路9号，gljy.cbpt.cnki.net

刊名：郭沫若学刊
刊号：CN51-1049/C
主办单位：四川省郭沫若研究会
主管单位：乐山市委宣传部
地址：四川省乐山市市中区滨河路778号《郭沫若学刊》编辑部

刊名：锅炉技术
刊号：CN31-1508/TK
主办单位：上海锅炉厂有限公司
主管单位：上海电气（集团）总公司
地址：上海市闵行区华宁路250号

刊名：锅炉制造
刊号：CN23-1249/TK
主办单位：哈尔滨锅炉厂有限责任公司
主管单位：哈尔滨电气集团有限公司
地址：黑龙江省哈尔滨市香坊区三大动力路309号

刊名：国防交通工程与技术
刊号：CN13-1333
主办单位：石家庄铁道大学
主管单位：河北省教育厅
地址：河北省石家庄市长安区北二环东路17号，gfjt. stdu. edu. cn

刊名：国防制造技术
刊号：CN11-5789/TH
主办单位：中国兵器工业集团第二一〇研究所
主管单位：中国兵器工业集团有限公司
地址：北京市海淀区车道沟10号，gfzz. cbpt. cnki. net

刊名：国际安全研究
刊号：CN10-1132/D
主办单位：国际关系学院
主管单位：国际关系学院
地址：北京市海淀区坡上村12号，ggxb. chinajournal. net. cn

刊名：国际病毒学杂志
刊号：CN11-5394/R
主办单位：中华医学会、北京市疾病预防控制中心
主管单位：中华人民共和国国家卫生健康委员会
地址：北京市东城区和平里中街16号，gjbdxzz. yiigle. com

刊名：国际城市规划
刊号：CN11-5583/TU
主办单位：中国城市规划设计研究院
主管单位：中华人民共和国住房和城乡建设部
地址：北京市海淀区三里河路9号中国城市规划设计研究院，www. upi. com

刊名：国际儿科学杂志
刊号：CN21-1529/R
主办单位：中华医学会、中国医科大学
主管单位：中华人民共和国国家卫生健康委员会
地址：辽宁省沈阳市和平区三好街36号，gjekxzz. yiigle. com

刊名：国际耳鼻咽喉头颈外科杂志
刊号：CN11-5395/R
主办单位：中华医学会、北京市耳鼻咽喉科研究所
主管单位：中华人民共和国国家卫生健康委员会
地址：北京市东城区崇内后沟胡同17号，www. ent-bjb. com

刊名：国际法研究
刊号：CN10-1216/D
主办单位：中国社会科学院国际法研究所、社会科学文献出版社
主管单位：中国社会科学院
地址：北京市西城区北三环中路甲29号院3号楼华龙大厦13—15层，www. guojifayanjiu. org

刊名：国际纺织导报
刊号：CN31-1743/TS
主办单位：东华大学
主管单位：中华人民共和国教育部
地址：上海市长宁区延安西路1882号，gfzb. cbpt. cnki. net

刊名：国际放射医学核医学杂志
刊号：CN12-1381/R
主办单位：中华医学会、中国医学科学院放射医学研究所
主管单位：中华人民共和国国家卫生健康委员会
地址：天津市南开区白堤路238号，www. ijrmnm. com

刊名：国际妇产科学杂志
刊号：CN12-1399/R
主办单位：天津市医学科学技术信息研究所

主管单位：天津市卫生健康委员会
地址：天津市和平区贵州路 94 号，www. gjfckx. ac. cn

刊名：国际骨科学杂志
刊号：CN31-1952/R
主办单位：上海市卫生和健康发展研究中心（上海市医学科学技术情报研究所）
主管单位：上海市卫生健康委员会
地址：上海市徐汇区建国西路602 号，gjgkx. paperopen. com

刊名：国际关系研究
刊号：CN31-2085/D
主办单位：上海社会科学院国际关系研究所、上海社会科学院出版社有限公司
主管单位：上海社会科学院
地址：上海市黄埔区淮海中路622 弄 7 号

刊名：国际观察
刊号：CN31-1642/D
主办单位：上海外国语大学
主管单位：中华人民共和国教育部
地址：上海市虹口区大连西路550 号，www. gjgczz. cn

刊名：国际汉学
刊号：CN10-1272/K
主办单位：北京外国语大学
主管单位：中华人民共和国教育部
地址：北京市海淀区西三环北路 2 号，www. gjhe. cbpt. cnki. net

刊名：国际汉语教学研究
刊号：CN10-1203/H
主办单位：北京语言大学
主管单位：中华人民共和国教育部
地址：北京市海淀区学院路15 号北京语言大学出版社 402 室，www. blcup. com/XSQK

刊名：国际呼吸杂志
刊号：CN13-1368/R
主办单位：中华医学会、河北医科大学
主管单位：中华人民共和国国家卫生健康委员会
地址：河北省石家庄市长安区中山东路 361 号，guojihuxi. yywkt. com

刊名：国际护理学杂志
刊号：CN22-1370/R
主办单位：中华医学会、吉林省医学期刊社
主管单位：中华人民共和国国家卫生健康委员会
地址：吉林省长春市朝阳区建政路 971 号，gjhlxzz. yiigle. com

刊名：国际检验医学杂志
刊号：CN50-1176/R
主办单位：重庆市卫生信息中心
主管单位：重庆市卫生健康委员会
地址：重庆市渝北区宝环路 420 号，www. gjjyyxzz. com

刊名：国际金融
刊号：CN11-1373/F
主办单位：中国国际金融学会
主管单位：中国银行股份有限公司
地址：北京市西城区复兴门内大街 1 号

刊名：国际金融研究
刊号：CN11-1132/F
主办单位：中国银行股份有限公司、中国国际金融学会
主管单位：中国银行股份有限公司
地址：北京市西城区复兴门内大街 1 号，www. gjjryj. org. cn

刊名：国际经济合作
刊号：CN11-1583/F
主办单位：商务部国际贸易经济合作研究院
主管单位：中华人民共和国商务部
地址：北京市东城区安外东后巷 28 号，www. gjjjhz. cn

刊名：国际经济评论
刊号：CN11-3799/F
主办单位：中国社会科学院世界经济与政治研究所
主管单位：中国社会科学院
地址：北京市东城区建国门内大街 5 号 15 层，ejournaliwep. cssn. cn/qkjj/gjjjpl

刊名：国际经济文摘
刊号：CN11-5771/F
主办单位：中国人民大学
主管单位：中华人民共和国教育部
地址：北京市海淀区中关村大街甲 59 号文化大厦 13、14 层，www. zlzx. com. cn

刊名：国际经贸探索
刊号：CN44-1302/F
主办单位：广东外语外贸大学
主管单位：广东外语外贸大学
地址：广东省广州市白云区白云大道北2号，gjts.cbpt.cnki.net

刊名：国际精神病学杂志
刊号：CN43-1457/R
主办单位：中南大学
主管单位：中华人民共和国教育部
地址：湖南省长沙市芙蓉区人民中路139号湘雅二医院精卫楼1901室，www.gjjsbxzz.com

刊名：国际口腔科学杂志
刊号：CN51-1707/R
主办单位：四川大学
主管单位：中华人民共和国教育部
地址：四川省成都市武侯区人民南路三段14号，www.nature.com/ijos

刊名：国际口腔医学杂志
刊号：CN51-1698/R
主办单位：四川大学
主管单位：中华人民共和国教育部
地址：四川省成都市武侯区人民南路三段14号，www.gjkqyxzz.cn

刊名：国际老年医学杂志
刊号：CN22-1399/R
主办单位：吉林大学
主管单位：中华人民共和国教育部
地址：吉林省长春市朝阳区新民大街126号，gwll.cbpt.cnki.net

刊名：国际流行病学传染病学杂志
刊号：CN33-1340/R
主办单位：中华医学会、浙江省医学科学院
主管单位：中华人民共和国国家卫生健康委员会
地址：浙江省杭州市西湖区天目山路182号，gl.zjams.cn

刊名：国际论坛
刊号：CN11-3959/D
主办单位：北京外国语大学
主管单位：中华人民共和国教育部
地址：北京市海淀区西三环北路2号，www.gjlt.cbpt.cnki.net

刊名：国际麻醉学与复苏杂志
刊号：CN32-1761/R
主办单位：中华医学会、徐州医科大学
主管单位：中华人民共和国国家卫生健康委员会
地址：江苏省徐州市泉山区淮海西路99号徐州医科大学附属医院5号楼17层《国际麻醉学与复苏杂志》编辑部，www.gjmzyfs.com

刊名：国际贸易
刊号：CN11-1600/F
主办单位：中国商务出版社
主管单位：中华人民共和国商务部
地址：北京市东城区安定门外东后巷28号，intertrade.org.cn

刊名：国际泌尿系统杂志
刊号：CN43-1460/R
主办单位：中华医学会、湖南省医学会
主管单位：中华人民共和国国家卫生健康委员会
地址：湖南省长沙市芙蓉区新军路43号，www.gjmnxtzz.com

刊名：国际免疫学杂志
刊号：CN23-1535/R
主办单位：中华医学会、哈尔滨医科大学
主管单位：中华人民共和国国家卫生健康委员会
地址：黑龙江省哈尔滨市南岗区保健路157号，gjmyxzz.yiigle.com

刊名：国际脑血管病杂志
刊号：CN11-5541/R
主办单位：中华医学会、南方医科大学南方医院、中国人民解放军总医院第六医学中心
主管单位：中华人民共和国国家卫生健康委员会
地址：北京市东城区东四西大街42号，www.foreignmed.com

刊名：国际内分泌代谢杂志
刊号：CN12-1383/R
主办单位：中华医学会、天津医科大学
主管单位：中华人民共和国国家卫生健康委员会
地址：天津市和平区气象台路22号天津医科大学院内，endocrine.paperopen.com

刊名：国际皮肤性病学杂志
刊号：CN32-1880/R
主办单位：中华医学会、中国医学科学院皮肤病研究所
主管单位：中华人民共和国国家卫生健康委员会
地址：江苏省南京市玄武区蒋王庙街 12 号，www.ijdv-dermatol.com

刊名：国际商务财会
刊号：CN11-5551/F
主办单位：中国对外经济贸易会计学会
主管单位：中华人民共和国商务部
地址：北京市东城区夕照寺街 14 号富瑞苑公寓 2D，cwjc.cbpt.cnki.net

刊名：国际商务研究
刊号：CN31-1049/F
主办单位：上海对外经贸大学
主管单位：上海市教育委员会
地址：上海市长宁区古北路 620 号，ibr.suibe.edu.cn

刊名：国际设备工程与管理
刊号：CN61-1299/TB
主办单位：西北工业大学
主管单位：中华人民共和国工业和信息化部
地址：陕西省西安市碑林区友谊西路 127 号西北工业大学 647#信箱，journals.nwpu.edu.cn

刊名：国际社会科学杂志
刊号：CN11-1212/C
主办单位：中国社会科学杂志社
主管单位：中国社会科学院
地址：北京市朝阳区光华路 15 号院 1 号楼泰达时代中心 11—12 层，www.cssn.cn

刊名：国际神经病学神经外科学杂志
刊号：CN43-1456/R
主办单位：中南大学、中南大学湘雅医院
主管单位：中华人民共和国教育部
地址：湖南省长沙市开福区湘雅路 87 号，www.jinn.org.cn

刊名：国际生物医学工程杂志
刊号：CN12-1382/R
主办单位：中华医学会、中国医学科学院生物医学工程研究所
主管单位：中华人民共和国国家卫生健康委员会
地址：天津市南开区科研东路 7 号，gjswyxgczz.paperopen.com

刊名：国际生物制品学杂志
刊号：CN31-1962/R
主办单位：中华医学会、上海生物制品研究所有限责任公司
主管单位：中华人民共和国国家卫生健康委员会
地址：上海市长宁区安顺路 350 号，www.ijbiol.com

刊名：国际生殖健康/计划生育杂志
刊号：CN12-1400/R
主办单位：天津市医学科学技术信息研究所
主管单位：天津市卫生健康委员会
地址：天津市和平区贵州路 94 号，www.gjszjk.ac.cn

刊名：国际石油经济
刊号：CN11-3112/F
主办单位：中国石油集团经济技术研究院、中国石油学会经济专业委员会、中国石油规划总院
主管单位：中国石油天然气集团有限公司
地址：北京市西城区六铺炕街 6 号，etri.cnpc.com.cn/etri/gjsy/column_common.shtml

刊名：国际输血及血液学杂志
刊号：CN51-1693/R
主办单位：中华医学会、四川大学华西第二医院、中国医学科学院输血研究所
主管单位：中华人民共和国国家卫生健康委员会
地址：四川省成都市武侯区人民南路三段 20 号四川大学华西第二医院内，gjsxjxyxzz.yiigle.com

刊名：国际税收
刊号：CN10-1142/F
主办单位：中国国际税收研究会、中国税务杂志社
主管单位：国家税务总局
地址：北京市丰台区广安路 9 号国投财富广场 1 号楼 9—10 层，www.ctax.org.cn

刊名：国际外科学杂志
刊号：CN11-5396/R
主办单位：中华医学会、北京市友谊医院

主管单位：中华人民共和国国家卫生健康委员会
地址：北京市西城区永安路95号，www.gjwkx.com

刊名：国际问题研究
刊号：CN11-1504/D
主办单位：中国国际问题研究院
主管单位：中华人民共和国外交部
地址：北京市东城区台基厂头条3号，www.ciis.org.cn/gjwtyj

刊名：国际消化病杂志
刊号：CN31-1953/R
主办单位：上海市卫生和健康发展研究中心（上海市医学科学技术情报研究所）
主管单位：上海市卫生健康委员会
地址：上海市徐汇区建国西路602号，gjxhb.paperopen.com

刊名：国际心血管病杂志
刊号：CN31-1951/R
主办单位：上海市卫生和健康发展研究中心（上海市医学科学技术情报研究所）
主管单位：上海市卫生健康委员会
地址：上海市徐汇区建国西路602号，gjxxgzz.paperopen.com

刊名：国际新闻界
刊号：CN11-1523/G2
主办单位：中国人民大学
主管单位：中华人民共和国教育部
地址：北京市海淀区中关村大街59号（中国人民大学），cjjc.ruc.edu.cn

刊名：国际研究参考
刊号：CN10-1126/D
主办单位：中国现代国际关系研究院
主管单位：中国现代国际关系研究院
地址：北京市海淀区万寿寺甲2号，www.cicir.ac.cn

刊名：国际眼科杂志
刊号：CN61-1419/R
主办单位：中华医学会西安分会
主管单位：陕西省卫生健康委员会
地址：陕西省西安市碑林区雁塔路北段8号万达广场2-1-11707、11708，ies.ijo.cn/gjykcn/ch

刊名：国际眼科纵览
刊号：CN11-5500/R
主办单位：中华医学会、北京市眼科研究所
主管单位：中华人民共和国国家卫生健康委员会
地址：北京市东城区崇内大街后沟胡同17号，www.j-bio.net

刊名：国际医学放射学杂志
刊号：CN12-1398/R
主办单位：天津市医学科学技术信息研究所、天津市人民医院
主管单位：天津市卫生健康委员会
地址：天津市和平区贵州路96号D座，www.ijmradiol.ac.cn

刊名：国际医药卫生导报
刊号：CN44-1417/R
主办单位：中华医学会、国际医药卫生导报社
主管单位：中华人民共和国国家卫生健康委员会
地址：广东省广州市海珠区江南大道南1066号新城国际寓4号楼210，www.imhgn.com

刊名：国际遗传学杂志
刊号：CN23-1536/R
主办单位：中华医学会、哈尔滨医科大学、黑龙江省医学科学院
主管单位：中华人民共和国国家卫生健康委员会
地址：黑龙江省哈尔滨市南岗区保健路157号，gjycxzz.yiigle.com

刊名：国际展望
刊号：CN31-1041/D
主办单位：上海国际问题研究院
主管单位：上海市人民政府外事办公室
地址：上海市徐汇区田林路195弄15号

刊名：国际政治科学
刊号：CN10-1393/D
主办单位：清华大学
主管单位：中华人民共和国教育部
地址：北京市海淀区双清路30号清华大学学研大厦A座6层，qjip.tsinghuajournals.com

刊名：国际政治研究
刊号：CN11-4782/D
主办单位：北京大学

主管单位：中华人民共和国教育部
地址：北京市海淀区颐和园路 5 号北京大学国际关系学院，www. jis. pku. edu. cn

刊名：国际中医中药杂志
刊号：CN11-5398/R
主办单位：中华医学会、中国中医科学院中医药信息研究所
主管单位：中华人民共和国国家卫生健康委员会
地址：北京市东城区东直门内南小街 16 号，gjzy. cintcm. com

刊名：国际肿瘤学杂志
刊号：CN37-1439/R
主办单位：中华医学会、山东省医学科学院
主管单位：中华人民共和国国家卫生健康委员会
地址：山东省济南市历下区经十路 18877 号，www. gjzlx. cn

刊名：国际自动化与计算杂志
刊号：CN11-5350/TP
主办单位：中国科学院自动化研究所
主管单位：中国科学院
地址：北京市东城区东黄城根北街 16 号，www. ijac. net

刊名：国家行政学院学报
刊号：CN11-4079/D
主办单位：中共中央党校
主管单位：中共中央党校
地址：北京市海淀区长春桥路 6 号，ljxz. cbpt. cnki. net

刊名：国家检察官学院学报
刊号：CN11-3194/D
主办单位：国家检察官学院
主管单位：中华人民共和国最高人民检察院
地址：北京市昌平区百沙路 9 号，gjjcgxyxb. ijournals. net. cn

刊名：国家图书馆学刊
刊号：CN11-4099/G2
主办单位：国家图书馆
主管单位：中华人民共和国文化和旅游部
地址：北京市海淀区中关村南大街 33 号，gtxk. nlc. cn

刊名：国家通用语言文字教学与研究
刊号：CN65-1284/G4
主办单位：新疆电子音像出版社
主管单位：新疆维吾尔自治区广播电视局
地址：新疆维吾尔自治区乌鲁木齐市沙依巴克区克拉玛依西街 1100 号，www. ghyyjzz. cn

刊名：国土与自然资源研究
刊号：CN23-1216/N
主办单位：黑龙江省科学院自然与生态研究所
主管单位：黑龙江省科学院
地址：黑龙江省哈尔滨市香坊区哈平路 103 号，ine. has. ac. cn/a/qikan

刊名：国土资源导刊
刊号：CN43-1407/P
主办单位：湖南省地质科学研究院
主管单位：湖南省自然资源厅
地址：湖南省长沙市天心区芙蓉南路四段 158 号湖南省地理信息产业园总部基地国信大楼 916

刊名：国土资源科技管理
刊号：CN51-1592/N
主办单位：成都理工大学
主管单位：四川省教育厅
地址：四川省成都市成华区二仙桥东三路 1 号，gzg. cdut. edu. cn

刊名：国土资源情报
刊号：CN11-4479/N
主办单位：自然资源部信息中心
主管单位：中华人民共和国自然资源部
地址：北京市西城区阜内大街 64 号，gtzq. china-journal. net. cn

刊名：国土资源信息化
刊号：CN11-4481/N
主办单位：自然资源部信息中心
主管单位：中华人民共和国自然资源部
地址：北京市西城区阜内大街 64 号

刊名：国土资源遥感
刊号：CN11-2514/P
主办单位：中国自然资源航空物探遥感中心
主管单位：中华人民共和国自然资源部
地址：北京市海淀区学院路 31 号，www. gtzyyg. com

刊名：国外畜牧学——猪与禽
刊号：CN31-1277/S
主办单位：上海市农业科学院畜牧兽医研究所、上海申丰畜牧兽医科技有限公司
主管单位：中国农业科学院农业信息研究所
地址：上海市闵行区北翟路 2901 号，www.saas.sh.cn/xm/sgk/jgsz/zzbjb/content_15427

刊名：国外电子测量技术
刊号：CN11-2268/TN
主办单位：北京方略信息科技有限公司
主管单位：北京电子控股有限责任公司
地址：北京市东城区北河沿大街 79 号 2 楼，www.etmchina.com

刊名：国外机车车辆工艺
刊号：CN32-1182/U
主办单位：中车戚墅堰机车车辆工艺研究所有限公司
主管单位：中国中车集团有限公司
地址：江苏省常州市武进区五一路 99 号

刊名：国外社会科学
刊号：CN11-1163/C
主办单位：中国社会科学院信息情报研究院
主管单位：中国社会科学院
地址：北京市东城区建国门内大街 5 号，www.ssaj.org.cn

刊名：国外社会科学文摘
刊号：CN31-1813/C
主办单位：上海社会科学院信息研究所
主管单位：上海社会科学院
地址：上海市徐汇区中山西路 1610 号

刊名：国外铁道机车与动车
刊号：CN21-1592/U
主办单位：中车大连机车研究所有限公司
主管单位：中国中车集团有限公司
地址：辽宁省大连市沙河口区中长街 49 号

刊名：国外文学
刊号：CN11-1562/I
主办单位：北京大学
主管单位：中华人民共和国教育部
地址：北京市海淀区颐和园路 5 号北京大学外国语学院化学北楼 116 室，www.oaj.pku.edu.cn/gwwx

刊名：国外医学医学地理分册
刊号：CN61-1102/R
主办单位：西安交通大学
主管单位：中华人民共和国教育部
地址：陕西省西安市雁塔区雁塔西路 76 号，gwyx.xjtu.edu.cn

刊名：国外医药抗生素分册
刊号：CN51-1127/R
主办单位：中国医药集团总公司四川抗菌素工业研究所
主管单位：成都大学
地址：四川省成都市成华区华冠路 168 号，www.worldnotes.cn

刊名：国学学刊
刊号：CN11-5854/C
主办单位：中国人民大学
主管单位：中华人民共和国教育部
地址：北京市海淀区中关村大街甲 59 号文化大厦 13、14 层，www.zlzx.com.cn

刊名：国医论坛
刊号：CN41-1110/R
主办单位：南阳医学高等专科学校、中华中医药学会
主管单位：河南省中医管理局
地址：河南省南阳市卧龙区雪枫西路 1106 号，gylt.cbpt.cnki.net

刊名：果树学报
刊号：CN41-1308/S
主办单位：中国农业科学院郑州果树研究所
主管单位：中华人民共和国农业农村部
地址：河南省郑州市管城区港湾路 28 号，gskk.cbpt.cnki.net

刊名：过程工程学报
刊号：CN11-4541/TQ
主办单位：中国科学院过程工程研究所
主管单位：中国科学院
地址：北京市东城区东黄城根北街 16 号，www.jproeng.com

H

刊名：哈尔滨工程大学学报

刊号：CN23-1390/U
主办单位：哈尔滨工程大学
主管单位：中华人民共和国工业和信息化部
地址：黑龙江省哈尔滨市南岗区南通大街145号1号楼，heuxb. hrbeu. edu. cn

刊名：哈尔滨工程大学学报
刊号：CN23-1505/T
主办单位：哈尔滨工程大学
主管单位：中华人民共和国工业和信息化部
地址：黑龙江省哈尔滨市南岗区南通大街145号1号楼705室，jmsa. hrbeu. edu. cn

刊名：哈尔滨工业大学学报
刊号：CN23-1235/T
主办单位：哈尔滨工业大学
主管单位：中华人民共和国工业和信息化部
地址：黑龙江省哈尔滨市南岗区西大直街92号，hit. alljournals. cn/hitxb_cn/ch/index. aspx

刊名：哈尔滨工业大学学报（社会科学版）
刊号：CN23-1448/C
主办单位：哈尔滨工业大学
主管单位：中华人民共和国工业和信息化部
地址：黑龙江省哈尔滨市南岗区西大直街92号，www. jss. hit. edu. cn

刊名：哈尔滨理工大学学报
刊号：CN23-1404/N
主办单位：哈尔滨理工大学
主管单位：黑龙江省教育厅
地址：黑龙江省哈尔滨市南岗区学府路52号，hl-gxb. hrbust. edu. cn

刊名：哈尔滨商业大学学报（社会科学版）
刊号：CN23-1503/F
主办单位：哈尔滨商业大学
主管单位：黑龙江省教育厅
地址：黑龙江省哈尔滨市道里区通达街138号，hljc. cbpt. cnki. net

刊名：哈尔滨商业大学学报（自然科学版）
刊号：CN23-1497/N
主办单位：哈尔滨商业大学
主管单位：黑龙江省教育厅
地址：黑龙江省哈尔滨市道里区通达街138号，hljs. cbpt. cnki. net

刊名：哈尔滨师范大学社会科学学报
刊号：CN23-1567/C
主办单位：哈尔滨师范大学
主管单位：哈尔滨师范大学
地址：黑龙江省哈尔滨市呼兰区利民经济开发区师大路1号

刊名：哈尔滨师范大学自然科学学报
刊号：CN23-1190/N
主办单位：哈尔滨师范大学
主管单位：哈尔滨师范大学
地址：黑龙江省哈尔滨市呼兰区利民经济开发区师大路1号

刊名：哈尔滨市委党校学报
刊号：CN23-1463/D
主办单位：中共哈尔滨市委党校
主管单位：中共哈尔滨市委
地址：黑龙江省哈尔滨市南岗区延兴路29号，bswd. cbpt. cnki. net

刊名：哈尔滨体育学院学报
刊号：CN23-1243/G8
主办单位：哈尔滨体育学院
主管单位：黑龙江省教育厅
地址：黑龙江省哈尔滨市南岗区大成街1号，hrty. cbpt. cnki. net

刊名：哈尔滨铁道科技
刊号：CN23-1420/U
主办单位：哈尔滨铁路减速顶调速研究有限公司
主管单位：中国铁路哈尔滨局集团有限公司
地址：黑龙江省哈尔滨市南岗区邮政街339号

刊名：哈尔滨学院学报
刊号：CN23-1485/G4
主办单位：哈尔滨学院
主管单位：哈尔滨学院
地址：黑龙江省哈尔滨市南岗区中兴大道109号，journal. hrbu. edu. cn

刊名：哈尔滨医科大学学报
刊号：CN23-1159/R
主办单位：哈尔滨医科大学

主管单位：黑龙江省教育厅
地址：黑龙江省哈尔滨市南岗区保健路157号，hydx.cbpt.cnki.net

刊名：哈尔滨医药
刊号：CN23-1164/R
主办单位：哈尔滨市医学会
主管单位：哈尔滨市卫生健康委员会
地址：黑龙江省哈尔滨市道里区民安街12号，www.hrbyybjb.org.cn

刊名：哈尔滨职业技术学院学报
刊号：CN23-1531/Z
主办单位：哈尔滨职业技术学院
主管单位：哈尔滨市人民政府
地址：黑龙江省哈尔滨市香坊区哈平路217号，www.hebsfdxxb.com

刊名：哈尔滨轴承
刊号：CN23-1515/TH
主办单位：哈尔滨轴承集团公司
主管单位：哈尔滨工业资产经营有限责任公司
地址：黑龙江省哈尔滨市香坊区红旗大街副331号《哈尔滨轴承》编辑部

刊名：哈萨克医药
刊号：CN65-1287/R
主办单位：阿勒泰地区哈萨克医药学会
主管单位：阿勒泰地区哈萨克医药学会
地址：新疆维吾尔自治区阿勒泰地区阿勒泰市解放南路农林巷12号

刊名：海岸工程
刊号：CN37-1144/U
主办单位：山东海岸工程学会
主管单位：国家海洋局第一海洋研究所
地址：山东省青岛市崂山区仙霞岭路6号，www.ce-journal.org.cn/ch

刊名：海关与经贸研究
刊号：CN31-2093/F
主办单位：上海海关学院
主管单位：中华人民共和国海关总署
地址：上海市浦东新区华夏西路5677号，xb.shcc.edu.cn：8081/hgxy/CN/volumn/current.shtml

刊名：海河水利
刊号：CN12-1064/TV
主办单位：水利部海河水利委员会
主管单位：中华人民共和国水利部
地址：天津市河东区中山门龙潭路15号

刊名：海交史研究
刊号：CN35-1066/U
主办单位：福建省泉州海外交通史博物馆、中国海外交通史研究会
主管单位：中共泉州市委宣传部
地址：福建省泉州市丰泽区东湖街425号，www.zghjsyjh.cn

刊名：海南大学学报（人文社会科学版）
刊号：CN46-1012/C
主办单位：海南大学
主管单位：海南省教育厅
地址：海南省海口市美兰区人民路58号《海南大学学报》编辑部，hndxxbrwb.cn

刊名：海南大学学报（自然科学版）
刊号：CN46-1013/S
主办单位：海南大学学报
主管单位：海南省教育厅
地址：海南省海口市美兰区人民路58号《海南大学学报》编辑部，hndxxb.cn

刊名：海南广播电视大学学报
刊号：CN46-1061/G4
主办单位：海南广播电视大学
主管单位：海南广播电视大学
地址：海南省海口市美兰区海甸岛沿江二西路20号，hgdd.chinajournal.net.cn

刊名：海南金融
刊号：CN46-1009/F
主办单位：海南省金融学会
主管单位：中国人民银行海口中心支行
地址：海南省海口市龙华区滨海大道83号琼泰大厦28层，www.cff.org.cn/zgjrlt/cffqk7/92737/109395/index.html

刊名：海南热带海洋学院学报
刊号：CN46-1085/G4
主办单位：海南热带海洋学院

主管单位：海南热带海洋学院
地址：海南省三亚市吉阳区育才路1号，qzdx. china-journal. net. cn

刊名：海南师范大学学报（社会科学版）
刊号：CN46-1076/C
主办单位：海南师范大学
主管单位：海南师范大学
地址：海南省海口市琼山区龙昆南路99号，hsxb. hainnu. edu. cn

刊名：海南师范大学学报（自然科学版）
刊号：CN46-1075/N
主办单位：海南师范大学
主管单位：海南师范大学
地址：海南省海口市琼山区龙昆南路99号，hsxb. hainnu. edu. cn

刊名：海南医学
刊号：CN46-1025R
主办单位：海南省医学会
主管单位：海南省卫生健康委员会
地址：海南省海口市秀英区秀华路32号，www. hainanyixue. cn

刊名：海南医学院学报
刊号：CN46-1049/R
主办单位：海南医学院
主管单位：海南省教育厅
地址：海南省海口市龙华区学院路3号，journals. hainmc. edu. cn/jhmu

刊名：海外投资与出口信贷
刊号：CN10-1246/F
主办单位：中国进出口银行、中国金融出版社
主管单位：中国进出口银行
地址：北京市西城区复兴门内大街30号凯晨世贸中心西座，hwtz. cbpt. cnki. net

刊名：海外英语
刊号：CN34-1209/G4
主办单位：安徽科学技术出版社
主管单位：安徽出版集团有限责任公司
地址：安徽省合肥市蜀山区翡翠路1118号出版传媒广场东1007室，www. overseaen. net

刊名：海峡法学
刊号：CN35-1304/D
主办单位：福建省台湾法律研究所
主管单位：福建江夏学院
地址：福建省福州市闽侯县上街镇溪源宫路2号

刊名：海峡科技与产业
刊号：CN11-3391/G3
主办单位：科技部海峡两岸科技交流中心
主管单位：中华人民共和国科学技术部
地址：北京市海淀区复兴路15号，hxkt. cbpt. cnki. net

刊名：海峡药学
刊号：CN35-1173/R
主办单位：福建省药学会
主管单位：福建省科学技术协会
地址：福建省福州市鼓楼区通湖路330号，www. fjhxyx. com

刊名：海峡预防医学杂志
刊号：CN35-1185/R
主办单位：福建省预防医学会
主管单位：福建省卫生健康委员会
地址：福建省福州市鼓楼区津泰路76号，www. hxy-fyx. com

刊名：海相油气地质
刊号：CN33-1328/P
主办单位：中国石油集团杭州地质研究所有限公司
主管单位：中国石油天然气集团有限公司
地址：浙江省杭州市西湖区西溪路920号，hxyqdz. cnmanu. cn

刊名：海洋工程
刊号：CN32-1423/P
主办单位：中国海洋学会、南京水利科学研究院
主管单位：中国科学技术协会
地址：江苏省南京市鼓楼区虎踞关34号，www. theoceaneng. cn

刊名：海洋工程装备与技术
刊号：CN31-2088/P
主办单位：上海交通大学出版社有限公司
主管单位：上海交通大学
地址：上海市徐汇区番禺路9951号，www. qk. sjtu. edu. cn/oeet/CN/2095-7297/home. shtml

刊名：海洋湖沼通报
刊号：CN37-1141/P
主办单位：山东海洋湖沼学会
主管单位：山东省科学技术协会
地址：山东省青岛市市南区鱼山路 5 号，www. hyhztbzz. cn

刊名：海洋环境科学
刊号：CN21-1168/X
主办单位：国家海洋环境监测中心、中国海洋学会
主管单位：中华人民共和国生态环境部
地址：辽宁省大连市沙河口区凌河街 42 号，hyhjkx. nmemc. org. cn

刊名：海洋技术学报
刊号：CN12-1435/P
主办单位：国家海洋技术中心、中国海洋学会
主管单位：国家海洋局
地址：天津市南开区芥园西道 219 号，hyjsxb. cnjournals. org

刊名：海洋经济
刊号：CN12-1424/P
主办单位：国家海洋信息中心
主管单位：国家海洋局
地址：天津市河东区六纬路 93 号，sejj. cbpt. cnki. net

刊名：海洋开发与管理
刊号：CN11-3525/P
主办单位：中国海洋工程咨询协会、海洋出版社
主管单位：国家海洋局
地址：北京市海淀区增光路 53 号，www. haiyangkaifayuguanli. com

刊名：海洋科学
刊号：CN37-1151/P
主办单位：中国科学院海洋研究所
主管单位：中国科学院
地址：山东省青岛市市南区南海路 7 号，qdhys. ijournal. cn/hykx/ch/index. aspx

刊名：海洋科学进展
刊号：CN37-1387/P
主办单位：中国海洋学会、国家海洋局第一海洋研究所
主管单位：国家海洋局
地址：山东省青岛市崂山区仙霞岭路 6 号，ams-journal. org. cn/ch/index. aspx

刊名：海洋气象学报
刊号：CN37-1512/P
主办单位：山东气象学会、山东省气象科学研究所
主管单位：山东省气象局
地址：山东省济南市天桥区无影山路 12 号，jmm. ijournal. cn

刊名：海洋石油
刊号：CN31-1760/TE
主办单位：中国石油化工股份有限公司上海海洋油气分公司
主管单位：中国石油化工集团有限公司
地址：上海市浦东新区商城路 1225 号，hysy. shopc. com. cn

刊名：海洋通报
刊号：CN12-1076/P
主办单位：国家海洋信息中心、中国海洋学会
主管单位：国家海洋局
地址：天津市河东区六纬路 93 号，hytb. nmdis. org. cn

刊名：海洋信息
刊号：CN12-1103/P
主办单位：国家海洋信息中心
主管单位：国家海洋局
地址：天津市河东区六纬路 93 号，htxx. cbpt. cnki. net

刊名：海洋学报
刊号：CN11-2055/P
主办单位：中国海洋学会
主管单位：中国科学技术协会
地址：北京市海淀区大慧寺 8 号，www. hyxb. org. cn/aos/ch/index. aspx

刊名：海洋学研究
刊号：CN33-1330/P
主办单位：中国海洋学会、国家海洋局第二海洋研究所、浙江省海洋学会
主管单位：国家海洋局
地址：浙江省杭州市西湖区保俶北路 36 号，www. hyxyj. org. cn

刊名：海洋渔业
刊号：CN31-1341/S
主办单位：中国水产学会、中国水产科学研究院东海水产研究所、中国科技出版传媒股份有限公司
主管单位：中国科学技术协会
地址：上海市杨浦区军工路 300 号，www. marine-fisheries. cn

刊名：海洋与湖沼
刊号：CN37-1149/P
主办单位：中国海洋湖沼学会
主管单位：中国科学技术协会
地址：山东省青岛市市南区南海路 7 号，qdhys. ijournal. cn

刊名：海洋预报
刊号：CN11-1837/P
主办单位：国家海洋环境预报中心
主管单位：国家海洋局
地址：北京市海淀区大慧寺 8 号，ww. hyyb. org. cn

刊名：邯郸学院学报
刊号：CN13-1365/Z
主办单位：邯郸学院
主管单位：河北省教育厅
地址：河北省邯郸市邯山区学院北路 530 号，xb. hdc. edu. cn

刊名：邯郸职业技术学院
刊号：CN13-1284/G
主办单位：邯郸职业技术学院
主管单位：邯郸市教育局
地址：河北省邯郸市邯山区渚河路 141 号

刊名：含能材料
刊号：CN51-1489/TK
主办单位：中国工程物理研究院
主管单位：四川省科学技术协会
地址：四川省绵阳市 919 信箱 310 分箱，www. energetic-materials. org. cn

刊名：韩国语教学与研究
刊号：CN23-1585/G4
主办单位：黑龙江朝鲜民族出版社
主管单位：黑龙江出版集团有限公司
地址：黑龙江省哈尔滨市呼兰区利民经济开发区警官路裕发新城 17 号

刊名：韩山师范学院学报
刊号：CN44-1423/G4
主办单位：韩山师范学院
主管单位：广东省教育厅
地址：广东省潮州市湘桥区桥东街道韩山师范学院内，xb. hstc. edu. cn

刊名：罕少疾病杂志
刊号：CN44-1497/R
主办单位：深圳市卫生健康委员会
主管单位：深圳市卫生健康委员会
地址：广东省深圳市福田区福华一路国际商会大厦 B 座 2103 室，www. diagnoschina. com

刊名：汉江师范学院学报
刊号：CN42-1892/G4
主办单位：汉江师范学院
主管单位：湖北省教育厅
地址：湖北省十堰市茅箭区北京南路 18 号，kyc. hjnu. edu. cn

刊名：汉语学报
刊号：CN42-1729/H
主办单位：华中师范大学
主管单位：中华人民共和国教育部
地址：湖北省武汉市洪山区珞喻路 152 号华中师范大学语言与语言教育研究中心《汉语学报》编辑部，hyxa. cbpt. cnki. net

刊名：汉语学习
刊号：CN22-1026/H
主办单位：延边大学
主管单位：吉林省教育厅
地址：吉林省延边朝鲜族自治州延吉市公园路 977 号，hyxx. ybu. edu. cn

刊名：汉语言文学研究
刊号：CN41-1414/I
主办单位：河南大学
主管单位：河南大学
地址：河南省开封市顺河回族区明伦街 85 号《汉语言文学研究》编辑部，hywx. cbpt. cnki. net

刊名：汉字汉语研究
刊号：CN41-1450/H
主办单位：郑州大学
主管单位：郑州大学
地址：河南省郑州市中原区科学大道 100 号，www.hzhyyj.com

刊名：汉字文化
刊号：CN11-2597/G2
主办单位：北京国际汉字研究会
主管单位：北京市社会科学界联合会
地址：北京市西城区广安门外大街 182 号远见国际公寓 2002 室，hzwz.cbpt.cnki.net

刊名：焊接
刊号：CN23-1174/TG
主办单位：机械科学研究院哈尔滨焊接研究所、中国机械工程学会焊接分会
主管单位：中国机械工业联合会
地址：黑龙江省哈尔滨市松北区创新路 2077 号，magazines.hwi.com.cn

刊名：焊接技术
刊号：CN12-1070/TG
主办单位：天津市焊接研究所、中国工程建设焊接协会
主管单位：天津百利机械装备集团有限公司
地址：天津市南开区红旗路 196 号

刊名：焊接学报
刊号：CN23-1178/TG
主办单位：中国机械工程学会、机械科学研究院哈尔滨焊接研究所、中国机械工程学会焊接分会
主管单位：中国科学技术协会
地址：黑龙江省哈尔滨市松北区创新路 2077 号，magazines.hwi.com.cn

刊名：杭州电子科技大学学报
刊号：CN33-1339/TN
主办单位：杭州电子科技大学
主管单位：浙江省教育厅
地址：浙江省杭州市江干区下沙 2 号大街路 1 号，journal.hdu.edu.cn

刊名：杭州化工
刊号：CN33-1199/TQ
主办单位：杭州市化工研究所、杭州市化工学会
主管单位：杭州市工业资产经营有限公司
地址：浙江省杭州市拱墅区石灰坝 7 号，hzhg.cbpt.cnki.net

刊名：杭州师范大学学报（社会科学版）
刊号：CN33-1347/Z
主办单位：杭州师范大学
主管单位：浙江省教育厅
地址：浙江省杭州市余杭区余杭塘路 2318 号，qks.hznu.edu.cn

刊名：杭州师范大学学报（自然科学版）
刊号：CN33-1348/N
主办单位：杭州师范大学
主管单位：浙江省教育厅
地址：浙江省杭州市余杭区余杭塘路 2318 号，xb.hznu.edu.cn/xbzk

刊名：航海技术
刊号：CN31-1251/U
主办单位：中国航海学会、上海海事大学
主管单位：中国科学技术协会
地址：上海市浦东新区海港大道 1550 号，www.cinnet.cn/zh-hans/xhqk/5507-hang-hai-ji-zhu-za-zhi.htm

刊名：航海教育研究
刊号：CN21-1305/G4
主办单位：大连海事大学
主管单位：中华人民共和国交通运输部
地址：辽宁省大连市甘井子区凌海路 1 号大连海事大学文源楼 521，hhjy.cbpt.cnki.net

刊名：航空标准化与质量
刊号：CN11-1797/V
主办单位：中国航空综合技术研究所
主管单位：中国航空工业集团公司
地址：北京市朝阳区京顺路 7 号，hkbz.cbpt.cnki.net

刊名：航空兵器
刊号：CN41-1228/TJ
主办单位：中国空空导弹研究院
主管单位：中国航空工业集团公司
地址：河南省洛阳市 030 信箱 3 分箱《航空兵器》

编辑部，www. aeroweaponry. avic. com

刊名：航空材料学报
刊号：CN11-3159/V
主办单位：中国航空学会、中国航发北京航空材料研究院
主管单位：中国科学技术协会
地址：北京市81信箱62分箱（北京市海淀区温泉乡环山村），jam. biam. ac. cn

刊名：航空电子技术
刊号：CN31-1381/TN
主办单位：中国航空无线电电子研究所
主管单位：中国航空工业集团公司
地址：上海市闵行区紫月路432号，www. avionic-stech. com. cn/hkdzjs

刊名：航空动力学报
刊号：CN11-2297/V
主办单位：中国航空学会、北京航空航天大学
主管单位：中国航空工业集团公司
地址：北京市海淀区学院路37号，www. jasp. com. cn

刊名：航空发动机
刊号：CN21-1359/V
主办单位：中国航发沈阳发动机研究所
主管单位：中国航空发动机集团有限公司
地址：辽宁省沈阳市沈河区万莲路1号，www. avi-caeroengine. com

刊名：航空工程进展
刊号：CN61-1479/V
主办单位：西北工业大学、中国航空学会
主管单位：中华人民共和国工业和信息化部
地址：陕西省西安市碑林区友谊西路127号，hkgcjz. cnjournals. com

刊名：航空航天医学杂志
刊号：CN23-1571/R
主办单位：航空工业哈尔滨二四二医院
主管单位：中国航空工业集团公司
地址：黑龙江省哈尔滨市平房区卫健街3号，www. hkhtyy. net

刊名：航空计算技术
刊号：CN61-1276/TP
主办单位：中国航空工业集团公司西安航空计算技术研究所
主管单位：中国航空工业集团有限公司
地址：陕西省西安市90信箱

刊名：航空精密制造技术
刊号：CN11-2847/V
主办单位：中国航空工业集团公司北京航空精密机械研究所
主管单位：中国航空工业集团有限公司
地址：北京市丰台区南苑东路5号

刊名：航空科学技术
刊号：CN11-3089/V
主办单位：中国航空研究院
主管单位：中国航空工业集团有限公司
地址：北京市朝阳区安定门外小关东里14号，www. aviationnow. com. cn

刊名：航空学报
刊号：CN11-1929/V
主办单位：中国航空学会、北京航空航天大学
主管单位：中国科学技术协会
地址：北京市海淀区学院路37号，hkxb. buaa. edu. cn

刊名：航空制造技术
刊号：CN11-4387/V
主办单位：中国航空制造技术研究院
主管单位：中国航空工业集团有限公司
地址：北京市340信箱，www. amte. net. cn

刊名：航天标准化
刊号：CN11-2058/V
主办单位：中国航天标准化研究所
主管单位：中国航天科技集团有限公司
地址：北京市835信箱（北京市西城区月坛北小街2号），htbh. cbpt. cnki. net

刊名：航天电子对抗
刊号：CN32-1329/TN
主办单位：中国航天科工集团8511所
主管单位：中国航天科工集团有限公司
地址：江苏省南京市秦淮区后标营35号

刊名：航天返回与遥感
刊号：CN11-4532/V

主办单位：北京空间机电研究所
主管单位：中国航天科技集团有限公司
地址：北京市海淀区中关村东路99号，www.htf-hyg.org

刊名：航天控制
刊号：CN11-1989/V
主办单位：北京航天自动控制研究所
主管单位：中国航天科技集团有限公司
地址：北京市142信箱402分箱，htkz.cn

刊名：航天器工程
刊号：CN11-5574/V
主办单位：中国空间技术研究院总体部
主管单位：中国航天科技集团有限公司
地址：北京市海淀区友谊路104号院，www.htgc.cbpt.cnki.net

刊名：航天器环境工程
刊号：CN11-5333/V
主办单位：北京卫星环境工程研究所
主管单位：中国航天科技集团有限公司
地址：北京市5142信箱105分箱（北京市海淀区友谊路104号），www.seejournal.cn

刊名：航天制造技术
刊号：CN11-4763/V
主办单位：首都航天机械有限公司
主管单位：中国航天科技集团有限公司
地址：北京市丰台区南苑警备东路2号，htzzjs.com

刊名：合成材料老化与应用
刊号：CN44-1402/TQ
主办单位：广州合成材料研究院有限公司
主管单位：广州合成材料研究院有限公司
地址：广东省广州市天河区车陂西路396号广州合成材料研究院内，www.hcclhyyy.com

刊名：合成化学
刊号：CN51-1427/O6
主办单位：四川省化学化工学会、中国科学院成都有机化学有限公司
主管单位：四川省科学技术协会
地址：四川省成都市武侯区人民南路四段9号，hchxcioc.com

刊名：合成技术及应用
刊号：CN32-1414/TQ
主办单位：中国石化仪征化纤有限责任公司
主管单位：中国石油化工集团有限公司
地址：江苏省扬州市仪征市长江西路1号仪征化纤研究院，hcsy.chinajournal.net.cn

刊名：合成润滑材料
刊号：CN10-1527/TQ
主办单位：中国石化润滑油有限公司
主管单位：中国石油化工集团有限公司
地址：北京市海淀区安宁庄西路6号，synlub.cbpt.cnki.net

刊名：合成树脂及塑料
刊号：CN11-2769/TQ
主办单位：中国石化集团资产经营管理有限公司北京燕山石化分公司、橡塑新型材料合成国家工程研究中心
主管单位：中国石油化工集团有限公司
地址：北京市房山区燕山岗南路1号，hcsz.chinajournal.net.cn

刊名：合成纤维
刊号：CN31-1361/TQ
主办单位：上海市合成纤维研究所
主管单位：上海纺织控股（集团）公司
地址：上海市杨浦区平凉路988号，hcxw.shtex-cloud.com

刊名：合成纤维工业
刊号：CN43-1139/TQ
主办单位：中国石化集团资产经营管理有限公司巴陵石化分公司
主管单位：中国石油化工集团有限公司
地址：湖南省岳阳市云溪区巴陵石化公司技术中心，www.hcxwgy.com

刊名：合成橡胶工业
刊号：CN62-1036/TQ
主办单位：中国石油天然气股份有限公司兰州石化分公司
主管单位：中国石油天然气集团有限公司
地址：甘肃省兰州市西固区合水北路1号，www.shyxj.net

刊名：合肥工业大学学报
刊号：CN34-1083/N
主办单位：合肥工业大学
主管单位：中华人民共和国教育部
地址：安徽省合肥市包河区屯溪路193号，xbzzs.hfut.edu.cn

刊名：合肥工业大学学报（社会科学版）
刊号：CN34-1170/C
主办单位：合肥工业大学
主管单位：中华人民共和国教育部
地址：安徽省合肥市包河区屯溪路193号，xbzzs.hfut.edu.cn

刊名：合肥师范学院学报
刊号：CN34-1303/G4
主办单位：合肥师范学院
主管单位：安徽省教育厅
地址：安徽省合肥市蜀山区莲花路1688号，xbbjb.hfnu.edu.cn

刊名：合肥学院学报（综合版）
刊号：CN34-1327/Z
主办单位：合肥学院
主管单位：安徽省教育厅
地址：安徽省合肥市蜀山区锦绣大道99号合肥学院，www.hfuu.edu.cn/xb/hfxyxbwzhbw

刊名：和田师范专科学校学报（维文版）
刊号：CN65-1267/G4
主办单位：和田师范专科学校
主管单位：和田师范专科学校
地址：新疆维吾尔自治区和田地区和田市北京西路169号和田师范专科学校

刊名：和田师范专科学校学报
刊号：CN65-1266/G4
主办单位：和田师范专科学校
主管单位：和田师范专科学校
地址：新疆维吾尔自治区和田地区和田市北京西路169号和田师范专科学校

刊名：河北北方学院学报（社会科学版）
刊号：CN13-1415/C
主办单位：河北北方学院
主管单位：河北省教育厅
地址：河北省张家口市桥东区钻石南路11号，zjks.chinajournal.net.cn

刊名：河北北方学院学报（自然科学版）
刊号：CN13-1360/N
主办单位：河北北方学院
主管单位：河北省教育厅
地址：河北省张家口市桥东区钻石南路11号

刊名：河北大学成人教育学院学报
刊号：CN13-1264/G4
主办单位：河北大学继续教育学院
主管单位：河北省教育厅
地址：河北省保定市莲池区五四东路180号，cjxy.hbu.edu.cn

刊名：河北大学学报（哲学社会科学版）
刊号：CN13-1027/C
主办单位：河北大学
主管单位：河北省教育厅
地址：河北省保定市莲池区五四东路180号河北大学期刊社，xb-zsb.hbu.cn

刊名：河北大学学报（自然科学版）
刊号：CN13-1077/N
主办单位：河北大学
主管单位：河北省教育厅
地址：河北省保定市莲池区五四东路180号河北大学期刊社，xbzrb.hbu.cn

刊名：河北地质大学学报
刊号：CN13-1422/Z
主办单位：河北地质大学
主管单位：河北省教育厅
地址：河北省石家庄市裕华区槐安东路136号，xscbzx.hgu.edu.cn

刊名：河北电力技术
刊号：CN13-1082/TM
主办单位：河北省电机工程学会、国网河北省电力有限公司、河北省电力科学研究院
主管单位：国网河北省电力有限公司
地址：河北省石家庄市裕华区体育南大街238号

刊名：河北法学
刊号：CN13-1023/D

主办单位：河北政法职业学院、河北省法学会
主管单位：中共河北省委政法委员会
地址：河北省石家庄新华区友谊北大街569号，www.hbfx.cn

刊名：河北工程大学学报（社会科学版）
刊号：CN13-1376/C
主办单位：河北工程大学
主管单位：河北省教育厅
地址：河北省邯郸市邯山区光明南大街199号，hebeu.allmaga.net/social

刊名：河北工程大学学报（自然科学版）
刊号：CN13-1375/N
主办单位：河北工程大学
主管单位：河北省教育厅
地址：河北省邯郸市邯山区光明南大街199号，hebeu.allmaga.net/natural

刊名：河北工程学院学报
刊号：CN13-1272/X
主办单位：河北环境工程学院
主管单位：河北省教育厅
地址：河北省秦皇岛市北戴河区金港大道8号，journal.hebuee.edu.cn

刊名：河北水利电力学院学报
刊号：CN13-1428/T
主办单位：河北水利电力学院
主管单位：河北省教育厅
地址：河北省沧州市运河区重庆路1号，jgzx.chinajournal.net.cn

刊名：河北工业大学学报
刊号：CN13-1208/T
主办单位：河北工业大学
主管单位：河北省教育厅
地址：天津市北辰区双口镇西平道5340号《河北工业大学学报》编辑部，zrxuebao.hebut.edu.cn

刊名：河北工业大学学报（社会科学版）
刊号：CN13-1396/G4
主办单位：河北工业大学
主管单位：河北省教育厅
地址：天津市北辰区双口镇西平道5340号《河北工业大学学报》编辑部，xuebao.hebut.edu.cn

刊名：河北工业科技
刊号：CN13-1226/tm
主办单位：河北科技大学
主管单位：河北省教育厅
地址：河北省石家庄市裕华区裕华东路70号，keji.hebust.edu.cn

刊名：河北公安警察职业学院学报
刊号：CN13-1343/D
主办单位：河北公安警察职业学院
主管单位：河北省公安厅
地址：河北省石家庄市桥西区汇新路2号

刊名：河北广播电视大学学报
刊号：CN13-1250/G4
主办单位：河北广播电视大学
主管单位：河北省教育厅
地址：河北省石家庄市新华区合作路460号，www.hebnetu.edu.cn

刊名：河北果树
刊号：CN13-1202/S
主办单位：河北省果树学会
主管单位：河北省林业厅
地址：河北省秦皇岛市昌黎县碣阳大街东段39号河北省农林科学院昌黎果树研究所，hbgs.cbpt.cnki.net

刊名：河北建筑工程学院学报
刊号：CN13-1252/TU
主办单位：河北建筑工程学院
主管单位：河北省教育厅
地址：河北省张家口市高新区朝阳西大街13号，wwt.hebiace.edu.cn/col8/col24/col83/col405/index.html？colid=405

刊名：河北金融
刊号：CN13-1175/F
主办单位：河北省金融学会
主管单位：中国人民银行石家庄中心支行
地址：河北省石家庄市新华区新华路109号，dzmz.net

刊名：河北经贸大学学报
刊号：CN13-1207/F
主办单位：河北经贸大学
主管单位：河北省教育厅

地址：河北省石家庄市新华区学府路47号，xbbjb.heuet.edu

刊名：河北经贸大学学报（综合版）
刊号：CN13-1306/C
主办单位：河北经贸大学
主管单位：河北省教育厅
地址：河北省石家庄市新华区学府路47号，xbbjb.heuet.edu

刊名：河北科技大学学报
刊号：CN13-1225/TS
主办单位：河北科技大学
主管单位：河北省教育厅
地址：河北省石家庄市裕华区裕华东路70号，xuebao.hebust.edu.cn

刊名：河北科技大学学报（社会科学版）
刊号：CN13-1303/G4
主办单位：河北科技大学
主管单位：河北省教育厅
地址：河北省石家庄市裕华区裕翔街26号河北科技大学，hbks.cbpt.cnki.net

刊名：河北科技师范学院学报
刊号：CN13-1344/N
主办单位：河北科技师范学院
主管单位：河北省教育厅
地址：河北省秦皇岛市海港区河北大街西段360号，xuebao.hevttc.edu.cn

刊名：河北科技师范学院学报（社会科学版）
刊号：CN13-1342/C
主办单位：河北科技师范学院
主管单位：河北省教育厅
地址：河北省秦皇岛市海港区河北大街西段360号，xuebao.hevttc.edu.cn

刊名：河北科技图苑
刊号：CN13-1203/G3
主办单位：河北省高等学校图书情报工作委员会
主管单位：河北省高等学校图书情报工作委员会
地址：河北省保定市莲池区五四东路180号，hkty.cbpt.cnki.net

刊名：河北理科教学研究
刊号：CN13-1180/G4
主办单位：廊坊师范学院
主管单位：河北省教育厅
地址：河北省廊坊市安次区爱民西道100号，www.lfsfxy.edu.cn/qk

刊名：河北林业科技
刊号：CN13-1080/S
主办单位：河北省林业科学研究院、河北省林学会
主管单位：河北省林业和草原局
地址：河北省石家庄市新华区学府路75号，hblk.chinajournal.net.cn

刊名：河北旅游职业学院学报
刊号：CN13-1387/Z
主办单位：河北旅游职业学院
主管单位：河北省承德市教育局
地址：河北省承德市双桥区种子路2号河北旅游职业学院行政楼，www.hbtvc.com

刊名：河北民族师范学院学报
刊号：CN13-1414/G4
主办单位：河北民族师范学院
主管单位：河北省教育厅
地址：河北省承德市双桥区冯营子镇《河北民族师范学院学报》编辑部，www.hbun.edu.cn

刊名：河北能源职业技术学院学报
刊号：CN13-1312/C
主办单位：河北能源职业技术学院
主管单位：河北省教育厅
地址：河北省唐山市路北区北新西道88号，www.hbnyxy.cn

刊名：河北农业大学学报
刊号：CN13-1076/S
主办单位：河北农业大学
主管单位：河北省教育厅
地址：河北省保定市莲池区灵雨寺街289号河北农业大学期刊社，hauxb.hebau.edu.cn：8080

刊名：河北农业大学学报（农林教育版）
刊号：CN13-1266/G4
主办单位：河北农业大学
主管单位：河北省教育厅
地址：河北省保定市莲池区灵雨寺街289号河北农

业大学期刊社，hbndsk. hebau. edu. cn：8080

刊名：河北农业科学
刊号：CN13-1197/S
主办单位：河北省农林科学院
主管单位：河北省农林科学院
地址：河北省石家庄市新华区和平西路 598 号中一楼 315，www. hbnykx. com

刊名：河北青年管理干部学院学报
刊号：CN13-1260/D
主办单位：河北青年管理干部学院
主管单位：共青团河北省委员会
地址：河北省石家庄市裕华区槐中路 417 号，www. hbqgy. cn

刊名：河北软件职业技术学院学报
刊号：CN13-1362/Z
主办单位：河北软件职业技术学院
主管单位：河北省教育厅
地址：河北省保定市莲池区东风东路 999 号，hbzg. cbpt. cnki. net

刊名：河北省科学院学报
刊号：CN13-1081/N
主办单位：河北省科学院
主管单位：河北省科学院
地址：河北省石家庄市桥西区友谊南大街 46 号，hbkx. cbpt. cnki. net

刊名：河北省社会主义学院学报
刊号：CN13-1288/D
主办单位：河北省社会主义学院
主管单位：河北省社会主义学院
地址：河北省石家庄市长安区煤机街 65 号河北省社会主义学院，www. hebeisy. com

刊名：河北师范大学学报（教育科学版）
刊号：CN13-1286/G
主办单位：河北师范大学
主管单位：河北省教育厅
地址：河北省石家庄市裕华区南二环东路 20 号，xuebao. hebtu. edu. cn

刊名：河北师范大学学报（哲学社会科学版）
刊号：CN13-1029/C
主办单位：河北师范大学
主管单位：河北省教育厅
地址：河北省石家庄市裕华区南二环东路 20 号，xuebao. hebtu. edu. cn

刊名：河北师范大学学报（自然科学版）
刊号：CN13-1061/N
主办单位：河北师范大学
主管单位：河北省教育厅
地址：河北省石家庄市裕华区南二环东路 20 号，xuebao. hebtu. edu. cn

刊名：河北体育学院学报
刊号：CN13-1237/G8
主办单位：河北体育学院
主管单位：河北省教育厅
地址：河北省石家庄市长安区学府路 82 号，xb. hepec. edu. cn

刊名：河北学刊
刊号：CN13-1020/C
主办单位：河北省社会科学院
主管单位：河北省社会科学院
地址：河北省石家庄市桥西区裕华西路 67 号河北省社会科学院，hebsky. org. cn/hbxk/index. jhtml

刊名：河北冶金
刊号：CN13-1172/TF
主办单位：河北省金属学会、河钢集团有限公司
主管单位：河北省金属学会
地址：河北省石家庄市长安区跃进路 167 号，www. hbyjqk. com

刊名：河北医科大学学报
刊号：CN13-1209/R
主办单位：河北医科大学
主管单位：河北省教育厅
地址：河北省石家庄市长安区中山东路 361 号，xuebao. hebmu. edu. cn

刊名：河北医学
刊号：CN13-1199/R
主办单位：河北省医学会
主管单位：河北省卫生健康委员会
地址：河北省承德市双桥区翠桥路 153，www. hbyx-zzs. cn

刊名：河北医药
刊号：CN13-1090/R
主办单位：河北省医学情报研究所
主管单位：河北省卫生健康委员会
地址：河北省石家庄市新华区和平西路299号，www.jkdsy.org

刊名：河北渔业
刊号：CN13-1145/S
主办单位：河北省水产技术推广总站、河北省水产学会
主管单位：河北省农业农村厅
地址：河北省石家庄市裕华区长江大道19号，hbyu.chinajournal.net.cn

刊名：河北职业教育
刊号：CN13-1423/G4
主办单位：廊坊师范学院
主管单位：河北省教育厅
地址：河北省廊坊市安次区爱民西道100号廊坊师范学院期刊部，xzqj.chinajournal.net.cn

刊名：河北中医
刊号：CN13-1067/R
主办单位：河北省医学情报研究所
主管单位：河北省卫生健康委员会
地址：河北省石家庄市新华区和平西路299号，www.hbzy.cbpt.cnki.net

刊名：河北中医药学报
刊号：CN13-1214/R
主办单位：河北中医学院
主管单位：河北省教育厅
地址：河北省石家庄市桥西区新石南路326号河北中医学院内，kjc.hebcm.edu.cn

刊名：河池学院学报
刊号：CN45-1332/C
主办单位：河池学院
主管单位：河池学院
地址：广西壮族自治区河池市宜州区龙江路42号，xb.hcnu.edu.cn

刊名：河海大学学报（哲学社会科学版）
刊号：CN32-1521/C
主办单位：河海大学
主管单位：中华人民共和国教育部
地址：江苏省南京市鼓楼区西康路1号河海大学期刊部，jour.hhu.edu.cn

刊名：河海大学学报（自然科学版）
刊号：CN32-1117/TV
主办单位：河海大学
主管单位：中华人民共和国教育部
地址：江苏省南京市鼓楼区西康路1号河海大学期刊部，jour.hhu.edu.cn/hhdxxbzr/ch/index.aspx

刊名：河南财经政法大学学报
刊号：CN41-1420/Z
主办单位：河南财经政法大学
主管单位：河南省教育厅
地址：河南省郑州市金水区金水东路180号，szfg.cbpt.cnki.net

刊名：河南财政税务高等专科学校学报
刊号：CN41-1267/F
主办单位：河南财政金融学院
主管单位：河南省教育厅
地址：河南省郑州市中牟县郑开大道76号，www.hacz.edu.cn

刊名：河南城建学院学报
刊号：CN41-1410/Z
主办单位：河南城建学院
主管单位：河南省教育厅
地址：河南省平顶山市新城区龙翔大道河南城建学院，xuebao.hncj.edu.cn

刊名：河南大学学报（医学版）
刊号：CN41-1361/R
主办单位：河南大学
主管单位：河南省教育厅
地址：河南省开封市顺河回族区明伦街河南大学明伦校区东二斋，xb.henu.edu.cn

刊名：河南大学学报（社会科学版）
刊号：CN41-1028/C
主办单位：河南大学
主管单位：河南大学
地址：河南省开封市顺河回族区明伦街河南大学明伦校区东二斋，xb.henu.edu.cn

刊名：河南大学学报（自然科学版）
刊号：CN41-1100/N
主办单位：河南大学
主管单位：河南大学
地址：河南省开封市顺河回族区明伦街河南大学明伦校区东二斋，xb. henu. edu. cn

刊名：河南工程学院学报（社会科学版）
刊号：CN41-1396/C
主办单位：河南工程学院
主管单位：河南省教育厅
地址：河南省郑州市新郑市龙湖祥和路 1 号河南工程学院，journal. haue. edu. cn

刊名：河南工程学院学报（自然科学版）
刊号：CN41-1397/N
主办单位：河南工程学院
主管单位：河南省教育厅
地址：河南省郑州市新郑市龙湖祥和路 1 号河南工程学院，journal. haue. edu. cn

刊名：河南工业大学学报（社会科学版）
刊号：CN41-1379/C
主办单位：河南工业大学
主管单位：河南省教育厅
地址：河南省郑州市中原区莲花街 100 号，xb. haut. edu. cn

刊名：河南工业大学学报（自然科学版）
刊号：CN41-1378/N
主办单位：河南工业大学
主管单位：河南省教育厅
地址：河南省郑州市中原区莲花街 100 号，xb. haut. edu. cn

刊名：河南广播电视大学学报
刊号：CN41-1326/Z
主办单位：河南广播电视大学
主管单位：河南省教育厅
地址：河南省郑州市金水区郑东新区龙子湖北路 36 号《河南广播电视大学学报》编辑部，www. open. ha. cn

刊名：河南化工
刊号：CN41-1093/TQ
主办单位：河南省化工研究所
主管单位：河南省科学院
地址：河南省郑州市二七区建设东路 37 号，www. hncic. com

刊名：河南机电高等专科学校学报
刊号：CN41-1270/TH
主办单位：河南机电高等专科学校
主管单位：河南机电高等专科学校
地址：河南省新乡市红旗区平原路东 699 号，hnjd. cbpt. cnki. net

刊名：河南教育学院学报（哲学社会科学版）
刊号：CN41-1093/I
主办单位：河南教育学院
主管单位：河南教育学院
地址：河南省郑州市金水区纬五路 21 号，xuebao. haie. edu. cn

刊名：河南教育学院学报（自然科学版）
刊号：CN41-1246/G4
主办单位：河南教育学院
主管单位：河南教育学院
地址：河南省郑州市金水区纬五路 21 号，xuebao. haie. edu. cn

刊名：河南警察学院学报
刊号：CN41-1427/D
主办单位：河南警察学院
主管单位：河南省教育厅
地址：河南省郑州市金水区郑东新区龙子湖东路 1 号，hlkd. chinajournal. net. cn

刊名：河南科技大学学报（医学版）
刊号：CN41-1363/R
主办单位：河南科技大学
主管单位：河南省教育厅
地址：河南省洛阳市洛龙区开元大道 263 号，lyyz. cbpt. cnki. net

刊名：河南科技大学学报（自然科学版）
刊号：CN41-1362/N
主办单位：河南科技大学
主管单位：河南省教育厅
地址：河南省洛阳市洛龙区开元大道 263 号，lygx. cbpt. cnki. net

刊名：河南科技大学学报（社会科学版）
刊号：CN41-1356/C
主办单位：河南科技大学
主管单位：河南省教育厅
地址：河南省洛阳市洛龙区开元大道263号，lgxb.cbpt.cnki.net

刊名：河南科技学院学报
刊号：CN41-1382/Z
主办单位：河南科技学院
主管单位：河南省教育厅
地址：河南省新乡市红旗区华兰大道东段河南科技学院，xbbjb.hist.edu.cn

刊名：河南科技学院学报（自然科学版）
刊号：CN41-1417/N
主办单位：河南科技学院
主管单位：河南省教育厅
地址：河南省新乡市红旗区华兰大道东段河南科技学院，xbbjb.hist.edu.cn

刊名：河南科学
刊号：CN41-1084/N
主办单位：河南省科学院
主管单位：河南省科学院
地址：河南省郑州市金水区红专路58号，hnkx.cbpt.cnki.net

刊名：河南理工大学学报（社会科学版）
刊号：CN41-1376/C
主办单位：河南理工大学
主管单位：河南省教育厅
地址：河南省焦作市山阳区世纪路2001号，xuebao.hpu.edu.cn

刊名：河南理工大学学报（自然科学版）
刊号：CN41-1384/N
主办单位：河南理工大学
主管单位：河南省教育厅
地址：河南省焦作市山阳区世纪路2001号，xuebao.hpu.edu.cn

刊名：河南林业科技
刊号：CN41-1166/S
主办单位：河南省林业科学研究院、河南省林学会
主管单位：河南省林业局
地址：河南省郑州市金水区林科路1号，hnly.chinajournal.net.cn

刊名：河南农业大学学报
刊号：CN41-1112/S
主办单位：河南农业大学
主管单位：河南农业大学
地址：河南省郑州市金水区文化路95号《河南农业大学学报》编辑部，nnxb.cbpt.cnki.net

刊名：河南农业科学
刊号：CN41-1092/S
主办单位：河南省农业科学院
主管单位：河南省农业科学院
地址：河南省郑州市金水区花园路116号，www.hnnykx.org.cn

刊名：河南牧业经济学院学报
刊号：CN41-1440/F
主办单位：河南牧业经济学院
主管单位：河南省教育厅
地址：河南省郑州市惠济区英才街2号，www.hnuahe.edu.cn

刊名：河南社会科学
刊号：CN41-1213/C
主办单位：河南省社会科学界联合会
主管单位：河南省社会科学界联合会
地址：河南省郑州市金水区丰产路23号，hnsh.chinajournal.net.cn

刊名：河南师范大学学报（哲学社会科学版）
刊号：CN41-1011/C
主办单位：河南师范大学
主管单位：河南师范大学
地址：河南省新乡市牧野区建设东路46号，hnsk.chinajournal.net.cn

刊名：河南师范大学学报（自然科学版）
刊号：CN41-1109/N
主办单位：河南师范大学
主管单位：河南师范大学
地址：河南省新乡市牧野区建设东路46号，www.htu.edu.cn/xuebao

刊名：河南水产

刊号：CN41-1198/S
主办单位：河南省水产科学研究院
主管单位：河南省农业农村厅
地址：河南省郑州市惠济区江山路48号

刊名：河南水利与南水北调
刊号：CN41-1387/TV
主办单位：河南省水利厅
主管单位：河南省水利厅
地址：河南省郑州市金水区纬五路11号，www.hnslzz.com

刊名：河南司法警官职业学院学报
刊号：CN41-1358/Z
主办单位：河南司法警官职业学院
主管单位：河南省教育厅
地址：河南省郑州市金水区金水东路166号，www.hnsfjy.net

刊名：河南图书馆学刊
刊号：CN41-1013/G2
主办单位：河南省图书馆学会、河南省图书馆
主管单位：河南省文化和旅游厅
地址：河南省郑州市中原区嵩山南路150号，www.henanlib.com/webs/list/notice/641.html

刊名：河南外科学杂志
刊号：CN41-1235/R
主办单位：郑州大学
主管单位：河南省教育厅
地址：河南省郑州市金水区经八路2号，hlwk.cbpt.cnki.net

刊名：河南冶金
刊号：CN41-1199/TF
主办单位：河南省金属学会、安阳钢铁集团有限责任公司
主管单位：河南省科学院
地址：河南省安阳市殷都区安钢大道502号

刊名：河南医学研究
刊号：CN41-1180R
主办单位：河南省医学科学院
主管单位：河南省卫生健康委员会
地址：河南省郑州市金水区郑东新区博学路学府广场一期2号楼-1001，www.hnyxyj.com

刊名：河南预防医学杂志
刊号：CN41-1220/R
主办单位：河南预防医学会
主管单位：河南省卫生健康委员会
地址：河南省郑州市金水区农业南路105号，hnyf.cbpt.cnki.net

刊名：河南医学高等专科学校学报
刊号：CN41-1436/R
主办单位：河南医学高等专科学校
主管单位：河南省教育厅
地址：河南省郑州市金水区纬五路8号，hnzg.chinajournal.net.cn

刊名：河南中医
刊号：CN41-1114/R
主办单位：河南省中医药学会、河南中医药大学
主管单位：河南省中医管理局
地址：河南省郑州市金水区金水东路156号河南中医药大学龙子湖校区，hnzy.hactcm.edu.cn

刊名：河西学院学报
刊号：CN62-1171/G4
主办单位：河西学院
主管单位：甘肃省教育厅
地址：甘肃省张掖市甘州区北环路87号《河西学院学报》编辑部，hxxy.cbpt.cnki.net

刊名：核安全
刊号：CN11-5145/TL
主办单位：生态环境部核与辐射安全中心
主管单位：中华人民共和国生态环境部
地址：北京市海淀区红联南村54号，haqy.cbpt.cnki.net

刊名：核标准计量与质量
刊号：CN11-2969/TL
主办单位：核工业标准化研究所
主管单位：中国核工业集团有限公司
地址：北京市982信箱

刊名：核电子学与探测技术
刊号：CN11-2016/TL
主办单位：中核（北京）核仪器厂
主管单位：中国核工业集团有限公司
地址：北京市大兴区宏达南路3号，here.cbpt.cnki.net

刊名：核动力工程
刊号：CN51-1158/TL
主办单位：中国核动力研究设计院
主管单位：中国核动力研究设计院
地址：四川省成都市双流区协和街道长顺大道一段328号，jnpe.magtech.com.cn

刊名：核化学与放射化学
刊号：CN11-2045/TL
主办单位：中国核学会核化学与放射化学学会
主管单位：中国核工业集团有限公司
地址：北京市275信箱65分箱，www.jnrc.org.cn

刊名：核技术
刊号：CN31-1342/TL
主办单位：中国科学院上海应用物理研究所、中国核学会
主管单位：中国科学院
地址：上海市嘉定区嘉罗公路2019号，www.j.sinap.ac.cn

刊名：核聚变与等离子体物理
刊号：CN51-1151/TL
主办单位：核工业西南物理研究院
主管单位：核工业西南物理研究院
地址：四川省成都市武侯区二环路南三段3号，hjby.swip.ac.cn

刊名：核科学与工程
刊号：CN11-1861/TL
主办单位：中国核学会
主管单位：中国科学技术协会
地址：北京市海淀区阜成路43号原子能出版社，hkxy.cbpt.cnki.net

刊名：核农学报
刊号：CN11-2265/S
主办单位：中国原子能农学会、中国农业科学院原子能利用研究所
主管单位：中华人民共和国农业农村部
地址：北京市海淀区圆明园西路2号院中国农业科学院农产品加工研究所，www.hnxb.org.cn

刊名：菏泽学院学报
刊号：CN37-1436/Z
主办单位：菏泽学院
主管单位：山东省教育厅
地址：山东省菏泽市牡丹区大学路2269号，xb.hezeu.edu.cn

刊名：菏泽医学专科学校学报
刊号：CN37-1289/R
主办单位：菏泽医学专科学校
主管单位：山东省教育厅
地址：山东省菏泽市牡丹区大学路1950号，hzyz.cbpt.cnki.net

刊名：贺州学院学报
刊号：CN45-1353/Z
主办单位：贺州学院
主管单位：贺州学院
地址：广西壮族自治区贺州市八步区西环路18号，wzgz.cbpt.cnki.net

刊名：黑河教育
刊号：CN23-1121/G4
主办单位：黑河教育杂志社
主管单位：黑河教育杂志社
地址：黑龙江省黑河市爱辉区环城南路1号教育大厦，hhjybjb.cn

刊名：黑河学刊
刊号：CN23-1120/C
主办单位：黑河市社会科学界联合会
主管单位：黑河市社会科学界联合会
地址：黑龙江省黑河市爱辉区通江路2号市委大楼18楼，www.hhxk.cbpt.cnki.net

刊名：黑河学院学报
刊号：CN23-1565/Z
主办单位：黑河学院
主管单位：黑龙江省教育厅
地址：黑龙江省黑河市爱辉区教育科技区学院路1号黑河学院，www.hhxyzz.cn

刊名：黑龙江八一农垦大学学报
刊号：CN23-1275/S
主办单位：黑龙江八一农垦大学
主管单位：黑龙江省教育厅
地址：黑龙江省大庆市龙凤区新风路5号，www.byau.edu.cn

刊名：黑龙江畜牧兽医
刊号：CN23-1205/S
主办单位：黑龙江畜牧兽医杂志社
主管单位：黑龙江省畜牧兽医局
地址：黑龙江省哈尔滨市南岗区学府路 368 号农科院主楼副楼 313 室，hljx. cbpt. cnki. net

刊名：黑龙江大学工程学报
刊号：CN23-1566/T
主办单位：黑龙江大学
主管单位：黑龙江省教育厅
地址：黑龙江省哈尔滨市南岗区学府路 74 号黑龙江大学 200 号信箱，hljz. cbpt. cnki. net

刊名：黑龙江大学自然科学学报
刊号：CN23-1181/N
主办单位：黑龙江大学
主管单位：黑龙江省教育厅
地址：黑龙江省哈尔滨市学府路 74 号《黑龙江大学自然科学学报》编辑部，hdzrxb. cbpt. cnki. net

刊名：黑龙江电力
刊号：CN23-1471/TM
主办单位：黑龙江省电机工程学会、国网黑龙江省电力有限公司、黑龙江省电力科学研究院
主管单位：国网黑龙江省电力有限公司
地址：黑龙江省哈尔滨市香坊区湘江路 7 号

刊名：黑龙江动物繁殖
刊号：CN23-1350/Q
主办单位：黑龙江省家畜繁育指导中心
主管单位：黑龙江省畜牧兽医局
地址：黑龙江省哈尔滨市香坊区哈平路 243 号

刊名：黑龙江纺织
刊号：CN23-1272/TS
主办单位：黑龙江省纺织工业研究所
主管单位：东北农业大学
地址：黑龙江省哈尔滨市南岗区辽阳街 16 号

刊名：黑龙江高教研究
刊号：CN23-1074/G
主办单位：哈尔滨师范大学、黑龙江省高教学会
主管单位：哈尔滨师范大学
地址：黑龙江省哈尔滨市呼兰区利民经济开发区师大路 1 号，hljgjyj. hrbnu. edu. cn

刊名：黑龙江工程学院学报
刊号：CN23-1498/N
主办单位：黑龙江工程学院
主管单位：黑龙江省教育厅
地址：黑龙江省哈尔滨市道外区红旗大街 999 号，xsqk. hljit. edu. cn/Jweb_gcxyxb

刊名：黑龙江工业学院学报（综合版）
刊号：CN23-1599/Z
主办单位：黑龙江工业学院
主管单位：黑龙江工业学院
地址：黑龙江省鸡西市鸡冠区和平南大街 99 号，xbjx. cbpt. cnki. net

刊名：黑龙江广播电视技术
刊号：CN23-1255/TV
主办单位：黑龙江省广播电视安全播出调度中心
主管单位：黑龙江省广播电视局
地址：黑龙江省哈尔滨市南岗区汉水路 333 号

刊名：黑龙江环境通报
刊号：CN23-1398/X
主办单位：齐齐哈尔市环境监测中心站
主管单位：黑龙江省生态环境厅
地址：黑龙江省齐齐哈尔市龙沙区卜奎南大街 571 号环境监测中心站

刊名：黑龙江教师发展学院学报
刊号：CN23-1609/G4
主办单位：黑龙江教师发展学院
主管单位：黑龙江教师发展学院
地址：黑龙江省哈尔滨市南岗区和兴路 133 号，hljb. cbpt. cnki. net

刊名：黑龙江科技大学学报
刊号：CN23-1588/TD
主办单位：黑龙江科技大学
主管单位：黑龙江省教育厅
地址：黑龙江省哈尔滨市松北区浦源路 2468 号，hljkjxyxb. paperonce. org

刊名：黑龙江民族丛刊

刊号：CN23-1021/C
主办单位：黑龙江省民族研究所
主管单位：黑龙江省民族事务委员会
地址：黑龙江省哈尔滨市松北区世博路 1000 号，www. hljmzck. cn

刊名：黑龙江农业科学
刊号：CN23-1204/S
主办单位：黑龙江省农业科学院
主管单位：黑龙江省农业科学院
地址：黑龙江省哈尔滨市南岗区学府路 368 号，www. haasep. cn

刊名：黑龙江气象
刊号：CN23-1019/P
主办单位：黑龙江省气象学会
主管单位：黑龙江省气象局
地址：黑龙江省哈尔滨市南岗区中山路 230 号，www. hljqx. org

刊名：黑龙江社会科学
刊号：CN23-1407/C
主办单位：黑龙江省社会科学院
主管单位：黑龙江省社会科学院
地址：黑龙江省哈尔滨市松北区世博路 1000 号，www. hlass. org. cn/jg/qk/hljshkx

刊名：黑龙江生态工程职业学院学报
刊号：CN23-1551/S
主办单位：黑龙江生态工程职业学院
主管单位：黑龙江省森林工业总局
地址：黑龙江省哈尔滨市呼兰区利民开发区学院路 1038 号，www. hsgx. cbpt. cnki. net

刊名：黑龙江省社会主义学院学报
刊号：CN23-1458/D
主办单位：黑龙江省社会主义学院
主管单位：中共黑龙江省委统一战线工作部
地址：黑龙江省哈尔滨市南岗区长江路 3962 号，www. hljsshzyxy. org. cn

刊名：黑龙江省政法管理干部学院学报
刊号：CN23-1457/D
主办单位：黑龙江省政法管理干部学院
主管单位：黑龙江省教育厅
地址：黑龙江省哈尔滨市南岗区中兴大道 125 号，www. hljzfxy. org. cn

刊名：黑龙江水产
刊号：CN23-1220/S
主办单位：黑龙江省渔业经济研究所、黑龙江省渔业协会
主管单位：黑龙江省农业农村厅
地址：黑龙江省哈尔滨市道里区通江街 178 号

刊名：黑龙江水利科技
刊号：CN23-1269/TV
主办单位：黑龙江省水利水电勘测设计研究院、黑龙江省水利学会
主管单位：黑龙江省水利厅
地址：黑龙江省哈尔滨市南岗区清滨路 52 号，hs-kj. chinajournal. net. cn

刊名：黑龙江医学
刊号：CN23-1326/R
主办单位：黑龙江省卫生发展研究中心
主管单位：黑龙江省卫生健康委员会
地址：黑龙江省哈尔滨市香坊区农场街 31 号，www. hljyx. org. cn

刊名：黑龙江医药
刊号：CN23-1383/R
主办单位：黑龙江省食品药品监督管理干部学校
主管单位：黑龙江省市场监督管理局
地址：黑龙江省哈尔滨市道里区河广街 41 号

刊名：黑龙江医药科学
刊号：CN23-1421/R
主办单位：佳木斯大学
主管单位：黑龙江省教育厅
地址：黑龙江省佳木斯市向阳区德祥街 409 号，xb. jmsu. edu. cn

刊名：黑龙江造纸
刊号：CN23-1258/TS
主办单位：黑龙江省造纸工业研究所
主管单位：黑龙江省轻工业联合会
地址：黑龙江省牡丹江市阳明区光华街 5 号，hlzz. cbpt. cnki. net

刊名：黑龙江中医药
刊号：CN23-1221

主办单位：黑龙江省中医科学院
主管单位：黑龙江省中医管理局
地址：黑龙江省哈尔滨市香坊区香顺街41号601

刊名：衡器
刊号：CN21-1182/TB
主办单位：全国衡器工业信息中心
主管单位：中国轻工业信息中心
地址：辽宁省沈阳市沈河区先农坛路15号，www.cwic.org.cn

刊名：衡水学院学报
刊号：CN13-1367/Z
主办单位：衡水学院
主管单位：河北省教育厅
地址：河北省衡水市桃城区前进南大街衡水学院西校区，xuebao.hsnc.edu.cn

刊名：衡阳师范学院学报
刊号：CN43-1453/Z
主办单位：衡阳师范学院
主管单位：湖南省教育厅
地址：湖南省衡阳市珠晖区衡花路16号，xb.hynu.cn

刊名：红广角
刊号：CN44-1676/K
主办单位：中共广东省委党史研究室
主管单位：中共广东省委党史研究室
地址：广东省广州市天河区珠江新城华明路13号华普广场东塔7楼

刊名：红河学院学报
刊号：CN53-1196/C
主办单位：红河学院
主管单位：云南省教育厅
地址：云南省红河哈尼族彝族自治州蒙自市学府路《红河学院学报》编辑部，hhuxb.cbpt.cnki.net

刊名：红楼梦学刊
刊号：CN11-1676/I
主办单位：中国艺术研究院
主管单位：中华人民共和国文化和旅游部
地址：北京市朝阳区惠新北里甲1号，www.hlmxk.cn

刊名：红水河
刊号：CN45-1146/TM
主办单位：广西水力发电工程学会、广西电力工业勘察设计研究院
主管单位：广西电网公司
地址：广西壮族自治区南宁市西乡塘区科园西九路18号，www.hshz.cbpt.cnki.cn

刊名：红外
刊号：CN31-1304/TN
主办单位：中国科学院上海技术物理研究所、中国遥感应用协会
主管单位：中国科学院
地址：上海市虹口区玉田路500号，journal.sitp.ac.cn/hw/ch/index.aspx

刊名：红外技术
刊号：CN53-1053/TN
主办单位：昆明物理研究所
主管单位：中国兵器工业集团有限公司
地址：云南省昆明市五华区教场东路331号，hwjs.nvir.cn

刊名：红外与毫米波学报
刊号：CN31-1577/O4
主办单位：中国科学院上海技术物理研究所、中国光学学会
主管单位：中国科学院
地址：上海市虹口区玉田路500号，journal.sitp.ac.cn

刊名：红外与激光工程
刊号：TN12-1261/TN
主办单位：天津津航技术物理研究所
主管单位：中国航天科工集团有限公司
地址：天津市东丽区空港经济区中环西路58号，www.irla.cn

刊名：宏观经济管理
刊号：CN11-3199/F
主办单位：《宏观经济管理》编辑部
主管单位：中华人民共和国国家发展和改革委员会
地址：北京市西城区月坛北街25号1号楼5层东，www.hgjjgl.com

刊名：宏观经济研究

刊号：CN11-3952/F
主办单位：国家发展和改革委员会宏观经济研究院
主管单位：中华人民共和国国家发展和改革委员会
地址：北京市西城区木樨地北里甲11号国宏大厦B座1308室

刊名：宏观质量研究
刊号：CN42-1848/C
主办单位：武汉大学
主管单位：中华人民共和国教育部
地址：湖北省武汉市武昌区珞珈山16号武汉大学文理学部老外文楼二楼207室，hgly. cbpt. cnki. net

刊名：呼伦贝尔学院学报
刊号：CN15-1202/G4
主办单位：呼伦贝尔学院
主管单位：内蒙古自治区教育厅
地址：内蒙古自治区呼伦贝尔市海拉尔区学府路83号，xb2. hlbrc. cn

刊名：呼伦贝尔学院学报（蒙文版）
刊号：CN15-1202/G4-M
主办单位：呼伦贝尔学院
主管单位：内蒙古自治区教育厅
地址：内蒙古自治区呼伦贝尔市海拉尔区学府路83号，xb2. hlbrc. cn

刊名：湖北成人教育学院学报
刊号：CN42-1578/G4
主办单位：湖北成人教育学院
主管单位：湖北省教育厅
地址：湖北省武汉市洪山区雄楚大街918号，xuebao. cjxy. edu. cn

刊名：湖北畜牧兽医
刊号：CN42-1349/S
主办单位：湖北省农业科学院畜牧兽医研究所、湖北省畜牧兽医局、湖北省农业科学院农业经济技术研究所
主管单位：湖北省农业科学院
地址：湖北省武汉市洪山区狮子山街南湖大道5号，hxmy. chinajournal. net. cn

刊名：湖北大学学报（哲学社会科学版）
刊号：CN42-1020/C
主办单位：湖北大学
主管单位：湖北省教育厅
地址：湖北省武汉市武昌区友谊大道368号，xb. hubu. edu. cn/zsb

刊名：湖北大学学报（自然科学版）
刊号：CN42-1212/N
主办单位：湖北大学
主管单位：湖北省教育厅
地址：湖北省武汉市武昌区友谊大道368号，xb. hubu. edu. cn/zkb

刊名：湖北第二师范学院学报
刊号：CN42-1782/C
主办单位：湖北第二师范学院
主管单位：湖北第二师范学院
地址：湖北省武汉市江夏区高新二路129号，pxyj. cbpt. cnki. net

刊名：湖北电力
刊号：CN42-1378/TM
主办单位：湖北省电力公司电力试验研究院
主管单位：湖北省电力公司
地址：湖北省武汉市洪山区徐东大街227号

刊名：湖北工程学院学报
刊号：CN42-1836/Z
主办单位：湖北工程学院
主管单位：湖北省教育厅
地址：湖北省孝感市孝南区交通大道272号，xbtg. hbeu. cn：8081/xgxb

刊名：湖北工业大学学报
刊号：CN42-1752/Z
主办单位：湖北工业大学
主管单位：湖北省教育厅
地址：湖北省武汉市洪山区南礼路湖北工业大学校内，qks. hbut. edu. cn

刊名：湖北工业职业技术学院学报
刊号：CN42-1857/G4
主办单位：湖北工业职业技术学院
主管单位：湖北省教育厅
地址：湖北省十堰市茅箭区北京中路38号，syzj. cbpt. cnki. net

刊名：湖北广播电视大学学报
刊号：CN42-1556/G4
主办单位：湖北广播电视大学
主管单位：湖北广播电视大学
地址：湖北省武汉市洪山区软件园路2号，210.42.160.45/hubtvu_ddxb

刊名：湖北行政学院学报
刊号：CN42-1653/C
主办单位：中共湖北省委党校、湖北省行政学院
主管单位：中共湖北省委党校、湖北省行政学院
地址：湖北省武汉市江汉区万松园路142号中共湖北省委党校

刊名：湖北经济学院学报
刊号：CN42-1718/F
主办单位：湖北经济学院
主管单位：湖北省教育厅
地址：湖北省武汉市江夏区藏龙岛开发区杨桥湖大道8号湖北经济学院，qks. hbue. edu. cn

刊名：湖北经济学院学报（人文社会科学版）
刊号：CN42-1855/C
主办单位：湖北经济学院
主管单位：湖北经济学院
地址：湖北省武汉市江夏区藏龙岛开发区杨桥湖大道8号湖北经济学院，qks. hbue. edu. cn

刊名：湖北警官学院学报
刊号：CN42-1743/D
主办单位：湖北警官学院
主管单位：湖北省公安厅
地址：湖北省武汉市硚口区解放大道86号，xuebao. hbpa. edu. cn

刊名：湖北科技学院学报（医学版）
刊号：CN42-1839/R
主办单位：湖北科技学院
主管单位：湖北省教育厅
地址：湖北省咸宁市咸安区咸宁大道88号，xnyb. chinajournal. net. cn

刊名：湖北科技学院学报
刊号：CN42-1831/Z
主办单位：湖北科技学院
主管单位：湖北省教育厅
地址：湖北省咸宁市咸安区咸宁大道88号，xnsz. cbpt. cnki. net

刊名：湖北理工学院学报
刊号：CN42-1832/Z
主办单位：湖北理工学院
主管单位：湖北省教育厅
地址：湖北省黄石市下陆区桂林北路16号，xb. hbpu. edu. cn

刊名：湖北理工学院学报（人文社会科学版）
刊号：CN42-1838/C
主办单位：湖北理工学院
主管单位：湖北省教育厅
地址：湖北省黄石市下陆区桂林北路16号，xb. hbpu. edu. cn

刊名：湖北林业科技
刊号：CN42-1175/S
主办单位：湖北省林业科学研究院
主管单位：湖北省林业局
地址：湖北省武汉市洪山区新技术开发区森林大道枫林路39号，www. inforhubei. com

刊名：湖北美术学院学报
刊号：CN42-1441/J
主办单位：湖北美术学院
主管单位：湖北省教育厅
地址：湖北省武汉市江夏区藏龙岛开发区栗庙路6号，xb. hifa. edu. cn

刊名：湖北民族学院学报（医学版）
刊号：CN42-1590/R
主办单位：湖北民族学院
主管单位：湖北省教育厅
地址：湖北省恩施土家族苗族自治州恩施市学院路39号，hbmdyx. cbpt. cnki. net

刊名：湖北民族学院学报（哲学社会科学版）
刊号：CN42-1328/C
主办单位：湖北民族学院
主管单位：湖北省教育厅
地址：湖北省恩施土家族苗族自治州恩施市学院路39号，hbmdzs. cbpt. cnki. net

刊名：湖北民族学院学报（自然科学版）

刊号：CN42-1569/N
主办单位：湖北民族学院
主管单位：湖北省教育厅
地址：湖北省恩施土家族苗族自治州恩施市学院路39号，hbmdzk.cbpt.cnki.net

刊名：湖北农业科学
刊号：CN42-1255/S
主办单位：湖北省农业科学院
主管单位：湖北省农业科学院
地址：湖北省武汉市洪山区南湖瑶苑1号，www.hbnykx.cn

刊名：湖北汽车工业学院学报
刊号：CN42-1448
主办单位：湖北汽车工业学院
主管单位：湖北省教育厅
地址：湖北省十堰市张湾区车城西路167号，hqcg.cbpt.cnki.net

刊名：湖北社会科学
刊号：CN42-1112/C
主办单位：湖北省社会科学院、湖北省社会科学界联合会
主管单位：湖北省社会科学界联合会
地址：湖北省武汉市武昌区东湖路165号湖北省社会科学院5楼，fbsf.chinajournal.net.cn

刊名：湖北省社会主义学院学报
刊号：CN42-1585/D
主办单位：湖北省社会主义学院
主管单位：中共湖北省委统一战线工作部
地址：湖北省武汉市武昌区和平大道872号，www.hbsy.org.cn/index.php?m=special&c=index&specialid=5

刊名：湖北师范大学学报（哲学社会科学版）
刊号：CN42-1890/C
主办单位：湖北师范大学
主管单位：湖北省教育厅
地址：湖北省黄石市黄石港区磁湖路11号，www.hsxb.hbnu.edu.cn

刊名：湖北师范大学学报（自然科学版）
刊号：CN42-1891/N
主办单位：湖北师范大学
主管单位：湖北省教育厅
地址：湖北省黄石市黄石港区磁湖路11号，www.hsxb.hbnu.edu.cn

刊名：湖北体育科技
刊号：CN42-1177/G8
主办单位：湖北省体育科学研究所
主管单位：湖北省体育局
地址：湖北省武汉市江夏区高新三路特1号，www.hykj.cbpt.cnki.net

刊名：湖北文理学院学报
刊号：CN42-1830/Z
主办单位：湖北文理学院
主管单位：湖北省教育厅
地址：湖北省襄阳市襄城区隆中路296号，xfxy.cbpt.cnki.net

刊名：湖北医药学院学报
刊号：CN42-1815/R
主办单位：湖北医药学院
主管单位：湖北省教育厅
地址：湖北省十堰市茅箭区人民南路30号《湖北医药学院学报》编辑部，yyyx.cbpt.cnki.net

刊名：湖北职业技术学院学报
刊号：CN42-1742/Z
主办单位：湖北职业技术学院
主管单位：湖北省教育厅
地址：湖北省孝感市孝南区玉泉路17号，www.hbvtc.edu.cn/c_x_y/xsqk.htm

刊名：湖北植保
刊号：CN42-1306/S
主办单位：湖北省植保总站、湖北省植保学会
主管单位：湖北省农业农村厅
地址：湖北省武汉市洪山区珞狮南路521号

刊名：湖北中医药大学学报
刊号：CN42-1844/R
主办单位：湖北中医药大学
主管单位：湖北省教育厅
地址：湖北省武汉市洪山区黄家湖西路1号，www.hbzyxb.com

刊名：湖北中医杂志

刊号：CN42-1189/R
主办单位：湖北中医药大学
主管单位：湖北省教育厅
地址：湖北省武汉市洪山区黄家湖西路 1 号，hbzz. chinajournal. net. cn

刊名：湖南包装
刊号：CN43-1098/TB
主办单位：湖南省包装联合会湖南省包装总公司
主管单位：湖南省包装总公司
地址：湖南省长沙市雨花区韶山北路 356 号

刊名：湖南财政经济学院学报
刊号：CN43-1510/F
主办单位：湖南财政经济学院
主管单位：湖南省教育厅
地址：湖南省长沙市岳麓区枫林二路 139 号，www. hncj. cbpt. cnki. net

刊名：湖南城市学院学报（自然科学版）
刊号：CN43-1428/TU
主办单位：湖南城市学院
主管单位：湖南省教育厅
地址：湖南省益阳市赫山区迎宾路 518 号湖南城市学院期刊中心，hncsxyxb-zkb. paperonce. org

刊名：湖南畜牧兽医
刊号：CN43-1222/S
主办单位：湖南省畜牧兽医研究所、湖南省畜牧兽医学会
主管单位：湖南省畜牧水产局
地址：湖南省长沙市芙蓉区长椰路 8 号湖南省畜牧兽医研究所内，www. hnavs. com/qkzz/news-CategoryId = 43. html

刊名：湖南大学学报（社会科学版）
刊号：CN43-1286/C
主办单位：湖南大学
主管单位：中华人民共和国教育部
地址：湖南省长沙市岳麓区天马山东路湖南大学期刊社，hdxbskb. cnjournals. net

刊名：湖南大学学报（自然科学版）
刊号：CN43-1061/N
主办单位：湖南大学
主管单位：中华人民共和国教育部
地址：湖南省长沙市岳麓区天马山东路湖南大学期刊社，hdxbzkb. cnjournals. net

刊名：湖南大众传媒职业技术学院学报
刊号：CN43-1370/Z
主办单位：湖南大众传媒职业技术学院
主管单位：湖南省教育厅
地址：湖南省长沙市长沙县星沙特立路 5 号，www. hnmmc. cn_www. hnmmc. cn/xsky/xb/

刊名：湖南第一师范学院学报
刊号：CN43-1504/Z
主办单位：湖南第一师范学院
主管单位：湖南省教育厅
地址：湖南省长沙市岳麓区枫林三路 1015 号《湖南第一师范学院学报》编辑部，xb. hnfnu. edu. cn

刊名：湖南电力
刊号：CN43-1271/TK
主办单位：国网湖南省电力有限公司电力科学研究院、湖南省电机工程学会
主管单位：国网湖南省电力有限公司
地址：湖南省长沙市雨花区水电街 79 号，hndl. magtechjournal. com

刊名：湖南工程学院学报（社会科学版）
刊号：CN43-1355/C
主办单位：湖南工程学院
主管单位：湖南省教育厅
地址：湖南省湘潭市岳塘区福星东路 88 号，kyc. hnie. edu. cn/xskw. htm

刊名：湖南工程学院学报（自然科学版）
刊号：CN43-1356/N
主办单位：湖南工程学院
主管单位：湖南省教育厅
地址：湖南省湘潭市岳塘区福星东路 88 号，kyc. hnie. edu. cn/xskw. htm

刊名：湖南工业大学学报
刊号：CN43-1468/T
主办单位：湖南工业大学
主管单位：湖南省教育厅
地址：湖南省株洲市天元区泰山路 88 号，journals. hut. edu. cn：6688

刊名：**湖南工业大学学报（社会科学版）**
刊号：CN43-1484/C
主办单位：湖南工业大学
主管单位：湖南省教育厅
地址：湖南省株洲市天元区泰山路 88 号，journals. hut. edu. cn；6688

刊名：**湖南工业职业技术学院学报**
刊号：CN43-1374/Z
主办单位：湖南工业职业技术学院
主管单位：湖南省教育厅
地址：湖南省长沙市岳麓区含浦中路 139 号，hgzj. cbpt. cnki. net

刊名：**湖南广播电视大学学报**
刊号：CN43-1320/C
主办单位：湖南广播电视大学
主管单位：湖南省教育厅
地址：湖南省长沙市天心区青园路 168 号，hngd. cbpt. cnki. net

刊名：**湖南行政学院学报**
刊号：CN43-1326/C
主办单位：湖南行政学院
主管单位：湖南行政学院
地址：湖南省长沙市岳麓区白云路 386 号中共湖南省委党校期刊社，xzhn. cbpt. cnki. net

刊名：**湖南交通科技**
刊号：CN43-1193/U
主办单位：湖南省交通科学研究院有限公司、湖南省公路学会、湖南省航海学会
主管单位：湖南省交通水利建设集团有限公司
地址：湖南省长沙市天心区芙蓉中路三段 472 号

刊名：**湖南警察学院学报**
刊号：CN43-1511/D
主办单位：湖南警察学院
主管单位：湖南省公安厅
地址：湖南省长沙市长沙县远大三路 9 号，hnga. chinajournal. net. cn

刊名：**湖南科技大学学报（社会科学版）**
刊号：CN43-1436/C
主办单位：湖南科技大学
主管单位：湖南省教育厅
地址：湖南省湘潭市雨湖区石码头 2 号湖南科技大学期刊社，skxb. hnust. edu. cn

刊名：**湖南科技大学学报（自然科学版）**
刊号：CN43-1443/N
主办单位：湖南科技大学
主管单位：湖南省教育厅
地址：湖南省湘潭市雨湖区石码头 2 号湖南科技大学期刊社，zkxb. hnust. edu. cn

刊名：**湖南科技学院学报**
刊号：CN43-1459/Z
主办单位：湖南科技学院
主管单位：湖南省教育厅
地址：湖南省永州市零陵区杨梓塘路 130 号，xkyxb. huse. edu. cn

刊名：**湖南理工学院学报（自然科学版）**
刊号：CN43-1421/N
主办单位：湖南理工学院
主管单位：湖南省教育厅
地址：湖南省岳阳市岳阳楼区学院路湖南理工学院东院综合楼，qks. hnist. cn

刊名：**湖南林业科技**
刊号：CN43-1096/S
主办单位：湖南省林学会、湖南省林业科学院、湖南省林业局科技信息中心
主管单位：湖南省林业局
地址：湖南省长沙市天心区韶山南路 658 号湖南省林业科学院科研楼

刊名：**湖南农业大学学报（社会科学版）**
刊号：CN43-1325/C
主办单位：湖南农业大学
主管单位：湖南农业大学
地址：湖南省长沙市芙蓉区农大路 1 号湖南农业大学期刊社，jhau. paperopen. com

刊名：**湖南农业大学学报（自然科学版）**
刊号：CN43-1257/S
主办单位：湖南农业大学
主管单位：湖南农业大学
地址：湖南省长沙市芙蓉区农大路 1 号湖南农业大学期刊社，xb. ijournal. cn

刊名：**湖南农业科学**
刊号：CN43-1099/S
主办单位：湖南省农业科学院、湖南省星火计划促进会、湖南农业大学
主管单位：湖南省农业科学院
地址：湖南省长沙市芙蓉区远大二路 892 号湖南省农业信息与工程研究所，www. hnnykx. com

刊名：**湖南人文科技学院学报**
刊号：CN43-1454/Z
主办单位：湖南人文科技学院
主管单位：湖南省教育厅
地址：湖南省娄底市娄星区氐星路 487 号，www. huhst. edu. cn/xbbjb

刊名：**湖南社会科学**
刊号：CN43-1161/C
主办单位：湖南省社会科学界联合会
主管单位：湖南省社会科学界联合会
地址：湖南省长沙市开福区德雅路 37 号

刊名：**湖南省社会主义学院学报**
刊号：CN43-1319/C
主办单位：湖南省社会主义学院
主管单位：中共湖南省委统一战线工作部
地址：湖南省长沙市芙蓉区嘉雨路 187 号，www. hnsy. org. cn

刊名：**湖南生态科学学报**
刊号：CN43-1522/Q
主办单位：湖南环境生物职业技术学院
主管单位：湖南省林业局
地址：湖南省衡阳市石鼓区望城路 165 号，www. hnstkxxb. com

刊名：**湖南师范大学教育科学学报**
刊号：CN43-1381/G4
主办单位：湖南师范大学
主管单位：湖南师范大学
地址：湖南省长沙市岳麓区麓山路 36 号，fljy. cbpt. cnki. net

刊名：**湖南师范大学社会科学学报**
刊号：CN43-1541/C
主办单位：湖南师范大学
主管单位：湖南师范大学
地址：湖南省长沙市岳麓区麓山路 36 号，hnss. cbpt. cnki. net

刊名：**湖南师范大学学报（医学版）**
刊号：CN43-1449/R
主办单位：湖南师范大学
主管单位：湖南省教育厅
地址：湖南省长沙市岳麓区桐梓坡路 371 号，yxb. hunnu. edu. cn

刊名：**湖南师范大学自然科学学报**
刊号：CN43-1542/N
主办单位：湖南师范大学
主管单位：湖南师范大学
地址：湖南省长沙市岳麓区麓山路 36 号，hnsz. cbpt. cnki. net

刊名：**湖南水利水电**
刊号：CN43-1333/TV
主办单位：湖南省水利水电勘测设计研究总院、湖南省水利学会
主管单位：湖南省水利厅
地址：湖南省长沙市雨花区劳动西路 529 号湖南省水利水电勘测设计研究总院内

刊名：**湖南税务高等专科学校学报**
刊号：CN43-1282/F
主办单位：湖南税务高等专科学校
主管单位：国家税务总局湖南省税务局
地址：湖南省长沙市雨花区万芙北路 375 号

刊名：**湖南文理学院学报（自然科学版）**
刊号：CN43-1420/N
主办单位：湖南文理学院
主管单位：湖南省教育厅
地址：湖南省常德市武陵区滨湖路 1708 号，xbbjb. huas. cn

刊名：**湖南邮电职业技术学院学报**
刊号：CN43-1523/Z
主办单位：湖南邮电职业技术学院
主管单位：湖南省电信实业集团有限公司
地址：湖南省长沙市天心区南湖路沙湖街 128 号，xb. hnydxy. com

刊名：**湖南有色金属**

刊号：CN43-1045/TF
主办单位：湖南有色金属研究院、湖南省有色金属学会
主管单位：湖南省有色金属管理局
地址：湖南省长沙市芙蓉区张公岭亚大路99号，www.hnys.gov.cn

刊名：湖南中学物理
刊号：CN43-1041/O3
主办单位：湖南师范大学、湖南省物理学会
主管单位：湖南师范大学
地址：湖南省长沙市岳麓区麓山路36号湖南师范大学物理与电子科学学院教学楼，hnwl.cbpt.cnki.net

刊名：湖南中医药大学学报
刊号：CN43-1472/R
主办单位：湖南中医药大学
主管单位：湖南省教育厅
地址：湖南省长沙市岳麓区学士路300号湖南中医药大学含浦校区，www.hnucm.edu.cn

刊名：湖南中医杂志
刊号：CN43-1105/R
主办单位：湖南省中医药研究院
主管单位：湖南省卫生健康委员会
地址：湖南省长沙市岳麓区麓山路58号，www.hunanzyzz.com

刊名：湖泊科学
刊号：CN32-1331/P
主办单位：中国科学院南京地理与湖泊研究所
主管单位：中国科学院
地址：江苏省南京市玄武区北京东路73号，www.jlakes.org

刊名：湖湘论坛
刊号：CN43-1160/D
主办单位：中共湖南省委党校
主管单位：中共湖南省委党校
地址：湖南省长沙市岳麓区白云路386号中共湖南省委党校期刊社，hxlt.chinajournal.net.cn

刊名：湖州师范学院学报
刊号：CN33-1018/G4
主办单位：湖州师范学院
主管单位：湖州市委宣传部
地址：浙江省湖州市吴兴区二环东路759号，xuebao.zjhu.edu.cn

刊名：湖州职业技术学院学报
刊号：CN33-1314/Z
主办单位：湖州职业技术学院
主管单位：湖州市人民政府
地址：浙江省湖州市吴兴区学府路299号，web.hzvtc.net.cn/kjw/news.asp? type=46

刊名：互联网天地
刊号：CN11-5055/TN
主办单位：中国互联网协会、人民邮电出版社
主管单位：中华人民共和国工业和信息化部
地址：北京市东城区夕照寺街14号人民邮电出版社南楼516室，www.isc.org.cn/xhkw/hlwtd

刊名：护理实践与研究
刊号：CN13-1352/R
主办单位：河北省儿童医院
主管单位：河北省卫生健康委员会
地址：河北省石家庄市裕华区建华南大街133号，www.hlsjyj.com

刊名：护理学报
刊号：CN44-1631/R
主办单位：南方医科大学
主管单位：广东省教育厅
地址：广东省广州市白云区广州大道北1838号《护理学报》编辑部，www.hlxb.com.cn

刊名：护理学杂志
刊号：CN42-1154/R
主办单位：华中科技大学同济医学院
主管单位：中华人民共和国教育部
地址：湖北省武汉市硚口区解放大道1095号，www.hlxzz.com.cn

刊名：护理研究
刊号：CN14-1272/R
主办单位：山西医科大学第一医院、山西省护理学会
主管单位：山西省卫生健康委员会
地址：山西省太原市迎泽区解放南路85号，www.suo1.cn

刊名：**护理与康复**
刊号：CN33-1298/R
主办单位：浙江省护理学会
主管单位：浙江省卫生健康委员会
地址：浙江省杭州市上城区环城东路108号，www.zjhlykf.com

刊名：**护士进修杂志**
刊号：CN52-1063/R
主办单位：贵州省医药卫生学会办公室
主管单位：贵州省医药卫生学会办公室
地址：贵州省贵阳市云岩区市北路51号，fsjx.cbpt.cnki.net

刊名：**花炮科技与市场**
刊号：CN36-1204/TJ
主办单位：萍乡市焰花鞭炮科学研究所
主管单位：萍乡市应急管理局
地址：江西省萍乡市上栗县上万路横下村木沙塘78号，www.hpkjysc.com

刊名：**花生学报**
刊号：CN37-1366/S
主办单位：山东省花生研究所
主管单位：山东省农业科学院
地址：山东省青岛市李沧区万年泉路126号，www.sdshss.com/huashengxuebao

刊名：**华北地震科学**
刊号：CN13-1102/P
主办单位：河北省地震局
主管单位：河北省地震局
地址：河北省石家庄市裕华区槐中路262号，www.nceqsci.com

刊名：**华北电力大学学报**
刊号：CN13-1212/TM
主办单位：华北电力大学
主管单位：中华人民共和国教育部
地址：北京市昌平区北农路2号华北电力大学，hbdl.chinajournal.net.cn

刊名：**华北自然资源**
刊号：CN14-1295/P
主办单位：山西省自然资源厅宣传中心
主管单位：山西省自然资源厅
地址：山西省太原市万柏林区望景路3号

刊名：**华北金融**
刊号：CN12-1309/F
主办单位：中国人民银行天津分行
主管单位：中国人民银行天津分行
地址：天津市和平区解放北路117号

刊名：**华北科技学院学报**
刊号：CN11-5188/N
主办单位：华北科技学院
主管单位：国家煤矿安全监察局
地址：北京市东燕郊206信箱，hbkj.cbpt.cnki.net

刊名：**华北理工大学学报（社会科学版）**
刊号：CN13-1420/C
主办单位：华北理工大学
主管单位：河北省教育厅
地址：河北省唐山市曹妃甸区渤海大道21号，hlxb.cbpt.cnki.net

刊名：**华北理工大学学报（医学版）**
刊号：CN13-1421/R
主办单位：华北理工大学
主管单位：河北省教育厅
地址：河北省唐山市曹妃甸区渤海大道21号，mtyx.cbpt.cnki.net

刊名：**华北理工大学学报（自然科学版）**
刊号：CN13-1419/N
主办单位：华北理工大学
主管单位：河北省教育厅
地址：河北省唐山市曹妃甸区渤海大道21号，hblhdx.cbpt.cnki.net

刊名：**华北农学报**
刊号：CN13-1101/S
主办单位：华北六省市区农科院、农学会
主管单位：河北省农林科学院
地址：河北省石家庄市新华区和平西路598号，www.hbnxb.net

刊名：**华北水利水电大学学报（社会科学版）**
刊号：CN41-1429/C
主办单位：华北水利水电大学
主管单位：河南省教育厅

地址：河南省郑州市金水区北环路 36 号，www.slsb.cbpt.cnki.net

刊名：华北水利水电大学学报（自然科学版）
刊号：CN41-1432/TV
主办单位：华北水利水电大学
主管单位：河南省教育厅
地址：河南省郑州市金水区北环路 36 号，hbsl.cbpt.cnki.net

刊名：华电技术
刊号：CN41-1395/TK
主办单位：华电郑州机械设计研究院有限公司、中国华电科工集团有限公司
主管单位：中国华电集团有限公司
地址：河南省郑州市金水区郑东新区龙子湖湖心环路 27 号，www.hdpower.net

刊名：华东地质
刊号：CN32-1865/P
主办单位：中国地质调查局南京地质调查中心
主管单位：中华人民共和国自然资源部
地址：江苏省南京市秦淮区中山东路 534 号，www.hddz.cgsnjzx.cn

刊名：华东交通大学学报
刊号：CN36-1035/U
主办单位：华东交通大学
主管单位：华东交通大学
地址：江西省南昌市青山湖区双港东大街 808 号，journal.ecjtu.edu.cn

刊名：华东经济管理
刊号：CN34-1014/F
主办单位：安徽经济管理学院
主管单位：安徽经济管理学院
地址：安徽省合肥市包河区望江东路 115 号，www.hdjjgl.cn

刊名：华东理工大学学报（社会科学版）
刊号：CN31-1779/C
主办单位：华东理工大学
主管单位：中华人民共和国教育部
地址：上海市徐汇区梅陇路 130 号，hdlgdxxbskb.cn

刊名：华东理工大学学报（自然科学版）
刊号：CN31-1691/TQ
主办单位：华东理工大学
主管单位：中华人民共和国教育部
地址：上海市徐汇区梅陇路 130 号，journal.ecust.edu.cn

刊名：华东森林经理
刊号：CN33-1160/S
主办单位：国家林业和草原局华东林业调查规划设计院
主管单位：国家林业和草原局
地址：浙江省杭州市江干区德胜东路 3311 号

刊名：华东师范大学学报（教育科学版）
刊号：CN31-1007/G4
主办单位：华东师范大学
主管单位：中华人民共和国教育部
地址：上海市普陀区中山北路 3663，xbjk.ecnu.edu.ccn

刊名：华东师范大学学报（哲学社会科学版）
刊号：CN31-1010/C
主办单位：华东师范大学
主管单位：中华人民共和国教育部
地址：上海市普陀区中山北路 3663 号，xbzs.ecnu.edu.cn

刊名：华东师范大学学报（自然科学版）
刊号：CN31-1298/N
主办单位：华东师范大学
主管单位：中华人民共和国教育部
地址：上海市普陀区中山北路 3663 号，xblk.ecnu.edu.cn

刊名：华东政法大学学报
刊号：CN31-2005/D
主办单位：华东政法大学
主管单位：上海市教育委员会
地址：上海市长宁区万航渡路 1575 号，journal.ecupl.edu.cn

刊名：华南地震
刊号：CN44-1266/P
主办单位：广东省地震局
主管单位：广东省地震局
地址：广东省广州市越秀区先烈中路 81 号，hndz.gdsin.net

刊名：华南地质与矿产
刊号：CN42-1417/P
主办单位：中国地质调查局武汉地质调查中心
主管单位：中华人民共和国自然资源部
地址：湖北省武汉市江夏区东湖新技术开发区光谷大道 69 号，hndz. whcgs. cn

刊名：华南理工大学学报（自然科学版）
刊号：CN44-1251/T
主办单位：华南理工大学
主管单位：中华人民共和国教育部
地址：广东省广州市天河区五山路 381 号华南理工大学 17 号楼，www. scut. edu. cn/journal

刊名：华南理工大学学报（社会科学版）
刊号：CN44-1443/C
主办单位：华南理工大学
主管单位：中华人民共和国教育部
地址：广东省广州市天河区华南理工大学 17 号楼 3 楼，222.16.4.149/skb/CN/volumn/home. shtml

刊名：华南农业大学学报
刊号：CN44-1110/S
主办单位：华南农业大学
主管单位：华南农业大学
地址：广东省广州市天河区五山路 483 号华南农业大学内，xuebao. scau. edu. cn/zr/hnny_zr/ch/index. aspx

刊名：华南农业大学学报（社会科学版）
刊号：CN44-1559/C
主办单位：华南农业大学
主管单位：广东省教育厅
地址：广东省广州市天河区五山路 483 号华南农业大学内，xuebao. scau. edu. cn/sk/ch/index. aspx

刊名：华南师范大学学报（社会科学版）
刊号：CN44-1139/C
主办单位：华南师范大学
主管单位：广东省教育厅
地址：广东省广州市天河区五山路 141 号华南师范大学内，journal. scnu. edu. cn

刊名：华南师范大学学报（自然科学版）
刊号：CN44-1138/N
主办单位：华南师范大学
主管单位：广东省教育厅
地址：广东省广州市天河区五山路 141 号华南师范大学，journal. scnu. edu. cn

刊名：华南预防医学
刊号：CN44-1550/R
主办单位：广东省疾病预防控制中心、中华预防医学会
主管单位：广东省卫生健康委员会
地址：广东省广州市番禺区大石街群贤路 160 号，www. hnyfyx. cn

刊名：华侨大学学报（哲学社会科学版）
刊号：CN35-1049/C
主办单位：华侨大学
主管单位：福建省教育厅
地址：福建省泉州市丰泽区城华北路 269 号《华侨大学学报（哲学社会科学版）》编辑部，xbzsb. hqu. edu. cn

刊名：华侨大学学报（自然科学版）
刊号：CN35-1079/N
主办单位：华侨大学
主管单位：福建省教育厅
地址：福建省泉州市丰泽区城华北路 269 号，www. hdxb. hqu. edu. cn

刊名：华文教学与研究
刊号：CN44-1669/G4
主办单位：暨南大学华文学院
主管单位：暨南大学
地址：广东省广州市天河区瘦狗岭路 377 号暨南大学华文学院，jnhw. cbpt. cnki. net

刊名：华文文学
刊号：CN44-1183/I
主办单位：汕头大学
主管单位：汕头大学
地址：广东省汕头市金平区大学路 243 号汕头大学内，hwwx. cbpt. cnki. net

刊名：华西口腔医学杂志
刊号：CN51-1169/R

主办单位：四川大学
主管单位：中华人民共和国教育部
地址：四川省成都市武侯区人民南路三段14号，www.hxkqyxzz.net

刊名：华西药学杂志
刊号：CN51-1218/R
主办单位：四川大学、四川省药学会
主管单位：中华人民共和国教育部
地址：四川省成都市武侯区人民南路三段17号，hxyo.cbpt.cnki.net

刊名：华西医学
刊号：CN51-1356/R
主办单位：四川大学
主管单位：中华人民共和国教育部
地址：四川省成都市武侯区国学巷37号，www.wcjm.org

刊名：华夏考古
刊号：CN41-1014/K
主办单位：河南省文物考古研究院、河南省文物考古学会
主管单位：河南省文物考古研究院
地址：河南省郑州市管城回族区陇海北三街9号，www.capitalmuseum.org.cn/xsyj/hxkg.htm

刊名：华夏医学
刊号：CN45-1236R
主办单位：桂林医学院
主管单位：桂林医学院
地址：广西壮族自治区桂林市七星区环城北二路109号，hxyx.glmc.edu.cn

刊名：华中建筑
刊号：CN42-1228/TU
主办单位：中南建筑设计院股份有限公司、湖北省土木建筑学会
主管单位：湖北省国有资产监督管理委员会
地址：湖北省武汉市武昌区中南路19号，www.hzjz.cc

刊名：华中科技大学学报（社会科学版）
刊号：CN42-1673/C
主办单位：华中科技大学
主管单位：中华人民共和国教育部
地址：湖北省武汉市洪山区珞喻路1037号《华中科技大学学报（社会科学版）》编辑部，skxb.hust.edu.cn

刊名：华中科技大学学报（医学版）
刊号：CN42-1678/R
主办单位：华中科技大学
主管单位：中华人民共和国教育部
地址：湖北省武汉市硚口区航空路13号同济医学院期刊部，tjxb.hust.edu.cn

刊名：华中科技大学学报（自然科学版）
刊号：CN42-1658/N
主办单位：华中科技大学
主管单位：中华人民共和国教育部
地址：湖北省武汉市洪山区珞喻路1037号《华中科技大学学报》编辑部，xb.hust.edu.cn

刊名：华中农业大学学报（社会科学版）
刊号：CN42-1558/C
主办单位：华中农业大学
主管单位：中华人民共和国教育部
地址：湖北省武汉市洪山区狮子山街1号华中农业大学行政楼，hnxbw.cnjournals.net

刊名：华中农业大学学报（自然科学版）
刊号：CN42-1181/S
主办单位：华中农业大学
主管单位：华中农业大学
地址：湖北省武汉市洪山区狮子山街1号《华中农业大学学报》编辑部，hnxbl.cnjournals.net

刊名：华中师范大学学报（人文社会科学版）
刊号：CN42-1040/C
主办单位：华中师范大学
主管单位：中华人民共和国教育部
地址：湖北省武汉市洪山区珞瑜路152号，xuebao.ccnu.edu.cn

刊名：华中师范大学（自然科学版）
刊号：CN42-1178/N
主办单位：华中师范大学
主管单位：中华人民共和国教育部
地址：湖北省武汉市洪山区珞瑜路152号，xuebao.ccnu.edu.cn

刊名：化肥工业
刊号：CN31-1308/TQ
主办单位：上海化工研究院
主管单位：上海市国有资产监督管理委员会
地址：上海市普陀区云岭东路 345 号

刊名：化肥设计
刊号：CN42-1424/TQ
主办单位：中国五环工程有限公司
主管单位：中国化学工程集团公司
地址：湖北省武汉市江夏区东湖新技术开发区民族大道 1019 号，hfsj. cwcec. com

刊名：化工高等教育
刊号：CN31-1043/G4
主办单位：华东理工大学
主管单位：中华人民共和国教育部
地址：上海市徐汇区梅陇路 130 号，hggdjy. ecust. edu. cn

刊名：化工管理
刊号：CN11-3991/F
主办单位：中国化工企业管理协会
主管单位：中国石油和化学工业协会
地址：北京市朝阳区小营路 19 号 A 座 1202 室，www. chinacem. net

刊名：化工环保
刊号：CN11-2215/X
主办单位：中国石化集团资产经营管理有限公司北京化工研究院、中国化工环保协会
主管单位：中国石油化工集团有限公司
地址：北京市朝阳区北三环东路 14 号，www. hghb. com. cn

刊名：化工机械
刊号：CN62-1041/TQ
主办单位：天华化工机械及自动化研究设计院有限公司
主管单位：中国化工科学研究院
地址：甘肃省兰州市西固区合水北路 3 号，hgjx. chinajournal. net. cn

刊名：化工技术与开发
刊号：CN45-1306/TQ
主办单位：广西化工研究院有限公司
主管单位：广西化工研究有限公司
地址：广西壮族自治区南宁市西乡塘区望州路北二里 7 号，www. gxhg. cbpt. cnki. net

刊名：化工进展
刊号：CN11-1954/TQ
主办单位：中国化工学会、化学工业出版社有限公司
主管单位：中国科学技术协会
地址：北京市东城区青年湖南街 13 号，www. hgjz. com. cn

刊名：化工科技
刊号：CN22-1268/TQ
主办单位：中国石油天然气股份有限公司吉林石化分公司
主管单位：中国石油天然气集团有限公司
地址：吉林省吉林市龙潭区遵义东路 27 号

刊名：化工矿产地质
刊号：CN13-1190/P
主办单位：中化地质矿山总局地质研究院
主管单位：中化地质矿山总局
地址：河北省保定市涿州市范阳西路 122 号，hgkc. chinajournal. net. cn

刊名：化工矿物与加工
刊号：CN32-1492/TQ
主办单位：中蓝连海设计研究院有限公司
主管单位：中蓝连海设计研究院有限公司
地址：江苏省连云港市海州区朝阳西路 51 号，hgkj. cbpt. cnki. net

刊名：化工设备与管道
刊号：CN31-1833/TQ
主办单位：中石化上海工程有限公司
主管单位：中国石油化工集团有限公司
地址：上海市静安区南京西路 1910 号

刊名：化工设计
刊号：CN51-1355/TQ
主办单位：中国成达工程有限公司、中国石油和化工勘察设计协会
主管单位：中国成达工程有限公司
地址：四川省成都市武侯区天府大道中段 279 号成达大厦，hgsj. nxhh. net

刊名：化工设计通讯
刊号：CN43-1108/TQ
主办单位：湖南化工设计院有限公司
主管单位：湖南省人民政府国有资产监督管理委员会
地址：湖南省长沙市雨花区韶山中路398号，wgtx.cbpt.cnki.net

刊名：化工生产与技术
刊号：CN33-1188/TQ
主办单位：巨化集团有限公司
主管单位：巨化集团有限公司
地址：浙江省衢州市柯城区巨化集团技术中心，hgsc.nxhh.net

刊名：化工时刊杂志社
刊号：CN32-1320/TQ
主办单位：东南大学
主管单位：中华人民共和国教育部
地址：江苏省南京市玄武区四牌楼2号东南大学55楼418室

刊名：化工新型材料
刊号：CN11-2357/TQ
主办单位：中国化工信息中心
主管单位：中国石油和化学工业协会
地址：北京市朝阳区安外小关街53号，www.hgxx.org

刊名：化工学报
刊号：CN11-1946/TQ
主办单位：中国化工学会、化学工业出版社有限公司
主管单位：中国科学技术协会
地址：北京市东城区青年湖南街13号，www.hgxb.com.cn

刊名：化工与医药工程
刊号：CN31-2101/TQ
主办单位：中石化上海工程有限公司
主管单位：中国石油化工集团有限公司
地址：上海市静安区南京西路1910号，www.cpessec.com

刊名：化工自动化及仪表
刊号：CN62-1037/TQ
主办单位：天华化工机械及自动化研究设计院有限公司
主管单位：中国化工科学研究院
地址：甘肃省兰州市西固区合水北路3号，www.hgzdh.net

刊名：化纤与纺织技术
刊号：CN44-1574/TS
主办单位：广东省化学纤维研究所
主管单位：广东省广业科技集团有限公司
地址：广东省广州市海珠区江南大道中232号华海大厦B座28楼，gdhq.cbpt.cnki.net

刊名：化学传感器
刊号：CN32-1406/TP
主办单位：中国仪器仪表学会
主管单位：中国科学技术协会
地址：江苏省泰州市姜堰区姜堰大道66号

刊名：化学反应工程与工艺
刊号：CN33-1087/TQ
主办单位：浙江大学联合化学反应工程研究所
主管单位：中国石化集团公司
地址：浙江省杭州市西湖区浙大路38号，j-cret.zju.edu.cn

刊名：化学分析计量
刊号：CN37-1315/O6
主办单位：中国兵器工业集团第五三研究所
主管单位：中国兵器工业集团有限公司
地址：山东省济南市天桥区田庄东路3号，www.cam1992.com

刊名：化学工程
刊号：CN61-1136/TQ
主办单位：华陆工程科技有限责任公司
主管单位：华陆工程科技有限责任公司
地址：陕西省西安市雁塔区唐延南路7号，imiy.cbpt.cnki.net

刊名：化学工程师
刊号：CN23-1171/TQ
主办单位：黑龙江省化工研究院
主管单位：黑龙江省石化行业协会
地址：黑龙江省哈尔滨市香坊区衡山路18号，hxgcs.caizhizz.net

刊名：化学工程与装备
刊号：CN35-1285/TQ
主办单位：福建省化学工业科学技术研究所
主管单位：福建石化集团有限责任公司
地址：福建省福州市晋安区水头路 18 号石化楼，www.hxgczz.com

刊名：化学工业
刊号：CN11-5590/TQ
主办单位：中化国际咨询公司
主管单位：中国石油和化学工业联合会
地址：北京市东城区和平里七区 16 楼

刊名：化学工业与工程
刊号：CN12-1102/TQ
主办单位：天津市化工学会、天津大学
主管单位：天津渤海化工集团有限责任公司
地址：天津市津南区雅观路 135 号天津大学化工学院，jchemindustry.tju.edu.cn

刊名：化学教学
刊号：CN31-1006/G4
主办单位：华东师范大学
主管单位：中华人民共和国教育部
地址：上海市普陀区中山北路 3663 号，chemedu.ecnu.edu.cn

刊名：化学教与学
刊号：CN32-1482/G4
主办单位：南京师范大学
主管单位：江苏省教育厅
地址：江苏省南京市鼓楼区宁海路 122 号南京师范大学 18 号楼 323 室，www.jschemedu.com

刊名：化学教育（中英文）
刊号：CN10-1515/O6
主办单位：中国化学会、北京师范大学
主管单位：中国科学技术协会
地址：北京市海淀区新街口外大街 19 号北京师范大学化学学院，www.hxjy.org

刊名：化学进展
刊号：CN11-3383/O6
主办单位：中国科学院基础科学局化学部、中国科学院文献情报中心、国家自然科学基金委化学科学部
主管单位：中国科学院
地址：北京市海淀区北四环西路 33 号，www.progchem.ac.cn

刊名：化学世界
刊号：CN31-1274/TQ
主办单位：上海市化学化工学会
主管单位：上海华谊（集团）公司
地址：上海市黄浦区南昌路 203 号，hxss.chinajournal.net.cn

刊名：化学试剂
刊号：CN11-2135/TQ
主办单位：中国分析测试协会、国药集团化学试剂有限公司、北京国化精试咨询有限公司
主管单位：中国石油和化学工业联合会
地址：北京市西城区太平街 8 号院 6 号楼 2 层 107，www.chinareagent.com.cn

刊名：化学通报
刊号：CN11-1804/O6
主办单位：中国科学院化学研究所、中国化学会
主管单位：中国科学院
地址：北京市海淀区中关村北一街 2 号，www.hxtb.org

刊名：化学推进剂与高分子材料
刊号：CN41-1354/TQ
主办单位：黎明化工研究设计院有限责任公司
主管单位：黎明化工研究设计院有限责任公司
地址：河南省洛阳市西工区王城大道 69 号，hxtj.cbpt.cnki.net

刊名：化学学报
刊号：CN31-1320/O6
主办单位：中国科学院上海有机化学研究所、中国化学会
主管单位：中国科学院
地址：上海市徐汇区零陵路 345 号，sioc-journal.cn

刊名：化学研究
刊号：CN41-1083/O6
主办单位：河南大学
主管单位：河南大学
地址：河南省开封市顺河回族区明伦街 85 号，hxya.chinajournal.net.cn

刊名：**化学研究与应用**
刊号：CN51-1378/O6
主办单位：四川省化学化工学会、四川大学
主管单位：四川省科学技术协会
地址：四川省成都市武侯区望江路29号四川大学化学学院，www.chemistryra.com

刊名：**化学与生物工程**
刊号：CN42-1710/TQ
主办单位：武汉工程大学、湖北省化学化工学会、湖北省化学研究院、湖北省化学工业研究设计院
主管单位：湖北省教育厅
地址：湖北省武汉市洪山区关山大道330号，www.hxyswgc.com

刊名：**化学与粘合**
刊号：CN23-1224/TQ
主办单位：黑龙江省科学院石油化学研究院
主管单位：黑龙江省科学院
地址：黑龙江省哈尔滨市香坊区中山路160号，www.hxynh.org.cn

刊名：**怀化学院学报**
刊号：CN43-1394/Z
主办单位：怀化学院
主管单位：湖南省教育厅
地址：湖南省怀化市鹤城区迎丰东路612号，huai.cbpt.cnki.net

刊名：**淮北师范大学学报（哲学社会科学版）**
刊号：CN34-1317/C
主办单位：淮北师范大学
主管单位：安徽省教育厅
地址：安徽省淮北市相山区东山路100号，www.chnu.edu.cn/Category_2511/Index.aspx

刊名：**淮北师范大学学报（自然科学版）**
刊号：CN34-1316/N
主办单位：淮北师范大学
主管单位：安徽省教育厅
地址：安徽省淮北市相山区东山路100号，www.chnu.edu.cn/Category_2511/Index.aspx

刊名：**淮北职业技术学院学报**
刊号：CN34-1214/Z
主办单位：淮北职业技术学院
主管单位：安徽省教育厅
地址：安徽省淮北市相山区相阳路146号《淮北职业技术学院学报》编辑部，zyhb.chinajournal.net.cn

刊名：**淮海医药**
刊号：CN34-1189/R
主办单位：蚌埠市医学科学情报站
主管单位：安徽省卫生健康委员会
地址：安徽省蚌埠市蚌山区南湖路568号蚌埠市卫生健康委员会215室

刊名：**淮南师范学院学报**
刊号：CN34-1231Z
主办单位：淮南师范学院
主管单位：安徽省教育厅
地址：安徽省淮南市田家庵区洞山西路《淮南师范学院学报》编辑部，hnsyxb.hnnu.edu.cn

刊名：**淮南职业技术学院学报**
刊号：CN34-1241/Z
主办单位：淮南职业技术学院
主管单位：安徽省教育厅
地址：安徽省淮南市田家庵区林场路1号，xb.hnvtc.ah.edu.cn

刊名：**淮阴工学院学报**
刊号：CN32-1605/T
主办单位：淮阴工学院
主管单位：江苏省教育厅
地址：江苏省淮安市清江浦区北京北路89号，jshy.chinajournal.net.cn

刊名：**淮阴师范学院学报（哲学社会科学版）**
刊号：CN32-1476/G4
主办单位：淮阴师范学院
主管单位：江苏省教育厅
地址：江苏省淮安市清江浦区交通路71号，xuebao.hytc.edu.cn

刊名：**淮阴师范学院学报（自然科学版）**
刊号：CN32-1657/N
主办单位：淮阴师范学院
主管单位：江苏省教育厅
地址：江苏省淮安市清江浦区交通路71号，xuebao.hytc.edu.cn

刊名：环保科技
刊号：CN52-1143/X
主办单位：贵州省环境科学研究设计院
主管单位：贵州省生态环境厅
地址：贵州省贵阳市观山湖区铜仁路1号，gzhb.cbpt.cnki.net

刊名：环境保护
刊号：CN11-1700/X
主办单位：中国环境出版有限责任公司
主管单位：中华人民共和国生态环境部
地址：北京市东城区广渠门内大街16号楼407室，www.hjbhzz.com

刊名：环境保护科学
刊号：CN21-1135/X
主办单位：沈阳环境科学研究院、生态环境部环境规划院
主管单位：沈阳市生态环境局
地址：辽宁省沈阳市浑南区全运三路98号环保大厦402，hjbhkx.cn

刊名：环境保护与循环经济
刊号：CN21-1556/X
主办单位：辽宁省环境科学研究院
主管单位：辽宁省生态环境局
地址：辽宁省沈阳市东陵区双园路30甲-2，www.eprce.com

刊名：环境工程
刊号：CN11-2097/X
主办单位：中冶建筑研究总院有限公司
主管单位：中国钢铁工业协会
地址：北京市海淀区西土城路33号，hjgc.ic-mag.com

刊名：环境工程技术学报
刊号：CN11-5972/X
主办单位：中国环境科学研究院
主管单位：中华人民共和国生态环境部
地址：北京市朝阳区安外大羊坊8号中国环境科学研究院，hjgcjsxb.org.cn

刊名：环境工程学报
刊号：CN11-5591/X
主办单位：中国科学院生态环境研究中心
主管单位：中国科学院
地址：北京市东城区东黄城根北街16号，www.cjee.ac.cn

刊名：环境化学
刊号：CN11-1844/X
主办单位：中国科学院生态环境研究中心
主管单位：中国科学院
地址：北京市东城区东黄城根北街16号，hjhx.rcees.ac.cn

刊名：环境技术
刊号：CN44-1325/X
主办单位：中国电器科学研究院有限公司
主管单位：中国机械工业集团有限公司
地址：广东省广州市黄埔区科学城开泰大道天泰一路3号，www.zghjjs.com

刊名：环境监测管理与技术
刊号：CN32-1418/X
主办单位：江苏省环境监测中心、南京市环境监测中心站
主管单位：江苏省生态环境厅
地址：江苏省南京市鼓楼区虎踞路175号，hjjcgl.cnjournals.net

刊名：环境监控与预警
刊号：CN32-1805/X
主办单位：江苏省环境监测中心
主管单位：江苏省生态环境厅
地址：江苏省南京市建邺区中和路100号江苏省环境监测中心，www.hjjkyyj.com

刊名：环境科技
刊号：CN32-1786/X
主办单位：江苏省徐州市环境监测中心、江苏省环境科学研究院
主管单位：江苏省生态环境厅
地址：江苏省徐州市新城区彭祖大道与太行路交叉路口西，jshj.cbpt.cnki.net

刊名：环境科学
刊号：CN11-1895/X
主办单位：中国科学院生态环境研究中心
主管单位：中国科学院

地址：北京市海淀区双清路18号，www.hjkx.zc.cn

刊名：环境科学导刊
刊号：CN53-1205/X
主办单位：云南省生态化环境科学研究院
主管单位：云南省生态环境厅
地址：云南省昆明市西山区气象路延长线王家坝23号，hjkxdk.org.cn

刊名：环境科学学报
刊号：CN11-1843/X
主办单位：中国科学院生态环境研究中心
主管单位：中国科学院
地址：北京市东城区东黄城根北街16号，actasc.ac.cn

刊名：环境科学研究
刊号：CN11-1827/X
主办单位：中国环境科学研究院
主管单位：中华人民共和国生态环境部
地址：北京市朝阳区北苑大羊坊8号，www.hjkxyj.org.cn

刊名：环境科学与管理
刊号：CN23-1532/X
主办单位：黑龙江省环境科学研究院
主管单位：黑龙江省生态环境厅
地址：黑龙江省哈尔滨市道外区南直路356号，www.hljshky.com

刊名：环境科学与技术
刊号：CN42-1245/X
主办单位：湖北省环境科学研究院
主管单位：湖北省生态环境厅
地址：湖北省武汉市武昌区八一路338号《环境科学与技术》编辑部，fjks.cbpt.cnki.net

刊名：环境昆虫学报
刊号：CN44-1640/Q
主办单位：广东省昆虫学会、中国昆虫学会
主管单位：广东省科学技术协会
地址：广东省广州市海珠区新港西路105号，hjkcxb.alljournals.net

刊名：环境卫生工程
刊号：CN12-1218/X
主办单位：天津市市容环境工程设计研究所
主管单位：天津市市容和园林管理委员会
地址：天津市河西区围堤道107号，www.srhj.org.cn

刊名：环境卫生学杂志
刊号：CN11-6000/R
主办单位：中国疾病预防控制中心
主管单位：中华人民共和国国家卫生健康委员会
地址：北京市西城区南纬路29号，www.hjwsxzz.com

刊名：环境污染与防治
刊号：CN33-1084/X
主办单位：浙江省环境保护科学设计研究院
主管单位：浙江省生态环境局
地址：浙江省杭州市西湖区天目山路109号，www.zjepc.com

刊名：环境影响评价
刊号：CN50-1210/X
主办单位：重庆市环境科学研究院、生态环境部环境工程评估中心、中国环境出版集团有限公司
主管单位：重庆市生态环境局
地址：重庆市渝北区冉家坝旗山路252号，hjyxpj.cbpt.cnki.net

刊名：环境与发展
刊号：CN15-1369/X
主办单位：内蒙古自治区环境科学研究院
主管单位：内蒙古自治区生态环境厅
地址：内蒙古自治区呼和浩特市赛罕区腾飞路39号6405室

刊名：环境与健康杂志
刊号：CN12-1095/R
主办单位：中华预防医学会、天津市疾病预防控制中心
主管单位：中华人民共和国国家卫生健康委员会
地址：天津市河东区华越道6号，hjyj.chinajournal.net.cn

刊名：环境与可持续发展
刊号：CN11-5337/X
主办单位：生态环境部环境与经济政策研究中心
主管单位：中华人民共和国生态环境部
地址：北京市朝阳区育慧南路1号《环境与可持续

发展》编辑部，www. prcee. org

刊名：环境与职业医学
刊号：CN31-1879/R
主办单位：上海市疾病预防控制中心、中华预防医学会
主管单位：上海市卫生健康委员会
地址：上海市长宁区延安西路1326号，www. jeom. org

刊名：环球法律评论
刊号：CN11-4560/D
主办单位：中国社会科学院法学研究所
主管单位：中国社会科学院
地址：北京市东城区沙滩北街15号，www. global-lawreview. org

刊名：环球中医药
刊号：CN11-5652/R
主办单位：中华国际医学交流基金会
主管单位：中华人民共和国国家卫生健康委员会
地址：北京市东城区东四西大街46号，www. hqzyy. com

刊名：黄冈师范学院学报
刊号：CN42-1275/G4
主办单位：黄冈师范学院
主管单位：湖北省教育厅
地址：湖北省黄冈市黄州区新港二路146号，xue-bao. hgnu. edu. cn

刊名：黄冈职业技术学院学报
刊号：CN42-1656/Z
主办单位：黄冈职业技术学院
主管单位：湖北省教育厅
地址：湖北省黄冈市黄州区南湖桃园街109号，61. 136. 241. 15/Category_1089/index. aspx

刊名：黄河科技学院学报
刊号：CN41-1279/N
主办单位：黄河科技学院
主管单位：河南省教育厅
地址：河南省郑州市管城回族区紫荆山南路666号，www2. hhstu. edu. cn/wlxb

刊名：黄河水利职业技术学院学报
刊号：CN41-1282/TV
主办单位：黄河水利职业技术学院
主管单位：河南省教育厅
地址：河南省开封市龙亭区东京大道1号，www. yrcti. edu. cn/xb

刊名：黄河之声
刊号：CN14-1039/J
主办单位：山西文化艺术传媒中心
主管单位：山西省文学艺术界联合会
地址：山西省太原市迎泽区迎泽路378号山西文艺大厦，www. hhzs. cbpt. cnki. net

刊名：黄金
刊号：CN22-1110/TF
主办单位：长春黄金研究院有限公司
主管单位：中国黄金集团有限公司
地址：吉林省长春市朝阳区南湖大路6760号，gold. ccgri. com

刊名：黄金科学技术
刊号：CN62-1112/TF
主办单位：中国科学院资源环境科学信息中心
主管单位：中国科学院
地址：甘肃省兰州市城关区天水中路8号，www. goldsci. ac. cn

刊名：黄山学院学报
刊号：CN34-1257/Z
主办单位：黄山学院
主管单位：安徽省教育厅
地址：安徽省黄山市屯溪区西海路39号《黄山学院学报》编辑部，xb. hsu. edu. cn

刊名：黄钟（武汉音乐学院学报）
刊号：CN42-1062/J
主办单位：武汉音乐学院
主管单位：武汉音乐学院
地址：湖北省武汉市武昌区解放路255号《武汉音乐学院学报》编辑部，www. whcm. edu. cn/hzbjb. htm

刊名：回族研究
刊号：CN64-1006/C
主办单位：宁夏社会科学院
主管单位：宁夏社会科学院
地址：宁夏回族自治区银川市西夏区宁夏社会科学院，hzyjzz. cn

刊名：惠州学院学报
刊号：CN44-1553/Z
主办单位：惠州学院
主管单位：惠州学院
地址：广东省惠州市惠城区演达大道46号惠州学院内，hzdb. cbpt. cnki. net

刊名：混凝土
刊号：CN21-1259/TU
主办单位：中国建筑东北设计研究院有限公司
主管单位：中华人民共和国住房和城乡建设部
地址：辽宁省沈阳市和平区南堤西路905号，www. hntxh. org

刊名：混凝土世界
刊号：CN11-5862/TU
主办单位：北京建筑材料科学研究总院有限公司
主管单位：北京金隅资产经营管理有限责任公司
地址：北京市石景山区金顶北路69号院3号楼2层208室

刊名：混凝土与水泥制品
刊号：CN32-1173/TU
主办单位：苏州混凝土水泥制品研究院、中国混凝土与水泥制品协会
主管单位：苏州混凝土水泥制品研究院
地址：江苏省苏州市姑苏区三香路718号705，www. sccpi. cn

刊名：火工品
刊号：CN61-1179/TJ
主办单位：中国兵器工业集团第二一三研究所、应用物理化学国家级重点实验室
主管单位：中国兵器工业集团有限公司
地址：陕西省西安市99号信箱《火工品》编辑部，hgp. cn. journal. net

刊名：火箭推进
刊号：CN61-1436/V
主办单位：中国航天科技集团有限公司第六研究院
主管单位：中国航天科技集团有限公司
地址：陕西省西安市15信箱11分箱《火箭推进》编辑部，hjtjnew. paperopen. com

刊名：火控雷达技术
刊号：CN61-1214/TJ
主办单位：西安电子工程研究所
主管单位：中国兵器工业集团有限公司
地址：陕西省西安市132号信箱28分箱，hkld. cbpt. cnki. net

刊名：火力与指挥控制
刊号：CN14-1138/TJ
主办单位：北方自动控制技术研究所
主管单位：中国兵器工业集团有限公司
地址：山西省太原市小店区体育路351号，hlyz. cbpt. cnki. net

刊名：火炮发射与控制学报
刊号：CN61-1280/TJ
主办单位：中国兵工学会
主管单位：中国科学技术协会
地址：陕西省咸阳市渭城区毕塬东路5号《火炮发射与控制学报》编辑部，hpfsykzxb. paperopen. com

刊名：火灾科学
刊号：CN34-1115/X
主办单位：中国科学技术大学
主管单位：中国科学院
地址：安徽省合肥市包河区金寨路96号，hzkx. ustc. edu. cn

刊名：火炸药学报
刊号：CN61-1310/TJ
主办单位：中国兵工学会、中国兵器工业第204研究所
主管单位：中国科学技术协会
地址：陕西省西安市雁塔区丈八东路168号204所《火炸药学报》编辑部，www. hzyxb. cn

J

刊名：机车车辆工艺
刊号：CN32-1181/U
主办单位：中车戚墅堰机车车辆工艺研究所有限公司
主管单位：中国中车集团有限公司
地址：江苏省常州市武进区五一路99号，jccl. cbpt. cnki. net

刊名：机车电传动
刊号：CN43-1125/U
主办单位：中车株洲电力机车研究所有限公司
主管单位：中国中车集团有限公司
地址：湖南省株洲市石峰区时代路 169 号，edl.crrczic.cc

刊名：机床与液压
刊号：CN44-1259/TH
主办单位：中国机械工程学会、广州机械科学研究院有限公司
主管单位：中国科学技术协会
地址：广东省广州市黄埔区茅岗路 828 号，www.jcyyy.com.cn

刊名：机电兵船档案
刊号：CN11-3930/T
主办单位：中国机电兵船工业档案学会、机械工业档案馆
主管单位：中国机械工业联合会
地址：北京市海淀区首体南路 2 号

刊名：机电产品开发与创新
刊号：CN11-3913/TM
主办单位：中国机械工业联合会
主管单位：中国机械工业联合会
地址：北京市海淀区首体南路 2 号 632 室，www.myjdcp.cn

刊名：机电工程
刊号：CN33-1088/TH
主办单位：浙江省机电集团有限公司、浙江大学
主管单位：浙江省机电集团有限公司
地址：浙江省杭州市上城区大学路高官弄 9 号，www.meem.com.cn

刊名：机电工程技术
刊号：CN44-1522/TH
主办单位：广东省机械研究所、广东省机械技术情报站、广东省机械工程学会
主管单位：广东省广业科技集团有限公司
地址：广东省广州市天河区天河北路 663 号广东省机械研究所内，jxkf.cbpt.cnki.net

刊名：机电技术
刊号：CN35-1262/TH
主办单位：福建省机械科学研究院
主管单位：福建省经济和信息化委员会
地址：福建省福州市鼓楼区六一中路 115 号，jdjs.cbpt.cnki.net

刊名：机电设备
刊号：CN31-1420/TM
主办单位：上海船舶设备研究所（704 所）
主管单位：中国船舶集团有限公司
地址：上海市徐汇区中山南二路 851 号，www.cssmc.cn

刊名：机电一体化
刊号：CN31-1714/TM
主办单位：上海科学技术文献出版社
主管单位：上海图书馆上海科学技术情报研究所
地址：上海市静安区长乐路 746 号，jdth.nxhh.net

刊名：机电元件
刊号：CN51-1296/TM
主办单位：四川华丰企业集团有限公司
主管单位：四川华丰企业集团有限公司
地址：四川省绵阳市涪城区跃进路 36 号

刊名：机器人
刊号：CN21-1137/TP
主办单位：中国科学院沈阳自动化研究所
主管单位：中国科学院
地址：辽宁省沈阳市沈河区南塔街 114 号，robot.sia.cn

刊名：机器人技术与应用
刊号：CN11-3520/TP
主办单位：中国兵器工业集团第二一零研究所、国家高技术智能机器人专家组
主管单位：中国兵器工业集团有限公司
地址：北京市海淀区车道沟 10 号科技楼 1403 室，www.rta.org.cn

刊名：机械
刊号：CN51-1131/TH
主办单位：四川省机械研究设计院
主管单位：四川省经济和信息化厅
地址：四川省成都市锦江区墨香路 48 号，www.jixiezazhi.com

刊名：机械传动
刊号：CN41-1129/TH
主办单位：郑州机械研究所有限公司、中国机械工程学会、中国机械通用零部件工业协会齿轮分会
主管单位：中国机械工业联合会
地址：河南省郑州市二七区嵩山南路 81 号，jxcd. cbpt. cnki. net

刊名：机械工程材料
刊号：CN31-1336/TB
主办单位：上海材料研究所
主管单位：上海科学院
地址：上海市虹口区邯郸路 99 号，www. mat-test. com

刊名：机械工程学报
刊号：CN11-2187/TH
主办单位：中国机械工程学会
主管单位：中国科学技术协会
地址：北京市西城区百万庄大街 22 号，www. cjmenet. com. cn

刊名：机械工程与自动化
刊号：CN14-1319/TH
主办单位：山西省机电设计研究院、山西省机械工程学会
主管单位：山西省工业和信息化厅
地址：山西省太原市杏花岭区胜利街 228 号，www. meeajournal. com

刊名：机械工业标准化与质量
刊号：CN11-3839/TH
主办单位：中机生产力促进中心、中国机械工业标准化技术协会
主管单位：中国机械工业联合会
地址：北京市海淀区首体南路 2 号，www. cmsa. net. cn/webNews/xhgz/xhgz_xhkw/0

刊名：机械管理开发
刊号：CN14-1134/TH
主办单位：山西省经贸决策咨询中心、山西经济和信息化出版传媒中心
主管单位：山西省工业和信息化厅
地址：山西省太原市杏花岭区坡子街 16 号，www. sxetpm. com

刊名：机械科学与技术
刊号：CN61-1114/TH
主办单位：西北工业大学
主管单位：中华人民共和国工业和信息化部
地址：陕西省西安市碑林区友谊西路 127 号西北工业大学 647#信箱，journals. nwpu. edu. cn

刊名：机械强度
刊号：CN41-1134/TH
主办单位：郑州机械研究所有限公司、中国机械工程学会
主管单位：中国机械工业联合会
地址：河南省郑州市二七区嵩山南路 81 号《机械强度》编辑部，www. jxqd. cbpt. cnki. net

刊名：机械设计
刊号：CN12-1120/TH
主办单位：中国机械工程学会、天津市机械工程学会、天津市机电工业科技信息研究所
主管单位：中国科学技术协会
地址：天津市南开区红旗路 196 号，www. jixiesheji-zazhi. com

刊名：机械设计与研究
刊号：CN31-1382/TH
主办单位：上海交通大学
主管单位：中华人民共和国教育部
地址：上海市徐汇区华山路 1954 号，jsyy. sjtu. edu. cn

刊名：机械设计与制造
刊号：CN21-1140/TH
主办单位：辽宁省机械研究院
主管单位：辽宁省机械研究院
地址：辽宁省沈阳市皇姑区北陵大街 56 号，jsyz. chinajournal. net. cn

刊名：机械设计与制造工程
刊号：CN32-1838/TH
主办单位：南京东南大学出版社有限公司
主管单位：东南大学
地址：江苏省南京市玄武区四牌楼 2 号，jsjxmhw. com

刊名：机械研究与应用
刊号：CN62-1066/TH
主办单位：甘肃省机械科学研究院

主管单位：甘肃省科技厅
地址：甘肃省兰州市城关区金昌北路 208 号，www.jxyj1978

刊名：机械与电子
刊号：CN52-1052/TH
主办单位：贵州理工学院
主管单位：贵州理工学院
地址：贵州省贵阳市云岩区蔡关路 1 号贵州理工学院内，xueb. git. edu. cn

刊名：机械职业教育
刊号：CN32-1457/G4
主办单位：中国机械工业教育协会、无锡职业技术学院
主管单位：江苏省教育厅
地址：江苏省无锡市滨湖区高浪西路 1600 号，jxzj. wxit. edu. cn

刊名：机械制造
刊号：CN31-1378/TH
主办单位：上海市机械工程学会
主管单位：上海电气（集团）总公司
地址：上海市静安区中兴路 960 号，www. jxzzzz. com

刊名：机械制造文摘（焊接分册）
刊号：CN23-1200/TG
主办单位：哈尔滨焊接研究院有限公司
主管单位：中国机械工业联合会
地址：黑龙江省哈尔滨市松北区创新路 2077 号，magazines. hwi. com. cn

刊名：机械制造与自动化
刊号：CN32-1643/TH
主办单位：南京机械工程学会
主管单位：南京机电产业（集团）有限公司
地址：江苏省南京市玄武区珠江路 280 号 1903 室，www. njmes. org

刊名：基层医学论坛
刊号：CN14-1314/R
主办单位：山西科技新闻出版传媒集团有限责任公司
主管单位：山西省科学技术协会
地址：山西省太原市迎泽区长风东街 15 号，www. fihoo. net

刊名：基础教育
刊号：CN31-1914/G4
主办单位：华东师范大学
主管单位：中华人民共和国教育部
地址：上海市普陀区中山北路 3663 号，jss. ecnu. edu. cn

刊名：基础教育参考
刊号：CN11-4889/G4
主办单位：教育部教育管理信息中心
主管单位：中华人民共和国教育部
地址：北京市西城区大木仓胡同 35 号，jqjy. cbpt. cnki. net

刊名：基础教育论坛
刊号：CN21-1565/G4
主办单位：辽宁北方教育报刊出版有限公司
主管单位：辽宁北方期刊出版集团有限公司
地址：辽宁省沈阳市和平区中山路 205 号，www. jcjylt. com

刊名：基础教育研究
刊号：CN45-1094
主办单位：广西教育学会
主管单位：广西教育学会
地址：广西壮族自治区南宁市青秀区竹溪大道 69 号广西壮族自治区教育厅 1710 号房间，www. jcjyyjbjb. cn

刊名：基础外语教育
刊号：CN37-1509/H
主办单位：山东师范大学、外语教学与研究出版社有限责任公司
主管单位：山东师范大学
地址：山东省济南市历下区文化东路 88 号，sdwg. cbpt. cnki. net

刊名：基础医学教育
刊号：CN14-1364/R
主办单位：山西医科大学
主管单位：山西医科大学
地址：山西省太原市迎泽区新建南路 56 号，xuebao. sxmu. edu. cn

刊名：基础医学与临床
刊号：CN11-2652/R

主办单位：北京生理科学会
主管单位：北京市科学技术协会
地址：北京市东城区东单三条 5 号，jcyxylc. pumc. edu. cn

刊名：**基因组蛋白质组与生物信息学报**
刊号：CN11-4926/Q
主办单位：中国科学院北京基因组研究所、中国遗传学会
主管单位：中国科学院
地址：北京市朝阳区北辰西路 1 号院-7，gpb. big. ac. cn

刊名：**基因组学与应用生物学**
刊号：CN45-1369/Q
主办单位：广西大学
主管单位：广西大学
地址：广西壮族自治区南宁市西乡塘区大学东路 100 号广西大学，gabcn. org

刊名：**激光技术**
刊号：CN51-1125/TN
主办单位：西南技术物理研究所
主管单位：中国兵器工业集团有限公司
地址：四川省成都市武侯区人民南路四段 7 号，jgjs. net. cn

刊名：**激光生物学报**
刊号：CN43-1264/Q
主办单位：中国遗传学会
主管单位：中国科学技术学会
地址：湖南省长沙市岳麓区麓山路 36 号湖南师范大学生命科学学院内，jgsw. hunnu. edu. cn

刊名：**激光与光电子学进展**
刊号：CN31-1690/TN
主办单位：中国科学院上海光学精密机械研究所
主管单位：中国科学院
地址：上海市嘉定区清河路 390 号，lop. opticsjournal. net

刊名：**激光与红外**
刊号：CN11-2436/TN
主办单位：华北光电技术研究所
主管单位：中国电子科技集团有限公司
地址：北京市朝阳区酒仙桥路 2 号院内 11 所，magazine. laser-infrared. com/jgyhw/home

刊名：**激光杂志**
刊号：CN50-1085/TN
主办单位：重庆市光学机械研究所
主管单位：重庆市科学技术委员会
地址：重庆市渝北区黄山大道杨柳路 2 号 A 座 9 楼，www. laserjournal. cn

刊名：**吉林大学社会科学学报**
刊号：CN22-1063/C
主办单位：吉林大学
主管单位：中华人民共和国教育部
地址：吉林省长春市朝阳区前进大街 2699 号《吉林大学社会科学学报》编辑部，www. jldb. cbpt. cnki. net

刊名：**吉林大学学报（地球科学版）**
刊号：CN22-1343/P
主办单位：吉林大学
主管单位：中华人民共和国教育部
地址：吉林省长春市朝阳区西民主大街 938 号，xuebao. jlu. edu. cn/dxb

刊名：**吉林大学学报（工学版）**
刊号：CN22-1341/T
主办单位：吉林大学
主管单位：中华人民共和国教育部
地址：吉林省长春市南关区人民大街 5988 号，xuebao. jlu. edu. cn/gxb

刊名：**吉林大学学报（理学版）**
刊号：CN22-1340/O
主办单位：吉林大学
主管单位：中华人民共和国教育部
地址：吉林省长春市朝阳区前进大街 2699 号，xuebao. jlu. edu. cn/lxb

刊名：**吉林大学学报（信息科学版）**
刊号：CN22-1344/TN
主办单位：吉林大学
主管单位：中华人民共和国教育部
地址：吉林省长春市朝阳区南湖大路 5372 号，xuebao. jlu. edu. cn/xxb

刊名：**吉林大学学报（医学版）**

刊号：CN22-1342/R
主办单位：吉林大学
主管单位：中华人民共和国教育部
地址：吉林省长春市朝阳区新民大街 828 号，xuebao. jlu. edu. cn/yxb

刊名：吉林电力
刊号：CN22-1318/TK
主办单位：吉林省电力有限公司电力科学研究院、吉林省电机工程学会
主管单位：吉林省电力有限公司
地址：吉林省长春市朝阳区人民大街 4433 号

刊名：吉林工程技术师范学院学报
刊号：CN22-1265/TB
主办单位：吉林工程技术师范学院
主管单位：吉林省教育厅
地址：吉林省长春市宽城区凯旋路 3050 号，www. jltiet. edu. cn/kxyj/xsqk. htm

刊名：吉林工商学院学报
刊号：CN22-1390/F
主办单位：吉林工商学院
主管单位：吉林省教育厅
地址：吉林省长春市九台区卡伦湖大街 1666 号，xb. jlbtc. edu. cn

刊名：吉林广播电视大学学报
刊号：CN22-1297/G4
主办单位：吉林广播电视大学
主管单位：吉林省教育厅
地址：吉林省长春市朝阳区人民大街 6815 号，www. jlrtvu. jl. cn

刊名：吉林化工学院学报
刊号：CN22-1249/TQ
主办单位：吉林化工学院
主管单位：吉林省教育厅
地址：吉林省吉林市龙潭区承德街 45 号，jhxy. chinajournal. net. cn

刊名：吉林建筑大学学报
刊号：CN22-1413/TU
主办单位：吉林建筑大学
主管单位：吉林省教育厅
地址：吉林省长春市南关区新城大街 5088 号，xuebao. jlju. edu. cn

刊名：吉林金融研究
刊号：CN22-1073/F
主办单位：中国人民银行长春中心支行
主管单位：中国人民银行长春中心支行
地址：吉林省长春市朝阳区人民大街 2219 号

刊名：吉林林业科技
刊号：CN22-1106/S
主办单位：吉林省林业科学研究院
主管单位：吉林省林业和草原局
地址：吉林省长春市南关区亚泰大街 3698 号，www. jlslky. cn/index. php/Index/About/qkjj/id/3. html

刊名：吉林农业大学学报
刊号：CN22-1100/S
主办单位：吉林省教育厅
主管单位：吉林农业大学
地址：吉林省长春市南关区新城大街 2888 号，xuebao. jlau. edu. cn

刊名：吉林农业科技学院学报
刊号：CN22-1367/S
主办单位：吉林农业科技学院
主管单位：吉林省教育厅
地址：吉林省吉林市昌邑区翰林路 77 号，tcgb. cbpt. cnki. net

刊名：吉林省教育学院学报
刊号：CN22-1296/G4
主办单位：吉林省教育学院
主管单位：吉林省教育厅
地址：吉林省长春市朝阳区人民大街 6755 号，jljb. cbpt. cnki. net

刊名：吉林省社会主义学院学报
刊号：CN22-1320/D
主办单位：吉林省社会主义学院
主管单位：吉林省社会主义学院
地址：吉林省长春市南关区上海路 656 号，www. jlsy. org. cn

刊名：吉林师范大学学报（人文社会科学版）
刊号：CN22-1366/C

主办单位：吉林师范大学
主管单位：吉林省教育厅
地址：吉林省四平市铁西区海丰大街1301号，web.jlnu.edu.cn/xuebao

刊名：吉林师范大学学报（自然科学版）
刊号：CN22-1393/N
主办单位：吉林师范大学
主管单位：吉林省教育厅
地址：吉林省四平市铁西区海丰大街1301号，xb.jlnu.edu.cn

刊名：吉林水利
刊号：CN22-1179/TV
主办单位：吉林省水利宣传中心
主管单位：吉林省水利厅
地址：吉林省长春市南关区聚业大街6566号

刊名：吉林体育学院学报
刊号：CN22-1286/G8
主办单位：吉林体育学院
主管单位：吉林省体育局
地址：吉林省长春市南关区自由大路2476号，jlty.cbpt.cnki.net

刊名：吉林医学
刊号：CN22-1115/R
主办单位：吉林省人民医院
主管单位：吉林省卫生健康委员会
地址：吉林省长春市朝阳区建政路971号，jlyx.net

刊名：吉林医药学院学报
刊号：CN22-1368/R
主办单位：吉林医药学院
主管单位：吉林省教育厅
地址：吉林省吉林市丰满区吉林大街5号，www.jlmu.cn

刊名：吉林艺术学院学报
刊号：CN22-1285/I
主办单位：吉林艺术学院
主管单位：吉林省教育厅
地址：吉林省长春市朝阳区自由大路695号，xb.jlart.edu.cn

刊名：吉林中医药
刊号：CN22-1119/R
主办单位：长春中医药大学
主管单位：吉林省教育厅
地址：吉林省长春市南关区净月国家高新技术产业开发区博硕路1035号，zyjl.chinajournal.net.cn

刊名：吉首大学学报（社会科学版）
刊号：CN43-1069/C
主办单位：吉首大学
主管单位：吉首大学
地址：湖南省湘西土家族苗族自治州吉首市人民南路120号《吉首大学学报（社会科学版）》，skxb.jsu.edu.cn

刊名：吉首大学学报（自然科学版）
刊号：CN43-1253/N
主办单位：吉首大学
主管单位：吉首大学
地址：湖南省湘西土家族苗族自治州吉首市人民南路120号《吉首大学学报（自然科学版）》，zkxb.jsu.edu.cn

刊名：极地研究
刊号：CN31-1744/P
主办单位：中国极地研究中心、国家海洋局极地考察办公室
主管单位：国家海洋局
地址：上海市浦东新区金桥路451号，journal.polar.org.cn

刊名：极端条件下的物质与辐射
刊号：CN51-1768/O4
主办单位：中国工程物理研究院科技信息中心、中国工程物理研究院流体物理研究所、中国工程物理研究院激光聚变研究中心、北京应用物理与计算数学研究所
主管单位：中国工程物理研究院
地址：四川省绵阳市919信箱805分箱，mre.aip.org

刊名：疾病监测
刊号：CN11-2928/R
主办单位：中国疾病预防控制中心
主管单位：中华人民共和国国家卫生健康委员会
地址：北京市昌平区昌百路155号，www.jbjc.org

刊名：疾病监测与控制
刊号：CN15-1350/R
主办单位：内蒙古医科大学
主管单位：内蒙古自治区教育厅
地址：内蒙古自治区呼和浩特市新城区新华大街5号，jbjcykz. ijournals. cn

刊名：疾病预防控制通报
刊号：CN65-1286/R
主办单位：新疆维吾尔自治区疾病预防控制中心
主管单位：新疆维吾尔自治区卫生健康委员会
地址：新疆维吾尔自治区乌鲁木齐市天山区碱泉一街138号，dfbt. cbpt. cnki. net

刊名：集成电路应用
刊号：CN31-1325/TN
主办单位：上海贝岭股份有限公司
主管单位：中国电子信息产业集团有限公司
地址：上海市徐汇区宜山路810号，appic. com. cn

刊名：集成技术
刊号：CN44-1691/T
主办单位：中国科学院深圳先进技术研究院、科学出版社有限责任公司
主管单位：中国科学院
地址：广东省深圳市南山区西丽深圳大学城学苑大道1068号，jcjs. siat. ac. cn

刊名：集美大学学报
刊号：CN35-1238/U
主办单位：集美大学
主管单位：集美大学
地址：福建省厦门市集美区银江路185号，xuebaobangong. jmu. edu. cn/jkb

刊名：集美大学学报（哲学社会科学版）
刊号：CN35-1222/C
主办单位：集美大学
主管单位：集美大学
地址：福建省厦门市集美区银江路185号，xuebaobangong. jmu. edu. cn/zsb

刊名：集美大学学报（自然科学版）
刊号：CN35-1186/N
主办单位：集美大学
主管单位：集美大学
地址：福建省厦门市集美区银江路185号，xuebaobangong. jmu. edu. cn/zkb

刊名：集宁师范学院学报
刊号：CN15-1360/G4
主办单位：集宁师范学院
主管单位：内蒙古自治区教育厅
地址：内蒙古自治区乌兰察布市集宁区工农大街59号，www. jnsi. cbpt. cnki. net

刊名：集装箱化
刊号：CN31-1665/U
主办单位：上海海事大学
主管单位：上海海事大学
地址：上海市浦东新区海港大道1550号，www. containerizations. com

刊名：给水排水
刊号：CN11-4972/TU
主办单位：亚太建设科技信息研究院、中国建筑设计研究院、中国土木工程学会
主管单位：中华人民共和国住房和城乡建设部
地址：北京市西城区车公庄大街19号，jzjs. cbpt. cnki. net

刊名：脊柱外科杂志
刊号：CN31-1907/R
主办单位：中华医学会上海分会
主管单位：上海市卫生健康委员会
地址：上海市黄浦区成都北路500号，www. spinejournal. net

刊名：计测技术
刊号：CN11-5347/TB
主办单位：中国航空工业集团公司北京长城计量测试技术研究所
主管单位：中国航空工业集团公司
地址：北京市海淀区环山村，www. jicejishu. com

刊名：计量技术
刊号：CN11-1988/TB
主办单位：中国计量科学研究院
主管单位：国家市场监督管理总局
地址：北京市朝阳区北三环东路18号，www. nim. ac. cn/jljs

刊名：计量学报
刊号：CN11-1864/TB
主办单位：中国计量测试学会
主管单位：国家市场监督管理总局
地址：北京市朝阳区北三环东路 18 号（北京 1413 信箱），jlxb. china-csm. org

刊名：计量与测试技术
刊号：CN51-1412/TB
主办单位：成都市计量检定测试院
主管单位：成都市计量检定测试院
地址：四川省成都市成华区东风路北 2 巷 5 号，www. jlcsjs. com

刊名：计算机测量与控制
刊号：CN11-4762/TP
主办单位：中国计算机自动测量与控制技术协会
主管单位：中国航天科工集团有限公司
地址：北京市海淀区阜成路 14 号 1 号楼 12 层 1210 号，www. jsjclykz. com

刊名：计算机仿真
刊号：CN11-3724/TP
主办单位：北京控制与电子技术研究所
主管单位：中国航天科工集团有限公司
地址：北京市海淀区阜成路 14 号，www. jsjfz. com

刊名：计算机辅助工程
刊号：CN31-1679/TP
主办单位：上海海事大学
主管单位：上海海事大学
地址：上海市浦东新区海港大道 1550 号，www. chinacae. cn

刊名：计算机辅助设计与图形学学报
刊号：CN11-2925/TP
主办单位：中国计算机学会、北京中科期刊出版有限公司
主管单位：中国科学技术协会
地址：北京市西城区德胜门外大街 83 号德胜国际中心 B 座 301 室，www. jcad. cn/jcadcms

刊名：计算机工程
刊号：CN31-1289/TP
主办单位：华东计算技术研究所、上海市计算机学会
主管单位：中国电子科技集团有限公司
地址：上海市嘉定区澄浏公路 63 号，www. ecice-06. com

刊名：计算机工程与设计
刊号：CN11-1775/TP
主办单位：中国航天科工集团第二研究院七〇六所
主管单位：中国航天科工集团有限公司
地址：北京市 142 信箱 37 分箱，www. china-ced. com

刊名：计算机工程与应用
刊号：CN11-2127/TP
主办单位：华北计算技术研究所
主管单位：中国电子科技集团有限公司
地址：北京市海淀区北四环中路 211 号，cea. ceaj. org

刊名：计算机集成制造系统
刊号：CN11-5946/TP
主办单位：中国兵器工业集团第二一〇研究所
主管单位：中国兵器工业集团有限公司
地址：北京市海淀区车道沟 10 号科技 1 号楼 1404，www. cims-journal. cn

刊名：计算机技术与发展
刊号：CN61-1450/TP
主办单位：陕西省计算机学会
主管单位：陕西省工业和信息化厅
地址：陕西省西安市雁塔区雁塔路南段 99 号，www. xactad. org

刊名：计算机教育
刊号：CN11-5006/TP
主办单位：清华大学
主管单位：中华人民共和国教育部
地址：北京市海淀区双清路 30 号清华园，www. jsjjy. con

刊名：计算机科学
刊号：CN50-1075/TP
主办单位：重庆西南信息有限公司
主管单位：重庆西南信息有限公司
地址：重庆市渝北区洪湖西路 18 号，www. jsjkx. com

刊名：计算机科学与探索
刊号：CN11-5602/TP
主办单位：华北计算技术研究所

主管单位：中国电子科技集团有限公司
地址：北京市海淀区北四环中路 211 号，fcst.ceaj.org

刊名：计算机时代
刊号：CN33-1094/TP
主办单位：浙江省计算技术研究所、浙江省计算机学会
主管单位：浙江省科学技术厅
地址：浙江省杭州市西湖区环城西路 33 号，www.computer_era.org

刊名：计算机系统应用
刊号：CN11-2854/TP
主办单位：中国科学院软件研究所
主管单位：中国科学院
地址：北京市海淀区中关村南四街 4 号，www.c-s-a.org.cn

刊名：计算机学报
刊号：CN11-1826/TP
主办单位：中国科学院计算技术研究所、中国计算机学会
主管单位：中国科学院
地址：北京市东城区东黄城根北街 16 号，cjc.ict.ac.cn

刊名：计算机研究与发展
刊号：CN11-1777/TP
主办单位：中国科学院计算技术研究所、中国计算机学会
主管单位：中国科学院
地址：北京市海淀区中关村科学院南路 6 号，crad.ict.ac.cn

刊名：计算机应用
刊号：CN51-1307/TP
主办单位：四川省计算机学会、中国科学院成都分院
主管单位：四川省科学技术协会
地址：四川省成都市武侯区人民南路四段 9 号，www.joca.cn

刊名：计算机应用研究
刊号：CN51-1196/TP
主办单位：四川省计算机研究
主管单位：四川省科学技术厅
地址：四川省成都市武侯区成科西路 3 号，www.arocmag.com

刊名：计算机应用与软件
刊号：CN31-1260/TP
主办单位：上海市计算技术研究所、上海计算机软件技术开发中心
主管单位：上海科学院
地址：上海市静安区愚园路 546 号，www.shcas.cn

刊名：计算机与数字工程
刊号：CN42-1372/TP
主办单位：中国船舶重工集团公司第七〇九研究所
主管单位：中国船舶集团有限公司
地址：湖北省武汉市江夏区藏龙北路 1 号，jsj.709journal.com

刊名：计算机与网络
刊号：CN13-1223/TN
主办单位：中国电子科技集团公司第五十四研究所
主管单位：中国电子科技集团有限公司
地址：河北省石家庄市 174 信箱 215 分箱，jsyw.cbpt.cnki.net

刊名：计算机与现代化
刊号：CN36-1137
主办单位：江西省计算机学会、江西省计算技术研究所
主管单位：江西省科学技术厅
地址：江西省南昌市西湖区井冈山大道 1416 号 813 室，www.c-a-m.org.cn

刊名：计算机与应用化学
刊号：CN11-3763/TP
主办单位：中国科学院过程工程研究所
主管单位：中国科学院
地址：北京市海淀区中关村北二条 1 号，jsyh.cbpt.cnki.net

刊名：计算技术与自动化
刊号：CN43-1138/P
主办单位：湖南大学
主管单位：中华人民共和国教育部
地址：湖南省长沙市岳麓区天马山东路湖南大学期刊社，jsjsyzdh.cnjournal.com

刊名：计算力学学报
刊号：CN21-1373/03
主办单位：大连理工大学、中国力学学会
主管单位：中华人民共和国教育部
地址：辽宁省大连市甘井子区凌工路 2 号大连理工大学工程力学系 405、406，www. cjcm. net

刊名：计算数学
刊号：CN11-2125/O1
主办单位：中国科学院数学与系统科学研究院
主管单位：中国科学院
地址：北京市 2719 信箱，www. computmath. com

刊名：计算物理
刊号：CN11-2011/O4
主办单位：中国核学会
主管单位：中国科学技术协会
地址：北京市海淀区丰豪东路 2 号，www. cjcp. org. cn

刊名：记者摇篮
刊号：CN21-1032/G2
主办单位：辽宁省新闻工作者协会、辽宁报刊传媒集团（辽宁日报社）
主管单位：辽宁报刊传媒集团（辽宁日报社）
地址：辽宁省沈阳市和平区青年大街 356 号

刊名：技术经济
刊号：CN11-1444/F
主办单位：中国技术经济学会
主管单位：中国科学技术协会
地址：北京市海淀区学院南路 86 号，www. jishu-jingji. cn

刊名：技术经济与管理研究
刊号：CN14-1055/F
主办单位：山西社科报刊社
主管单位：山西省社科院（山西省政府发展研究中心）
地址：山西省太原市迎泽区水西关街 26 号 6 层

刊名：技术与创新管理
刊号：CN61-1414/N
主办单位：西安科技大学、陕西高等学校科研管理协会
主管单位：陕西省教育厅
地址：陕西省西安市雁塔区雁塔中路 58 号，kjrc. cbpt. cnki. net

刊名：济南大学学报（社会科学版）
刊号：CN37-1377/C
主办单位：济南大学
主管单位：山东省教育厅
地址：山东省济南市市中区南辛庄西路 336 号，journal. ujn. edu. cn

刊名：济南大学学报（自然科学版）
刊号：CN37-1378/N
主办单位：济南大学
主管单位：山东省教育厅
地址：山东省济南市市中区南辛庄西路 336 号，jndxxbzkb. cn

刊名：济南职业学院学报
刊号：CN37-1434/Z
主办单位：济南职业学院
主管单位：山东省教育厅
地址：山东省济南市市中区杆南东街 37 号，xb. jn-vc. cn

刊名：济宁学院学报
刊号：CN37-1461/G4
主办单位：济宁学院
主管单位：山东省教育厅
地址：山东省济宁市曲阜市杏坛路 1 号，bjb. jnxy. edu. cn

刊名：济宁医学院学报
刊号：CN37-1143/R
主办单位：济宁医学院
主管单位：山东省教育厅
地址：山东省济宁市任城区荷花路 16 号，xuebao. jnmc. edu. cn

刊名：济源职业技术学院学报
刊号：CN41-1349/Z
主办单位：济源职业技术学院
主管单位：河南省教育厅
地址：河南省济源市济源大道 88 号，www. jyvtc. edu. cn/xb/index. html

刊名：继续教育研究
刊号：CN23-1470/G4

主办单位：哈尔滨师范大学
主管单位：哈尔滨师范大学
地址：黑龙江省哈尔滨市松北区师大路1号，www. jixe. chinajournal. net. cn

刊名：继续医学教育
刊号：CN12-1206/G4
主办单位：天津医学高等专科学校
主管单位：天津市卫生健康委员会
地址：天津市河西区柳林路14号，www. cmezz. com

刊名：寄生虫病与感染性疾病
刊号：CN51-1636/R
主办单位：四川省疾病预防控制中心
主管单位：四川省卫生健康委员会
地址：四川省成都市武侯区中学路6号，www. sc-cdc. cn/View. aspx？id = 016001

刊名：暨南大学学报（自然科学与医学版）
刊号：CN44-1282/N
主办单位：暨南大学
主管单位：广东省教育厅
地址：广东省广州市天河区黄埔大道西601号，jnxb. jnu. edu. cn

刊名：暨南学报（哲学社会科学版）
刊号：CN44-1285/C
主办单位：暨南大学
主管单位：广东省教育厅
地址：广东省广州市天河区黄埔大道西601号，jnxb. jnu. edu. cn

刊名：佳木斯大学社会科学学报
刊号：CN23-1412/C
主办单位：佳木斯大学
主管单位：黑龙江省教育厅
地址：黑龙江省佳木斯市向阳区学府街258号，jmsdxb. jmsu. cn

刊名：佳木斯大学学报（自然科学版）
刊号：CN23-1434/T
主办单位：佳木斯大学
主管单位：黑龙江省教育厅
地址：黑龙江省佳木斯市向阳区学府街258号，jmdb. chinajournal. net. cn

刊名：家畜生态学报
刊号：CN61-1433/S
主办单位：西北农林科技大学
主管单位：中华人民共和国教育部
地址：陕西省咸阳市杨凌区西农路22号，jcst. magtech. com. cn

刊名：家电科技
刊号：CN11-4824/TM
主办单位：中国家用电器研究院
主管单位：中国轻工业联合会
地址：北京市西城区月坛北小街6号，jdkj. cheari. org

刊名：家具与室内装饰
刊号：CN43-1247/TS
主办单位：中南林业科技大学
主管单位：湖南省教育厅
地址：湖南省长沙市天心区韶山南路498号中南林业科技大学《家具与室内装饰》编辑部，jjzs. cbpt. cnki. net

刊名：嘉兴学院学报
刊号：CN33-1273/Z
主办单位：嘉兴学院
主管单位：浙江省教育厅
地址：浙江省嘉兴市南湖区越秀南路56号《嘉兴学院学报》编辑部，xb. zjxu. edu. cn

刊名：嘉应学院学报
刊号：CN44-1602/Z
主办单位：嘉应学院
主管单位：嘉应学院
地址：广东省梅州市梅江区梅松路嘉应学院，xuebao. jyu. edu. cn

刊名：价格理论与实践
刊号：CN11-1010/F
主办单位：中国价格协会
主管单位：中华人民共和国国家发展和改革委员会
地址：北京市西城区月坛北小街2号院3号楼3239号，www. price-world. com. cn

刊名：价格月刊
刊号：CN36-1006/F
主办单位：《价格月刊》杂志社
主管单位：江西省发展和改革委员会

地址：江西省南昌市红谷滩区卧龙路 999 号西 5 栋 3 楼，www. jiageyuekan. cn

刊名：检验检疫学刊
刊号：CN11-5795/R
主办单位：中国检验检疫科学研究院、中国检验检疫学会
主管单位：国家市场监督管理总局
地址：北京市朝阳区高碑店北路甲 3 号，xdsj. cbpt. cnki. net

刊名：检验医学
刊号：CN31-1915/R
主办单位：上海市临床检验中心
主管单位：上海市卫生健康委员会
地址：上海市浦东新区洪山路 528 号，www. shjyyx. com

刊名：检验医学与临床
刊号：CN50-1167/R
主办单位：重庆市卫生信息中心、重庆市临床检验中心
主管单位：重庆市卫生健康委员会
地址：重庆市渝北区宝环路 420 号，www. jyyxylc. com

刊名：减速顶与调速技术
刊号：CN23-1198/U
主办单位：哈尔滨铁路减速顶调速研究有限公司
主管单位：中国铁路哈尔滨局集团有限公司
地址：黑龙江省哈尔滨市南岗区邮政街 339 号

刊名：建材发展导向
刊号：CN53-1185/TU
主办单位：云南省建材工业行业协会
主管单位：云南省建材工业行业协会
地址：云南省昆明市五华区五台路 8 号，ynjc. cbpt. cnki. net

刊名：建材技术与应用
刊号：CN14-1291/TU
主办单位：山西职业技术学院
主管单位：山西省教育厅
地址：山西省太原市小店区坞城路 115 号

刊名：建材世界
刊号：CN42-1783/TU
主办单位：武汉理工大学
主管单位：中华人民共和国教育部
地址：湖北省武汉市洪山区珞狮路 122 号武汉理工大学（西院），www. jiancaisj. net

刊名：建井技术
刊号：CN11-2456/TD
主办单位：煤炭科学研究总院
主管单位：国家煤矿安全监察局
地址：北京市朝阳区和平里煤炭科学院内，jjjs. chinajournal. net. cn

刊名：建设机械技术与管理
刊号：CN43-1185/TU
主办单位：国家建筑城建机械质量监督检验中心
主管单位：中华人民共和国住房和城乡建设部
地址：湖南省长沙市岳麓区银盆南路 361 号，www. ccm-1. com

刊名：建设监理
刊号：CN31-1656/TU
主办单位：上海市建筑科学研究院（集团）有限公司
主管单位：上海市住房和城乡建设管理委员会
地址：上海市徐汇区宛平南路 75 号，tg. jsjlcn. com

刊名：建设科技
刊号：CN11-4705/TU
主办单位：住房和城乡建设部科技发展促进中心
主管单位：中华人民共和国住房和城乡建设部
地址：北京市海淀区三里河路 11 号住房和城乡建设部南配楼 515 室

刊名：建筑安全
刊号：CN51-1390/TU
主办单位：四川华西集团有限公司
主管单位：四川省住房和城乡建设厅
地址：四川省成都市金牛区解放路二段 95 号，www. jzaqzz. cn

刊名：建筑材料学报
刊号：CN31-1764/TU
主办单位：同济大学
主管单位：中华人民共和国教育部
地址：上海市杨浦区四平路 1239 号，jzclxb. allmaga. net

刊名：建筑电气
刊号：CN51-1297/TU
主办单位：中国建筑西南设计研究院有限公司、中国建筑学会建筑电气分会、全国建筑电气设计技术协作及情报交流网
主管单位：中华人民共和国住房和城乡建设部
地址：四川省成都市武侯区天府大道北段 866 号，www.jzdq.net.cn

刊名：建筑钢结构进展
刊号：CN31-1893/TU
主办单位：同济大学
主管单位：中华人民共和国教育部
地址：上海市杨浦区四平路 1239 号，www.jzjz.cbpt.cnki.net

刊名：建筑机械
刊号：CN11-1956/TU
主办单位：北京建筑机械化研究院有限公司
主管单位：中华人民共和国住房和城乡建设部
地址：北京市东城区安定门内方家胡同 21 号，www.cm1981.com.cn

刊名：建筑机械化
刊号：CN11-1919/TU
主办单位：中国建筑科学研究院有限公司建筑机械化研究分院
主管单位：中华人民共和国住房和城乡建设部
地址：河北省廊坊市广阳区金光道 61 号，www.cm1847.com

刊名：建筑技术
刊号：CN11-2253/TU
主办单位：北京建工集团有限责任公司
主管单位：北京建工集团有限责任公司
地址：北京市西城区广莲路 1 号建工大厦 A 座 9 层，www.jzjs.com

刊名：建筑技术开发
刊号：CN11-2178/TU
主办单位：北京建工集团有限责任公司
主管单位：北京建工集团有限责任公司
地址：北京市海淀区复兴路 34 号，www.jzjs.com

刊名：建筑技艺
刊号：CN11-5792/TU
主办单位：亚太建设科技信息研究院、中国建筑设计研究院
主管单位：中华人民共和国住房和城乡建设部
地址：北京市西城区车公庄大街 19 号，www.atd.com.cn

刊名：建筑监督检测与造价
刊号：CN44-1644/TU
主办单位：广东省建设工程质量安全监督检测总站、广东省建设工程造价管理总站
主管单位：广东省建设厅
地址：广东省广州市天河区黄埔大道西 108 号奥园大厦 11 楼

刊名：建筑节能
刊号：CN21-1540/TU
主办单位：中国建筑东北设计研究院有限公司、中国建筑节能协会
主管单位：中国建筑东北设计研究院有限公司
地址：辽宁省沈阳市和平区南堤西路 905 号中海国际中心 B 座 3F，fcyy.chinajournal.net.cn

刊名：建筑结构
刊号：CN11-2833/TU
主办单位：亚太建设科技信息研究院、中国建筑设计研究院、中国土木工程学会
主管单位：中华人民共和国住房和城乡建设部
地址：北京市西城区车公庄大街 19 号，www.buildingstructure.com.cn

刊名：建筑结构学报
刊号：CN11-1931/TU
主办单位：中国建筑学会
主管单位：中国科学技术协会
地址：北京市海淀区三里河路 13 号 9 层 904 室，jzjgxb.chinaasc.org

刊名：建筑经济
刊号：CN11-1326/F
主办单位：亚太建设科技信息研究院、中国建筑设计研究院、中国建筑学会
主管单位：中华人民共和国住房和城乡建设部
地址：北京市西城区车公庄大街 19 号，www.coneco.com.cn

刊名：建筑科学

刊号：CN11-1962/TU
主办单位：中国建筑科学研究院
主管单位：中华人民共和国住房和城乡建设部
地址：北京市朝阳区北三环东路30号，www.jianzhukexue.cn

刊名：建筑科学与工程学报
刊号：CN61-1442/TU
主办单位：长安大学
主管单位：中华人民共和国教育部
地址：陕西省西安市雁塔区南二环路中段长安大学杂志社，jace.chd.edu.cn

刊名：建筑砌块与砌块建筑
刊号：CN11-4646/TU
主办单位：中国建筑砌块协会
主管单位：中国建筑材料联合会
地址：北京市海淀区三里河路11号住房和城乡建设部南附楼312房间，www.chinacb.cn

刊名：建筑热能通风空调
刊号：CN42-1439/TV
主办单位：中国科学技术协会
主管单位：中国建筑学会
地址：湖北省武汉市武昌区北环路23号，www.chinabee.org

刊名：建筑师
刊号：CN11-5142/TU
主办单位：中国建筑工业出版社
主管单位：中华人民共和国住房和城乡建设部
地址：北京市海淀区三里河路9号中国建筑工业出版社内，thearchitect.cabp.com.cn

刊名：建筑施工
刊号：CN31-1334/TU
主办单位：上海建工（集团）总公司
主管单位：上海市国有资产监督管理委员会
地址：上海市闵行区新骏环路700号，www.jianzhushigong.cn

刊名：建筑学报
刊号：CN11-1930/TU
主办单位：中国建筑学会
主管单位：中国科学技术协会
地址：北京市海淀区三里河路13号9层901、902室，www.aj.org.cn

刊名：建筑遗产
刊号：CN10-1071/TU
主办单位：中国科技出版传媒股份有限公司、同济大学
主管单位：中国科学院
地址：北京市东城区东黄城根北街16号，www.jianzhuyichan.cn

刊名：建筑与文化
刊号：CN11-5058/Z
主办单位：世界图书出版有限公司
主管单位：中国出版传媒股份有限公司
地址：北京市东城区朝内大街137号，www.china-acsc.cn

刊名：建筑与预算
刊号：CN21-1286/TU
主办单位：辽宁省建筑行业服务指导中心
主管单位：辽宁省住房和城乡建设厅
地址：辽宁省沈阳市皇姑区嫩江街38号，jzys.cbpt.cnki.net

刊名：健康教育与健康促进
刊号：CN31-1974/R
主办单位：上海市健康促进中心
主管单位：上海市卫生健康委员会
地址：上海市静安区陕西南路122号，journal.shanghai-hp.org.cn

刊名：健康研究
刊号：CN33-1359/R
主办单位：杭州师范大学
主管单位：杭州市教育局
地址：浙江省杭州市余杭区余杭塘路2318号，hzyg.cbpt.cnki.net

刊名：舰船电子对抗
刊号：CN32-1413/TN
主办单位：中国船舶重工集团公司第七二三研究所
主管单位：中国船舶集团有限公司
地址：江苏省扬州市邗江区吴州东路186号，www.jcdz.cbpt.cnki.net

刊名：舰船电子工程

刊号：CN42-1427/U
主办单位：中国船舶重工集团公司第七〇九研究所
主管单位：中国船舶集团有限公司
地址：湖北省武汉市江夏区藏龙北路 1 号，jc.709journal.com

刊名：舰船科学技术
刊号：CN11-1885/U
主办单位：中国舰船研究院、中国船舶重工集团公司第七一四研究所
主管单位：中国船舶集团有限公司
地址：北京市朝阳区德胜门外双泉堡甲 2 号，jck-xjsgw.com

刊名：江海学刊
刊号：CN32-1013/C
主办单位：江苏省社会科学院
主管单位：江苏省社会科学院
地址：江苏省南京市秦淮区建邺路 168 号，www.jhxk.cn

刊名：江汉大学学报（社会科学版）
刊号：CN42-1867/C
主办单位：江汉大学
主管单位：湖北省教育厅
地址：湖北省武汉市蔡甸区经济技术开发区三角湖路 8 号，qks.jhun.edu.cn/jhdx_sk

刊名：江汉大学学报（自然科学版）
刊号：CN42-1737/N
主办单位：江汉大学
主管单位：湖北省教育厅
地址：湖北省武汉市蔡甸区经济技术开发区三角湖路 8 号，qks.jhun.edu.cn/jhdx_zk

刊名：江汉考古
刊号：CN42-1077/k
主办单位：湖北省文化和旅游厅
主管单位：湖北省文物考古研究所
地址：湖北省武汉市武昌区东湖路，www.jianghankaogu.cn

刊名：江汉论坛
刊号：CN42-1018/C
主办单位：湖北省社会科学院
主管单位：湖北省社会科学院
地址：湖北省武汉市武昌区东湖路 165 号，250.qikan.qwfbw.com

刊名：江汉石油职工大学学报
刊号：CN42-1582/TE
主办单位：中国石化集团江汉石油管理局职工大学
主管单位：中国石化集团江汉石油管理局
地址：湖北省潜江市一村，jszd.chinajournal.net.cn

刊名：江汉学术
刊号：CN42-1843/C
主办单位：江汉大学
主管单位：江汉大学
地址：湖北省武汉市蔡甸区经济技术开发区三角湖路 8 号，qks.jhun.edu.cn/jhxs

刊名：江淮论坛
刊号：CN34-1003/GO
主办单位：安徽省社会科学院
主管单位：安徽省社会科学院
地址：安徽省合肥市包河区徽州大道 1009 号，www.jhlt.net.cn

刊名：江淮水利科技
刊号：CN34-1293/TV
主办单位：安徽省水利志编辑室、安徽省水利学会
主管单位：安徽省水利厅
地址：安徽省合肥市包河区九华山路 48 号

刊名：江南大学学报（人文社会科学版）
刊号：CN32-1665/C
主办单位：江南大学
主管单位：中华人民共和国教育部
地址：江苏省无锡市滨河区蠡湖大道 1800 号，jndxxbrwb.paperonce.org

刊名：江南论坛
刊号：CN32-1405/C
主办单位：无锡市哲学社会科学界联合会
主管单位：中共无锡市委宣传部
地址：江苏省无锡市梁溪区复兴路 122 号 4 楼 400 室，www.jnforum.com

刊名：江南社会学院学报
刊号：CN32-1569/C
主办单位：江南社会学院

主管单位：江南社会学院
地址：江苏省苏州市吴中区江南社会学院

刊名：江苏蚕业
刊号：CN32-1203/S
主办单位：江苏苏豪传媒有限公司
主管单位：江苏省苏豪控股集团有限公司
地址：江苏省南京市雨花台区软件大道 48 号，kscy. chinajournal. net. cn

刊名：江苏船舶
刊号：CN32-1230/U
主办单位：江苏省造船工程学会、江苏省船舶设计研究所
主管单位：江苏省交通运输厅
地址：江苏省镇江市京口区正东路 5 号，jscb. cnki. net

刊名：江苏大学学报（社会科学版）
刊号：CN32-1655/C
主办单位：江苏大学
主管单位：江苏省教育厅
地址：江苏省镇江市京口区梦溪园巷 30 号江苏大学杂志社，zzs. ujs. edu. cn/xbskb

刊名：江苏大学学报（医学版）
刊号：CN32-1669/R
主办单位：江苏大学
主管单位：江苏省教育厅
地址：江苏省镇江市京口区梦溪园巷 30 号，zzs. ujs. edu. cn

刊名：江苏大学学报（自然科学版）
刊号：CN32-1668/N
主办单位：江苏大学
主管单位：江苏省教育厅
地址：江苏省镇江市京口区梦溪园巷 30 号，zzs. ujs. edu. cn/xbzkb

刊名：江苏第二师范学院学报
刊号：CN32-1860/G4
主办单位：江苏第二师范学院
主管单位：江苏省教育厅
地址：江苏省南京市鼓楼区北京西路 77 号，xb. jssnu. edu. cn

刊名：江苏工程职业技术学院学报
刊号：CN32-1855/TB
主办单位：江苏工程职业技术学院
主管单位：江苏省教育厅
地址：江苏省南通市崇川区青年中路 87 号，fyxb. jcet. edu. cn

刊名：江苏高教
刊号：CN32-1048/G4
主办单位：江苏教育报刊总社
主管单位：江苏省教育厅
地址：江苏省南京市鼓楼区草场门大街 133 号 A 楼《江苏高教》编辑部，www. jiangsugaojiao. com

刊名：江苏海洋大学学报（人文社会科学版）
刊号：CN32-1497/G4
主办单位：江苏海洋大学
主管单位：江苏省教育厅
地址：江苏省连云港市海州区苍梧路 59 号，xsqks. jou. edu. cn

刊名：江苏海洋大学学报（自然科学版）
刊号：CN32-1892/N
主办单位：江苏海洋大学
主管单位：江苏省教育厅
地址：江苏省连云港市海州区苍梧路 59 号，xsqks. jou. edu. cn

刊名：江苏行政学院学报
刊号：CN32-1562/C
主办单位：江苏省行政学院
主管单位：江苏省行政学院
地址：江苏省南京市鼓楼区水佐岗 49 号，www. jsxzxyxb. cn

刊名：江苏建材
刊号：CN32-1274/TU
主办单位：江苏省建材行业协会
主管单位：江苏省工业和信息化厅
地址：江苏省南京市鼓楼区云南路 311 号，www. jssjchyxh. cn

刊名：江苏建筑
刊号：CN32-1195/TU
主办单位：江苏省土木建筑学会、江苏省建筑科学研究院有限公司

主管单位：江苏省住房和城乡建设厅
地址：江苏省南京市鼓楼区北京西路 12 号，www.jstjxh.org.cn/Magazine_List.asp

刊名：江苏建筑职业技术学院学报
刊号：CN32-1830/Z
主办单位：江苏建筑职业技术学院
主管单位：江苏省教育厅
地址：江苏省徐州市泉山区学苑路 26 号《江苏建筑职业技术学院学报》编辑部，xb.jsjzi.edu.cn

刊名：江苏教育
刊号：CN32-1410/G4
主办单位：江苏教育报刊总社
主管单位：江苏省教育厅
地址：江苏省南京市鼓楼区草场门大街 133 号 B 楼《江苏教育》编辑部，jaoi.cbpt.cnki.net

刊名：江苏教育研究
刊号：CN32-1777/G4
主办单位：江苏省教育科学研究院
主管单位：江苏省教育厅
地址：江苏省南京市鼓楼区北京西路 77 号，www.educators.cn

刊名：江苏经贸职业技术学院学报
刊号：CN32-1705/Z
主办单位：江苏经贸职业技术学院
主管单位：江苏省教育厅
地址：江苏省南京市江宁区龙眠大道 180 号江苏经贸职业技术学院，qk.jseti.edu.cn

刊名：江苏警官学院学报
刊号：CN32-1704/Z
主办单位：江苏警官学院
主管单位：江苏省公安厅
地址：江苏省南京市雨花台区小行路 16 号，www.gazk.cbpt.cn

刊名：江苏科技大学学报（社会科学版）
刊号：CN32-1743/C
主办单位：江苏科技大学
主管单位：江苏省教育厅
地址：江苏省镇江市京口区梦溪路 2 号《江苏科技大学学报》编辑部，journal.just.edu.cn/jweb_skb/CN/volumn/current.shtm

刊名：江苏科技大学学报（自然科学版）
刊号：CN32-1765/N
主办单位：江苏科技大学
主管单位：江苏省教育厅
地址：江苏省镇江市京口区梦溪路 2 号《江苏科技大学学报》编辑部，journal.just.edu.cn/jweb_zkb/CN/volumn/current.shtml

刊名：江苏理工学院学报
刊号：CN32-1847/N
主办单位：江苏理工学院
主管单位：江苏省教育厅
地址：江苏省常州市武进区中吴大道 1801 号，zzs.jstu.edu.cn

刊名：江苏林业科技
刊号：CN32-1236/S
主办单位：江苏省林业科学研究院、江苏省林业科技情报中心
主管单位：江苏省林业局
地址：江苏省南京市江宁区东善桥省林科院内，js-lykj.jaf.ac.cn

刊名：江苏农业科学
刊号：CN32-1214/S
主办单位：江苏省农业科学院
主管单位：江苏省农业科学院
地址：江苏省南京市玄武区孝陵卫钟灵街 50 号江苏省农业科学院内，www.jsnykx.cn

刊名：江苏农业学报
刊号：CN32-1213/S
主办单位：江苏省农业科学院科技情报研究所
主管单位：江苏省农业科学院
地址：江苏省南京市玄武区孝陵卫钟灵街 50 号江苏省农业科学院《江苏农业学报》编辑部，js-nyxb.jaas.ac.cn

刊名：江苏商论
刊号：CN32-1076/F
主办单位：江苏省商业经济学会
主管单位：江苏省哲学社会科学界联合会
地址：江苏省南京市鼓楼区中山北路 223 号 502，sahg.cbpt.cnki.net

刊名：江苏社会科学
刊号：CN32-1312/C
主办单位：江苏省哲学社会科学界联合会
主管单位：江苏省哲学社会科学界联合会
地址：江苏省南京市秦淮区建邺路 168 号 4 号楼，jhkx. cbpt. cnki. net

刊名：江苏省社会主义学院学报
刊号：CN32-1559/C
主办单位：江苏省社会主义学院
主管单位：中共江苏省委统一战线工作部
地址：江苏省南京市秦淮区苜蓿园大街 51 号

刊名：江苏师范大学学报（哲学社会科学版）
刊号：CN32-1833/C
主办单位：江苏师范大学
主管单位：江苏省教育厅
地址：江苏省徐州市泉山区解放南路江苏师范大学奎园校区教学楼 104 室，xuebao. jsnu. edu. cn

刊名：江苏师范大学学报（自然科学版）
刊号：CN32-1834/N
主办单位：江苏师范大学
主管单位：江苏省教育厅
地址：江苏省徐州市泉山区解放南路江苏师范大学奎园校区，journal. jsnu. edu. cn

刊名：江苏水利
刊号：CN32-1474/TV
主办单位：江苏省水利学会
主管单位：江苏省水利厅
地址：江苏省南京市鼓楼区上海路 5 号水利大厦，jssl. slxxw. cn

刊名：江苏丝绸
刊号：CN32-1261/TS
主办单位：江苏苏豪传媒有限公司
主管单位：江苏省苏豪控股集团有限公司
地址：江苏省南京市雨花台区软件大道 48 号

刊名：江苏陶瓷
刊号：CN32-1251/TQ
主办单位：江苏省陶瓷研究所有限公司
主管单位：江苏省科学技术厅
地址：江苏省无锡市宜兴市丁山北路 196 号，www. jstys. com/keyan-xueshu. asp

刊名：江苏调味副食品
刊号：CN32-1235/TS
主办单位：江苏省调味副食品行业协会
主管单位：江苏省调味副食品行业协会
地址：江苏省南京市江宁区龙眠大道 180 号江苏经贸职业技术学院，qk. jseti. edu. cn

刊名：江苏通信
刊号：CN32-1782/TN
主办单位：江苏省通信学会
主管单位：江苏省通信管理局
地址：江苏省南京市鼓楼区中山北路 301 号，www. jsic. cn

刊名：江苏卫生事业管理
刊号：CN32-1419/R
主办单位：江苏省医学会
主管单位：江苏省卫生健康委员会
地址：江苏省南京市玄武区中央路 42 号，www. jswssygl. org

刊名：江苏医药
刊号：CN32-1221/R
主办单位：江苏省人民医院
主管单位：江苏省卫生健康委员会
地址：江苏省南京市鼓楼区广州路 300 号，yiya. cbpt. cnki. net

刊名：江苏预防医学
刊号：CN32-1446/R
主办单位：江苏省疾病预防控制中心、江苏省预防医学会
主管单位：江苏省卫生健康委员会
地址：江苏省南京市鼓楼区江苏路 172 号，jsyf. cbpt. cnki. net

刊名：江苏中医药
刊号：CN32-1630/R
主办单位：江苏省中医药学会
主管单位：江苏省卫生健康委员会
地址：江苏省南京市鼓楼区汉中路 282 号，www. jstcm. cn

刊名：江西财经大学学报
刊号：CN36-1224/F
主办单位：江西财经大学

主管单位：江西财经大学
地址：江西省南昌市青山湖区昌北经济开发区双港东大街168号，cfe. jxufe. cn

刊名：江西测绘
刊号：CN36-1123/P
主办单位：江西省测绘地理信息学会
主管单位：江西省科学技术协会
地址：江西省南昌市南昌县芳湖路2166号

刊名：江西畜牧兽医杂志
刊号：CN36-1117/S
主办单位：江西省畜牧兽医学会、江西省畜牧技术推广站
主管单位：江西省农业农村厅
地址：江西省南昌市东湖区文教路359号，jxxs. cbpt. cnki. net

刊名：江西电力
刊号：CN36-1131/TM
主办单位：江西电力报社
主管单位：国网江西省电力公司
地址：江西省南昌市青山湖区湖滨东路666号

刊名：江西电力职业技术学院学报
刊号：CN36-1258/Z
主办单位：江西电力职业技术学院
主管单位：国网江西省电力有限公司
地址：江西省南昌市青山湖区昌北经济技术开发区海棠南路268号，www. jxdlzy. com

刊名：江西广播电视大学学报
刊号：CN36-1211/G4
主办单位：江西广播电视大学
主管单位：江西省教育厅
地址：江西省南昌市东湖区洪都北大道86号，www. jxrtvu. com/113/list. htm

刊名：江西化工
刊号：CN36-1108/TQ
主办单位：江西省化学工业研究所、江西省化学化工学会
主管单位：江西省化学工业研究所
地址：江西省南昌市青山湖区北京东路138号

刊名：江西建材
刊号：CN36-1104/TU
主办单位：江西省建筑材料工业科学研究设计院
主管单位：江西省建材集团有限公司
地址：江西省南昌市青云谱区向坊西路355号，www. jxjczzs. com

刊名：江西教育
刊号：CN36-1048/G4
主办单位：江西教育传媒集团有限公司
主管单位：江西省教育厅
地址：江西省南昌市红谷滩区赣江南大道2888号

刊名：江西警察学院学报
刊号：CN36-1316/D
主办单位：江西警察学院
主管单位：江西省公安厅
地址：江西省南昌市新建区梅岭大道1666号《江西警察学院学报》编辑部，www. jxga. edu. cn

刊名：江西科技师范大学学报
刊号：CN36-1325/Z
主办单位：江西科技师范大学
主管单位：江西科技师范大学
地址：江西省南昌市红谷滩区红角洲学府大道589号，zzs. jxstnu. edu. cn

刊名：江西科学
刊号：CN36-1093/N
主办单位：江西省科学院
主管单位：江西省科学院
地址：江西省南昌市青山湖区昌东大道7777号，jskx. cbpt. cnki. net

刊名：江西理工大学学报
刊号：CN36-1289/TF
主办单位：江西理工大学
主管单位：江西省教育厅
地址：江西省赣州市章贡区红旗大道86号，jxlgdxxb. paperopen. com

刊名：江西煤炭科技
刊号：CN36-1121/TD
主办单位：江西省煤炭学会、安源煤业集团股份有限公司、江西省煤炭经济研究会、江西省煤炭工业科学研究所
主管单位：江西煤矿安全监察局

地址：江西省南昌市青山湖区北京东路23号

刊名：江西农业大学学报
刊号：CN36-1028/S
主办单位：江西农业大学
主管单位：江西农业大学
地址：江西省南昌市青山湖区志敏大道1101号，www.jxndxuebao.com

刊名：江西农业学报
刊号：CN36-1124/S
主办单位：江西省农业科学院、江西省农学会
主管单位：江西省农业科学院
地址：江西省南昌市南昌县莲塘镇南莲路602号，www.jxnyxb.com

刊名：江西社会科学
刊号：CN36-1001/C
主办单位：江西省社会科学院
主管单位：江西省社会科学院
地址：江西省南昌市东湖区洪都北大道649号，www.jxshkx.net

刊名：江西师范大学学报（哲学社会科学版）
刊号：CN36-1025/C
主办单位：江西师范大学
主管单位：江西师范大学
地址：江西省南昌市南昌县紫阳大道99号《江西师范大学学报（哲学社会科学版）》编辑部，zsxb.jxnu.edu.cn

刊名：江西水产科技
刊号：CN36-1126/S
主办单位：江西省水产科学研究所、江西省水产学会
主管单位：江西省农业农村厅
地址：江西省南昌市青山湖区富大有路1099号，jxcj.cbpt.cnki.net

刊名：江西水利科技
刊号：CN36-1112/TV
主办单位：江西省水利科学研究院、江西省水利厅科技情报站、江西省水利学会
主管单位：江西省水利厅
地址：江西省南昌市青山湖区北京东路1038号，jxslkj.jxsks.com

刊名：江西饲料
刊号：CN36-1227/S
主办单位：江西省粮油集团有限公司、江西省饲料学会
主管单位：江西省粮食和物资储备局
地址：江西省南昌市青云谱区施尧路1111号水榭公馆A座1906室

刊名：江西通信科技
刊号：CN36-1115/TN
主办单位：江西省通信学会
主管单位：江西省通信管理局
地址：江西省南昌市红谷滩新区赣江南大道路2698号，www.jxtxxh.com/sads

刊名：江西医药
刊号：CN36-1094/R
主办单位：江西省医学会
主管单位：江西省卫生健康委员会
地址：江西省南昌市东湖区豫章路72号，www.jxyy1961.com

刊名：江西中医药
刊号：CN36-1095/R
主办单位：江西中医药大学、江西省中医药学会
主管单位：江西中医药大学
地址：江西省南昌市湾里区梅岭大道1688号江西中医药大学，www.ajutcm.com/jjtcm/ch/index.aspx

刊名：江西中医药大学学报
刊号：CN36-1331/R
主办单位：江西中医药大学
主管单位：江西中医药大学
地址：江西省南昌市湾里区梅岭大道1688号江西中医药大学，www.ajutcm.com/jjutcm/ch/index.aspx

刊名：交大法学
刊号：CN31-2075/D
主办单位：上海交通大学
主管单位：上海交通大学
地址：上海市徐汇区华山路1954号，lawreview.sjtu.edu.cn

刊名：交通运输研究
刊号：CN10-1323/U
主办单位：交通运输部科学研究院

主管单位：中华人民共和国交通运输部
地址：北京市朝阳区惠新里 240 号，www. tr-cats. cn

刊名：交通财会
刊号：CN11-3177/F
主办单位：中国交通会计学会
主管单位：中华人民共和国交通运输部
地址：北京市朝阳区惠新里甲 240 号通联大厦，jtck. chinajournal. net. cn

刊名：交通工程
刊号：CN10-1468/U
主办单位：北京交通工程学会、北京工业大学
主管单位：北京市科学技术协会
地址：北京市丰台区南四环西路 186 号汉威国际四区 3 号楼 6M 层，www. btea. org. cn

刊名：交通节能与环保
刊号：CN10-1261/U
主办单位：人民交通出版社股份有限公司、交通运输部公路科学研究院
主管单位：中华人民共和国交通运输部
地址：北京市朝阳区安定门外外馆斜街 3 号，cbjl. cbpt. cnki. net

刊名：交通科技
刊号：CN42-1611/U
主办单位：武汉理工大学
主管单位：中华人民共和国教育部
地址：湖北省武汉市武昌区和平大道 1178 号，www. whjtkj. net

刊名：交通科技与经济
刊号：CN23-1443/U
主办单位：黑龙江工程学院
主管单位：黑龙江省教育厅
地址：黑龙江省哈尔滨市道外区红旗大街 999 号黑龙江工程学院院内，xsqk. hljit. edu. cn/Jweb_jtkj

刊名：交通科学与工程
刊号：CN43-1494/U
主办单位：长沙理工大学
主管单位：湖南省教育厅
地址：湖南省长沙市天心区万家丽南路二段 960 号长沙理工大学工科二号楼 A316 室，www. csust. edu. cn/qkzx

刊名：交通企业管理
刊号：CN42-1302/F
主办单位：武汉理工大学
主管单位：中华人民共和国教育部
地址：湖北省武汉市武昌区和平大道 1178 号 108 信箱，www. jtqygl. com

刊名：交通世界
刊号：CN11-3723/U
主办单位：交通运输部科学研究院
主管单位：中华人民共和国交通运输部
地址：北京市朝阳区惠新里 240 号

刊名：交通信息与安全
刊号：CN42-1781/U
主办单位：武汉理工大学
主管单位：中华人民共和国教育部
地址：湖北省武汉市武昌区和平大道 1178 号，www. jtxa. net

刊名：交通医学
刊号：CN32-1412/R
主办单位：南通大学
主管单位：江苏省教育厅
地址：江苏省南通市崇川区啬园路 9 号南通大学啬园校区综合楼 229 室，jtyx. ntu. edu. cn

刊名：交通与港航
刊号：CN31-2096/TU
主办单位：上海市交通港航发展研究中心
主管单位：上海市交通委员会
地址：上海市徐汇区衡山路 706 号，csgs. cbpt. cnki. net

刊名：交通运输部管理干部学院学报
刊号：CN10-1067/Z
主办单位：交通运输部管理干部学院
主管单位：中华人民共和国交通运输部
地址：河北省廊坊市三河市行宫西大街 324 号交通运输部管理干部学院院内，www. motmti. cn/xyxb/index. jhtml

刊名：交通运输工程学报
刊号：CN61-1369/U

主办单位：长安大学
主管单位：中华人民共和国教育部
地址：陕西省西安市雁塔区南二环路中段长安大学杂志社，transport. chd. edu. cn

刊名：交通运输工程与信息学报
刊号：CN51-1652/U
主办单位：西南交通大学
主管单位：中华人民共和国教育部
地址：四川省成都市郫都区西南交通大学交通运输与物流学院，jtgc. cbpt. cnki. net

刊名：交通运输系统工程与信息
刊号：CN11-4520/U
主办单位：中国系统工程学会
主管单位：中国科学技术协会
地址：北京市东城区东黄城根北街16号，tseit. bjtu. edu. cn

刊名：交响（西安音乐学院学报）
刊号：CN61-1045/J
主办单位：西安音乐学院
主管单位：陕西省教育厅
地址：陕西省西安市雁塔区长安中路108号

刊名：胶体与聚合物
刊号：CN42-1570/TQ
主办单位：湖北大学
主管单位：湖北省教育厅
地址：湖北省武汉市武昌区友谊大道368号湖北大学，jtjh. cbpt. cnki. net

刊名：焦作大学学报
刊号：CN41-1276/G4
主办单位：焦作大学
主管单位：河南省教育厅
地址：河南省焦作市山阳区人民路3066号，bjb. jzu. edu. cn

刊名：焦作师范高等专科学校学报
刊号：CN41-1352/Z
主办单位：焦作师范高等专科学校
主管单位：河南省教育厅
地址：河南省焦作市山阳区山阳路998号《焦作师范高等专科学校学报》编辑部，xb. jzsz. edu. cn

刊名：教练机
刊号：CN36-1318/V
主办单位：江西洪都航空工业集团有限责任公司
主管单位：中国航空工业集团有限公司
地址：江西省南昌市青云谱区新溪桥路

刊名：教师博览
刊号：CN36-1222/G4
主办单位：江西教育传媒集团有限公司
主管单位：江西省教育厅
地址：江西省南昌市红谷滩区赣江南大道2888号

刊名：教师教育论坛
刊号：CN42-1846/G4
主办单位：华中师范大学
主管单位：中华人民共和国教育部
地址：湖北省武汉市洪山区珞瑜路152号华中师范大学《教师教育论坛》编辑部，www. ghxz. cbpt. cnki. net

刊名：教师教育学报
刊号：CN50-1121/G4
主办单位：西南大学
主管单位：中华人民共和国教育部
地址：重庆市北碚区天生路2号，swu. edu. cn

刊名：教师教育研究
刊号：CN11-5147/G4
主办单位：北京师范大学、华东师范大学、教育部高校师资培训交流北京中心
主管单位：中华人民共和国教育部
地址：北京市海淀区新街口外大街19号北京师范大学内，gdsz. cbpt. cnki. net

刊名：教书育人
刊号：CN23-1439/G4
主办单位：哈尔滨师范大学
主管单位：哈尔滨师范大学
地址：黑龙江省哈尔滨市呼兰区利民开发区师大路1号，xsllyjb. hrbnu. edu. cn

刊名：教学研究
刊号：CN13-1216/G4
主办单位：燕山大学
主管单位：河北省教育厅
地址：河北省秦皇岛市海港区河北大街西段438号，

jxyj. ysu. edu. cn

刊名：教育与装备研究
刊号：CN10-1415/G4
主办单位：教育部教育装备研究与发展中心
主管单位：中华人民共和国教育部
地址：北京市海淀区中关村大街35号404室，jyyzbyj. cbpt. cnki. net

刊名：教学与管理
刊号：CN14-1024/G4
主办单位：太原师范学院
主管单位：太原师范学院
地址：山西省太原市小店区黄陵路19号，www. jx-ygl. com. cn

刊名：教学与研究
刊号：CN11-1454/G4
主办单位：中国人民大学
主管单位：中华人民共和国教育部
地址：北京市海淀区中关村大街59号中国人民大学科研楼，jxyyj. ruc. edu. cn

刊名：教学月刊（小学版）
刊号：CN33-1280/G4
主办单位：浙江外国语学院
主管单位：浙江外国语学院
地址：浙江省杭州市西湖区文二路174号，www. jxyk. com/bkfl1/jxykxxb/bkjj. htm

刊名：教学月刊（中学版）
刊号：CN33-1279/G4
主办单位：浙江外国语学院
主管单位：浙江外国语学院
地址：浙江省杭州市西湖区文二路174号，www. jxyk. com/bkfl1/jxykzxb/bkjj. htm

刊名：教育财会研究
刊号：CN42-1346/F
主办单位：中国教育会计学会、华中师范大学
主管单位：中华人民共和国教育部
地址：湖北省武汉市洪山区珞瑜路152号，jyckyj. cn

刊名：教育参考
刊号：CN31-2091/G4
主办单位：上海教育出版社有限公司
主管单位：上海世纪出版（集团）有限公司
地址：上海市徐汇区永福路123号，szty. cbpt. cnki. net

刊名：教育测量与评价
刊号：CN43-1482/G4
主办单位：湖南省教育考试院
主管单位：湖南省教育厅
地址：湖南省长沙市岳麓区潇湘中路271号，www. jyclypj. com. cn

刊名：教育导刊
刊号：CN44-1371/G4
主办单位：广州市教育科学研究所
主管单位：广州市教育局
地址：广东省广州市越秀区越秀北路80号北楼206，www. jydk. net. cn

刊名：教育发展研究
刊号：CN31-1772/G4
主办单位：上海市教育科学研究院、上海市高等教育学会
主管单位：上海市教育委员会
地址：上海市徐汇区茶陵北路21号，jyfzyjzz. cn

刊名：教育观察
刊号：CN45-1388/G4
主办单位：广西师范大学出版社集团有限公司
主管单位：广西师范大学
地址：广西壮族自治区桂林市七星区育才路15号，jygc. caizhizz. net

刊名：教育经济评论
刊号：CN10-1410/G4
主办单位：北京师范大学
主管单位：中华人民共和国教育部
地址：北京市海淀区新街口外大街19号，www. jyjj-pl. org

刊名：教育考试与评价
刊号：CN51-1766/G4
主办单位：四川省教育考试院
主管单位：四川省教育考试院
地址：四川省成都市锦江区学道街43号，www. sceeic. cn

刊名：教育科学

刊号：CN21-1066/G4
主办单位：辽宁师范大学
主管单位：辽宁省教育厅
地址：辽宁省大连市沙河口区黄河路850号，jykx.lnnu.edu.cn

刊名：教育科学论坛
刊号：CN51-1696/G4
主办单位：四川省教育科学研究院
主管单位：四川省教育厅
地址：四川省成都市双流区黄荆路11号，jykxlt.scjks.net

刊名：教育科学研究
刊号：CN11-4573/D
主办单位：北京教育科学研究院、北京开放大学
主管单位：北京市教育委员会
地址：北京市朝阳区北四环东路95号，www.esrbj.com

刊名：教育理论与实践
刊号：CN14-1027/G4
主办单位：山西省教育科学研究院
主管单位：山西省教育厅
地址：山西省太原市杏花岭区解放路东头道巷9号，www.jyllysj.cn

刊名：教育评论
刊号：CN35-1015/G4
主办单位：福建省教育科学研究所、福建省教育学会
主管单位：福建省教育厅
地址：福建省福州市鼓楼区五四路217号电教大楼，www.jyplzz.cn

刊名：教育生物学杂志
刊号：CN31-2079/R
主办单位：上海交通大学医学院附属新华医院
主管单位：上海交通大学
地址：上海市杨浦区控江路1665号，www.bio-education.com

刊名：教育实践与研究
刊号：CN13-1259/G4
主办单位：河北省教育科学研究所
主管单位：河北省教育厅
地址：河北省石家庄市新华区中华北大街122号《教育实践与研究》杂志社

刊名：教育视界
刊号：CN32-1848/G4
主办单位：江苏凤凰教育出版社有限公司
主管单位：江苏凤凰出版传媒股份有限公司
地址：江苏省南京市鼓楼区湖南路1号凤凰广场B座17楼

刊名：教育探索
刊号：CN23-1134/G4
主办单位：黑龙江省教育科学研究院
主管单位：黑龙江省教育科学研究院
地址：黑龙江省哈尔滨市南岗区中兴街19号，www.seek.cbpt.cnki.net

刊名：教育文化论坛
刊号：CN52-5031/G4
主办单位：贵州大学
主管单位：贵州大学
地址：贵州省贵阳市花溪区花溪大道南段2708，jour.gzu.edu.cn/11706/list.htm

刊名：教育信息技术
刊号：CN44-1529/G4
主办单位：广东省电化教育馆
主管单位：广东省教育厅
地址：广东省广州市海珠区江南大道中233号，jyux.cbpt.cnki.net

刊名：教育学报
刊号：CN11-5306/G4
主办单位：北京师范大学
主管单位：中华人民共和国教育部
地址：北京市海淀区新街口外大街19号北京师范大学英东楼343房间，xkjy.chinajournal.net.cn

刊名：教育学术月刊
刊号：CN36-1301/G4
主办单位：江西省教育科学研究所
主管单位：江西省教育厅
地址：江西省南昌市红谷滩新区赣江南大道2888号江西教育发展大厦17楼，www.jyxsyk.cn

刊名：教育学文摘
刊号：CN11-5773/G4

主办单位：中国人民大学
主管单位：中华人民共和国教育部
地址：北京市海淀区中关村大街甲59号文化大厦13、14层，www.zlzx.com.cn

刊名：教育研究
刊号：CN11-1281/G4
主办单位：中国教育科学研究院
主管单位：中华人民共和国教育部
地址：北京市海淀区北三环中路46号，www.nies.net.cn/jyyj

刊名：教育研究与评论
刊号：CN32-1791/G4
主办单位：江苏凤凰教育出版社有限公司
主管单位：江苏凤凰出版传媒股份有限公司
地址：江苏省南京市鼓楼区湖南路1号凤凰广场A座21层

刊名：教育研究与实验
刊号：CN42-1041/G4
主办单位：华中师范大学
主管单位：中华人民共和国教育部
地址：湖北省武汉市洪山区珞喻路152号华中师范大学教育学院，yjsy.cbpt.cnki.net

刊名：教育与教学研究
刊号：CN51-1720/G4
主办单位：成都大学
主管单位：成都市教育局
地址：四川省成都市龙泉驿区成洛大道2025号，manu41.magtech.com.cn/Jwk_etr/CN/column/column22.shtml

刊名：教育与经济
刊号：CN42-1268/G4
主办单位：华中师范大学、中国教育经济学研究会
主管单位：中华人民共和国教育部
地址：湖北省武汉市洪山区珞喻路152号华中师范大学教育学院，jyji.cbpt.cnki.net

刊名：教育与考试
刊号：CN35-1290/G4
主办单位：福建省教育考试院
主管单位：福建省教育厅
地址：福建省福州市鼓楼区北环中路59号，ksyj.xmu.edu.cn/xsyjl/yjcgl/jyyks_.htm

刊名：教育与职业
刊号：CN11-1004/G4
主办单位：中华职业教育社
主管单位：中共中央统一战线工作部
地址：北京市东城区安乐林路甲69号，www.evchina.com.cn

刊名：节能
刊号：CN21-1115/TK
主办单位：辽宁省科学技术情报研究所、辽宁省能源研究会
主管单位：辽宁省重要技术创新与研发基地建设工程中心
地址：辽宁省沈阳市浑南区朗月街2甲号，www.jienengzazhi.com

刊名：节能技术
刊号：CN23-1302/TK
主办单位：国防科技工业节能技术服务中心
主管单位：中华人民共和国工业和信息化部
地址：黑龙江省哈尔滨市南岗区西大直街92号哈尔滨工业大学节能楼309，www.jnjshit.com

刊名：节水灌溉
刊号：CN42-1420/TV
主办单位：中国灌溉排水发展中心
主管单位：中华人民共和国水利部
地址：湖北省武汉市武昌区武汉大学工学部，www.irrigate.com.cn

刊名：洁净煤技术
刊号：CN11-3676/TD
主办单位：煤炭科学研究总院、煤炭工业洁净煤工程技术研究中心
主管单位：国家煤矿安全监察局
地址：北京市朝阳区和平里青年沟东路5号煤炭科学研究总院内，www.jjmjs.com.cn

刊名：结构工程师
刊号：CN31-1358/TU
主办单位：同济大学
主管单位：中华人民共和国教育部
地址：上海市杨浦区四平路1239号，stru-en.tongji.edu.cn

刊名：结构化学
刊号：CN35-1112/TQ
主办单位：福建省物质结构研究所、中国化学会
主管单位：中国科学院
地址：福建省福州市鼓楼区杨桥西路155号，manu30.magtech.com.cn/jghx/CN/volumn/current.shtml

刊名：结核病与肺部健康杂志
刊号：CN10-1059/R
主办单位：中国防痨协会
主管单位：中国科学技术协会
地址：北京市西城区东光胡同5号，www.jtblh.cn

刊名：结直肠肛门外科
刊号：CN45-1343/R
主办单位：广西医科大学
主管单位：广西壮族自治区卫生健康委员会
地址：广西壮族自治区南宁市青秀区双拥路22号广西医科大学，jzcgmwk.cbpt.cnki.net

刊名：解剖科学进展
刊号：CN21-1347/Q
主办单位：中国解剖学会
主管单位：中国科学技术协会
地址：辽宁省沈阳市沈北新区蒲河路77号，jpkx.cbpt.cnki.net

刊名：解剖学报
刊号：CN11-2228/R
主办单位：中国解剖学会
主管单位：中国科学技术协会
地址：北京市海淀区学院路38号，jpxb.bjmu.edu.cn

刊名：解剖学研究
刊号：CN44-1485/R
主办单位：广东省解剖学会、中国解剖学会
主管单位：广东省科学技术协会
地址：广东省广州市越秀区中山二路74号中山大学人体解剖学教研室，gdjp.cbpt.cnki.net

刊名：解剖学杂志
刊号：CN31-1285/R
主办单位：中国解剖学会
主管单位：中国科学技术协会
地址：上海市杨浦区国定东路200号，www.jpxzz.cn

刊名：介入放射学杂志
刊号：CN31-1796/R
主办单位：上海市医学会
主管单位：上海市卫生健康委员会
地址：上海市长宁区华山路，cjir.paperonce.org

刊名：今传媒
刊号：CN61-1430/G
主办单位：陕西省出版印刷公司
主管单位：陕西省出版印刷公司
地址：陕西省西安市雁塔区南二环西段78号1202室，www.masscm.com

刊名：今日药学
刊号：CN44-1650/R
主办单位：广东省药学会、中国药学会
主管单位：广东省市场监督管理局
地址：广东省广州市东风东路753号之二，jinriyaoxue.com

刊名：金刚石与磨料磨具工程
刊号：CN41-1243/TG
主办单位：郑州磨料磨具磨削研究所有限公司
主管单位：郑州磨料磨具磨削研究所有限公司
地址：河南省郑州市中原区高新区梧桐街121号，www.jgszz.cn

刊名：金华职业技术学院学报
刊号：CN33-1267/Z
主办单位：金华职业技术学院
主管单位：浙江省教育厅
地址：浙江省金华市婺城区婺州街1188号，www.jhc.cn/3942/list.htm

刊名：金陵科技学院学报
刊号：CN32-1722/N
主办单位：金陵科技学院
主管单位：南京市教育局
地址：江苏省南京市江宁区弘景大道99号，xbbjb.jit.edu.cn

刊名：金陵科技学院学报（社会科学版）
刊号：CN32-1745/C
主办单位：金陵科技学院
主管单位：南京市教育局
地址：江苏省南京市江宁区弘景大道99号，xbbjb.jit.edu.cn

刊名：金融发展评论
刊号：CN65-1282/F
主办单位：中国人民银行乌鲁木齐中心支行、中国金融学会、新疆金融学会
主管单位：中国人民银行乌鲁木齐中心支行
地址：新疆维吾尔自治区乌鲁木齐市天山区人民路395号，jrfp. cbpt. cnki. net

刊名：金融发展研究
刊号：CN37-1462/F
主办单位：山东省金融学会
主管单位：中国人民银行济南分行
地址：山东省济南市市中区经七路382号，sdjr. chinajournal. net. cn

刊名：金融会计
刊号：CN11-3329/F
主办单位：中国金融会计学会
主管单位：中国人民银行
地址：北京市西城区成方街33号2号楼，www. jrkjzz. org. cn

刊名：金融理论探索
刊号：CN13-1418/F
主办单位：河北金融学院
主管单位：河北省教育厅
地址：河北省保定市莲池区恒祥北大街3188号，jrjy. chinajournal. net. cn

刊名：金融教育研究
刊号：CN36-1312/F
主办单位：江西师范大学
主管单位：江西师范大学
地址：江西省南昌市南昌县紫阳大道99号，jrxb. jxnu. edu. cn

刊名：金融经济学研究
刊号：CN44-1696/F
主办单位：广东金融学院
主管单位：广东省教育厅
地址：广东省广州市天河区龙洞迎福路527号广东金融学院，www. jiro. cbpt. cnki. net

刊名：金融科技时代
刊号：CN44-1680/N4
主办单位：广州银行电子结算中心
主管单位：中国人民银行广州分行
地址：广东省广州市天河区建中路55、57号6楼04、05房，www. jrftt. com

刊名：金融理论与教学
刊号：CN23-1146/F
主办单位：哈尔滨金融学院
主管单位：黑龙江省教育厅
地址：黑龙江省哈尔滨市香坊区电碳路65号，xb. hrbfu. edu. cn

刊名：金融理论与实践
刊号：CN41-1078/F
主办单位：中国人民银行郑州中心支行、河南省金融学会
主管单位：中国人民银行郑州中心支行
地址：河南省郑州市金水区商务外环路21号，www. jrls. cbpt. cnki. net

刊名：金融论坛
刊号：CN11-4613/F
主办单位：城市金融研究所、中国城市金融学会
主管单位：中国工商银行股份有限公司
地址：北京市西城区宣武门西大街丙121号，csjr. cbpt. cnki. net

刊名：金融评论
刊号：CN11-5865/F
主办单位：中国社会科学院金融研究所
主管单位：中国社会科学院
地址：北京市朝阳区曙光西里28号中冶大厦11层，ifb. cass. cn/cbw/jrpl

刊名：金融市场研究
刊号：CN10-1052/F
主办单位：中国银行间市场交易商协会
主管单位：中国人民银行
地址：北京市西城区金融街甲9号金融街中心南楼18层，www. nafmii. org. cn/jrscyj

刊名：金融研究
刊号：CN11-1268/F
主办单位：中国金融学会
主管单位：中国人民银行

地址：北京市西城区成方街 33 号院 2 号楼，www.jryj.org.cn

刊名：金融与经济
刊号：CN36-1005/F
主办单位：江西省金融学会
主管单位：中国人民银行南昌中心支行
地址：江西省南昌市东湖区铁街 25 号中国人民银行南昌中心支行，jryjj.org.cn

刊名：金融纵横
刊号：CN32-1564/F
主办单位：江苏省金融学会
主管单位：中国人民银行南京分行
地址：江苏省南京市秦淮区建邺路 88 号，www.jps-ffb.org.cn/default.php？mod = article&fid = 13

刊名：金属材料与冶金工程
刊号：CN43-1476/TF
主办单位：湖南华菱钢铁集团有限责任公司、湖南省金属学会
主管单位：湖南省人民政府国有资产监督管理委员会
地址：湖南省湘潭市岳塘区湖南华菱湘潭钢铁有限公司科研大楼 502 室

刊名：金属功能材料
刊号：CN11-3521/TG
主办单位：中国钢研科技集团有限公司、中国金属学会功能材料分会
主管单位：中国钢铁工业协会
地址：北京市海淀区学院南路 76 号，www.chinamet.cn

刊名：金属加工（冷加工）
刊号：CN11-5626/TH
主办单位：机械工业信息研究院
主管单位：中国机械工业联合会
地址：北京市西城区百万庄大街 22 号，www.mw1950.com

刊名：金属加工（热加工）
刊号：CN11-5627/TH
主办单位：机械工业信息研究院
主管单位：中国机械工业联合会
地址：北京市西城区百万庄大街 22 号，www.mw1950.com

刊名：金属矿山
刊号：CN34-1055/TD
主办单位：中钢集团马鞍山矿山研究院有限公司
主管单位：中钢集团马鞍山矿山研究院有限公司
地址：安徽省马鞍山市雨山区经济开发区西塘路 666 号，www.jsks.net.cn

刊名：金属热处理
刊号：CN11-1860/TG
主办单位：北京机电研究所有限公司、中国机械工程学会热处理分会、中国热处理行业协会
主管单位：中国机械工业联合会
地址：北京市海淀区学清路 18 号北京机电研究所内，www.jsrcl.net

刊名：金属世界
刊号：CN11-1417/TG
主办单位：中国金属学会、中国有色金属学会、北京科技大学
主管单位：中国科学技术协会
地址：北京市海淀区学院路 30 号，jssj.cbpt.cnki.net

刊名：金属学报
刊号：CN21-1139/TG
主办单位：中国金属学会
主管单位：中国科学技术协会
地址：辽宁省沈阳市沈河区文化路 72 号，www.ams.org.cn

刊名：金属制品
刊号：CN41-1145/TG
主办单位：中钢集团郑州金属制品研究院有限公司
主管单位：中钢集团郑州金属制品研究院有限公司
地址：河南省郑州市中原区高新区化工路 26 号，www.cswpn.com

刊名：近代史研究
刊号：CN11-1215/K
主办单位：中国社会科学院近代史研究所
主管单位：中国社会科学院
地址：北京市东城区王府井大街东厂胡同 1 号，www.jdsyj.org

刊名：晋城职业技术学院学报
刊号：CN14-1348/G4
主办单位：晋城职业技术学院
主管单位：晋城职业技术学院
地址：山西省晋城市城区凤台东街 1658 号，www.sxjczy.cn：88/gb2015/News_Class.aspx？ClassID = 220

刊名：晋图学刊
刊号：CN14-1022/G2
主办单位：山西大学、山西省高等学校图书情报工作委员会、山西省图书馆
主管单位：山西省教育厅
地址：山西省太原市小店区坞城路 92 号山西大学图书馆内，jtxu.cbpt.cnki.net

刊名：晋阳学刊
刊号：CN14-1057/C
主办单位：山西省社会科学院
主管单位：山西省社会科学院
地址：山西省太原市小店区大昌南路 14 号，www.sass.sx.cn/gk/zzjg/ssjg/201907/t20190726_133986.html

刊名：晋中学院学报
刊号：CN14-1327/Z
主办单位：晋中学院
主管单位：晋中学院
地址：山西省晋中市榆次区高校新区文华街 199 号，jgzk.chinajournal.net.cn

刊名：锦州医科大学学报
刊号：CN21-1606/R
主办单位：锦州医科大学
主管单位：辽宁省教育厅
地址：辽宁省锦州市凌河区松坡路三段 40 号，www.jzmu.edu.cn

刊名：锦州医科大学学报（社会科学版）
刊号：CN21-1607/C
主办单位：锦州医科大学
主管单位：辽宁省教育厅
地址：辽宁省锦州市凌河区松坡路 3 段 40 号，www.jzmu.edu.cn

刊名：经济导刊
刊号：CN11-3053/F
主办单位：中信出版股份有限公司
主管单位：中国中信集团有限公司
地址：北京市朝阳区惠新东街甲 4 号 7 层 701，www.jingjidaokan.com

刊名：经济地理
刊号：CN43-1126/K
主办单位：中国地理学会、湖南省经济地理研究所
主管单位：中国科学技术协会
地址：湖南省长沙市天心区青园路 506 号，www.jjdl.com.cn

刊名：经济动物学报
刊号：CN22-1258/S
主办单位：吉林农业大学
主管单位：吉林省教育厅
地址：吉林省长春市南关区新城大街 2888 号，jdxb.jlau.edu.cn

刊名：经济管理
刊号：CN11-1047/F
主办单位：中国社会科学院工业经济研究所
主管单位：中国社会科学院
地址：北京市西城区月坛北小街 2 号，www.jjgl.cass.cn

刊名：经济界
刊号：CN11-3774/F
主办单位：中国民主建国会中央委员会
主管单位：中国民主建国会中央委员会
地址：北京市朝阳区朝外大街吉祥里 208 号

刊名：经济经纬
刊号：CN41-1421/F
主办单位：河南财经政法大学
主管单位：河南省教育厅
地址：河南省郑州市金水区金水东路 180 号，www.jjjw.org.cn

刊名：经济科学
刊号：CN11-1564/F
主办单位：北京大学
主管单位：中华人民共和国教育部
地址：北京市海淀区颐和园路 5 号北京大学法学楼 4 层，jjkx.pku.edu.cn

刊名：经济理论与经济管理
刊号：CN11-1517/F
主办单位：中国人民大学
主管单位：中华人民共和国教育部
地址：北京市海淀区中关村大街59号中国人民大学科研楼11层，jjll. ruc. edu. cn

刊名：经济林研究
刊号：CN43-1117/S
主办单位：中南林业科技大学
主管单位：湖南省教育厅
地址：湖南省长沙市天心区韶山南路498号中南林业科技大学期刊社，jjlyj. csuft. edu. cn

刊名：经济论坛
刊号：CN13-1022/F
主办单位：河北省社会科学院
主管单位：河北省社会科学院
地址：河北省石家庄市桥西区裕华西路67号，www. jingjilt. com

刊名：经济评论
刊号：CN42-1348/F
主办单位：武汉大学
主管单位：中华人民共和国教育部
地址：湖北省武汉市武昌区八一路299号武汉大学经济与管理学院《经济评论》编辑部，jer. whu. edu. cn

刊名：经济社会史评论
刊号：CN12-1443/K
主办单位：天津师范大学
主管单位：天津市教育委员会
地址：天津市西青区宾水西道393号，www. eshistory. com

刊名：经济师
刊号：CN14-1069/F
主办单位：山西社会科学报刊社
主管单位：山西省社会科学院
地址：山西省太原市杏花岭区解放路167号，jjss. cbpt. cnki. net

刊名：经济视角
刊号：CN22-1225/F
主办单位：吉林大学
主管单位：吉林大学
地址：吉林省长春市朝阳区高新技术产业开发区前进大街2699号

刊名：经济数学
刊号：CN43-1118/O1
主办单位：湖南大学
主管单位：中华人民共和国教育部
地址：湖南省长沙市岳麓区天马山东路湖南大学期刊社，hdjjsx. cnjournal. com

刊名：经济体制改革
刊号：CN51-1027/F
主办单位：四川省社科院
主管单位：四川省社科院
地址：四川省成都市青羊区一环路西一段155号，www. sass. cn/123003/default. aspx

刊名：经济问题
刊号：CN14-1058/F
主办单位：山西省社会科学院
主管单位：山西省社会科学院
地址：山西省太原市小店区大昌南路14号，www. jjwtzz. cn

刊名：经济问题探索
刊号：CN53-1006/F
主办单位：云南省宏观经济研究院（云南省产业研究院）
主管单位：云南省发展和改革委员会
地址：云南省昆明市盘龙区东风东路106号，www. jjwtts. com

刊名：经济学报
刊号：CN10-1175/F
主办单位：清华大学
主管单位：中华人民共和国教育部
地址：北京市海淀区双清路30号学研大厦，www. cje. sem. tsinghua. edu. cn

刊名：经济学动态
刊号：CN11-1057/F
主办单位：中国社会科学院经济研究所
主管单位：中国社会科学院
地址：北京市西城区阜成门外大街月坛北小街2号，www. jjxdt. org

刊名：经济学家
刊号：CN51-1312/F
主办单位：西南财经大学、四川省社会科学学术基金会
主管单位：中华人民共和国教育部
地址：四川省成都市青羊区光华村55号西南财经大学，jjxj. swufe. edu. cn

刊名：经济学文摘
刊号：CN11-5768/F
主办单位：中国人民大学
主管单位：中华人民共和国教育部
地址：北京市海淀区中关村大街甲59号文化大厦13、14层，www. zlzx. com. cn

刊名：经济研究
刊号：CN11-1081/F
主办单位：中国社会科学院经济研究所
主管单位：中国社会科学院
地址：北京市西城区阜成门外大街月坛北小街2号，www. erj. cn

刊名：经济研究参考
刊号：CN11-3007/F
主办单位：经济科学出版社
主管单位：中华人民共和国财政部
地址：北京市海淀区阜成路甲28号新知大厦16层，www. jjyjck. cn

刊名：经济研究导刊
刊号：CN23-1533/F
主办单位：黑龙江省报刊出版有限公司
主管单位：黑龙江省出版集团有限公司
地址：黑龙江省哈尔滨市道里区田地街100号，jjyd. chinajournal. net. cn

刊名：经济与管理
刊号：CN13-1032/F
主办单位：河北经贸大学
主管单位：河北省教育厅
地址：河北省石家庄市新华区学府路47号，jjgl. cbpt. cnki. net

刊名：经济与管理研究
刊号：CN11-1384/F
主办单位：首都经济贸易大学
主管单位：北京市教育委员会
地址：北京市朝阳区金台里2号首都经济贸易大学红庙校区内，rem. cueb. edu. cn

刊名：经济与社会发展
刊号：CN45-1319/C
主办单位：广西社会科学院
主管单位：广西社会科学院
地址：广西壮族自治区南宁市青秀区新竹路5号，www. gass. gx. cn/html/2020/qk_0601/42. html

刊名：经济纵横
刊号：CN22-1054/F
主办单位：吉林省社会科学院
主管单位：吉林省社会科学院
地址：吉林省长春市二道区自由大路5399号，jjzhzzs. cn

刊名：经营与管理
刊号：CN12-1034/F
主办单位：天津市企业联合会、天津市企业家协会、天津中德应用技术大学
主管单位：天津市工业和信息化委员会
地址：天津市河西区黄埔南路友谊公寓D座1门302室，www. jyygl. com

刊名：荆楚理工学院学报
刊号：CN42-1798/G4
主办单位：荆楚理工学院
主管单位：湖北省教育厅
地址：湖北省荆门市东宝区象山大道33号，qks. jcut. edu. cn

刊名：荆楚学刊
刊号：CN42-1835/C
主办单位：荆楚理工学院
主管单位：湖北省教育厅
地址：湖北省荆门市东宝区象山大道33号，qks. jcut. edu. cn

刊名：精密成形工程
刊号：CN50-1199/TB
主办单位：中国兵器工业第五九研究所、国防科技工业精密塑性成形技术研究应用中心
主管单位：中国兵器装备集团公司
地址：重庆市九龙坡区渝州路33号，www. nsforming. com

刊名：精密制造与自动化
刊号：CN31-1858/TP
主办单位：上海磨床研究所
主管单位：上海电气（集团）总公司
地址：上海市杨浦区军工路1146号

刊名：精神医学杂志
刊号：CN37-1454/R
主办单位：山东省精神卫生中心
主管单位：山东省卫生健康委员会
地址：山东省济南市历下区文化东路49号，jsyxzz.paperopen.com

刊名：精细化工
刊号：CN21-1203/TQ
主办单位：中昊（大连）化工研究设计院有限公司
主管单位：中昊（大连）化工研究设计院有限公司
地址：辽宁省大连市沙河口区高新园区黄浦路201号，www.finechemicals.com.cn

刊名：精细化工中间体
刊号：CN43-1354/TQ
主办单位：湖南化工研究院有限公司
主管单位：湖南海利化工股份有限公司
地址：湖南省长沙市雨花区长沙大道550号，www.j-fci.com

刊名：精细石油化工
刊号：CN12-1179/TQ
主办单位：中国石化集团资产经营管理有限公司天津石化分公司
主管单位：中国石化集团资产经营管理有限公司天津石化分公司
地址：天津市滨海新区（大港）北围堤路160号天津石化公司内，www.jxsyhg.com

刊名：精细石油化工进展
刊号：CN32-1601/TE
主办单位：中国石油化工股份有限公司金陵分公司
主管单位：中国石油化工集团有限公司
地址：江苏省南京市栖霞区甘家巷金陵分公司，jx-syhgjz.periodicals.net.cn

刊名：精细与专用化学品
刊号：CN11-3237/TQ
主办单位：中国化工信息中心
主管单位：中国石油和化学工业协会
地址：北京市朝阳区安外小关街33号，cncic.cn/cpyfw/cbcm

刊名：精准医学杂志
刊号：CN37-1515/R
主办单位：青岛大学
主管单位：山东省教育厅
地址：山东省青岛市市南区江苏路19号，jpmed.qdu.edu.cn

刊名：井冈山大学学报（社会科学版）
刊号：CN36-13088/C
主办单位：井冈山大学
主管单位：江西省教育厅
地址：江西省吉安市青原区学苑路28号，xuebao.jgsu.edu.cn

刊名：井冈山大学学报（自然科学版）
刊号：CN36-1309/N
主办单位：井冈山大学
主管单位：江西省教育厅
地址：江西省吉安市青原区学苑路28号，xuebao.jgsu.edu.cn

刊名：颈腰痛杂志
刊号：CN34-1117/R
主办单位：安徽医科大学、联勤保障部队第901医院
主管单位：安徽省教育厅
地址：安徽省合肥市蜀山区长江西路424号，jytz.cbpt.cnki.net

刊名：景德镇学院学报
刊号：CN36-1340/G4
主办单位：景德镇学院
主管单位：江西省教育厅
地址：江西省景德镇市昌江区瓷都大道838号，www.jdzu.jx.cn/xb

刊名：景德镇陶瓷
刊号：CN36-1024TQ
主办单位：景德镇市陶瓷研究所
主管单位：景德镇市人民政府
地址：江西省景德镇市珠山区莲社北路169号，www.jdztc01.com

刊名：净水技术
刊号：CN31-1513/TQ
主办单位：上海市净水技术学会、上海城市水资源开发利用国家工程中心有限公司
主管单位：上海市科学技术协会
地址：上海市杨浦区杨树浦路 855 号，zsjs. cbpt. cnki. net

刊名：警学研究
刊号：CN22-1426/D
主办单位：吉林警察学院
主管单位：吉林省公安厅
地址：吉林省长春市南关区净月旅游开发区博硕路 1399 号，www. jljcxy. com

刊名：竞争政策研究
刊号：CN10-1303/F
主办单位：工业和信息化部电子科学技术情报研究所
主管单位：中华人民共和国工业和信息化部
地址：北京市石景山区鲁谷路 35 号

刊名：九江学院学报（社会科学版）
刊号：CN36-1285/C
主办单位：九江学院
主管单位：江西省教育厅
地址：江西省九江市濂溪区前进东路 551 号，xbbjb. jju. edu. cn

刊名：九江学院学报（自然科学版）
刊号：CN36-1297/N
主办单位：九江学院
主管单位：江西省教育厅
地址：江西省九江市濂溪区前进东路 551 号，xbbjb. jju. edu. cn

刊名：九江职业技术学院学报
刊号：CN36-1247/Z
主办单位：九江职业技术学院
主管单位：江西省教育厅
地址：江西省九江市濂溪区十里大道 1188 号，www. jvtc. jx. cn

刊名：局解手术学杂志
刊号：CN50-1162/R
主办单位：重庆市解剖学会、第三军医大学
主管单位：重庆市科学技术协会
地址：重庆市沙坪坝区凤天大道 110 号，www. jjssxzz. cn

刊名：聚氨酯工业
刊号：CN32-1275/TQ
主办单位：江苏省化工研究所有限公司、中国聚氨酯工业协会
主管单位：江苏省纺织（集团）总公司
地址：江苏省南京市鼓楼区新模范马路 5 号科技创新大厦 64 号信箱，www. puline. com

刊名：聚氯乙烯
刊号：CN21-1237/TQ
主办单位：锦西化工研究院有限公司
主管单位：锦西化工研究院有限公司
地址：辽宁省葫芦岛市龙港区高新七路 146 号，www. ca-pvc. com

刊名：聚酯工业
刊号：CN21-1249/TQ
主办单位：大连合成纤维研究设计院股份有限公司
主管单位：大连市科学技术局
地址：辽宁省大连市甘井子区七贤岭任贤街 1 号，jzgy. chinajournal. net. cn

刊名：决策与信息
刊号：CN42-1128/C
主办单位：武汉决策信息研究开发中心
主管单位：湖北省广播电视局
地址：湖北省武汉市武昌区公正路 9 号，www. jcyxx. com

刊名：绝缘材料
刊号：CN45-1287/TM
主办单位：桂林电器科学研究院有限公司
主管单位：中国机械工业集团有限公司
地址：广西壮族自治区桂林市七星区东城路 8 号，jyct. cbpt. cnki. net

刊名：菌物学报
刊号：CN11-5180/Q
主办单位：中国科学院微生物研究所、中国菌物学会
主管单位：中国科学院
地址：北京市朝阳区北辰西路 1 号院 3 号，journals-myco. im. ac. cn

刊名：**菌物研究**
刊号：CN22-1352/S
主办单位：吉林农业大学
主管单位：吉林省教育厅
地址：吉林省长春市南关区新城大街 2888 号，jw-yj. jlau. edu. cn

K

刊名：**喀什大学学报（汉文版）**
刊号：CN65-1306/G4
主办单位：喀什大学
主管单位：喀什大学
地址：新疆维吾尔自治区喀什市东城区喀什大学新泉校区，kssb. chinajournal. net. cn

刊名：**喀什大学学报（维文版）**
刊号：CN65-1307/G4
主办单位：喀什大学
主管单位：喀什大学
地址：新疆维吾尔自治区喀什市东城区喀什大学新泉校区，kssb. chinajournal. net. cn

刊名：**开发研究**
刊号：CN62-1005/C
主办单位：甘肃省社会科学院
主管单位：甘肃省社会科学院
地址：甘肃省兰州市安宁区建宁东路 277 号，kfyj. cbpt. cnki. net

刊名：**开放导报**
刊号：CN44-1338/F
主办单位：综合开发研究院（中国深圳）
主管单位：综合开发研究院（中国深圳）
地址：广东省深圳市罗湖区银湖路金湖一街 38 号 CDI 大厦 401，www. kaifangdb. cn

刊名：**开放教育研究**
刊号：CN31-1724/G4
主办单位：上海开放大学
主管单位：上海市教育委员会
地址：上海市杨浦区国顺路 288 号，openedu. shtvu. org. cn

刊名：**开放时代**
刊号：CN44-1034/C
主办单位：广州市社会科学院
主管单位：广州市社会科学院
地址：广东省广州市白云区云城街云安路 119 号，opentimes. cn

刊名：**开放学习研究**
刊号：CN10-1386/G4
主办单位：北京开放大学
主管单位：北京市教育委员会
地址：北京市海淀区皂君庙甲 4 号，openlearn. bjou. edu. cn

刊名：**开封大学学报**
刊号：CN41-1277/G4
主办单位：开封大学
主管单位：河南省教育厅
地址：河南省开封市龙亭区东京大道开封大学，www. kfu. edu. cn/xbbjb

刊名：**开封教育学院学报**
刊号：CN41-1310/G4
主办单位：开封教育学院
主管单位：河南省教育厅
地址：河南省开封市龙亭区东京大道中段《开封教育学院学报》编辑部，kfjy. cbpt. cnki. net

刊名：**凯里学院学报**
刊号：CN52-1147/G4
主办单位：凯里学院
主管单位：贵州省教育厅
地址：贵州省黔东南苗族侗族自治州凯里市经济开发区开元大道 3 号，uje. kluniv. edu. cn

刊名：**勘察科学技术**
刊号：CN13-1100/TF
主办单位：中勘冶金勘察设计研究院有限责任公司
主管单位：中勘冶金勘察设计研究院有限责任公司
地址：河北省保定市竞秀区东风中路 1285 号，kckx. chinajournal. net. cn

刊名：**康复学报**
刊号：CN35-1329/R
主办单位：福建中医药大学、中国科技出版传媒股份有限公司

主管单位：福建中医药大学
地址：福建省福州市闽侯县上街镇邱阳路1号福建中医药大学编辑部，www.scicloudcenter.com/RM

刊名：抗感染药学
刊号：CN32-1726/R
主办单位：苏州市第五人民医院
主管单位：江苏省卫生健康委员会
地址：江苏省苏州市相城区广前路10号，www.aiph.org.cn

刊名：抗日战争研究
刊号：CN11-2890/K
主办单位：中国社会科学院近代史研究所、中国抗日战争史学会
主管单位：中国社会科学院
地址：北京市东城区王府井大街东厂胡同1号，jds.cssn.cn/cbw/krzzyj

刊名：考古
刊号：CN11-1208/K
主办单位：中国社会科学院考古研究所
主管单位：中国社会科学院
地址：北京市东城区王府井大街27号，www.kgzzs.com

刊名：考古学报
刊号：CN11-1209/K
主办单位：中国社会科学院考古研究所
主管单位：中国社会科学院
地址：北京市东城区王府井大街27号，www.kgzzsh.com

刊名：考古与文物
刊号：CN61-1010/K
主办单位：陕西省考古研究院
主管单位：陕西省文物局
地址：陕西省西安市雁塔区乐游路31号，kgyw.cbpt.cnki.net

刊名：考试研究
刊号：CN12-1376/G4
主办单位：天津人民出版社有限公司、天津市教育招生考试院
主管单位：天津出版传媒集团有限公司
地址：天津市西青区宾水西道路395号，www.ksyj.cn

刊名：科技成果管理与研究
刊号：CN11-5433/N
主办单位：中国科技成果管理研究会、中国科学技术信息研究所
主管单位：中华人民共和国科学技术部
地址：北京市海淀区复兴路15号，www.mrsta.com

刊名：科技传播
刊号：CN11-5820/N
主办单位：中国科技新闻学会
主管单位：中国科学技术协会
地址：北京市海淀区学院南路86号，www.cpcst.cn

刊名：科技创新导报
刊号：CN11-5640/N
主办单位：中国宇航出版有限责任公司、北京合作创新国际科技服务中心
主管单位：中国航天科技集团有限公司
地址：北京市海淀区阜成路14号，www.chinakjcxdb.com

刊名：科技创新与生产力
刊号：CN14-1358/N
主办单位：太原科技战略研究院
主管单位：太原市科学技术局
地址：山西省太原市杏花岭区金刚里西巷11号赛德大厦802室

刊名：科技促进发展
刊号：CN11-5286/G3
主办单位：中国科学院科技政策与管理科学研究所、中国高技术产业发展促进会
主管单位：中国科学院
地址：北京市海淀区中关村东路55号思源楼525室，www.chinastd.net

刊名：科技导报
刊号：CN11-1421/N
主办单位：中国科学技术协会
主管单位：中国科学技术协会
地址：北京市海淀区学院南路86号，www.kjdb.org

刊名：科技管理研究
刊号：CN44-1223/G3
主办单位：广东省科学学与科技管理研究会
主管单位：广东省科学技术厅

地址：广东省广州市越秀区连新路171号广东国际科技中心305室，kjglyj. ijournals. cn

刊名：科技和产业
刊号：CN11-4671/T
主办单位：中国技术经济学会
主管单位：中国科学技术协会
地址：北京市海淀区学院南路86号，www. kjhcy. org

刊名：科技进步与对策
刊号：CN42-1224/G3
主办单位：湖北省科技信息研究院
主管单位：中国管理科学学会、湖北省科学技术厅
地址：湖北省武汉市武昌区洪山路2号，www. kjjb. org

刊名：科技通报
刊号：CN33-1079/N
主办单位：浙江省科学技术协会
主管单位：浙江省科学技术协会
地址：浙江省杭州市下城区武林广场路7号，kjtb. cbpt. cnki. net

刊名：科技与出版
刊号：CN11-3209/G3
主办单位：清华大学出版社有限公司
主管单位：清华大学
地址：北京市海淀区双清路30号学研大厦A座清华大学出版社，www. kjycb. com

刊名：科技与法律
刊号：CN11-2922/N
主办单位：中国科学技术法学会
主管单位：中华人民共和国科学技术部
地址：北京市海淀区翠微路甲10号428室，www. clast. org. cn

刊名：科技与管理
刊号：CN23-1445/G3
主办单位：哈尔滨理工大学
主管单位：黑龙江省教育厅
地址：黑龙江省哈尔滨市南岗区学府路52号，kjygl. hrbust. edu. cn

刊名：科技与经济
刊号：CN32-1276/N
主办单位：南京市科技信息研究所
主管单位：南京市科学技术局
地址：江苏省南京市玄武区成贤街118号南京科技中心503室，www. kjyjj. cn

刊名：科技资讯
刊号：CN11-5042/N
主办单位：北京国际科技服务中心、北京合作创新国际科技服务中心
主管单位：北京市科学技术研究院
地址：北京市朝阳区百子湾西里金海商富中心402（A）号楼503室，www. chinakjzx. com

刊名：科教导刊
刊号：CN42-1795/N
主办单位：湖北省科学技术协会
主管单位：湖北省科学技术协会
地址：湖北省武汉市洪山区珞狮北路2号樱花大厦A座1701室，www. kjdkzzs. com

刊名：科教文汇
刊号：CN34-1274/G
主办单位：安徽省老科协、安徽省科学教育研究会
主管单位：安徽省科学技术协会
地址：安徽省合肥市庐阳区花园街4号科技大厦4E，www. kjwhzzs. com

刊名：科普研究
刊号：CN11-5410/N
主办单位：中国科普研究所
主管单位：中国科学技术协会
地址：北京市海淀区学院南路86号，kpyj. crsp. org. cn

刊名：科学·经济·社会
刊号：CN62-1020/G3
主办单位：兰州大学
主管单位：中华人民共和国教育部
地址：甘肃省兰州市城关区天水南路222号，kjsh. cbpt. cnki. net

刊名：科学发展
刊号：CN31-2017/C
主办单位：上海市人民政府发展研究中心
主管单位：上海市人民政府发展研究中心
地址：上海市徐汇区医学院路69号

刊名：科学观察
刊号：CN11-5469/N
主办单位：中国科学院文献情报中心
主管单位：中国科学院
地址：北京市海淀区北四环西路33号中国科学院文献情报中心，manu56.magtech.com.cn/kxgc

刊名：科学管理研究
刊号：CN15-1103/G3
主办单位：内蒙古自治区软科学研究会
主管单位：内蒙古自治区科学技术厅
地址：内蒙古自治区呼和浩特市新城区总局街3号305室，www.kxgy.chinajournal.net.cn

刊名：科学技术与工程
刊号：CN11-4688/T
主办单位：中国技术经济学会
主管单位：中国科学技术协会
地址：北京市海淀区学院南路86号，stae.com.cn

刊名：科学技术哲学研究
刊号：CN14-1354/G3
主办单位：山西大学、山西省自然辩证法研究会
主管单位：山西省科学技术协会
地址：山西省太原市小店区坞城路92号，kxbz.cbpt.cnki.net

刊名：科学教育与博物馆
刊号：CN31-2111/N
主办单位：上海科技馆
主管单位：上海市科学技术委员会
地址：上海市浦东新区世纪大道2000号，sciedumuseum.chinajournal.net.cn

刊名：科学决策
刊号：CN11-3472/G3
主办单位：中国航天系统科学与工程研究院、中国社会经济系统分析研究会、欧亚系统科学研究会
主管单位：中国航天科技集团有限公司
地址：北京市海淀区阜成路14号，www.kxjcm.com

刊名：科学社会主义
刊号：CN11-2797/D
主办单位：中国科学社会主义学会
主管单位：中共中央党校
地址：北京市海淀区大有庄100号中共中央党校科学社会主义教研部

刊名：科学通报
刊号：CN11-1784/N
主办单位：中国科学院、国家自然科学基金委员会
主管单位：中国科学院
地址：北京市东城区东黄城根北街16号，www.scichina.com

刊名：科学文化评论
刊号：CN11-5184/G
主办单位：中国科学院自然科学史研究所、中国科学院科技政策局
主管单位：中国科学院
地址：北京市东城区朝内大街137号，kxwp.cbpt.cnki.net

刊名：科学学研究
刊号：CN11-1805/G3
主办单位：中国科学院科技政策与管理科学研究所、中国科学学与科技政策研究会、清华大学科学技术与社会研究中心
主管单位：中国科学院
地址：北京市海淀区中关村东路55号，www.kxxyj.com

刊名：科学学与科学技术管理
刊号：CN12-1117/G3
主办单位：天津市科学学研究所
主管单位：天津市科学技术委员会
地址：天津市河东区新开路138号，www.plSSTM.org

刊名：科学养鱼
刊号：CN32-1131/S
主办单位：中国水产学会、中国水产科学研究院淡水渔业研究中心、全国水产技术推广总站
主管单位：中国科学技术协会
地址：江苏省无锡市滨湖区山水东路9号，kxyy.fish.cn

刊名：科学与管理
刊号：CN37-1020/G3
主办单位：山东省科学技术厅、山东省科学院
主管单位：山东省科学技术厅

地址：山东省济南市历下区科院路19号，jxyg.cbpt.cnki.net

刊名：科学与社会
刊号：CN10-1009/G3
主办单位：中国科学院科技战略咨询研究院
主管单位：中国科学院
地址：北京市海淀区中关村北一条15号，kxsy.cbpt.cnki.net

刊名：科学与无神论
刊号：CN11-4075/B
主办单位：中国无神论学会
主管单位：中国社会科学院
地址：北京市东城区建内大街5号

刊名：科研管理
刊号：CN11-1567/G3
主办单位：中国科学院科技政策与管理科学研究所、中国科学学与科技政策研究会、清华大学技术创新研究中心
主管单位：中国科学院
地址：北京市海淀区中关村东路55号，kygl.net.cn

刊名：可再生能源
刊号：CN21-1469/TK
主办单位：辽宁省能源研究所有限公司
主管单位：辽宁省国有资产经营有限公司
地址：辽宁省营口市西市区银泉路65号，www.kzsny.com

刊名：克拉玛依学刊
刊号：CN65-1285/C
主办单位：中共克拉玛依市委党校
主管单位：中共克拉玛依市委党校
地址：新疆维吾尔自治区克拉玛依市克拉玛依区友谊路251号，xsjx.chinajournal.net.cn

刊名：客车技术
刊号：CN21-1356/U
主办单位：丹东客车研究所
主管单位：丹东客车研究所
地址：辽宁省丹东市振兴区鸭绿江大街889号

刊名：客车技术与研究
刊号：CN50-1109/U
主办单位：重庆交通科研设计院、重庆车辆检测研究院有限公司、中国公路学会客车分会
主管单位：重庆市交通委员会
地址：重庆市南岸区学府大道33号，www.bus-in.cmct.cn

刊名：课程教学研究
刊号：CN44-1690/G4
主办单位：广东教育出版社有限公司
主管单位：南方出版传媒股份有限公司
地址：广东省广州市越秀区环市东路472号14楼

刊名：课程教育研究
刊号：CN15-1355/G4
主办单位：内蒙古自治区北方文化研究院
主管单位：内蒙古自治区文化和旅游厅
地址：内蒙古自治区呼和浩特市赛罕区锡林南路恩和大厦1007号，www.kcjyyj.com

刊名：空间电子技术
刊号：CN61-1420/TN
主办单位：西安空间无线电技术研究所
主管单位：中国航天科技集团有限公司
地址：陕西省西安市长安区东长安街504号，kjdzjs.paperopen.com

刊名：空间结构
刊号：CN33-1205/Q4
主办单位：浙江大学
主管单位：中华人民共和国教育部
地址：浙江省杭州市西湖区浙大路38号，www.kongjianjiegou.com

刊名：空间科学学报
刊号：CN11-1783/V
主办单位：中国科学院国家空间科学中心、中国空间科学学会
主管单位：中国科学院
地址：北京市东城区东黄城根北街16号，www.cjss.ac.cn

刊名：空间控制技术与应用
刊号：CN11-5664/V
主办单位：北京控制工程研究所
主管单位：中国航天科技集团有限公司
地址：北京市海淀区友谊路104号，journal01.magtech.org.cn/Jwk3_kjkzjs

刊名：孔学堂杂志
刊号：CN52-5035/C
主办单位：当代贵州期刊传媒集团
主管单位：中共贵州省委当代贵州杂志社
地址：贵州省贵阳市乌当区大坡路 26 号，www. id-dgz. com/2016/pic_0427/155. html

刊名：孔子研究
刊号：CN37-1037/C
主办单位：中国孔子基金会
主管单位：中共山东省委宣传部
地址：山东省济南市市中区舜耕路 46 号，www. chi-nakongzi. org/kzyj

刊名：控制工程
刊号：CN21-1476/TP
主办单位：东北大学
主管单位：中华人民共和国教育部
地址：辽宁省沈阳市和平区文化路 3 号巷 11 号东北大学 310 信箱，www. kzgc. com. cn

刊名：控制理论与应用
刊号：CN44-1240/TP
主办单位：华南理工大学、中国科学院数学与系统科学研究院
主管单位：中华人民共和国教育部
地址：广东省广州市天河区五山路 381 号华南理工大学内，jcta. alljournals. ac. cn/cta_cn/ch/in-dex. aspx

刊名：控制与决策
刊号：CN21-1124/TP
主办单位：东北大学
主管单位：中华人民共和国教育部科技司
地址：辽宁省沈阳市和平区文化路 3 号巷 11 号东北大学 125 信箱，kzyjc. alljournals. cn

刊名：控制与信息技术
刊号：CN43-1546/TM
主办单位：中车株洲电力机车研究所有限公司
主管单位：中国中车集团有限公司
地址：湖南省株洲市石峰区时代路 169 号，ctet. crrczic. cc

刊名：口岸卫生控制
刊号：CN12-1297/R
主办单位：天津国际旅行卫生保健中心
主管单位：天津出入境检验检疫局
地址：天津市滨海新区新港二号路 21126 号

刊名：口腔疾病防治
刊号：CN44-1724/R
主办单位：南方医科大学口腔医院、广东省牙病防治指导中心
主管单位：广东省卫生健康委员会
地址：广东省广州市海珠区江南大道南 366 号，www. kqjbfz. com

刊名：口腔材料器械杂志
刊号：CN33-1153/TH
主办单位：浙江省人民医院
主管单位：浙江省卫生健康委员会
地址：浙江省杭州市下城区上塘路 158 号，kqcl. cnjournals. com

刊名：口腔颌面外科杂志
刊号：CN31-1671/R
主办单位：同济大学
主管单位：中华人民共和国教育部
地址：上海市静安区延长中路 399 号，www. kqhm-wkzz. com

刊名：口腔生物医学
刊号：CN32-1813/R
主办单位：南京医科大学
主管单位：江苏省教育厅
地址：江苏省南京市鼓楼区汉中路 136 号，www. kqswyx. cn

刊名：口腔医学
刊号：CN32-1255/R
主办单位：南京医科大学口腔医学院
主管单位：南京医科大学
地址：江苏省南京市鼓楼区汉中路 136 号，www. stomatology. cn

刊名：口腔医学研究
刊号：CN42-1682/R
主办单位：武汉大学口腔医学院
主管单位：武汉大学

地址：湖北省武汉市洪山区珞瑜路237号，www.kqyxyj.com

刊名：会计师
刊号：CN36-1268/F
主办单位：江西省报刊传媒有限责任公司
主管单位：中文天地出版传媒股份有限公司
地址：北京市海淀区花园路甲13号院7号楼，www.accountantmag.com

刊名：会计研究
刊号：CN11-1078/F
主办单位：中国会计学会
主管单位：中华人民共和国财政部
地址：北京市西城区月坛南街14号月新大厦3层，www.asc.net.cn

刊名：会计与经济研究
刊号：CN31-2074/F
主办单位：上海立信会计金融学院
主管单位：上海市教育委员会
地址：上海市徐汇区中山西路2230号，xbbjb.lixin.edu.cn

刊名：会计之友
刊号：CN14-1063/F
主办单位：山西社会科学报刊社
主管单位：山西省社会科学院
地址：山西省太原市杏花岭区五一路190号雅典金座大厦17层《会计之友》杂志社，www.kuaijizy.cn

刊名：宽厚板
刊号：CN41-1242/TF
主办单位：舞阳钢铁有限责任公司
主管单位：舞阳钢铁有限责任公司
地址：河南省平顶山市舞钢市湖滨大道西段舞阳钢铁有限责任公司科技部

刊名：矿产保护与利用
刊号：CN41-1122/TD
主办单位：中国地质科学院郑州矿产综合利用研究所
主管单位：自然资源部科技与国际合作司
地址：河南省郑州市中原区陇海西路328号，kcbh.cbpt.cnki.net

刊名：矿产勘查
刊号：CN11-5875/TD
主办单位：北京矿产地质研究院
主管单位：中国有色金属工业协会
地址：北京市朝阳区北苑5号院4区有色地质大厦1104室，www.kckc.org.cn

刊名：矿产与地质
刊号：CN45-1174/TD
主办单位：中国有色桂林矿产地质研究院有限公司
主管单位：中国有色金属工业协会
地址：广西壮族自治区桂林市七星区辅星路9号，kcyd.cbpt.cnki.net

刊名：矿产综合利用
刊号：CN51-1251/TD
主办单位：中国地质科学院矿产综合利用研究所
主管单位：中国地质科学院矿产综合利用研究所
地址：四川省成都市武侯区二环路南三段5号人南大厦A座1004室，www.imumr.cgs.gov.cn

刊名：矿床地质
刊号：CN11-1965/P
主办单位：中国地质学会矿床地质专业委员会、中国地质科学院矿产资源研究所
主管单位：中国科学技术协会
地址：北京市东城区东黄城根北街16号，www.kcdz.ac.cn

刊名：矿山测量
刊号：CN13-1096/TD
主办单位：煤炭科学研究总院唐山研究院（变更中）
主管单位：国家煤矿安全监察局（变更中）
地址：河北省唐山市路北区新华西道21号，www.ksclbjb.com

刊名：矿山机械
刊号：CN41-1138/TD
主办单位：洛阳矿山机械工程设计研究院有限责任公司
主管单位：洛阳矿山机械工程设计研究院有限责任公司
地址：河南省洛阳市涧西区重庆路，www.ksjx.com.cn

刊名：矿物学报
刊号：CN52-1045/P
主办单位：中国科学院地球化学研究所
主管单位：中国科学院
地址：贵州省贵阳市观山湖区林城西路 99 号，www.gyig.cas.cn/xscbw/xsqk/201710/t20171026_4878472.html

刊名：矿物岩石
刊号：CN51-1143/TD
主办单位：四川省矿物岩石地球化学学会、成都理工大学
主管单位：四川省矿物岩石地球化学学会
地址：四川省成都市成华区二仙桥东三路 1 号成都理工大学，www.yskw.ac.cn

刊名：矿物岩石地球化学通报
刊号：CN52-1102/P
主办单位：中国矿物岩石地球化学学会、中国科学院地球化学研究所
主管单位：中国科学技术协会
地址：贵州省贵阳市观山湖区林城西路 99 号，www.bmpg.ac.cn

刊名：矿物冶金与材料学报
刊号：CN11-5787/TF
主办单位：北京科技大学
主管单位：中华人民共和国教育部
地址：北京市海淀区学院路 30 号，www.springer.com/journal/12613

刊名：矿冶
刊号：CN11-3479/TD
主办单位：北京矿冶科技集团有限公司
主管单位：中国有色金属工业协会
地址：北京市西城区文兴街 1 号，ky.bgrimm.cn

刊名：矿冶工程
刊号：CN43-1104/TD
主办单位：长沙矿冶研究院有限责任公司、中国金属学会
主管单位：长沙矿冶研究院有限责任公司
地址：湖南省长沙市岳麓区麓山南路 966 号，www.kygc.net

刊名：矿业安全与环保
刊号：CN50-1062/TD
主办单位：中煤科工集团重庆研究院有限公司、国家煤矿安全技术工程研究中心
主管单位：中国煤炭科工集团有限公司
地址：重庆市九龙坡区二郎科城路 6 号，ener.cbpt.cnki.net

刊名：矿业工程
刊号：CN21-1478/TD
主办单位：中冶北方工程技术有限公司
主管单位：中冶北方工程技术有限公司
地址：辽宁省鞍山市立山区高新区深峪路 330 号

刊名：矿业工程研究
刊号：CN43-1493/TD
主办单位：湖南科技大学
主管单位：湖南省教育厅
地址：湖南省湘潭市雨湖区石码头 2 号湖南科技大学期刊社，kygc.hnust.edu.cn

刊名：矿业研究与开发
刊号：CN43-1215/TD
主办单位：长沙矿山研究院有限责任公司、中国有色金属学会
主管单位：长沙矿山研究院有限责任公司
地址：湖南省长沙市岳麓区麓山南路 343 号，www.chinamine.org.cn

刊名：矿业装备
刊号：CN11-6027/TH
主办单位：北京卓众出版有限公司
主管单位：中国农业机械化科学研究院
地址：北京市朝阳区北沙滩 1 号

刊名：昆虫分类学报
刊号：CN61-1495/Q
主办单位：西北农林科技大学、中国昆虫学会
主管单位：中华人民共和国教育部
地址：陕西省咸阳市杨凌区邰城路 3 号西北农林科技大学南校区，xbkcflxb.cnjournals.com

刊名：昆虫学报
刊号：CN11-1832/Q
主办单位：中国科学院动物研究所、中国昆虫学会
主管单位：中国科学院
地址：北京市朝阳区大屯路，www.insect.org.cn

刊名：昆明理工大学学报（社会科学版）
刊号：CN53-1160/C
主办单位：昆明理工大学
主管单位：云南省教育厅
地址：云南省昆明市呈贡区景明南路 727 号，kust-journal. kmust. edu. cn

刊名：昆明理工大学学报（自然科学版）
刊号：CN53-1223/N
主办单位：昆明理工大学
主管单位：云南省教育厅
地址：云南省昆明市呈贡区景明南路 727 号，kust-journal. kmust. edu. cn

刊名：昆明学院学报
刊号：CN53-1211/G4
主办单位：昆明学院
主管单位：云南省教育厅
地址：云南省昆明市官渡区经济技术开发区浦新路 2 号，kmxyxb. kmu. edu. cn

刊名：昆明冶金高等专科学校学报
刊号：CN53-1141/TF
主办单位：昆明冶金高等专科学校
主管单位：云南省教育厅
地址：云南省昆明市五华区学府路 388 号，journal. kmyz. edu. cn

刊名：昆明医科大学学报
刊号：CN53-1221/R
主办单位：昆明医科大学
主管单位：云南省教育厅
地址：云南省昆明市呈贡区呈贡新城雨花街道春融西路 1168 号，kmykdx. cnjournals. cn

L

刊名：拉丁美洲研究
刊号：CN11-1160/C
主办单位：中国社会科学院拉丁美洲研究所
主管单位：中国社会科学院
地址：北京市东城区张自忠路 3 号东院，www. ld-mzyj. org

刊名：辣椒杂志
刊号：CN43-1417/S
主办单位：辣椒新品种技术研究推广中心
主管单位：湖南省农业科学院
地址：湖南省长沙市芙蓉区远大路 930 号，www. hnpepper. com/ljzz. html? introId = 15

刊名：兰台内外
刊号：CN22-1021/G2
主办单位：吉林省档案局、吉林省档案学会
主管单位：吉林省档案局、吉林省档案学会
地址：吉林省长春市朝阳区万宝街 1480 号，ltnw. caizhizz. net

刊名：兰台世界
刊号：CN21-1354/G2
主办单位：辽宁报刊传媒集团（辽宁日报社）
主管单位：辽宁报刊传媒集团（辽宁日报社）
地址：辽宁省沈阳市和平区北五经街 21 号，shij. chinajournal. net. cn

刊名：兰州大学学报（社会科学版）
刊号：CN62-1029/C
主办单位：兰州大学
主管单位：中华人民共和国教育部
地址：甘肃省兰州市城关区天水南路 222 号兰州大学胡杨楼学报编辑部，xuebao. lzu. edu. cn/jweb_sk

刊名：兰州大学学报（医学版）
刊号：CN62-1194/R
主办单位：兰州大学
主管单位：中华人民共和国教育部
地址：甘肃省兰州市城关区天水南路 222 号兰州大学胡杨楼学报编辑部，xuebao. lzu. edu. cn/jweb_yx

刊名：兰州大学学报（自然科学版）
刊号：CN62-1075/N
主办单位：兰州大学
主管单位：中华人民共和国教育部
地址：甘肃省兰州市城关区天水南路 222 号兰州大学胡杨楼学报编辑部，ldzk. cbpt. cnki. net

刊名：兰州工业学院学报
刊号：CN62-1209/Z
主办单位：兰州工业学院
主管单位：甘肃省教育厅

地址：甘肃省兰州市七里河区龚家坪东路1号，journal. lzit. edu. cn

刊名：兰州交通大学学报
刊号：CN62-1183/U
主办单位：兰州交通大学
主管单位：甘肃省教育厅
地址：甘肃省兰州市安宁区安宁西路88号，xb. lzjtu. edu. cn

刊名：兰州教育学院学报
刊号：CN62-1145/G4
主办单位：兰州教育学院
主管单位：兰州市政府
地址：甘肃省兰州市城关区雁儿湾路191号《兰州教育学院学报》编辑部，www. lzecxb. com

刊名：兰州理工大学学报
刊号：CN62-1180/N
主办单位：兰州理工大学
主管单位：甘肃省教育厅
地址：甘肃省兰州市七里河区兰工坪路287号，journal. lut. cn

刊名：兰州财经大学学报
刊号：CN62-1213/F
主办单位：兰州财经大学
主管单位：甘肃省教育厅
地址：甘肃省兰州市城关区段家滩496号，journal. lzufe. edu. cn

刊名：兰州石化职业技术学院学报
刊号：CN62-1168/G4
主办单位：兰州石化职业技术学院
主管单位：甘肃省教育厅
地址：甘肃省兰州市西固区山丹街1号，www. lzpcc. com. cn/kjc/xyxb. htm

刊名：兰州文理学院学报（社会科学版）
刊号：CN62-1211/C
主办单位：兰州文理学院
主管单位：甘肃省教育厅
地址：甘肃省兰州市城关区北面滩400号，xb. luas. edu. cn

刊名：兰州文理学院学报（自然科学版）
刊号：CN62-1212/N
主办单位：兰州文理学院
主管单位：甘肃省教育厅
地址：甘肃省兰州市城关区北面滩401号，gxjb. cbpt. cnki. net

刊名：兰州学刊
刊号：CN62-1015/C
主办单位：兰州市社会科学院、兰州市社会科学界联合会
主管单位：中共兰州市委宣传部
地址：甘肃省兰州市城关区南滨河东路735号，www. lanzhouxuekan. com

刊名：廊坊师范学院学报（社会科学版）
刊号：CN13-1390/C
主办单位：廊坊师范学院
主管单位：河北省教育厅
地址：河北省廊坊市安次区爱民西道100号廊坊师范学院期刊部，www. lfsfxy. edu. cn/qk

刊名：廊坊师范学院学报（自然科学版）
刊号：CN13-1391/N
主办单位：廊坊师范学院
主管单位：河北省教育厅
地址：河北省廊坊市安次区爱民西道100号廊坊师范学院期刊部，www. lfsfxy. edu. cn/qk

刊名：劳动经济研究
刊号：CN10-1128/F
主办单位：中国社会科学院人口与劳动经济研究所
主管单位：中国社会科学院
地址：北京市朝阳区曙光西里28号中冶大厦10层，www. sle. org. cn

刊名：老龄科学研究
刊号：CN10-1122/D
主办单位：中国老龄科学研究中心、华龄出版社
主管单位：全国老龄工作委员会办公室
地址：北京市西城区广安门南街48号中彩大厦8层808室，www. cncaprc. gov. cn/llkxyj/index. jhtml

刊名：老年医学与保健
刊号：CN31-1798/R
主办单位：华东医院
主管单位：上海市卫生健康委员会

地址：上海市静安区延安西路 221 号，lnyxybj. ijournals. cn

刊名：老区建设
刊号：CN36-1151/C
主办单位：江西省扶贫和移民办公室、江西省社会科学界联合会
主管单位：江西省扶贫和移民办公室、江西省社会科学界联合会
地址：江西省南昌市东湖区洪都北大道 649 号，lqjs. cbpt. cnki. net

刊名：乐山师范学院学报
刊号：CN51-1610/G4
主办单位：乐山师范学院
主管单位：四川省教育厅
地址：四川省乐山市市中区滨河路 778 号，xuebao. lsnu. edu. cn

刊名：雷达科学与技术
刊号：CN34-1264/TN
主办单位：中国电子科技集团公司第三十八研究所
主管单位：中国电子科技集团有限公司
地址：安徽省合肥市蜀山区香樟大道 199 号，radarst. ijournal. cn

刊名：雷达学报
刊号：CN10-1030/TN
主办单位：中国科学院电子学研究所、中国雷达行业协会
主管单位：中国科学院
地址：北京市海淀区北四环西路 19 号，radars. ie. ac. cn

刊名：雷达与对抗
刊号：CN32-1159/TN
主办单位：中国船舶重工集团公司第七二四研究所
主管单位：中国船舶集团有限公司
地址：江苏省南京市江宁区长青街 30 号

刊名：冷藏技术
刊号：CN11-2090/TS
主办单位：国内贸易工程设计研究院有限公司、全国商业冷藏科技情报站
主管单位：中国商业联合会
地址：北京市丰台区右安门外大街 99 号

刊名：离子交换与吸附
刊号：CN12-1147/O6
主办单位：南开大学
主管单位：中华人民共和国教育部
地址：天津市南开区卫津路 94 号南开大学化学院 402 号，lzjhyxf. cbpt. cnki. net

刊名：黎明职业大学学报
刊号：CN35-1212/G4
主办单位：黎明职业大学
主管单位：黎明职业大学
地址：福建省泉州市丰泽区通港西街 298 号，xb. lmu. edu. cn

刊名：理化检验（化学分册）
刊号：CN31-1337/TB
主办单位：上海材料研究所
主管单位：上海科学院
地址：上海市虹口区邯郸路 99 号，www. mat-test. com

刊名：理化检验（物理分册）
刊号：CN31-1338/TB
主办单位：上海材料研究所
主管单位：上海科学院
地址：上海市虹口区邯郸路 99 号，www. mat-test. com

刊名：理论导刊
刊号：CN61-1003/C
主办单位：中共陕西省委党校
主管单位：中共陕西省委党校
地址：陕西省西安市雁塔区小寨西路 119 号，www. shxdx. com：8080/lldk

刊名：理论观察
刊号：CN23-1465/C
主办单位：齐齐哈尔市社会科学界联合会
主管单位：齐齐哈尔市社会科学界联合会
地址：黑龙江省齐齐哈尔市建华区党政机关办公中心 6 号楼，llgc. chinajournal. net. cn

刊名：理论建设
刊号：CN34-1136/D
主办单位：中共安徽省委党校
主管单位：中共安徽省委党校
地址：安徽省合肥市包河区屯溪路 301 号中共安徽省委党校校刊部，lljs. cbpt. cnki. net

刊名：理论界
刊号：CN21-1082/C
主办单位：辽宁省社会科学界联合会
主管单位：辽宁省社会科学界联合会
地址：辽宁省沈阳市和平区和平南大街45号辽宁省委院内，lilunjie. net

刊名：理论视野
刊号：CN11-3953/A
主办单位：中国马克思主义研究基金会
主管单位：中共中央党校
地址：北京市海淀区大有庄100号主楼东4层，lilunsy. ccps. gov. cn

刊名：理论探索
刊号：CN14-1079/C
主办单位：中共山西省委党校山西行政学院
主管单位：中共山西省委党校山西行政学院
地址：山西省太原市小店区学府街96号，llts. chinajournal. net. cn

刊名：理论探讨
刊号：CN23-1013/D
主办单位：中共黑龙江省委党校
主管单位：中共黑龙江省委党校
地址：黑龙江省哈尔滨市南岗区延兴路49号，lltt. chinajournal. net. cn

刊名：理论物理
刊号：CN11-2592/O3
主办单位：中国科学院理论物理研究所、中国物理学会
主管单位：中国科学院
地址：北京市海淀区中关村东路55号中国科学院理论物理所内，ctp. itp. ac. cn

刊名：理论学刊
刊号：CN37-1059/D
主办单位：中共山东省委党校
主管单位：中共山东省委党校
地址：山东省济南市历下区燕子山东路1号，www. sddx. gov. cn

刊名：理论研究
刊号：CN15-1122/C
主办单位：中共内蒙古自治区委党校
主管单位：中共内蒙古自治区委党校
地址：内蒙古自治区呼和浩特市赛罕区银河南街中共内蒙古自治区委党校决策咨询研究中心，www. nmgdx. cn/web/news. asp？ nc =21.0

刊名：理论与改革
刊号：CN51-1036/D
主办单位：中共四川省委党校
主管单位：中共四川省委党校
地址：四川省成都市青羊区光华村街43号中共四川省委党校期刊社，llgg. cbpt. cnki. net

刊名：理论与现代化
刊号：CN12-1166/C
主办单位：天津市社会科学界联合会
主管单位：天津市社会科学界联合会
地址：天津市和平区成都道52号，www. tjskw. org. cn/social/a/lilunyuxiandaihua

刊名：理论月刊
刊号：CN42-1286/C
主办单位：湖北省社会科学界联合会
主管单位：湖北省社会科学界联合会
地址：湖北省武汉市武昌区东湖路165号湖北省社会科学院5楼，www. lilunyuekan. cn

刊名：力学季刊
刊号：CN31-1829/O3
主办单位：上海市力学学会、同济大学、上海交通大学、中国力学学会
主管单位：上海市科学技术协会
地址：上海市杨浦区四平路1239号，cqm. tongji. edu. cn

刊名：力学进展
刊号：CN11-1774/O3
主办单位：中国科学院力学研究所、中国力学学会
主管单位：中国科学院
地址：北京市海淀区北四环西路15号，lxjz. cstam. org. cn

刊名：力学学报
刊号：CN11-2062/O3
主办单位：中国科学院力学研究所、中国力学学会
主管单位：中国科学院
地址：北京市海淀区北四环西路15号，lxxb. cstam. org. cn

刊名：力学与实践
刊号：CN11-2064/O3
主办单位：中国科学院力学研究所、中国力学学会
主管单位：中国科学院
地址：北京市海淀区北四环西路 15 号，lxsj. cstam. org. cn

刊名：历史教学
刊号：CN12-1010/G4
主办单位：历史教学社（天津）有限公司
主管单位：天津出版传媒集团有限公司
地址：天津市和平区西康路与岳阳道交口康岳大厦 A 座 3 层 303—305，www. historyteaching. cn

刊名：历史教学问题
刊号：CN31-1016/G4
主办单位：华东师范大学
主管单位：中华人民共和国教育部
地址：上海市普陀区中山北路 3663 号，lsjx. chinajournal. net. cn

刊名：历史学文摘
刊号：CN11-5778/K
主办单位：中国人民大学
主管单位：中华人民共和国教育部
地址：北京市海淀区中关村大街甲 59 号文化大厦 13、14 层，www. zlzx. com. cn

刊名：历史研究
刊号：CN11-1213/K
主办单位：中国社会科学院
主管单位：中国社会科学院
地址：北京市朝阳区光华路 15 号院 1 号楼泰达时代中心 11—12 层

刊名：立体定向和功能性神经外科杂志
刊号：CN34-1168/R
主办单位：安徽省脑立体定向神经外科研究所
主管单位：安徽省卫生健康委员会
地址：安徽省合肥市庐阳区庐江路安徽省立医院内，neng. chinajournal. net. cn

刊名：丽水学院学报
刊号：CN33-1333/Z
主办单位：丽水学院
主管单位：丽水市教育局
地址：浙江省丽水市莲都区学院路 1 号，www. lsu. edu. cn/62/list. htm

刊名：连云港师范高等专科学校学报
刊号：CN32-1618/G4
主办单位：连云港师范高等专科学校
主管单位：连云港市人民政府
地址：江苏省连云港市海州区圣湖路 28 号，xb. lygsf. cn

刊名：连云港职业技术学院学报
刊号：CN32-1595/Z
主办单位：连云港职业技术学院
主管单位：连云港市人民政府
地址：江苏省连云港市海州区晨光路 2 号《连云港职业技术学院学报》编辑部，www. lygtc. edu. cn

刊名：连铸
刊号：CN11-3385/TG
主办单位：中国金属学会、北京钢研柏苑出版有限责任公司
主管单位：中国科学技术协会
地址：北京市西城区白广路 4 号，www. chinamet. cn/Jweb_lz

刊名：廉政文化研究
刊号：CN32-1817/D
主办单位：南通大学
主管单位：江苏省教育厅
地址：江苏省南通市崇川区啬园路 9 号，lzwhyj. ntu. edu. cn

刊名：炼钢
刊号：CN42-1265/TF
主办单位：武汉钢铁有限公司、中国金属学会
主管单位：宝山钢铁股份有限公司
地址：湖北省武汉市青山区冶金大道 28 号，www. bwjournal. com/lg/CN/1002-1043/home. shtml

刊名：炼铁
刊号：CN42-1156/TF
主办单位：中冶南方工程技术有限公司
主管单位：中冶南方工程技术有限公司

地址：湖北省武汉市江夏区东湖新技术开发区大学园路 33 号，www. wisdri. com/wisdri/gsgk49/cbw/ltzz/m1_320087/index. html

刊名：炼油技术与工程
刊号：CN41-1139/TE
主办单位：中石化洛阳工程有限公司
主管单位：中国石化集团公司经济技术研究院
地址：河南省洛阳市七里河 063 信箱，journal01. magtechjournal. com/jwk3_lyjs/CN/1002-106X/home. shtml

刊名：炼油与化工
刊号：CN23-1499/TE
主办单位：中国石油天然气股份有限公司大庆石化分公司
主管单位：黑龙江省科学技术协会
地址：黑龙江省大庆市龙凤区龙凤大街 150 号，www. lyyhg. com

刊名：粮食储藏
刊号：CN51-1243/S
主办单位：中储粮成都储藏研究院有限公司
主管单位：中国储备粮管理集团有限公司
地址：四川省成都市青羊区广富路 239 号 32 幢，www. grainstorage. net

刊名：粮食科技与经济
刊号：CN43-1252/TS
主办单位：湖南省粮食经济科技学会、中国储备粮管理集团有限公司湖南分公司
主管单位：湖南省粮食和物资储备局
地址：湖南省长沙市芙蓉区芙蓉中路一段 2 号，www. chinagste. com

刊名：粮食与食品工业
刊号：CN32-1710/TS
主办单位：无锡中粮工程科技有限公司、中国粮油学会
主管单位：中粮工程科技有限公司
地址：江苏省无锡市滨湖区惠河路 186 号

刊名：粮食与饲料工业
刊号：CN42-1176/TS
主办单位：国粮武汉科学研究设计院有限公司
主管单位：中粮工程科技有限公司
地址：湖北省武汉市洪山区卓刀泉南路 3 号，www. lsyslgy. com

刊名：粮食与油脂
刊号：CN31-1235/TS
主办单位：上海市粮食科学研究所
主管单位：上海良友（集团）有限公司
地址：上海市普陀区府村路 445 号，lsyy. chinajournal. net. cn

刊名：粮油仓储科技通讯
刊号：CN51-1480/TS
主办单位：中储粮成都储藏研究院有限公司
主管单位：中国储备粮管理集团有限公司
地址：四川省成都市青羊区广富路 239 号 32 幢，www. grainstorage. net

刊名：粮油食品科技
刊号：CN11-3863/TS
主办单位：国家粮食和物资储备局科学研究院
主管单位：国家粮食和物资储备局
地址：北京市西城区百万庄大街 11 号，lyspkj. ijournal. cn/lyspkj

刊名：量子电子学报
刊号：CN34-1163/TN
主办单位：中国光学学会基础光学专业委员会、中国科学院合肥物质科学研究院
主管单位：中国科学院
地址：安徽省合肥市蜀山区蜀山湖路 350 号，lk. hfcas. ac. cn

刊名：量子光学学报
刊号：CN14-1187/O4
主办单位：山西省物理学会
主管单位：山西省科学技术协会
地址：山西省太原市小店区坞城路 92 号山西大学，lzgx. cbpt. cnki. net

刊名：辽东学院学报（社会科学版）
刊号：CN21-1513/C
主办单位：辽东学院
主管单位：辽宁省教育厅
地址：辽宁省丹东市振安区临江后街 116 号，czxb. chinajournal. net. cn

刊名：辽东学院学报（自然科学版）
刊号：CN21-1533/N
主办单位：辽东学院
主管单位：辽宁省教育厅
地址：辽宁省丹东市振安区临江后街 116 号，ddfz.cbpt.cnki.net

刊名：辽宁大学学报（哲学社会科学版）
刊号：CN21-1076/C
主办单位：辽宁大学
主管单位：辽宁省教育厅
地址：辽宁省沈阳市皇姑区崇山中路 66 号，xb.lnu.edu.cn

刊名：辽宁大学学报（自然科学版）
刊号：CN21-1143/N
主办单位：辽宁大学
主管单位：辽宁省教育厅
地址：辽宁省沈阳市皇姑区崇山中路 66 号，xb.lnu.edu.cn

刊名：辽宁高职学报
刊号：CN21-1411/G4
主办单位：抚顺职业技术学院等 12 所高职院校
主管单位：辽宁省教育厅
地址：辽宁省抚顺市望花区抚顺经济开发区旺力街 89 号，www.fvti.com/cnc_school/division/09/department_index.html

刊名：辽宁工程技术大学学报（自然科学版）
刊号：CN21-1379/N
主办单位：辽宁工程技术大学
主管单位：辽宁省教育厅
地址：辽宁省阜新市细河区中华路 47 号，lngcjsdxxb.cn

刊名：辽宁工程技术大学学报（社会科学版）
刊号：CN21-1412/C
主办单位：辽宁工程技术大学
主管单位：辽宁省教育厅
地址：辽宁省阜新市细河区中华路 47 号，nlgc.cbpt.cnki.net

刊名：辽宁工业大学学报（社会科学版）
刊号：CN21-1566/C
主办单位：辽宁工业大学
主管单位：辽宁省教育厅
地址：辽宁省锦州市古塔区士英街 169 号，llgx.cbpt.cnki.net

刊名：辽宁工业大学学报（自然科学版）
刊号：CN21-1567/T
主办单位：辽宁工业大学
主管单位：辽宁省教育厅
地址：辽宁省锦州市古塔区士英街 169 号，lngx.cbpt.cnki.net

刊名：辽宁公安司法管理干部学院学报
刊号：CN21-1424/D
主办单位：辽宁公安司法管理干部学院
主管单位：辽宁省公安厅
地址：辽宁省沈阳市浑南区东陵东路 82 号，www.lacpj.org.cn

刊名：辽宁广播电视大学学报
刊号：CN21-1372/C
主办单位：辽宁广播电视大学
主管单位：辽宁省教育厅
地址：辽宁省沈阳市皇姑区黄河北大街 50 号，www.lntvu.com

刊名：辽宁行政学院学报
刊号：CN21-1405/D
主办单位：辽宁行政学院
主管单位：辽宁行政学院
地址：辽宁省沈阳市沈河区东大营街 11 号，www.lnswdx.cn/zyfw/xyxb/bgjj

刊名：辽宁化工
刊号：CN21-1200/TQ
主办单位：辽宁省化工学会
主管单位：辽宁省科学技术协会
地址：辽宁省沈阳市和平区文化路 5 号，www.lnhgzz.com

刊名：辽宁教育
刊号：CN21-1062/G4
主办单位：辽宁教育宣传中心
主管单位：辽宁教育宣传中心
地址：辽宁省沈阳市皇姑区黄河南大街 86 号，www.lnjyzz.cn

刊名：辽宁教育行政学院学报
刊号：CN21-1500/G4
主办单位：辽宁教育行政学院
主管单位：辽宁省教育厅
地址：辽宁省沈阳市皇姑区黄河北大街 249 号，org. tcc. edu. cn/268571344507723776

刊名：辽宁经济
刊号：CN21-1024/F
主办单位：辽宁省人民政府发展研究中心
主管单位：辽宁省人民政府发展研究中心
地址：辽宁省沈阳市皇姑区北陵大街 457 号

刊名：辽宁经济职业技术学院·辽宁经济管理干部学院学报
刊号：CN21-1492/G
主办单位：辽宁经济管理干部学院·辽宁经济职业技术学院
主管单位：辽宁省教育厅
地址：辽宁省沈阳市沈北新区沈北路 88 号辽宁经济管理干部学院，www. lnemci. com

刊名：辽宁警察学院学报
刊号：CN21-1599/D
主办单位：辽宁警察学院
主管单位：辽宁省公安厅
地址：辽宁省大连市甘井子区营平路 260 号，www. lnpc. cn

刊名：辽宁科技大学学报
刊号：CN21-1555/TF
主办单位：辽宁科技大学
主管单位：辽宁省教育厅
地址：辽宁省鞍山市立山区千山中路 155 号，asgt. cbpt. cnki. net

刊名：辽宁科技学院学报
刊号：CN21-1522/Z
主办单位：辽宁科技学院
主管单位：辽宁省教育厅
地址：辽宁省本溪市溪湖区香槐路 176 号，www. lnist. edu. cn

刊名：辽宁林业科技
刊号：CN21-1107/S
主办单位：辽宁省林业科学研究院
主管单位：辽宁省农业科学院
地址：辽宁省沈阳市皇姑区崇山东路鸭绿江街 12 号

刊名：辽宁农业科学
刊号：CN21-1111/S
主办单位：辽宁省农业科学院
主管单位：辽宁省农业科学院
地址：辽宁省沈阳市沈河区东陵路 84 号，www. lnnykx. cn

刊名：辽宁农业职业技术学院学报
刊号：CN21-1448
主办单位：辽宁农业职业技术学院
主管单位：辽宁省农业农村厅
地址：辽宁省营口市鲅鱼圈区熊岳镇站前小区，www. lnnzy. ln. cn

刊名：辽宁省交通高等专科学校学报
刊号：CN21-1397/U
主办单位：辽宁省交通高等专科学校
主管单位：辽宁省教育厅
地址：辽宁省沈阳市沈北新区沈北路 102 号，ljtx. cbpt. cnki. net

刊名：辽宁省社会主义学院学报
刊号：CN21-1438/D
主办单位：中共辽宁省委党校
主管单位：中共辽宁省委党校
地址：辽宁省沈阳市皇姑区陵园街 71 号

刊名：辽宁师范大学学报（社会科学版）
刊号：CN21-1077/C
主办单位：辽宁师范大学
主管单位：辽宁省教育厅
地址：辽宁省大连市沙河口区黄河路 850 号，www. lnnu. edu. cn

刊名：辽宁师范大学学报（自然科学版）
刊号：CN21-1192/N
主办单位：辽宁师范大学
主管单位：辽宁省教育厅
地址：辽宁省大连市沙河口区黄河路 850 号，www. lnnu. edu. cn

刊名：辽宁师专学报（社会科学版）
刊号：CN21-1394/C

主办单位：辽宁民族师范高等专科学校、铁岭师范高等专科学校、朝阳师范高等专科学校
主管单位：辽宁省教育厅
地址：辽宁省铁岭市铁岭县凡河新区黑龙江路45号

刊名：辽宁师专学报（自然科学版）
刊号：CN21-1395/N
主办单位：辽宁民族师范高等专科学校、朝阳师范高等专科学校、铁岭师范高等专科学校
主管单位：辽宁省教育厅
地址：辽宁省朝阳市双塔区龙山街四段966号

刊名：辽宁石油化工大学学报
刊号：CN21-1504/TE
主办单位：辽宁石油化工大学
主管单位：辽宁省教育厅
地址：辽宁省抚顺市望花区丹东路西段1号，journal.lnpu.edu.cn

刊名：辽宁丝绸
刊号：CN21-1276/TS
主办单位：辽宁柞蚕丝绸科学研究院
主管单位：辽宁省经济和信息化委员会
地址：辽宁省丹东市元宝区平安街500号

刊名：辽宁体育科技
刊号：CN21-1364/G8
主办单位：辽宁省体育科学研究所
主管单位：辽宁省体育局
地址：辽宁省沈阳市东陵区浑南四路10号504，lntk.chinajournal.net.cn

刊名：辽宁医学杂志
刊号：CN21-1129/R
主办单位：辽宁省医学会
主管单位：辽宁省卫生健康委员会
地址：辽宁省沈阳市大东区小河沿路44号《辽宁医学杂志》编辑部，liaoningyixue.com

刊名：辽宁中医药大学学报
刊号：CN21-1543/R
主办单位：辽宁中医药大学
主管单位：辽宁省教育厅
地址：辽宁省沈阳市皇姑区崇山东路79号，lzxb.cbpt.cnki.net

刊名：辽宁中医杂志
刊号：CN21-1128/R
主办单位：辽宁中医药大学
主管单位：辽宁省卫生健康委员会
地址：辽宁省沈阳市皇姑区崇山东路79号，lnzy.cbpt.cnki.net

刊名：聊城大学学报（社会科学版）
刊号：CN37-1401/C
主办单位：聊城大学
主管单位：山东省教育厅
地址：山东省聊城市东昌府区文化路34号，wkxb.lcu.edu.cn

刊名：聊城大学学报（自然科学版）
刊号：CN37-1418/N
主办单位：聊城大学
主管单位：山东省教育厅
地址：山东省聊城市东昌府区文化路34号，lkxb.lcu.edu.cn

刊名：林产工业
刊号：CN11-1874/S
主办单位：国家林业和草原局林产工业规划设计院中国林产工业协会
主管单位：国家林业和草原局
地址：北京市东城区朝阳门内大街130号，www.cf-pi.cn

刊名：林产化学与工业
刊号：CN32-1149/S
主办单位：中国林业科学研究院林产化学工业研究所、中国林学会林产化学化工分会
主管单位：国家林业和草原局
地址：江苏省南京市玄武区锁金五村16号林产化学工业研究所内，www.cifp.ac.cn

刊名：林区教学
刊号：CN23-1091/S
主办单位：黑龙江生态工程职业学院
主管单位：黑龙江省森林工业总局
地址：黑龙江省哈尔滨市呼兰区学院路1038号，lqxj.cbpt.cnki.net

刊名：林业机械与木工设备
刊号：CN23-1405/S

主办单位：国家林业和草原局哈尔滨林业机械研究所
主管单位：国家林业和草原局
地址：黑龙江省哈尔滨市南岗区学府路 374 号，www.lyjxmgsb.com

刊名：**林业建设**
刊号：CN53-1113/S
主办单位：国家林业和草原局昆明勘察设计院、中国林业工程建设协会
主管单位：国家林业和草原局
地址：云南省昆明市盘龙区昙华路 399 号

刊名：**林业经济**
刊号：CN11-5390/S
主办单位：中国林业经济学会
主管单位：国家林业和草原局
地址：北京市朝阳区望京西路 48 号院 7 号楼 805 室，lyjj.cbpt.cnki.net

刊名：**林业经济问题**
刊号：CN35-1060/F
主办单位：福建农林大学、中国林业经济学会
主管单位：福建农林大学
地址：福建省福州市仓山区上下店路 15 号福建农林大学 7060 信箱，lyjw.cbpt.cnki.net

刊名：**林业勘查设计**
刊号：CN23-1229/S
主办单位：黑龙江省森林经理学会、黑龙江省森林资源管理局
主管单位：黑龙江省森林工业总局
地址：黑龙江省哈尔滨市南岗区宣化街 121 号

刊名：**林业勘察设计**
刊号：CN35-1119/S
主办单位：福建省林业调查规划院
主管单位：福建省林业局
地址：福建省福州市鼓楼区中山路 23 号商业大厦 7 层

刊名：**林业科技**
刊号：CN23-1183/S
主办单位：黑龙江省林业科学院
主管单位：中国龙江森林工业集团有限公司
地址：黑龙江省哈尔滨市南岗区哈平路 134 号，www.haf.com.cn/indexlist.do? channel = 154

刊名：**林业工程学报**
刊号：CN32-1862/S
主办单位：南京林业大学
主管单位：江苏省教育厅
地址：江苏省南京市玄武区龙蟠路 159 号南京林业大学，lkkf.njfu.edu.cn

刊名：**林业科技情报**
刊号：CN23-1287/S
主办单位：黑龙江省林业设计研究院
主管单位：黑龙江省森林工业总局
地址：黑龙江省哈尔滨南岗区和兴路 189 号林业设计研究院

刊名：**林业科技通讯**
刊号：CN10-1258/S
主办单位：中国林业科学研究院林业科技信息研究所
主管单位：国家林业和草原局
地址：北京市海淀区香山路东小府 1 号中国林业科学研究院林业科技信息研究所，lykt.cbpt.cnki.net

刊名：**林业科学**
刊号：CN11-1908/S
主办单位：中国林学会
主管单位：中国科学技术协会
地址：北京市海淀区香山路东小府 1 号中国林学会，linyekexue.net

刊名：**林业科学研究**
刊号：CN11-1221/S
主办单位：中国林业科学研究院
主管单位：国家林业和草原局
地址：北京市海淀区香山路东小府 1 号中国林业科学研究院，www.linyekexue.net

刊名：**林业调查规划**
刊号：CN53-1172/S
主办单位：云南省林业调查规划院
主管单位：云南省林业和草原局
地址：云南省昆明市盘龙区人民东路 289 号，www.yunnanforestry.cn：8099/ch/index.aspx

刊名：林业研究
刊号：CN23-1409/S
主办单位：东北林业大学
主管单位：中华人民共和国教育部
地址：黑龙江省哈尔滨市香坊区和兴路26号东北林业大学，link. springer. com/journal/11676

刊名：林业与环境科学
刊号：CN44-1723/S
主办单位：广东省林业科学研究院、广东省林学会
主管单位：广东省林业局
地址：广东省广州市天河区广汕一路233号广东省林业科学研究院内，www. gdforestscience. com

刊名：林业与生态科学
刊号：CN13-1425/S
主办单位：河北农业大学
主管单位：河北省教育厅
地址：河北省保定市莲池区灵雨寺街289河北农业大学东校区期刊社，xuebaolin. hebau. edu. cn：8080

刊名：林业资源管理
刊号：CN11-2108/S
主办单位：国家林业和草原局调查规划设计院
主管单位：国家林业和草原局
地址：北京市东城区和平里东街18号 国家林业局院内规划院编辑部，www. lyzygl. com. cn

刊名：临床超声医学杂志
刊号：CN50-1116/R
主办单位：重庆医科大学附属第二医院
主管单位：重庆市卫生健康委员会
地址：重庆市渝中区临江路74号，www. lccscq. com

刊名：临床儿科杂志
刊号：CN31-1377/R
主办单位：上海市儿科医学研究所、上海交通大学医学院附属新华医院
主管单位：上海市卫生健康委员会
地址：上海市杨浦区控江路1665号，www. jcp-sh. org. cn

刊名：临床耳鼻咽喉头颈外科杂志
刊号：CN42-1764/R
主办单位：华中科技大学同济医学院附属协和医院
主管单位：中华人民共和国教育部
地址：湖北省武汉市江汉区解放大道1277号，www. whuhzzs. com

刊名：临床放射学杂志
刊号：CN42-1187/R
主办单位：黄石市医学科技情报所
主管单位：黄石市卫生健康委员会
地址：湖北省黄石市黄石港区杭州路2322号，www. lcfsxzz. com

刊名：临床肺科杂志
刊号：CN34-1230/R
主办单位：安徽医科大学
主管单位：安徽省教育厅
地址：安徽省合肥市瑶海区濉溪东路星海世纪广场B座1601室，lcfk. cbpt. cnki. net

刊名：临床肝胆病杂志
刊号：CN22-1108/R
主办单位：吉林大学
主管单位：中华人民共和国教育部
地址：吉林省长春市朝阳区东民主大街519号，www. lcgdbzz. org

刊名：临床骨科杂志
刊号：CN34-1166/R
主办单位：安徽医科大学
主管单位：安徽省教育厅
地址：安徽省合肥市蜀山区梅山路81号

刊名：临床合理用药杂志
刊号：CN13-1389/R
主办单位：河北省科学技术协会
主管单位：河北省科学技术协会
地址：河北省石家庄市长安区和平东路20号自由港月座26-B03，www. lchlyy. com. cn

刊名：临床和实验医学杂志
刊号：CN11-4749/R
主办单位：首都医科大学附属北京友谊医院
主管单位：北京市卫生健康委员会
地址：北京市西城区永安路95号，lchsyyxgw. com

刊名：临床护理杂志
刊号：CN34-1251/R

主办单位：安徽省医学会、安徽医科大学第一附属医院
主管单位：安徽省卫生健康委员会
地址：安徽省合肥市蜀山区绩溪路 218 号，www.lchlzzs.com

刊名：临床荟萃
刊号：CN13-1062/R
主办单位：河北医科大学
主管单位：河北省教育厅
地址：河北省石家庄市长安区中山东路 361 号，lchc.hebmu.edu.cn

刊名：临床急诊杂志
刊号：CN42-1607/R
主办单位：华中科技大学同济医学院附属协和医院
主管单位：中华人民共和国教育部
地址：湖北省武汉市江汉区解放大道 1277 号，www.whuhzzs.com

刊名：临床检验杂志
刊号：CN32-1204/R
主办单位：江苏省医学会
主管单位：江苏省卫生健康委员会
地址：江苏省南京市玄武区中央路 42 号，www.lcjyzz.com

刊名：临床精神医学杂志
刊号：CN32-1391/R
主办单位：南京医科大学附属脑科医院
主管单位：南京医科大学
地址：江苏省南京市鼓楼区广州路 264 号，lcjsyx.c-nbh.com

刊名：临床口腔医学杂志
刊号：CN42-1182/R
主办单位：华中科技大学同济医学院附属同济医院
主管单位：中华人民共和国教育部
地址：湖北省武汉市硚口区解放大道路 1095 号，lckqyx.chmed.net

刊名：临床麻醉学杂志
刊号：CN32-1211/R
主办单位：中华医学会南京分会
主管单位：南京市卫生健康委员会
地址：江苏省南京市鼓楼区紫竹林 3 号，www.lc-mzxzz.com

刊名：临床泌尿外科杂志
刊号：CN42-1131/R
主办单位：华中科技大学同济医学院附属协和医院、同济医院
主管单位：中华人民共和国教育部
地址：湖北省武汉市江汉区解放大道 1277 号，www.whuhzzs.com

刊名：临床内科杂志
刊号：CN42-1139/R
主办单位：湖北省医学会
主管单位：湖北省卫生健康委员会
地址：湖北省武汉市武昌区东湖路 165 号，www.lc-nkzz.com

刊名：临床皮肤科杂志
刊号：CN32-1202/R
主办单位：江苏省人民医院
主管单位：江苏省卫生健康委员会
地址：江苏省南京市鼓楼区广州路 300 号，www.linpi.net

刊名：临床神经病学杂志
刊号：CN32-1337/R
主办单位：南京医科大学附属脑科医院
主管单位：南京医科大学
地址：江苏省南京市鼓楼区广州路 264 号，lcsjbxzz.c-nbh.com

刊名：临床神经外科杂志
刊号：CN32-1727/R
主办单位：南京医科大学附属脑科医院
主管单位：江苏省卫生健康委员会
地址：江苏省南京市鼓楼区广州路 264 号，lcsjwk.c-nbh.com

刊名：临床肾脏病杂志
刊号：CN42-1637/R
主办单位：中华医学会武汉分会、湖北省微循环学会
主管单位：湖北省科学技术协会
地址：湖北省武汉市江岸区胜利街 155 号，www.lcszb.com

刊名：临床输血与检验
刊号：CN34-1239/R
主办单位：安徽省输血协会
主管单位：安徽省卫生健康委员会
地址：安徽省合肥市庐江路17号安徽省立医院内，www.lcsxyjy.com

刊名：临床外科杂志
刊号：CN42-1334/R
主办单位：湖北省医学会
主管单位：湖北省卫生健康委员会
地址：湖北省武汉市武昌区东湖路165号，www.lcwkzz.com

刊名：临床消化病杂志
刊号：CN42-1315/R
主办单位：华中科技大学同济医学院
主管单位：中华人民共和国教育部
地址：湖北省武汉市江汉区解放大道1277号

刊名：临床小儿外科杂志
刊号：CN43-1380/R
主办单位：湖南省医学会
主管单位：湖南省科学技术协会
地址：湖南省长沙市雨花区梓园路86号，www.jcps2002.com

刊名：临床心电学杂志
刊号：CN34-1107/R
主办单位：安徽省立医院
主管单位：安徽省卫生健康委员会
地址：安徽省合肥市庐阳区庐江路17号安徽省立医院行政楼4楼心研所办公室

刊名：临床心身疾病杂志
刊号：CN10-1340/R
主办单位：中国医师协会、河南省精神病医院
主管单位：中华人民共和国国家卫生健康委员会
地址：北京市海淀区花园北路51号，www.lcxsjbzz.com

刊名：临床心血管病杂志
刊号：CN42-1130/R
主办单位：华中科技大学同济医学院附属协和医院
主管单位：中华人民共和国教育部
地址：湖北省武汉市江汉区解放大道1277号，www.whuhzzs.com

刊名：临床血液学杂志
刊号：CN42-1284/R
主办单位：华中科技大学同济医学院附属协和医院、北京大学血液病研所
主管单位：中华人民共和国教育部
地址：湖北省武汉市江汉区解放大道1277号，www.whuhzzs.com

刊名：临床眼科杂志
刊号：CN34-1149/R
主办单位：安徽医科大学
主管单位：安徽医科大学
地址：安徽省淮南市田家庵区淮滨路203号，lcyz.cbpt.cnki.net

刊名：临床药物治疗杂志
刊号：CN11-4989/R
主办单位：北京药学会
主管单位：北京市药品监督管理局
地址：北京市朝阳区向军北里28号院1号楼3层，www.lcywzlzz.com

刊名：临床医学
刊号：CN41-1116/R
主办单位：中华医学会河南分会
主管单位：河南省卫生健康委员会
地址：河南省郑州市金水区经三路7号

刊名：临床医学工程
刊号：CN44-1655/R
主办单位：国家医疗保健器具工程技术研究中心
主管单位：广东省科学技术厅
地址：广东省广州市天河区广州大道中1307号，www.lcyxgc.com

刊名：临床医药实践
刊号：CN14-1300/R
主办单位：山西医科大学第二医院
主管单位：山西省卫生健康委员会
地址：山西省太原市杏花岭区五一路382号，sxlc.chinajournal.net.cn

刊名：临床与病理杂志
刊号：CN43-1521/R
主办单位：中南大学
主管单位：中华人民共和国教育部

地址：湖南省长沙市开福区湘雅路 110 号，lcbl. amegroups. com

刊名：临床与实验病理学杂志
刊号：CN34-1073/R
主办单位：安徽医科大学、中华医学会安徽分会
主管单位：安徽省教育厅
地址：安徽省合肥市蜀山区梅山路 69 号安徽医科大学校内，www. cjcep. com

刊名：临沂大学学报
刊号：CN37-1484/Z
主办单位：临沂大学
主管单位：山东省教育厅
地址：山东省临沂市兰山区工业大道北段西侧临沂大学行政办公楼 406，lqsz. cbpt. cnki. net

刊名：磷肥与复肥
刊号：CN41-1173/TQ
主办单位：郑州大学、中国磷复肥工业协会
主管单位：郑州大学
地址：河南省郑州市金水区文化路 97 号郑州大学北校区，lfyf. cbpt. cnki. net

刊名：岭南急诊医学杂志
刊号：CN44-1539/R
主办单位：广东省医学会
主管单位：广东省卫生健康委员会
地址：广东省广州市越秀区沿江西路 107 号，www. china-em. com

刊名：岭南师范学院学报
刊号：CN44-1721/G4
主办单位：岭南师范学院
主管单位：广东省教育厅
地址：广东省湛江市赤坎区寸金路 29 号，d. lingnan. edu. cn/lnsfxyxb

刊名：岭南文史
刊号：CN44-1004/K
主办单位：广东省人民政府文史研究馆、广东省人民政府参事室
主管单位：广东省人民政府文史研究馆、广东省人民政府参事室
地址：广东省广州市越秀区解放北路 542 号

刊名：岭南现代临床外科
刊号：CN44-1510/R
主办单位：广东省医学学术交流中心
主管单位：广东省卫生健康委员会
地址：广东省广州市越秀区沿江西路 107 号中山大学孙逸仙纪念医院，www. lingnanwk. com. cn

刊名：岭南心血管病杂志
刊号：CN44-1436/R
主办单位：广东省心血管病研究所
主管单位：广东省卫生健康委员会
地址：广东省广州市越秀区东川路 96 号 233 室广东省心血管病研究所，jcd. org. cn

刊名：岭南学刊
刊号：CN44-1005/C
主办单位：中共广东省委党校
主管单位：中共广东省委党校
地址：广东省广州市越秀区建设大马路 3 号，llxb. cbpt. cnki. net

刊名：领导科学
刊号：CN41-1024/C
主办单位：河南省社会科学界联合会
主管单位：河南省社会科学界联合会
地址：河南省郑州市金水区丰产路 23 号，www. ldkxzzs. com

刊名：领导科学论坛
刊号：CN42-1837/C
主办单位：湖北长江报刊传媒（集团）有限公司
主管单位：长江出版传媒股份有限公司
地址：湖北省武汉市洪山区桂元路 67 号，www. cjbkcm. com. cn/journal. html? id = 1648

刊名：流体传动与控制
刊号：CN31-1921/TH
主办单位：上海液压气动总公司
主管单位：上海电气（集团）总公司
地址：上海市徐汇区宛平南路 210 号

刊名：流体机械
刊号：CN34-1144/TH
主办单位：中国机械工程学会
主管单位：中国科学技术协会
地址：安徽省合肥市蜀山区长江西路 888 号，ltjx. cbpt. cnki. net

刊名：硫磷设计与粉体工程
刊号：CN32-1590/TQ
主办单位：中国石化集团南京工程有限公司
主管单位：中国石化集团南京工程有限公司
地址：江苏省南京市江宁区科建路 1189 号，llft.chinajournal.net.cn

刊名：硫酸工业
刊号：CN32-1126/TQ
主办单位：中国石化集团南京化工研究院有限公司
主管单位：中国石化集团南京化学工业有限公司
地址：江苏省南京市江北新区大厂葛关路 699 号，lsgy.cbpt.cnki.net

刊名：柳州职业技术学院学报
刊号：CN45-1290/G4
主办单位：柳州职业技术学院
主管单位：柳州职业技术学院
地址：广西壮族自治区柳州市鱼峰区社湾路 28 号柳州职业技术学院行政办公楼 507 号，lzjb.cbpt.cnki.net

刊名：六盘水师范学院学报
刊号：CN52-5032/G4
主办单位：六盘水师范学院
主管单位：六盘水师范学院
地址：贵州省六盘水市钟山区明湖路，www.lpssy.edu.cn/xbbjb

刊名：龙岩学院学报
刊号：CN35-1286/G4
主办单位：龙岩学院
主管单位：福建省教育厅
地址：福建省龙岩市新罗区东肖北路 1 号，lysx.cbpt.cnki.net

刊名：陇东学院学报
刊号：CN62-1197/G4
主办单位：陇东学院
主管单位：甘肃省教育厅
地址：甘肃省庆阳市西峰区兰州路 45 号，ldxs.cbpt.cnki.net

刊名：鲁东大学学报（哲学社会科学版）
刊号：CN37-1452/C
主办单位：鲁东大学
主管单位：山东省教育厅
地址：山东省烟台市芝罘区红旗中路 184 号鲁东大学校内，www.xb.ldu.edu.cn

刊名：鲁东大学学报（自然科学版）
刊号：CN37-1453/N
主办单位：鲁东大学
主管单位：山东省教育厅
地址：山东省烟台市芝罘区红旗中路 184 号鲁东大学校内，www.xb.ldu.edu.cn

刊名：鲁迅研究月刊
刊号：CN11-2722/I
主办单位：北京鲁迅博物馆
主管单位：国家文物局
地址：北京市西城区阜成门内大街宫门口二条 19 号，www.lxyjyk.cn

刊名：录井工程
刊号：CN12-1371/TE
主办单位：中国石油集团渤海钻探工程有限公司、中国石油天然气股份有限公司大港油田分公司
主管单位：中国石油天然气集团有限公司
地址：天津市滨海新区大港油田 3 号院团结东路 8 号，www.ljgczz.com

刊名：路基工程
刊号：CN51-1414/U
主办单位：中铁二局集团、西南交通大学、中铁二院工程集团
主管单位：中国铁路工程总公司
地址：四川省成都市金牛区通锦路 16 号，www.ljgch.com：100

刊名：露天采矿技术
刊号：CN21-1477/TD
主办单位：煤科集团沈阳研究院有限公司、中煤平朔煤业有限责任公司、神华准格尔能源有限责任公司
主管单位：煤科集团沈阳研究院有限公司
地址：辽宁省抚顺市望花区经济开发区滨河路 11 号，www.ltckjs.com

刊名：伦理学研究
刊号：CN43-1385/C
主办单位：湖南师范大学
主管单位：湖南省教育厅
地址：湖南省长沙市岳麓区麓山路36号湖南师范大学《伦理学研究》编辑部，llx. hunnu. edu. cn

刊名：轮胎工业
刊号：CN11-3478/TQ
主办单位：北京橡胶工业研究设计院
主管单位：中国石油和化学工业联合会
地址：北京市海淀区阜石路甲19号，www. rubbertire. com. cn

刊名：逻辑学研究
刊号：CN44-1649/C
主办单位：中山大学、中国逻辑学会
主管单位：中山大学
地址：广东省广州市海珠区新港西路135号，studiesinlogic. sysu. edu. cn

刊名：洛阳理工学院学报（社会科学版）
刊号：CN41-1402/C
主办单位：洛阳理工学院
主管单位：河南省教育厅
地址：河南省洛阳市洛龙区王城大道90号洛阳理工学院，www1. lit. edu. cn/xb

刊名：洛阳理工学院学报（自然科学版）
刊号：CN41-1403/N
主办单位：洛阳理工学院
主管单位：河南省教育厅
地址：河南省洛阳市洛龙区王城大道90号，www1. lit. edu. cn/xb

刊名：洛阳师范学院学报
刊号：CN41-1302/G4
主办单位：洛阳师范学院
主管单位：河南省教育厅
地址：河南省洛阳市洛龙区吉庆路6号，lszb. cbpt. cnki. net

刊名：落叶果树
刊号：CN37-1125/S
主办单位：山东省果树研究所、山东农业大学园艺科学与工程学院
主管单位：山东省农业科学院
地址：山东省泰安市泰山区龙潭路64号，www. luoyeguoshu. com. cn

刊名：漯河职业技术学院学报
刊号：CN41-1330/Z
主办单位：漯河职业技术学院
主管单位：河南省教育厅
地址：河南省漯河市源汇区大学路123号漯河职业技术学院，xb. lhvtc. edu. cn

刊名：吕梁教育学院学报
刊号：CN14-1297/G4
主办单位：吕梁教育学院
主管单位：吕梁教育学院
地址：山西省吕梁市离石区文化路12号，www. lljyxy. cn

刊名：吕梁学院学报
刊号：CN14-1365/G4
主办单位：吕梁学院
主管单位：吕梁学院
地址：山西省吕梁市离石区学院路1号，xbbjb. llhc. edu. cn

刊名：旅游科学
刊号：CN31-1693/K
主办单位：上海旅游高等专科学校
主管单位：上海市教育委员会
地址：上海市徐汇区桂林路100号，lykx. sitsh. edu. cn

刊名：旅游论坛
刊号：CN45-1363/K
主办单位：桂林旅游学院
主管单位：广西壮族自治区旅游发展委员会
地址：广西壮族自治区桂林市雁山区良丰路26号桂林旅游学院行政楼313室《旅游论坛》编辑部，gllylt. cbpt. cnki. net

刊名：旅游学刊
刊号：CN11-1120/K
主办单位：北京联合大学旅游学院
主管单位：北京市教育委员会
地址：北京市朝阳区北四环东路99号，www. lyxk. com. cn

刊名：旅游研究
刊号：CN53-1212/K
主办单位：昆明学院
主管单位：云南省教育厅
地址：云南省昆明市官渡区经济技术开发区浦新路 2号，lyyj. kmu. edu. cn：8080

刊名：绿色包装
刊号：CN10-1400/TB
主办单位：中国出口商品包装研究所
主管单位：中国包装进出口有限责任公司
地址：北京市朝阳区北四环东路6号院7号楼，www. cepi-china. com/BookInfo. aspx？pid = 9&cid = 103

刊名：绿色财会
刊号：CN23-1540/F
主办单位：东北林业大学、中国会计学会林业分会
主管单位：中华人民共和国教育部
地址：黑龙江省哈尔滨市香坊区和兴路26号东北林业大学院内，cem. nefu. edu. cn/info/1062/1429. htm

刊名：绿色建筑
刊号：CN31-2040/TU
主办单位：上海市建筑科学研究院（集团）有限公司
主管单位：上海市建筑科学研究院（集团）有限公司
地址：上海市徐汇区宛平南路75号，www. shjkwh. com

刊名：绿色科技
刊号：CN42-1808/S
主办单位：花木盆景杂志社
主管单位：湖北省林业局
地址：湖北省武汉市洪山区民族大道888号锦绣龙城B41-1802，lskjzz. hmpj. com. cn

刊名：氯碱工业
刊号：CN21-1170/TQ
主办单位：锦西化工研究院有限公司
主管单位：锦西化工研究院有限公司
地址：辽宁省葫芦岛市龙港区高新七路146号，www. ca-pvc. com

M

刊名：马克思主义文摘
刊号：CN11-5775/A
主办单位：中国人民大学
主管单位：中华人民共和国教育部
地址：北京市海淀区中关村大街甲59号文化大厦13、14层，www. zlzx. com. cn

刊名：马克思主义研究
刊号：CN11-3591/A
主办单位：中国社会科学院马克思主义研究院
主管单位：中国社会科学院
地址：北京市东城区建国门内大街5号，www. mkszyyj. org

刊名：麦类作物学报
刊号：CN61-1359/S
主办单位：西北农林科技大学、中国作物学会、国家小麦工程技术研究中心
主管单位：中华人民共和国教育部
地址：陕西省咸阳市杨凌区渭惠路3号，mlzwxb. alljournals. ac. cn

刊名：满语研究
刊号：CN23-1014/H
主办单位：黑龙江省满语研究所
主管单位：黑龙江大学
地址：黑龙江省哈尔滨市南岗区学府路74号，manchu. hlju. edu. cn/nr. jsp？urltype = news. NewsContentUrl&wbtreeid = 1514&wbnewsid = 2811&wbpagenum = 0&wbnewspageid = 0&archive = 0

刊名：满族研究
刊号：CN21-1028/D
主办单位：辽宁省民族宗教联络与舆情中心
主管单位：辽宁省民族和宗教事务委员会
地址：辽宁省沈阳市皇姑区崇山东路6号，www. mzyjzz. cn

刊名：慢性病学杂志
刊号：CN11-5900/R
主办单位：中华预防医学会
主管单位：中华人民共和国国家卫生健康委员会
地址：北京市朝阳区潘家园华威里25号5层5017，www. cdj. org. cn

刊名：毛纺科技
刊号：CN11-2386/TS

主办单位：中国纺织信息中心、中国纺织工程学会
主管单位：中国纺织工业联合会
地址：北京市朝阳区延静里中街 3 号主楼 6 层 605 室，www. wooltex. org

刊名：**毛泽东邓小平理论研究**
刊号：CN31-1672/A
主办单位：上海社会科学院
主管单位：上海社会科学院
地址：上海市黄浦区淮海中路 622 弄 7 号

刊名：**毛泽东思想研究**
刊号：CN51-1033/A
主办单位：四川省社会科学院、四川省社会科学界联合会
主管单位：四川省社会科学院
地址：四川省成都市青羊区一环路西一段 155 号

刊名：**煤**
刊号：CN14-1171/TD
主办单位：山西潞安矿业（集团）有限责任公司
主管单位：山西潞安矿业（集团）有限责任公司
地址：山西省长治市襄垣县潞安矿业集团公司《煤》杂志社，meia. chinajournal. net. cn

刊名：**煤化工**
刊号：CN14-1142/TQ
主办单位：赛鼎工程有限公司
主管单位：赛鼎工程有限公司
地址：山西省太原市小店区晋阳街赛鼎路 1 号赛鼎大厦，mhgz. chinajournal. net. cn

刊名：**煤矿安全**
刊号：CN21-1232/TD
主办单位：煤科集团沈阳研究院有限公司
主管单位：煤科集团沈阳研究院有限公司
地址：辽宁省抚顺市望花区经济开发区滨河路 11 号，www. mkaqzz. com

刊名：**煤矿爆破**
刊号：CN34-1137/TD
主办单位：中煤科工集团淮北爆破技术研究院有限公司
主管单位：中国煤炭科工集团有限公司
地址：安徽省淮北市相山区东山路 116 号《煤矿爆破》编辑部，mkbp. cbpt. cnki. net

刊名：**煤矿机电**
刊号：CN31-1509/TD
主办单位：中煤科工集团上海研究院
主管单位：中国煤炭科工集团有限公司
地址：上海市徐汇区天钥桥路 1 号，mkjd. cbpt. cnki. net

刊名：**煤矿机械**
刊号：CN23-1280/TD
主办单位：哈尔滨煤矿机械研究所
主管单位：黑龙江科技大学
地址：黑龙江省哈尔滨市香坊区古香街 30 号，www. mkjx. cbpt. cnki. net

刊名：**煤气与热力**
刊号：CN12-1101/TU
主办单位：中国市政工程华北设计研究总院有限公司、中交煤气热力研究设计院有限公司、北京市煤气热力工程设计院有限公司
主管单位：中华人民共和国住房和城乡建设部
地址：天津市和平区新兴路 52 号都市花园大厦 5 号楼 21 层，www. gasheat. cn

刊名：**煤炭高等教育**
刊号：CN32-1365/G4
主办单位：中国煤炭教育协会
主管单位：中华人民共和国教育部
地址：江苏省徐州市泉山区中国矿业大学（南湖校区），mtgj. cumt. edu. cn

刊名：**煤炭工程**
刊号：CN11-4658/TD
主办单位：煤炭工业规划设计研究院有限公司
主管单位：中国煤炭科工集团有限公司
地址：北京市西城区德外安德路 67 号，www. coale. com. cn

刊名：**煤炭技术**
刊号：CN23-1393/TD
主办单位：哈尔滨煤矿机械研究所
主管单位：黑龙江科技大学
地址：黑龙江省哈尔滨市香坊区古香街 30 号，www. cbpt. cnke. net

刊名：**煤炭加工与综合利用**
刊号：CN11-2627/TD

主办单位：中国煤炭加工利用协会
主管单位：中国煤炭工业协会
地址：北京市东城区安定门外东河沿小区乙7号楼307室，mtjg.cbpt.cnki.net

刊名：煤炭经济研究
刊号：CN11-1038/F
主办单位：煤炭科学研究总院、中国煤炭经济研究会
主管单位：国家煤矿安全监察局
地址：北京市朝阳区青年沟路5号煤炭科学研究总院，www.mtjjyj.com

刊名：煤炭科技
刊号：CN32-1491/TD
主办单位：徐州矿务集团有限公司、江苏省煤炭学会、中国矿业大学
主管单位：江苏煤矿安全监察局
地址：江苏省徐州市云龙区钱塘路7号

刊名：煤炭科学技术
刊号：CN11-2402/TD
主办单位：煤炭科学研究总院
主管单位：国家煤矿安全监察局
地址：北京市朝阳区青年沟路5号，www.mtkxjs.com.cn

刊名：煤炭学报
刊号：CN11-2190/TD
主办单位：中国煤炭学会
主管单位：中国科学技术协会
地址：北京市朝阳区青年沟路5号，www.mtxb.com.cn

刊名：煤炭与化工
刊号：CN13-1416/TD
主办单位：河北省化学工业研究院、河北煤炭科学研究院
主管单位：河北省化学工业研究院
地址：河北省邢台市信都区团结西大街126号河北煤炭科学研究院，www.mtyhg.com.cn

刊名：煤炭转化
刊号：CN14-1163/TQ
主办单位：太原理工大学
主管单位：太原理工大学
地址：山西省太原市万柏林区迎泽西大街79号太原理工大学迎西校区科学楼14层，ebcc.tyut.edu.cn

刊名：煤田地质与勘探
刊号：CN61-1155/P
主办单位：中煤科工集团西安研究院有限公司
主管单位：中煤科工集团西安研究院有限公司
地址：陕西省西安市雁塔区锦业一路82号，mdkt.cbpt.cnki.net

刊名：煤质技术
刊号：CN11-3862/TD
主办单位：煤炭科学研究总院
主管单位：国家煤矿安全监察局
地址：北京市朝阳区青年沟路5号，mzyk.cbpt.cnki.net

刊名：美国研究
刊号：CN11-1170/C
主办单位：中国社会科学院美国研究所、中华美国学会
主管单位：中国社会科学院
地址：北京市东城区张自忠路3号东院中国社会科学院美国研究所，ias.cass.cn

刊名：美食研究
刊号：CN32-1854/TS
主办单位：扬州大学
主管单位：江苏省教育厅
地址：江苏省扬州市邗江区华扬西路196号29信箱

刊名：美术
刊号：CN11-1311/J
主办单位：中国美术家协会
主管单位：中国文学艺术界联合会
地址：北京市朝阳区安苑北里22号中国文联5层，www.mszzs.net

刊名：美术大观
刊号：CN21-1173/J
主办单位：辽宁美术出版社有限责任公司
主管单位：北方联合出版传媒（集团）股份有限公司
地址：辽宁省沈阳市和平区民族北街29号，www.msdgzz.cn

刊名：美术观察
刊号：CN11-3665/J
主办单位：中国艺术研究院
主管单位：中华人民共和国文化和旅游部
地址：北京市朝阳区惠新北里甲1号，www.zgysyjy.org.cn/153/153_1.html

刊名：美术教育研究
刊号：CN34-1313/J
主办单位：时代出版传媒股份有限公司、安徽省科学教育研究会
主管单位：安徽出版集团有限责任公司
地址：安徽省合肥市庐阳区花园街4号科技大厦11E，www.msjyyj.com

刊名：美术学报
刊号：CN44-1135/J
主办单位：广州美术学院
主管单位：广东省教育厅
地址：广东省广州市海珠区昌岗东路257号，www.meishuxuebao.cn

刊名：美术研究
刊号：CN11-1190/J
主办单位：中央美术学院
主管单位：中华人民共和国教育部
地址：北京市朝阳区花家地南街8号中央美术学院内，www.meishuyanjiu.cn

刊名：美与时代
刊号：CN41-1061/B
主办单位：郑州大学美学研究所、河南省美学学会
主管单位：郑州大学
地址：河南省郑州市二七区大学路75号郑州大学《美与时代》杂志社，www.meiyushidai.com

刊名：美育学刊
刊号：CN33-1367/G4
主办单位：杭州师范大学
主管单位：浙江省教育厅
地址：浙江省杭州市余杭区余杭塘路2318号，myxk.hznu.edu.cn

刊名：蒙古学研究
刊号：CN15-1126/C
主办单位：呼和浩特民族学院
主管单位：内蒙古自治区教育厅
地址：内蒙古自治区呼和浩特市新城区通道北路56号

刊名：蒙古语文
刊号：CN15-1070/H
主办单位：内蒙古自治区民族事务委员会
主管单位：内蒙古自治区民族事务委员会
地址：内蒙古自治区呼和浩特市新城区新华大街63号院7号楼

刊名：密码学报
刊号：CN10-1195/TN
主办单位：中国密码学会、北京信息科学技术研究院、中国科学技术出版社
主管单位：中国科学技术协会
地址：北京市海淀区中关村南大街16号，www.jcr.cacrnet.org.cn

刊名：绵阳师范学院学报
刊号：CN51-1670/G
主办单位：绵阳师范学院
主管单位：四川省教育厅
地址：四川省绵阳市涪城区高新区绵兴西路166号，xb.mnu.cn

刊名：棉纺织技术
刊号：CN61-1132/TS
主办单位：陕西省纺织科学研究院、中国纺织信息中心
主管单位：陕西省纺织科学研究院
地址：陕西省西安市灞桥区纺织城西街138号，www.ctsti.cn

刊名：棉花科学
刊号：CN36-1319/S
主办单位：江西省棉花研究所
主管单位：江西省农业农村厅
地址：江西省南昌市东湖区省政府大院南一路江西省粮食局3楼，jxmh.cbpt.cnki.net

刊名：棉花学报
刊号：CN41-1163/S
主办单位：中国农学会
主管单位：中国科学技术协会
地址：河南省安阳市文峰区黄河大道38号中国农业

科学院棉花研究所，journal. cricaas. com. cn

刊名：民国档案

刊号：CN32-1012/G2

主办单位：中国第二历史档案馆

主管单位：中国第二历史档案馆

地址：江苏省南京市玄武区中山东路 309 号，www. mgdazz. cn

刊名：民间文化论坛

刊号：CN11-5913/C

主办单位：中国民间文艺家协会、中国民间文艺家协会

主管单位：中国文学艺术界联合会

地址：北京市朝阳区德胜门外北沙滩 1 号院文联大楼 A 座 609，www. cflas. com. cn/mx/XHKW/XHKW03

刊名：民俗研究

刊号：CN37-1178/K

主办单位：山东大学

主管单位：中华人民共和国教育部

地址：山东省济南市历城区山大南路 27 号，www. minsuyanjiu. cn

刊名：民用飞机设计与研究

刊号：CN31-1614/V

主办单位：中国商用飞机有限责任公司上海飞机设计研究院

主管单位：中国商用飞机有限责任公司

地址：上海市浦东新区金科路 5188 号，myfj. cnjournals. com

刊名：民族翻译

刊号：CN11-5684/H

主办单位：中国民族语文翻译中心

主管单位：国家民族事务委员会

地址：北京市海淀区倒座庙 1 号中国民族语文翻译中心，www. mzfy. org. cn/gallery _ list/downloadcategoryid = 103&isMode = false. html

刊名：民族高等教育研究

刊号：CN15-1363/G4

主办单位：内蒙古民族大学

主管单位：内蒙古自治区教育厅

地址：内蒙古自治区通辽市科尔沁区霍林河大街西 536 号，mgjy. cbpt. cnki. net

刊名：民族教育研究

刊号：CN11-2688/G4

主办单位：中央民族大学

主管单位：国家民族事务委员会

地址：北京市海淀区中关村南大街 27 号，www. muc. edu. cn/kxyj/xsqk. htm

刊名：民族论坛

刊号：CN43-1009/C

主办单位：湖南省民族宗教事务委员会

主管单位：湖南省民族宗教事务委员会

地址：湖南省长沙市芙蓉区营盘东路 70 号，mzlt. cbpt. cnki. net

刊名：民族文学研究

刊号：CN11-1443/I

主办单位：中国社会科学院民族文学研究所

主管单位：中国社会科学院

地址：北京市东城区建国门内大街 5 号，www. mzwxyj. org

刊名：民族学刊

刊号：CN51-1731/C

主办单位：西南民族大学

主管单位：国家民族事务委员会

地址：四川省成都市武侯区一环路南四段 16 号，mzxk. cbpt. cnki. net

刊名：民族研究

刊号：CN11-1217/C

主办单位：中国社会科学院民族学与人类学研究所

主管单位：中国社会科学院

地址：北京市海淀区中关村南大街 27 号 6 号楼，www. mzyj. net. cn

刊名：民族艺林

刊号：CN64-1011/J

主办单位：宁夏民族艺术研究所

主管单位：宁夏回族自治区文化和旅游厅

地址：宁夏回族自治区银川市兴庆区文化东街 8 号

刊名：民族艺术

刊号：CN45-1052/J

主办单位：广西壮族自治区民族文化艺术研究院

主管单位：广西壮族自治区文化和旅游厅
地址：广西壮族自治区南宁市青秀区思贤路 38 号，mzysbjb. cn

刊名：民族艺术研究
刊号：CN53-1019/J
主办单位：云南省民族艺术研究院
主管单位：云南省文化和旅游厅
地址：云南省昆明市五华区青年路 371 号文化科技大楼 12 层

刊名：民族语文
刊号：CN11-1216/H
主办单位：北京社会科学院民族学与人类学研究所
主管单位：中国社会科学院
地址：北京市海淀区中关村南大街 27 号，www. mzyw. net. cn

刊名：闽江学院学报
刊号：CN35-1260/G4
主办单位：闽江学院
主管单位：闽江学院
地址：福建省福州市闽侯县上街镇溪源宫路 200 号，fsxb. cbpt. cnki. net

刊名：闽南师范大学学报（哲学社会科学版）
刊号：CN35-1322/C
主办单位：闽南师范大学
主管单位：闽南师范大学
地址：福建省漳州市芗城区县前直街 36 号

刊名：闽南师范大学学报（自然科学版）
刊号：CN35-1323/N
主办单位：闽南师范大学
主管单位：闽南师范大学
地址：福建省漳州市芗城区县前直街 36 号

刊名：闽西职业技术学院学报
刊号：CN35-1287/G4
主办单位：闽西职业技术学院
主管单位：闽西职业技术学院
地址：福建省龙岩市新罗区曹溪闽大路 8 号，www. mxdx. net/gzjyyjs

刊名：名师在线
刊号：CN14-1376/G4
主办单位：《英语周报》社有限公司
主管单位：山西师大教育科技传媒集团有限公司
地址：山西省太原市小店区晋阳街 202 号，mszx. caizhizz. net

刊名：名作欣赏
刊号：CN14-1034/I
主办单位：《名作欣赏》杂志社有限责任公司
主管单位：山西出版传媒集团有限责任公司
地址：山西省太原市迎泽区云路街 2 号，www. mingzuoxinshang1980. com

刊名：明胶科学与技术
刊号：CN11-3234/TQ
主办单位：中国日用化工协会明胶分会
主管单位：中国轻工业联合会
地址：北京市朝阳区北三环东路 15 号北京化工大学 95 号信箱，mjkx. cbpt. cnki. net

刊名：明清小说研究
刊号：CN32-1017/I
主办单位：江苏省社会科学院文学研究所、江苏省社会科学院明清小说研究中心
主管单位：江苏省社会科学院
地址：江苏省南京市秦淮区建邺路 168 号 6-2 号楼，www. jsass. org. cn/skzy/xsqk/mqxs

刊名：模式识别与人工智能
刊号：CN34-1089/TP
主办单位：中国自动化学会、国家智能计算机研究开发中心、中国科学院合肥智能机械研究所
主管单位：中国科学技术协会
地址：安徽省合肥市庐山区蜀山湖路 350 号，prai. hfcas. ac. cn

刊名：膜科学与技术
刊号：CN62-1049/TB
主办单位：中国蓝星（集团）股份有限公司
主管单位：中国蓝星（集团）股份有限公司
地址：北京市朝阳区北三环东路 19 号蓝星大厦 612，www. mkxyjs. com

刊名：摩擦学学报
刊号：CN62-1095/O4
主办单位：中国科学院兰州化学物理研究所

主管单位：中国科学院
地址：甘肃省兰州市城关区天水中路18号，www.tribology.com.cn

刊名：摩托车技术
刊号：CN12-1168/U
主办单位：中国汽车技术研究中心
主管单位：中国汽车技术研究中心
地址：天津市东丽区先锋东路68号

刊名：牡丹江大学学报
刊号：CN23-1450/G4
主办单位：牡丹江大学
主管单位：黑龙江省教育厅
地址：黑龙江省牡丹江市爱民区西地明街530号，www.mdjdxxb.com

刊名：牡丹江教育学院学报
刊号：CN23-1462/G4
主办单位：牡丹江市教育学院
主管单位：黑龙江省教育厅
地址：黑龙江省牡丹江市爱民区康佳街181号，www.mdjxb.com

刊名：牡丹江师范学院学报（哲学社会科学版）
刊号：CN23-1082/C
主办单位：牡丹江师范学院
主管单位：黑龙江省教育厅
地址：黑龙江省牡丹江市爱民区文化街191号，xb.mdjnu.cn

刊名：牡丹江师范学院学报（自然科学版）
刊号：CN23-1289/N
主办单位：牡丹江师范学院
主管单位：黑龙江省教育厅
地址：黑龙江省牡丹江市爱民区文化街191号，xb.mdjnu.cn

刊名：牡丹江医学院学报
刊号：CN23-1270/R
主办单位：牡丹江医学院
主管单位：黑龙江省教育厅
地址：黑龙江省牡丹江市爱民区通乡街3号牡丹江医学院，mdjb.cbpt.cnki.net

刊名：木材工业
刊号：CN11-2726/S
主办单位：中国林业科学研究院木材工业研究所
主管单位：国家林业和草原局
地址：北京市海淀区香山路东小府1号中国林业科学研究院29信箱，mcgy.criwi.org.cn

刊名：木材加工机械
刊号：CN11-2680/S
主办单位：国家林业和草原局北京林业机械研究所
主管单位：国家林业和草原局
地址：北京市朝阳区安苑路20号世纪兴源大厦703室，mcjg.chinajournal.net.cn

刊名：木工机床
刊号：CN35-1105/TH
主办单位：福建省机械科学研究院
主管单位：福建省经济和信息化委员会
地址：福建省福州市鼓楼区六一中路115号，www.fjams.cn/fjams/Site/Home/News/news/GUID/3dcd6843 - e98b - 40d4 - 95bc - 3637cc3c5beb/code/201808101126103499

刊名：模具工业
刊号：CN45-1158/TG
主办单位：桂林电器科学研究院有限公司
主管单位：中国机械工业集团有限公司
地址：广西壮族自治区桂林市七星区东城路8号，www.moulds.com.cn

刊名：模具技术
刊号：CN31-1297/TG
主办单位：上海交通大学
主管单位：中华人民共和国教育部
地址：上海市徐汇区华山路1954号，www.moju-jishu.cn

刊名：模具制造
刊号：CN44-1542/TH
主办单位：深圳市生产力促进中心
主管单位：深圳市贸易工业局
地址：广东省深圳市龙岗区平湖街道华南大道1号华南国际五金化工塑料物流区（一期）M08栋128号，www.szmolds.com

N

刊名：纳米技术与精密工程

刊号：CN12-1458/O3
主办单位：天津大学、中国微米纳米技术学会
主管单位：中华人民共和国教育部
地址：天津市南开区卫津路92号天津大学19号楼东配楼，journals. tju. edu. cn/nm

刊名：耐火材料
刊号：CN41-1136/TF
主办单位：中钢集团洛阳耐火材料研究院有限公司
主管单位：中钢集团洛阳耐火材料研究院有限公司
地址：河南省洛阳市涧西区西苑路43号，www. nhcl. com. cn

刊名：耐火与石灰
刊号：CN21-1544/TQ
主办单位：中冶焦耐工程技术有限公司
主管单位：中冶焦耐工程技术有限公司
地址：辽宁省鞍山市铁东区胜利南路27号，journal03. magtechjournal. com/Jwk3 _ nhysh/CN/1673-7792/home. shtml

刊名：南昌大学学报（工科版）
刊号：CN36-1194/T
主办单位：南昌大学
主管单位：南昌大学
地址：江西省南昌市青山湖区南京东路235号，qks. ncu. edu. cn

刊名：南昌大学学报（理科版）
刊号：CN36-1193/N
主办单位：南昌大学
主管单位：南昌大学
地址：江西省南昌市青山湖区南京东路235号，qks. ncu. edu. cn

刊名：南昌大学学报（人文社会科学版）
刊号：CN36-1195/C
主办单位：南昌大学
主管单位：南昌大学
地址：江西省南昌市青山湖区南京东路235号，qks. ncu. edu. cn

刊名：南昌大学学报（医学版）
刊号：CN36-1323/R
主办单位：南昌大学
主管单位：南昌大学
地址：江西省南昌市青山湖区八一大道461号，qks. ncu. edu. cn

刊名：南昌工程学院学报
刊号：CN36-1288
主办单位：南昌工程学院
主管单位：江西省教育厅
地址：江西省南昌市南昌县天祥大道289号，paper. nit. edu. cn

刊名：南昌航空大学学报（社会科学版）
刊号：CN36-1304/C
主办单位：南昌航空大学
主管单位：南昌航空大学
地址：江西省南昌市红谷滩新区丰和南大道696号，qk. nchu. edu. cn

刊名：南昌航空大学学报（自然科学版）
刊号：CN36-1303/N
主办单位：南昌航空大学
主管单位：南昌航空大学
地址：江西省南昌市红谷滩新区丰和南大道696号，qk. nchu. edu. cn

刊名：南昌教育学院学报
刊号：CN36-1217/G4
主办单位：南昌教育学院
主管单位：江西省教育厅
地址：江西省南昌市湾里区翠岩路200号，lcyy. cbpt. cnki. net

刊名：南昌师范学院学报
刊号：CN36-1335/G4
主办单位：南昌师范学院
主管单位：南昌师范学院
地址：江西省南昌市青山湖区学院路158号，jxjy. chinajournal. net. cn

刊名：南都学坛
刊号：CN41-1157/C
主办单位：南阳师范学院
主管单位：南阳师范学院
地址：河南省南阳市卧龙区卧龙路1638号南阳师范学院，www2. nynu. edu. cn/xzbm/qk

刊名：南方电网技术

刊号：CN44-1643/TK
主办单位：南方电网科学研究院有限责任公司
主管单位：中国南方电网有限责任公司
地址：广东省广州市黄埔区科学城科翔路 11 号，nfdwjs. csg. cn

刊名：南方建筑
刊号：CN44-1263/TU
主办单位：广东省土木建筑学会
主管单位：广东省建筑工程集团有限公司
地址：广东省广州市天河区五山路 381 号华南理工大学建筑学院建筑红楼 6217 室，nfjz. arch. scut. edu. cn

刊名：南方金融
刊号：CN44-1479/F
主办单位：中国人民银行广州分行
主管单位：中国人民银行广州分行
地址：广东省广州市越秀区沿江西路 137 号，www. nfjr. gd. cn

刊名：南方金属
刊号：CN44-1521/TF
主办单位：广东省金属学会
主管单位：广东省冶金工业总公司
地址：广东省广州市越秀区中山二路 48 号后座冶金大厦

刊名：南方经济
刊号：CN44-1068/F
主办单位：广东经济学会、中山大学
主管单位：广东省社会科学界联合会
地址：广东省广州市天河区天河北路 618 号广东省社会科学中心 B 座 11 楼《南方经济》杂志社，www. scje. org

刊名：南方林业科学
刊号：CN36-1342/S
主办单位：江西省林业科学院、江西省林学会
主管单位：江西省林业局
地址：江西省南昌市青山湖区经济技术开发区枫林西大街 1629 号，www. jxlky. cn/kjfw/xsqk. htm

刊名：南方论刊
刊号：CN44-1296/C
主办单位：茂名市社会科学界联合会
主管单位：茂名市社会科学界联合会
地址：广东省茂名市茂南区油城五路 28 号，www. nanfanglunkan. com

刊名：南方能源建设
刊号：CN44-1715/TK
主办单位：南方电网传媒有限公司、中国能源建设集团广东省电力设计研究院有限公司
主管单位：南方电网传媒有限公司
地址：广东省广州市黄埔区科学城天丰路 1 号，www. nynf. cbpt. cnki. net

刊名：南方农村
刊号：CN44-1099/F
主办单位：广东省农村经济学会、广东科贸职业学院
主管单位：广东省农业农村厅
地址：广东省广州市白云区石井街石庆路 388 号广东科贸职业学院内，www. nfnc. cbpt. cnki. net

刊名：南方农机
刊号：CN36-1239/TH
主办单位：江西省农业机械研究所
主管单位：江西省农业农村厅
地址：江西省南昌市东湖区北京西路省府大院北一路 3 号，www. nfnj. cn

刊名：南方农业学报
刊号：CN45-1381/S
主办单位：广西壮族自治区农业科学院
主管单位：广西壮族自治区农业科学院
地址：广西壮族自治区南宁市西乡塘区大学东路 174 号，www. nfnyxb. com

刊名：南方人口
刊号：CN44-1114/C
主办单位：中山大学人口研究所
主管单位：中山大学
地址：广东省广州市海珠区新港西路 135 号中山大学西北区 501 栋 310 室

刊名：南方水产科学
刊号：CN44-1683/S
主办单位：中国水产科学研究院南海水产研究所
主管单位：中华人民共和国农业农村部
地址：广东省广州市海珠区新港西路 231 号，www. schinafish. cn

刊名：南方文坛
刊号：CN45-1049/I
主办单位：广西壮族自治区文学艺术界联合会
主管单位：广西壮族自治区文学艺术界联合会
地址：广西壮族自治区南宁市青秀区建政路 28 号，www. nanfangwt. cn

刊名：南方文物
刊号：CN36-1170/K
主办单位：江西省文物考古研究院
主管单位：江西省文化和旅游厅
地址：江西省南昌市东湖区新洲路 2 号

刊名：南方医科大学学报
刊号：CN44-1627/R
主办单位：南方医科大学
主管单位：广东省教育厅
地址：广东省广州市白云区广州大道北 1838 号《南方医科大学学报》编辑部，www. j-smu. com

刊名：南方园艺
刊号：CN45-1368/S
主办单位：广西特色作物研究院
主管单位：广西壮族自治区农业农村厅
地址：广西壮族自治区桂林市七星区普陀路 40 号，guxi. chinajournal. net. cn

刊名：南方职业教育学刊
刊号：CN44-1679/G4
主办单位：汕头职业技术学院、广州铁路职业技术学院
主管单位：广东省教育厅
地址：广东省汕头市濠江区东湖汕头职业技术学院内；广东省广州市白云区石井庆隆中路 100 号，nfzj. cbpt. cnki. net

刊名：南海学刊
刊号：CN46-1083/C
主办单位：海南省社会科学界联合会、海南省社会科学院
主管单位：中共海南省委宣传部
地址：海南省海口市琼山区文坛路 2 号海工商行政大楼 611，www. hnskl. net/web/default/menu. jsp? menuId = 77

刊名：南华大学学报（社会科学版）
刊号：CN43-1357/C
主办单位：南华大学
主管单位：南华大学
地址：湖南省衡阳市蒸湘区常胜西路 28 号，nhqks. cnjournals. com/sk/ch/index. aspx

刊名：南华大学学报（自然科学版）
刊号：CN43-1442/N
主办单位：南华大学
主管单位：湖南省教育厅
地址：湖南省衡阳市蒸湘区常胜西路 28 号，nhqks. cnjournals. com/zr/ch/index. aspx

刊名：南京财经大学学报
刊号：CN32-1719/F
主办单位：南京财经大学
主管单位：江苏省教育厅
地址：江苏省南京市鼓楼区铁路北街 128 号，njjj. cbpt. cnki. net

刊名：南京大学学报（哲学·人文科学·社会科学版）
刊号：CN32-1084/C
主办单位：南京大学
主管单位：中华人民共和国教育部
地址：江苏省南京市鼓楼区汉口路 22 号，njdx. cbpt. cnki. net

刊名：南京大学学报（自然科学版）
刊号：CN32-1169/N
主办单位：南京大学
主管单位：中国人民共和国教育部
地址：江苏省南京市鼓楼区汉口路 22 号，jns. nju. edu. cn

刊名：南京工程学院学报（社会科学版）
刊号：CN32-1638/Z
主办单位：南京工程学院
主管单位：江苏省教育厅
地址：江苏省南京市江宁区江宁科学园弘景大道 1 号《南京工程学院学报》编辑部，xb. njit. edu. cn

刊名：南京工程学院学报（自然科学版）
刊号：CN32-1671/N

主办单位：南京工程学院
主管单位：江苏省教育厅
地址：江苏省南京市江宁区江宁科学园弘景大道1号《南京工程学院学报》编辑部，xb. njit. edu. cn

刊名：南京工业大学学报（社会科学版）
刊号：CN32-1653/C
主办单位：南京工业大学
主管单位：江苏省教育厅
地址：江苏省南京市浦口区浦珠南路30号，skb. njutxb. com

刊名：南京工业大学学报（自然科学版）
刊号：CN32-1670/N
主办单位：南京工业大学
主管单位：江苏省教育厅
地址：江苏省南京市浦口区浦珠南路30号，zrb. njutxb. com

刊名：南京工业职业技术学院学报
刊号：CN32-1635/Z
主办单位：南京工业职业技术学院
主管单位：江苏省教育厅
地址：江苏省南京市栖霞区仙林大学城羊山北路1号南京工业职业技术学院，xuebao. niit. edu. cn

刊名：南京广播电视大学学报
刊号：CN32-1563/C
主办单位：南京广播电视大学
主管单位：南京市教育局
地址：江苏省南京市秦淮区游府西街46号，cjy. njtvu. com

刊名：南京航空航天大学学报（自然科学版）
刊号：CN32-1429/V
主办单位：南京航空航天大学
主管单位：中华人民共和国工业和信息化部
地址：江苏省南京市秦淮区御道街29号《南京航空航天大学学报》编辑部，jnuaa. nuaa. edu. cn

刊名：南京航空航天大学学报（社会科学版）
刊号：CN32-1548/C
主办单位：南京航空航天大学
主管单位：中华人民共和国工业和信息化部
地址：江苏省南京市秦淮区御道街29号，htxb. cbpt. cnki. net

刊名：南京理工大学学报（社会科学版）
刊号：CN32-1516/C
主办单位：南京理工大学
主管单位：中华人民共和国工业和信息化部
地址：江苏省南京市玄武区孝陵卫200号《南京理工大学学报（社会科学版）》编辑部

刊名：南京理工大学学报
刊号：CN32-1397/N
主办单位：南京理工大学
主管单位：中华人民共和国工业和信息化部
地址：江苏省南京市玄武区孝陵卫200号《南京理工大学学报》编辑部，www. njlgdxxb. cn

刊名：南京林业大学学报（人文社会科学版）
刊号：CN32-1607/C
主办单位：南京林业大学
主管单位：江苏省教育厅
地址：江苏省南京市玄武区龙蟠路159号《南京林业大学学报（人文社会科学版）》编辑部，njls. cbpt. cnki. net

刊名：南京林业大学学报（自然科学版）
刊号：CN32-1161/S
主办单位：南京林业大学
主管单位：江苏省教育厅
地址：江苏南京市玄武区龙蟠路159号《南京林业大学学报》编辑部，nldxb. njfu. edu. cn

刊名：南京农业大学学报
刊号：CN32-1148/S
主办单位：南京农业大学
主管单位：中华人民共和国教育部
地址：江苏省南京市玄武区卫岗1号《南京农业大学学报》编辑部，nauxb. njau. edu. cn

刊名：南京农业大学学报（社会科学版）
刊号：CN32-1600/C
主办单位：南京农业大学
主管单位：中华人民共和国教育部
地址：江苏省南京市玄武区卫岗1号南京农业大学校内，njnydxxbskb. paperonce. org

刊名：**南京社会科学**
刊号：CN32-1302/C
主办单位：南京市社会科学院、南京市社会科学界联合会
主管单位：中共南京市委宣传部
地址：江苏省南京市玄武区成贤街 43 号，njsh. cbpt. cnki. net

刊名：**南京审计大学学报**
刊号：CN32-1867/F
主办单位：南京审计大学
主管单位：江苏省教育厅
地址：江苏省南京市浦口区江浦街道雨山西路 86 号南京审计大学内，xbbjb. nau. edu. cn/sjxyxb/ch/index. aspx

刊名：**南京师大学报（社会科学版）**
刊号：CN32-1030/C
主办单位：南京师范大学
主管单位：江苏省教育厅
地址：江苏南京市鼓楼区宁海路 122 号南京师范大学随园校区学报编辑部，xuebao. njnu. edu. cn

刊名：**南京师大学报（自然科学版）**
刊号：CN32-1239/N
主办单位：南京师范大学
主管单位：江苏省教育厅
地址：江苏省南京市鼓楼区宁海路 122 号，xuebao. njnu. edu. cn

刊名：**南京师范大学文学院学报**
刊号：CN32-1551/I
主办单位：南京师范大学文学院
主管单位：江苏省教育厅
地址：江苏省南京市鼓楼区宁海路 122 号《南京师范大学文学院学报》编辑部，wxy. njnu. edu. cn

刊名：**南京师范大学学报（工程技术版）**
刊号：CN32-1684/T
主办单位：南京师范大学
主管单位：江苏省教育厅
地址：江苏省南京市鼓楼区宁海路 122 号《南京师范大学学报》编辑部，xuebao. njnu. edu. cn

刊名：**南京体育学院学报**
刊号：CN32-1882/GB
主办单位：南京体育学院
主管单位：江苏省教育厅
地址：江苏省南京市玄武区灵谷寺路 8 号南京体育学院，ntxb. nipes. cn/home/ch/index. aspx

刊名：**南京晓庄学院学报**
刊号：CN32-1619/C
主办单位：南京晓庄学院
主管单位：南京市教育局
地址：江苏省南京市建邺区北圩路 41 号，xuebao. njxzc. edu. cn

刊名：**南京信息工程大学学报**
刊号：CN32-1801/N
主办单位：南京信息工程大学
主管单位：江苏省教育厅
地址：江苏省南京市浦口区宁六路 219 号南京信息工程大学期刊社，qks. nuist. edu. cn

刊名：**南京医科大学学报（社会科学版）**
刊号：CN32-1606/C
主办单位：南京医科大学
主管单位：江苏省教育厅
地址：江苏省南京市江宁区龙眠大道 101 号，jnmu. njmu. edu. cn/sk/ch/index. aspx

刊名：**南京医科大学学报（自然科学版）**
刊号：CN32-1442/R
主办单位：南京医科大学
主管单位：江苏省教育厅
地址：江苏省南京市江宁区龙眠大道 101 号，jnmu. njmu. edu. cn/zr/ch/index. aspx

刊名：**南京艺术学院学报（美术与设计版）**
刊号：CN32-1008/J
主办单位：南京艺术学院
主管单位：江苏省教育厅
地址：江苏省南京市鼓楼区虎踞北路 15 号《南京艺术学院学报》编辑部，xb. nua. edu. cn

刊名：**南京艺术学院学报（音乐与表演版）**
刊号：CN32-1557/J
主办单位：南京艺术学院
主管单位：江苏省教育厅
地址：江苏省南京市鼓楼区北京西路 74 号，xb. nua. edu. cn

刊名：南京邮电大学学报（社会科学版）
刊号：CN32-1771/C
主办单位：南京邮电大学
主管单位：南京邮电大学
地址：江苏省南京市玄武区龙蟠路177号，nysk.njupt.edu.cn

刊名：南京邮电大学学报（自然科学版）
刊号：CN32-1772/TN
主办单位：南京邮电大学
主管单位：江苏省教育厅
地址：江苏省南京市玄武区龙蟠路177号，nyzr.njupt.edu.cn

刊名：南京中医药大学学报
刊号：CN32-1247/R
主办单位：南京中医药大学
主管单位：江苏省教育厅
地址：江苏省南京市栖霞区仙林大道138号，xb.njucm.edu.cn

刊名：南京中医药大学学报（社会科学版）
刊号：CN32-1561/C
主办单位：南京中医药大学
主管单位：江苏省教育厅
地址：江苏省南京市栖霞区仙林大道138号，xb.njucm.edu.cn

刊名：南开大学学报（自然科学版）
刊号：CN12-1105/N
主办单位：南开大学
主管单位：中华人民共和国教育部
地址：天津市南开区卫津路94号，jns.nankai.edu.cn

刊名：南开管理评论
刊号：CN12-1288/F
主办单位：南开大学
主管单位：中华人民共和国教育部
地址：天津市南开区卫津路94号南开大学商学院302编辑部，www.nbronline.cn

刊名：南开经济研究
刊号：CN12-1028/F
主办单位：南开大学经济学院
主管单位：南开大学
地址：天津市南开区卫津路94号，nkes.nankai.edu.cn

刊名：南开学报（哲学社会科学版）
刊号：CN12-1027/C
主办单位：南开大学
主管单位：中华人民共和国教育部
地址：天津市南开区卫津路94号，www.nankaixuebao.com

刊名：南宁职业技术学院学报
刊号：CN45-1268/C
主办单位：南宁职业技术学院
主管单位：南宁职业技术学院
地址：广西壮族自治区南宁市西乡塘区大学西路169号，xyxb.ncvt.net

刊名：南水北调与水利科技
刊号：CN13-1334/TV
主办单位：河北省水利科学研究院
主管单位：河北省南水北调工程建设委员会办公室
地址：河北省石家庄市新华区泰华街310号，www.nsbdqk.net

刊名：南通大学学报（社会科学版）
刊号：CN32-1754/C
主办单位：南通大学
主管单位：江苏省教育厅
地址：江苏省南通市崇川区啬园路9号，xbzsb.ntu.edu.cn

刊名：南通大学学报（自然科学版）
刊号：CN32-1755/N
主办单位：南通大学
主管单位：江苏省教育厅
地址：江苏省南通市崇川区啬园路9号，xbzkb.ntu.edu.cn

刊名：南通大学学报（医学版）
刊号：CN32-1807/R
主办单位：南通大学
主管单位：江苏省教育厅
地址：江苏省南通市崇川区啬园路9号，xbyxb.ntu.edu.cn

刊名：南通航运职业技术学院

刊号：CN32-1686/Z
主办单位：南通航运职业技术学院
主管单位：江苏省教育厅
地址：江苏省南通市崇川区通盛大道 185 号，hyxb.ntsc.edu.cn

刊名：南通职业大学学报
刊号：CN32-1528/G4
主办单位：南通职业大学
主管单位：南通市人民政府
地址：江苏省南通市崇川市青年中路 89 号，www.ntvu.edu.cn/bm_xuebao

刊名：南亚东南亚研究
刊号：CN53-1236/C
主办单位：云南省社会科学院、中国（昆明）南亚东南亚研究院
主管单位：云南省社会科学院
地址：云南省昆明市西山区环城西路 577 号，www.sky.yn.gov.cn/cbkw/dnynyyj

刊名：南亚研究
刊号：CN11-1306/C
主办单位：中国社会科学院亚太与全球战略研究院、中国南亚学会
主管单位：中国社会科学院
地址：北京市东城区张自忠路 3 号东院，niis.cssn.cn/xskq/nyyjnew

刊名：南亚研究季刊
刊号：CN51-1023/D
主办单位：四川大学南亚研究所
主管单位：四川大学
地址：四川省成都市武侯区望江路 29 号，www.isas.net.cn

刊名：南阳理工学院学报
刊号：CN41-1404/Z
主办单位：南阳理工学院
主管单位：河南省教育厅
地址：河南省南阳市宛城区长江路 80 号，nylg.cbpt.cnki.net

刊名：南阳师范学院学报
刊号：CN41-1327/Z
主办单位：南阳师范学院
主管单位：河南省教育厅
地址：河南省南阳市卧龙区卧龙路 1638 号，nysf.cbpt.cnki.net

刊名：南洋问题研究
刊号：CN35-1054/C
主办单位：厦门大学南洋研究院
主管单位：厦门大学
地址：福建省厦门市思明区思明南路 422 号，nywtyjzz.cn

刊名：脑与神经疾病杂志
刊号：CN13-1191/R
主办单位：河北医科大学第二医院
主管单位：河北省卫生健康委员会
地址：河北省石家庄市新华区和平西路 215 号，www.lysj.cbpt.cnki.net

刊名：内江师范学院学报
刊号：CN51-1621/Z
主办单位：内江师范学院
主管单位：四川省教育厅
地址：四川省内江市东兴区东桐路 705 号，xb.njtc.edu.cn

刊名：内科
刊号：CN45-1347/R
主办单位：广西壮族自治区医学科学信息研究所
主管单位：广西壮族自治区卫生健康委员会
地址：广西壮族自治区南宁市青秀区东葛路 207 号，nkzz.gxmi.net

刊名：内科急危重症杂志
刊号：CN42-1394/R
主办单位：华中科技大学同济医学院
主管单位：中华人民共和国教育部
地址：湖北省武汉市蔡甸区五贤路同济专家社区 A 栋，nkjwzzzz.chmed.net

刊名：内科理论与实践
刊号：CN31-1978/R
主办单位：上海交通大学医学院附属瑞金医院
主管单位：中华人民共和国教育部
地址：上海市黄浦区瑞金二路 197 号，www.qk.sjtu.edu.cn/jimcp

刊名：内陆地震
刊号：CN65-1119/P
主办单位：新疆维吾尔自治区地震局
主管单位：新疆维吾尔自治区地震局
地址：新疆维吾尔自治区乌鲁木齐市新市区科学二街 338 号

刊名：内蒙古财经大学学报
刊号：CN15-1365/F
主办单位：内蒙古财经大学
主管单位：内蒙古自治区教育厅
地址：内蒙古自治区呼和浩特市回民区北二环 185 号，www.imufe.edu.cn/xbb

刊名：内蒙古大学学报（哲学社会科学版）
刊号：CN15-1051/C
主办单位：内蒙古大学
主管单位：内蒙古自治区教育厅
地址：内蒙古自治区呼和浩特市赛罕区大学西路 235 号，ndxbzkb.imu.edu.cn

刊名：内蒙古大学学报（哲学社会科学蒙文版）
刊号：CN15-1050/C
主办单位：内蒙古大学
主管单位：内蒙古自治区教育厅
地址：内蒙古自治区呼和浩特市赛罕区大学西路 235 号，ndxbskb.imu.edu.cn/mwb

刊名：内蒙古大学学报（自然科学版）
刊号：CN15-1052/N
主办单位：内蒙古大学
主管单位：内蒙古自治区教育厅
地址：内蒙古自治区呼和浩特市赛罕区大学西路 235 号，ndxbzkb.imu.edu.cn

刊名：内蒙古电大学刊
刊号：CN15-1141/N
主办单位：内蒙古广播电视大学
主管单位：内蒙古自治区教育厅
地址：内蒙古呼和浩特市赛罕区新华东 34 号，lmdx.cbpt.cnki.net

刊名：内蒙古电力技术
刊号：CN15-1200/TM
主办单位：内蒙古电力科学研究院、内蒙古电机工程学会
主管单位：内蒙古电力（集团）有限责任公司
地址：内蒙古自治区呼和浩特市玉泉区锡林南路 21 号，www.nmgdljs.com.cn

刊名：内蒙古工业大学学报（自然科学版）
刊号：CN15-1060/T
主办单位：内蒙古工业大学
主管单位：内蒙古自治区教育厅
地址：内蒙古自治区呼和浩特市新城区爱民街 49 号，xb.imut.edu.cn

刊名：内蒙古公路与运输
刊号：CN15-1157/U
主办单位：内蒙古自治区交通建设工程质量监督局
主管单位：内蒙古自治区交通运输厅
地址：内蒙古自治区呼和浩特市新城区哲里木路北口向南 300 米，nmgglyys.paperopen.com

刊名：内蒙古科技大学学报
刊号：CN15-1357/N
主办单位：内蒙古科技大学
主管单位：内蒙古自治区教育厅
地址：内蒙古自治区包头市昆都仑区阿尔丁大街 7 号，jed.imust.cn

刊名：内蒙古林业科技
刊号：CN15-1111/S
主办单位：内蒙古自治区林业科学研究院
主管单位：内蒙古自治区林业和草原局
地址：内蒙古自治区呼和浩特市赛罕区新建东街 288 号，lykj.wenyuanzz.net

刊名：内蒙古林业调查设计
刊号：CN15-1144/S
主办单位：内蒙古自治区林业监测规划院
主管单位：内蒙古自治区林业和草原局
地址：内蒙古自治区呼和浩特市玉泉区五塔寺东街 3 号，nmld.cbpt.cnki.net

刊名：内蒙古煤炭经济
刊号：CN15-115/F
主办单位：内蒙古新华报业中心、内蒙古自治区煤炭经济研究会
主管单位：内蒙古新华报业中心
地址：内蒙古自治区呼和浩特市赛罕区地质局南街 8 号，www.imcezz.com

刊名：内蒙民族大学学报（蒙医药学蒙文版）
刊号：CN15-1222/R
主办单位：内蒙古民族大学
主管单位：内蒙古自治区教育厅
地址：内蒙古自治区通辽市科尔沁区霍林河大街西536号

刊名：内蒙古民族大学学报（哲学社会科学汉文版）
刊号：CN15-1217/C
主办单位：内蒙古民族大学
主管单位：内蒙古自治区教育厅
地址：内蒙古自治区通辽市科尔沁区霍林河大街西536号

刊名：内蒙古民族大学学报（哲学社会科学蒙文版）
刊号：CN15-1218/C
主办单位：内蒙古民族大学
主管单位：内蒙古自治区教育厅
地址：内蒙古自治区通辽市科尔沁区霍林河大街西536号

刊名：内蒙古民族大学学报（自然科学版）
刊号：CN15-1220/N
主办单位：内蒙古民族大学
主管单位：内蒙古自治区教育厅
地址：内蒙古自治区通辽市科尔沁区霍林河大街西536号，nmms. cbpt. cnki. net

刊名：内蒙古民族大学学报（自然科学蒙文版）
刊号：CN15-1221/N
主办单位：内蒙古民族大学
主管单位：内蒙古自治区教育厅
地址：内蒙古自治区通辽市科尔沁区霍林河大街西536号

刊名：内蒙古农业大学学报（社会科学版）
刊号：CN15-1207/G
主办单位：内蒙古农业大学
主管单位：内蒙古自治区教育厅
地址：内蒙古自治区呼和浩特市赛罕区昭乌达路306号，www. imau. edu. cn

刊名：内蒙古农业大学学报（自然科学版）
刊号：CN15-1209/S
主办单位：内蒙古农业大学
主管单位：内蒙古自治区教育厅
地址：内蒙古自治区呼和浩特市赛罕区昭乌达路306号，xuebao. imau. edu. cn

刊名：内蒙古气象
刊号：CN15-1116/P
主办单位：内蒙古自治区气象局、内蒙古自治区气象学会
主管单位：内蒙古自治区气象局
地址：内蒙古自治区呼和浩特市新城区海拉尔大街49号，nmqx. chinajournal. net. cn

刊名：内蒙古社会科学（汉文版）
刊号：CN15-1011/C
主办单位：内蒙古自治区社会科学院
主管单位：内蒙古自治区社会科学院
地址：内蒙古自治区呼和浩特市赛罕区大学东街129号，nmgshkx. paperopen. com

刊名：内蒙古社会科学（蒙文版）
刊号：CN15-1010/C
主办单位：内蒙古自治区社会科学院
主管单位：内蒙古自治区社会科学院
地址：内蒙古自治区呼和浩特市赛罕区大学东街129号，www. nmgshkxzzs. com

刊名：内蒙古师范大学学报（哲学社会科学汉文版）
刊号：CN15-1047/C
主办单位：内蒙古师范大学
主管单位：内蒙古自治区教育厅
地址：内蒙古自治区呼和浩特市赛罕区昭乌达路81号，xueb. imnu. edu. cn

刊名：内蒙古师范大学学报（哲学社会科学蒙文版）
刊号：CN15-1046/C
主办单位：内蒙古师范大学
主管单位：内蒙古自治区教育厅
地址：内蒙古自治区呼和浩特市赛罕区昭乌达路81号，xueb. imnu. edu. cn

刊名：内蒙古师范大学学报（自然科学汉文版）
刊号：CN15-1049/N
主办单位：内蒙古师范大学

主管单位：内蒙古自治区教育厅
地址：内蒙古自治区呼和浩特市赛罕区昭乌达 81 号，xueb. imnu. edu. cn

刊名：内蒙古师范大学学报（自然科学蒙文版）
刊号：CN15-1048/N
主办单位：内蒙古师范大学
主管单位：内蒙古自治区教育厅
地址：内蒙古自治区呼和浩特市赛罕区昭乌达路 81 号，xueb. imnu. edu. cn/zrkx_m_. htm

刊名：内蒙古师范大学学报（教育科学版）
刊号：CN15-1215/G4
主办单位：内蒙古师范大学
主管单位：内蒙古自治区教育厅
地址：内蒙古自治区呼和浩特市赛罕区昭乌达路 81 号，xueb. imnu. edu. cn

刊名：内蒙古石油化工
刊号：CN15-1156/TQ
主办单位：内蒙古石油化工科学研究院
主管单位：内蒙古石油化工科学研究院
地址：内蒙古自治区呼和浩特市赛罕区昭乌达路 352 号

刊名：内蒙古水利
刊号：CN15-1148/TV
主办单位：内蒙古自治区水利新闻宣传中心
主管单位：内蒙古自治区水利厅
地址：内蒙古自治区呼和浩特市赛罕区呼伦南路 119 号

刊名：内蒙古医科大学学报
刊号：CN15-1364/R
主办单位：内蒙古医科大学
主管单位：内蒙古医科大学
地址：内蒙古自治区呼和浩特市回民区新华大街 5 号，nmgykdxxb. ijournals. cn/nmgykdx/home

刊名：内蒙古艺术
刊号：CN15-1186/J
主办单位：内蒙古自治区艺术研究所
主管单位：内蒙古自治区文化和旅游厅
地址：内蒙古自治区呼和浩特市赛罕区乌兰察布西路 32 号文化大厦内蒙古自治区艺术研究所

刊名：内蒙古艺术学院学报
刊号：CN15-1378/J
主办单位：内蒙古艺术学院
主管单位：内蒙古自治区教育厅
地址：内蒙古自治区呼和浩特市新城区新华东街 101 号，nmys. cbpt. cnki. net

刊名：内燃机
刊号：CN50-1100/TK
主办单位：中国内燃机学会
主管单位：机械工业第三设计研究院
地址：重庆市九龙坡区渝州路 17 号

刊名：内燃机工程
刊号：CN31-1255/TK
主办单位：中国内燃机学会
主管单位：中国科学技术协会
地址：上海市闵行区华宁路 3111 号，www. cicee. com. cn

刊名：内燃机学报
刊号：CN12-1086/TK
主办单位：中国内燃机学会
主管单位：中国科学技术协会
地址：天津市南开区卫津路 92 号，www. transcsice. org. cn

刊名：内燃机与动力装置
刊号：CN37-1445/TK
主办单位：山东交通学院、潍柴控股集团有限公司
主管单位：山东省教育厅
地址：山东省济南市长清区大学科技园海棠路 5001 号，www. sdnr. cbpt. cnki. net

刊名：内燃机与配件
刊号：CN13-1397/TH
主办单位：石家庄金刚内燃机零部件集团有限公司
主管单位：石家庄金刚内燃机零部件集团有限公司
地址：河北省石家庄市藁城区世纪大道 66 号，www. nrjpj. cn

刊名：能源工程
刊号：CN33-1113/TK
主办单位：浙江省能源与核技术应用研究院、浙江省能源研究会
主管单位：浙江省科技厅

地址：浙江省杭州市西湖区文二路218号

刊名：能源化工
刊号：CN32-1856/TQ
主办单位：中国石化集团南京化学工业有限公司、中石化南京化工研究院有限公司
主管单位：中国石油化工集团有限公司
地址：江苏省南京市六合区大厂葛关路699号，hxgj.cbpt.cnki.net

刊名：能源环境保护
刊号：CN33-1264/X
主办单位：中国煤炭加工利用协会、煤炭科学研究总院杭州环境保护研究所
主管单位：煤炭科学研究总院杭州环境保护研究所
地址：浙江省杭州市萧山区拱秀路288号，nybh.cbpt.cnki.net

刊名：能源技术与管理
刊号：CN32-1735/TD
主办单位：江苏省煤炭学会、江苏省煤炭工业协会、中国矿业大学
主管单位：江苏煤矿安全监察局
地址：江苏省南京市鼓楼区北京西路151号，www.jsscs.org.cn/portal/mtxh/society.action?type-name=xhqk1

刊名：能源研究与管理
刊号：CN36-1310/TK
主办单位：江西省能源研究会、江西省节能监察总队、江西省科学院能源研究所
主管单位：江西省科学院
地址：江西省南昌市青山湖区昌东大道7777号（江西省科学院内），www.jxas.ac.cn/nen-yuanyanjiuyuguanli

刊名：能源研究与利用
刊号：CN32-1196/TK
主办单位：江苏省节能技术服务中心、江苏省能源研究会、东南大学热能工程研究所
主管单位：江苏省工业和信息化厅
地址：江苏省南京市秦淮区苜蓿园大街52号

刊名：能源研究与信息
刊号：CN31-1410/TK
主办单位：上海理工大学、上海市能源研究会、上海电气（集团）总公司
主管单位：上海市教育委员会
地址：上海市杨浦区军工路516号，eri.usst.edu.cn

刊名：能源与环保
刊号：CN41-1443/TK
主办单位：河南省煤炭科学研究院有限公司、河南省煤炭学会
主管单位：河南省工业和信息化厅
地址：河南省郑州市中原区高新技术产业开发区枫杨街17号，www.zzmt.net

刊名：能源与环境
刊号：CN35-1272/TK
主办单位：福建省能源研究会、福建省节能协会
主管单位：福建省科学技术协会
地址：福建省福州市鼓楼区琴亭路29号福能方圆大厦7层，fjnj.chinajournal.net.cn

刊名：能源与节能
刊号：CN14-1360/TD
主办单位：山西科技新闻出版传媒集团有限责任公司
主管单位：山西省科学技术协会
地址：山西省太原市迎泽区长风东街15号，www.nyyjn.cn

刊名：泥沙研究
刊号：CN11-2532/TV
主办单位：中国水利学会
主管单位：中国科学技术协会
地址：北京市海淀区车公庄西路20号，nsyj.cbpt.cnki.net

刊名：酿酒
刊号：CN23-1256/TS
主办单位：黑龙江省轻工科学研究院、黑龙江省酒业协会、中国标准化协会
主管单位：黑龙江省轻工业联合会
地址：黑龙江省哈尔滨市道里区端街43号

刊名：酿酒科技
刊号：CN52-1051/TS
主办单位：贵州省轻工业科学研究所
主管单位：贵州省科学院
地址：贵州省贵阳市南明区沙冲中路58号，www.lmst.cn

刊名：宁波大学学报（教育科学版）
刊号：CN33-1214/G4
主办单位：宁波大学
主管单位：宁波大学
地址：浙江省宁波市江北区风华路 818 号，journaljk. nbu. edu. cn

刊名：宁波大学学报（理工版）
刊号：CN33-1134/N
主办单位：宁波大学
主管单位：宁波大学
地址：浙江省宁波市江北区风华路 818 号，journallg. nbu. edu. cn

刊名：宁波大学学报（人文版）
刊号：CN33-1133/C
主办单位：宁波大学
主管单位：宁波大学
地址：浙江省宁波市江北区风华路 818 号，journalrw. nbu. edu. cn

刊名：宁波工程学院学报
刊号：CN33-1332/Z
主办单位：宁波工程学院
主管单位：宁波市人民政府
地址：浙江省宁波市江北区风华路 201 号，lbgs. cbpt. cnki. net

刊名：宁波广播电视大学学报
刊号：CN33-1300/Z
主办单位：宁波广播电视大学
主管单位：宁波市教育局
地址：浙江省宁波市江北区文教路 1 号，www. nbtvu. net. cn/223/list. htm

刊名：宁波教育学院学报
刊号：CN33-1241/G4
主办单位：宁波教育学院
主管单位：宁波市教育局
地址：浙江省宁波市江北区环城北路西段 625 号，lbjx. cbpt. cnki. net

刊名：宁波职业技术学院学报
刊号：CN33-1263/Z
主办单位：宁波职业技术学院
主管单位：浙江省教育厅
地址：浙江省宁波市北仑区庐山东路 388 号，nzyx. cbpt. cnki. net

刊名：宁德师范学院学报（哲学社会科学版）
刊号：CN35-1314/C
主办单位：宁德师范学院
主管单位：宁德师范学院
地址：福建省宁德市蕉城区东侨开发区学院路 1 号，ndsz. cbpt. cnki. net

刊名：宁德师范学院学报（自然科学版）
刊号：CN35-1311/N
主办单位：宁德师范学院
主管单位：宁德师范学院
地址：福建省宁德市蕉城区东侨开发区学院路 1 号自然科学版学报编辑部，ndsx. cbpt. cnki. net

刊名：宁夏大学学报（人文社会科学版）
刊号：CN64-1005/C
主办单位：宁夏大学
主管单位：宁夏大学
地址：宁夏回族自治区银川市西夏区贺兰山西路 489 号，nxdx. cbpt. cnki. net

刊名：宁夏大学学报（自然科学版）
刊号：CN64-1006/N
主办单位：宁夏大学
主管单位：宁夏大学
地址：宁夏回族自治区银川市西夏区贺兰山西路 489 号宁夏大学贺兰山校区宁夏大学学术期刊中心，ajc. nxu. edu. cn

刊名：宁夏党校学报
刊号：CN64-1034/D
主办单位：中共宁夏回族自治区委党校
主管单位：中共宁夏回族自治区委员会
地址：宁夏回族自治区银川市西夏区怀远西路 155 号，www. nxdx. org. cn/xywh/xb

刊名：宁夏电力
刊号：CN64-1051/TK
主办单位：宁夏电机工程学会
主管单位：国网宁夏电力有限公司
地址：宁夏回族自治区银川市金凤区黄河东路 716 号

刊名：宁夏工程技术
刊号：CN64-1047/N
主办单位：宁夏大学
主管单位：宁夏回族自治区教育厅
地址：宁夏回族自治区银川市西夏区贺兰山西路489号，nxgj.cbpt.cnki.net

刊名：宁夏教育
刊号：CN64-1003/G4
主办单位：宁夏教育科学研究所
主管单位：宁夏回族自治区教育厅
地址：宁夏回族自治区银川金凤区上海西路127号

刊名：宁夏农林科技
刊号：CN64-1007/S
主办单位：宁夏农林科学院
主管单位：宁夏农林科学院
地址：宁夏回族自治区银川市金凤区黄河东路590号宁夏农林科学院经济与信息技术研究所，nxnl.cbpt.cnki.net

刊名：宁夏社会科学
刊号：CN64-1001/C
主办单位：宁夏社会科学院
主管单位：宁夏社会科学院
地址：宁夏回族自治区银川市西夏区朔方路新风巷8号，lxsk.cbpt.cnki.net

刊名：宁夏师范学院学报
刊号：CN64-1064/G4
主办单位：宁夏师范学院
主管单位：宁夏师范学院
地址：宁夏回族自治区固原市原州区学院路，xb.nxnu.edu.cn

刊名：宁夏医科大学学报
刊号：CN64-1064/R
主办单位：宁夏医科大学
主管单位：宁夏医科大学
地址：宁夏回族自治区银川市兴庆区胜利街692号，xbonline.nxmu.edu.cn

刊名：宁夏医学杂志
刊号：CN64-1008/R
主办单位：中华医学会宁夏分会
主管单位：宁夏回族自治区卫生健康委员会
地址：宁夏回族自治区银川市金凤区庆祥街120号，nxyx.paperopen.com

刊名：农产品质量与安全
刊号：CN11-5896/S
主办单位：中国农业科学院
主管单位：中华人民共和国农业农村部
地址：北京市海淀区中关村南大街12号中国农业科学院，www.chinaaqs.com

刊名：农场经济管理
刊号：CN23-1103/F
主办单位：黑龙江省农场管理学会、黑龙江省农垦经济研究所
主管单位：黑龙江省农垦总局
地址：黑龙江省哈尔滨市南岗区富水路95号，ncjg.cbpt.cnki.net

刊名：农村电气化
刊号：CN11-2181/TM
主办单位：中国电机工程学会
主管单位：中国科学技术协会
地址：北京市西城区南蜂窝路5号，www.chinarein.com

刊名：农村金融研究
刊号：CN11-1206/F
主办单位：中国农村金融学会
主管单位：中国农业银行股份有限公司
地址：北京市东城区建国门内大街69号，ncjr.cbpt.cnki.net

刊名：农村经济
刊号：CN51-1029/F
主办单位：四川省农业经济学会
主管单位：四川省社会科学院
地址：四川省成都市青羊区一环路西一段155号四川省社会科学院内

刊名：农村经济与科技
刊号：CN42-1374/S
主办单位：湖北省农业科学院、农村经济与科技杂志社
主管单位：湖北省农业科学院
地址：湖北省襄阳市襄城区檀溪路18号，www.ncjjykj.com

刊名：农村科技（维文版）

刊号：CN65-1046/S-W

主办单位：新疆维吾尔自治区农业科学院

主管单位：新疆维吾尔自治区农业科学院

地址：新疆维吾尔自治区乌鲁木齐市沙依巴克区南昌路 403 号，www. xaas. ac. cn/cbw. jsp? url-type = tree. TreeTempUrl&wbtreeid = 1033

刊名：农村科技

刊号：CN65-1046/S

主办单位：新疆维吾尔自治区农业科学院

主管单位：新疆维吾尔自治区农业科学院

地址：新疆维吾尔自治区乌鲁木齐市沙依巴克区南昌路 403 号，www. xaas. ac. cn/cbw. jsp? url-type = tree. TreeTempUrl&wbtreeid = 1033

刊名：农机化研究

刊号：CN23-1233/S

主办单位：黑龙江省农业机械工程科学研究院、黑龙江省农业机械学会

主管单位：黑龙江省农业科学院

地址：黑龙江省哈尔滨市南岗区哈平路 156 号

刊名：农机使用与维修

刊号：CN23-1481/S

主办单位：农业农村部（黑龙江省）农业机械维修研究所

主管单位：中华人民共和国农业农村部

地址：黑龙江省哈尔滨市呼兰区临站街 77 号，www. nongjiweixiu. com

刊名：农垦医学

刊号：CN65-1176/R

主办单位：石河子大学医学院

主管单位：石河子大学医学院

地址：新疆维吾尔自治区石河子市红山区北二路 59 号，yixy. shzu. edu. cn/wnkyxwjj/list. htm

刊名：农林经济管理学报

刊号：CN36-1328/F

主办单位：江西农业大学

主管单位：江西省教育厅

地址：江西省南昌市青山湖区志敏大道 1101 号，jxndsk. jxau. edu. cn

刊名：农银学刊

刊号：CN42-1864/F

主办单位：中国农业银行股份有限公司武汉培训学院

主管单位：中国农业银行股份有限公司

地址：湖北省武汉市武昌区中北路 186 号

刊名：农学学报

刊号：CN11-6016/S

主办单位：中国农学会

主管单位：中国科学技术协会

地址：北京市朝阳区麦子店街道 20 号，www. caaj. org

刊名：农药

刊号：CN21-1210/TQ

主办单位：沈阳中化农药化工研发有限公司

主管单位：中化国际（控股）股份有限公司

地址：辽宁省沈阳市铁西区沈辽东路 8 号，nyzz. cbpt. cnki. net

刊名：农药科学与管理

刊号：CN11-2678/S

主办单位：农业农村部农药检定所

主管单位：中华人民共和国农业农村部

地址：北京市朝阳区麦子店街 22 号，www. nykxygl. cn

刊名：农药学学报

刊号：CN11-3995/S

主办单位：中国农业大学

主管单位：中华人民共和国教育部

地址：北京市海淀区圆明园西路 2 号中国农业大学理学院，nyxxb. alljournal. cn

刊名：农业工程

刊号：CN11-6025/S

主办单位：北京卓众出版有限公司

主管单位：中国农业机械化科学研究院

地址：北京市朝阳区德胜门外北沙滩 1 号，www. d1ae. com

刊名：农业工程学报

刊号：CN11-2047/S

主办单位：中国农业工程学会

主管单位：中国科学技术协会

地址：北京市朝阳区麦子店街 41 号，www. tcsae. org

刊名：农业环境科学学报
刊号：CN12-1347/S
主办单位：农业农村部环境保护科研监测所、中国农业生态环境保护协会
主管单位：中华人民共和国农业农村部
地址：天津市南开区复康路31号，www.aes.org.cn

刊名：农业机械学报
刊号：CN11-1964/S
主办单位：中国农业机械学会、中国农业机械化科学研究院
主管单位：中国科学技术协会
地址：北京市朝阳区德胜门外北沙滩1号6信箱，www.j-csam.org

刊名：农业技术经济
刊号：CN11-1883/S
主办单位：中国农业技术经济研究会、中国农业科学院农业经济与发展研究所
主管单位：中华人民共和国农业农村部
地址：北京市海淀区中关村南大街12号，www.iaecn.cn

刊名：农业技术与装备
刊号：CN14-1343/TH
主办单位：山西现代农业工程出版传媒中心
主管单位：山西农业机械发展中心
地址：山西省太原市迎泽区新建路59号，nyjsyzb.caizhizz.net

刊名：农业经济
刊号：CN21-1016/F
主办单位：辽宁省农业经济学会
主管单位：辽宁省农业农村厅
地址：辽宁省沈阳市沈河区东陵路84号

刊名：农业经济问题
刊号：CN11-1323/F
主办单位：中国农业经济学会、中国农业科学院农业经济与发展研究所
主管单位：中华人民共和国农业农村部
地址：北京市海淀区中关村南大街12号，www.iaecn.cn

刊名：农业经济与管理
刊号：CN23-1564/F
主办单位：东北农业大学、中国农村合作经济管理学会
主管单位：东北农业大学
地址：黑龙江省哈尔滨市香坊区长江路600号东北农业大学学术理论研究部，publish.neau.edu.cn/nyjjygl.htm

刊名：农业开发与装备
刊号：CN32-1779/TH
主办单位：农业农村部南京农业机械化研究所
主管单位：中华人民共和国农业农村部
地址：江苏省南京市玄武区柳营100号，www.nri-am.com

刊名：农业考古
刊号：CN36-1069/K
主办单位：江西省社会科学院
主管单位：江西省社会科学院
地址：江西省南昌市东湖区洪都北大道649号，www.nykaogu.cn

刊名：农业科技管理
刊号：CN22-1143/S
主办单位：吉林省农业科学院、中国农业科技管理研究会
主管单位：中华人民共和国农业农村部
地址：吉林省长春市南关区净月旅游开发区生态大街1363号，www.jaas.com.cn

刊名：农业科技通讯
刊号：CN11-2395/S
主办单位：中国农业科学院
主管单位：中华人民共和国农业农村部
地址：北京市海淀区中关村南大街12号，tongxun.aiijournal.com

刊名：农业科技与信息
刊号：CN62-1057/S
主办单位：甘肃农业杂志社
主管单位：甘肃省农业农村厅
地址：甘肃省兰州市城关区武都路498号，www.gsqikan.com

刊名：农业科技与装备
刊号：CN21-1559/S
主办单位：辽宁省农业机械化研究所

主管单位：辽宁省农村经济委员会
地址：辽宁省沈阳市沈河区东陵路 90 号

刊名：农业科学研究
刊号：CN64-1056/S
主办单位：宁夏大学
主管单位：宁夏回族自治区教育厅
地址：宁夏回族自治区银川市西夏区贺兰山西路 489 号

刊名：农业科研经济管理
刊号：CN11-3801/S
主办单位：中国农学会
主管单位：中国科学技术协会
地址：北京市海淀区中关村南大街 12 号，cjarrp. com

刊名：农业生物技术学报
刊号：CN11-3342/S
主办单位：中国农业大学、中国农业生物技术学会
主管单位：中华人民共和国教育部
地址：北京市海淀区圆明园西路 2 号中国农业大学，www. jabiotech. org. cn

刊名：农业图书情报
刊号：CN10-1554/G2
主办单位：中国农业科学院农业信息研究所
主管单位：中华人民共和国农业农村部
地址：北京市海淀区中关村南大街 12 号，nytsqb. magtech. com. cn

刊名：农业现代化研究
刊号：CN43-1132/S
主办单位：中国科学院亚热带农业生态研究所
主管单位：中国科学院
地址：湖南省长沙市芙蓉区远大二路 644 号，nyx-dhyj. isa. ac. cn

刊名：农业研究与应用
刊号：CN45-1380/S
主办单位：广西壮族自治区亚热带作物研究所、广西壮族自治区热带作物学会
主管单位：广西壮族自治区农垦局
地址：广西壮族自治区南宁市兴宁区邕武路 22 号 3 号办公楼，gxrz. cbpt. cnki. net

刊名：农业与技术
刊号：CN22-1159/S
主办单位：吉林省科学技术信息研究所
主管单位：吉林省科技厅
地址：吉林省长春市南关区经济技术开发区深圳街 940 号，www. nyyjs. net

刊名：农业灾害研究
刊号：CN36-1317/S
主办单位：江西省农业科学院
主管单位：江西省农业科学院
地址：江西省南昌市青云谱区南莲路 602 号，www. nzyj. cbpt. cnki. net

刊名：农业展望
刊号：CN11-5343/S
主办单位：中国农业科学院农业信息研究所
主管单位：中华人民共和国农业农村部
地址：北京市海淀区中关村南大街 12 号，agriout-look. aiijournal. com

刊名：农业装备技术
刊号：CN32-1646/S
主办单位：江苏大学农业装备工程研究院、镇江市农业机械技术推广站
主管单位：江苏省教育厅
地址：江苏省镇江市京口区学府路 71 号

刊名：农业装备与车辆工程
刊号：CN37-1433/TH
主办单位：山东省农业机械科学研究院、山东农业机械学会
主管单位：山东省农业科学院
地址：山东省济南市历城区桑园路 19 号，www. sd-nj168. com

刊名：农业资源与环境学报
刊号：CN12-1437/S
主办单位：农业农村部环境保护科研监测所、中国农业生态环境保护协会
主管单位：中华人民共和国农业农村部
地址：天津市南开区复康路 31 号，www. aed. org. cn

刊名：暖通空调
刊号：CN11-2832/TU
主办单位：亚太建设科技信息研究院、中国建筑设计研究院、中国建筑学会

主管单位：中华人民共和国住房和城乡建设部
地址：北京市西城区车公庄大街 19 号，www. hvac-journal. cn

O

刊名：欧亚经济
刊号：CN10-1168/D
主办单位：中国社会科学院俄罗斯东欧中亚研究所
主管单位：中国社会科学院
地址：北京市东城区张自忠路 3 号东院，oyjj-oys. org

刊名：欧洲研究
刊号：CN11-4899/C
主办单位：中国社会科学院欧洲研究所
主管单位：中国社会科学院
地址：北京市东城区建国门内大街 5 号 1433 室，ies. cass. cn/wz/ozyjzz

P

刊名：排灌机械工程学报
刊号：CN32-1814/TH
主办单位：中国农业机械学会排灌机械分会、江苏大学流体机械工程技术研究中心
主管单位：中国农业机械学会排灌机械分会
地址：江苏省镇江市京口区梦溪园巷 30 号江苏大学杂志社，zzs. ujs. edu. cn/pgjx

刊名：攀登（藏文版）
刊号：CN63-1075/C
主办单位：中共青海省委党校
主管单位：中共青海省委党校
地址：青海省西宁市城西区黄河路 2 号，221. 207. 40. 158：8020

刊名：攀登
刊号：CN63-1015/C
主办单位：中共青海省委党校
主管单位：中共青海省委党校
地址：青海省西宁市城西区黄河路 2 号，221. 207. 40. 158：8020

刊名：攀枝花学院学报
刊号：CN51-1637/Z
主办单位：攀枝花学院
主管单位：攀枝花市人民政府
地址：四川省攀枝花市东区机场路 10 号《攀枝花学院学报》编辑部，pzhd. cbpt. cnki. net

刊名：皮肤病与性病
刊号：CN53-1082/R
主办单位：昆明报业传媒集团
主管单位：昆明报业传媒集团
地址：云南省昆明市官渡区环城南路双龙新村 243 号，www. pfxb. org. cn

刊名：皮肤性病诊疗学杂志
刊号：CN44-1671/R
主办单位：广东省皮肤性病防治中心
主管单位：广东省卫生健康委员会
地址：广东省广州市越秀区麓景路 2 号，pfxbzlx. gdvdc. com

刊名：皮革科学与工程
刊号：CN51-1397/TS
主办单位：四川大学、中国皮革协会
主管单位：中华人民共和国教育部
地址：四川省成都市武侯区一环路南一段 24 号四川大学皮革楼

刊名：皮革与化工
刊号：CN21-1557/TS
主办单位：全国皮革化工材料研究开发中心
主管单位：全国皮革化工材料研究开发中心
地址：辽宁省丹东市振兴区人民街 141 号，www. pghg. com. cn

刊名：偏微分方程
刊号：CN41-1104/O1
主办单位：郑州大学数学研究所
主管单位：郑州大学
地址：河南省郑州市二七区大学路 75 号，www. global-sci. org/jpde

刊名：平顶山学院学报
刊号：CN41-1377/Z
主办单位：平顶山学院
主管单位：河南省教育厅
地址：河南省平顶山市新城区未来路南段，xbbjb. pdsu. edu. cn

刊名：**萍乡学院学报**
刊号：CN36-1339/G4
主办单位：萍乡学院
主管单位：萍乡学院
地址：江西省萍乡市安源区萍安北大道 211 号，pxjy. chinajournal. net. cn

刊名：**鄱阳湖学刊**
刊号：CN36-1307/C
主办单位：江西省社会科学院
主管单位：江西省社会科学院
地址：江西省南昌市东湖区洪都北大道 649 号，www. jxsky. org. cn/Page. aspx? id = 94

刊名：**莆田学院学报**
刊号：CN35-1261/Z
主办单位：莆田学院
主管单位：莆田市人民政府
地址：福建省莆田市城厢区学园路 1133 号，202. 101. 111. 195/xyxb

刊名：**蒲松龄研究**
刊号：CN37-1080/I
主办单位：蒲松龄纪念馆
主管单位：蒲松龄纪念馆
地址：山东省淄博市淄川区蒲松龄纪念馆，abey. chinajournal. net. cn

刊名：**濮阳职业技术学院学报**
刊号：CN41-1367/C
主办单位：濮阳职业技术学院
主管单位：河南省教育厅
地址：河南省濮阳市华龙区黄河西路 249 号，xb-bjb. pyvtc. edu. cn

刊名：**普洱学院学报**
刊号：CN53-1224/G4
主办单位：普洱学院
主管单位：云南省教育厅
地址：云南省普洱市思茅区学苑路 6 号，xbbjb. peu-ni. cn

Q

刊名：**齐鲁工业大学学报**
刊号：CN37-1498/N
主办单位：齐鲁工业大学
主管单位：山东省教育厅
地址：山东省济南市长清区大学路 3501 号，sqgx. cbpt. cnki. net

刊名：**齐鲁护理杂志**
刊号：CN37-1257/R
主办单位：山东省护理学会
主管单位：山东省卫生健康委员会
地址：山东省济南市历下区燕东新路 6 号，www. qlhlzzs. com

刊名：**齐鲁师范学院学报**
刊号：CN37-1480/G4
主办单位：齐鲁师范学院
主管单位：山东省教育厅
地址：山东省济南市章丘区文博路 2 号，sdjx. cbpt. cnkj. net

刊名：**齐鲁石油化工**
刊号：CN37-1142/TE
主办单位：齐鲁石油化工公司研究院
主管单位：中国石化集团齐鲁石油化工公司
地址：山东省淄博市临淄区桓公路 3 号，qlsh. cbpt. cnki. net

刊名：**齐鲁学刊**
刊号：CN37-1085/C
主办单位：曲阜师范大学
主管单位：山东省教育厅
地址：山东省济宁市曲阜市静轩西路 57 号曲阜师范大学《齐鲁学刊》编辑部，qlxk. cbpt. cnki. net

刊名：**齐鲁艺苑**
刊号：CN37-1063/J
主办单位：山东艺术学院
主管单位：山东省教育厅
地址：山东省济南市历下区文化东路 91 号，qlyy. sdca. edu. cn

刊名：**齐齐哈尔大学学报（哲学社会科学版）**
刊号：CN23-1435/C
主办单位：齐齐哈尔大学
主管单位：黑龙江省教育厅
地址：黑龙江省齐齐哈尔市建华区文化大街 42 号，www. qqhd. chinajournal. net. cn

刊名：齐齐哈尔大学学报（自然科学版）
刊号：CN23-1419/N
主办单位：齐齐哈尔大学
主管单位：黑龙江省教育厅
地址：黑龙江省齐齐哈尔市建华区文化大街42号，qqhe. cbpt. cnki. net

刊名：齐齐哈尔师范高等专科学校学报
刊号：CN23-1534/Z
主办单位：齐齐哈尔高等师范专科学校
主管单位：黑龙江省教育厅
地址：黑龙江省齐齐哈尔市铁锋区民航路566号齐齐哈尔高等师范专科学校，www. qqhrtc. com/info/1064/3951. htm

刊名：齐齐哈尔医学院学报
刊号：CN23-1278/R
主办单位：齐齐哈尔医学院
主管单位：黑龙江省教育厅
地址：黑龙江省齐齐哈尔市建华区卜奎北大街333号，xb. qmu. edu. cn

刊名：企业经济
刊号：CN36-1004/F
主办单位：江西省社会科学院
主管单位：江西省社会科学院
地址：江西省南昌市东湖区洪都北大道649号，www. qyjj. cn

刊名：企业科技与发展
刊号：CN45-1359/T
主办单位：广西壮族自治区科学技术情报研究所
主管单位：广西壮族自治区科学技术厅
地址：广西壮族自治区南宁市青秀区星湖路24号，zxqk. cbpt. cnki. net

刊名：起重运输机械
刊号：CN11-1888/TH
主办单位：北京起重运输机械设计研究院有限公司
主管单位：中国机械工业联合会
地址：北京市东城区雍和宫大街52号，www. hacm. cn

刊名：气候变化研究进展
刊号：CN11-5368/P
主办单位：国家气候中心
主管单位：中国气象局
地址：北京市海淀区中关村南大街46号国家气候中心，www. climatechange. cn

刊名：气候与环境研究
刊号：CN11-3693/P
主办单位：中国科学院大气物理研究所、中国气象学会
主管单位：中国科学院
地址：北京市东城区东黄城根北街16号，www. qhyhjyj. cn

刊名：气体物理
刊号：CN10-1384/O3
主办单位：中国航天空气动力技术研究院、中国宇航出版有限责任公司
主管单位：中国航天科技集团有限公司
地址：北京市海淀区阜成路14号，qtwl. cbpt. cnki. net

刊名：气象
刊号：CN11-2282/P
主办单位：国家气象中心
主管单位：中国气象局
地址：北京市海淀区中关村南大街46号，qxqk. gov. cn

刊名：气象科技
刊号：CN11-2374/P
主办单位：中国气象科学研究院、北京市气象局、中国气象局气象探测中心、国家卫星气象中心、国家气象信息中心
主管单位：中国气象局
地址：北京市海淀区中关村南大街46号，www. qxkj. net. cn

刊名：气象科学
刊号：CN32-1243/P
主办单位：江苏省气象学会
主管单位：江苏省气象局
地址：江苏省南京市玄武区昆仑路16号，www. jms1980. com

刊名：气象水文海洋仪器
刊号：CN22-1135/TH
主办单位：中国仪器仪表学会气象水文海洋仪器分会、长春气象仪器研究所
主管单位：中国科学技术协会

地址：吉林省长春市宽城区雅安路1888号，www.qxswhy.com

刊名：气象学报
刊号：CN11-2006/P
主办单位：中国气象学会
主管单位：中国气象局
地址：北京市海淀区中关村南大街46号，www.cmsjournal.net

刊名：气象研究与应用
刊号：CN45-1356/P
主办单位：广西壮族自治区气象学会
主管单位：广西壮族自治区气象局
地址：广西壮族自治区南宁市青秀区民族大道81号，qxyjyyy.paperopen.com

刊名：气象与环境科学
刊号：CN41-1386/P
主办单位：河南省气象局
主管单位：河南省气象局
地址：河南省郑州市金水区金水路110号，qxyhjkx.hims.org.cn

刊名：气象与环境学报
刊号：CN21-1531/P
主办单位：中国气象局沈阳大气环境研究所
主管单位：辽宁省气象局
地址：辽宁省沈阳市和平区长白南路388号，www.jme1984.net.cn

刊名：气象与减灾研究
刊号：CN36-1290/P
主办单位：江西省气象学会
主管单位：江西省气象局
地址：江西省南昌市青山湖区高新区艾溪湖北二路323号，journal.weather.cn

刊名：气象灾害防御
刊号：CN22-1412/P
主办单位：吉林省气象科学研究所
主管单位：吉林省气象局
地址：吉林省长春市绿园区西安大路6236号

刊名：汽车安全与节能学报
刊号：CN11-5904/U
主办单位：清华大学
主管单位：中华人民共和国教育部
地址：北京市海淀区双清路30号清华大学学研大厦A座，www.journalase.com

刊名：汽车电器
刊号：CN43-1097/TM
主办单位：长沙汽车电器研究所
主管单位：国家机械工业局
地址：湖南省长沙市长沙县星沙经济开发区盼盼路29号，www.qcdq.cn

刊名：汽车工程
刊号：CN11-2221/U
主办单位：中国汽车工程学会
主管单位：中国科学技术协会
地址：北京市西城区莲花池东路102号天莲大厦1003室，www.qichegongcheng.com

刊名：汽车工程师
刊号：CN12-1411/U
主办单位：天津市汽车研究所有限公司
主管单位：中国第一汽车股份有限公司
地址：天津市东丽区开发区西区江泰路26号，tjqc.cbpt.cnki.net

刊名：汽车工程学报
刊号：CN50-1206/U
主办单位：中国汽车工程研究院有限公司
主管单位：中国汽车工程研究院有限公司
地址：重庆市渝北区金渝大道9号，www.aejournal.com.cn

刊名：汽车工业研究
刊号：CN22-1231/U
主办单位：中国第一汽车集团公司
主管单位：中国第一汽车集团公司
地址：吉林省长春市绿园区东风大街39-1号

刊名：汽车工艺师
刊号：CN10-1265/TH
主办单位：机械工业信息研究院
主管单位：中国机械工业联合会
地址：北京市西城区百万庄大街22号

刊名：汽车工艺与材料

刊号：CN22-1187/U
主办单位：长春汽车研究所
主管单位：国有资产监督管理委员会
地址：吉林省长春市绿园区汽车产业开发区东风大街 8899 号，qcgy. cbpt. cnki. net

刊名：汽车技术
刊号：CN22-1113/U
主办单位：长春汽车研究所
主管单位：国有资产监督管理委员会
地址：吉林省长春市绿园区汽车产业开发区东风大街 8899 号，qcjs. cbpt. cnki. net

刊名：汽车零部件
刊号：CN11-5661/TH
主办单位：中国科学技术信息研究所、中国汽车零部件工业公司
主管单位：中华人民共和国科学技术部
地址：北京市海淀区复兴路 15 号，www. qclbjzz. com

刊名：汽车实用技术
刊号：CN61-1394/TH
主办单位：陕西省汽车工程学会
主管单位：陕西省科学技术协会
地址：陕西省西安市未央区未央路 170 号赛高城市广场 C 座 1008 室，www. automannet. com

刊名：汽车维修
刊号：CN22-1218/U
主办单位：中国第一汽车集团公司
主管单位：中国第一汽车集团公司
地址：吉林省长春市绿园区汽车产业开发区东风大街 391 号

刊名：汽车文摘
刊号：CN22-1112/U
主办单位：长春汽车研究所
主管单位：国有资产监督管理委员会
地址：吉林省长春市绿园区汽车产业开发区东风大街 8899 号，qcwz. cbpt. cnki. net

刊名：汽车与安全
刊号：CN11-3680/U
主办单位：中国安全防伪证件研制中心
主管单位：中华人民共和国公安部
地址：北京市大兴区荣昌东街甲 1 号，www. chinacvic. com/yewu/chuanmei. shtml

刊名：汽车与驾驶维修
刊号：CN11-2984/U
主办单位：北京卓众出版有限公司、北京科学技术期刊学会
主管单位：中国机械工业联合会
地址：北京市朝阳区德胜门外北沙滩 1 号，www. carservice. com. cn

刊名：汽车与新动力
刊号：CN31-2146/TK
主办单位：上海大通汽车有限公司、上海内燃机研究所
主管单位：上海汽车集团股份有限公司
地址：上海市杨浦区军工路 2500 号，www. qcyxdl. cn

刊名：汽轮机技术
刊号：CN23-1251/TH
主办单位：哈尔滨汽轮机厂有限责任公司
主管单位：哈尔滨电气集团有限公司
地址：黑龙江省哈尔滨市香坊区三大动力路 345 号

刊名：器官移植
刊号：CN44-1665/R
主办单位：中山大学
主管单位：中华人民共和国教育部
地址：广东省广州市天河区天河路 600 号，www. organtranspl. com

刊名：前沿
刊号：CN15-1142/C
主办单位：内蒙古自治区社会科学界联合会
主管单位：内蒙古自治区社会科学界联合会
地址：内蒙古自治区呼和浩特市新城区利民街 25 号，qaya. cbpt. cnki. net

刊名：前沿科学
刊号：CN11-5568/N
主办单位：科学技术部高技术研究发展中心、科技日报社
主管单位：中华人民共和国科学技术部
地址：北京市海淀区复兴路 15 号

刊名：黔南民族师范学院学报
刊号：CN52-1133/Z

主办单位：黔南民族师范学院
主管单位：黔南民族师范学院
地址：贵州省黔南布依族苗族自治州都匀市龙山大道，xb. sgmtu. edu. cn

刊名：黔南民族医专学报
刊号：CN52-1133/Z
主办单位：黔南民族师范学院
主管单位：黔南民族师范学院
地址：贵州省黔南布依族苗族自治州都匀市龙山大道，www. qnmc. cn/index. php/Index/shownews/id/1661

刊名：强度与环境
刊号：CN11-1773/V
主办单位：北京强度环境研究所
主管单位：中国航天科技集团有限公司
地址：北京市 9200 信箱 72 分箱

刊名：强激光与粒子束
刊号：CN51-1311/O4
主办单位：中国工程物理研究院、中国核学会、四川核学会
主管单位：四川省科学技术协会
地址：四川省绵阳市 919 信箱 805 分箱，www. hplpb. com. cn

刊名：桥梁建设
刊号：CN42-1191/U
主办单位：中铁大桥局集团有限公司
主管单位：中国铁路工程总公司
地址：湖北省武汉市硚口区建设大道 103 号，www. qljszz. cn

刊名：钦州学院学报
刊号：CN45-1354/Z
主办单位：钦州学院
主管单位：钦州学院
地址：广西壮族自治区钦州市钦南区滨海大道 12 号，qzsd. cbpt. cnki. net

刊名：青藏高原论坛
刊号：CN63-1077/C
主办单位：青海民族大学
主管单位：青海民族大学
地址：青海省西宁市城东区八一中路 3 号，tpf. qhmu. edu. cn

刊名：青岛大学学报（工程技术版）
刊号：CN37-1268/TS
主办单位：青岛大学
主管单位：山东省教育厅
地址：山东省青岛市市南区宁夏路 308 号，qddxgc. qdu. edu. cn

刊名：青岛大学学报（自然科学版）
刊号：CN37-1245/N
主办单位：青岛大学
主管单位：山东省教育厅
地址：山东省青岛市市南区宁夏路 308 号，kjc. qdu. edu. cn/qddxxb. htm

刊名：青岛大学学报（医学版）
刊号：CN37-1517/R
主办单位：青岛大学
主管单位：山东省教育厅
地址：山东省青岛市市北区登州路 38 号，jms. qdu. edu. cn

刊名：青岛科技大学学报（社会科学版）
刊号：CN37-1394/C
主办单位：青岛科技大学
主管单位：青岛科技大学
地址：山东省青岛市崂山区松岭路 99 号，qdhs. cbpt. cnki. net

刊名：青岛科技大学学报（自然科学版）
刊号：CN37-1419/N
主办单位：青岛科技大学
主管单位：山东省教育厅
地址：山东省青岛市崂山区松岭路 99 号，xbzr. qust. edu. cn

刊名：青岛理工大学学报
刊号：CN37-1440/N
主办单位：青岛理工大学
主管单位：山东省教育厅
地址：山东省青岛市市北区抚顺路 11 号，xuebao. qut. edu. cn

刊名：青岛农业大学学报（社会科学版）
刊号：CN37-1460/C

主办单位：青岛农业大学
主管单位：山东省教育厅
地址：山东省青岛市城阳区春阳路，xuebao. que. edu. cn

刊名：青岛农业大学学报（自然科学版）
刊号：CN37-1459/N
主办单位：青岛农业大学
主管单位：山东省教育厅
地址：山东省青岛市城阳区长城路 700 号，xuebao. que. edu. cn

刊名：青岛医药卫生
刊号：CN37-1249/R
主办单位：青岛市医学会
主管单位：青岛市卫生健康委员会
地址：山东省青岛市市南区龙山路 1 号甲，yxh. qd-wsjsw. gov. cn：7005

刊名：青岛远洋船员职业学院学报
刊号：CN37-1489/U
主办单位：青岛远洋船员职业学院
主管单位：山东省教育厅
地址：山东省青岛市市南区江西路 84 号，www. coscoqmc. com. cn

刊名：青岛职业技术学院学报
刊号：CN37-1410/Z
主办单位：青岛职业技术学院
主管单位：山东省教育厅
地址：山东省青岛市黄岛区钱塘江路 369 号，qdjy. cbpt. cnki. net

刊名：青海草业
刊号：CN63-1044/S
主办单位：青海省草原总站、青海省草原学会
主管单位：青海省林业和草原局
地址：青海省西宁市城西区胜利路 81 号

刊名：青海畜牧兽医杂志
刊号：CN63-1020/S
主办单位：青海畜牧兽医科学院、青海畜牧兽医学会
主管单位：青海省农业农村厅
地址：青海省西宁市城北区生物产业园区纬二路 1 号，mky. qhu. edu. cn/xzqk

刊名：青海农牧业
刊号：CN63-1062/S
主办单位：青海省畜牧总站
主管单位：青海省农业农村厅
地址：青海省西宁市城西区胜利路 81 号青海农牧大厦 13 楼

刊名：青海大学学报
刊号：CN63-1042/N
主办单位：青海大学
主管单位：青海大学
地址：青海省西宁市城北区宁大路 251 号，xbbj. qhu. edu. cn

刊名：青海电力
刊号：CN63-1041/TM
主办单位：青海省电机工程学会、国网青海省电力公司电力科学研究院
主管单位：国网青海省电力公司
地址：青海省西宁市城西区五四西路 8 号

刊名：青海国土经略
刊号：CN63-1061/P
主办单位：青海省自然资源厅信息中心
主管单位：青海省自然资源厅
地址：青海省西宁市城西区海晏路 77 号青海省地质科研办公大楼 A507 室

刊名：青海环境
刊号：CN63-1024/X
主办单位：青海省环境科学研究设计院、青海省环境科学学会
主管单位：青海省生态环境厅
地址：青海省西宁市城东区南山东路 116 号

刊名：青海交通科技
刊号：CN63-1047/U
主办单位：青海省公路学会
主管单位：青海省交通运输厅
地址：青海省西宁市城北区宁张路 183 号，qhkj. cbpt. cnki. net

刊名：青海教育
刊号：CN63-1006/G4
主办单位：青海省教育厅
主管单位：青海省教育厅

地址：青海省西宁市城西区五四西路35号，www.qhjybjb.com

刊名：青海金融
刊号：CN63-1021/F
主办单位：青海省金融学会
主管单位：中国人民银行西宁中心支行
地址：青海省西宁市城西区昆仑路3号

刊名：青海民族大学学报（藏文版）
刊号：CN63-1072/C
主办单位：青海民族大学
主管单位：青海民族大学
地址：青海省西宁市城东区八一中路3号，xbbj.qhmu.edu.cn

刊名：青海民族大学学报（社会科学版）
刊号：CN63-1071/C
主办单位：青海民族大学
主管单位：青海民族大学
地址：青海省西宁市城东区八一中路3号《青海民族大学学报》编辑部，xbbj.qhmu.edu.cn

刊名：青海民族研究
刊号：CN63-1016/C
主办单位：青海民族学院民族研究所
主管单位：青海民族学院
地址：青海省西宁市城东区八一中路3号，www.qhmzyj.cn

刊名：青海农技推广
刊号：CN63-1048/S
主办单位：青海省农业技术推广总站
主管单位：青海省农业农村厅
地址：青海省西宁市城中区南山路建新巷4号

刊名：青海农林科技
刊号：CN63-1028/S
主办单位：青海省农林科学院
主管单位：青海省农林科学院
地址：青海省西宁市城北区宁大路253号，nky.qhu.edu.cn/kxyj/kjqk

刊名：青海社会科学
刊号：CN63-1001/C
主办单位：青海省社会科学院
主管单位：青海省社会科学院
地址：青海省西宁市城中区上滨河路1号，qhsh.cbpt.cnki.net

刊名：青海师范大学民族师范学院学报
刊号：CN63-1060/G4
主办单位：青海师范大学民族师范学院
主管单位：青海师范大学民族师范学院
地址：青海省西宁市城西区五四西路38号田家炳书院4楼404室，msy.qhnu.edu.cn/info/1032/1097.htm

刊名：青海师范大学学报（藏文版）
刊号：CN63-1073/G4
主办单位：青海师范大学民族师范学院
主管单位：青海师范大学民族师范学院
地址：青海省西宁市城西区五四西路38号田家炳书院4楼403室

刊名：青海师范大学学报（哲学社会科学版）
刊号：CN63-1005/C
主办单位：《青海师范大学学报》编辑部
主管单位：青海省教育厅
地址：青海省西宁市城西区五四西路38号，qhsz.cbpt.cnki.net

刊名：青海师范大学学报（自然科学版）
刊号：CN63-1017/N
主办单位：《青海师范大学学报》编辑部
主管单位：青海省教育厅
地址：青海省西宁市城西区五四西路38号，qhsd.cbpt.cnki.net

刊名：青海医药杂志
刊号：CN63-1018/R
主办单位：青海省医药卫生学会联合办公室
主管单位：青海省卫生健康委员会
地址：青海省西宁市城西区南川西路69号

刊名：青年发展论坛
刊号：CN36-1347/C
主办单位：江西青年职业学院
主管单位：共青团江西省委员会
地址：江西省南昌市青山湖区志敏大道1458号，www.jxqy.com.cn/kxyj/qnfzlt.htm

刊名：青年记者
刊号：CN37-1003/G2
主办单位：大众报业集团（大众日报社）、山东省新闻工作者协会、山东省新闻学会
主管单位：大众报业集团（大众日报社）
地址：山东省济南市历下区泺源大街路2号，www.qnjz.com

刊名：青年探索
刊号：CN44-1022/D
主办单位：广州市穗港澳青少年研究所
主管单位：共青团广州市委员会
地址：广东省广州市天河区五山路33号大院内自编3号办公楼，www.youths.com.cn

刊名：青年学报
刊号：CN31-2092/D
主办单位：上海青年管理干部学院
主管单位：共青团上海市委员会
地址：上海市虹口区西江湾路574号，dvn.shqgy.com.cn

刊名：青年研究
刊号：CN11-3280/C
主办单位：中国社会科学院社会学研究所
主管单位：中国社会科学院
地址：北京市东城区建国门内大街5号1041室，sociology.cssn.cn/xskw/qnyj

刊名：青少年犯罪问题
刊号：CN31-1193/D
主办单位：华东政法大学
主管单位：上海市教育委员会
地址：上海市宝山区沪太公路5785号，www.ecupl.edu.cn/2015/1113/c755a37144/page.htm

刊名：青少年体育
刊号：CN10-1081/G8
主办单位：北京体育大学
主管单位：国家体育总局
地址：北京市海淀区信息路48号，qsty.cbpt.cnki.net

刊名：青少年学刊
刊号：CN37-1506/D
主办单位：山东省团校、山东省青少年研究所
主管单位：共青团山东省委员会
地址：山东省济南市历城区经十东路31699号，sdstx.com.cn/cxcms/kwjj/329.jhtml

刊名：青少年研究与实践
刊号：CN33-1395/D
主办单位：共青团浙江省团校
主管单位：共青团浙江省委员会
地址：浙江省杭州市西湖区文二路188号浙江省团校《青少年研究与实践》编辑部，www.zjstx1950.com.cn/qsnyj/index.jhtml

刊名：轻纺工业与技术
刊号：CN45-1379/TS
主办单位：广西绢麻纺织科学研究所有限公司
主管单位：广西宏桂资本运营集团有限公司
地址：广西壮族自治区南宁市江南区亭洪路43号

刊名：轻工标准与质量
刊号：CN11-2763/TS
主办单位：中国轻工业信息中心、中国轻工业质量认证中心
主管单位：中国轻工业联合会
地址：北京市西城区阜成门外大街乙22号，qgbzyzl.caizhizz.net

刊名：轻工机械
刊号：CN33-1180/TH
主办单位：轻工业杭州机电设计研究院、中国轻工机械协会、中国轻工业机械总公司
主管单位：轻工业杭州机电设计研究院
地址：浙江省杭州市余杭区高教路970号西溪联合科技广场4号楼711室，www.qgjxzz.com

刊名：轻工科技
刊号：CN45-1385/TS
主办单位：广西轻工业科学技术研究院
主管单位：广西宏桂资本运营集团有限公司
地址：广西壮族自治区南宁市江南区迎凯路8号，gxqg.cbpt.cnki.net

刊名：轻工学报
刊号：CN41-1437/TS
主办单位：郑州轻工业学院
主管单位：河南省教育厅
地址：河南省郑州市金水区东风路5号，qgxb.zzuli.edu.cn/zzqgxb

刊名：轻合金加工技术
刊号：CN23-1226/TG
主办单位：中国有色金属加工工业协会轻金属分会
主管单位：东北轻合金有限责任公司
地址：黑龙江省哈尔滨市平房区新疆三道街 11 号，www. qhjjgjs. cn

刊名：轻金属
刊号：CN21-1217/TG
主办单位：沈阳铝镁设计研究院有限公司
主管单位：中国有色金属工业协会
地址：辽宁省沈阳市和平区和平北大街 184 号

刊名：清华大学教育研究
刊号：CN11-1610/G4
主办单位：清华大学
主管单位：中华人民共和国教育部
地址：北京市海淀区双清路 30 号清华大学文南楼 423 房间，tje. ioe. tsinghua. edu. cn

刊名：清华大学学报（哲学社会科学版）
刊号：CN11-3596/C
主办单位：清华大学
主管单位：中华人民共和国教育部
地址：北京市海淀区双清路 30 号清华大学南门内“绿楼”201 室，qhdz. cbpt. cnki. net

刊名：清华大学学报（自然科学版）
刊号：CN11-2223/N
主办单位：清华大学
主管单位：中华人民共和国教育部
地址：北京市海淀区双清路 30 号清华大学学研大厦 B 座 908，qhxb. lib. tsinghua. edu. cn

刊名：清华管理评论
刊号：CN11-5858/F
主办单位：清华大学
主管单位：中华人民共和国教育部
地址：北京市海淀区双清路 30 号清华大学经济管理学院，tbr. net. cn

刊名：清华金融评论
刊号：CN10-1169/F
主办单位：清华大学
主管单位：中华人民共和国教育部
地址：北京市海淀区双清路 30 号清华大学学研大厦 A 座 6 层，www. thfr. com. cn

刊名：清史研究
刊号：CN11-2765/K
主办单位：中国人民大学清史研究所 · 书报资料中心
主管单位：中华人民共和国教育部
地址：北京市海淀区中关村大街 59 号，qsyj. iqh. net. cn

刊名：清洗世界
刊号：CN11-4834/TQ
主办单位：中国化工信息中心
主管单位：中国石油和化学工业联合会
地址：北京市朝阳区北三环东路 17 号，www. hxqx. cbpt. cnki. net

刊名：清远职业技术学院学报
刊号：CN44-1652/Z
主办单位：清远职业技术学院
主管单位：广东省教育厅
地址：广东省清远市清城区大学路，qyzj. cbpt. cnki. net

刊名：情报科学
刊号：CN22-1264/G2
主办单位：吉林大学、中国科学技术情报学会
主管单位：中华人民共和国教育部
地址：吉林省长春市南关区人民大街 5988 号，www. qbkx. org

刊名：情报理论与实践
刊号：CN11-1762/G3
主办单位：中国兵器工业集团第二一〇研究所、中国国防科学技术信息学会
主管单位：中国兵器工业集团有限公司
地址：北京市海淀区车道沟 10 号院科技 1 号楼 1218 号，www. itapress. cn

刊名：情报探索
刊号：CN35-1148/N
主办单位：福建省科学技术信息研究所、福建省科学技术情报学会
主管单位：福建省科学技术协会
地址：福建省福州市鼓楼区北二环西路 122 号，www. qbts. org

刊名：情报学报
刊号：CN11-2257/G3
主办单位：中国科学技术情报学会、中国科学技术信息研究所
主管单位：中国科学技术协会
地址：北京市海淀区复兴路 15 号，qbxb. istic. ac. cn

刊名：情报杂志
刊号：CN61-1167/G3
主办单位：陕西省科学技术情报研究院
主管单位：陕西省科学技术厅
地址：陕西省西安市雁塔区雁塔路南段 99 号，www. qbzz. org

刊名：情报资料工作
刊号：CN11-1448/G3
主办单位：中国人民大学
主管单位：中华人民共和国教育部
地址：北京市海淀区中关村大街甲 59 号文化大厦 13、14 层，www. zlzx. com. cn

刊名：求实
刊号：CN36-1003/D
主办单位：中共江西省委党校
主管单位：中共江西省委党校
地址：江西省南昌市红谷滩新区龙虎山大道 1866 号，quak. cbpt. cnki. net

刊名：求是学刊
刊号：CN23-1070/C
主办单位：黑龙江大学
主管单位：黑龙江省教育厅
地址：黑龙江省哈尔滨市南岗区学府路 74 号黑龙江大学社科楼 318，qsxk. hlju. edu. cn

刊名：求索
刊号：CN43-1008/C
主办单位：湖南省社会科学院
主管单位：湖南省社会科学院
地址：湖南省长沙市开福区湖南省社会科学院，qszz. cbpt. cnki. net

刊名：区域供热
刊号：CN11-3241/TK
主办单位：中国城镇供热协会
主管单位：中华人民共和国住房和城乡建设部
地址：北京市朝阳区西坝河南路甲 2 号 5 层 501，www. china-heating. org. cn/quyugr

刊名：区域金融研究
刊号：CN45-1371/F
主办单位：广西金融学会
主管单位：中国人民银行南宁中心支行
地址：广西壮族自治区南宁市青秀区滨湖路 58 号，gxjr. cbpt. cnki. net

刊名：区域经济评论
刊号：CN41-1425/F
主办单位：河南省社会科学院
主管单位：河南省社会科学院
地址：河南省郑州市金水区文化路 50 号，qyjjpl. cbpt. cnki. net

刊名：曲阜师范大学学报（自然科学版）
刊号：CN37-1154/N
主办单位：曲阜师范大学
主管单位：山东省教育厅
地址：山东省济宁市曲阜区静轩西路 57 号，xuebao. qfnu. edu. cn

刊名：曲靖师范学院学报
刊号：CN53-1165/G4
主办单位：曲靖师范学院
主管单位：云南省教育厅
地址：云南省曲靖市麒麟区三江大道 222 号，xuebao. qjnu. edu. cn

刊名：曲艺
刊号：CN11-1584/J
主办单位：中国曲艺家协会
主管单位：中国文学艺术界联合会
地址：北京市朝阳区安苑北里 22 号

刊名：全科护理
刊号：CN14-1349/R
主办单位：山西医科大学第一医院、山西省护理学会
主管单位：山西省卫生健康委员会
地址：山西省太原市迎泽区解放南路 85 号，www. suo1. cn

刊名：全科医学临床与教育

刊号：CN33-1311/R
主办单位：浙江大学
主管单位：中华人民共和国教育部
地址：浙江省杭州市江干区庆春东路3号，www.qkyxlcyjy.cn

刊名：全球传媒学刊
刊号：CN10-1270/G2
主办单位：清华大学
主管单位：中华人民共和国教育部
地址：北京市海淀区双清路30号清华大学学研大厦A座6层605C，www.tup.com

刊名：全球定位系统
刊号：CN41-1317/TN
主办单位：中国电波传播研究所
主管单位：中国电子科技集团有限公司
地址：河南省新乡市牧野区建设东路84号，www.qqdwxt.cn

刊名：全球化
刊号：CN11-6008/F
主办单位：中国国际经济交流中心
主管单位：中国国际经济交流中心
地址：北京市西城区永定门内大街5号2层235，www.ccieeqqh.cn

刊名：全球教育展望
刊号：CN31-1842/G4
主办单位：华东师范大学
主管单位：中华人民共和国教育部
地址：上海市普陀区中山北路3663号，www.kcs.ecnu.edu.cn/globaledu

刊名：全球科技经济瞭望
刊号：CN11-3392/F
主办单位：中国科学技术信息研究所、科学技术文献出版社有限公司
主管单位：中华人民共和国科学技术部
地址：北京市西城区三里河路54号，www.kjliaowang.com.cn

刊名：泉州师范学院学报
刊号：CN35-1244/G4
主办单位：泉州师范学院
主管单位：福建省教育厅
地址：福建省泉州市丰泽区东海大街398号，www.qztc.edu.cn

R

刊名：燃料化学学报
刊号：CN14-1140/TQ
主办单位：中国化学会、中国科学院山西煤炭化学研究所
主管单位：中国科学院
地址：山西省太原市迎泽区桃园南路27号，rlhxxb.sxicc.ac.cn

刊名：燃料与化工
刊号：CN21-1164/TQ
主办单位：中冶焦耐工程技术有限公司
主管单位：中冶焦耐工程技术有限公司
地址：辽宁省鞍山市铁东区胜利南路27号，www.acre.com.cn

刊名：燃气轮机技术
刊号：CN32-1393/TK
主办单位：南京燃气轮机研究所
主管单位：南京燃气轮机研究所
地址：江苏省南京市鼓楼区中央北路80号《燃气轮机技术》编辑部，www.gasturbine-technology.com

刊名：燃气涡轮试验与研究
刊号：CN51-1453/V
主办单位：中国航发四川燃气涡轮研究院
主管单位：中国航空发动机集团有限公司
地址：四川省成都市新都区新军路6号，rqwl.cbpt.cnki.net

刊名：燃烧科学与技术
刊号：CN12-1240/TK
主办单位：天津大学
主管单位：中华人民共和国教育部
地址：天津市南开区卫津路92号天津大学第19教学楼东配楼414室，journals.tju.edu.cn/rs

刊名：染料与染色
刊号：CN21-1483/TQ
主办单位：沈阳化工研究院有限公司
主管单位：沈阳化工研究院有限公司

地址：辽宁省沈阳市铁西区沈辽东路 8 号，www.syrici.com.cn/5921.html

刊名：染整技术
刊号：CN32-1420/TQ
主办单位：江苏苏豪传媒有限公司
主管单位：江苏省苏豪控股集团有限公司
地址：江苏省南京市雨花台区软件大道 48 号，www.meetsohomedia.com/index.php/Home/Gaikuang/index.html？lanmu=5

刊名：热处理
刊号：CN31-1768/TG
主办单位：上海市机械制造工艺研究所有限公司
主管单位：上海电气（集团）总公司
地址：上海市静安区芷江西街中兴路

刊名：热处理技术与装备
刊号：CN36-1291/TG
主办单位：江西省科学院应用物理研究所、中国热处理行业协会
主管单位：江西省科学院
地址：江西省南昌市青山湖区昌东大道 7777 号江西省科学院研发中心，www.jxas.ac.cn/rechulijishuyuzhuangbei

刊名：热带病与寄生虫学
刊号：CN34-1263/R
主办单位：安徽省寄生虫病防治研究所
主管单位：安徽省卫生健康委员会
地址：安徽省合肥市包河区芜湖路 377 号，www.rdbzz.com

刊名：热带地理
刊号：CN44-1209/N
主办单位：广州地理研究所
主管单位：广东省科学院
地址：广东省广州市越秀区先烈中路 100 号大院广州地理研究所，www.rddl.com.cn

刊名：热带地貌
刊号：CN44-1245/P
主办单位：华南师范大学
主管单位：华南师范大学
地址：广东省广州市天河区中山大道西路 55 号

刊名：热带海洋学报
刊号：CN44-1500/P
主办单位：中国科学院南海海洋研究所
主管单位：中国科学院
地址：北京市东城区东黄城根北街 16 号，www.jto.ac.cn

刊名：热带林业
刊号：CN46-1046/S
主办单位：海南省林学会、海南省林业科学研究院
主管单位：海南省林业局
地址：海南省海口市琼山区桂林下路 141 号，www.hnslky.net/e/action/ListInfo/？classid=36

刊名：热带农业工程
刊号：CN44-1442/S
主办单位：中国热带农业科学院
主管单位：中国热带农业科学院
地址：海南省海口市龙华区学院路 4 号，rdzw.cbpt.cnki.net

刊名：热带农业科技
刊号：CN53-1181/S
主办单位：云南省热带作物科学研究所、云南省热带作物学会
主管单位：云南省农垦局
地址：云南省西双版纳傣族自治州景洪市宣慰大道 99 号，ynrj.cbpt.cnki.net

刊名：热带农业科学
刊号：CN46-1038/S
主办单位：中国热带农业科学院
主管单位：中华人民共和国农业农村部
地址：海南省海口市龙华区学院路 4 号，59.50.66.41：8500/rdnykx/rdnykx

刊名：热带气象学报
刊号：CN44-1326/P
主办单位：广州热带海洋气象研究所
主管单位：广东省气象局
地址：广东省广州市天河区东莞庄路 312 号，www.itmm.org.cn/rdqxxb/ch/index.aspx

刊名：热带生物学报
刊号：CN46-1078/S
主办单位：海南大学

主管单位：海南省教育厅
地址：海南省海口市美兰区人民路58号海南大学学报编辑部，rdsw. cnjournals. cn/ch/index. aspx

刊名：热带亚热带植物学报
刊号：CN44-1374/Q
主办单位：中国科学院华南植物园、广东省植物学会
主管单位：中国科学院
地址：广东省广州市天河区兴科路723号中国科学院华南植物园内，jtsb. scib. ac. cn

刊名：热带医学杂志
刊号：CN44-1503/R
主办单位：广东省寄生虫学会
主管单位：广东省科学技术协会
地址：广东省广州市越秀区中山二路中山医学院内寄生虫教学楼311，rdyz. chinajournal. net. cn

刊名：热带作物学报
刊号：CN46-1019/S
主办单位：中国热带作物学会
主管单位：中国科学技术协会
地址：海南省海口市龙华区学院路4号，59.50.66.41：8500/rdzwxb/ch/index. aspx

刊名：热固性树脂
刊号：CN12-1159/TQ
主办单位：天津市合成材料工业研究所有限公司
主管单位：天津渤海化工集团有限责任公司
地址：天津市河西区洞庭路29号

刊名：热加工工艺
刊号：CN61-1133/TG
主办单位：中国船舶重工集团公司第十二研究所、中国造船工程学会船舶材料学术委员会
主管单位：中国船舶集团有限公司
地址：陕西省咸阳市兴平市44信箱《热加工工艺》编辑部，www. rjggy. net

刊名：热科学学报
刊号：CN11-2853/O4
主办单位：中国科学院工程热物理研究所
主管单位：中国科学院
地址：北京市东城区东黄城根北街16号，jts. iet. cn

刊名：热科学与技术
刊号：CN21-1472/T
主办单位：大连理工大学
主管单位：中华人民共和国教育部科技司
地址：辽宁省大连市甘井子区凌工路2号大连理工大学西部校区能动学院，rkxyjs. ijournals. cn

刊名：热力发电
刊号：CN61-1111/TM
主办单位：西安热工研究院有限公司、中国电机工程学会
主管单位：中国华能集团公司
地址：陕西省西安市雁塔区雁翔路99号博源科技广场A座，www. rlfd. com. cn

刊名：热力透平
刊号：CN31-1922/TH
主办单位：上海汽轮机厂有限公司
主管单位：上海电气（集团）总公司
地址：上海市闵行区江川路333号

刊名：热能动力工程
刊号：CN23-1176
主办单位：中国船舶重工集团公司第七〇三研究所
主管单位：中国船舶集团有限公司
地址：黑龙江省哈尔滨市道里区洪湖路35号，www. rndlgch. com

刊名：热喷涂技术
刊号：CN11-5828/TF
主办单位：北京矿冶科技集团有限公司
主管单位：中国有色金属工业协会
地址：北京市西城区文兴街1号，rptjs. bgrimm. cn

刊名：人参研究
刊号：CN22-1156/S
主办单位：吉林人参研究院
主管单位：吉林省工业和信息化厅
地址：吉林省通化市东昌区龙泉路666号，journal. cig. ac. cn

刊名：人大研究
刊号：CN62-1107/D
主办单位：甘肃省人大常委会
主管单位：甘肃省人大常委会
地址：甘肃省兰州市城关区人民路9号，www. rdyj. com. cn

刊名：人工晶体学报
刊号：CN11-2637/O7
主办单位：中材人工晶体研究院有限公司
主管单位：中国建筑材料联合会
地址：北京市朝阳区东坝红松园 1 号，rgjt. cbpt. cnki. net

刊名：人口学刊
刊号：CN22-1017/C
主办单位：吉林大学
主管单位：中华人民共和国教育部
地址：吉林省长春市朝阳区前进大街2699 号吉林大学《人口学刊》编辑部，rkxk. chinajournal. net. cn

刊名：人口研究
刊号：CN11-1489/C
主办单位：中国人民大学
主管单位：中华人民共和国教育部
地址：北京市海淀区中关村大街59 号中国人民大学人口与发展研究中心，rkyj. ruc. edu. cn

刊名：人口与发展
刊号：CN11-5646/F
主办单位：北京大学
主管单位：中华人民共和国教育部
地址：北京市海淀区颐和园路 5 号北京大学法学楼 2 层 5231 室，oaj. pku. edu. cn/rkyfz/CN/1674-1668/home. shtml

刊名：人口与经济
刊号：CN11-1115/F
主办单位：首都经济贸易大学
主管单位：北京市教育委员会
地址：北京市丰台区张家路口 121 号首都经济贸易大学内，rkyjj. cueb. edu. cn

刊名：人口与社会
刊号：CN32-1851/C
主办单位：南京邮电大学
主管单位：江苏省教育厅
地址：江苏省南京市玄武区龙蟠路 177 号，njrq. cbpt. cnki. net

刊名：人类工效学
刊号：CN34-1147/G3
主办单位：中国人类工效学学会、安徽三联事故预防研究所
主管单位：中华人民共和国教育部
地址：安徽省合肥市蜀山区合安路 47 号，rlgxxzz. cn

刊名：人类学学报
刊号：CN11-1963/Q
主办单位：中国科学院古脊椎动物与古人类研究所
主管单位：中国科学院
地址：北京市西城区西外大街 142 号中国科学院古脊椎动物与古人类研究所，www. ivpp. ac. cn

刊名：人民黄河
刊号：CN41-1128/TV
主办单位：水利部黄河水利委员会
主管单位：中华人民共和国水利部办公厅宣传处
地址：河南省郑州市金水区金水路 11 号《人民黄河》杂志社，rmhh. com. cn

刊名：人民检察
刊号：CN11-1451/D
主办单位：检察日报社
主管单位：中华人民共和国最高人民检察院
地址：北京市石景山区鲁谷西路 5 号，www. rmjczz. cn

刊名：人民论坛
刊号：CN11-2961/D
主办单位：人民日报社
主管单位：人民日报社
地址：北京市朝阳区金台西路 2 号人民日报社内，rmlt. cbpt. cnki. net

刊名：人民音乐
刊号：CN11-1655/J
主办单位：中国音乐家协会
主管单位：中国文学艺术界联合会
地址：北京市朝阳区北沙滩桥东一号院 32 号楼 B 座

刊名：人民长江
刊号：CN42-1202/TV
主办单位：水利部长江水利委员会
主管单位：中华人民共和国水利部
地址：湖北省武汉市江岸区解放大道 1863 号，www. rmcjzz. com

刊名：人民珠江
刊号：CN44-1037/TV
主办单位：水利部珠江水利委员会
主管单位：中华人民共和国水利部
地址：广东省广州市天河区天寿路80号珠江水利信息楼405室，rmzj. pearlwater. gov. cn

刊名：人文地理
刊号：CN61-1193/K
主办单位：西安外国语大学
主管单位：陕西省教育厅
地址：陕西省西安市长安区文苑南路西安外国语大学，rwdl. xisu. edu. cn

刊名：人文杂志
刊号：CN61-1005/C
主办单位：陕西社会科学院
主管单位：中共陕西省委宣传部
地址：陕西省西安市雁塔区含光南路177号，www. rwzz177. com

刊名：人造纤维
刊号：CN13-1071/TQ
主办单位：中国纺织信息中心、全国人造纤维科技信息中心
主管单位：中国纺织工业联合会
地址：河北省保定市竞秀区盛兴西路1369号

刊名：日本问题研究
刊号：CN13-1025/C
主办单位：河北大学
主管单位：河北省教育厅
地址：河北省保定市莲池区五四东路180号，rbwtyj. hbu. cn

刊名：日本学刊
刊号：CN11-2747/D
主办单位：中国社会科学院日本研究所、中华日本学会
主管单位：中国社会科学院
地址：北京市东城区张自忠路3号东院，www. rbxk. org

刊名：日本研究
刊号：CN21-1027/C
主办单位：辽宁大学日本研究所
主管单位：辽宁大学
地址：辽宁省沈阳市沈北新区道义南大街58号，rbyj. cbpt. cnki. net

刊名：日用电器
刊号：CN44-1628/TM
主办单位：中国电器科学研究院有限公司
主管单位：中国机械工业集团有限公司
地址：广东省广州市黄埔区科学城开泰大道天泰一路3号，www. cei195rydq. org8. com/press/journal_dtl. aspx? node = 121005002005001

刊名：日用化学工业
刊号：CN14-1320/TQ
主办单位：中国日用化学研究院有限公司
主管单位：中国轻工集团有限公司
地址：山西省太原市迎泽区文源巷34号，www. ryhxgy. cn

刊名：日用化学品科学
刊号：CN14-1210/TQ
主办单位：中国日用化学研究院有限公司
主管单位：中国日用化学研究院有限公司
地址：山西省太原市迎泽区文源巷34号，www. ryhxpkx. cn

刊名：肉类工业
刊号：CN42-1134/TS
主办单位：全国肉类工业科技情报中心站
主管单位：武汉肉类联合企业集团公司
地址：湖北省武汉市江岸区堤角前街15号，www. china-meat. cn

刊名：肉类研究
刊号：CN11-2682/TS
主办单位：中国肉类食品综合研究中心
主管单位：北京二商集团有限责任公司
地址：北京市丰台区洋桥70号307室，www. chnfood. cn

刊名：软件
刊号：CN12-1151/TP
主办单位：中国电子学会、天津市电子学会
主管单位：中国科学技术协会
地址：天津市河西区环湖中道9号，www. rjzz. cbpt. cnki. net

刊名：软件导刊
刊号：CN42-1671/TP
主办单位：湖北省科技信息研究院
主管单位：湖北省科学技术厅
地址：湖北省武汉市武昌区洪山路2号D座5楼，www.rjdk.org

刊名：软件工程
刊号：CN21-1603/TP
主办单位：东北大学
主管单位：辽宁省教育厅
地址：辽宁省沈阳市浑南区新秀街2号，www.rjgczz.com

刊名：软件学报
刊号：CN11-2560/TP
主办单位：中国科学院软件研究所、中国计算机学会
主管单位：中国科学院
地址：北京市海淀区中关村南四街4号，www.jos.org.cn

刊名：软科学
刊号：CN51-1268/G3
主办单位：四川省科技促进发展研究中心
主管单位：四川省科学技术厅
地址：四川省成都市武侯区人民南路四段11号，ruankexue.cbpt.cnki.net

刊名：润滑油
刊号：CN21-1265/TQ
主办单位：中国石油润滑油公司
主管单位：中国石油天然气集团有限公司
地址：辽宁省大连市沙河口区中山路468号A1-801，rhy.wenyuanzz.net

刊名：润滑与密封
刊号：CN44-1260/TH
主办单位：中国机械工程学会、广州机械科学研究院有限公司
主管单位：中国科学技术协会
地址：广东省广州市黄埔区茅岗路828号，www.rhymf.com.cn

S

刊名：三门峡职业技术学院学报
刊号：CN41-1329/Z
主办单位：三门峡职业技术学院
主管单位：河南省教育厅
地址：河南省三门峡市湖滨区崤山西路42号三门峡职业技术学院，xb.smxpt.cn

刊名：三明学院学报
刊号：CN35-1288/Z
主办单位：三明学院
主管单位：三明学院
地址：福建省三明市三元区荆东路25号，xb.fjsmu.cn

刊名：三峡大学学报（人文社会科学版）
刊号：CN42-1707/C
主办单位：三峡大学
主管单位：湖北省教育厅
地址：湖北省宜昌市西陵区大学路8号，hbsb.cbpt.cnki.net

刊名：三峡大学学报（自然科学版）
刊号：CN42-1735/TV
主办单位：三峡大学
主管单位：湖北省教育厅
地址：湖北省宜昌市西陵区大学路8号，whyc.cbpt.cnki.net

刊名：散装水泥
刊号：CN23-1502/TU
主办单位：黑龙江省散装水泥办公室
主管单位：黑龙江省建材局
地址：黑龙江省哈尔滨市南岗区果戈理大街73号

刊名：色谱
刊号：CN21-1185/O6
主办单位：中国化学会、中国科学院大连化学物理研究所
主管单位：中国科学技术协会
地址：辽宁省大连市沙河口区中山路457号，www.chrom-China.com

刊名：森林工程
刊号：CN23-1388/S

主办单位：东北林业大学
主管单位：中华人民共和国教育部
地址：黑龙江省哈尔滨市香坊区和兴路26号东北林业大学《森林工程》编辑部，slgc. nefu. edu. cn

刊名：森林与环境学报
刊号：CN35-1327/S
主办单位：福建农林大学、中国林学会
主管单位：福建农林大学
地址：福建省福州市仓山区上下店路15号，fjlxyxb. paperopen. com

刊名：沙漠与绿洲气象
刊号：CN65-1265/P
主办单位：新疆气象学会、乌鲁木齐沙漠气象研究所
主管单位：新疆维吾尔自治区气象局
地址：新疆维吾尔自治区乌鲁木齐市天山区建国路327号，www. smylz. cn

刊名：沙洲职业工学院学报
刊号：CN32-1525/G4
主办单位：沙洲职业工学院
主管单位：张家港市人民政府
地址：江苏省苏州市张家港市福新路1号，www. sz-it. edu. cn

刊名：山地农业生物学报
刊号：CN52-5013/S
主办单位：贵州大学
主管单位：贵州大学
地址：贵州省贵阳市花溪区花溪大道南段2708号，jour. gzu. edu. cn/11705/list. htm

刊名：山地学报
刊号：CN51-1516/P
主办单位：中国科学院、水利部成都山地灾害与环境研究所
主管单位：中国科学院
地址：四川省成都市武侯区人民南路四段9号山地灾害与环境研究所1号楼222室，shandixb. paperopen. com

刊名：山东财经大学学报
刊号：CN37-1504/F
主办单位：山东财经大学
主管单位：山东财经大学
地址：山东省济南市市中区舜耕路40号，journal. sdufe. edu. cn

刊名：山东畜牧兽医
刊号：CN37-1267/S
主办单位：山东畜牧兽医学会
主管单位：山东省科学技术协会
地址：山东省泰安市泰山区岱宗大街61号，xmsy. sdau. edu. cnn

刊名：山东大学耳鼻喉眼学报
刊号：CN37-1437/R
主办单位：山东大学
主管单位：中华人民共和国教育部
地址：山东省济南市历下区经十路17923号，eb-hyxbwk. njournal. sdu. edu. cn

刊名：山东大学学报（工学版）
刊号：CN37-1391/T
主办单位：山东大学
主管单位：中华人民共和国教育部
地址：山东省济南市历城区山大南路27号，gxbwk. njournal. sdu. edu. cn

刊名：山东大学学报（理学版）
刊号：CN37-1389/N
主办单位：山东大学
主管单位：中华人民共和国教育部
地址：山东省济南市历城区山大南路27号，lxbwk. njournal. sdu. edu. cn

刊名：山东大学学报（医学版）
刊号：CN37-1390/R
主办单位：山东大学
主管单位：中华人民共和国教育部
地址：山东省济南市历城区山大南路27号，yxbwk. njournal. sdu. edu. cn

刊名：山东大学学报（哲学社会科学版）
刊号：CN37-1100/C
主办单位：山东大学
主管单位：中华人民共和国教育部
地址：山东省济南市历城区山大南路27号山东大学中心校区知新楼A座2010，www. journal. sdu. edu. cn

刊名：山东电力技术
刊号：CN37-1258/TM
主办单位：山东电机工程学会、山东电力研究院
主管单位：国网山东省电力公司
地址：山东省济南市市中区望岳路 2000 号，www.sd.sgcc.com.cn/sddljs

刊名：山东纺织经济
刊号：CN37-1233/F
主办单位：山东省化学纤维研究所、山东纺织企业管理协会
主管单位：山东省纺织工业协会
地址：山东省潍坊市奎文区新华路 1415 号，sdfj.chinajournal.net.cn

刊名：山东高等教育
刊号：CN37-1495/G4
主办单位：青岛大学
主管单位：中共山东省委高等学校工作委员会
地址：山东省青岛市市南区青大一路 16 号，lgjy.cbpt.cnki.net

刊名：山东工会论坛
刊号：CN37-1499/D
主办单位：山东管理学院
主管单位：山东省总工会
地址：山东省济南市历城区桑园路 60 号，gfgb.cbpt.cnki.net

刊名：山东工商学院学报
刊号：CN37-1416/F
主办单位：山东工商学院
主管单位：山东省教育厅
地址：山东省烟台市莱山区滨海中路 191 号，bxyx.chinajournal.net.cn

刊名：山东工业技术
刊号：CN37-1222/T
主办单位：山东省企业技术进步促进中心
主管单位：山东省经济和信息化委员会
地址：山东省济南市历下区文化西路 41 号，www.sdgyjszz.com

刊名：山东工艺美术学院学报
刊号：CN37-1299/J
主办单位：山东工艺美术学院
主管单位：山东省教育厅
地址：山东省济南市长清区大学路 1255 号，www.sdada.edu.cn/kyc/xb.htm

刊名：山东国土资源
刊号：CN37-1411/P
主办单位：山东省地质科学研究院
主管单位：山东省自然资源厅
地址：山东省济南市历下区历山路 52 号，www.sdgt1985.com

刊名：山东行政学院学报
刊号：CN37-1479/D
主办单位：山东行政学院
主管单位：山东行政学院
地址：山东省济南市历下区燕子东路 1 号，sdxb.cbpt.cnki.net

刊名：山东化工
刊号：CN37-1212/TQ
主办单位：青岛科技大学
主管单位：山东省教育厅
地址：山东省济南市历下区文化东路 80 号，www.sdchem.net

刊名：山东建筑大学学报
刊号：CN37-1449/TU
主办单位：山东建筑大学
主管单位：山东省教育厅
地址：山东省济南市历城区临港开发区凤鸣路 1000 号《山东建筑大学学报》编辑部，xuebao.sdjzu.edu.cn

刊名：山东交通学院学报
刊号：CN37-1398/U
主办单位：山东交通学院
主管单位：山东省教育厅
地址：山东省济南市长清区海棠路 5001 号，jnjt.chinajournal.net.cn

刊名：山东警察学院学报
刊号：CN37-1432/D
主办单位：山东警察学院
主管单位：山东省公安厅
地址：山东省济南市历下区文化东路 54 号，xbbjb.sdpc.edu.cn

刊名：山东科技大学学报（社会科学版）
刊号：CN37-1344/C
主办单位：山东科技大学
主管单位：山东省教育厅
地址：山东省青岛市黄岛区前湾港路 579 号，xuebao.sdust.edu.cn

刊名：山东科技大学学报（自然科学版）
刊号：CN37-1357/N
主办单位：山东科技大学
主管单位：山东省教育厅
地址：山东省青岛市黄岛区前湾港路 579 号，xuebao.sdust.edu.cn

刊名：山东科学
刊号：CN37-1188/N
主办单位：山东省科学院
主管单位：山东省科学院
地址：山东省济南市历下区科院路 19 号，www.sdkx.net

刊名：山东理工大学学报（社会科学版）
刊号：CN37-1400/C
主办单位：山东理工大学
主管单位：山东省教育厅
地址：山东省淄博市张店区新村西路 266 号，journal.sdut.edu.cn

刊名：山东理工大学学报（自然科学版）
刊号：CN37-1412/N
主办单位：山东理工大学
主管单位：山东省教育厅
地址：山东省淄博市张店区新村西路 266 号，sdgc.cbpt.cnki.net

刊名：山东农业大学学报（社会科学版）
刊号：CN37-1303/C
主办单位：山东农业大学
主管单位：山东省教育厅
地址：山东省泰安市泰山区岱宗大街路 61 号，sdnd.cbpt.cnki.net

刊名：山东农业大学学报（自然科学版）
刊号：CN37-1132/S
主办单位：山东农业大学
主管单位：山东省教育厅
地址：山东省泰安市泰山区岱宗大街 61 号，xuebao.sdau.edu.cn

刊名：山东农业科学
刊号：CN37-1148/S
主办单位：山东省农业科学院、山东农学会、山东农业大学
主管单位：山东省农业科学院
地址：山东省济南市历城区工业北路 202 号，www.sdnykx.cbpt.cnki.net

刊名：山东女子学院学报
刊号：CN37-1477/D
主办单位：山东女子学院
主管单位：山东省教育厅
地址：山东省济南市长清区大学科技园大学路 2399 号，xuebao.sdwu.edu.cn

刊名：山东青年政治学院学报
刊号：CN37-1481/D
主办单位：山东青年政治学院
主管单位：山东省教育厅
地址：山东省济南市历下区经十路 16199 号，xb.sdyu.edu.cn

刊名：山东商业职业技术学院学报
刊号：CN37-1382/Z
主办单位：山东商业职业技术学院
主管单位：山东省教育厅
地址：山东省济南市历城区旅游路 4516 号，sdsa.cbpt.cnki.net

刊名：山东社会科学
刊号：CN37-1053/C
主办单位：山东省社会科学界联合会
主管单位：山东省社会科学界联合会
地址：山东省济南市市中区舜耕路 46 号，www.sdshkx.com

刊名：山东师范大学学报（人文社会科学版）
刊号：CN37-1066/C
主办单位：山东师范大学
主管单位：山东省教育厅
地址：山东省济南市历下区文化东路 88 号，www.sdnu.edu.cn

刊名：山东师范大学学报（自然科学版）
刊号：CN37-1166/N
主办单位：山东师范大学
主管单位：山东省教育厅
地址：山东省济南市历下区文化东路 88 号，www.lkxb.sdnu.edu.cn

刊名：山东水利
刊号：CN37-1358/TV
主办单位：山东省水利科学研究院
主管单位：山东省水利厅
地址：山东省济南市历下区历山路 125 号

刊名：山东陶瓷
刊号：CN37-1221/TQ
主办单位：淄博市陶瓷行业协会、山东省硅酸盐研究设计院、山东省陶瓷工业科技情报站
主管单位：淄博市经济和信息化委员会
地址：山东省淄博市张店区柳泉路 286 号，bowl.cbpt.cnki.net

刊名：山东体育科技
刊号：CN37-1011/G8
主办单位：山东体育科学学会、山东省体育科学研究中心
主管单位：山东省体育局
地址：山东省济南市历城区世纪大道 10600 号，stkj.cbpt.cnki.net

刊名：山东体育学院学报
刊号：CN37-1013/G8
主办单位：山东体育学院
主管单位：山东省教育厅
地址：山东省济南市历城区世纪大道 10600 号，sdtyxb.cbpt.cnki.net

刊名：山东图书馆学刊
刊号：CN37-1467/G2
主办单位：山东省图书馆、山东省图书馆学会
主管单位：山东省图书馆
地址：山东省济南市历城区二环东路 2912 号，www.sdlib.com/channels/ch00402

刊名：山东外语教学
刊号：CN37-1026/G4
主办单位：山东师范大学
主管单位：山东省教育厅
地址：山东省济南市历下区文化东路 88 号，www.wyjx.sdnu.edu.cn

刊名：山东冶金
刊号：CN37-1203/TF
主办单位：山东金属学会
主管单位：山东省冶金工业总公司
地址：山东省济南市历下区解放东路 66 号，www.dayejin.com

刊名：山东医药
刊号：CN37-1156/R
主办单位：山东省立医院
主管单位：山东省卫生健康委员会
地址：山东省济南市历下区经十路 13777 号，www.sdyy.cbpt.cnki.net

刊名：山东中医药大学学报
刊号：CN37-1279/R
主办单位：山东中医药大学
主管单位：山东省教育厅
地址：山东省济南市长清区大学路 4655 号山东中医药大学，sdyx.chinajournal.net.cn

刊名：山东中医杂志
刊号：CN37-1164/R
主办单位：山东中医药学会、山东中医药大学
主管单位：山东省卫生健康委员会
地址：山东省济南市长清区大学路 4655 号山东中医药大学，www.sdzy.cbpt.cnki.net

刊名：山西财经大学学报
刊号：CN14-1221/P
主办单位：山西财经大学
主管单位：山西财经大学
地址：山西省太原市小店区坞城路 696 号，xb.sxufe.edu.cn

刊名：山西财政税务专科学校学报
刊号：CN14-1230/F
主办单位：山西省财政税务专科学校
主管单位：山西省财政税务专科学校
地址：山西省太原市万柏林区千峰南路 25 号，cszk.cbpt.cnki.net

刊名：山西大同大学学报（社会科学版）
刊号：CN14-1345/C
主办单位：山西大同大学
主管单位：山西大同大学
地址：山西省大同市平城区兴云街405号《山西大同大学学报》编辑部，inst. sxdtdx. edu. cn/xuebao

刊名：山西大同大学学报（自然科学版）
刊号：CN14-1344/C
主办单位：山西大同大学
主管单位：山西大同大学
地址：山西省大同市平城区兴云街405号《山西大同大学学报》编辑部，inst. sxdtdx. edu. cn/xuebao

刊名：山西大学学报（哲学社会科学版）
刊号：CN14-1071/C
主办单位：山西大学
主管单位：山西省教育厅
地址：山西省太原市小店区坞城路92号，xsqks. sxu. edu. cn

刊名：山西大学学报（自然科学版）
刊号：CN14-1105/N
主办单位：山西大学
主管单位：山西省教育厅
地址：山西省太原市小店区坞城路92号，xsqks. sxu. edu. cn

刊名：山西档案
刊号：CN14-1162/G2
主办单位：山西省档案馆
主管单位：山西省档案馆
地址：山西省太原市迎泽区康寿路1号，www. sxdabjb. com

刊名：山西地震
刊号：CN14-1107/P
主办单位：山西省地震学会
主管单位：山西省地震局
地址：山西省太原市万柏林区晋祠路二段69号

刊名：山西电力
刊号：CN14-1293/TK
主办单位：国网山西省电力公司、山西省电机工程学会
主管单位：国网山西省电力公司
地址：山西省太原市迎泽区青年路6号

刊名：山西电子技术
刊号：CN14-1214/TN
主办单位：山西省电子工业科学研究所有限公司
主管单位：山西省国有资产投资控股集团有限公司
地址：山西省太原市小店区平阳路53号

刊名：山西高等学校社会科学学报
刊号：CN14-1250/C
主办单位：太原理工大学、山西大学等12所高校
主管单位：山西省教育厅
地址：山西省太原市万柏林区西矿街53号，sxgd. cbpt. cnki. net

刊名：山西广播电视大学学报
刊号：CN14-1235/G4
主办单位：山西广播电视大学
主管单位：山西广播电视大学
地址：山西省太原市万柏林区千峰北路109号

刊名：山西化工
刊号：CN14-1109/TQ
主办单位：山西省经贸决策咨询中心、山西经济和信息化出版传媒中心
主管单位：山西省工业和信息化厅
地址：山西省太原市杏花岭区坡子街17号，www. sxetpm. com

刊名：山西建筑
刊号：CN14-1279/TU
主办单位：山西省建筑科学研究院
主管单位：山西省住房和城乡建设厅
地址：山西省太原市迎泽区山右巷10号，www. sxjzty. cn

刊名：山西交通科技
刊号：CN14-1198/U
主办单位：山西省交通科技信息中心站
主管单位：山西省交通运输厅
地址：山西省太原市小店区武洛街27号，sxjt. chinajournal. net. cn

刊名：山西焦煤科技

刊号：CN14-1311/TD
主办单位：山西焦煤集团有限责任公司
主管单位：山西省能源局
地址：山西省太原市万柏林区滨河西路南段 129 号山西焦煤双创基地，sxjmkj. cbpt. cnki. net

刊名：山西经济管理干部学院学报
刊号：CN14-1245/F
主办单位：山西经济管理干部学院
主管单位：山西省工业和信息化厅
地址：山西省太原市万柏林区南内环西街 1 号，glgb. chinajournal. net. cn

刊名：山西警察学院学报
刊号：CN14-1392/D
主办单位：山西警察学院
主管单位：山西省公安厅
地址：山西省太原市清徐县清东路西北坊段 799 号《山西警察学院学报》编辑部，jgsx. chinajournal. net. cn

刊名：山西科技
刊号：CN14-1169/N
主办单位：山西省生物研究院有限公司、山西省科学技术情报研究所
主管单位：山西省科学技术厅
地址：山西省太原市小店区师范街 50 号，www. sxkjzz. cn

刊名：山西林业科技
刊号：CN14-1098/S
主办单位：山西省林业科学研究院、山西省林学会
主管单位：山西省林业和草原局
地址：山西省太原市迎泽区新建南路 105 号山西省林业科学研究院

刊名：山西煤炭
刊号：CN14-1096/TD
主办单位：太原理工大学、山西省煤炭学会
主管单位：山西省煤炭工业厅
地址：山西省太原市万柏林区迎泽西大街79 号太原理工大学迎西校区，sxmt. chinajournal. net. cn

刊名：山西能源学院学报
刊号：CN14-1390/TK
主办单位：山西能源学院
主管单位：山西能源学院
地址：山西省晋中市榆次区大学街 63 号，www. sxeu. cn/xb

刊名：山西农业大学学报（社会科学版）
刊号：CN14-1305/C
主办单位：山西农业大学
主管单位：山西农业大学
地址：山西省晋中市太谷县铭贤南路 1 号，www. sxndxb. org

刊名：山西农业大学学报（自然科学版）
刊号：CN14-1306/N
主办单位：山西农业大学
主管单位：山西农业大学
地址：山西省晋中市太谷县铭贤南路 1 号，sxny. cbpt. cnki. net

刊名：山西农业科学
刊号：CN14-1113/S
主办单位：山西省农业科学院
主管单位：山西省农业科学院
地址：山西省太原市小店区龙城大街 81 号，sxlx. cbpt. cnki. net

刊名：山西青年职业学院学报
刊号：CN14-1371/D
主办单位：山西青年职业学院
主管单位：共青团山西省委员会
地址：山西省太原市小店区太原经济技术开发区教育园区大昌南路 17 号，www. sxqzy. cn/home/publiccontroller/index. html？ id = 348

刊名：山西社会主义学院学报
刊号：CN14-1239/D
主办单位：山西社会主义学院
主管单位：中共山西省委统一战线工作部
地址：山西省太原市小店区龙城大街30 号山西社会主义学院，www. shxsy. org. cn/Browse/NewsList. aspx？ ID = 8

刊名：山西省政法管理干部学院学报
刊号：CN14-1246/D
主办单位：山西省政法管理干部学院
主管单位：山西省司法厅
地址：山西省太原市小店区大营盘体育北街 6 号，

www. sxzfxy. cn/s. php/xbbjb

刊名：山西师范大学学报（社会科学版）
刊号：CN14-1072/C
主办单位：山西师范大学
主管单位：山西省教育厅
地址：山西省临汾市尧都区贡院街1号，xbweb. sxnu. edu. cn

刊名：山西师范大学学报（自然科学版）
刊号：CN14-1263/N
主办单位：山西师范大学
主管单位：山西省教育厅
地址：山西省临汾市尧都区贡院街1号，xbweb. sxnu. edu. cn

刊名：山西水利科技
刊号：CN14-1184/TV
主办单位：山西水利出版传媒中心
主管单位：山西省水利厅
地址：山西省太原市迎泽区桃园四巷26号

刊名：山西水土保持科技
刊号：CN14-1103/TV
主办单位：山西水利出版传媒中心
主管单位：山西省水利厅
地址：山西省太原市迎泽区新建路45号

刊名：山西冶金
刊号：CN14-1167/TF
主办单位：山西省经贸决策咨询中心、山西经济和信息化出版传媒中心
主管单位：山西省工业和信息化厅
地址：山西省太原市杏花岭区坡子街19号，www. sxetpm. com

刊名：山西医科大学学报
刊号：CN14-1216/R
主办单位：山西医科大学
主管单位：山西省教育厅
地址：山西省太原市迎泽区新建南路56号，xuebao. sxmu. edu. cn

刊名：山西医药杂志
刊号：CN14-1108/R
主办单位：山西医药卫生传媒集团有限责任公司
主管单位：山西省卫生健康委员会
地址：山西省太原市广场收投分局010025信箱，www. sxyxqk. com

刊名：山西职工医学院学报
刊号：CN14-1266/R
主办单位：山西职工医学院
主管单位：山西省卫生健康委员会
地址：山西省太原市迎泽区双塔寺街22号，www. sxhvc. com

刊名：山西中医
刊号：CN14-1110/R
主办单位：山西省中医药学会、山西省中医药研究院
主管单位：山西省卫生健康委员会
地址：山西省太原市迎泽区并州西街16号

刊名：山西中医药大学学报
刊号：CN14-1265/R
主办单位：山西中医药大学
主管单位：山西省卫生健康委员会
地址：山西省晋中市榆次区大学街121号，shan. cbpt. cnki. net

刊名：陕西地质
刊号：CN61-1150/P
主办单位：陕西省地质矿产勘查开发局
主管单位：陕西省自然资源厅
地址：陕西省西安市碑林区雁塔路100号

刊名：陕西广播电视大学学报
刊号：CN61-1323/G4
主办单位：陕西广播电视大学
主管单位：陕西省教育厅
地址：陕西省西安市长安区郭杜北街41号，sgbd. chinajournal. net. cn

刊名：陕西行政学院学报
刊号：CN61-1461/D
主办单位：陕西省行政学院
主管单位：陕西省人民政府
地址：陕西省西安市碑林区友谊西路175号陕西省行政学院，sxsx. chinajournal. net. cn

刊名：陕西科技大学学报

刊号：CN61-1080/TS
主办单位：陕西科技大学
主管单位：陕西省教育厅
地址：陕西省西安市未央区大学园区路《陕西科技大学学报》编辑部，xb. sust. edu. cn

刊名：陕西理工大学学报（社会科学版）
刊号：CN61-1511/C
主办单位：陕西理工大学
主管单位：陕西省教育厅
地址：陕西省汉中市汉台区东一环路 1 号，xuebao. snut. edu. cn

刊名：陕西理工大学学报（自然科学版）
刊号：CN61-1510/N
主办单位：陕西理工大学
主管单位：陕西省教育厅
地址：陕西省汉中市汉台区东一环路 1 号，xuebao. snut. edu. cn

刊名：陕西林业科技
刊号：CN61-1092/S
主办单位：陕西省林学会、西北农林科技大学林科院、陕西省林业研究中心
主管单位：陕西省林业局
地址：陕西省咸阳市杨凌区邰城路 3 号，sxlykj. paperonce. org

刊名：陕西农业科学
刊号：CN61-1089/S
主办单位：西北农林科技大学
主管单位：中华人民共和国教育部
地址：陕西省咸阳市杨凌区邰城路 3 号西北农林科技大学南校区，sxnykx. cnjournals. com

刊名：陕西气象
刊号：CN61-1282/P
主办单位：陕西省气象局、陕西省气象学会
主管单位：陕西省气象局
地址：陕西省西安市未央区未央路 1021 号，sxqx. alljournal. cn

刊名：陕西青年职业学院学报
刊号：CN61-1467/D
主办单位：陕西青年职业学院
主管单位：共青团陕西省委员会
地址：陕西省西安市碑林区含光北路 155 号，kyc. sxqzy. com/list. jsp? urltype = tree. TreeTempUrl&wbtreeid = 1991

刊名：陕西社会主义学院学报
刊号：CN61-1321/D
主办单位：陕西社会主义学院
主管单位：中共陕西省委统一战线工作部
地址：陕西省西安市雁塔区长安南路 84 号，www. shxsy. com. cn/list. aspx? fid = 23

刊名：陕西师范大学学报（哲学社会科学版）
刊号：CN61-1012/C
主办单位：陕西师范大学
主管单位：中华人民共和国教育部
地址：陕西省西安市长安区西长安街路 620 号，www. xuebao. snnu. edu. cn

刊名：陕西师范大学学报（自然科学版）
刊号：CN61-1071/N
主办单位：陕西师范大学
主管单位：中华人民共和国教育部
地址：陕西省西安市长安区西长安街路 620 号，www. xuebao. snnu. edu. cn

刊名：陕西学前师范学院学报
刊号：CN61-1492/G4
主办单位：陕西学前师范学院
主管单位：陕西省教育厅
地址：陕西省西安市雁塔区兴善寺东路 69 号，sxxqsfxy. ijournal. cn

刊名：陕西医学杂志
刊号：CN61-1104/R
主办单位：陕西省中医药研究院
主管单位：陕西省卫生健康委员会
地址：陕西省西安市碑林区东木头市 113 号，www. sxyxzz. com

刊名：陕西中医
刊号：CN61-1105/R
主办单位：陕西省中医药学会
主管单位：陕西省中医药管理局
地址：陕西省西安市碑林区东木头市 113 号，www. sxzyxzz. com

刊名：汕头大学学报（人文社会科学版）
刊号：CN44-1058/C
主办单位：汕头大学
主管单位：广东省教育厅
地址：广东省汕头市金平区大学路243号汕头大学内，rwst. chinajournal. net. cn

刊名：汕头大学学报（自然科学版）
刊号：CN44-1059/N
主办单位：汕头大学
主管单位：广东省教育厅
地址：广东省汕头市金平区大学路243号《汕头大学学报》编辑部，stdx. chinajournal. net. cn

刊名：汕头大学医学院学报
刊号：CN44-1060/R
主办单位：汕头大学医学院
主管单位：广东省教育厅
地址：广东省汕头市金平区新陵路22号汕头大学医学院内，sumc. cbpt. cnki. net

刊名：商洛学院学报
刊号：CN61-1459/Z
主办单位：商洛学院
主管单位：陕西省教育厅
地址：陕西省商洛市商州区北新街10号，bjb. slxy. edu. cn

刊名：商丘师范学院学报
刊号：CN41-1303/Z
主办单位：商丘师范学院
主管单位：河南省教育厅
地址：河南省商丘市梁园区平原路55号，xbbjb. sqnu. edu. cn

刊名：商丘职业技术学院学报
刊号：CN41-1328/Z
主办单位：商丘职业技术学院
主管单位：河南省教育厅
地址：河南省商丘市睢阳区神火大道566号，bianjibu. sqzy. edu. cn

刊名：商学研究
刊号：CN43-1539/F
主办单位：湖南商学院
主管单位：湖南省教育厅
地址：湖南省长沙市岳麓区岳麓大道569号湖南商学院二办公楼7楼，hsxy. cbpt. cnki. net

刊名：商业会计
刊号：CN11-1475/F
主办单位：中国商业联合会、中华全国供销合作总社财务部、中国储备粮管理总公司财务部、中国商业会计学会、中国粮食行业协会
主管单位：中国商业联合会
地址：北京市西城区复兴门内大街45号东三楼，www. cnsykj. com

刊名：商业经济
刊号：CN23-1057/F
主办单位：黑龙江省商业经济研究所
主管单位：黑龙江省商务厅
地址：黑龙江省哈尔滨市南岗区革新街165号，jjsy. cbpt. cnki. net

刊名：商业经济与管理
刊号：CN33-1336/F
主办单位：浙江工商大学
主管单位：浙江省教育厅
地址：浙江省杭州市江干区学正路18号浙江工商大学，zzs. zjgsu. edu. cn

刊名：商业研究
刊号：CN23-1364/F
主办单位：哈尔滨商业大学、中国商业经济学会
主管单位：中国商业联合会
地址：黑龙江省哈尔滨市松北区学海街1号，www. crjournal. org. cn

刊名：上海保险
刊号：CN31-1226/F
主办单位：上海《上海保险》杂志社
主管单位：上海市保险学会
地址：上海市黄浦区中山南路1228号，www. shia. org. cn

刊名：上海财经大学学报
刊号：CN31-1817/C
主办单位：上海财经大学
主管单位：中华人民共和国教育部
地址：上海市杨浦区国定路777号，cdxb. sufe. edu. cn

刊名：上海城市管理
刊号：CN31-2044/Z
主办单位：上海城建职业学院
主管单位：上海市教育委员会
地址：上海市杨浦区军工路2360号，www.succ.edu.cn/city/Home/Type/type/lmid/b55d831422-ba398c6cc7ad57cd104556

刊名：上海城市规划
刊号：CN31-1706/TU
主办单位：上海市城市规划设计研究院
主管单位：上海市规划和自然资源局
地址：上海市静安区铜仁路331号，www.shplanning.com.cn

刊名：上海畜牧兽医通讯
刊号：CN31-1278/S
主办单位：上海市农业科学院畜牧兽医研究所
主管单位：上海市农业科学院
地址：上海市闵行区北翟路2901号，www.saas.sh.cn/xm/sgk/jgsz/zzbjb/content_15426

刊名：上海船舶运输科学研究所学报
刊号：CN31-2023/U
主办单位：上海船舶运输科学研究所
主管单位：上海船舶运输科学研究所
地址：上海市浦东新区民生路600号，www.sssri.com/col/col2204/index.html

刊名：上海大学学报（社会科学版）
刊号：CN31-1223/C
主办单位：上海大学
主管单位：上海市教育委员会
地址：上海市宝山区上大路99号，www.jsus.shu.edu.cn

刊名：上海大学学报（自然科学版）
刊号：CN31-1718/N
主办单位：上海大学
主管单位：上海市教育委员会
地址：上海市宝山区上大路99号，www.journal.shu.edu.cn

刊名：上海大中型电机
刊号：CN31-1868/TM
主办单位：上海电气集团上海电机厂有限公司
主管单位：上海电气（集团）总公司
地址：上海市闵行区江川路555号

刊名：上海党史与党建
刊号：CN31-1856/K
主办单位：上海党史报刊社
主管单位：中共上海市委党史研究室
地址：上海市徐汇区康平路141号

刊名：上海第二工业大学学报
刊号：CN31-1496/T
主办单位：上海第二工业大学
主管单位：上海市教育委员会
地址：上海市浦东新区金海路2360号，degy.alljournal.com.cn/shdegydxcn/ch/index.aspx

刊名：上海电机学院学报
刊号：CN31-1996/Z
主办单位：上海电机学院
主管单位：上海市教育委员会
地址：上海市浦东新区水华路300号，shdj.cbpt.cnki.net

刊名：上海电力学院学报
刊号：CN31-1518/TM
主办单位：上海电力学院
主管单位：上海市教育委员会
地址：上海市杨浦区平凉路2103号，shdlxyxb.ijournals.cn

刊名：上海电气技术
刊号：CN31-1989/TM
主办单位：上海电气（集团）总公司
主管单位：上海电气（集团）总公司
地址：上海市静安区中兴路960号

刊名：上海对外经贸大学学报
刊号：CN31-2089/F
主办单位：上海对外经贸大学
主管单位：上海市教育委员会
地址：上海市长宁区古北路620，sjmy.cbpt.cnki.net

刊名：上海翻译
刊号：CN31-1937/H

主办单位：上海市科技翻译学会
主管单位：上海市教育委员会
地址：上海市宝山区上大路 99 号，www.shfyzz.cn

刊名：上海纺织科技
刊号：CN31-1272/TS
主办单位：上海市纺织科学研究院
主管单位：上海纺织控股（集团）公司
地址：上海市杨浦区平凉路 988 号，www.shfzkj.com

刊名：上海工程技术大学学报
刊号：CN31-1598/T
主办单位：上海工程技术大学
主管单位：上海市教育委员会
地址：上海市松江区龙腾路 333 号，xuebao.sues.edu.cn

刊名：上海工艺美术
刊号：CN31-1198/J
主办单位：上海工艺美术有限公司
主管单位：上海工艺美术有限公司
地址：上海市徐汇区汾阳路 79 号

刊名：上海公安高等专科学校学报
刊号：CN31-1784/D
主办单位：上海公安高等专科学校
主管单位：上海市公安局
地址：上海市浦东新区崇景路 100 号

刊名：上海公路
刊号：CN31-1712/U
主办单位：上海市路政局、上海市公路学会
主管单位：上海市交通委员会
地址：上海市普陀区曹杨路 1040 弄 2 号，www.shsglxh.cn

刊名：上海管理科学
刊号：CN31-1515/C
主办单位：上海市管理科学学会
主管单位：上海市科学技术协会
地址：上海市黄浦区南昌路 47 号，shglkx.com

刊名：上海国土资源
刊号：CN31-2062/P
主办单位：上海市地质调查研究院、上海市地质学会
主管单位：上海市规划和自然资源局
地址：上海市静安区灵石路 930 号，shad.cbpt.cnki.net

刊名：上海海事大学学报
刊号：CN31-1968/U
主办单位：上海海事大学
主管单位：上海市教育委员会
地址：上海市浦东新区海港大道 1550 号，www.smujournal.cn

刊名：上海海洋大学学报
刊号：CN31-2024/S
主办单位：上海海洋大学
主管单位：上海市教育委员会
地址：上海市浦东新区沪城环路 999 号，www.shhydxxb.com

刊名：上海行政学院学报
刊号：CN31-1815/G4
主办单位：上海行政学院
主管单位：上海行政学院
地址：上海市徐汇区虹漕南路 123 号，shxzxyxb.cn

刊名：上海航天
刊号：CN31-1481/V
主办单位：上海航天技术研究院
主管单位：中国航天科技集团有限公司
地址：上海市闵行区元江路 3888 号，shht.ijournal.cn

刊名：上海护理
刊号：CN31-1846/R
主办单位：上海市护理学会
主管单位：上海市卫生健康委员会
地址：上海市静安区胶州路 358 弄 1 号，shhl.ijournal.cn

刊名：上海计量测试
刊号：CN31-1424/TB
主办单位：上海市计量测试技术研究院、上海市计量测试学会、上海市计量协会
主管单位：上海市质量技术监督局
地址：上海市徐汇区宜山路 716 号，www.simt.com.cn/col/col8682/index.html

刊名：上海建材

刊号：CN31-1498/TU
主办单位：上海市建材科技情报研究所
主管单位：上海建筑材料（集团）总公司
地址：上海市徐汇区大木桥路588号

刊名：上海建设科技
刊号：CN31-1541/TU
主办单位：上海市城乡建设和管理委员会科学技术委员会办公室、上海市建筑科学研究院（集团）有限公司
主管单位：上海市住房和城乡建设管理委员会
地址：上海市徐汇区宛平南路75号

刊名：上海交通大学学报
刊号：CN31-1466/U
主办单位：上海交通大学
主管单位：中华人民共和国教育部
地址：上海市徐汇区华山路1954号，xuebao. sjtu. edu. cn

刊名：上海交通大学学报（农业科学版）
刊号：CN31-1837/S
主办单位：上海交通大学
主管单位：中华人民共和国教育部
地址：上海市闵行区东川路800号，shjtdxnxb. all-journals. org. cn

刊名：上海交通大学学报（医学版）
刊号：CN31-2045/R
主办单位：上海交通大学
主管单位：上海交通大学
地址：上海市黄浦区重庆南路280号，www. shs-glxh. cn

刊名：上海交通大学学报（哲学社会科学版）
刊号：CN31-1778/C
主办单位：上海交通大学
主管单位：中华人民共和国教育部
地址：上海市徐汇区华山路1954号，www. shjx. cb-pt. cnki. net

刊名：上海教育科研
刊号：CN31-1059/G4
主办单位：上海市教育科学研究院普通教育研究所
主管单位：上海市教育委员会
地址：上海市徐汇区茶陵北路21号，shjyky. cn

刊名：上海教育评估研究
刊号：CN31-2070/G4
主办单位：上海市教育评估院
主管单位：上海市教育委员会
地址：上海市徐汇区陕西南路202号，www. shjee. org. cn

刊名：上海节能
刊号：CN31-1500/TK
主办单位：上海市节能协会、上海市节能监察中心
主管单位：上海市经济和信息化委员会
地址：上海市虹口区中山北一路121号，shjn. cn/shjnzz

刊名：上海金融
刊号：CN31-1160/F
主办单位：上海市金融学会
主管单位：中国人民银行上海分行
地址：上海市浦东新区陆家嘴东路181号，www. shfs2010. com/js_more. action？articletypeid = 4BFC0D7C45EA84E9&menuid = 1418970915939&menuid = F8ABEC63553574C2

刊名：上海立信会计金融学院学报
刊号：CN31-2143/F
主办单位：上海立信会计金融学院
主管单位：上海市教育委员会
地址：上海市浦东新区上川路995号，xbbjb. lixin. edu. cn

刊名：上海金属
刊号：CN31-1558/TF
主办单位：上海市金属学会
主管单位：上海市科学技术协会
地址：上海市宝山区南陈路333号，www. shji. cbpt. cnki. net

刊名：上海经济研究
刊号：CN31-1163/F
主办单位：上海社会科学院经济研究所
主管单位：上海社会科学院
地址：上海市黄浦区淮海中路622号，hsyj. cbpt. cnki. net

刊名：上海课程教学研究
刊号：CN31-2112/G4

主办单位：上海科技教育出版社有限公司、上海市教育委员会教学研究室
主管单位：上海世纪出版（集团）有限公司
地址：上海市徐汇区柳州路218号，www.sste.com/index.php？m=content&c=index&a=show&catid=78&id=18

刊名：上海口腔医学
刊号：CN31-1705/R
主办单位：上海交通大学医学院附属第九人民医院
主管单位：上海交通大学
地址：上海市黄浦区制造局路639号，www.sjos.cn

刊名：上海理工大学学报
刊号：CN31-1739/T
主办单位：上海理工大学
主管单位：上海市教育委员会
地址：上海市杨浦区军工路516号，jns.usst.edu.cn

刊名：上海理工大学学报（社会科学版）
刊号：CN31-1853/C
主办单位：上海理工大学
主管单位：上海市教育委员会
地址：上海市杨浦区军工路516号，jss.usst.edu.cn

刊名：上海农村经济
刊号：CN31-1224/F
主办单位：上海市农村经济学会
主管单位：上海市农业委员会
地址：上海市长宁区仙霞西路779号

刊名：上海农业科技
刊号：CN31-1240/S
主办单位：上海市农学会、上海市农业科学院
主管单位：上海市农业委员会
地址：上海市奉贤区金齐路1000号，www.shnykj.sh.cn

刊名：上海农业学报
刊号：CN31-1405/S
主办单位：上海市农业科学院、上海市农学会
主管单位：上海市农业委员会
地址：上海市奉贤区金齐路1000号，www.nyxb.sh.cn

刊名：上海商学院学报
刊号：CN31-1957/F
主办单位：上海商学院
主管单位：上海市教育委员会
地址：上海市徐汇区中山西路2271号，www.sbs.edu.cn/wlzx/vpn/index.htm

刊名：上海师范大学学报（哲学社会科学版）
刊号：CN31-1120/C
主办单位：上海师范大学
主管单位：上海市教育委员会
地址：上海市徐汇区桂林路100号，journal.shnu.edu.cn

刊名：上海师范大学学报（自然科学版）
刊号：CN31-1416/N
主办单位：上海师范大学
主管单位：上海市教育委员会
地址：上海市徐汇区桂林路100号，xuebao.shnu.edu.cn

刊名：上海市经济管理干部学院学报
刊号：CN31-1913/Z
主办单位：上海市经济管理干部学院
主管单位：中共上海市委党校
地址：上海市徐汇区虹漕南路123号，shjjglxy.com

刊名：上海市社会主义学院学报
刊号：CN31-1903/C
主办单位：上海市社会主义学院
主管单位：中共上海市委统一战线工作部
地址：上海市徐汇区天等路469号，www.shsy.org.cn/node933/shsy/syxb/index.html

刊名：上海蔬菜
刊号：CN31-1588/S
主办单位：上海市农业科学院、上海蔬菜经济研究会
主管单位：上海市农业委员会
地址：上海市奉贤区金齐路1000号，www.shanghaishucai.sh.cn

刊名：上海塑料
刊号：CN31-1770/TQ
主办单位：上海市塑料工程技术学会、上海化工研究院有限公司
主管单位：上海市科学技术协会

地址：上海市普陀区云岭东路 345 号，shsl. cbpt. cnki. net

刊名：上海体育学院学报

刊号：CN31-1005/G8

主办单位：上海体育学院

主管单位：上海市教育委员会

地址：上海市杨浦区清源环路 650 号，www. styb. cbpt. cnki. net

刊名：上海文化

刊号：CN31-1655/G0

主办单位：上海市作家协会、上海社会科学院文学研究所、上海世纪出版集团上海教育出版社

主管单位：上海市作家协会

地址：上海市静安区巨鹿路 675 号

刊名：上海医学

刊号：CN31-1366/R

主办单位：上海市医学会

主管单位：上海市卫生健康委员会

地址：上海市静安区北京西路 1623 号，shyxzz. cn

刊名：上海医药

刊号：CN31-1663/R

主办单位：上海医药行业协会、上海市医药股份有限公司

主管单位：上海市经济和信息化委员会

地址：上海市黄浦区凤阳路 250 号，www. 上海医药杂志. com

刊名：上海预防医学

刊号：CN31-1635/R

主办单位：上海市预防医学会

主管单位：上海市卫生健康委员会

地址：上海市长宁区延安西路 1326 号，www. sjpm. org. cn

刊名：上海针灸杂志

刊号：CN31-1317/R

主办单位：上海市针灸学会、上海市中医药研究院

主管单位：上海市卫生健康委员会

地址：上海市徐汇区宛平南路 650 号，www. acu-moxj. com/#

刊名：上海政法学院学报

刊号：CN31-2011/D

主办单位：上海政法学院

主管单位：上海市教育委员会

地址：上海市青浦区外青松公路 7989 号，www4. shupl. edu. cn/html/xbbjb

刊名：上海中学数学

刊号：CN31-1572/G4

主办单位：上海师范大学

主管单位：上海市教育委员会

地址：上海市徐汇区桂林路 100 号，shzxsx. shnu. edu. cn

刊名：上海中医药大学学报

刊号：CN31-1788/R

主办单位：上海中医药大学、上海市中医药研究院

主管单位：上海市教育委员会

地址：上海市浦东新区蔡伦路 1200 号，www. shzyyzz. com/shzyydxxb/ch/index. aspx

刊名：上海中医药杂志

刊号：CN31-1276/R

主办单位：上海中医药大学、上海市中医药学会

主管单位：上海市教育委员会

地址：上海市浦东新区蔡伦路 1200 号，www. shzyyzz. com/shzyyzz/ch/index. aspx

刊名：上饶师范学院学报

刊号：CN36-1241/C

主办单位：上饶师范学院

主管单位：江西省教育厅

地址：江西省上饶市信州区志敏大道 401 号《上饶师范学院学报》编辑部，srsx. cbpt. cnki. net

刊名：烧结球团

刊号：CN43-1133/TF

主办单位：中冶长天国际工程有限责任公司

主管单位：中冶长天国际工程有限责任公司

地址：湖南省长沙市岳麓区梅溪湖路 1152 号，www. cie-cn. com/intro/21. html

刊名：韶关学院学报

刊号：CN44-1507/C

主办单位：韶关学院

主管单位：韶关学院

地址：广东省韶关市浈江区大学路韶关学院内，210.38.192.61/Jwek_sgxyxb/CN/volumn/home.shtml

刊名：少年儿童研究
刊号：CN11-1748/D
主办单位：中国青少年研究中心、中国青少年研究会、中国少年先锋队工作学会、中国青年政治学院
主管单位：共青团中央
地址：北京市海淀区西三环北路25号，www.cycra.org/about/show/8.html

刊名：邵阳学院学报（社会科学版）
刊号：CN43-1404/Z
主办单位：邵阳学院
主管单位：湖南省教育厅
地址：湖南省邵阳市大祥区七里坪邵阳学院，www2.hnsyu.net/syxyxbbjb

刊名：邵阳学院学报（自然科学版）
刊号：CN43-1429/N
主办单位：邵阳学院
主管单位：湖南省教育厅
地址：湖南省邵阳市大祥区七里坪邵阳学院，www2.hnsyu.net/syxyxbbjb

刊名：绍兴文理学院学报
刊号：CN33-1209/C
主办单位：绍兴文理学院
主管单位：浙江省教育厅
地址：浙江省绍兴市越城区城南大道900号，wlxb.usx.edu.cn

刊名：蛇志
刊号：CN45-1168/R
主办单位：中国蛇协、广西急诊医学会
主管单位：广西壮族自治区科学技术协会
地址：广西壮族自治区南宁市青秀区长福路6号，szzz.cbpt.cnki.net

刊名：设备管理与维修
刊号：CN11-2503/F
主办单位：中国机械工程学会、北京卓众出版有限公司
主管单位：中国科学协术协会
地址：北京市朝阳区德胜门外北沙滩1号，www.pme.com.cn

刊名：设备监理
刊号：CN10-1021/TB
主办单位：中国质量标准出版传媒有限公司、中国设备监理协会
主管单位：国家市场监督管理总局
地址：北京市朝阳区和平里西街甲2号，www.capec.org.cn/list-f651c993304444c2a2e488e6f079f4ba.html

刊名：设计艺术研究
刊号：CN42-1807/J
主办单位：武汉理工大学
主管单位：中华人民共和国教育部
地址：湖北省武汉市洪山区武汉理工大学艺术与设计学院大楼《设计艺术研究》编辑部，sjysyj.whut.edu.cn

刊名：社会
刊号：CN31-1123/C
主办单位：上海大学
主管单位：上海市教育委员会
地址：上海市宝山区上大路99号，www.society.shu.edu.cn

刊名：社会保障研究
刊号：CN42-1792/F
主办单位：武汉大学
主管单位：中华人民共和国教育部
地址：湖北省武汉市武昌区珞珈山路武汉大学社会保障研究中心《社会保障研究》编辑部，www.shby.cbpt.cnki.net

刊名：社会发展研究
刊号：CN10-1217/C
主办单位：中国社会科学院社会发展战略研究院、社会科学文献出版社
主管单位：中国社会科学院
地址：北京市西城区北三环中路甲29号院3号楼华龙大厦13—15层，www.shfzyj.com

刊名：社会工作
刊号：CN36-1263/D
主办单位：江西省民政厅
主管单位：江西省民政厅

地址：江西省南昌市红谷滩新区赣江南大道1266号913室

刊名：社会工作与管理
刊号：CN44-1708/C
主办单位：广东工业大学
主管单位：广东省教育厅
地址：广东省广州市越秀区东风东路729号广东工业大学，manu49. magtech. com. cn/Jwk3_gdgy/shgzygl/CN/1671-623X/home. shtml

刊名：社会科学
刊号：CN31-1112/Z
主办单位：上海社会科学院
主管单位：上海社会科学院
地址：上海市黄浦区淮海中路622弄7号

刊名：社会科学辑刊
刊号：CN21-1012/C
主办单位：辽宁社会科学院
主管单位：辽宁社会科学院
地址：辽宁省沈阳市皇姑区泰山路86号，www. shkxjkbjb. cn

刊名：社会科学家
刊号：CN45-1008/C
主办单位：桂林市社会科学界联合会
主管单位：桂林市社会科学界联合会
地址：广西壮族自治区桂林市临桂区青莲路投资发展商务大厦南楼26楼，www. shehuikexuejia. com

刊名：社会科学论坛
刊号：CN13-1229/C
主办单位：河北省社会科学界联合会
主管单位：河北省社会科学界联合会
地址：河北省石家庄市桥西区裕华西路67号，www. hebsky. org. cn/sklt/index. jhtml

刊名：社会科学研究
刊号：CN51-1037/C
主办单位：四川省社会科学院
主管单位：四川省社会科学院
地址：四川省成都市青羊区一环路西一段155号，shkxyj. ijournals. cn

刊名：社会科学战线
刊号：CN22-1002/C
主办单位：吉林省社会科学院
主管单位：吉林省社会科学院
地址：吉林省长春市二道区自由大路5399号，www. shkxzx. cn

刊名：社会学评论
刊号：CN10-1098/C
主办单位：中国人民大学
主管单位：中华人民共和国教育部
地址：北京市海淀区中关村大街甲59号文化大厦13、14层，src. ruc. edu. cn

刊名：社会学文摘
刊号：CN11-5766/C
主办单位：中国人民大学
主管单位：中华人民共和国教育部
地址：北京市海淀区中关村大街甲59号文化大厦13、14层，www. zlzx. com. cn

刊名：社会学研究
刊号：CN11-1100/C
主办单位：中国社会科学院社会学研究所
主管单位：中国社会科学院
地址：北京市东城区建国门内大街5号，www. shxyj. org

刊名：社会治理
刊号：CN10-1285/D
主办单位：北京师范大学
主管单位：中华人民共和国教育部
地址：北京市海淀区新街口外大街19号，shzl. bnu. edu. cn

刊名：社会主义核心价值观研究
刊号：CN10-1350/D
主办单位：清华大学
主管单位：中华人民共和国教育部
地址：北京市海淀区双清路30号学研大厦A座，scsv. tsinghuajournals. com

刊名：社会主义研究
刊号：CN42-1093/D
主办单位：华中师范大学
主管单位：中华人民共和国教育部
地址：湖北省武汉市洪山区珞瑜路152号，social-

ismstudies. ccnu. edu. cn

刊名：社科纵横
刊号：CN62-1110/C
主办单位：甘肃省社会科学界联合会
主管单位：中共甘肃省委宣传部
地址：甘肃省兰州市城关区皋兰路 20 号兴中大厦 1502，www. skzh. cbpt. cnki. net

刊名：社区医学杂志
刊号：CN10-1026/R
主办单位：中华预防医学会、山东省农村卫生协会
主管单位：中华人民共和国国家卫生健康委员会
地址：北京市西城区鼓楼西大街 154 号，sqyx. cbpt. cnki. net

刊名：深空探测学报
刊号：CN10-1155/V
主办单位：北京理工大学
主管单位：中华人民共和国工业和信息化部
地址：北京市海淀区中关村南大街 5 号 685 栋理工国际交流大厦 5 层，jdse. bit. edu. cn

刊名：深圳大学学报（理工版）
刊号：CN44-1401/N
主办单位：深圳大学
主管单位：深圳大学
地址：广东省深圳市南山区南海大道 3688 号深圳大学办公楼 417 室，journal. szu. edu. cn

刊名：深圳大学学报（人文社会科学版）
刊号：CN44-1030/C
主办单位：深圳大学
主管单位：深圳大学
地址：广东省深圳市南山区南海大道 3688 号深圳大学办公楼 558 室，xb. szu. edu. cn

刊名：深圳信息职业技术学院学报
刊号：CN44-1586/Z
主办单位：深圳信息职业技术学院
主管单位：广东省教育厅
地址：广东省深圳市龙岗区龙翔大道 2188 号，www. sziit. edu. cn

刊名：深圳职业技术学院学报
刊号：CN44-1572/Z
主办单位：深圳职业技术学院
主管单位：广东省教育厅
地址：广东省深圳市南山区沙河西路 4089 号深圳职业技术学院西丽湖校区内，xb. szpt. edu. cn

刊名：深圳中西医结合杂志
刊号：CN44-1419/R
主办单位：深圳市中西医结合临床研究所
主管单位：深圳市卫生健康委员会
地址：广东省深圳市福田区笋岗西路 3002 号深圳市第二人民医院内，www. szzxyjh. com

刊名：神华科技
刊号：CN64-1066/TK
主办单位：国家能源投资集团有限责任公司
主管单位：国家能源投资集团有限责任公司
地址：宁夏回族自治区银川市金凤区北京中路 168 号宁夏煤业集团 5 号楼 304 室

刊名：神经病学与神经康复学杂志
刊号：CN31-1927/R
主办单位：上海市中西医结合学会、上海交通大学医学院附属仁济医院
主管单位：上海市卫生健康委员会
地址：上海市徐汇区斜土路 2200 弄 25 号，www. jn-nr. org. cn

刊名：神经疾病与精神卫生
刊号：CN23-1479/R
主办单位：齐齐哈尔医学院、中国医师协会
主管单位：黑龙江省教育厅
地址：北京市西城区宣武门外大街香炉营东巷 2 号院 1-7-302，www. ndmh. com

刊名：神经损伤与功能重建
刊号：CN42-1759/R
主办单位：华中科技大学同济医学院
主管单位：中华人民共和国教育部
地址：湖北省武汉市蔡甸区汉阳大街同济医院中法新城院区专家社区 E 栋，gwkf. cbpt. cnki. net

刊名：神经药理学报
刊号：CN13-1404/R
主办单位：河北北方学院
主管单位：河北省教育厅
地址：河北省张家口市桥东区钻石南路11 号河北北

方学院，actanp. hebeinu. edu. cn

刊名：沈阳大学学报（社会科学版）
刊号：CN21-1582/C
主办单位：沈阳大学
主管单位：沈阳市教育局
地址：辽宁省沈阳市大东区联合路 54 号，sydxxb. paperonce. org

刊名：沈阳大学学报（自然科学版）
刊号：CN21-1583/N
主办单位：沈阳大学
主管单位：沈阳市教育局
地址：辽宁省沈阳市大东区联合路 54 号，sydxxb. paperonce. org

刊名：沈阳干部学刊
刊号：CN21-1499/D
主办单位：中共沈阳市委党校
主管单位：中共沈阳市委
地址：辽宁省沈阳市皇姑区崇山西路 4 号

刊名：沈阳工程学院学报（社会科学版）
刊号：CN21-1518/C
主办单位：沈阳工程学院
主管单位：辽宁省教育厅
地址：辽宁省沈阳市沈北新区蒲昌路 18 号，xuebao1. sie. edu. cn

刊名：沈阳工程学院学报（自然科学版）
刊号：CN21-1524/N
主办单位：沈阳工程学院
主管单位：辽宁省教育厅
地址：辽宁省沈阳市沈北新区蒲昌路 18 号，xuebao1. sie. edu. cn

刊名：沈阳工业大学学报
刊号：CN21-1189/T
主办单位：沈阳工业大学
主管单位：辽宁省教育厅
地址：辽宁省沈阳市铁西区南十三路 1 号，xb. sut. edu. cn

刊名：沈阳工业大学学报（社会科学版）
刊号：CN21-1558/C
主办单位：沈阳工业大学
主管单位：辽宁省教育厅
地址：辽宁省沈阳市铁西区南十三路 1 号，xb. sut. edu. cn

刊名：沈阳航空航天大学学报
刊号：CN21-1576/V
主办单位：沈阳航空航天大学
主管单位：辽宁省教育厅
地址：辽宁省沈阳市沈北新区道义南大路 37 号，xuebao. sau. edu. cn

刊名：沈阳化工大学学报
刊号：CN21-1577/TQ
主办单位：沈阳化工大学
主管单位：辽宁省教育厅
地址：辽宁省沈阳市铁西区十一号街 11 号《沈阳化工大学学报》编辑部，xuebao. syuct. edu. cn

刊名：沈阳建筑大学学报（社会科学版）
刊号：CN21-1521/C
主办单位：沈阳建筑大学
主管单位：辽宁省教育厅
地址：辽宁省沈阳市浑南区浑南东路 9 号，xuebaosk. sjzu. edu. cn

刊名：沈阳建筑大学学报（自然科学版）
刊号：CN21-1578/TU
主办单位：沈阳建筑大学
主管单位：辽宁省教育厅
地址：辽宁省沈阳市浑南区浑南东路 9 号，xuebao. sjzu. edu. cn

刊名：沈阳理工大学学报
刊号：CN21-1594/T
主办单位：沈阳理工大学
主管单位：辽宁省教育厅
地址：辽宁省沈阳市浑南区南屏中路 6 号，sgxy. cbpt. cnki. net

刊名：沈阳农业大学学报
刊号：CN21-1134/S
主办单位：沈阳农业大学
主管单位：辽宁省教育厅
地址：辽宁省沈阳市沈河区东陵路 120 号，syny. cbpt. cnki. net

刊名：沈阳农业大学学报（社会科学版）
刊号：CN21-1384/C
主办单位：沈阳农业大学
主管单位：辽宁省教育厅
地址：辽宁省沈阳市沈河区东陵路 120 号，syld. cbpt. cnki. net

刊名：沈阳师范大学学报（社会科学版）
刊号：CN21-1568/C
主办单位：沈阳师范大学
主管单位：辽宁省教育厅
地址：辽宁省沈阳市皇姑区黄河北大街 253 号，skb. synu. edu. cn

刊名：沈阳师范大学学报（自然科学版）
刊号：CN21-1534/N
主办单位：沈阳师范大学
主管单位：辽宁省教育厅
地址：辽宁省沈阳市皇姑区黄河北大街 253 号，zrb. synu. edu. cn

刊名：沈阳体育学院学报
刊号：CN21-1081/G
主办单位：沈阳体育学院
主管单位：辽宁省教育厅
地址：辽宁省沈阳市苏家屯区金钱松东路 36 号，xb. syty. edu. cn

刊名：沈阳药科大学学报
刊号：CN21-1349/R
主办单位：沈阳药科大学
主管单位：辽宁省教育厅
地址：辽宁省沈阳市沈河区文化路 103 号，syyd. cbpt. cnki. net

刊名：沈阳医学院学报
刊号：CN21-1393/R
主办单位：沈阳医学院
主管单位：沈阳市教育局
地址：辽宁省沈阳市于洪区黄河北大街 146 号，www. syyxyxb. com

刊名：审计与经济研究
刊号：CN32-1317/F
主办单位：南京审计大学
主管单位：江苏省教育厅
地址：江苏省南京市浦口区江浦街道雨山西路 86 号南京审计大学内，xbbjb. nau. edu. cn/sjyjjyj

刊名：审计月刊
刊号：CN42-1723/F
主办单位：湖北省审计科研所
主管单位：湖北省审计厅
地址：湖北省武汉市武昌区水果湖天鹅路 3 号

刊名：肾脏病与透析肾移植杂志
刊号：CN32-1425/R
主办单位：金陵医院肾脏病研究所
主管单位：江苏省卫生健康委员会
地址：江苏省南京市玄武区中山东路 305 号，www. njcndt. com

刊名：生产力研究
刊号：CN14-1145/F
主办单位：山西社会科学报刊社
主管单位：山西省社会科学院
地址：山西省太原市迎泽区水西关街 26 号，scly. chinajournal. net. cn

刊名：生理科学进展
刊号：CN11-2270/R
主办单位：中国生理学会、北京大学
主管单位：中国科学技术协会
地址：北京市海淀区学院路 38 号，slkxjz. cn

刊名：生理学报
刊号：CN31-1352/Q
主办单位：中国科学院上海生命科学研究院、中国生理学会
主管单位：中国科学院
地址：上海市徐汇区岳阳路 319 号，actaps. com. cn

刊名：生命的化学
刊号：CN31-1384/Q
主办单位：中国生物化学与分子生物学会
主管单位：中国科学技术协会
地址：上海市徐汇区岳阳路 319 号，www. life. ac. cn

刊名：生命科学
刊号：CN31-1600/Q
主办单位：中国科学院上海生命科学研究院、国家自然科学基金委员会生命科学部、中国

科学院生命科学与生物技术局
主管单位：中国科学院
地址：上海市徐汇区岳阳路319号，www. lifesciences. net. cn

刊名：生命科学研究
刊号：CN43-1266/Q
主办单位：湖南师范大学生命科学学院
主管单位：湖南师范大学
地址：湖南省长沙市岳麓区麓山路36号湖南师范大学生命科学学院，smkx. hunnu. edu. cn

刊名：生态毒理学报
刊号：CN11-5470/X
主办单位：中国科学院生态环境研究中心
主管单位：中国科学院
地址：北京市海淀区双清路18号，www. stdlxb. cn

刊名：生态环境学报
刊号：CN44-1661/X
主办单位：广东省土壤学会、广东省生态环境技术研究所
主管单位：广东省科学技术协会
地址：广东省广州市天河区天源路808号《生态环境学报》编辑部，www. jeesci. com

刊名：生态经济
刊号：CN53-1193/F
主办单位：云南教育出版社有限责任公司
主管单位：云南出版集团有限责任公司
地址：云南省昆明市西山区环城西路577号云南省社科大楼2楼，www. shengtaijj. cn

刊名：生态科学
刊号：CN44-1215/Q
主办单位：广东省生态学会、暨南大学
主管单位：广东省科学技术协会
地址：广东省广州市天河区黄埔大道西601号暨南大学生态研究所，www. ecolsci. com

刊名：生态学报
刊号：CN11-2031/Q
主办单位：中国生态学学会、中国科学院生态环境研究中心
主管单位：中国科学技术协会
地址：北京市海淀区双清路18号，www. ecologica. cn

刊名：生态学杂志
刊号：CN21-1148/Q
主办单位：中国生态学学会、中国科学院沈阳应用生态研究所
主管单位：中国科学技术协会
地址：辽宁省沈阳市沈河区文化路72号，www. cje. net. cn

刊名：生态与农村环境学报
刊号：CN32-1766/X
主办单位：生态环境部南京环境科学研究所
主管单位：中华人民共和国生态环境部
地址：江苏省南京市玄武区蒋王庙街8号，www. ere. ac. cn

刊名：生物安全学报
刊号：CN35-1307/Q
主办单位：福建省昆虫学会、中国植物保护学会
主管单位：福建省科学技术协会
地址：福建省福州市仓山区上下店路15号福建农林大学，www. jbscn. org. cn

刊名：生物产业技术
刊号：CN11-5606/Q
主办单位：化学工业出版社有限公司、中国生物工程学会、国投生物科技投资有限公司
主管单位：中国石油和化学工业联合会
地址：北京市东城区青年湖南街13号，www. biobusiness. com. cn

刊名：生物多样性
刊号：CN11-3247/Q
主办单位：中国科学院生物多样性委员会、中国植物学会、中国科学院植物研究所、中国科学院动物研究所、中国科学院微生物研究所
主管单位：中国科学院
地址：北京市东城区东黄城根北街16号，www. biodiversity-science. net

刊名：生物工程学报
刊号：CN11-1998/Q
主办单位：中国科学院微生物研究所、中国微生物学会
主管单位：中国科学院
地址：北京市朝阳区北辰西路1号院3号，journals. im. ac. cn

刊名：生物骨科材料与临床研究
刊号：CN42-1715/R
主办单位：湖北省医疗器械协会
主管单位：湖北省药品监督管理局
地址：湖北省武汉市洪山区青菱河路 18 号，www.swgkcl.com

刊名：生物化工
刊号：CN36-1336/TQ
主办单位：江西省科学院
主管单位：江西省科学院
地址：江西省南昌市青山湖区昌东大道 7777 号，www.jxas.ac.cn/shengwuhuagong

刊名：生物化学与生物物理进展
刊号：CN11-2161/Q
主办单位：中国科学院生物物理研究所、中国生物物理学会
主管单位：中国科学院
地址：北京市朝阳区大屯路 15 号，www.pibb.ac.cn

刊名：生物技术
刊号：CN23-1319/Q
主办单位：黑龙江省科学院微生物研究所
主管单位：黑龙江省科学院
地址：黑龙江省哈尔滨市道里区兆麟街 68 号，imb.has.ac.cn

刊名：生物技术进展
刊号：CN33-1375/Q
主办单位：中国农业科学院茶叶研究所、中国农业科学院生物技术研究所
主管单位：中华人民共和国农业农村部
地址：浙江省杭州市西湖区梅灵南路 9 号，www.swjsjz.cn

刊名：生物技术通报
刊号：CN11-2396/Q
主办单位：中国农业科学院农业信息研究所
主管单位：中华人民共和国农业农村部
地址：北京市海淀区中关村南大街 12 号，www.biotech.caas.cn

刊名：生物加工过程
刊号：CN32-1706/Q
主办单位：南京工业大学
主管单位：江苏省教育厅
地址：江苏省南京市江北新区浦珠南路 30 号南京工业大学 5 号信箱，www.swjggc.com

刊名：生物信息学
刊号：CN23-1513/Q
主办单位：哈尔滨工业大学
主管单位：中华人民共和国工业和信息化部
地址：黑龙江省哈尔滨市南岗区西大直街路 92 号，swxxx.alljournals.cn

刊名：生物学教学
刊号：CN31-1009/G4
主办单位：华东师范大学
主管单位：中华人民共和国教育部
地址：上海市普陀区中山北路 3663 号，swxjx.ecnu.edu.cn

刊名：生物学通报
刊号：CN11-2042/Q
主办单位：中国动物学会、中国植物学会、北京师范大学
主管单位：中国科学技术协会
地址：北京市海淀区新街口外大街 15 号北京师范大学生命科学学院 422 室，swxtb.bnu.edu.cn

刊名：生物学杂志
刊号：CN34-1081/Q
主办单位：合肥市科学技术协会
主管单位：安徽省科学技术协会
地址：安徽省合肥市庐阳区花园街 83 号合肥大厦 9 楼，www.swxzz.com

刊名：生物医学工程学进展
刊号：CN31-1999/R
主办单位：上海市生物医学工程学会
主管单位：上海市科学技术协会
地址：上海市浦东新区金银花路 1 号

刊名：生物医学工程学杂志
刊号：CN51-1258/R
主办单位：四川大学华西医院、四川省生物医学工程学会
主管单位：四川省科学技术协会

地址：四川省成都市武侯区国学巷 37 号，www.biomedeng.cn

刊名：生物医学工程研究
刊号：CN37-1413/R
主办单位：山东生物医学工程学会、山东省药学科学院
主管单位：山东省科学技术协会
地址：山东省济南市历下区高新区新泺大街路 989 号，www.swyxgcyj.com

刊名：生物医学工程与临床
刊号：CN12-1329/R
主办单位：天津市第三中心医院、天津市生物医学工程学会
主管单位：天津市卫生健康委员会
地址：天津市河东区津塘路83号，sglc.cbpt.cnki.net

刊名：生物医学研究杂志
刊号：CN32-1810/R
主办单位：南京医科大学
主管单位：江苏省教育厅
地址：江苏省南京市江宁区龙眠大道 101 号南京医科大学德馨楼 B317，www.jbr-pub.org.cn

刊名：生物医学与环境科学
刊号：CN11-2816/Q
主办单位：中国疾病预防控制中心
主管单位：中华人民共和国国家卫生健康委员会
地址：北京市西城区南纬路27号，www.besjournal.com

刊名：生物灾害科学
刊号：CN36-1320/S
主办单位：江西农业大学、江西省昆虫学会、江西省植物保护学会、江西省植物病理学会
主管单位：江西农业大学
地址：江西省南昌市青山湖区志敏大道 1101 号，xuebao.jxau.edu.cn/swzhkx

刊名：生物质化学工程
刊号：CN32-1768/S
主办单位：中国林业科学研究院林产化学工业研究所
主管单位：国家林业和草原局
地址：江苏省南京市玄武区锁金五村 16 号林产化学工业研究所内，www.bce.ac.cn

刊名：生殖医学杂志
刊号：CN11-4645/R
主办单位：国家卫生健康委员会科学技术研究所、中国医学科学院北京协和医院
主管单位：中华人民共和国国家卫生健康委员会
地址：北京市海淀区大慧寺路 12 号，szyx.cbpt.cnki.net

刊名：声屏世界
刊号：CN36-1149/G2
主办单位：江西广播电视台
主管单位：江西广播电视台
地址：江西省南昌市青山湖区洪都中大道 207 号

刊名：声学技术
刊号：CN31-1449/TB
主办单位：中国科学院声学研究所东海研究站、同济大学声学研究所、上海市声学学会、中国船舶重工集团公司第七二六研究所
主管单位：中国科学院
地址：上海市嘉定区新徕路 399 号，sxjs.cnjournals.cn

刊名：声学学报
刊号：CN11-2065/O4
主办单位：中国科学院声学研究所
主管单位：中国科学院
地址：北京市海淀区北四环西路 21 号，www.ioa.cas.cn/xscbw1/sxxb1

刊名：声学与电子工程
刊号：CN33-1099/TN
主办单位：中国船舶重工集团公司第七一五研究所
主管单位：中国船舶集团有限公司
地址：浙江省杭州市西湖区留下街道屏峰 715 号

刊名：胜利油田党校学报
刊号：CN37-1350/C
主办单位：胜利石油管理局党校
主管单位：中共胜利石油管理局委员会
地址：山东省东营市东营区北二路 719 号

刊名：失效分析与预防
刊号：CN36-1282/TG
主办单位：南昌航空大学、北京航空材料研究院
主管单位：江西省教育厅
地址：江西省南昌市红谷滩新区丰和南大道 696 号，

faped. biam. ac. cn

刊名：施工技术
刊号：CN11-2831/TU
主办单位：亚太建设科技信息研究院、中国建筑设计研究院、中国建筑工程总公司、中国土木工程学会
主管单位：中华人民共和国住房和城乡建设部
地址：北京市西城区车公庄大街 19 号，www. shigongjishu. cn

刊名：湿地科学
刊号：CN22-1349/P
主办单位：中国科学院东北地理与农业生态研究所
主管单位：中国科学院
地址：吉林省长春市宽城区高新北区盛北大街 4888 号，www. wetlands. neigae. ac. cn

刊名：湿地科学与管理
刊号：CN11-5389/G3
主办单位：中国林业科学研究院
主管单位：国家林业和草原局
地址：北京市海淀区香山路东小府 1 号中国林业科学研究院内，lkgl. cbpt. cnki. net

刊名：湿法冶金
刊号：CN11-3012/TF
主办单位：核工业北京化工冶金研究院
主管单位：中国核工业集团有限公司
地址：北京市通州区九棵树 145 号，sfyj. cbpt. cnki. net

刊名：石河子大学学报（哲学社会科学版）
刊号：CN65-1210/C
主办单位：石河子大学
主管单位：石河子大学
地址：新疆维吾尔自治区石河子市北四路 221 号《石河子大学学报（哲学社会科学版）》编辑部，sxzs. cbpt. cnki. net

刊名：石河子大学学报（自然科学版）
刊号：CN65-1174/N
主办单位：石河子大学
主管单位：石河子大学
地址：新疆维吾尔自治区石河子市北四路 221 号《石河子大学学报（自然科学版）》编辑部，kyc. shzu. edu. cn/journal

刊名：石河子科技
刊号：CN65-1162/N
主办单位：石河子市科技情报研究所
主管单位：新疆维吾尔自治区石河子市科技局
地址：新疆维吾尔自治区石河子市党政服务中心 11704 号，shzk. cbpt. cnki. net

刊名：石化技术
刊号：CN11-3477/TE
主办单位：中国石化集团资产经营管理有限公司北京燕山石化分公司
主管单位：中国石油化工集团有限公司
地址：北京市房山区燕山岗南路 1 号，www. shjszw. com

刊名：石化技术与应用
刊号：CN62-1138/TQ
主办单位：兰州石化公司石油化工研究院
主管单位：中国石油天然气股份有限公司兰州石化公司
地址：甘肃省兰州市西固区合水北路 1 号，www. shyxj. net

刊名：石化人力资源管理
刊号：CN11-5819/TE
主办单位：中国石油化工集团公司经济技术研究院
主管单位：中国石油化工集团有限公司
地址：北京市朝阳区安外小关街 24 号中国石油化工集团公司经济技术研究院，edri. sinopec. com/edri/product/human

刊名：石家庄铁道大学学报（社会科学版）
刊号：CN13-1401/C
主办单位：石家庄铁道大学
主管单位：河北省教育厅
地址：河北省石家庄市长安区北二环东路 17 号，xuebao. stdu. edu. cn/sjztdsocial/ch/index. aspx

刊名：石家庄铁道大学学报（自然科学版）
刊号：CN13-1402/N
主办单位：石家庄铁道大学
主管单位：河北省教育厅
地址：河北省石家庄市长安区北二环东路 17 号，xuebao. stdu. edu. cn/sjztdnature/ch/index. aspx

刊名：石家庄铁路职业技术学院学报
刊号：CN13-1359/G

主办单位：石家庄铁路职业技术学院
主管单位：河北省教育厅
地址：河北省石家庄市长安区四水厂路18号，www.sirt.edu.cn

刊名：石家庄学院学报
刊号：CN13-1366/Z
主办单位：石家庄学院
主管单位：河北省教育厅
地址：河北省石家庄市裕华区珠峰大街288号，xb.sjzc.cn/xuebao

刊名：石家庄职业技术学院学报
刊号：CN13-1285/G4
主办单位：石家庄职业技术学院
主管单位：河北省教育厅
地址：河北省石家庄市桥西区长兴街12号《石家庄职业技术学院学报》编辑部，www.sjzpt.edu.cn

刊名：实用心电学杂志
刊号：CN32-1857/R
主办单位：江苏大学
主管单位：江苏省教育厅
地址：江苏省镇江市京口区梦溪园巷30号，zzs.ujs.edu.cn/syxd/CN/volumn/home.shtml

刊名：石油地球物理勘探
刊号：CN13-1095/TE
主办单位：中国石油集团东方地球物理勘探有限责任公司
主管单位：中国石油天然气集团有限公司
地址：河北省保定市涿州市甲秀路39号东方地球物理公司5号院科技楼A座415—419室，www.ogp-cn.com.cn

刊名：石油地质与工程
刊号：CN41-1388/TE
主办单位：中国石油化工股份有限公司河南油田分公司
主管单位：中国石油化工集团有限公司
地址：河南省南阳市宛城区河南油田嵩山路《石油地质与工程》编辑部，syhn.chinajournal.net.cn

刊名：石油工程建设
刊号：CN12-1093/TE
主办单位：中国石油集团海洋工程有限公司、中国石油工程建设有限公司
主管单位：中国石油天然气集团有限公司
地址：天津市滨海新区塘沽津塘公路40号，sygcjs.com

刊名：石油工业技术监督
刊号：CN61-1222/TE
主办单位：中国石油天然气集团有限公司质量安全环保部、西安石油大学
主管单位：中国石油天然气集团有限公司
地址：陕西省西安市雁塔区电子二路18号，syjd.cbpt.cnki.net

刊名：石油规划设计
刊号：CN11-2972/TE
主办单位：中国石油天然气股份有限公司规划总院、北京中陆咨询有限公司
主管单位：中国石油天然气集团有限公司
地址：北京市海淀区志新西路3号938信箱，www.syghsj.cn

刊名：石油和化工设备
刊号：CN11-5253/TQ
主办单位：中国化工机械动力技术协会
主管单位：中国石油和化学工业联合会
地址：北京市西城区黄寺大街24号院19号楼B219室，hsff.cbpt.cnki.net

刊名：石油化工
刊号：CN11-2361/TQ
主办单位：中国石化集团资产经营管理有限公司北京化工研究院、中国化工学会石油化工专业委员会
主管单位：中国石油化工集团有限公司
地址：北京市朝阳区北三环东路14号，www.shiyouhuagong.com.cn

刊名：石油化工安全环保技术
刊号：CN11-5559/TE
主办单位：中国石化工程建设有限公司
主管单位：中国石油化工集团有限公司
地址：北京市朝阳区安慧北里安园21号（北京9721信箱），aqhb.sei.com.cn

刊名：石油化工腐蚀与防护
刊号：CN41-1248/TQ

主办单位：中国石化洛阳工程有限公司
主管单位：中国石油化工集团有限公司
地址：河南省洛阳市涧西区高新区河洛路 6 号

刊名：石油化工高等学校学报
刊号：CN21-1345/TE
主办单位：辽宁石油化工大学
主管单位：辽宁省教育厅
地址：辽宁省抚顺市望花区丹东路西段 1 号，journal. lnpu. edu. cn

刊名：石油化工管理干部学院学报
刊号：CN11-3980/D
主办单位：石油化工管理干部学院
主管单位：中国石油化工集团有限公司
地址：北京市朝阳区立水桥北甲 1 号，smi. sinopec. com/smi/book/journal

刊名：石油化工技术与经济
刊号：CN31-2004/TE
主办单位：中国石化上海石油化工股份有限公司
主管单位：中国石化上海石油化工股份有限公司
地址：上海市金山区金一路 49 号

刊名：石油化工建设
刊号：CN13-1350/TQ
主办单位：全国石油和化工建设信息总站
主管单位：中国石油和化学工业联合会
地址：河北省石家庄市裕华区槐中路 253 号

刊名：石油化工设备
刊号：CN62-1078/TQ
主办单位：兰州石油机械研究所
主管单位：中国机械工业集团有限公司
地址：甘肃省兰州市七里河区敦煌路 349 号，syhgsb. paperopen. com

刊名：石油化工设备技术
刊号：CN11-2469/TE
主办单位：中国石化工程建设有限公司
主管单位：中国石油化工集团有限公司
地址：北京市朝阳区安慧北里安园 21 号，syhgsbjs. sei. com. cn

刊名：石油化工设计
刊号：CN11-3476/TE
主办单位：中国石化工程建设有限公司
主管单位：中国石油化工集团有限公司
地址：北京市朝阳区安慧北里安园 21 号（北京 9721 信箱），syhgsj. sei. com. cn

刊名：石油化工应用
刊号：CN64-1058/TE
主办单位：宁夏石油学会
主管单位：宁夏回族自治区科学技术协会
地址：宁夏回族自治区银川市兴庆区凤凰北街 172 号，www. syhgyy. cn

刊名：石油化工自动化
刊号：CN62-1132/TE
主办单位：中石化宁波工程有限公司、全国化工自控设计技术中心站、中国石化集团公司自控设计技术中心站
主管单位：中国石油化工集团公司经济技术研究院
地址：甘肃省兰州市西固区福利西路 1 号，www. syhgzdh. com

刊名：石油机械
刊号：CN42-1246/TE
主办单位：中石油江汉机械研究所有限公司
主管单位：中国石油天然气集团有限公司
地址：湖北省武汉市江汉区常青路 149 号，www. syjxbjb. cn

刊名：石油勘探与开发
刊号：CN11-2360/TE
主办单位：中国石油天然气股份有限公司勘探开发研究院、中国石油集团科学技术研究院
主管单位：中国石油天然气集团有限公司
地址：北京市海淀区学院路 20 号数据中心 605 室，www. cpedm. com

刊名：石油科技论坛
刊号：CN11-5614/G3
主办单位：石油工业出版社有限公司
主管单位：中国石油天然气集团有限公司
地址：北京市朝阳区安华西里 3 区 18 号楼，www. sykjlt. com

刊名：石油科学通报
刊号：CN10-1405/TE
主办单位：中国石油大学（北京）、清华大学出版

社有限公司
主管单位：中华人民共和国教育部
地址：北京市海淀区双清路30号学研大厦，www.cup.edu.cn/syxktb

刊名：石油库与加油站
刊号：CN11-3945/TE
主办单位：中国石化销售有限公司
主管单位：中国石油化工集团有限公司
地址：北京市东城区广渠家园6号楼303室

刊名：石油矿场机械
刊号：CN62-1058/TE
主办单位：兰州石油机械研究所
主管单位：中国机械工业集团有限公司
地址：甘肃省兰州市安宁区蓝科路8号，www.sykcjx.paperopen.com

刊名：石油沥青
刊号：CN37-1260/TQ
主办单位：中国石油化工股份有限公司齐鲁分公司胜利炼油厂
主管单位：中国石油化工集团有限公司
地址：山东省淄博市临淄区桓公路15号

刊名：石油炼制与化工
刊号：CN11-3399/TQ
主办单位：中国石油化工股份有限公司石油化工科学研究院
主管单位：中国石油化工集团有限公司
地址：北京市海淀区学院路18号，www.sylzyhg.com

刊名：石油商技
刊号：CN10-1479/TE
主办单位：中国石化润滑油有限公司
主管单位：中国石油化工集团有限公司
地址：北京市海淀区安宁庄西路6号

刊名：石油石化节能
刊号：CN23-1572/TE
主办单位：大庆油田有限责任公司
主管单位：中国石油天然气集团有限公司
地址：黑龙江省大庆市让胡路区西苑路46-3号，www.syshjn.com

刊名：石油实验地质
刊号：CN32-1151/TE
主办单位：中国石油化工股份有限公司石油勘探开发研究院、中国地质学会石油地质专业委员会
主管单位：中国石油化工集团有限公司
地址：江苏省无锡市滨湖区蠡湖大道2060号，www.sysydz.net

刊名：石油物探
刊号：CN32-1284/TE
主办单位：中国石化石油勘探开发研究院南京石油物探研究所
主管单位：中国石油化工集团有限公司
地址：江苏省南京市江宁区上高路219号，gpp.geophysics.cn

刊名：石油学报
刊号：CN11-2128/TE
主办单位：中国石油学会、北京陆海丰科技咨询服务中心
主管单位：中国科学技术协会
地址：北京市西城区六铺炕街6号，www.syxb-cps.com.cn

刊名：石油学报（石油加工）
刊号：CN11-2129/TE
主办单位：中国石油学会
主管单位：中国科学技术协会
地址：北京市海淀区学院路18号，www.syxbsyjg.com

刊名：石油管材与仪器
刊号：CN61-1500/TE
主办单位：中国石油天然集团公司管材研究所
主管单位：中国石油天然气集团有限公司
地址：陕西省西安市雁塔区锦业二路89号，www.gcyq.org

刊名：石油与天然气地质
刊号：CN11-4820/TE
主办单位：中国石油化工股份有限公司石油勘探开发研究院、中国地质学会石油地质专业委员会
主管单位：中国石油化工集团有限公司
地址：北京市海淀区学院路31号，ogg.pepris.com

刊名：石油与天然气化工

刊号：CN51-1210/TE
主办单位：中国石油西南油气田分公司天然气研究院
主管单位：中国石油西南油气田分公司
地址：四川省成都市天府新区华阳天研路 218 号，syytrqhg. cn

刊名：石油与天然气文摘
刊号：CN11-2315/TE
主办单位：中国石油集团经济技术研究院
主管单位：中国石油天然气集团有限公司
地址：北京市西城区六铺炕街 6 号，etri. cnpc. com. cn/etri/syyt/column_common. shtml

刊名：石油钻采工艺
刊号：CN13-1072TE
主办单位：华北油田分公司
主管单位：中国石油天然气集团有限公司
地址：河北省任丘市华北油田采油工艺研究院内，www. syzcgy. cn

刊名：石油钻探技术
刊号：CN11-1763/TE
主办单位：中国石化集团石油工程技术研究院有限公司
主管单位：中国石油化工集团有限公司
地址：北京市朝阳区北辰东路 8 号北辰时代大厦 716，www. syzt. com. cn

刊名：时代法学
刊号：CN43-1431/D
主办单位：湖南师范大学
主管单位：湖南省教育厅
地址：湖南省长沙市岳麓区麓山路 36 号湖南师范大学法学院，fxy. hunnu. edu. cn/sdfxqk/qkgk. htm

刊名：时代建筑
刊号：CN31-1359/TU
主办单位：同济大学
主管单位：中华人民共和国教育部
地址：上海市杨浦区四平路 1239 号，timearchi. tongji. edu. cn

刊名：时间频率学报
刊号：CN61-1405/P
主办单位：中国科学院国家授时中心
主管单位：中国科学院
地址：陕西省西安市临潼区书院东路 3 号，sxtt. cbpt. cnki. net

刊名：时珍国医国药
刊号：CN42-1436/R
主办单位：《时珍国医国药》杂志社
主管单位：黄石市卫生健康委员会
地址：湖北省黄石市黄石港区黄石大道 874 号，www. shizhenchina. com

刊名：实事求是（维文版）
刊号：CN65-1005/D-W
主办单位：中共新疆维吾尔自治区委党校
主管单位：中共新疆维吾尔自治区委党校
地址：新疆维吾尔自治区乌鲁木齐市天山区西后街 22 号

刊名：实事求是
刊号：CN65-1005/D
主办单位：中共新疆维吾尔自治区委党校
主管单位：中共新疆维吾尔自治区委党校
地址：新疆维吾尔自治区乌鲁木齐市天山区西后街 22 号

刊名：实验动物科学
刊号：CN11-5508/N
主办单位：北京实验动物研究中心、北京实验动物学学会、北京市实验动物管理办公室
主管单位：北京市科学技术研究院
地址：北京市朝阳区北苑路 28 号院 1 号楼 9 层，sydwkx. ourhost. cn

刊名：实验动物与比较医学
刊号：CN31-1954/Q
主办单位：上海市实验动物学会、上海实验动物研究中心
主管单位：上海科学院
地址：上海市浦东新区金科路 3577 号，www. slarc. org. cn/dwyx

刊名：实验技术与管理
刊号：CN11-2034/T
主办单位：清华大学
主管单位：中华人民共和国教育部
地址：北京市海淀区双清路 30 号清华大学 10 号楼，

syjl. chinajourn. al. net. cn

刊名：实验教学与仪器
刊号：CN43-1094/G4
主办单位：长沙理工大学教育部基础教育课程教材发展中心
主管单位：长沙理工大学
地址：湖南省长沙市天心区赤岭路45号长沙理工大学内，www. csust. edu. cn/qkzx/syjxyyq. htm

刊名：实验科学与技术
刊号：CN51-1653/N
主办单位：电子科技大学、四川省高教学会
主管单位：四川省教育厅
地址：四川省成都市成华区建设北路二段4号电子科技大学沙河校区主楼中342《实验科学与技术》编辑部，www. sy. uestc. edu. cn

刊名：实验力学
刊号：CN34-1057/O3
主办单位：中国力学学会、中国科学技术大学
主管单位：中国科学技术协会
地址：安徽省合肥市蜀山区黄山路443号中国科学技术大学（西区），sylx. ustc. edu. cn

刊名：实验流体力学
刊号：CN11-5266/V
主办单位：中国空气动力学会
主管单位：中国科学技术协会
地址：北京市海淀区学院路37号国家计算流体力学重点实验室，www. syltlx. com

刊名：实验室科学
刊号：CN12-1352/N
主办单位：南开大学
主管单位：中华人民共和国教育部
地址：天津市南开区卫津路94号实验室设备处《实验室科学》编辑部，labsci. nankai. edu. cn

刊名：实验室研究与探索
刊号：CN31-1707/T
主办单位：上海交通大学
主管单位：中华人民共和国教育部
地址：上海市徐汇区华山路1954号，sysy. cbpt. cnki. net

刊名：实验与检验医学
刊号：CN36-1298/R
主办单位：江西省卫生健康委员会
主管单位：江西省医学会
地址：江西省南昌市东湖区豫章路72号，www. jxjl1983. com

刊名：实用癌症杂志
刊号：CN36-1101
主办单位：江西省肿瘤医院、江西省肿瘤研究所
主管单位：江西省卫生健康委员会
地址：江西省南昌市青山湖区北京东路519号，journal16. magtechjournal. com/Jweb_syazzz/CN/volumn/current. shtml

刊名：实用防盲技术
刊号：CN34-1292/R
主办单位：安徽省立医院
主管单位：安徽省卫生健康委员会
地址：安徽省合肥市庐阳区庐江路17号安徽省立医院院内

刊名：实用放射学杂志
刊号：CN61-1107/R
主办单位：实用放射学杂志社
主管单位：陕西省卫生健康委员会
地址：陕西省西安市碑林区环城南路20号海联大厦605室，www. syfsxzz. com. cn

刊名：实用妇产科杂志
刊号：CN51-1145/R
主办单位：四川省医学会
主管单位：四川省卫生健康委员会
地址：四川省成都市武侯区玉林南街2号附3号，jpog. scyx. org. cn

刊名：实用肝脏病杂志
刊号：CN34-1270/R
主办单位：中华医学会安徽分会
主管单位：安徽省科学技术协会
地址：安徽省合肥市蜀山区长江西路424号肿瘤诊疗中心2楼，www. sygzbzz. org

刊名：实用骨科杂志
刊号：CN14-1223/R
主办单位：山西医药卫生传媒集团有限责任公司

主管单位：山西省卫生健康委员会
地址：山西省太原市杏花岭区五一路 382 号，www.sygkzz.com

刊名：实用检验医师杂志
刊号：CN11-5864/R
主办单位：中国医师协会、天津市天津医院
主管单位：中华人民共和国国家卫生健康委员会
地址：天津市和平区睦南道 122 号，www.cjocp.com

刊名：实用老年医学
刊号：CN32-1338/R
主办单位：江苏省老年医学研究所
主管单位：江苏省卫生健康委员会
地址：江苏省南京市鼓楼区珞珈路 30 号，www.sylnyx.com

刊名：实用临床医学
刊号：CN36-1242/R
主办单位：南昌大学
主管单位：南昌大学
地址：江西省南昌市青山湖区八一大道 461 号，qks.ncu.edu.cn

刊名：实用临床医药杂志
刊号：CN32-1697/R
主办单位：扬州大学、中国高校科技期刊研究会
主管单位：江苏省教育厅
地址：江苏省扬州市邗江区江阳中路 136 号，www.jcmp.com.cn

刊名：实用手外科杂志
刊号：CN10-1336/R
主办单位：中国医师协会、沈阳市手外科研究所
主管单位：中华人民共和国国家卫生健康委员会
地址：北京市西城区新街口东街 31 号，syswk.paperopen.com

刊名：实用糖尿病杂志
刊号：CN21-1523/R
主办单位：辽宁省医学会
主管单位：辽宁省卫生健康委员会
地址：辽宁省沈阳市和平区南京北街 155 号，sytnb.wenyuanzz.net

刊名：实用疼痛学杂志
刊号：CN10-1379/R
主办单位：中华医学会、河北医科大学第四医院
主管单位：中国科学技术协会
地址：北京市东城区东四西大街 42 号，syttx.yiigle.com

刊名：实用心脑肺血管病杂志
刊号：CN13-1258/R
主办单位：河北省医学情报研究所、中国全科医学杂志社
主管单位：河北省卫生健康委员会
地址：河北省石家庄市新华区和平路 299 号，www.syxnf.net

刊名：实用药物与临床
刊号：CN21-1516/R
主办单位：辽宁省药学会、中国医科大学附属盛京医院
主管单位：辽宁省卫生健康委员会
地址：辽宁省沈阳市和平区三好街 36 号，lylc.cbpt.cnki.net

刊名：实用医技杂志
刊号：CN14-1298/R
主办单位：山西医药卫生传媒集团有限责任公司
主管单位：山西省卫生健康委员会
地址：山西省太原市小店区长风街 7 号，www.sxyxqk.com

刊名：实用医学影像杂志
刊号：CN14-1281/R
主办单位：山西医药卫生传媒集团有限责任公司
主管单位：山西省卫生健康委员会
地址：山西省太原市小店区长风街 7 号，www.sxyxqk.com

刊名：实用医学杂志
刊号：CN44-1193/R
主办单位：广东省医学学术交流中心（广东省医学情报研究所）
主管单位：广东省卫生健康委员会
地址：广东省广州市越秀区惠福西路进步里 2 号之 6，syyxzz.com

刊名：实用医院临床杂志
刊号：CN51-1669/R

主办单位：四川省医学科学院、四川省人民医院
主管单位：四川省卫生健康委员会
地址：四川省成都市青羊区一环路西二段 32 号

刊名：实用预防医学
刊号：CN43-1223/R
主办单位：中华预防医学会、湖南省预防医学会
主管单位：中华人民共和国国家卫生健康委员会
地址：湖南省长沙市开福区芙蓉中路一段 450 号，www. syyfyx. org

刊名：实用中西医结合临床
刊号：CN36-1251/R
主办单位：江西省中医药研究院、江西省中西医结合学会
主管单位：江西省卫生健康委员会
地址：江西省南昌市东湖区文教路 529 号，syzxyjhlc. cnjournals. org

刊名：实用中医内科杂志
刊号：CN21-1187/R
主办单位：辽宁省中医药学会、中华中医药学会、辽宁省中医药研究院
主管单位：辽宁省卫生健康委员会
地址：辽宁省沈阳市皇姑区黄河北大街 60 号，syzy. cbpt. cnki. net

刊名：实用肿瘤学杂志
刊号：CN23-1212/R
主办单位：黑龙江省肿瘤医院
主管单位：哈尔滨医科大学
地址：黑龙江省哈尔滨市南岗区保健路 6 号，www. syzlxzz. com

刊名：实用肿瘤杂志
刊号：CN33-1074/R
主办单位：浙江大学
主管单位：中华人民共和国教育部
地址：浙江省杭州市上成区解放路 88 号，www. syzlzz. com

刊名：食品安全质量检测学报
刊号：CN11-5956/TS
主办单位：北京方略信息科技有限公司、北京市电子产品质量检测中心
主管单位：北京电子控股有限责任公司
地址：北京市东城区北河沿大街 79 号，www. chinafoodj. com

刊名：食品工程
刊号：CN14-1336/TS
主办单位：山西省食品研究所（有限公司）
主管单位：山西省农业科学院
地址：山西省太原市万柏林区晋祠路一段 19 号

刊名：食品工业
刊号：CN31-1532/TS
主办单位：上海市食品工业研究所
主管单位：光明食品（集团）有限公司
地址：上海市徐汇区桂箐路 7 号，www. shspgy. com

刊名：食品工业科技
刊号：CN11-1759/TS
主办单位：北京一轻研究院
主管单位：中国轻工业联合会
地址：北京市东城区沙子口路 70 号，www. spgykj. com

刊名：食品科技
刊号：CN11-3511/TS
主办单位：北京市粮食科学研究院
主管单位：北京粮食集团有限责任公司
地址：北京市西城区广安门内大街 316 号京粮古船大厦 5 层，www. e-foodtech. cn

刊名：食品科学
刊号：CN11-2206/TS
主办单位：北京食品科学研究院
主管单位：中国商业联合会
地址：北京市西城区禄长街头条 4 号，www. chnfood. cn

刊名：食品科学技术学报
刊号：CN10-1151/TS
主办单位：北京工商大学
主管单位：北京市教育委员会
地址：北京市海淀区阜成路 33 号，spxb. btbu. edu. cn

刊名：食品研究与开发
刊号：CN12-1231/TS
主办单位：天津市食品研究所有限公司、天津市食品工业生产力促进中心
主管单位：天津食品集团有限公司
地址：天津市静海县静海经济技术开发区南区科技

路 9 号，www. tjfrad. com. cn

刊名：食品与发酵工业
刊号：CN11-1802/TS
主办单位：中国食品发酵工业研究院有限公司、全国食品与发酵工业信息中心
主管单位：中国轻工业联合会
地址：北京市朝阳区霄云路 32 号，sf1970. cnif. cn

刊名：食品与发酵科技
刊号：CN51-1713/TS
主办单位：四川省食品发酵工业研究设计院
主管单位：四川省经济信息厅
地址：四川省成都市温江区杨柳东路中段 98 号，www. sc-ffm. com

刊名：食品与机械
刊号：CN43-1183/TS
主办单位：长沙理工大学湘潭市食品机械总厂
主管单位：湖南省教育厅
地址：湖南省长沙市天心区赤岭路 45 号，ifoodmm. com

刊名：食品与生物技术学报
刊号：CN32-1751/TS
主办单位：江南大学
主管单位：中华人民共和国教育部
地址：江苏省无锡市滨湖区蠡湖大道 1800 号，spy-swjs. cnjournals. com

刊名：食药用菌
刊号：CN33-1371/S
主办单位：浙江省食用菌协会
主管单位：浙江省供销合作社联合社
地址：浙江省杭州市江干区石桥路 139 号

刊名：食用菌
刊号：CN31-1257/S
主办单位：上海市农业科学院
主管单位：上海市农业委员会
地址：上海市奉贤区金齐路 1000 号，shiyongjun. sh. cn

刊名：食用菌学报
刊号：CN31-1683/Q
主办单位：上海市农业科学院、中国农学会
主管单位：上海市农业委员会
地址：上海市奉贤区金齐路 1000 号，www. syjxb. com

刊名：史林
刊号：CN31-1105/K
主办单位：上海社会科学院历史研究所
主管单位：上海社会科学院
地址：上海市徐汇区中山西路 1610 号，lwbi. cbpt. cnki. net

刊名：史学集刊
刊号：CN22-1064
主办单位：吉林大学
主管单位：中华人民共和国教育部
地址：吉林省长春市朝阳区前进大街 2699 号，shxz. cbpt. cnki. net

刊名：史学理论研究
刊号：CN11-2934/K
主办单位：中国社会科学院世界历史研究所
主管单位：中国社会科学院
地址：北京市东城区王府井大街东厂胡同 1 号，sxl-lyj. cass. cn

刊名：史学史研究
刊号：CN11-1667/K
主办单位：北京师范大学
主管单位：中华人民共和国教育部
地址：北京市海淀区新街口外大街 19 号北京师范大学新主楼 A 区 613，sysj. chinajournal. net. cn

刊名：史学月刊
刊号：CN41-1016/K
主办单位：河南大学、河南省历史学会
主管单位：河南大学
地址：河南省开封市顺河区明伦街 85 号，sxyk. henu. edu. cn

刊名：史志学刊
刊号：CN14-1378/K
主办单位：中共山西省委党史研究院（山西省地方志研究院）
主管单位：中共山西省委党史研究院（山西省地方志研究院）
地址：山西省太原市小店区平阳路 49 号

刊名：世纪桥

刊号：CN23-1464/D
主办单位：中共黑龙江省委史志研究室
主管单位：中共黑龙江省委史志研究室
地址：黑龙江省哈尔滨市南岗区花园街 204 号，ljds. cbpt. cnki. net

刊名：世界地理研究
刊号：CN31-1626/P
主办单位：中国地理学会
主管单位：中国科学技术协会
地址：上海市普陀区中山北路 3663 号，sjdlyj. ecnu. edu. cn

刊名：世界地震工程
刊号：CN23-1195/P
主办单位：中国地震局工程力学研究所
主管单位：中国地震局
地址：黑龙江省哈尔滨市南岗区学府路 29 号，sjdz. iemzzs. com

刊名：世界地震译丛
刊号：CN11-2368/P
主办单位：中国地震局地球物理研究所
主管单位：中国地震局
地址：北京市海淀区民族大学南路 5 号，www. sjdz. org. cn

刊名：世界地质
刊号：CN22-1111/P
主办单位：吉林大学东北亚国际地学研究与教学中心
主管单位：中华人民共和国教育部
地址：吉林省长春市朝阳区西民主大街 938 号，sjdz. jlu. edu. cn

刊名：世界电信
刊号：CN11-2379/TN
主办单位：中国信息通信研究院
主管单位：中华人民共和国工业和信息化部
地址：北京市海淀区学院路 40 号

刊名：世界电影
刊号：CN11-2023/G2
主办单位：中国电影家协会
主管单位：中国文学艺术界联合会
地址：北京市朝阳区北三环东路 22 号

刊名：世界海运
刊号：CN21-1284/U
主办单位：大连海事大学
主管单位：中华人民共和国交通运输部
地址：辽宁省大连市甘井子区凌海路 1 号大连海事大学文源楼 521 学术期刊中心，hyzz. china-journal. net. cn

刊名：世界汉语教学
刊号：CN11-1473/H
主办单位：北京语言大学
主管单位：中华人民共和国教育部
地址：北京市海淀区学院路 15 号，sjhy. cbpt. cnki. net

刊名：世界核地质科学
刊号：CN11-4914/TL
主办单位：核工业北京地质研究院
主管单位：中国核工业集团有限公司
地址：北京市朝阳区安外小关东里 10 号院，sjhdz-kx. briug. cn

刊名：世界华文文学论坛
刊号：CN32-1478/I
主办单位：江苏省社会科学院
主管单位：江苏省社会科学院
地址：江苏省南京市秦淮区建邺路 168 号，www. jsass. org. cn/Category_152/Index. aspx

刊名：世界建筑
刊号：CN11-1847/TU
主办单位：清华大学
主管单位：中华人民共和国教育部
地址：北京市海淀区双清路 30 号清华大学建筑馆北楼 208，www. wamp. com. cn

刊名：世界建筑导报
刊号：CN44-1236/TU
主办单位：深圳大学
主管单位：深圳大学
地址：广东省深圳市南山区深大北门路深圳大学建筑与城市规划学院 3 楼，www1. szu. edu. cn/wara

刊名：世界经济
刊号：CN11-1138/F
主办单位：中国世界经济学会、中国社会科学院世界经济与政治研究所

主管单位：中国社会科学院
地址：北京市东城区建国门内大街5号，jweonline.cn

刊名：世界经济年鉴
刊号：CN11-3103/F
主办单位：中国社会科学院世界经济与政治研究所
主管单位：中国社会科学院
地址：北京市东城区建国门内大街5号1531，www.iwep.org.cn/cbw/cbw_xsqk/xsqk_sjjjnj/xsqk_sjjjnj_jj

刊名：世界经济文汇
刊号：CN31-1139/F
主办单位：复旦大学
主管单位：中华人民共和国教育部
地址：上海市杨浦区国权路600号，www.wepfudan.com

刊名：世界经济研究
刊号：CN31-1048/F
主办单位：上海社会科学院世界经济研究所
主管单位：上海社会科学院
地址：上海市黄埔区淮海中路622号，jing.cbpt.cnki.net

刊名：世界经济与政治
刊号：CN11-1343/F
主办单位：中国社会科学院世界经济与政治研究所
主管单位：中国社会科学院
地址：北京市东城区建国门内大街5号，ejournaliwep.cssn.cn/qkjj/sjjjyzz

刊名：世界经济与政治论坛
刊号：CN32-1544/F
主办单位：江苏省社会科学院世界经济研究所
主管单位：江苏省社会科学院
地址：江苏省南京市秦淮区建邺路168号，www.jsass.org.cn/Category_150/Index.aspx

刊名：世界科技研究与发展
刊号：CN51-1468/N
主办单位：中国科学院成都文献情报中心
主管单位：中国科学院
地址：四川省成都市武侯区一环路南二段16号中国科学院成都文献情报中心，www.globesci.com

刊名：世界科学技术—中医药现代化
刊号：CN11-5699/R
主办单位：中国科学院科技政策与管理科学研究所
主管单位：中国科学院
地址：北京市海淀区中关村东路55号思源楼532、525室，www.wst.ac.cn

刊名：世界历史
刊号：CN11-1046/K
主办单位：中国社会科学院世界历史研究所
主管单位：中国社会科学院
地址：北京市东城区王府井大街东厂胡同1号，www.cssn.cn/sjs/sjs_qkdt/201401/t20140107_937687.shtml

刊名：世界林业研究
刊号：CN11-2080/S
主办单位：中国林业科学研究院林业科技信息研究所
主管单位：国家林业和草原局
地址：北京市海淀区香山路东小府1号中国林业科学研究院林业科技信息研究所，www.sj-lyyj.com

刊名：世界临床药物
刊号：CN31-1939/R
主办单位：上海医药工业研究院、中国药学会
主管单位：上海医药工业研究院
地址：上海市静安区北京西路1320号，www.jwph.com.cn

刊名：世界美术
刊号：CN11-1189/J
主办单位：中央美术学院
主管单位：中华人民共和国教育部
地址：北京市朝阳区花家地南街8号中央美术学院内，www.shijiemeishu.cn

刊名：世界民族
刊号：CN11-3673/C
主办单位：中国社会科学院民族学与人类学研究所
主管单位：中国社会科学院
地址：北京市海淀区中关村南大街27号，sjmz.ajcass.org

刊名：世界农药
刊号：CN31-1827/TQ

主办单位：上海市农药研究所
主管单位：上海医药（集团）有限公司
地址：上海市徐汇区斜土路2354号

刊名：世界农业
刊号：CN11-1097/S
主办单位：中国农业出版社有限公司
主管单位：中华人民共和国农业农村部
地址：北京市朝阳区麦子店街18号楼，www.shijienongye.cn

刊名：世界桥梁
刊号：CN42-1681/U
主办单位：中国中铁大桥局集团有限公司
主管单位：中国铁路工程总公司
地址：湖北省武汉市硚口区建设大道103号

刊名：世界石油工业
刊号：CN11-3480/TE
主办单位：中国石油集团经济技术研究院、世界石油大会中国国家委员会
主管单位：中国石油天然气集团有限公司
地址：北京市西城区六铺炕街6号，etri.cnpc.com.cn/etri/sjsy/column_common.shtml

刊名：世界睡眠医学杂志
刊号：CN10-1207/R
主办单位：世界中医药学会联合会
主管单位：国家中医药管理局
地址：北京市朝阳区小营路19号财富嘉园A座3层，www.sjsmyx.com

刊名：世界橡胶工业
刊号：CN31-1740/TQ
主办单位：上海橡胶制品研究所
主管单位：上海华谊（集团）公司
地址：上海市青浦区诸陆西路1251号

刊名：世界有色金属
刊号：CN11-2472/TF
主办单位：有色金属技术经济研究院
主管单位：中国有色金属工业协会
地址：北京市海淀区苏州街31号国民大厦9层

刊名：世界哲学
刊号：CN11-4748/B
主办单位：中国社会科学院哲学所
主管单位：中国社会科学院
地址：北京市东城区建国门内大街5号中国社会科学院哲学所，www.sjzxzz.cn

刊名：世界针灸杂志
刊号：CN11-2892/R
主办单位：世界针灸学会联合会、中国中医科学院针灸研究所、中国针灸学会
主管单位：国家中医药管理局
地址：北京市东城区东直门内南小街16号，sjja.cbpt.cnki.net

刊名：世界制造技术与装备市场
刊号：CN11-5137/TH
主办单位：中国机床工具工业协会
主管单位：中国机械工业联合会
地址：北京市西城区莲花池东路102号天莲大厦12层1210室

刊名：世界中西医结合杂志
刊号：CN11-5511/R
主办单位：中华中医药学会
主管单位：中国科学技术协会
地址：北京市朝阳区和平街北口樱花路甲4号，www.sjzx.cbpt.cnki.net

刊名：世界中医药
刊号：CN11-5529/R
主办单位：世界中医药学会联合会
主管单位：国家中医药管理局
地址：北京市朝阳区小营路19号，www.sjzyyzz.com

刊名：世界竹藤通讯
刊号：CN11-4909/S
主办单位：中国林业科学研究院林业科技信息研究所
主管单位：国家林业和草原局
地址：北京市海淀区香山路东小府1号中国林业科学院101信箱，www.cafwbr.net

刊名：世界宗教文化
刊号：CN11-3631/B
主办单位：中国社会科学院世界宗教研究所
主管单位：中国社会科学院
地址：北京市东城区建国门内大街5号，iwr.cass.cn/zjwh

刊名：世界宗教研究
刊号：CN11-1299/B
主办单位：中国社会科学院世界宗教研究所
主管单位：中国社会科学院
地址：北京市东城区建国门内大街 5 号，iwr. cssn. cn/zjyj

刊名：市场论坛
刊号：CN45-1328/F
主办单位：广西壮族自治区发展和改革委员会经济研究所、广西宏观经济学会
主管单位：广西壮族自治区发展和改革委员会
地址：广西壮族自治区南宁市青秀区民族大道 91 号兴桂大厦 10 楼

刊名：市场研究
刊号：CN41-1348/C
主办单位：河南省统计信息咨询中心
主管单位：河南省统计局
地址：河南省郑州市金水区红专路 79 号，yjsc. cbpt. cnki. net

刊名：市政技术
刊号：CN11-4527/TU
主办单位：中国市政工程协会、北京市政路桥股份有限公司、北京市政建设集团有限责任公司、北京市市政工程研究院
主管单位：中华人民共和国住房和城乡建设部
地址：北京市西城区南礼士路 17 号，www. szjszz. com. cn

刊名：市政设施管理
刊号：CN31-1604/TU
主办单位：上海市路政局
主管单位：中华人民共和国住房和城乡建设部
地址：上海市虹口区广中路 411 号

刊名：视听
刊号：CN45-1342/G2
主办单位：广西人民广播电台、广西电视台
主管单位：广西壮族自治区广播电视局
地址：广西壮族自治区南宁市青秀区七星路 123 号，shit. cbpt. cnki. net

刊名：视听界
刊号：CN32-1294/G2
主办单位：江苏省广播电视总台
主管单位：江苏省广播电视总台
地址：江苏省南京市玄武区珠江路 280 号珠江大厦 26 楼

刊名：首都公共卫生
刊号：CN11-5533/R
主办单位：北京市疾病预防控制中心
主管单位：北京市卫生健康委员会
地址：北京市东城区和平里中街 16 号

刊名：首都经济贸易大学学报
刊号：CN11-4579/F
主办单位：首都经济贸易大学
主管单位：北京市教育委员会
地址：北京市朝阳区金台里 2 号首都经济贸易大学红庙校区内，journal. cueb. edu. cn

刊名：首都师范大学学报（社会科学版）
刊号：CN11-3188/C
主办单位：首都师范大学
主管单位：北京市教育委员会
地址：北京市海淀区西三环北路 105 号，www. cnu. edu. cn/xbbjb/skkxb/index. htm

刊名：首都师范大学学报（自然科学版）
刊号：CN11-3189/N
主办单位：首都师范大学
主管单位：北京市教育委员会
地址：北京市海淀区西三环北路 105 号，www. cnu. edu. cn/xbbjb/zrkxb/index. htm

刊名：首都体育学院学报
刊号：CN11-4513/G
主办单位：首都体育学院
主管单位：北京市教育委员会
地址：北京市海淀区北三环西路 11 号，www. journals. net. cn

刊名：首都医科大学学报
刊号：CN11-3662/R
主办单位：首都医科大学
主管单位：北京市教育委员会
地址：北京市丰台区右安门外西头条 10 号，xuebao. ccmu. edu. cn

刊名：**兽类学报**
刊号：CN63-1014/Q
主办单位：中国科学院西北高原生物研究所、中国动物学会兽类学分会
主管单位：中国科学技术协会
地址：青海省西宁市城西区新宁路23号，www.mammal.cn

刊名：**兽医导刊**
刊号：CN15-1347/S
主办单位：内蒙古自治区科学技术协会
主管单位：内蒙古自治区科学技术协会
地址：内蒙古自治区呼和浩特市赛罕区昭乌达路412号，sydk.caizhizz.net

刊名：**书法**
刊号：CN31-1067/J
主办单位：上海书画出版社
主管单位：上海文艺出版总社
地址：上海市长宁区延安西路593号，www.shshuhua.com/journal/lists/7

刊名：**书法丛刊**
刊号：CN11-2827/J
主办单位：文物出版社有限公司
主管单位：国家文物局
地址：北京市东城区东直门内北小街2号楼，www.wenwu.com

刊名：**书法研究**
刊号：CN31-2115/J
主办单位：上海中西书局有限公司
主管单位：上海世纪出版集团
地址：上海市长宁区处安西路593号

刊名：**书画艺术**
刊号：CN32-1522/J
主办单位：无锡市文化艺术研究保护所（书画艺术杂志社）
主管单位：无锡市文化广电新闻出版局
地址：江苏省无锡市梁溪区复兴路122号3楼

刊名：**数据采集与处理**
刊号：CN32-1367/TN
主办单位：中国电子学会信号处理分会、南京航空航天大学、微弱信号检测学会
主管单位：中国科学技术协会
地址：江苏省南京市秦淮区御道街29号《数据采集与处理》编辑部，sjcj.nuaa.edu.cn

刊名：**数据分析与知识发现**
刊号：CN10-1478/G2
主办单位：中国科学院文献情报中心
主管单位：中国科学院
地址：北京市海淀区北四环西路33号，www.infotech.ac.cn

刊名：**数理化学习**
刊号：CN23-1575/G4
主办单位：哈尔滨师范大学
主管单位：哈尔滨师范大学
地址：黑龙江省哈尔滨市南岗区和兴路50号，www.slhxx.com

刊名：**数理统计与管理**
刊号：CN11-2242/O1
主办单位：中国现场统计研究会
主管单位：中国科学技术协会
地址：北京市海淀区中关村东路55号思源楼911室，sltj.chinajournal.net.cn

刊名：**数理医药学杂志**
刊号：CN42-1303/R
主办单位：武汉大学
主管单位：湖北省教育厅
地址：湖北省武汉市武昌区东湖路115号武汉大学医学院，slyy.chinajournal.net.cn

刊名：**数量经济技术经济研究**
刊号：CN11-1087/F
主办单位：中国社会科学院数量经济与技术经济研究所
主管单位：中国社会科学院
地址：北京市东城区建国门内大街5号，www.jqte.net

刊名：**数据与计算发展前沿**
刊号：CN11-5943/TP
主办单位：中国科学院计算机网络信息中心、中国科技出版传媒股份有限公司

主管单位：中国科学院
地址：北京市东城区东黄城根北街 16 号，escj.cnic.cn

刊名：数学的实践与认识
刊号：CN11-2018/O1
主办单位：中国科学院数学与系统科学研究院
主管单位：中国科学院
地址：北京市海淀区颐和园路 5 号北京大学数学科学学院，ssjs.cbpt.cnki.net

刊名：数学建模及其应用
刊号：CN37-1485/O1
主办单位：山东科技大学
主管单位：山东省教育厅
地址：山东省青岛市黄岛区前湾港路 579 号，jmmia.sdust.edu.cn

刊名：数学教学
刊号：CN31-1024/G4
主办单位：华东师范大学
主管单位：中华人民共和国教育部
地址：上海市普陀区中山北路 3663 号，sxjx.ecnu.edu.cn

刊名：数学教学通讯
刊号：CN50-1064/G4
主办单位：西南师范大学、重庆市数学学会
主管单位：西南师范大学
地址：重庆市北碚区天生路 2 号，www.sxjxtxzzs.com

刊名：数学教学研究
刊号：CN62-1042
主办单位：甘肃省数学会、西北师范大学
主管单位：西北师范大学
地址：甘肃省兰州市安宁区安宁东路 967 号，www.sxjxyj.cn

刊名：数学教育学报
刊号：CN12-1194/G4
主办单位：天津师范大学
主管单位：天津市教育委员会
地址：天津市西青区宾水西道 393 号 129 信箱，jsjyxy.tjnu.edu.cn/sxjyxb.htm

刊名：数学进展
刊号：CN11-2312/O1
主办单位：中国数学会
主管单位：中国科学技术协会
地址：北京市海淀区颐和园路 5 号北京大学数学科学学院，www.shuxuejz.cn

刊名：数学理论与应用
刊号：CN43-1334/O1
主办单位：湖南省数学学会
主管单位：中南大学
地址：湖南省长沙市岳麓区中南大学（新校区）数学与统计学院，mta.csu.edu.cn

刊名：数学年刊 A 辑
刊号：CN31-1328/O1
主办单位：复旦大学
主管单位：中华人民共和国教育部
地址：上海市杨浦区邯郸路 220 号，www.camath.fudan.edu.cn

刊名：数学通报
刊号：CN11-2254/O1
主办单位：中国数学会、北京师范大学
主管单位：中国科学技术协会
地址：北京市海淀区新街口外大街 19 号北京师范大学数学系

刊名：数学物理学报
刊号：CN42-1226/O
主办单位：中国科学院武汉物理与数学研究所
主管单位：中国科学院
地址：湖北省武汉市武昌区东三路小洪山西 30 号，manu45.magtech.com.cn/sxwlxbA

刊名：数学学报
刊号：CN11-2038/O1
主办单位：中国科学院数学与系统科学研究院
主管单位：中国科学院
地址：北京市海淀区中关村东路 55 号，www.actamath.com

刊名：数学学习与研究
刊号：CN22-1217/O1
主办单位：吉林省数学会、东北师范大学数学与统计学院
主管单位：东北师范大学

地址：吉林省长春市南关区净月开发区金宝街 118 号，sxxxyyj. caizhizz. net

刊名：数学研究
刊号：CN35-1177/O1
主办单位：厦门大学数学科学学院
主管单位：厦门大学
地址：福建省厦门市思明区厦门大学海韵园数学科学学院《数学研究》编辑部，www. global-sci. org/jms

刊名：数学研究通讯
刊号：CN22-1396/O1
主办单位：吉林大学
主管单位：中华人民共和国教育部
地址：吉林省长春市朝阳区高新技术产业开发区前进大街 2699 号吉林大学数学研究所内，cmr. jlu. edu. cn

刊名：数学译林
刊号：CN11-2418/O1
主办单位：中国科学院数学与系统科学研究院
主管单位：中国科学院
地址：北京市海淀区中关村东路 55 号思源楼 501，www. math. ac. cn/yilin

刊名：数学杂志
刊号：CN42-1163/O1
主办单位：武汉大学、湖北省数学学会、武汉数学学会
主管单位：中华人民共和国教育部
地址：湖北省武汉市武昌区八一路 299 号武汉大学《数学杂志》编辑部，sxzz. whu. edu. cn/sxzz/ch/index. aspx

刊名：数学之友
刊号：CN32-1707/O1
主办单位：南京师范大学、南京数学学会
主管单位：江苏省教育厅
地址：江苏省南京市鼓楼区宁海路 122 号

刊名：数值计算与计算机应用
刊号：CN11-2124/TP
主办单位：中国科学院数学与系统科学研究院
主管单位：中国科学院
地址：北京市 2719 信箱，www. computmath. com

刊名：数字传媒研究
刊号：CN15-1374/G2
主办单位：内蒙古自治区新闻出版广播影视科研所
主管单位：内蒙古自治区广播电视局
地址：内蒙古自治区呼和浩特市回民区成吉思汗西街 1 号

刊名：数字教育
刊号：CN41-1435/G4
主办单位：海燕出版社有限公司、大象出版社有限公司
主管单位：中原大地传媒股份有限公司
地址：河南省郑州市金水区郑东新区祥盛街 27 号 2 层

刊名：数字通信世界
刊号：CN11-5154/TN
主办单位：电子工业出版社有限公司
主管单位：中华人民共和国工业和信息化部
地址：北京市海淀区太平路丙 23 号（西），www. dcw. org. cn

刊名：数字图书馆论坛
刊号：CN11-5359/G2
主办单位：中国科学技术信息研究所、南京大学、北京万方数据股份有限公司
主管单位：中华人民共和国科学技术部
地址：北京市海淀区复兴路 15 号中国科学技术信息研究所，www. dlf. net. cn

刊名：数字与缩微影像
刊号：CN11-5059/TP
主办单位：北京电影机械研究所、北京京仪仪器仪表研究总院有限公司
主管单位：北京京仪集团有限责任公司
地址：北京市朝阳区团结湖北路 2 号

刊名：双语教育研究
刊号：CN65-1294/G4
主办单位：新疆师范大学、新疆教育出版社
主管单位：新疆维吾尔自治区教育厅
地址：新疆维吾尔自治区乌鲁木齐市天山区胜利路 189 号，bes. xjnu. edu. cn

刊名：水泵技术
刊号：CN21-1190/TH

主办单位：沈阳水泵研究所
主管单位：沈阳水泵研究所
地址：辽宁省沈阳市铁西区开发大路 16 号甲，mspipump. 3g-make-hn-140. shushang-z. cn/introduction/&contentId = 175. html

刊名：水产科技情报
刊号：CN31-1250/S
主办单位：上海市水产研究所、上海市水产学会
主管单位：上海市农业委员会
地址：上海市杨浦区佳木斯路 265 号，sckjqb. ijournals. cn/sckjqb/home

刊名：水产科学
刊号：CN21-1110/S
主办单位：辽宁省水产学会
主管单位：辽宁省海洋与渔业厅
地址：辽宁省大连市沙河口区黑石礁街 50 号，www. shchkx. com

刊名：水产学报
刊号：CN31-1283/S
主办单位：中国水产学会
主管单位：中国科学技术协会
地址：上海市浦东新区沪城环路 999 号，www. scxuebao. com

刊名：水产学杂志
刊号：CN23-1363/S
主办单位：中国水产科学研究院黑龙江水产研究所
主管单位：中国水产科学研究院
地址：黑龙江省哈尔滨市道里区河松街 232 号，www. scxzz. ac. cn

刊名：水产养殖
刊号：CN32-1233/S
主办单位：江苏省水产学会
主管单位：江苏省海洋与渔业局
地址：江苏省南京市建邺区南湖东路 90 号，www. js-fish. net

刊名：水处理技术
刊号：CN33-1127/P
主办单位：杭州水处理技术研究开发中心有限公司
主管单位：中国蓝星（集团）总公司
地址：浙江省杭州市西湖区文一西路 50 号，www. chinawatertech. cn

刊名：水道港口
刊号：CN12-1176/U
主办单位：交通运输部天津水运工程科学研究所
主管单位：中华人民共和国交通运输部
地址：天津市滨海新区塘沽新港二号路 2618 号，www. sdgk. chinajournal. net. cn

刊名：水电能源科学
刊号：CN42-1231/TK
主办单位：中国水力发电工程学会、华中科技大学
主管单位：中华人民共和国教育部
地址：湖北省武汉市洪山区珞喻路 1037 号，sdny. hae. hust. edu. cn

刊名：水电与新能源
刊号：CN42-1800/TV
主办单位：湖北省水力发电工程学会、湖北省能源集团有限公司、长江三峡集团传媒有限公司
主管单位：湖北省科学技术协会
地址：湖北省武汉市武昌区八一路 299 号武汉大学工学部八教学楼 2 楼，hbsslfdgcxh. hbstcc. com. cn

刊名：水电站机电技术
刊号：CN11-5130/TV
主办单位：中国水利水电科学研究院、中国水利发电工程学会、全国水利水电机电技术信息网
主管单位：中华人民共和国水利部
地址：北京市海淀区车公庄西路 20 号，www. zgsd-jd. com

刊名：水电站设计
刊号：CN51-1382/TV
主办单位：中国电建集团成都勘测设计研究院有限公司
主管单位：中国电力建设集团有限公司
地址：四川省成都市青羊区浣花北路 1 号

刊名：水电与抽水蓄能
刊号：CN32-1858/TV
主办单位：英大传媒投资集团南京有限公司、国网新源控股有限公司

主管单位：英大传媒投资集团有限公司
地址：北京市东城区北京站西街19号英大传媒大厦803房间，www.dbgc.cbpt.cnki.net

刊名：水动力学研究与进展
刊号：CN31-1399/TK
主办单位：中国船舶科学研究中心
主管单位：中国船舶集团有限公司
地址：上海市黄浦区高雄路185号，www.sdlxyjyjz.cn

刊名：水科学进展
刊号：CN32-1309/P
主办单位：南京水利科学研究院、中国水利学会
主管单位：中华人民共和国水利部
地址：江苏省南京市鼓楼区广州路225号，skxjz.nhri.cn

刊名：水科学与工程技术
刊号：CN13-1348/TV
主办单位：河北省水利水电勘测设计研究院
主管单位：河北省水利厅
地址：天津市河北区金钟河大街238号

刊名：水力采煤与管道运输
刊号：CN13-1185/TN
主办单位：煤炭科学研究总院唐山研究院（变更中）
主管单位：国家煤矿安全监察局（变更中）
地址：河北省唐山市路北区新华西道21号，slcm.cbpt.cnki.net

刊名：水力发电
刊号：CN11-1845/TV
主办单位：水电水利规划设计总院
主管单位：国务院国有资产监督管理委员会
地址：北京市西城区六铺炕北小街2号，www.slfdzz.com

刊名：水力发电学报
刊号：CN11-2241/TV
主办单位：中国水力发电工程学会
主管单位：中国科学技术协会
地址：北京市海淀区双清路30号清华大学新水利馆，slfdxb.cn

刊名：水利发展研究
刊号：CN11-4655/TV
主办单位：水利部发展研究中心
主管单位：中华人民共和国水利部
地址：北京市海淀区玉渊潭南路3号，218.249.40.235：8081/jwk_slfzyj/CN/volumn/home.shtml

刊名：水利规划与设计
刊号：CN11-5014/TV
主办单位：水利部水利水电规划设计总院
主管单位：中华人民共和国水利部
地址：北京市西城区六铺炕北小街21号，slgh.cbpt.cnki.net

刊名：水利技术监督
刊号：CN11-3918/TV
主办单位：水利部水利水电规划设计总院
主管单位：中华人民共和国水利部
地址：北京市西城区六铺炕北小街21号，sljd.cbpt.cnki.net

刊名：水利建设与管理
刊号：CN11-4446/TV
主办单位：中国水利工程协会
主管单位：中华人民共和国水利部
地址：北京市西城区南滨河路27号小区7号楼11层1116号，www.sljsygl.com

刊名：水利经济
刊号：CN32-1165/F
主办单位：河海大学、中国水利经济研究会
主管单位：中华人民共和国水利部
地址：江苏省南京市鼓楼区西康路1号河海大学《水利经济》编辑部，jour.hhu.edu.cn

刊名：水利科技
刊号：CN35-1123/TV
主办单位：福建省水利水电科学研究院、福建省水利学会
主管单位：福建省水利厅
地址：福建省福州市鼓楼区东水路83号，slki.cbpt.cnki.net

刊名：水利科技与经济
刊号：CN23-1397/TV
主办单位：哈尔滨市水务科学研究院
主管单位：哈尔滨市水务局

地址：黑龙江省哈尔滨市南岗区宣礼街35号

刊名：水利科学与寒区工程
刊号：CN23-1594/TV
主办单位：黑龙江省水利科学研究院
主管单位：黑龙江省水利厅
地址：黑龙江省哈尔滨市南岗区延兴路78号

刊名：水利水电工程设计
刊号：CN12-1246/TV
主办单位：中水北方勘测设计研究有限责任公司、天津市水力发电工程学会
主管单位：中华人民共和国水利部
地址：天津市河西区洞庭路60号，www.hydropower.org.cn/showSub.asp? idx = 1384

刊名：水利水电技术
刊号：CN11-1757/TV
主办单位：水利部发展研究中心
主管单位：中华人民共和国水利部
地址：北京市海淀区玉渊潭南路3号，218.249.40.235/slsdjs/CN/volumn/home.shtml

刊名：水利水电科技进展
刊号：CN32-1439/TV
主办单位：河海大学
主管单位：中华人民共和国教育部
地址：江苏省南京市鼓楼区西康路1号河海大学期刊部，jour.hhu.edu.cn/slsdkjjz/ch/index.aspx

刊名：水利水电快报
刊号：CN42-1142/TV
主办单位：水利部长江水利委员会
主管单位：中华人民共和国水利部
地址：湖北省武汉市江岸区解放大道1863号，www.slsdkb.com

刊名：水利水运工程学报
刊号：CN32-1613/TV
主办单位：南京水利科学研究院
主管单位：中华人民共和国水利部
地址：江苏省南京市鼓楼区虎踞关34号，slsygcxb.cnjournals.org

刊名：水利信息化
刊号：CN32-1819/TV
主办单位：水利部南京水利水文自动化研究所
主管单位：中华人民共和国水利部
地址：江苏省南京市雨花台区铁心桥街95号，slxxh.ijournal.cn

刊名：水利学报
刊号：CN11-1882/TV
主办单位：中国水利学会、中国大坝工程学会
主管单位：中国科学技术协会
地址：北京市海淀区复兴路甲1号，jhe.ches.org.cn

刊名：水利与建筑工程学报
刊号：CN61-1404/TV
主办单位：西北农林科技大学
主管单位：中华人民共和国教育部
地址：陕西省咸阳市杨凌区渭惠路23号，slyjzgcxb.paperonce.cn

刊名：水泥
刊号：CN11-1899/TQ
主办单位：建筑材料工业技术情报研究所
主管单位：中国建筑材料联合会
地址：北京市朝阳区管庄东里建材研究总院北楼301，www.cementmagazine.com

刊名：水泥工程
刊号：CN32-1449/TU
主办单位：中国中材国际工程股份有限公司
主管单位：中国中材国际工程股份有限公司
地址：江苏省南京市江宁区将军大道106号，www.c-e.com.cn

刊名：水泥技术
刊号：CN12-1071/TB
主办单位：中材装备集团有限公司
主管单位：中材装备集团有限公司
地址：天津市北辰区引河里北道1号，www.cemteck.com

刊名：水生生物学报
刊号：CN42-1230/Q
主办单位：中国科学院水生生物研究所、中国海洋湖沼学会
主管单位：中国科学院出版图书情报委员会
地址：湖北省武汉市武昌区东湖南路7号，ssswxb.ihb.ac.cn

刊名：水生态学杂志
刊号：CN42-1785/X
主办单位：水利部中国科学院水工程生态研究所
主管单位：中华人民共和国水利部
地址：湖北省武汉市洪山区雄楚大街578号，sstxzz.ihe.ac.cn

刊名：水土保持通报
刊号：CN61-1094/X
主办单位：中国科学院水利部水土保持研究所、水利部水土保持监测中心
主管单位：中国科学院
地址：陕西省咸阳市杨凌区西农路26号水土保持研究所《水土保持通报》编辑部，stbctb.alljournal.com.cn

刊名：水土保持学报
刊号：CN61-1362/TV
主办单位：中国科学院水利部水土保持研究所、中国土壤学会
主管单位：中国科学院
地址：陕西省咸阳市杨凌区西农路26号，stbcxb.alljournal.com.cn

刊名：水土保持研究
刊号：CN61-1272/P
主办单位：中国科学院水利部水土保持研究所
主管单位：中国科学院
地址：陕西省咸阳市杨凌区西农路26号，stbcyj.paperonce.org

刊名：水土保持应用技术
刊号：CN21-1532/S
主办单位：辽宁省水土保持研究所
主管单位：中华人民共和国水利部
地址：辽宁省朝阳市双塔区龙山街四段235号，stbk.cbpt.cnki.net

刊名：水下无人系统学报
刊号：CN61-1509/TJ
主办单位：中国船舶重工集团公司第七〇五研究所
主管单位：中国船舶集团有限公司
地址：陕西省西安市雁塔区锦业路96号，www.yljszz.cn

刊名：水文
刊号：CN11-1814/P
主办单位：水利部信息中心（水利部水文水资源监测预报中心）
主管单位：中华人民共和国水利部
地址：北京市西城区白广路二条2号，sw.allmaga.net

刊名：水文地质工程地质
刊号：CN11-2202/P
主办单位：中国地质环境监测院
主管单位：中华人民共和国自然资源部
地址：北京市海淀区大慧寺20号，www.swdzgcdz.com

刊名：水运工程
刊号：CN11-1871/U
主办单位：中交水运规划设计院有限公司
主管单位：中国交通建设集团有限公司
地址：北京市东城区国子监28号，www.sygc.com.cn

刊名：水运管理
刊号：CN31-1233/U
主办单位：上海海事大学
主管单位：上海海事大学
地址：上海市浦东新区海港大道1550号，www.shippingmanagement.com.cn

刊名：水资源保护
刊号：CN32-1356/TV
主办单位：河海大学、中国水利学会环境水利专业委员会
主管单位：中华人民共和国水利部
地址：江苏省南京市鼓楼区西康路1号河海大学期刊部，jour.hhu.edu.cn/szybh/ch/index.aspx

刊名：水资源开发与管理
刊号：CN10-1326/TV
主办单位：中国水利工程协会
主管单位：中华人民共和国水利部
地址：北京市西城区南滨河路27号贵都国际中心B座1116室，www.sljsygl.com

刊名：水资源与水工程学报
刊号：CN61-1413/TV
主办单位：西北农林科技大学
主管单位：中华人民共和国教育部

地址：陕西省咸阳市杨凌区渭惠路23号西北农林科技大学水科所校区，szyysgcxb. alljournals. ac. cn

刊名：税收经济研究
刊号：CN32-1824/F
主办单位：国家税务总局税务干部进修学院（中共国家税务总局党校）
主管单位：国家税务总局
地址：江苏省扬州市邗江区扬子江北路515号，yzdx. cbpt. cnki. net

刊名：税务研究
刊号：CN11-1011/F
主办单位：中国税务杂志社
主管单位：国家税务总局
地址：北京市丰台区广安路9号国投财富广场1号楼9—10层，www. ctax. org. cn

刊名：税务与经济
刊号：CN22-1210/F
主办单位：吉林财经大学
主管单位：吉林省教育厅
地址：吉林省长春市南关区净月开发区净月大街3699号，swyj. cbpt. cnki. net

刊名：顺德职业技术学院学报
刊号：CN44-1605/Z
主办单位：顺德职业技术学院
主管单位：广东省教育厅
地址：广东省佛山市顺德区大良德胜东路顺德职业技术学院行政楼1421室，sdzx. cbpt. cnki. net

刊名：丝绸
刊号：CN33-1122/TS
主办单位：浙江理工大学、中国丝绸协会、中国纺织信息中心
主管单位：浙江理工大学
地址：浙江省杭州市江干区下沙高教园区2号大街928号，www. cnsilk. cn

刊名：思想教育研究
刊号：CN11-2549/D
主办单位：北京科技大学、中国高等教育学会思想政治教育分会
主管单位：中华人民共和国教育部
地址：北京市海淀区学院路30号，sxjyyj. ustb. edu. cn

刊名：思想理论教育
刊号：CN31-1220/G4
主办单位：上海市高等学校思想理论教育研究会、上海市教育科学研究院
主管单位：上海市教育委员会
地址：上海市徐汇区茶林北路21号，www. cnsaes. org. cn/Organization/Index/34

刊名：思想理论教育导刊
刊号：CN11-4062/G4
主办单位：高等教育出版社有限公司
主管单位：中华人民共和国教育部
地址：北京市朝阳区惠新东街4号

刊名：思想战线
刊号：CN53-1002/C
主办单位：云南大学
主管单位：云南省教育厅
地址：云南省昆明市五华区翠湖北路2号，www. sxzx. ynu. edu. cn

刊名：思想政治教育研究
刊号：CN23-1076/G4
主办单位：哈尔滨理工大学
主管单位：哈尔滨理工大学
地址：黑龙江省哈尔滨市南岗区学府路52号，szjy. hrbust. edu. cn

刊名：思想政治课教学
刊号：CN11-1589/G4
主办单位：北京师范大学
主管单位：中华人民共和国教育部
地址：北京市海淀区新街口外大街19号北京师范大学，ciccsv. bnu. edu. cn/zxkw/zkzk. html

刊名：思想政治课研究
刊号：CN31-1771/G4
主办单位：华东师范大学
主管单位：中华人民共和国教育部
地址：上海市闵行区东川路500号，sxzzkyj. ecnu. edu. cn

刊名：四川蚕业

刊号：CN51-1202/S
主办单位：四川省蚕丝学会
主管单位：四川省农业农村厅
地址：四川省成都市武侯区永丰路12号，sccw. cbpt. cnki. net

刊名：四川畜牧兽医
刊号：CN51-1181/S
主办单位：四川省畜牧科学研究院、四川省畜牧兽医学会
主管单位：四川省农业农村厅
地址：四川省成都市武侯区武侯祠大街4号附7号楼

刊名：四川大学学报（医学版）
刊号：CN51-1644/R
主办单位：四川大学
主管单位：中华人民共和国教育部
地址：四川省成都市武侯区人民南路三段17号，scdx. cnjournals. com

刊名：四川大学学报（哲学社会科学版）
刊号：CN51-1099/C
主办单位：四川大学
主管单位：中华人民共和国教育部
地址：四川省成都市武侯区望江路29号，scdz. chinajournal. net. cn

刊名：四川大学学报（自然科学版）
刊号：CN51-1595/N
主办单位：四川大学
主管单位：中华人民共和国教育部科技司
地址：四川省成都市武侯区望江路29号，science. scu. edu. cn

刊名：四川地震
刊号：CN51-1163/P
主办单位：四川省地震局
主管单位：四川省地震局
地址：四川省成都市武侯区人民南路三段29段，www. scdzj. gov. cn/dzpd/scdz

刊名：四川地质学报
刊号：CN51-1273/P
主办单位：四川省地质学会
主管单位：四川省自然资源厅
地址：四川省成都市金牛区人民北路一段25号自然资源厅人北综合楼，scdb. cbpt. cnki. net

刊名：四川电力技术
刊号：CN51-1315/TM
主办单位：四川省电机工程学会、四川电力科学研究院
主管单位：国网四川省电力公司
地址：四川省成都市武侯区锦晖西二街16号

刊名：四川动物
刊号：CN51-1193/Q
主办单位：四川省动物学会、成都大熊猫繁育研究基金会、四川省野生动植物保护协会、四川大学
主管单位：四川省科学技术协会
地址：四川省成都市武侯区望江路29号四川大学生命科学学院，www. scdwzz. com

刊名：四川行政学院学报
刊号：CN51-1537/D
主办单位：四川行政学院
主管单位：四川行政学院
地址：四川省成都市青羊区光华村街43号，sxzb. cbpt. cnki. net

刊名：四川化工
刊号：CN51-1623/TQ
主办单位：四川省化学工业研究设计院、四川省化工防腐蚀技术情报中心站、四川省化工信息中心
主管单位：四川省经济和信息化委员会
地址：四川省成都市武侯区武侯祠大街30号，shyf. chinajournal. net. cn

刊名：四川环境
刊号：CN51-1154/X
主办单位：四川省生态环境科学研究院、四川省环境科学学会
主管单位：四川省生态环境厅
地址：四川省成都市武侯区人民南路四段18号，schj. cbpt. cnki. net

刊名：四川建材
刊号：CN51-1175/TU
主办单位：四川省建材工业科学研究院

主管单位：四川省经济和信息化厅
地址：四川省成都市金牛区恒德路6号，scjz. cbpt. cnki. net

刊名：四川建筑
刊号：CN51-1133/TU
主办单位：四川省土木建筑学会、四川华西集团有限公司
主管单位：四川省住房和城乡建设厅
地址：四川省成都市金牛区解放路二段95号，www. scjzzz. com. cn

刊名：四川建筑科学研究
刊号：CN51-1142/TU
主办单位：四川省建筑科学研究院
主管单位：四川省住房与城乡建设厅
地址：四川省成都市金牛区一环路北三段55号，aczj. cbpt. cnki. net

刊名：四川解剖学杂志
刊号：CN51-1429/R
主办单位：四川省解剖学会
主管单位：四川省科学技术协会
地址：四川省成都市武侯区人民南路三段17号

刊名：四川精神卫生
刊号：CN51-1457/R
主办单位：绵阳市精神卫生中心
主管单位：四川省卫生健康委员会
地址：四川省绵阳市游仙区剑南路东段190号，www. psychjm. net. cn

刊名：四川警察学院学报
刊号：CN51-1716/D
主办单位：四川警察学院
主管单位：四川警察学院
地址：四川省泸州市江阳区江阳西路34号，scjg. cbpt. cnki. net

刊名：四川理工学院学报（社会科学版）
刊号：CN51-1676/C
主办单位：四川理工学院
主管单位：四川省教育厅
地址：四川省自贡市自流井区汇兴路学苑街180号，ja. suse. edu. cn/p/13

刊名：四川理工学院学报（自然科学版）
刊号：CN51-1687/N
主办单位：四川理工学院
主管单位：四川省教育厅
地址：四川省自贡市自流井区汇兴路学苑街180号，scqx. cbpt. cnki. net

刊名：四川林业科技
刊号：CN51-1217/S
主办单位：四川省林学会、四川省林业科学研究院
主管单位：四川省林业和草原局
地址：四川省成都市金牛区星辉西路18号，sclk. cbpt. cnki. net

刊名：四川旅游学院学报
刊号：CN51-1753/F
主办单位：四川旅游学院
主管单位：四川旅游学院
地址：四川省成都市龙泉区红岭路459号，www. sctu. edu. cn/xb

刊名：四川民族学院学报
刊号：CN51-1729/G4
主办单位：四川民族学院
主管单位：四川省教育厅
地址：四川省康定市姑咱镇文化路4号，rin. scun. edu. cn

刊名：四川农业大学学报
刊号：CN51-1281/S
主办单位：四川农业大学
主管单位：四川省教育厅
地址：四川省成都市温江区惠民路211号，xb. sicau. edu. cn

刊名：四川农业科技
刊号：CN51-1212/S
主办单位：四川省农业农村厅、四川省农业科学院
主管单位：四川省农业农村厅
地址：四川省成都市锦江区静居寺路20号附101号，www. scnykj. cn

刊名：四川生理科学杂志
刊号：CN51-1160/R
主办单位：四川省生理科学会
主管单位：四川省科学技术协会

地址：四川省成都市武侯区人民南路三段 17 号

刊名：四川省干部函授学院学报
刊号：CN51-1574/G4
主办单位：四川省干部函授学院（四川文化产业职业学院）
主管单位：中共四川省委宣传部
地址：四川省成都市双流县锦江路 4 段 399 号，kyc.svcci.cn/xb.htm

刊名：四川省社会主义学院学报
刊号：CN51-1538/D
主办单位：四川省社会主义学院
主管单位：中共四川省委统一战线工作部
地址：四川省成都市金牛区盛达街 12 号，www.scsy.org.cn

刊名：四川师范大学学报（社会科学版）
刊号：CN51-1063/C
主办单位：四川师范大学
主管单位：四川省教育厅
地址：四川省成都市锦江区静安路 5 号四川师范大学文科学报编辑部，wkxb.sicnu.edu.cn

刊名：四川师范大学学报（自然科学版）
刊号：CN51-1295/N
主办单位：四川师范大学
主管单位：四川省教育厅
地址：四川省成都市锦江区静安路 5 号，jsnu.paperopen.com

刊名：四川水力发电
刊号：CN51-1150/TV
主办单位：四川省水力发电工程学会、成都勘测设计研究院
主管单位：四川省科学技术协会
地址：四川省成都市青羊区浣花北路 1 号，www.scslfd.com

刊名：四川水利
刊号：CN51-1155/TV
主办单位：四川省水利科学研究院
主管单位：四川省水利科学研究院
地址：四川省成都市青羊区牧电路 7 号，www.saowc.com

刊名：四川水泥
刊号：CN51-1456/TU
主办单位：四川省建材工业科学研究院
主管单位：四川省经济与信息化委员会
地址：四川省成都市金牛区恒德路 6 号四川省建材工业科学研究院 5 楼，www.scsnzzs.com

刊名：四川体育科学
刊号：CN51-1136/G8
主办单位：四川省体育科学研究所
主管单位：四川省体育局
地址：四川省成都市武侯区交子北一路 88 号枫丹国际 1001，sctk.cbpt.cnki.net

刊名：四川图书馆学报
刊号：CN51-1073/G2
主办单位：四川省图书馆学会
主管单位：四川省文化和旅游厅
地址：四川省成都市青羊区人民西路 4 号，xb.sclib.org

刊名：四川文理学院学报
刊号：CN51-1717/G4
主办单位：四川文理学院
主管单位：四川省教育厅
地址：四川省达州市通川区塔石路 519 号，xbbjb.sasu.edu.cn

刊名：四川文物
刊号：CN51-1040/K
主办单位：四川省文物考古研究院
主管单位：四川省文物局
地址：四川省成都市武侯区人民南路四段 5 号，www.sckg.com/culturalrelics

刊名：四川戏剧
刊号：CN51-1087/J
主办单位：四川省艺术研究院
主管单位：四川省文化和旅游厅
地址：四川省成都市武侯区洗面桥街 11 号，www.scyishu.org.cn/scxj

刊名：四川冶金
刊号：CN51-1152/TF
主办单位：四川省冶金情报标准研究所
主管单位：四川省经济和信息化厅

地址：四川省成都市青羊区陕西街100号，www.scyjqb.com

刊名：四川医学
刊号：CN51-1144/R
主办单位：四川省医学会
主管单位：四川省卫生健康委员会
地址：四川省成都市武侯区玉林南街2号附3号，scmj.sma.org.cn

刊名：四川有色金属
刊号：CN51-1455/TF
主办单位：四川省有色科技集团有限责任公司
主管单位：四川省政府国有资产监督管理委员会
地址：四川省成都市金牛区蜀西路46号盛大国际1栋1单元，www.scysgroup.com/magazine

刊名：四川职业技术学院学报
刊号：CN51-1645/Z
主办单位：四川职业技术学院
主管单位：四川省教育厅
地址：四川省遂宁市河东新区学府北路1号，cbxy.cbpt.cnki.net

刊名：四川中医
刊号：CN51-1186/R
主办单位：四川省中医药学会、四川省针灸学会、四川省中医药科学院、四川省中西医结合学会
主管单位：四川省中医药管理局
地址：四川省成都市武侯区人民南路四段51号，sczy.cbpt.cnki.net

刊名：饲料博览
刊号：CN23-1298/S
主办单位：东北农业大学
主管单位：东北农业大学
地址：黑龙江省哈尔滨市香坊区长江路600号，www.feedworld.com.cn

刊名：饲料工业
刊号：CN21-1169/S
主办单位：辽宁省农牧业机械研究所有限公司
主管单位：辽宁省工业和信息化厅
地址：辽宁省沈阳市皇姑区金沙江街16号6门，www.feedindustry.com.cn

刊名：苏区研究
刊号：CN36-1341/C
主办单位：《老区建设》杂志社
主管单位：江西省社会科学界联合会
地址：江西省南昌市东湖区洪都北大道649号，www.jxskw.gov.cn/llkw/sqyj

刊名：苏州大学学报（哲学社会科学版）
刊号：CN32-1033/C
主办单位：苏州大学
主管单位：江苏省教育厅
地址：江苏省苏州市姑苏区东环路50号《苏州大学学报》编辑部，sdxb.suda.edu.cn

刊名：苏州大学学报（法学版）
刊号：CN32-1846/D
主办单位：苏州大学
主管单位：江苏省教育厅
地址：江苏省苏州市姑苏区东环路50号《苏州大学学报》编辑部，sdxb.suda.edu.cn

刊名：苏州大学学报（教育科学版）
刊号：CN32-1843/G4
主办单位：苏州大学
主管单位：江苏省教育厅
地址：江苏省苏州市姑苏区东环路50号《苏州大学学报》编辑部，sdxb.suda.edu.cn

刊名：苏州工艺美术职业技术学院学报
刊号：CN32-1714/Z
主办单位：苏州工艺美术职业技术学院
主管单位：江苏省教育厅
地址：江苏省苏州市吴中区吴中大道国际教育园南区致能大道189号，xb.sgmart.edu.cn

刊名：苏州教育学院学报
刊号：CN32-1556/G4
主办单位：苏州教育学院
主管单位：苏州市人民政府
地址：江苏省苏州市吴中区致能大道106号，xb-skb.jssvc.edu.cn

刊名：苏州科技大学学报（工程技术版）
刊号：CN32-1873/N
主办单位：苏州科技大学
主管单位：江苏省教育厅

地址：江苏省苏州市虎丘区学府路99号，xbgc.usts.edu.cn

刊名：苏州科技大学学报（社会科学版）
刊号：CN32-1872/C
主办单位：苏州科技大学
主管单位：江苏省教育厅
地址：江苏省苏州市虎丘区学府路99号，xbsk.usts.edu.cn

刊名：苏州科技大学学报（自然科学版）
刊号：CN32-1871/N
主办单位：苏州科技大学
主管单位：江苏省教育厅
地址：江苏省苏州市虎丘区学府路99号，xbzr.usts.edu.cn

刊名：苏州市职业大学学报
刊号：CN32-1524/G4
主办单位：苏州市职业大学
主管单位：苏州市人民政府
地址：江苏省苏州市吴中区致能大道106号，xbzkb.jssvc.edu.cn

刊名：塑料
刊号：CN11-2205/TQ
主办单位：北京市塑料研究所
主管单位：北京隆达轻工控股有限责任公司
地址：北京市西城区旧鼓楼大街47号，www.plasticsci.com.cn

刊名：塑料包装
刊号：CN11-3722/TQ
主办单位：中轻投资有限公司
主管单位：中国轻工业联合会
地址：北京市西城区车公庄大街6号3号楼458室

刊名：塑料工业
刊号：CN51-1270/TQ
主办单位：中蓝晨光化工研究设计院有限公司
主管单位：中蓝晨光化工研究设计院有限公司
地址：四川省成都市武侯区人民南路四段30号，iplast.cn

刊名：塑料科技
刊号：CN21-1145/TQ
主办单位：大连塑料研究所有限公司
主管单位：辽宁省经济和信息化委员会
地址：辽宁省大连市甘井子区周家街11号，slkj.cbpt.cnki.net

刊名：塑料助剂
刊号：CN32-1717/TQ
主办单位：南京出版传媒集团
主管单位：南京出版传媒集团
地址：江苏省南京市玄武区太平门街53号，www.njcbcmjt.com

刊名：塑性工程学报
刊号：CN11-3449/TG
主办单位：中国机械工程学会
主管单位：中国科学技术协会
地址：北京市海淀区学清路18号北京机电研究所，sxgc.cbpt.cnki.net

刊名：宿州教育学院学报
刊号：CN34-1227/C
主办单位：宿州教育学院
主管单位：安徽省教育厅
地址：安徽省宿州市埇桥区宿符路宿州职业技术学院，www.szzy.edu.cn

刊名：宿州学院学报
刊号：CN34-1289/Z
主办单位：宿州学院
主管单位：安徽省教育厅
地址：安徽省宿州市埇桥区汴河中路49号《宿州学院学报》编辑部（宿州学院内），szxyxb.paperopen.com

刊名：绥化学院学报
刊号：CN23-1569/Z
主办单位：绥化学院
主管单位：黑龙江省教育厅
地址：黑龙江省绥化市北林区黄河南路18号，shxyxb.shxy.edu.cn

刊名：隧道建设（中英文）
刊号：CN41-1448/U
主办单位：中铁隧道勘察设计研究院有限公司
主管单位：中铁隧道局集团有限公司
地址：河南省洛阳市西工区状元红路3号，www.suidaojs.com

刊名：隧道与轨道交通
刊号：CN31-2145/U
主办单位：上海市隧道工程轨道交通设计研究院
主管单位：上海市住房和城乡建设管理委员会
地址：上海市徐汇区中山西路 1999 号，www. stedi. cn

T

刊名：塔里木大学学报
刊号：CN65-1258/Z
主办单位：塔里木大学
主管单位：塔里木大学
地址：新疆维吾尔自治区阿拉尔市虹桥南路 705 号塔里木大学科技处学报编辑部，tlml. cbpt. cnki. net

刊名：台州学院学报
刊号：CN33-1306/Z
主办单位：台州学院
主管单位：台州市教育局
地址：浙江省台州市临海市东方大道 605 号，www. journal. tzc. edu. cn

刊名：台海研究
刊号：CN31-2086/D
主办单位：上海台湾研究所、上海社会科学院出版社有限公司
主管单位：中共上海市委台湾工作办公室
地址：上海市徐汇区乌鲁木齐南路 147 号

刊名：台湾农业探索
刊号：CN35-1190/S
主办单位：福建省农业科学院农业经济与科技信息研究所
主管单位：福建省农业科学院
地址：福建省福州市鼓楼区五四路 247 号福建省农业科学院高新大楼 406 室，twnt. fjnyxb. cn

刊名：台湾研究
刊号：CN11-1728/C
主办单位：中国社会科学院台湾研究所
主管单位：中国社会科学院
地址：北京市海淀区中关村东路 21 号，cass. cssn. cn/baokanchuban/qikanjiansuo/t/taiwanyanjiu

刊名：台湾研究集刊
刊号：CN35-1022/C
主办单位：厦门大学台湾研究院
主管单位：厦门大学
地址：福建省厦门市思明区思明南路 422 号厦门大学台湾研究院，www. twyjjk. cn

刊名：太赫兹科学与电子信息学报
刊号：CN51-1746/TN
主办单位：中国工程物理研究院电子工程研究所
主管单位：中国工程物理研究院
地址：四川省绵阳市游仙区科学城 5 所编辑部，www. iaeej. com

刊名：太平洋学报
刊号：CN11-3152/K
主办单位：中国太平洋学会
主管单位：国家海洋局
地址：北京市海淀区大慧寺 8 号，www. pacificjournal. com. cn

刊名：太阳能学报
刊号：CN11-2082/TK
主办单位：中国可再生能源学会
主管单位：中国科学技术协会
地址：北京市海淀区花园路 3 号，www. tynxb. org. cn

刊名：太原城市职业技术学院学报
刊号：CN14-1323/C
主办单位：太原城市职业技术学院
主管单位：太原城市职业技术学院
地址：山西省太原市尖草坪区兴华街 3 号，cszy. chinajournal. net. cn

刊名：太原学院学报（自然科学版）
刊号：CN14-1386/G4
主办单位：太原学院
主管单位：太原学院
地址：山西省太原市小店区经济技术开发区大昌南路 18 号，tyjy. cbpt. cnki. net

刊名：太原学院学报（社会科学版）
刊号：CN14-1385/G4
主办单位：太原学院
主管单位：太原学院

地址：山西省太原市小店区经济技术开发区大昌南路18号，tydx. chinajournal. net. cn

刊名：太原科技大学学报
刊号：CN14-1330/N
主办单位：太原科技大学
主管单位：山西省教育厅
地址：山西省太原市万柏林区窊流路66号，tyzx. cbpt. cnki. net

刊名：太原理工大学学报
刊号：CN14-1220/N
主办单位：太原理工大学
主管单位：山西省教育厅
地址：山西省太原市万柏林区迎泽西大街79号，tygy. cbpt. cnki. net

刊名：太原理工大学学报（社会科学版）
刊号：CN14-1269/C
主办单位：太原理工大学
主管单位：太原理工大学
地址：山西省太原市万柏林区迎泽西大街79号太原理工大学3273信箱，tyls. chinajournal. net. cn

刊名：太原师范学院学报（社会科学版）
刊号：CN14-1303/C
主办单位：太原师范学院
主管单位：太原师范学院
地址：山西省太原市小店区黄陵路19号，dsyz. chinajournal. net. cn

刊名：太原师范学院学报（自然科学版）
刊号：CN14-1304/N
主办单位：太原师范学院
主管单位：太原师范学院
地址：山西省太原市小店区黄陵路19号，www. tynu. edu. cn/info/1012/4007. htm

刊名：钛工业进展
刊号：CN61-1292/TG
主办单位：中国有色金属工业协会钛锆铪分会、西北有色金属研究院
主管单位：西北有色金属研究院
地址：陕西省西安市未央区未央路96号，wwwtiip. com

刊名：泰山学院学报
刊号：CN37-1406/Z
主办单位：泰山学院
主管单位：山东省教育厅
地址：山东省泰安市岱岳区东岳大街525号，xuebao. tsu. edu. cn

刊名：泰山医学院学报
刊号：CN37-1199/R
主办单位：泰山医学院
主管单位：山东省教育厅
地址：山东省泰安市岱岳区长城路619号泰山医学院新校区，tsyxyxb. paperonce. org

刊名：泰州职业技术学院学报
刊号：CN32-1599/G4
主办单位：泰州职业技术学院
主管单位：江苏省教育厅
地址：江苏省泰州市海陵区天星路8号，xb. tzpc. edu. cn

刊名：弹性体
刊号：CN22-1229/TQ
主办单位：中国石油天然气股份有限公司吉林石化分公司、全国合成橡胶信息总站
主管单位：中国石油天然气集团有限公司
地址：吉林省吉林市龙潭区遵义东路27号，txtz. chinajournal. net. cn

刊名：炭素
刊号：CN23-1172/TQ
主办单位：哈尔滨电碳研究所
主管单位：黑龙江省机械工业联合会
地址：黑龙江省哈尔滨市呼兰区利民开发区电碳路北、无锡大街东

刊名：炭素技术
刊号：CN22-1147/TQ
主办单位：中钢集团吉林炭素股份有限公司
主管单位：中钢集团吉林炭素股份有限公司
地址：吉林省吉林市昌邑区和平街9号，tsjs. cbpt. cnki. net

刊名：探测与控制学报
刊号：CN61-1316/TJ
主办单位：西安机电信息技术研究所、机电动态控

制重点实验室、中国兵工学会
主管单位：中国兵器工业集团公司
地址：陕西省西安市雁塔区吉祥路99号《探测与控制学报》编辑部，www. tcykz. com

刊名：探矿工程（岩土钻掘工程）
刊号：CN11-5063/TD
主办单位：地质出版社、中国地质科学院勘探技术研究所
主管单位：中华人民共和国自然资源部
地址：北京市西城区百万庄26号，www. tkgc. net

刊名：探求
刊号：CN44-1309/D
主办单位：中共广州市委党校（广州行政学院）
主管单位：中共广州市委党校（广州行政学院）
地址：广东省广州市越秀区先烈中路99号，www. taqu. cbpt. cnki. net

刊名：探索
刊号：CN50-1019/D
主办单位：中共重庆市委党校
主管单位：中共重庆市委党校
地址：重庆市九龙坡区渝州路160号，www. tszzs. net

刊名：探索与争鸣
刊号：CN31-1208/C
主办单位：上海市社会科学界联合会
主管单位：上海市社会科学界联合会
地址：上海市黄浦区淮海中路622弄7号，www. tsyzm. com

刊名：唐都学刊
刊号：CN61-1056/C
主办单位：西安文理学院
主管单位：西安市教育局
地址：陕西省西安市雁塔区科技六路1号西安文理学院学报编辑部，www. xuebao. xawl. edu. cn

刊名：唐山师范学院学报
刊号：CN13-1301/G
主办单位：唐山师范学院
主管单位：河北省教育厅
地址：河北省唐山市路北区建设北路156号，xuebao. tstc. edu. cn

刊名：唐山学院学报
刊号：CN13-1336/G4
主办单位：唐山学院
主管单位：河北省教育厅
地址：河北省唐山市路北区大学西道9号，xuebao. tsc. edu. cn

刊名：糖尿病新世界
刊号：CN11-5019/R
主办单位：全国卫生产业企业管理协会
主管单位：中华人民共和国国家卫生健康委员会
地址：北京市朝阳区通惠家园惠润园5-3-603，www. tnbxsj. com

刊名：陶瓷学报
刊号：CN36-1205/TS
主办单位：景德镇陶瓷大学
主管单位：景德镇陶瓷大学
地址：江西省景德镇市珠山区陶阳南路景德镇陶瓷大学科技艺术学院内，www. tcxbbjb. cn

刊名：陶瓷研究
刊号：CN36-1136/TQ
主办单位：江西省陶瓷研究所
主管单位：江西省工业和信息化厅
地址：江西省景德镇市珠山区新厂西路476号，tcyj. cbpt. cnki. net

刊名：特产研究
刊号：CN22-1154/S
主办单位：中国农业科学院特产研究所
主管单位：中华人民共和国农业农村部
地址：吉林省长春市南关区聚业大街4899号，tcs. caas. cn/xzqk/64644. htm

刊名：特钢技术
刊号：CN51-1444/TF
主办单位：攀钢集团江油长城特殊钢有限公司
主管单位：四川省经济和信息化委员会
地址：四川省绵阳市江油市江东路195号，tgjs. cbpt. cnki. net

刊名：特区经济
刊号：CN44-1032/F
主办单位：深圳市社会科学院
主管单位：深圳市社会科学院

地址：广东省深圳市福田区八卦路55号经理大厦4楼，www.szeconomy.com

刊名：特区实践与理论
刊号：CN44-1629/D
主办单位：中共深圳市委党校
主管单位：中共深圳市委党校
地址：广东省深圳市福田区香蜜湖路3008号中共深圳市委党校办公楼，www.szps.gov.cn/shenzhen/tequ.jsp

刊名：特种结构
刊号：CN11-1943/TU
主办单位：北京市市政工程设计研究总院有限公司
主管单位：中华人民共和国住房和城乡建设部
地址：北京市海淀区西直门北大街3号楼32号，tzjg.cbpt.cnki.net

刊名：特种设备安全技术
刊号：CN42-1733/TK
主办单位：湖北特种设备检验检测研究院
主管单位：湖北省市场监督管理局
地址：湖北省武汉市武昌区徐东大街352号，www.hbtjy.org.cn/tzsbaqjszz

刊名：特种橡胶制品
刊号：CN61-1141/TQ
主办单位：西北橡胶塑料研究设计院有限公司
主管单位：西北橡胶塑料研究设计院有限公司
地址：陕西省咸阳市秦都区西华路2号，www.srpok.com

刊名：特种油气藏
刊号：CN21-1357/TE
主办单位：中国石油辽河油田分公司
主管单位：中国石油天然气集团有限公司
地址：辽宁省盘锦市兴隆台区石油大街95号，www.sogr.com.cn

刊名：特种铸造及有色合金
刊号：CN42-1148/TG
主办单位：中国机械工程学会铸造分会、武汉机械工艺研究所
主管单位：中国科学技术协会
地址：湖北省武汉市江岸区江大路26号，www.special-cast.com

刊名：体育成人教育学刊
刊号：CN42-1684/G8
主办单位：武汉体育学院
主管单位：武汉体育学院
地址：湖北省武汉市洪山区珞喻路461号武汉体育学院行政楼，tyhs.cbpt.cnki.net

刊名：体育教学
刊号：CN11-3145/G8
主办单位：首都体育学院
主管单位：北京市教育委员会
地址：北京市海淀区北三环西路11号，www.tyjx.net.cn

刊名：体育科技
刊号：CN45-1171/G8
主办单位：广西壮族自治区体育科学研究所
主管单位：广西壮族自治区体育局
地址：广西壮族自治区南宁市江南区星光大道3号广西体育科学研究所

刊名：体育科技文献通报
刊号：CN11-3262/G8
主办单位：国家体育总局体育信息中心
主管单位：国家体育总局
地址：北京市东城区体育馆路11号，www.sport.gov.cn/tykjwxtb

刊名：体育科学
刊号：CN11-1295/G8
主办单位：中国体育科学学会
主管单位：国家体育总局
地址：北京市东城区体育馆路11号，www.cisszgty.com

刊名：体育科学研究
刊号：CN35-1189/G8
主办单位：集美大学
主管单位：集美大学
地址：福建省厦门市集美区银江路185号，xuebaobangong.jmu.edu.cn/tyb

刊名：体育科研
刊号：CN31-1194/G8
主办单位：上海体育科学研究所
主管单位：上海市体育局
地址：上海市徐汇区吴兴路87号，www.shtyky.cn

刊名：体育师友
刊号：CN44-1384/G
主办单位：广州体育学院
主管单位：广州体育学院
地址：广东省广州市天河区广州大道中1268号广州体育学院内，tysy. cbpt. cnki. net

刊名：体育文化导刊
刊号：CN11-4612/G8
主办单位：国家体育总局体育文化发展中心
主管单位：国家体育总局
地址：北京市东城区天坛东里中区甲14号，www. olympic. cn/museum/tywhdk

刊名：体育学刊
刊号：CN44-1404/G8
主办单位：华南理工大学、华南师范大学
主管单位：中华人民共和国教育部
地址：广东省广州市天河区中山大道西55号华南师范大学石牌校区继续教育学院教学楼4—5楼，www. chinatyxk. com

刊名：体育学研究
刊号：CN32-1881/G8
主办单位：南京体育学院
主管单位：江苏省教育厅
地址：江苏省南京市玄武区灵谷寺路8号，ntxb. nipes. cn/home/ch/index. aspx

刊名：体育研究与教育
刊号：CN14-1366/G8
主办单位：山西师范大学
主管单位：山西省教育厅
地址：山西省临汾市尧都区贡院街1号，xbweb. sx-nu. edu. cn

刊名：体育与科学
刊号：CN32-1208/G8
主办单位：江苏省体育科学研究所
主管单位：江苏省体育局
地址：江苏省南京市栖霞区仙林大道169号，tyyk. cbpt. cnki. net

刊名：天府新论
刊号：CN51-1035/C
主办单位：四川省社会科学界联合会
主管单位：四川省社会科学界联合会
地址：四川省成都市青羊区大石西路科联街19号，www. tianfuxinlun. com

刊名：天津城建大学学报
刊号：CN12-1439/TU
主办单位：天津城建大学
主管单位：天津市教育委员会
地址：天津市西青区津静路26号，kyc. tcu. edu. cn/xxxb. htm

刊名：天津大学学报（社会科学版）
刊号：CN12-1290/C
主办单位：天津大学
主管单位：中华人民共和国教育部
地址：天津市南开区卫津路92号天津大学期刊中心（19号楼东配楼4层），journals. tju. edu. cn/skb

刊名：天津大学学报
刊号：CN12-1248/T
主办单位：天津大学
主管单位：中华人民共和国教育部
地址：天津市南开区卫津路92号天津大学期刊中心（19号楼东配楼4层），journals. tju. edu. cn/ywb

刊名：天津大学学报（自然科学与工程技术版）
刊号：CN12-1127/N
主办单位：天津大学
主管单位：中华人民共和国教育部
地址：天津市南开区卫津路92号天津大学期刊中心（19号楼东配楼4层），journals. tju. edu. cn/zrb

刊名：天津电大学报
刊号：CN12-1286/G4
主办单位：天津广播电视大学
主管单位：天津市教育委员会
地址：天津市南开区迎水道1号，tjdd. cbpt. cnki. net

刊名：天津法学
刊号：CN12-1416/D
主办单位：天津公安警官职业学院、天津市法学会
主管单位：中共天津市委政法委员会
地址：天津市西青区精武镇陈台子路88号，tzfg. chinajournal. net. cn

刊名：天津纺织科技
刊号：CN12-1110/TS
主办单位：天津纺织工程研究院有限公司、天津纺织服装研究院
主管单位：天津纺织集团（控股）有限公司
地址：天津市南开区鹊桥路 25 号，www. bigtextile-pub. com

刊名：天津工业大学学报
刊号：CN12-1341/TS
主办单位：天津工业大学
主管单位：天津市教育委员会
地址：天津市西青区宾水西道 399 号，tjgydxxb. paperonce. org

刊名：天津行政学院学报
刊号：CN12-1284/D
主办单位：天津行政学院
主管单位：天津市人民政府
地址：天津市南开区育梁道 4 号，tjxz. cbpt. cnki. net

刊名：天津航海
刊号：CN12-1129/U
主办单位：天津市航海学会
主管单位：中远散货运输有限公司
地址：天津市塘沽区浙江路 29 号

刊名：天津护理
刊号：CN12-1260/R
主办单位：天津市中心妇产科医院
主管单位：天津市卫生健康委员会
地址：天津市南开区南开三马路 156 号天津市中心妇产科医院内，www. tjhlbjb. com

刊名：天津化工
刊号：CN12-1201/TQ
主办单位：天津渤化工程有限公司
主管单位：天津渤海化工集团有限责任公司
地址：天津市南开区长江道孤山路 2 号，tjhg. cbpt. cnki. net

刊名：天津建设科技
刊号：CN12-1272/TU
主办单位：天津市市政工程设计研究院、天津市市政工程研究院
主管单位：天津市交通运输委员会
地址：天津市西青区海泰南道 30 号，www. tjjskj. com. cn

刊名：天津科技
刊号：CN12-1203/N
主办单位：天津市科学技术信息研究所
主管单位：天津市科学技术委员会
地址：天津市河西区吴家窑大街 22 号，tougao. tisti. ac. cn

刊名：天津科技大学学报
刊号：CN12-1355/N
主办单位：天津科技大学
主管单位：天津市教育委员会
地址：天津市河西区大沽南路 1038 号，xuebao. tust. edu. cn

刊名：天津理工大学学报
刊号：CN12-1374/N
主办单位：天津理工大学
主管单位：天津市教育委员会
地址：天津市西青区宾水西道 391 号，tear. cbpt. cnki. net

刊名：天津美术学院学报
刊号：CN12-1287/G4
主办单位：天津美术学院
主管单位：天津市教育委员会
地址：天津市河北区天纬路 4 号，xbbjb. tjarts. edu. cn

刊名：天津农林科技
刊号：CN12-1183/S
主办单位：天津市农业技术推广站
主管单位：天津市农业局
地址：天津市河西区西园道 5 号，tjnk. cbpt. cnki. net

刊名：天津农学院学报
刊号：CN12-1282/S
主办单位：天津农学院
主管单位：天津市教育委员会
地址：天津市西青区津静路 22 号，xuebao. tjau. edu. cn

刊名：天津农业科学
刊号：CN12-1256/S
主办单位：天津市农业科学院信息研究所
主管单位：天津市农业科学院
地址：天津市南开区白堤路 268 号农科大厦 1905 室，tjnykx. paperopen. com

刊名：天津商务职业学院学报
刊号：CN12-1434/F
主办单位：天津商务职业学院
主管单位：天津市商务委员会
地址：天津市津南区海河教育园区雅观路 23 号，tjcm. cbpt. cnki. net

刊名：天津商业大学学报
刊号：CN12-1401/F
主办单位：天津商业大学
主管单位：天津市教育委员会
地址：天津市北辰区光荣道 409 号，xb. tjcu. edu. cn

刊名：天津社会科学
刊号：CN12-1047/C
主办单位：天津社会科学院
主管单位：天津社会科学院
地址：天津市南开区迎水道 7 号，www. tj-tass. org. cn

刊名：天津师范大学学报（基础教育版）
刊号：CN12-1315/G4
主办单位：天津师范大学
主管单位：天津师范大学
地址：天津市西青区宾水西道 393 号，tjsfdxxbjcjyb. paperopen. com

刊名：天津师范大学学报（社会科学版）
刊号：CN12-1336/C
主办单位：天津师范大学
主管单位：天津市教育委员会
地址：天津市西青区宾水西道 393 号，tjsfdxxb. com

刊名：天津师范大学学报（自然科学版）
刊号：CN12-1337/N
主办单位：天津师范大学
主管单位：天津市教育委员会
地址：天津市西青区宾水西道 393 号，qkcbzx. tjnu. edu. cn/qkzl/xbzrkxb. htm

刊名：天津市工会管理干部学院学报
刊号：CN12-1301/D
主办单位：天津市工会管理干部学院
主管单位：天津市总工会
地址：天津市西青区西青道 274 号

刊名：天津市教科院学报
刊号：CN12-1303/G4
主办单位：天津市教育科学研究院
主管单位：天津市教育委员会
地址：天津市南开区复康路 25 号

刊名：天津市社会主义学院学报
刊号：CN12-1354/D
主办单位：天津市社会主义学院
主管单位：天津市社会主义学院
地址：天津市南开区鞍山西道 340 号，www. tjsy. org. cn

刊名：天津体育学院学报
刊号：CN12-1140/G8
主办单位：天津体育学院
主管单位：天津市教育委员会
地址：天津市静海区团泊新城西区东海道 16 号，tj-ty. cbpt. cnki. net

刊名：天津外国语大学学报
刊号：CN12-1422/H
主办单位：天津外国语大学
主管单位：天津市教育委员会
地址：天津市河西区马场道 117 号，twdxb. cbpt. cnki. net

刊名：天津药学
刊号：CN12-1230/R
主办单位：天津市医药集团有限公司、天津药学会
主管单位：天津市医药集团有限公司
地址：天津市和平区沙市道同康里 3 门 502

刊名：天津冶金
刊号：CN12-1200/TF
主办单位：天津市冶金集团（控股）有限公司、天津市金属学会、天津市冶金科技信息研究所
主管单位：天津市冶金集团（控股）有限公司
地址：天津市和平区重庆道 225 号，www. tjyjqk. com

刊名：天津医科大学学报
刊号：CN12-1259/R
主办单位：天津医科大学
主管单位：天津市教育委员会
地址：天津市和平区气象台路 22 号，tjykdxxb. paperopen. com

刊名：天津医药
刊号：CN12-1116/R
主办单位：天津市医学科学技术信息研究所
主管单位：天津市卫生健康委员会
地址：天津市和平区贵州路 94 号，www. tjyybjb. ac. cn

刊名：天津音乐学院学报
刊号：CN12-1280/J
主办单位：天津音乐学院
主管单位：天津市教育委员会
地址：天津市河东区十四经路 9 号，xsyj. tjcm. edu. cn/xbbjb. htm

刊名：天津造纸
刊号：CN12-1155/TS
主办单位：天津科技大学、天津市造纸学会
主管单位：天津市教育委员会
地址：天津市河西区大沽南路 1038 号天津科技大学 503 信箱

刊名：天津职业大学学报
刊号：CN12-1283/G4
主办单位：天津市职业大学
主管单位：天津市教育委员会
地址：天津市北辰区洛河道 2 号，tjgz. cbpt. cnki. net

刊名：天津职业技术师范大学学报
刊号：CN12-1423/Z
主办单位：天津职业技术师范大学
主管单位：天津市教育委员会
地址：天津市河西区大沽南路 1310 号，xuebao. tute. edu. cn/xbsy. htm

刊名：天津职业院校联合学报
刊号：CN12-1386/Z
主办单位：天津市职业教育与成人教育学会
主管单位：天津市教育委员会
地址：天津市河东区真理道 27 号

刊名：天津中医药
刊号：CN12-1349/R
主办单位：天津中医药大学、天津市中医药学会、天津市中西医结合学会
主管单位：天津市卫生健康委员会
地址：天津市静海区团泊新城西区鄱阳湖路 10 号天津中医药大学产学研基地中医药研究院 A 座 503，www. tjzhongyiyao. com

刊名：天津中医药大学学报
刊号：CN12-1391/R
主办单位：天津中医药大学
主管单位：天津市教育委员会
地址：天津市静海区团泊新城西区鄱阳湖路 10 号天津中医药大学新校区产学研基地中医药研究院 A 座 503-1，www. tjzhongyiyao. com

刊名：天然产物研究与开发
刊号：CN51-1335/Q
主办单位：中国科学院成都文献情报中心
主管单位：中国科学院
地址：四川省成都市武侯区一环路南二段 16 号，www. trcw. ac. cn

刊名：天然气地球科学
刊号：CN62-1177/TE
主办单位：中国科学院资源环境科学信息中心
主管单位：中国科学院
地址：甘肃省兰州市城关区天水中路 8 号，www. nggs. ac. cn

刊名：天然气工业
刊号：CN51-1179/TE
主办单位：中国石油西南油气田分公司、四川石油管理局
主管单位：中国石油天然气集团有限公司
地址：四川省成都市成华区府青路一段 3 号，www. cngascn. com

刊名：天然气化工（C1 化学与化工）
刊号：CN51-1336/TQ
主办单位：西南化工研究设计院有限公司
主管单位：西南化工研究设计院有限公司
地址：四川省成都市双流区航空港机场路 393 号，www. trqhg. com

刊名：天然气技术与经济
刊号：CN51-1736/TE
主办单位：中国石油天然气股份有限公司西南油气田分公司
主管单位：中国石油天然气股份有限公司西南油气田分公司
地址：四川省成都市成华区府青路一段19号，www.trqjszz.com

刊名：天然气勘探与开发
刊号：CN51-1159/TE
主办单位：中国石油西南油气田分公司勘探开发研究院
主管单位：中国石油西南油气田分公司
地址：四川省成都市武侯区天府大道北段12号石油科技大厦，www.gaskk.com

刊名：天然气与石油
刊号：CN51-1183/TE
主办单位：中国石油集团工程设计有限责任公司西南分公司
主管单位：中国石油集团工程设计有限责任公司
地址：四川省成都市武侯区升华路6号，www.cnpc-ngo.com

刊名：天水行政学院学报
刊号：CN62-5123/D
主办单位：天水市行政学院
主管单位：天水市委、天水市人民政府
地址：甘肃省天水市秦州区岷山路60号

刊名：天水师范学院学报
刊号：CN62-1162/G
主办单位：天水师范学院
主管单位：甘肃省教育厅
地址：甘肃省天水市秦州区藉河南路105号，xb.tsnu.edu.cn

刊名：天文学报
刊号：CN32-1113/P
主办单位：中国天文学会、中国科学院紫金山天文台
主管单位：中国科学院
地址：江苏省南京市鼓楼区北京西路2号，www.twxb.org

刊名：天文学进展
刊号：CN31-1340/P
主办单位：中国科学院上海天文台、中国天文学会
主管单位：中国科学院
地址：上海市徐汇区南丹路80号，astronomy.pmo.cas.cn/xhcb/twxjz

刊名：天文研究与技术
刊号：CN53-1189/P
主办单位：中国科学院国家天文台
主管单位：中国科学院
地址：云南省昆明市官渡区中国科学院云南天文台《天文研究与技术》编辑部，jart.ynao.ac.cn

刊名：天中学刊
刊号：CN41-1232/C
主办单位：黄淮学院
主管单位：黄淮学院
地址：河南省驻马店市驿城区开源路6号黄淮学院图书馆南楼504，cms.huanghuai.edu.cn/s.php/bjb

刊名：铁道标准设计
刊号：CN11-2987/U
主办单位：中铁工程设计咨询集团有限公司
主管单位：中国铁路工程总公司
地址：北京市丰台区广安路15号，www.tdbs.cbpt.cnki.net

刊名：铁道工程学报
刊号：CN11-3567/U
主办单位：中国铁道学会、中国铁路工程总公司、中国中铁股份有限公司
主管单位：中国科学技术协会
地址：北京市海淀区复兴路69号9号楼中铁股份有限公司B601，tdgcxb.crec.cn

刊名：铁道货运
刊号：CN11-2933/U
主办单位：中国铁道科学研究院集团有限公司
主管单位：中国铁路总公司
地址：北京市海淀区大柳树路2号1区15号楼3层，www.rails.cn/index.php?id=206

刊名：铁道机车车辆
刊号：CN11-1917/U

主办单位：中国铁道科学研究院集团有限公司、中国铁道学会牵引动力委员会
主管单位：中国铁路总公司
地址：北京市海淀区大柳树路2号1区15号楼3层，tdjc. cbpt. cnki. net

刊名：铁道机车与动车
刊号：CN21-1591/U
主办单位：中车大连机车研究所有限公司
主管单位：中国中车集团有限公司
地址：辽宁省大连市沙河口区中长街49号

刊名：铁道技术监督
刊号：CN11-3764/U
主办单位：中国铁道科学研究院集团有限公司
主管单位：中国铁路总公司
地址：北京市海淀区大柳树路2号1区15号楼3层，tdjj. cbpt. cnki. net

刊名：铁道建筑
刊号：CN11-2027/U
主办单位：中国铁道科学研究院集团有限公司
主管单位：中国铁路总公司
地址：北京市海淀区大柳树路2号1区15号楼3层，tdjz. cbpt. cnki. net

刊名：铁道建筑技术
刊号：CN11-3368/TU
主办单位：中国铁道建筑集团有限公司
主管单位：中国铁道建筑集团有限公司
地址：北京市大兴区康庄路9号，www. rctech. com. cn

刊名：铁道经济研究
刊号：CN11-3232/F
主办单位：中国铁路经济规划研究院
主管单位：中国铁路总公司
地址：北京市海淀区北蜂窝路乙29号，www. crecc. com. cn/class/view? id = 72

刊名：铁道勘察
刊号：CN11-5182/U
主办单位：中铁工程设计咨询集团有限公司
主管单位：中国铁路工程总公司
地址：北京市丰台区广安路15号，tlhc. cbpt. cnki. net

刊名：铁道科学与工程学报
刊号：CN43-1423/U
主办单位：中南大学
主管单位：中华人民共和国教育部
地址：湖南省长沙市天心区韶山南路68号中南大学铁道学院办公楼3楼，www. jrse. cn

刊名：铁道通信信号
刊号：CN11-1975/U
主办单位：中国铁道科学研究院集团有限公司
主管单位：中国铁路总公司
地址：北京市海淀区大柳树路2号1区15号楼3层，www. rails. cn

刊名：铁道学报
刊号：CN11-2104/U
主办单位：中国铁道学会
主管单位：中国科学技术协会
地址：北京市海淀区复兴路10号，www. tdxb. org

刊名：铁道运输与经济
刊号：CN11-1949/U
主办单位：中国铁道科学研究院集团有限公司
主管单位：中国铁路总公司
地址：北京市海淀区大柳树路2号，tdys. chinajournal. net. cn

刊名：铁道运营技术
刊号：CN45-1204/U
主办单位：广西铁道学会
主管单位：中国铁路南宁局集团有限公司
地址：广西壮族自治区柳州市柳南区鹅山路三区1号409室，tdyy. chinajournal. net. cn

刊名：铁合金
刊号：CN22-1145/TF
主办单位：中钢集团吉林铁合金股份有限公司
主管单位：中钢集团吉林铁合金股份有限公司
地址：吉林省吉林市昌邑区和平街21号，www. thjzz. net

刊名：铁路工程技术与经济
刊号：CN10-1436/U
主办单位：中国铁路经济规划研究院
主管单位：中国铁路总公司
地址：北京市海淀区北蜂窝路乙29号，www. tlgczj. com

刊名：铁路计算机应用
刊号：CN11-3471/TP
主办单位：中国铁道科学研究院集团有限公司、中国铁道学会计算机委员会
主管单位：中国铁路总公司
地址：北京市海淀区大柳树路 2 号 1 区 15 号楼 3 层，www. tljsjyy. com

刊名：铁路技术创新
刊号：CN11-5867/U
主办单位：中国铁道科学研究院集团有限公司
主管单位：中国铁路总公司
地址：北京市海淀区大柳树路 2 号 1 区 15 号楼 3 层，www. crj. com. cn

刊名：铁路节能环保与安全卫生
刊号：CN11-5988/X
主办单位：中国铁道科学研究院集团有限公司
主管单位：中国铁路总公司
地址：北京市海淀区大柳树路 2 号 1 区 15 号楼 3 层，www. rails. cn/index. php? id = 201

刊名：铁路通信信号工程技术
刊号：CN11-5423/U
主办单位：北京全路通信信号研究设计院集团有限公司
主管单位：中国铁路通信信号集团有限公司
地址：北京市丰台区华源一里 18 号楼，tltx. cbpt. cnki. net

刊名：听力学及言语疾病杂志
刊号：CN42-1391/R
主办单位：武汉大学人民医院
主管单位：中华人民共和国教育部
地址：湖北省武汉市武昌区张之洞路 9 号，tlxj. cbpt. cnki. net

刊名：通化师范学院学报
刊号：CN22-1284/G4
主办单位：通化师范学院
主管单位：吉林省教育厅
地址：吉林省通化市东昌区育才路 950 号，thsf. cbpt. cnki. net

刊名：通信电源技术
刊号：CN42-1380/TN
主办单位：武汉普天电源有限公司
主管单位：中国普天信息产业股份有限公司
地址：湖北省武汉市江夏区大学园路 20 号中国普天科技园，txdyjs. caizhizz. net

刊名：通信技术
刊号：CN51-1167/TN
主办单位：中国电子科技集团公司第三十研究所
主管单位：中国电子科技集团有限公司
地址：四川省成都市武侯区创业路 8 号，www. txjszz. com

刊名：通信学报
刊号：CN11-2102/TN
主办单位：中国通信学会
主管单位：中国科学技术协会
地址：北京市东城区广渠门内大街 80 号通正国际大厦 602 室，www. joconline. com. cn

刊名：通信与信息技术
刊号：CN51-1635/TN
主办单位：四川通信行业职业技能鉴定中心、四川省通信学会
主管单位：四川省通信管理局
地址：四川省成都市锦江区静康路四川邮电职业技术学院二教 10 楼，www. scstxxh. com

刊名：通讯世界
刊号：CN11-3850/TN
主办单位：中国科技信息研究所、美国国际数据集团
主管单位：中华人民共和国科学技术部
地址：北京市海淀区复兴路 15 号 816 室

刊名：通用机械
刊号：CN11-4783/TH
主办单位：机械工业信息研究院
主管单位：中国机械工业联合会
地址：北京市西城区百万庄大街 22 号，www. stip. ac. cn

刊名：同济大学学报（社会科学版）
刊号：CN31-1777/C
主办单位：同济大学
主管单位：中华人民共和国教育部
地址：上海市杨浦区四平路 1239 号，wkxuebao. tongji. edu. cn

刊名：同济大学学报（医学版）
刊号：CN31-1901/R
主办单位：同济大学
主管单位：中华人民共和国教育部
地址：上海市杨浦区四平路 1239 号，tjyxxb. cnjournals. cn

刊名：同济大学学报（自然科学版）
刊号：CN31-1267/N
主办单位：同济大学
主管单位：中华人民共和国教育部
地址：上海市杨浦区四平路 1239 号，tjxb. cnjournals. cn

刊名：同煤科技
刊号：CN14-1117/TD
主办单位：大同煤矿集团有限责任公司
主管单位：大同煤矿集团有限责任公司
地址：山西省大同市云冈区校北街 329 号 201 室

刊名：同位素
刊号：CN11-2566/TL
主办单位：中国核学会同位素学会
主管单位：中国核工业集团有限公司
地址：北京市房山区新镇北坊村中国原子能科学研究院，tws. org. cn

刊名：铜陵学院学报
刊号：CN34-1258/Z
主办单位：铜陵学院
主管单位：安徽省教育厅
地址：安徽省铜陵市铜官区翠湖四路东段 1335 号，tlxy. cbpt. cnki. net

刊名：铜陵职业技术学院学报
刊号：CN34-1248/Z
主办单位：铜陵职业技术学院
主管单位：安徽省教育厅
地址：安徽省铜陵市铜官区翠湖四路 2689 号，tlzy. cbpt. cnki. net

刊名：铜仁学院学报
刊号：CN52-1146/G4
主办单位：铜仁学院
主管单位：贵州省教育厅
地址：贵州省铜仁市碧江区川硐教育园区启航路 238 号，trsf. cbpt. cnki. net

刊名：铜业工程
刊号：CN36-1237/TF
主办单位：江西铜业集团有限公司
主管单位：江西铜业集团有限公司
地址：江西省南昌市青山湖区昌东大道 7666 号，tygc. cbpt. cnki. net

刊名：统计科学与实践
刊号：CN33-1364/C
主办单位：浙江省统计研究与信息发布中心
主管单位：浙江省统计研究与信息发布中心
地址：浙江省杭州市西湖区教工路 79 号

刊名：统计研究
刊号：CN11-1302/C
主办单位：中国统计学会、国家统计局统计科学研究所
主管单位：国家统计局
地址：北京市西城区月坛南街 75 号，tjyj. stats. gov. cn

刊名：统计与管理
刊号：CN13-1395/C
主办单位：河北省统计科学研究所
主管单位：河北省统计科学研究所
地址：河北省石家庄市新华区合作路 312 号

刊名：统计与决策
刊号：CN42-1009/C
主办单位：湖北长江报刊传媒（集团）有限公司
主管单位：长江出版传媒股份有限公司
地址：湖北省武汉市武昌区东湖路 181 号楚天传媒大厦 A 座 201—213 室，www. tjyjc. com

刊名：统计与信息论坛
刊号：CN61-1421/C
主办单位：西安财经学院、中国统计教育学会高教分会
主管单位：陕西省教育厅
地址：陕西省西安市雁塔区小寨东路 64 号，tjlt. chinajournal. net. cn

刊名：统计与咨询
刊号：CN23-1377/C

主办单位：黑龙江省统计学会
主管单位：黑龙江省统计局
地址：黑龙江省哈尔滨市香坊区衡山路 18 号 C 区 403

刊名：统一战线学研究
刊号：CN50-1215/C
主办单位：重庆社会主义学院
主管单位：中共重庆市委统一战线工作部
地址：重庆市南岸区涂山路 140 号，cqsh. cbpt. cnki. net

刊名：透析与人工器官
刊号：CN12-1219/R
主办单位：天津市泌尿外科研究所
主管单位：天津市教育委员会
地址：天津市河西区平江道 23 号，txrg. cbpt. cnki. net

刊名：图书馆
刊号：CN43-1031/G2
主办单位：湖南省图书馆、湖南省图书馆学会
主管单位：湖南省文化和旅游厅
地址：湖南省长沙市芙蓉区韶山北路 169 号《图书馆》编辑部，www. library. hn. cn/gbkw/tsgzz

刊名：图书馆工作与研究
刊号：CN12-1020/G2
主办单位：天津市图书馆、天津市图书馆学会、天津市少年儿童图书馆
主管单位：天津市文化广播影视局
地址：天津市南开区复康路 15 号，bjb. tjl. tj. cn

刊名：图书馆建设
刊号：CN23-1331/G2
主办单位：黑龙江省图书馆学会、黑龙江省图书馆
主管单位：黑龙江省文化和旅游厅
地址：黑龙江省哈尔滨市南岗区长江路 218 号，www. tsgjs. org. cn

刊名：图书馆界
刊号：CN45-1042/G2
主办单位：广西壮族自治区图书馆学会、广西壮族自治区图书馆
主管单位：广西壮族自治区图书馆学会、广西壮族自治区图书馆
地址：广西壮族自治区南宁市青秀区民族大道 61 号广西壮族自治区图书馆学会《图书馆界》编辑部，202.103.233.140：8006

刊名：图书馆理论与实践
刊号：CN64-1004/G2
主办单位：宁夏回族自治区图书馆学会、宁夏回族自治区图书馆
主管单位：宁夏回族自治区文化和旅游厅
地址：宁夏回族自治区银川市金凤区广场东路 8 号宁夏回族自治区图书馆，www. libedit. cn

刊名：图书馆论坛
刊号：CN44-1306/G2
主办单位：广东省立中山图书馆
主管单位：广东省文化和旅游厅
地址：广东省广州市越秀区文明路 213 号，tsglt. zslib. com. cn

刊名：图书馆学刊
刊号：CN21-1033/G2
主办单位：辽宁省图书馆、辽宁省图书馆学会
主管单位：辽宁省文化演艺集团（辽宁省公共文化服务中心）
地址：辽宁省沈阳市浑南区智慧二街 168 号，www. tsgxk. net

刊名：图书馆研究
刊号：CN36-1324/G2
主办单位：江西省图书馆学会、江西省图书馆
主管单位：江西省文化和旅游厅
地址：江西省南昌市东湖区洪都北大道 198 号，tsgyj. jxlibrary. net

刊名：图书馆杂志
刊号：CN31-1108/G2
主办单位：上海市图书馆、上海市科学技术情报研究所、上海市图书馆学会
主管单位：上海市图书馆、上海市科学技术情报研究所
地址：上海市静安区长乐路 746 号，www. library-journal. com. cn

刊名：图书情报导刊
刊号：CN14-1383/G2
主办单位：山西省科学技术情报研究所、山西省科

学技术情报学会
主管单位：山西省科学技术厅
地址：山西省太原市迎泽区迎泽大街366号，www.tsqbdk.cn

刊名：图书情报工作
刊号：CN11-1541/G2
主办单位：中国科学院文献情报中心
主管单位：中国科学院
地址：北京市海淀区北四环西路33号614室，www.lis.ac.cn

刊名：图书情报知识
刊号：CN42-1085/G2
主办单位：武汉大学
主管单位：中华人民共和国教育部
地址：湖北省武汉市武昌区珞珈山16号武汉大学信息管理学院《图书情报知识》编辑部，dik.whu.edu.cn

刊名：图书与情报
刊号：CN62-1026/G2
主办单位：甘肃省图书馆、甘肃省科技情报研究所
主管单位：甘肃省文化和旅游厅
地址：甘肃省兰州市城关区南滨河东路488号，www.tsyqb.com

刊名：图学学报
刊号：CN10-1034/T
主办单位：中国图学学会
主管单位：中国科学技术学会
地址：北京市海淀区学院路37号，www.txxb.com.cn

刊名：涂料工业
刊号：CN32-1154/TQ
主办单位：中海油常州涂料化工研究院有限公司
主管单位：中海油常州涂料化工研究院有限公司
地址：江苏省常州市钟楼区龙江中路22号，www.cn-pci.com

刊名：涂层与防护
刊号：CN32-1879/TQ
主办单位：中海油常州涂料化工研究院有限公司、中国化工学会涂料涂装专业委员会
主管单位：中海油常州涂料化工研究院有限公司
地址：江苏省常州市钟楼区龙江中路22号，tgjc.whrsm.ac.cn

刊名：土工基础
刊号：CN42-1151/TU
主办单位：湖北省土木建筑学会、中国科学院武汉岩土力学研究所、武汉土木建筑学会
主管单位：湖北省科学技术协会
地址：湖北省武汉市武昌区中国科学院武汉岩土力学研究所，tgjc.whrsm.ac.cn

刊名：土木工程学报
刊号：CN11-2120/TU
主办单位：中国土木工程学会
主管单位：中华人民共和国住房和城乡建设部
地址：北京市海淀区三里河路9号住房和城乡建设部北附楼，manu36.magtech.com.cn/Jwk_tmgcxb

刊名：土木工程与管理学报
刊号：CN42-1816/TU
主办单位：华中科技大学
主管单位：中华人民共和国教育部
地址：湖北省武汉市洪山区珞喻路1037号，juse.hust.edu.cn

刊名：土木建筑工程信息技术
刊号：CN11-5823/TU
主办单位：中国图学学会
主管单位：中国科学技术协会
地址：北京市朝阳区北三环东路30号，tmjzgcxxjs.manuscripts.cn

刊名：土木与环境工程学报（中英文）
刊号：CN50-1218/TU
主办单位：重庆大学
主管单位：重庆大学
地址：重庆市沙坪坝区沙坪坝正街174号重庆大学期刊社，qks.cqu.edu.cn

刊名：土壤
刊号：CN32-1118/P
主办单位：中国科学院南京土壤研究所
主管单位：中国科学院
地址：江苏省南京市玄武区北京东路71号中国科学院南京土壤研究所，soils.issas.ac.cn

刊名：土壤通报
刊号：CN21-1172/S
主办单位：中国土壤学会
主管单位：中国科学技术协会
地址：辽宁省沈阳市沈河区东陵路 120 号沈阳农业大学内《土壤通报》编辑部，www.trtb.net

刊名：土壤学报
刊号：CN32-1119/P
主办单位：中国土壤学会
主管单位：中国科学院
地址：江苏省南京市玄武区北京东路 71 号，pedologica.issas.ac.cn

刊名：土壤与作物
刊号：CN23-1580/S
主办单位：中国科学院东北地理与农业生态研究所农业技术中心
主管单位：中国科学院东北地理与农业生态研究所
地址：黑龙江省哈尔滨市南岗区哈平路 138 号，www.tryzw.cbpt.cnki.net

刊名：吐鲁番学研究
刊号：CN65-1268K
主办单位：新疆吐鲁番学研究院
主管单位：新疆吐鲁番学研究院
地址：新疆维吾尔自治区吐鲁番市高昌区木纳尔路 1268 号，www.serindia.org.cn/catalog.asp?cate=6

刊名：团结
刊号：CN11-2445/D
主办单位：民革中央宣传部
主管单位：民革中央
地址：北京市东城区东黄城根南街 84 号，www.minge.gov.cn/GB/415170

刊名：推进技术
刊号：CN11-1813/V
主办单位：中国航天科工集团第三十一研究所
主管单位：中国航天科工集团有限公司
地址：北京市 7208 信箱 26 分箱，www.tjjs.casic.cn

刊名：拖拉机与农用运输车
刊号：CN41-1222/TH
主办单位：洛阳拖拉机研究所有限公司
主管单位：洛阳拖拉机研究所有限公司
地址：河南省洛阳市涧西区西苑路 39 号，tljy.cbpt.cnki.net

W

刊名：外国教育研究
刊号：CN22-1022/G4
主办单位：东北师范大学
主管单位：中华人民共和国教育部
地址：吉林省长春市朝阳区人民大街 5268 号，www.sfe.org.cn

刊名：外国经济与管理
刊号：CN31-1063/F
主办单位：上海财经大学
主管单位：中华人民共和国教育部
地址：上海市杨浦区国定路 777 号，wjgl.sufe.edu.cn

刊名：外国文学
刊号：CN11-1248/I
主办单位：北京外国语大学
主管单位：中华人民共和国教育部
地址：北京市海淀区西三环北路 2 号，wgwxqk.cbpt.cnki.net

刊名：外国文学动态研究
刊号：CN10-1309/I
主办单位：中国社会科学院外国文学研究所、江苏译林出版社有限公司
主管单位：中国社会科学院
地址：北京市东城区建国门内大街 5 号，ifl.cssn.cn/sbkw/wgwx/lkml

刊名：外国文学评论
刊号：CN11-1068/I
主办单位：中国社会科学院外国文学研究所
主管单位：中国社会科学院
地址：北京市东城区建国门内大街 5 号，www.wgwxplzz.cn

刊名：外国文学研究
刊号：CN42-1060/I
主办单位：华中师范大学
主管单位：中华人民共和国教育部

地址：湖北省武汉市洪山区珞瑜路152号华中师范大学文学院1楼，fls. ccnu. edu. cn

刊名：外国问题研究
刊号：CN22-1398/C
主办单位：东北师范大学
主管单位：中华人民共和国教育部
地址：吉林省长春市南关区人民大街5268号东北师范大学，www. nenu. edu. cn/kxyj1/xsqk. htm

刊名：外国语（上海外国语大学学报）
刊号：CN31-1038/H
主办单位：上海外国语大学
主管单位：中华人民共和国教育部
地址：上海市虹口区大连西路550号，jfl. shisu. edu. cn

刊名：外国语文
刊号：CN50-1197/H
主办单位：四川外语学院
主管单位：重庆市教育委员会
地址：重庆市沙坪坝区壮志路33号，www. scwy. cbpt. net

刊名：外国语文研究
刊号：CN42-1863/H
主办单位：华中师范大学
主管单位：中华人民共和国教育部
地址：湖北省武汉市洪山区珞喻路152号华中师范大学，wgyj. cbpt. cnki. net

刊名：外国语言文学
刊号：CN35-1266/G4
主办单位：福建师范大学
主管单位：福建师范大学
地址：福建省福州市仓山区上三路32号福建师范大学校内，fjwy. cbpt. cnki. net

刊名：外国中小学教育
刊号：CN31-1037/G4
主办单位：上海师范大学
主管单位：上海市教育委员会
地址：上海市徐汇区桂林路100号，www. wgzxxjy. cn

刊名：外交评论（外交学院学报）
刊号：CN11-5370/D
主办单位：外交学院
主管单位：中华人民共和国外交部
地址：北京市西城区展览馆路24号，wjxy. cbpt. cnki. net

刊名：外科理论与实践
刊号：CN31-1758/R
主办单位：上海交通大学医学院附属瑞金医院
主管单位：上海交通大学
地址：上海市黄浦区瑞金二路197号，wkll. chinajournal. net. cn

刊名：外科研究与新技术
刊号：CN31-2073/R
主办单位：同济大学
主管单位：中华人民共和国教育部
地址：上海市普陀区新村路389号，www. srant. com

刊名：外文研究
刊号：CN41-1424/H
主办单位：河南大学
主管单位：河南大学
地址：河南省开封市顺河回族区明伦街85号河南大学明伦校区外语楼，wwyj. henu. edu. cn

刊名：外语测试与教学
刊号：CN31-2047/G4
主办单位：上海外国语大学
主管单位：中华人民共和国教育部
地址：上海市虹口区大连西路558号，wycj. cbpt. cnki. net

刊名：外语电化教学
刊号：CN31-1036/G4
主办单位：上海外国语大学
主管单位：中华人民共和国教育部
地址：上海市虹口区大连西路550号，www. wydhjx. cbpt. cnki. net

刊名：外语教学
刊号：CN61-1023/H
主办单位：西安外国语大学
主管单位：陕西省教育厅
地址：陕西省西安市雁塔区长安南路437号西安外国语大学雁塔校区62号信箱学报编辑部，xwxb. xisu. edu. cn

刊名：外语教学理论与实践
刊号：CN31-1964/H
主办单位：华东师范大学
主管单位：中华人民共和国教育部
地址：上海市闵行区东川路 500 号，www. teachlanguage. ecnu. edu. cn

刊名：外语教学与研究
刊号：CN11-1251/G4
主办单位：北京外国语大学
主管单位：中华人民共和国教育部
地址：北京市海淀区西三环北路 2 号，www. fltr. ac. cn

刊名：外语界
刊号：CN31-1040/H
主办单位：上海外国语大学
主管单位：中华人民共和国教育部
地址：上海市虹口区大连西路 558 号，www. waiyujie. net

刊名：外语学刊
刊号：CN23-1071/H
主办单位：黑龙江大学
主管单位：黑龙江大学
地址：黑龙江省哈尔滨市南岗区学府路 74 号黑龙江大学社科楼，waiyuxuekan. hlju. edu. cn

刊名：外语与翻译
刊号：CN43-1527/H
主办单位：中南大学
主管单位：中华人民共和国教育部
地址：湖南省长沙市岳麓区潇湘中路中南大学新校区外语南楼 325，sfl. csu. edu. cn/Content. aspx? moduleid = 62520e0e-9872-42d5-987f-d4c88bd6253d&id =0

刊名：外语与外语教学
刊号：CN21-1060/H
主办单位：大连外国语大学
主管单位：辽宁省教育厅
地址：辽宁省大连市旅顺口区旅顺南路西段 6 号，wyywyjx. dlufl. edu. cn

刊名：皖南医学院学报
刊号：CN34-1068/R
主办单位：皖南医学院
主管单位：安徽省教育厅
地址：安徽省芜湖市弋江区文昌西路 22 号，xuebao. wnmc. edu. cn

刊名：皖西学院学报
刊号：CN34-1232/Z
主办单位：皖西学院
主管单位：安徽省教育厅
地址：安徽省六安市裕安区云露桥西《皖西学院学报》编辑部，xuebao. wxc. edu. cn

刊名：网络空间安全
刊号：CN10-1421/TP
主办单位：中国电子信息产业发展研究院、赛迪工业和信息化研究院（集团）有限公司
主管单位：中华人民共和国工业和信息化部
地址：北京市海淀区紫竹院路 66 号，www. css. ccidgroup. com

刊名：网络新媒体技术
刊号：CN10-1055/TP
主办单位：中国科学院声学研究所
主管单位：中国科学院
地址：北京市海淀区北四环西路 21 号，xmt. ioa. ac. cn

刊名：网络与信息安全学报
刊号：CN10-1366/TP
主办单位：人民邮电出版社
主管单位：中华人民共和国工业和信息化部
地址：北京市东城区广渠门内大街 80 号 606 室，www. cjnis. com. cn

刊名：微波学报
刊号：CN32-1493/TN
主办单位：中国电子学会
主管单位：中国科学技术协会
地址：江苏省南京市雨花台区国睿路 8 号，www. mwjournal. org

刊名：微处理机
刊号：CN21-1216/TP
主办单位：中国电子科技集团公司第四十七研究所
主管单位：中国电子科技集团有限公司
地址：辽宁省沈阳市皇姑区陵园街 20 号，www. weichuliji. cn

刊名：微创医学
刊号：CN45-1341/R
主办单位：广西壮族自治区医学科学信息研究所
主管单位：广西壮族自治区卫生健康委员会
地址：广西壮族自治区南宁市青秀区东葛路207号，wcyxzz. gxmi. net

刊名：微电子学
刊号：CN50-1090/TN
主办单位：中国电子科技集团公司第二十四研究所
主管单位：中国电子科技集团有限公司
地址：重庆市南岸区南坪花园路14号《微电子学》编辑部，www. microelec. cn

刊名：微电子学与计算机
刊号：CN61-1123/TN
主办单位：西安微电子技术研究所
主管单位：中国航天科技集团有限公司
地址：陕西省西安市雁塔区太白南路198号，wdzxyjsj. cn

刊名：微量元素与健康研究
刊号：CN52-1081/R
主办单位：贵州中医药大学
主管单位：贵州中医药大学
地址：贵州省贵阳市南明区市东路50号，wyjk. cbpt. cnki. net

刊名：微纳电子技术
刊号：CN13-1314/TN
主办单位：中国电子科技集团公司第十三研究所
主管单位：中国电子科技集团有限公司
地址：河北省石家庄市新华区合作路113号，www. bdtq. cbpt. cnki. net

刊名：微生物学报
刊号：CN11-1995/Q
主办单位：中国科学院微生物研究所、中国微生物学会
主管单位：中国科学院
地址：北京市朝阳区北辰西路1号院3号，journals. im. ac. cn

刊名：微生物学免疫学进展
刊号：CN62-1120/R
主办单位：兰州生物制品研究所有限责任公司
主管单位：中国生物技术股份有限公司
地址：甘肃省兰州市城关区盐场路888号，wsmy. cbpt. cnki. net

刊名：微生物学通报
刊号：CN11-1996/Q
主办单位：中国科学院微生物研究所、中国微生物学会
主管单位：中国科学院
地址：北京市朝阳区北辰西路1号院4号，journals. im. ac. cn

刊名：微生物学杂志
刊号：CN21-1186/Q
主办单位：辽宁省微生物学会、中国微生物学会、辽宁省微生物科学研究院
主管单位：辽宁省科学技术厅
地址：辽宁省朝阳市双塔区龙山街四段820号，wswx. cnjournals. com

刊名：微生物与感染
刊号：CN31-1966/R
主办单位：复旦大学
主管单位：中华人民共和国教育部
地址：上海市徐汇区医学院路138号，jmi. fudan. edu. cn

刊名：微特电机
刊号：CN31-1428/TM
主办单位：中国电子科技集团公司第二十一研究所
主管单位：中国电子科技集团有限公司
地址：上海市徐汇区虹漕路30号，www. ssemj. com

刊名：微体古生物学报
刊号：CN32-1189/Q
主办单位：中国科学院南京地质古生物研究所
主管单位：中国科学院
地址：江苏省南京市玄武区北京东路39号，wtg-swxb. chinasciencejournal. com

刊名：微型电脑应用
刊号：CN31-1634/TP
主办单位：上海市微型电脑应用学会
主管单位：上海市科学技术协会

地址：上海市徐汇区华山路1954号，www.smcaa.cn

刊名：微循环学杂志

刊号：CN42-1321/R

主办单位：武汉大学人民医院、中国病理生理学会微循环专业委员会

主管单位：中华人民共和国教育部

地址：湖北省武汉市武昌区张之洞路9号，wxhx.chinajournal.net.cn

刊名：维吾尔医药

刊号：CN65-1167/R

主办单位：新疆维吾尔自治区维吾尔医药研究所

主管单位：新疆维吾尔自治区卫生健康委员会

地址：新疆维吾尔自治区乌鲁木齐市新市区河南东路860号

刊名：潍坊工程职业学院学报

刊号：CN37-1494/G4

主办单位：潍坊工程职业学院

主管单位：山东省教育厅

地址：山东省潍坊市青州市云门山南路8979号，wfjy.cbpt.cnki.net

刊名：潍坊学院学报

刊号：CN37-1375/Z

主办单位：潍坊学院

主管单位：山东省教育厅

地址：山东省潍坊市奎文区东风东街5147号，wfxy.cbpt.cnki.net

刊名：潍坊医学院学报

刊号：CN37-1195/R

主办单位：潍坊医学院

主管单位：山东省教育厅

地址：山东省潍坊市潍城区宝通西街7166号，wyxb.wfmc.edu.cn

刊名：卫生经济研究

刊号：CN33-1056/F

主办单位：浙江省卫生财会管理中心

主管单位：浙江省卫生健康委员会

地址：浙江省杭州市上城区大学路91号，www.wsjjyj.com

刊名：卫生软科学

刊号：CN53-1083/R

主办单位：中国卫生经济学会、云南省卫生健康委员会

主管单位：中华人民共和国国家卫生健康委员会

地址：云南省昆明市五华区人民西路保利六合5栋505，www.wsrkx.net

刊名：卫生研究

刊号：CN11-2158/R

主办单位：中国疾病预防控制中心

主管单位：中华人民共和国国家卫生健康委员会

地址：北京市西城区南纬路29号，wsyj.cbpt.cnki.net

刊名：卫生职业教育

刊号：CN62-1167/R

主办单位：甘肃省医学科学研究院

主管单位：甘肃省卫生健康委员会

地址：甘肃省兰州市城关区东岗西路60号，www.wszyjy.com.cn

刊名：未来传播

刊号：CN33-1412/G2

主办单位：浙江传媒学院

主管单位：浙江省教育厅

地址：浙江省杭州市江干区下沙高教园区学源路998号浙江传媒学院图书馆807，zjcmxyxb.paperopen.com

刊名：未来与发展

刊号：CN11-1627/G3

主办单位：中国未来研究会

主管单位：中国科学技术协会

地址：北京市海淀区学院南路86号，www.weilaiyufazhan.com

刊名：胃肠病学

刊号：CN31-1797/R

主办单位：上海交通大学医学院附属仁济医院

主管单位：中华人民共和国教育部

地址：上海市黄浦区山东中路145号，www.cjge-manuscriptcentral.com

刊名：胃肠病学和肝病学杂志

刊号：CN41-1221/R

主办单位：郑州大学

主管单位：郑州大学
地址：河南省郑州市二七区大学路 40 号，www.wcbx.cn

刊名：渭南师范学院学报
刊号：CN61-1372/G4
主办单位：渭南师范学院
主管单位：陕西省教育厅
地址：陕西省渭南市临渭区朝阳大街中段，xbbjb.wnu.edu.cn

刊名：温州大学学报（社会科学版）
刊号：CN33-1345/C
主办单位：温州大学
主管单位：温州大学
地址：浙江省温州市瓯海区茶山高教园区《温州大学学报》编辑部，xuebao.wzu.edu.cn

刊名：温州大学学报（自然科学版）
刊号：CN33-1344/N
主办单位：温州大学
主管单位：温州大学
地址：浙江省温州市瓯海区茶山高教园区《温州大学学报》编辑部，xuebao.wzu.edu.cn

刊名：温州医科大学学报
刊号：CN33-1386/R
主办单位：温州医科大学
主管单位：温州医科大学
地址：浙江省温州市瓯海区茶山高教园区，xb.qk.wmu.edu.cn

刊名：温州职业技术学院学报
刊号：CN33-1276/Z
主办单位：温州职业技术学院
主管单位：浙江省教育厅
地址：浙江省温州市瓯海区茶山高教园区《温州职业技术学院学报》编辑部，xb.wzvtc.cn

刊名：文博
刊号：CN61-1009/K
主办单位：陕西省文物局
主管单位：陕西省文物局
地址：陕西省西安市雁塔区小寨东路 91 号陕西历史博物馆

刊名：文化学刊
刊号：CN21-1545/C
主办单位：辽宁社会科学院
主管单位：辽宁社会科学院
地址：辽宁省沈阳市皇姑区泰山路 86 号，whxu.chinajournal.net.cn

刊名：文化遗产
刊号：CN44-1645/G0
主办单位：中山大学
主管单位：中山大学
地址：广东省广州市海珠区新港西路 135 号中山大学中文堂，www.sysu.edu.cn

刊名：文化艺术研究
刊号：CN33-1355/J
主办单位：浙江省文化艺术研究院
主管单位：浙江省文化和旅游厅
地址：浙江省杭州市西湖区西溪路 550 号西溪新座 7 幢 B 座 5 楼

刊名：文化与传播
刊号：CN45-1383/G2
主办单位：广西大学
主管单位：广西大学
地址：广西壮族自治区南宁市西乡塘区大学东路 100 号广西大学新闻与传播学院 503 室

刊名：文教资料
刊号：CN32-1032/C
主办单位：南京师范大学
主管单位：江苏省教育厅
地址：江苏省南京市鼓楼区宁海路 122 号南京师范大学文学院，www.wjzl.com

刊名：文山学院学报
刊号：CN53-1216/Z
主办单位：文山学院
主管单位：云南省教育厅
地址：云南省文山壮族苗族自治州文山市开化镇学府路 66 号，wssz.cbpt.cnki.net

刊名：文史
刊号：CN11-1678/K
主办单位：中华书局有限公司
主管单位：中国出版传媒股份有限公司

地址：北京市丰台区太平桥西里38号，www.zhbc.com.cn/zhsj/fg/peri/periinfo.html?periodicalid=402882255219db1701521ad2b3580014

刊名：文史杂志

刊号：CN51-1050/K

主办单位：四川省人民政府文史研究馆、四川省政府参事室

主管单位：四川省人民政府文史研究馆

地址：四川省成都市锦江区暑袜中街42号，css.sc.gov.cn

刊名：文史哲

刊号：CN37-1101/C

主办单位：山东大学

主管单位：中华人民共和国教育部

地址：山东省济南市历城区山大南路27号，www.lhp.sdu.edu.cn

刊名：文物

刊号：CN11-1532/K

主办单位：文物出版社有限公司

主管单位：国家文物局

地址：北京市东城区东直门内北小街2号楼，www.zgwwcbcm.com/index.php/Home/Basics/qikan/pid/7.html

刊名：文物保护与考古科学

刊号：CN31-1652/K

主办单位：上海博物馆

主管单位：上海市文化广播影视管理局（上海市文物局）

地址：上海市徐汇区龙吴路1118号，www.wwbhkgkx.net

刊名：文物春秋

刊号：CN13-1121/K

主办单位：河北博物院

主管单位：河北省文化和旅游厅

地址：河北省石家庄市裕华区育才街181号，wwcq.cbpt.cnki.net

刊名：文物鉴定与鉴赏

刊号：CN34-1312/K

主办单位：时代出版传媒股份有限公司

主管单位：安徽出版集团有限责任公司

地址：安徽省合肥市蜀山区翡翠路1118号出版传媒广场10楼，wwjs.cbpt.cnki.net

刊名：文物世界

刊号：CN14-1255/K

主办单位：山西省文物局

主管单位：山西省文物局

地址：山西省太原市迎泽区文庙巷33号

刊名：文物天地

刊号：CN11-1533/K

主办单位：中国文物报社

主管单位：国家文物局

地址：北京市东城区东直门内北小街2号楼

刊名：文献

刊号：CN11-1588/G2

主办单位：国家图书馆

主管单位：中华人民共和国文化和旅游部

地址：北京市海淀区中关村南大街33号

刊名：文学评论

刊号：CN11-1037/I

主办单位：中国社会科学院文学研究所

主管单位：中国社会科学院

地址：北京市东城区建国门内大街5号《文学评论》编辑部，www.wxpl.org

刊名：文学研究文摘

刊号：CN11-5777/I

主办单位：中国人民大学

主管单位：中华人民共和国教育部

地址：北京市海淀区中关村大街甲59号文化大厦13、14层，www.zlzx.com.cn

刊名：文学遗产

刊号：CN11-1009/I

主办单位：中国社会科学院文学研究所

主管单位：中国社会科学院

地址：北京市东城区建国门内大街5号《文学遗产》编辑部，wxyc.literature.org.cn

刊名：文学与文化

刊号：CN12-1415/I

主办单位：南开大学出版社有限公司

主管单位：南开大学

地址：天津市南开区卫津路94号南开大学范孙楼326-1室，wxy. nankai. edu. cn

刊名：文学自由谈
刊号：CN12-1015/I
主办单位：天津市文学艺术界联合会
主管单位：天津市文学艺术界联合会
地址：天津市和平区新华路237号，www. tjswl. cn/class/wxzyt

刊名：文艺理论研究
刊号：CN31-1152/I
主办单位：中国文艺理论学会、华东师范大学
主管单位：中华人民共和国教育部
地址：上海市普陀区中山北路3663号，tsla. ecnu. edu. cn

刊名：文艺理论与批评
刊号：CN11-1581/J
主办单位：中国艺术研究院
主管单位：中华人民共和国文化和旅游部
地址：北京市朝阳区惠新北里甲1号，www. wyl-lypp. cn

刊名：文艺评论
刊号：CN23-1059/I
主办单位：黑龙江省文学艺术界联合会
主管单位：黑龙江省文学艺术界联合会
地址：黑龙江省哈尔滨市香坊区文府街6-1号

刊名：文艺研究
刊号：CN11-1672/J
主办单位：中国艺术研究院
主管单位：中华人民共和国文化和旅游部
地址：北京市朝阳区惠新北里甲1号，www. zgysyjy. org. cn/151/151_1. html

刊名：文艺争鸣
刊号：CN22-1031/I
主办单位：吉林省文学艺术界联合会
主管单位：吉林省文学艺术界联合会
地址：吉林省长春市朝阳区自由大路509号，www. wenyizhengming. com

刊名：乌鲁木齐职业大学学报
刊号：CN65-1191/G4
主办单位：乌鲁木齐职业大学
主管单位：乌鲁木齐职业大学
地址：新疆维吾尔自治区乌鲁木齐市天山区幸福路723号，www. uvu. edu. cn

刊名：乌鲁木齐职业大学学报（维文版）
刊号：CN65-1280/G4
主办单位：乌鲁木齐职业大学
主管单位：乌鲁木齐职业大学
地址：新疆维吾尔自治区乌鲁木齐市天山区幸福路723号，www. uvu. edu. cn

刊名：无机材料学报
刊号：CN31-1363/TQ
主办单位：中国科学院上海硅酸盐研究所
主管单位：中国科学院
地址：上海市长宁区定西路1295号，www. jim. org. cn

刊名：无机化学学报
刊号：CN32-1185/O6
主办单位：中国化学会
主管单位：中国科学技术协会
地址：江苏省南京市栖霞区仙林大道163号南京大学化学楼，www. wjhxxb. cn

刊名：无机盐工业
刊号：CN12-1069/TQ
主办单位：中海油天津化工研究设计院有限公司、中海油炼油化工科学研究院（北京）有限公司、中国化工学会无机酸碱盐专业委员会
主管单位：中海油天津化工研究设计院有限公司
地址：天津市红桥区丁字沽三号路85号，www. wjy-gy. com. cn

刊名：无损检测
刊号：CN31-1335/TG
主办单位：中国机械工程学会、上海材料研究所
主管单位：中国科学技术协会
地址：上海市虹口区邯郸路99号，www. mat-test. com

刊名：无损探伤
刊号：CN21-1230/TH
主办单位：辽宁仪表研究所

主管单位：辽宁省机械工程学会
地址：辽宁省丹东市振兴区春三路23号

刊名：无锡商业职业技术学院学报
刊号：CN32-1644/Z
主办单位：无锡商业职业技术学院
主管单位：江苏省教育厅
地址：江苏省无锡市滨湖区钱胡路809号，wxsy.cbpt.cnki.net

刊名：无锡职业技术学院学报
刊号：CN32-1678/Z
主办单位：无锡职业技术学院
主管单位：江苏省教育厅
地址：江苏省无锡市滨湖区大学城高浪西路1600号，xzxb.wxit.edu.cn

刊名：无线电工程
刊号：CN13-1097/TN
主办单位：中国电子科技集团公司第五十四研究所
主管单位：中国电子科技集团有限公司
地址：河北省石家庄市174信箱215分箱，www.wxdg.cbpt.cnki.net

刊名：无线电通信技术
刊号：CN13-1099/TN
主办单位：中国电子科技集团公司第五十四研究所
主管单位：中国电子科技集团有限公司
地址：河北省石家庄市174信箱215分箱，wxdt.cbpt.cnki.net

刊名：无线通信技术
刊号：CN61-1361/TN
主办单位：电信科学技术第四研究所
主管单位：电信科学技术研究院
地址：陕西省西安市雁塔区翠华路275号

刊名：芜湖职业技术学院学报
刊号：CN34-1184/G4
主办单位：芜湖职业技术学院
主管单位：安徽省教育厅
地址：安徽省芜湖市弋江区文津西路201号，www.whit.ah.cn

刊名：梧州学院学报
刊号：CN45-1352/Z
主办单位：梧州学院
主管单位：梧州学院
地址：广西壮族自治区梧州市万秀区富民三路82号，wzfx.cbpt.cnki.net

刊名：五台山研究
刊号：CN14-1080/B
主办单位：《五台山研究》编辑部
主管单位：山西省社会科学院
地址：山西省太原市小店区大昌南路14号

刊名：五邑大学学报（社会科学版）
刊号：CN44-1470/C
主办单位：五邑大学
主管单位：广东省教育厅
地址：广东省江门市蓬江区东成村22号五邑大学内，www.wyu.edu.cn/gjxb

刊名：五邑大学学报（自然科学版）
刊号：CN44-1410/N
主办单位：五邑大学
主管单位：广东省教育厅
地址：广东省江门市蓬江区东成村22号五邑大学内，www.wyu.edu.cn/gjxb

刊名：武汉船舶职业技术学院学报
刊号：CN42-1670/Z
主办单位：武汉船舶职业技术学院
主管单位：湖北省教育厅
地址：湖北省武汉市汉阳区月湖街铁桥南村2号，www.wspc.edu.cn

刊名：武汉大学学报（工学版）
刊号：CN42-1675/T
主办单位：武汉大学
主管单位：中华人民共和国教育部
地址：湖北省武汉市武昌区珞珈山16号武汉大学本科生院楼，www.wsdd.cbpt.cnki.net

刊名：武汉大学学报（理学版）
刊号：CN42-1674/N
主办单位：武汉大学
主管单位：中华人民共和国教育部
地址：湖北省武汉市武昌区珞珈山16号武汉大学科技期刊中心，www.whdxxblxb.cn

刊名：武汉大学学报（哲学社会科学版）
刊号：CN42-1071/C
主办单位：武汉大学
主管单位：中华人民共和国教育部
地址：湖北省武汉市武昌区珞珈山 16 号武汉大学外院 5024 室，www. wujhss. whu. edu. cn

刊名：武汉大学学报（信息科学版）
刊号：CN42-1676/TN
主办单位：武汉大学
主管单位：中华人民共和国教育部
地址：湖北省武汉市武昌区珞珈山 16 号武汉大学文理学部本科生院北楼《武汉大学学报（信息科学版）》编辑部，ch. whu. edu. cn

刊名：武汉大学学报（医学版）
刊号：CN42-1677/R
主办单位：武汉大学
主管单位：中华人民共和国教育部
地址：湖北省武汉市武昌区珞珈山 16 号武汉大学本科生院北楼 5 楼 503 室，mjwhu. cbpt. cnki. net

刊名：武汉纺织大学学报
刊号：CN42-1818/Z
主办单位：武汉纺织大学
主管单位：湖北省教育厅
地址：湖北省武汉市洪山区纺织路 1 号，qks. wtu. edu. cn

刊名：武汉工程大学学报
刊号：CN42-1779/TQ
主办单位：武汉工程大学
主管单位：湖北省教育厅
地址：湖北省武汉市洪山区雄楚大道 693 号，www. jwit. org. cn

刊名：武汉工程职业技术学院学报
刊号：CN42-1652/Z
主办单位：武汉工程职业技术学院
主管单位：武汉钢铁（集团）公司
地址：湖北省武汉市青山区和平大道 1085 号，www. wgxy. net

刊名：武汉公安干部学院学报
刊号：CN42-1584/D
主办单位：武汉公安干部学院
主管单位：武汉市公安局
地址：湖北省武汉市黄陂区滠口街特 1 号

刊名：武汉交通职业学院学报
刊号：CN42-1746/U
主办单位：武汉交通职业学院
主管单位：湖北省教育厅
地址：湖北省武汉市洪山区黄家湖西路 6 号武汉交通职业学院，jtgl. cbpt. cnki. net

刊名：武汉金融
刊号：CN42-1593/F
主办单位：中国金融学会、《武汉金融》杂志社
主管单位：中国人民银行武汉分行
地址：湖北省武汉市武昌区中南路 69 号，yhqy. cbpt. cnki. net

刊名：武汉科技大学学报
刊号：CN42-1608/N
主办单位：武汉科技大学
主管单位：武汉科技大学
地址：湖北省武汉市青山区建设一路《武汉科技大学学报》编辑部，wkdxb. wust. edu. cn

刊名：武汉科技大学学报（社会科学版）
刊号：CN42-1596/C
主办单位：武汉科技大学
主管单位：武汉科技大学
地址：湖北省武汉市青山区建设一路《武汉科技大学学报》编辑部，wkdxb. wust. edu. cn

刊名：武汉理工大学学报
刊号：CN42-1657/N
主办单位：武汉理工大学
主管单位：中华人民共和国教育部
地址：湖北省武汉市洪山区珞狮路 122 号，www. whlgdxxb. com. cn

刊名：武汉理工大学学报（交通科学与工程版）
刊号：CN42-1824/U
主办单位：武汉理工大学
主管单位：中华人民共和国教育部
地址：湖北省武汉市武昌区和平大道 1040 号 89 信箱，www. jwuttse. net

刊名：武汉理工大学学报（社会科学版）

刊号：CN42-1660/C
主办单位：武汉理工大学
主管单位：中华人民共和国教育部
地址：湖北省武汉市武昌区和平大道1178号50信箱，www.whxbsk.net

刊名：武汉理工大学学报（信息与管理工程版）
刊号：CN42-1825/TP
主办单位：武汉理工大学
主管单位：中国人民共和国教育部
地址：湖北省武汉市洪山区珞狮路205号《武汉理工大学学报（信息与管理工程版）》编辑部，www.jwutim.net

刊名：武汉轻工大学学报
刊号：CN42-1856/T
主办单位：武汉轻工大学
主管单位：湖北省教育厅
地址：湖北省武汉市东西湖区常青花园学府南路68号，xuebao.whpu.edu.cn

刊名：武汉商学院学报
刊号：CN42-1860/F
主办单位：武汉商学院
主管单位：湖北省教育厅
地址：湖北省武汉市蔡甸区经济技术开发区东风大道816号，xyxb.wbu.edu.cn

刊名：武汉体育学院学报
刊号：CN42-1105/G8
主办单位：武汉体育学院
主管单位：武汉体育学院
地址：湖北省武汉市洪山区珞喻路461号武汉体育学院行政楼，xuebao.whsu.edu.cn

刊名：武汉冶金管理干部学院学报
刊号：CN42-1580/TF
主办单位：武汉冶金管理干部学院
主管单位：武钢（集团）公司
地址：湖北省武汉市青山区和平大道941号，www.wgxy.net

刊名：武汉职业技术学院学报
刊号：CN42-1669/Z
主办单位：武汉职业技术学院
主管单位：湖北省教育厅
地址：湖北省武汉市洪山区关山大道463号，xb.wtc.edu.cn

刊名：武警学院学报
刊号：CN13-1228/E
主办单位：中国人民武装警察部队学院
主管单位：中华人民共和国公安部新闻宣传局
地址：河北省廊坊市安次区西昌路220号《武警学院学报》编辑部，wuji.cbpt.cnki.net

刊名：武陵学刊
刊号：CN43-1506/C
主办单位：湖南文理学院
主管单位：湖南省教育厅
地址：湖南省常德市武陵区滨湖路1708号，xbbjb.huas.cn

刊名：武术研究
刊号：CN14-1387/G8
主办单位：山西体育文化传媒有限公司
主管单位：山西省体育局
地址：山西省太原市小店区大营盘寇庄北街3号

刊名：武夷科学
刊号：CN35-1104/Z
主办单位：福建农林大学作物病虫生物防治研究所
主管单位：福建省科学技术厅
地址：福建省福州市仓山区上下店路15号，wykx.cbpt.cnki.net

刊名：武夷学院学报
刊号：CN35-1293/G4
主办单位：武夷学院
主管单位：福建省教育厅
地址：福建省南平市武夷山市百花路358号，xb.wuyiu.edu.cn

刊名：舞蹈
刊号：CN11-1546/J
主办单位：中国舞蹈家协会
主管单位：中国文学艺术界联合会
地址：北京市朝阳区农展馆南里10号中国文联大楼16层，www.wudaozz.cn

刊名：物理
刊号：CN11-1957/O4

主办单位：中国科学院物理研究所、中国物理学会
主管单位：中国科学院
地址：北京市海淀区中关村南三街8号中国科学院物理研究所内，www.wuli.ac.cn

刊名：物理测试
刊号：CN11-2119/O4
主办单位：中国钢研科技集团有限公司
主管单位：中国钢铁工业协会
地址：北京市海淀区学院南路76号，www.chinamet.cn/Jweb_wlcs/CN/volumn/current.shtml

刊名：物理化学学报
刊号：CN11-1892/O6
主办单位：中国化学会、北京大学
主管单位：中国科学技术协会
地址：北京市海淀区成府路202号北京大学化学学院《物理化学学报》编辑部，www.whxb.pku.edu.cn

刊名：物理教师
刊号：CN32-1216/O4
主办单位：苏州大学
主管单位：江苏省教育厅
地址：江苏省苏州市姑苏区十梓街1号《物理教师》编辑部，physicsteacher.suda.edu.cn

刊名：物理教学
刊号：CN31-1033/G4
主办单位：中国物理学会
主管单位：中国科学技术协会
地址：上海市普陀区中山北路3663号，wljx.ecnu.edu.cn

刊名：物理教学探讨
刊号：CN50-1061/G4
主办单位：西南师范大学
主管单位：西南师范大学
地址：重庆市北碚区天生路2号，wljxttzzs.swu.edu.cn

刊名：物理实验
刊号：CN22-1144/O4
主办单位：东北师范大学
主管单位：中华人民共和国教育部
地址：吉林省长春市南关区人民大街5268号东北师范大学内，www.wlsyzz.com

刊名：物理通报
刊号：CN13-1084/O4
主办单位：河北省物理学会
主管单位：河北省科学技术协会
地址：河北省保定市莲池区五四东路180号，wltb.ijournal.cn

刊名：物理学报
刊号：CN11-1958/O4
主办单位：中国科学院物理研究所、中国物理学会
主管单位：中国科学院
地址：北京市海淀区中关村南三街8号中国科学院物理研究所内，wulixb.iphy.ac.cn

刊名：物理学进展
刊号：CN32-1127/O4
主办单位：中国物理学会
主管单位：中国科学技术协会
地址：江苏省南京市鼓楼区汉口路22号南京大学物理楼221室，www.wlxjz.cn

刊名：物理与工程
刊号：CN11-4483/O3
主办单位：清华大学
主管单位：中华人民共和国教育部
地址：北京市海淀区双清路30号清华园，gkwl.cbpt.cnki.net

刊名：物理之友
刊号：CN32-1307/O4
主办单位：南京师范大学、南京物理学会
主管单位：江苏省教育厅
地址：江苏省南京市鼓楼区宁海路122号，www.jswlzy.com

刊名：物流工程与管理
刊号：CN42-1791/TS
主办单位：中国仓储协会、全国商品养护科技情报中心站
主管单位：全国商品养护科技情报中心站
地址：湖北省武汉市江岸区黄孝河路特1号，www.leam.cn

刊名：物流技术

刊号：CN42-1307/TB
主办单位：中国物资流通学会物流技术经济委员会、全国物资流通科技情报站、湖北物资流通技术研究所
主管单位：湖北物资流通技术研究所
地址：湖北省襄阳市樊城区长虹路7号，www. logisticstech. com

刊名：物流科技
刊号：CN10-1373/F
主办单位：中国商业股份制企业经济联合会
主管单位：中国商业联合会
地址：北京市西城区月坛北街25号30幢3305号，www. wlkj. com. cn

刊名：物探化探计算技术
刊号：CN51-1242/P
主办单位：成都理工大学、中国地质科学院地球物理地球化学勘查研究所
主管单位：四川省教育厅
地址：四川省成都市成华区二仙桥东三路1号，wtht. cbpt. cnki. net

刊名：物探与化探
刊号：CN11-1906/P
主办单位：中国自然资源航空物探遥感中心
主管单位：中华人民共和国自然资源部
地址：北京市海淀区学院路29号中国国土资源航空物探遥感中心，www. wutanyuhuatan. com

刊名：物探装备
刊号：CN13-1309/TE
主办单位：中国石油集团东方地球物理勘探有限责任公司
主管单位：中国石油天然气集团有限公司
地址：河北省保定市涿州市范阳中路307号，wtzb. cbpt. cnki. net

X

刊名：西安财经学院学报
刊号：CN61-1411/F
主办单位：西安财经学院
主管单位：陕西省教育厅
地址：陕西省西安市雁塔区小寨东路64号，qikan. xaufe. edu. cn

刊名：西安电子科技大学学报（社会科学版）
刊号：CN61-1336/C
主办单位：西安电子科技大学
主管单位：陕西省教育厅
地址：陕西省西安市雁塔区太白南路2号，journal. xidian. edu. cn/xdsk

刊名：西安电子科技大学学报
刊号：CN61-1076/TN
主办单位：西安电子科技大学
主管单位：中华人民共和国教育部
地址：陕西省西安市雁塔区太白南路2号，journal. xidian. edu. cn/xdxb

刊名：西安工程大学学报
刊号：CN61-1471/N
主办单位：西安工程大学
主管单位：陕西省教育厅
地址：陕西省西安市碑林区金花南路19号西安工程大学179信箱，xuebao. xpu. edu. cn

刊名：西安工业大学学报
刊号：CN61-1458/N
主办单位：西安工业大学
主管单位：陕西省教育厅
地址：陕西省西安市未央区学府中路2号，xb. xatu. edu. cn

刊名：西安航空学院学报
刊号：CN61-1490/V
主办单位：西安航空学院
主管单位：陕西省教育厅
地址：陕西省西安市莲湖区西二环259号，xhgz. chinajournal. net. cn

刊名：西安建筑科技大学学报（社会科学版）
刊号：CN61-1330/C
主办单位：西安建筑科技大学
主管单位：陕西省教育厅
地址：陕西省西安市碑林区雁塔路13号，jdxbs. xauat. edu. cn

刊名：西安建筑科技大学学报（自然科学版）
刊号：CN61-1295/TU
主办单位：西安建筑科技大学
主管单位：陕西省教育厅

地址：陕西省西安市碑林区雁塔路 13 号，jdxbz. xauat. edu. cn

刊名：西安交通大学学报
刊号：CN61-1069/T
主办单位：西安交通大学
主管单位：中华人民共和国教育部
地址：陕西省西安市碑林区咸宁西路 28 号，zkxb. xjtu. edu. cn

刊名：西安交通大学学报（社会科学版）
刊号：CN61-1329/C
主办单位：西安交通大学
主管单位：中华人民共和国教育部
地址：陕西省西安市碑林区咸宁西路 28 号，skxb. xjtu. edu. cn

刊名：西安交通大学学报（医学版）
刊号：CN61-1399/R
主办单位：西安交通大学
主管单位：中华人民共和国教育部
地址：陕西省西安市雁塔区雁塔西路 76 号，www. jdyxb. cn

刊名：西安科技大学学报
刊号：CN61-1434/N
主办单位：西安科技大学
主管单位：陕西省教育厅
地址：陕西省西安市雁塔区雁塔中路 58 号，xkxb. cbpt. cnki. net

刊名：西安理工大学学报
刊号：CN61-1294/N
主办单位：西安理工大学
主管单位：陕西省教育厅
地址：陕西省西安市碑林区金花南路 5 号《西安理工大学学报》编辑部（648 信箱），xuebao. xaut. edu. cn

刊名：西安石油大学学报（社会科学版）
刊号：CN61-1350/C
主办单位：西安石油大学
主管单位：陕西省教育厅
地址：陕西省西安市雁塔区电子二路 18 号，xass. cbpt. cnki. net

刊名：西安石油大学学报（自然科学版）
刊号：CN61-1435/TE
主办单位：西安石油大学
主管单位：陕西省教育厅
地址：陕西省西安市雁塔区电子二路 18 号，xasy. cbpt. cnki. net

刊名：西安体育学院学报
刊号：CN61-1198/G8
主办单位：西安体育学院
主管单位：陕西省体育局
地址：陕西省西安市碑林区含光北路 65 号，www. xaty. cbpt. cnki. net

刊名：西安外国语大学学报
刊号：CN61-1457/H
主办单位：西安外国语大学
主管单位：陕西省教育厅
地址：陕西省西安市雁塔区长安南路 437 号西安外国语大学雁塔校区 62 号信箱学报编辑部，xwxb. xisu. edu. cn

刊名：西安文理学院学报（社会科学版）
刊号：CN61-1440/C
主办单位：西安文理学院
主管单位：西安市教育局
地址：陕西省西安市雁塔区科技六路 1 号《西安文理学院学报》编辑部，www. xuebao. xawl. edu. cn

刊名：西安文理学院学报（自然科学版）
刊号：CN61-1441/N
主办单位：西安文理学院
主管单位：陕西省教育厅
地址：陕西省西安市雁塔区科技六路 1 号《西安文理学院学报》编辑部，www. xuebao. xawl. edu. cn

刊名：西安邮电大学学报
刊号：CN61-1493/TN
主办单位：西安邮电大学
主管单位：陕西省教育厅
地址：陕西省西安市长安区西长安街，xayd. cbpt. cnki. net

刊名：西北成人教育学院学报

刊号：CN62-1149/G4
主办单位：西北师范大学继续教育学院
主管单位：西北师范大学
地址：甘肃省兰州市安宁区安宁东路西北师大新校区综合实验楼 1103，xbcr. cbpt. cnki. net

刊名：西北大学学报（哲学社会科学版）
刊号：CN61-1011/C
主办单位：西北大学
主管单位：陕西省教育厅
地址：陕西省西安市碑林区太白北路 229 号，jnwu. nwu. edu. cn

刊名：西北大学学报（自然科学版）
刊号：CN61-1072/N
主办单位：西北大学
主管单位：陕西省教育厅
地址：陕西省西安市碑林区太白北路 229 号，jnwu. nwu. edu. cn

刊名：西北地质
刊号：CN61-1149/P
主办单位：中国地质调查局西安地质调查中心、中国地质学会
主管单位：中华人民共和国自然资源部
地址：陕西省西安市碑林区友谊东路 438 号，www. xbdz. net. cn

刊名：西北工业大学学报
刊号：CN61-1070/T
主办单位：西北工业大学
主管单位：中华人民共和国工业和信息化部
地址：陕西省西安市碑林区友谊西路 127 号西北工业大学 158 信箱，journals. nwpu. edu. cn

刊名：西北工业大学学报（社会科学版）
刊号：CN61-1352/C
主办单位：西北工业大学
主管单位：中华人民共和国工业和信息化部
地址：陕西省西安市碑林区友谊西路 127 号

刊名：西北林学院学报
刊号：CN61-1202/S
主办单位：西北农林科技大学
主管单位：中华人民共和国教育部
地址：陕西省咸阳市杨凌区邰城路 3 号《西北林学院学报》编辑部，www. xblxb. cn

刊名：西北美术
刊号：CN61-1042/J
主办单位：西安美术学院
主管单位：陕西省教育厅
地址：陕西省西安市雁塔区含光南路 100 号，xbms2014. xafa. edu. cn

刊名：西北民族大学学报（藏文哲学社会科学版）
刊号：CN62-1186/C
主办单位：西北民族大学
主管单位：中华人民共和国国家民族事务委员会
地址：甘肃省兰州市城关区西北新村 1 号，cmsx. xbmu. edu. cn/frontIndex. action？siteId = 104

刊名：西北民族大学学报（哲学社会科学版）
刊号：CN62-1185/C
主办单位：西北民族大学
主管单位：中华人民共和国国家民族事务委员会
地址：甘肃省兰州市城关区西北新村 1 号，cmsx. xbmu. edu. cn/frontIndex. action？siteId = 104

刊名：西北民族大学学报（蒙文哲学社会科学版）
刊号：CN62-1187/C
主办单位：西北民族大学
主管单位：中华人民共和国国家民族事务委员会
地址：甘肃省兰州市城关区西北新村 1 号，cmsx. xbmu. edu. cn/frontIndex. action？siteId = 104

刊名：西北民族大学学报（自然科学版）
刊号：CN62-1188/N
主办单位：西北民族大学
主管单位：中华人民共和国国家民族事务委员会
地址：甘肃省兰州市城关区西北新村 1 号，cmsx. xbmu. edu. cn/frontIndex. action？siteId = 104

刊名：西北民族研究
刊号：CN62-1035/D
主办单位：西北民族大学
主管单位：中华人民共和国国家民族事务委员会
地址：甘肃省兰州市城关区西北新村 1 号，cms. xbmu. edu. cn/frontIndex. action？siteId = 78

刊名：西北农林科技大学学报（社会科学版）
刊号：CN61-1376/C

主办单位：西北农林科技大学
主管单位：中华人民共和国教育部
地址：陕西省咸阳市杨凌区西北农林科技大学北校区 34 号信箱，www. xnxbs. net/xbnlkjdxskb/ch/index. aspx

刊名：西北农林科技大学学报（自然科学版）
刊号：CN61-1390/S
主办单位：西北农林科技大学
主管单位：中华人民共和国教育部
地址：陕西省咸阳市杨凌区西农路 22 号西北农林科技大学北校区，www. xnxbz. net

刊名：西北农业学报
刊号：CN61-1220/S
主办单位：西北农林科技大学，甘肃、宁夏、青海、新疆农（林）业科学院，青海、新疆畜牧（兽医）科学院及新疆农垦科学院
主管单位：中华人民共和国教育部
地址：陕西省咸阳市杨凌区邰城路 3 号大铁 10 号信箱，xbnyxb. alljournals. cn

刊名：西北人口
刊号：CN62-1019/C
主办单位：兰州大学西北人口研究所
主管单位：兰州大学西北人口研究所
地址：甘肃省兰州市城关区 222 号兰州大学，www. xbrklzu. com

刊名：西北师大学报（社会科学版）
刊号：CN62-1086/C
主办单位：西北师范大学
主管单位：甘肃省教育厅
地址：甘肃省兰州市安宁区安宁东路 967 号，xb-bjb. nwnu. edu. cn

刊名：西北师范大学学报（自然科学版）
刊号：CN62-1087/N
主办单位：西北师范大学
主管单位：甘肃省教育厅
地址：甘肃省兰州市安宁区安宁东路 967 号，xb-bjb. nwnu. edu. cn

刊名：西北水电
刊号：CN61-1260/TV
主办单位：中国电建集团西北勘测设计研究院有限公司、西安理工大学
主管单位：中国电力建设集团有限公司
地址：陕西省西安市雁塔区丈八东路 18 号《西北水电》编辑部，sbxx. cbpt. cnki. net

刊名：西北药学杂志
刊号：CN61-1108/R
主办单位：西安交通大学、陕西省药学会
主管单位：陕西省教育厅
地址：陕西省西安市雁塔区雁塔西路 76 号，xbyz. chinajournal. net. cn

刊名：西北植物学报
刊号：CN61-1091/Q
主办单位：西北农林科技大学、陕西省植物学会
主管单位：中华人民共和国教育部
地址：陕西省咸阳市杨凌区西北农林科技大学南校区零号楼 308，xbzwxb. alljournal. net

刊名：西伯利亚研究
刊号：CN23-1051/C
主办单位：黑龙江省社会科学院
主管单位：黑龙江省社会科学院
地址：黑龙江省哈尔滨市松北区世博路 1000 号 2013 室《西伯利亚研究》编辑部，xblj. qi-kan. com

刊名：西部财会
刊号：CN61-1401/F
主办单位：陕西省财政科学研究所
主管单位：陕西省财政厅
地址：陕西省西安市莲湖区五星街 56 号，www. xb-ck. com. cn

刊名：西部法学评论
刊号：CN62-1198/D
主办单位：甘肃政法大学
主管单位：甘肃省教育厅
地址：甘肃省兰州市安宁区安宁西路 6 号，gzcj. cb-pt. cnki. net

刊名：西部广播电视
刊号：CN51-1458/G2
主办单位：四川省广播电视新闻与传播研究所
主管单位：四川广播电视台

地址：四川省成都市锦江区红星路二段119号，xbgbds. sctv. com

刊名：西部交通科技
刊号：CN45-1339/U
主办单位：广西交通科学研究院
主管单位：广西壮族自治区交通运输厅
地址：广西壮族自治区南宁市兴宁区望州路84号4栋5层，xbjtkj. com

刊名：西部金融
刊号：CN61-1462/F
主办单位：中国人民银行西安分行
主管单位：中国人民银行西安分行
地址：陕西省西安市雁塔区高新路49号

刊名：西部经济管理论坛
刊号：CN51-1738/F
主办单位：西华大学
主管单位：四川省教育厅
地址：四川省成都市金牛区金周路999号西华大学学术期刊部，www. xhuqk. com/xhdxxbjjgllt

刊名：西部林业科学
刊号：CN53-1194/S
主办单位：云南省林业科学院
主管单位：云南省林业局
地址：云南省昆明市盘龙区蓝桉路2号，xblykx. paperopen. com

刊名：西部论坛
刊号：CN50-1200/C
主办单位：重庆工商大学
主管单位：重庆市教育委员会
地址：重庆市南岸区学府大道19号，journal. ctbu. edu. cn/xblt/ch/index. aspx

刊名：西部蒙古论坛
刊号：CN65-1271/C
主办单位：新疆维吾尔自治区社会科学界联合会
主管单位：新疆维吾尔自治区社会科学界联合会
地址：新疆维吾尔自治区乌鲁木齐市沙依巴克区黑龙江路75号新界大厦20层

刊名：西部人居环境学刊
刊号：CN50-1208/TU
主办单位：重庆大学
主管单位：中华人民共和国教育部
地址：重庆市沙坪坝区沙北街83号重庆大学B区建筑城规学院，www. hsfwest. com

刊名：西部探矿工程
刊号：CN65-1124/TD
主办单位：新疆维吾尔自治区地质矿产研究所
主管单位：新疆维吾尔自治区地质矿产勘查开发局
地址：新疆维吾尔自治区乌鲁木齐市沙依巴克区克拉玛依东街279号

刊名：西部学刊
刊号：CN61-1487/C
主办单位：陕西出版传媒集团
主管单位：陕西出版传媒集团
地址：陕西省西安市雁塔区吉祥路168号，www. xbxkzz. com

刊名：西部医学
刊号：CN51-1654/R
主办单位：南充市中心医院
主管单位：四川省卫生健康委员会
地址：四川省成都市武侯区小天竺街75号财富国际18F1—5号，www. xbyxqk. cn

刊名：西部中医药
刊号：CN62-1204/R
主办单位：甘肃省中医药研究院
主管单位：甘肃省卫生健康委员会
地址：甘肃省兰州市七里河区瓜州路418号，gszy. paperopen. com

刊名：西部资源
刊号：CN15-1331/P
主办单位：内蒙古自治区地质调查院
主管单位：内蒙古自治区自然资源厅
地址：内蒙古自治区呼和浩特市金桥开发区内蒙古自治区地质调查院前楼406室

刊名：西昌学院学报（社会科学版）
刊号：CN51-1690/C
主办单位：西昌学院
主管单位：四川省教育厅
地址：四川省凉山彝族自治州西昌市马坪坝学府路25号，xbsk. xcc. edu. cn

刊名：西昌学院学报（自然科学版）
刊号：CN51-1689/N
主办单位：西昌学院
主管单位：四川省教育厅
地址：四川省凉山彝族自治州西昌市马坪坝学府路24号，xbzk. xcc. edu. cn

刊名：西华大学学报（哲学社会科学版）
刊号：CN51-1675/C
主办单位：西华大学
主管单位：四川省教育厅
地址：四川省成都市金牛区金周路999号，qk. xhu. edu. cn

刊名：西华大学学报（自然科学版）
刊号：CN51-1686/N
主办单位：西华大学
主管单位：四川省教育厅
地址：四川省成都市金牛区金周路999号，qk. xhu. edu. cn

刊名：西华师范大学学报（哲学社会科学版）
刊号：CN51-1674/N
主办单位：西华师范大学
主管单位：四川省教育厅
地址：四川省南充市顺庆区师大路1号，xbskb. cwnu. edu. cn

刊名：西华师范大学学报（自然科学版）
刊号：CN51-1699/N
主办单位：西华师范大学
主管单位：四川省教育厅
地址：四川省南充市顺庆区师大路1号，xbzkb. cwnu. edu. cn

刊名：西泠艺丛
刊号：CN33-1393/J
主办单位：西泠印社社务委员会
主管单位：西泠印社社务委员会
地址：浙江省杭州市下城区西湖文化广场E区32号5楼西泠印社B520，www. xlys. org. cn/xlyc. jspx

刊名：西南大学学报（社会科学版）
刊号：CN50-1188/c
主办单位：西南大学
主管单位：中华人民共和国教育部
地址：重庆市北碚区天生路2号，swu. edu. cn

刊名：西南大学学报（自然科学版）
刊号：CN50-1189/N
主办单位：西南大学
主管单位：中华人民共和国教育部
地址：重庆市北碚区天生路2号，swu. edu. cn

刊名：西南交通大学学报
刊号：CN51-1277/U
主办单位：西南交通大学
主管单位：中华人民共和国教育部
地址：四川省成都市郫都区成都高新西部园区校园路西南交通大学综合楼451号，www. xbswjtu. net

刊名：西南交通大学学报（社会科学版）
刊号：CN51-1586/C
主办单位：西南交通大学
主管单位：中华人民共和国教育部
地址：四川省成都市郫都区成都高新西部园区校园路西南交通大学综合楼455号，xnjs. cbpt. cnki. net

刊名：西南金融
刊号：CN51-1587/F
主办单位：四川省金融学会
主管单位：中国人民银行成都分行
地址：四川省成都市武侯区二环路南二段15号，www. xinanjinrong. com

刊名：西南科技大学学报
刊号：CN51-1640/N
主办单位：西南科技大学
主管单位：西南科技大学
地址：四川省绵阳市涪城区西南科技大学，nature. journal. swust. edu. cn

刊名：西南科技大学学报（哲学社会科学版）
刊号：CN51-1660/C
主办单位：西南科技大学
主管单位：西南科技大学
地址：四川省绵阳市涪城区西南科技大学，nature. journal. swust. edu. cn

刊名：西南林业大学学报
刊号：CN53-1218/S
主办单位：西南林业大学
主管单位：云南省教育厅
地址：云南省昆明市盘龙区白龙寺300号西南林业大学129信箱，xnldxb_ns.swfu.edu.cn

刊名：西南民族大学学报（人文社会科学版）
刊号：CN51-1671/C
主办单位：西南民族大学
主管单位：中华人民共和国国家民族事务委员会
地址：四川省成都市武侯区一环路南四段16号，xnmzxbsk.ijournal.cn

刊名：西南民族大学学报（自然科学版）
刊号：CN51-1672/N
主办单位：西南民族大学
主管单位：中华人民共和国国家民族事务委员会
地址：四川省成都市武侯区一环路南四段16号，nature.swun.cn

刊名：西南农业学报
刊号：CN51-1213/S
主办单位：四川、云南、贵州、广西、西藏及重庆省（区、市）农科院
主管单位：四川省农业农村厅
地址：四川省成都市锦江区净居寺路20号附101号，www.xnnyxb.com

刊名：西南师范大学学报（自然科学版）
刊号：CN50-1045/N
主办单位：西南师范大学
主管单位：中华人民共和国教育部
地址：重庆市北碚区天生路2号，xbbjb.swu.edu.cn/viscms/xbbjbidex

刊名：西南石油大学学报（社会科学版）
刊号：CN51-1719/C
主办单位：西南石油大学
主管单位：西南石油大学
地址：四川省成都市新都区新都大道8号《西南石油大学学报》中心，sk.swpuxb.com

刊名：西南石油大学学报（自然科学版）
刊号：CN51-1718/TE
主办单位：西南石油大学
主管单位：西南石油大学
地址：四川省成都市新都区新都大道8号，zk.swpuxb.com

刊名：西南医科大学学报
刊号：CN51-1772/R
主办单位：西南医科大学
主管单位：四川省教育厅
地址：四川省泸州市龙马潭区香林路1段1号，xb.swmu.edu.cn

刊名：西南政法大学学报
刊号：CN50-1024/C
主办单位：西南政法大学
主管单位：重庆市教育委员会
地址：重庆市渝北区宝圣大道301号，qks.swupl.edu.cn

刊名：西夏研究
刊号：CN64-1068/C
主办单位：宁夏社会科学院
主管单位：宁夏社会科学院
地址：宁夏回族自治区银川市西夏区朔方路新风巷8号

刊名：西亚非洲
刊号：CN11-1150/C
主办单位：中国社会科学院西亚非洲研究所
主管单位：中国社会科学院
地址：北京市东城区张自忠路3号，www.xyfzqk.org

刊名：西域研究
刊号：CN65-1121/C
主办单位：新疆社会科学院
主管单位：新疆社会科学院
地址：新疆维吾尔自治区乌鲁木齐市新市区北京南路246号，www.xjass.cn/y/node_2080.htm

刊名：西藏大学学报（社会科学版）
刊号：CN54-1034/C
主办单位：西藏大学
主管单位：西藏自治区教育厅
地址：西藏自治区拉萨市城关区藏大东路10号西藏大学，xuebao.utibet.edu.cn

刊名：西藏大学学报（藏文版）

刊号：CN54-1035/C-Z
主办单位：西藏大学
主管单位：西藏自治区教育厅
地址：西藏自治区拉萨市城关区藏大东路10号西藏大学，xuebao. utibet. edu. cn

刊名：西藏地质
刊号：CN54-1006/P
主办单位：西藏地质学会
主管单位：西藏自治区地质矿产勘查开发局
地址：西藏自治区拉萨市城关区北京中路21号

刊名：西藏发展论坛
刊号：CN54-1047/C
主办单位：中共西藏自治区委党校、西藏自治区行政学院
主管单位：中共西藏自治区委党校、西藏自治区行政学院
地址：西藏自治区拉萨市城关区鲁定北路9号，www. xzqwdx. gov. cn/xzlt/index. htm

刊名：西藏教育
刊号：CN54-1011/G4
主办单位：西藏自治区教育科学研究所
主管单位：西藏自治区教育厅
地址：西藏自治区拉萨市城关区藏大东路15号，xzjh. cbpt. cnki. net

刊名：西藏教育（藏文版）
刊号：CN54-1010/G4-Z
主办单位：西藏自治区教育科学研究所
主管单位：西藏自治区教育厅
地址：西藏自治区拉萨市城关区藏大路15号

刊名：西藏科技
刊号：CN54-1016/G3
主办单位：西藏自治区科技信息研究所
主管单位：西藏自治区科学技术厅
地址：西藏自治区拉萨市城关区北京西路19号

刊名：西藏民族大学学报（哲学社会科学版）
刊号：CN54-1062/G
主办单位：西藏民族大学
主管单位：西藏自治区教育厅
地址：陕西省咸阳市渭城区文汇东路6号，www2. xzmu. edu. cn/xb

刊名：西藏农业科技
刊号：CN54-1024/S
主办单位：西藏自治区农业科学研究所
主管单位：西藏自治区农牧科学院
地址：西藏自治区拉萨市城关区金珠西路157号农业研究所，xznykj. taaas. org

刊名：西藏研究
刊号：CN54-1064/C
主办单位：西藏自治区社会科学院
主管单位：西藏自治区社会科学院
地址：西藏自治区拉萨市城关区色拉路4号，www. xizangyjzz. cn

刊名：西藏研究（藏文版）
刊号：CN54-1005/C-Z
主办单位：西藏自治区社会科学院
主管单位：西藏自治区社会科学院
地址：西藏自治区拉萨市城关区色拉路4号，www. xizangyjzz. cn

刊名：西藏医药
刊号：CN54-1030/R
主办单位：西藏自治区医学会
主管单位：西藏自治区卫生健康委员会
地址：西藏自治区拉萨市城关区罗布林卡南路2号，xzyy. cbpt. cnki. net

刊名：西藏艺术研究（藏文版）
刊号：CN54-1017/J-Z
主办单位：西藏民族艺术研究所
主管单位：西藏自治区文化和旅游厅
地址：西藏自治区拉萨市城关区北京东路7号

刊名：西藏艺术研究
刊号：CN54-1017/J
主办单位：西藏民族艺术研究所
主管单位：西藏自治区文化和旅游厅
地址：西藏自治区拉萨市城关区北京东路7号

刊名：稀土
刊号：CN15-1099/TF
主办单位：包头稀土研究院、中国稀土学会
主管单位：包头稀土研究院
地址：内蒙古自治区包头市青山区黄河大街36号，xtbjb. cre. net

刊名：稀有金属
刊号：CN11-2111/TF
主办单位：中国有色金属学会、有研科技集团有限公司
主管单位：中国科学技术协会
地址：北京市西城区新街口外大街 2 号，www.rmet-journal.com

刊名：稀有金属材料与工程
刊号：CN61-1154/TG
主办单位：西北有色金属研究院、中国有色金属学会、中国材料研究学会
主管单位：中国科学技术协会
地址：陕西省西安市未央区未央路 96 号，www.rmme.ac.cn

刊名：稀有金属与硬质合金
刊号：CN43-1109/TF
主办单位：中国有色金属学会、长沙有色冶金设计研究院有限公司
主管单位：长沙有色冶金设计研究院有限公司
地址：湖南省长沙市雨花区木莲东路 299 号中铝科技大厦，rmcc.cinf.com.cn

刊名：戏剧文学
刊号：CN22-1033/I
主办单位：吉林省艺术研究院
主管单位：吉林省文化和旅游厅
地址：吉林省长春市朝阳区建设广场 2779-2 号，www.xijuwenxue.cn

刊名：戏剧艺术（上海戏剧学院学报）
刊号：CN31-1140/J
主办单位：上海戏剧学院
主管单位：上海市教育委员会
地址：上海市静安区华山路 630 号，xjyx.chinajournal.net.cn

刊名：戏剧之家
刊号：CN42-1410/J
主办单位：湖北今古传奇传媒集团有限公司
主管单位：湖北省文学艺术界联合会
地址：湖北省武汉市武昌区东湖路翠柳街 1 号湖北省文联大院内，xjzt.cbpt.cnki.net

刊名：戏剧（中央戏剧学院学报）
刊号：CN11-1159/J
主办单位：中央戏剧学院
主管单位：中华人民共和国教育部
地址：北京市东城区东棉花胡同 39 号，web.zhongxi.cn/kxyj/mlhz

刊名：戏曲艺术
刊号：CN11-1172/J
主办单位：中国戏曲学院
主管单位：北京市教育委员会
地址：北京市丰台区万泉寺 400 号，www.nacta.edu.cn/kycz/xqyz

刊名：系统仿真技术
刊号：CN31-1945/TP
主办单位：同济大学
主管单位：中华人民共和国教育部
地址：上海市杨浦区赤峰路 67 号，www.tongji.edu.cn/info/1156/20377.htm

刊名：系统仿真学报
刊号：CN11-3092/V
主办单位：北京仿真中心、中国仿真学会
主管单位：中国航天科工集团有限公司
地址：北京市 142 信箱 13 分箱，www.china-simulation.com

刊名：系统工程
刊号：CN43-1115/N
主办单位：湖南省系统工程与管理学会
主管单位：湖南省社会科学院
地址：湖南省长沙市开福区德雅路浏河村巷 37 号，www.xitonggongcheng.cn

刊名：系统工程理论与实践
刊号：CN11-2267/N
主办单位：中国系统工程学会
主管单位：中国科学技术协会
地址：北京市海淀区中关村东路55 号中国科学院数学与系统科学研究院，www.sysengi.com

刊名：系统工程学报
刊号：CN12-1141/O1
主办单位：中国系统工程学会
主管单位：中国科学技术协会
地址：天津市南开区卫津路 92 号，jse.tju.edu.cn

刊名：**系统工程与电子技术**
刊号：CN11-2422/TN
主办单位：中国航天科工防御技术研究院、中国宇航学会、中国系统工程学会、北京航天情报与信息研究所
主管单位：中国航天科工集团有限公司
地址：北京市海淀区永定路 50 号，www. sys-ele. com

刊名：**系统管理学报**
刊号：CN31-1977/N
主办单位：上海交通大学
主管单位：中华人民共和国教育部
地址：上海市徐汇区华山路 1954 号，xtglxb. sjtu. edu. cn

刊名：**系统科学学报**
刊号：CN14-1333/N
主办单位：太原理工大学
主管单位：山西省教育厅
地址：山西省太原市万柏林区迎泽西大街 79 号

刊名：**系统科学与数学**
刊号：CN11-2019/O1
主办单位：中国科学院数学与系统科学研究院
主管单位：中国科学院
地址：北京市海淀区中关村东路 55 号，www. sysmath. com

刊名：**厦门城市职业学院学报**
刊号：CN35-1312/G4
主办单位：厦门城市职业学院
主管单位：厦门城市职业学院
地址：福建省厦门市思明区前埔南路 1263 号，xmc-szyxyxb. paperopen. com

刊名：**厦门大学学报（哲学社会科学版）**
刊号：CN35-1019/C
主办单位：厦门大学
主管单位：中华人民共和国教育部
地址：福建省厦门市思明区思明南路 422 号，xdx-bs. xmu. edu. cn

刊名：**厦门大学学报（自然科学版）**
刊号：CN35-1070/N
主办单位：厦门大学
主管单位：中华人民共和国教育部
地址：福建省厦门市思明南路 422 号厦门大学颂恩楼 817—819 室，jxmu. xmu. edu. cn

刊名：**厦门广播电视大学学报**
刊号：CN35-1216/G4
主办单位：厦门市广播电视大学
主管单位：厦门市教育局
地址：福建省厦门市思明区前埔南路 1263 号，xmg-bdsdxxb. paperopen. com

刊名：**厦门理工学院学报**
刊号：CN35-1289/Z
主办单位：厦门理工学院
主管单位：厦门理工学院
地址：福建省厦门市集美区理工路 600 号，xb. xmut. edu. cn

刊名：**厦门特区党校学报**
刊号：CN35-1207/C
主办单位：中共厦门市委党校
主管单位：中共厦门市委党校
地址：福建省厦门市海沧区天竺山西路 71 号厦门市委党校学报编辑部，lib. xmdx. gov. cn/list/50. html

刊名：**纤维复合材料**
刊号：CN23-1267/TQ
主办单位：哈尔滨玻璃钢研究院有限公司
主管单位：中国建材集团有限公司
地址：黑龙江省哈尔滨市香坊区红旗大街 100 号

刊名：**纤维素科学与技术**
刊号：CN44-1336/TQ
主办单位：中国科学院广州化学研究所
主管单位：中国科学院广州分院
地址：广东省广州市天河区兴科路 368 号广州化学研究所内，xwsk. chinajournal. net. cn

刊名：**咸阳师范学院学报**
刊号：CN61-1410/G4
主办单位：咸阳师范学院
主管单位：陕西省教育厅
地址：陕西省咸阳市渭城区文林路《咸阳师范学院学报》编辑部，www. xync. edu. cn/xb. htm

刊名：**现代财经**

刊号：CN12-1387/F
主办单位：天津财经大学
主管单位：天津市教育委员会
地址：天津市河西区珠江道 25 号，xcxb. cbpt. cnki. net

刊名：现代测绘
刊号：CN32-1694/P
主办单位：江苏省测绘地理信息学会、江苏省测绘地理信息行业协会、江苏省测绘科技信息站
主管单位：江苏省测绘地理信息局
地址：江苏省南京市鼓楼区北京西路 75 号，www. chxh. cn

刊名：现代城市轨道交通
刊号：CN11-5183/U
主办单位：中国铁道科学研究院集团有限公司
主管单位：中国铁路总公司
地址：北京市海淀区大柳树路 2 号 1 区 15 号楼 3 层，xdcsgdjt. com

刊名：现代城市研究
刊号：CN32-1612/TU
主办单位：南京城市科学研究会
主管单位：南京市城乡建设委员会
地址：江苏省南京市秦淮区虎踞南路 11 号 5 楼，www. mur. cn

刊名：现代出版
刊号：CN11-5979/G2
主办单位：中国大学出版社协会、中国传媒大学出版社有限责任公司
主管单位：中华人民共和国教育部
地址：北京市朝阳区定福庄东街 1 号，www. xdcbzzbjb. cn

刊名：现代畜牧兽医
刊号：CN21-1515/S
主办单位：辽宁省畜牧兽医学会
主管单位：辽宁省科学技术协会
地址：辽宁省沈阳市和平区太原北街 2 号，www. xdxmsy. com

刊名：现代传播（中国传媒大学学报）
刊号：CN11-5363/G2
主办单位：中国传媒大学
主管单位：中华人民共和国教育部
地址：北京市朝阳区定福庄东街 1 号中国传媒大学，xiandaicb. cn

刊名：现代传输
刊号：CN51-1692/TN
主办单位：电信科学技术第五研究所有限公司
主管单位：电信科学技术第五研究所有限公司
地址：四川省成都市锦江区大慈寺路 22 号，www. scxdcs. com

刊名：现代大学教育
刊号：CN43-1358/G4
主办单位：湖南省高等教育学会、中南大学
主管单位：中华人民共和国教育部
地址：湖南省长沙市岳麓区麓山南路 932 号中南大学《现代大学教育》编辑部，mue. csu. edu. cn

刊名：现代导航
刊号：CN61-1478/TN
主办单位：中国电子科技集团公司第二十研究所
主管单位：中国电子科技集团有限公司
地址：陕西省西安市 92 号信箱 33 分箱《现代导航》编辑部

刊名：现代地质
刊号：CN11-2035/P
主办单位：中国地质大学
主管单位：中华人民共和国教育部
地址：北京市海淀区学院路 29 号，www. geoscience. net. cn

刊名：现代电力
刊号：CN11-3818/TM
主办单位：华北电力大学
主管单位：中华人民共和国教育部
地址：北京市昌平区朱辛北农路 2 号华北电力大学，xddl. ncepu. edu. cn

刊名：现代电生理学杂志
刊号：CN13-1327/R
主办单位：河北省电生理学会
主管单位：河北省卫生健康委员会
地址：河北省石家庄市长安区健康路 12 号

刊名：现代电视技术
刊号：CN11-4864/TN
主办单位：中央电视台
主管单位：国家广播电视总局
地址：北京市海淀区复兴路 11 号

刊名：现代电信科技
刊号：CN11-2755/TN
主办单位：中国信息通信研究院
主管单位：中华人民共和国工业和信息化部
地址：北京市海淀区学院路 40 号

刊名：现代电影技术
刊号：CN11-5336/TB
主办单位：电影技术质量检测所
主管单位：国家电影局
地址：北京市海淀区科学院南路 44 号，www.crifst.ac.cn

刊名：现代法学
刊号：CN50-1020/D
主办单位：西南政法大学
主管单位：重庆市教育委员会
地址：重庆市渝北区宝圣大道 301 号，qks.swupl.edu.cn

刊名：现代防御技术
刊号：CN11-3019/TJ
主办单位：北京电子工程总体研究所
主管单位：中国航天科工集团有限公司
地址：北京市海淀区永定路 50 号，www.xdfyjs.cn

刊名：现代纺织技术
刊号：CN33-1249/TS
主办单位：浙江理工大学、浙江省纺织工程学会
主管单位：浙江理工大学
地址：浙江省杭州市江干区下沙高教园区 2 号大街 928 号，att.zstu.edu.cn

刊名：现代妇产科进展
刊号：CN37-1211/R
主办单位：山东大学
主管单位：中华人民共和国教育部
地址：山东省济南市历下区文化西路 107 号，www.xdfckjz.com

刊名：现代管理科学
刊号：CN32-1281/C
主办单位：江苏省技术经济与管理现代化研究会
主管单位：江苏省工业和信息化厅
地址：江苏省南京市鼓楼区中山北路 283 号 10 号楼 525

刊名：现代国际关系
刊号：CN11-1134/D
主办单位：中国现代国际关系研究院
主管单位：中国现代国际关系研究院
地址：北京市海淀区万寿寺甲 2 号，www.cicir.ac.cn/NEW/publiclist.html? ptype = % u73B0% u4EE3% u56FD% u9645% u5173% u7CFB

刊名：现代化工
刊号：CN11-2172/TQ
主办单位：中国化工信息中心
主管单位：中国石油和化学工业协会
地址：北京市朝阳区安外小关街 53 号，www.xdhg.com.cn

刊名：现代化农业
刊号：CN23-1137/S
主办单位：黑龙江省农垦科学院
主管单位：黑龙江省农垦总局
地址：黑龙江省哈尔滨市香坊区香福路 101 号，xdhy.cbpt.cnki.net

刊名：现代机械
刊号：CN52-1046/TH
主办单位：贵州省机电研究设计院
主管单位：贵州科学院
地址：贵州省贵阳市云岩区香狮路 236 号，xdjx.cbpt.cnki.net

刊名：现代计算机
刊号：CN44-1415/TP
主办单位：广州中大控股有限公司
主管单位：中山大学
地址：广东省广州市海珠区新港西路 135 号中山大学内，www.moderncomputer.cn

刊名：现代技术陶瓷
刊号：CN37-1226/TQ
主办单位：山东工业陶瓷研究设计院

主管单位：山东工业陶瓷研究设计院
地址：山东省淄博市张店区高新区柳泉路125号，www.xdjstc.com

刊名：现代检验医学杂志
刊号：CN61-1398/R
主办单位：陕西省临床检验中心、陕西省人民医院
主管单位：陕西省卫生健康委员会
地址：陕西省西安市碑林区友谊西路256号陕西省人民医院内，www.xdjyyxzz.com

刊名：现代建筑电气
刊号：CN31-2037/TM
主办单位：上海电器科学研究所（集团）有限公司
主管单位：上海市经济和信息化委员会
地址：上海市普陀区武宁路505号，www.eaes-seari.com

刊名：现代交通技术
刊号：CN32-1736/U
主办单位：江苏省交通科学研究院有限公司
主管单位：江苏省交通运输厅
地址：江苏省南京市建邺区富春江东街8号，www.xdjtjs.com

刊名：现代教育管理
刊号：CN21-1570/G4
主办单位：辽宁教育研究院
主管单位：辽宁省教育厅
地址：辽宁省沈阳市皇姑区黄河北大街249号，www.xdjygl.com

刊名：现代教育技术
刊号：CN11-4525/N
主办单位：清华大学
主管单位：中华人民共和国教育部
地址：北京市海淀区双清路30号清华大学电教中心《现代教育技术》杂志社，www.xdjyjs.com

刊名：现代教育科学
刊号：CN22-1339/G4
主办单位：吉林省教育科学院
主管单位：吉林省教育厅
地址：吉林省长春市朝阳区湖波路65号，xdjykx.jlipedu.cn

刊名：现代教育论丛
刊号：CN44-1361/G4
主办单位：广东省教育科学研究所
主管单位：华南师范大学
地址：广东省广州市天河区中山大道西55号华南师范大学内，xdjy.cbpt.cnki.net

刊名：现代金融
刊号：CN32-1547/F
主办单位：江苏省农村金融学会
主管单位：中国农业银行江苏省分行
地址：江苏省南京市秦淮区洪武路357号

刊名：现代经济探讨
刊号：CN32-1566/F
主办单位：江苏省社会科学院
主管单位：江苏省社会科学院
地址：江苏省南京市秦淮区建邺路168号6-2号楼《现代经济探讨》杂志社，jjtl.chinajournal.net.cn

刊名：现代口腔医学杂志
刊号：CN13-1070/R
主办单位：河北医科大学口腔医院
主管单位：河北省卫生健康委员会
地址：河北省石家庄市长安区中山东路383号

刊名：现代矿业
刊号：CN34-1308/TD
主办单位：中钢集团马鞍山矿山研究院有限公司
主管单位：中钢集团马鞍山矿山研究院有限公司
地址：安徽省马鞍山市雨山区经济技术开发区西塘路666号，www.xdky.net

刊名：现代雷达
刊号：CN32-1353/TN
主办单位：中国电子科技集团公司第十四研究所
主管单位：中国电子科技集团有限公司
地址：江苏省南京市雨花台区国睿路8号，www.modernradar.cn

刊名：现代临床护理
刊号：CN44-1570/R
主办单位：中山大学
主管单位：中华人民共和国教育部
地址：广东省广州市越秀区中山二路58号中山大学

附属第一医院，www. xdlchl. com

刊名：现代临床医学
刊号：CN51-1688/R
主办单位：成都市医学信息所、成都医学会
主管单位：成都市卫生健康委员会
地址：四川省成都市青羊区贝森南路 18 号，www. tougao120. com

刊名：现代泌尿生殖肿瘤杂志
刊号：CN42-1790/R
主办单位：华中科技大学
主管单位：中华人民共和国教育部
地址：湖北省武汉市硚口区航空路 13 号

刊名：现代泌尿外科杂志
刊号：CN61-1374/R
主办单位：西安交通大学
主管单位：中华人民共和国教育部
地址：陕西省西安市雁塔区雁塔西路 76 号，jmurology. xjtu. edu. cn

刊名：现代免疫学
刊号：CN31-1899/R
主办单位：上海市免疫学研究所、上海市免疫学会
主管单位：上海市教育委员会
地址：上海市黄浦区重庆南路 280 号，shmy. shsmu. edu. cn

刊名：现代面粉工业
刊号：CN32-1798/TS
主办单位：江苏省粮食工业协会
主管单位：江苏省粮食局
地址：江苏省南京市鼓楼区中山北路 101 号

刊名：现代牧业
刊号：CN41-1442/S
主办单位：河南牧业经济学院
主管单位：河南省教育厅
地址：河南省郑州市金水区郑东新区龙子湖北路 6 号

刊名：现代农村科技
刊号：CN13-1394/S
主办单位：河北省农林科学院
主管单位：河北省农林科学院
地址：河北省石家庄市新华区和平西路 598 号，hbnk. chinajournal. net. cn

刊名：现代农药
刊号：CN32-1639/TQ
主办单位：江苏省农药协会、江苏省农药研究所股份有限公司、江苏省农药科技信息站
主管单位：江苏省经济和信息化委员会
地址：江苏省南京市栖霞区经济技术开发区恒竞路 311 号，www. xdnyqk. com

刊名：现代农业
刊号：CN15-1098/Z
主办单位：内蒙古自治区农牧业科学院
主管单位：内蒙古自治区农牧业科学院
地址：内蒙古自治区呼和浩特市赛罕区乌兰察布东街 70 号，www. xdnyzz. net

刊名：现代农业科技
刊号：CN34-1278/S
主办单位：安徽省农业科学院
主管单位：安徽省农业科学院
地址：安徽省合肥市庐阳区农科南路 40 号安徽省农业科学院《现代农业科技》编辑部，www. xdnykj. com

刊名：现代农业装备
刊号：CN44-1616/S
主办单位：广东省现代农业装备研究所
主管单位：广东省农业农村厅
地址：广东省广州市天河区五山路 261 号

刊名：现代情报
刊号：CN22-1182/G3
主办单位：吉林省科学技术信息研究所、中国科学技术情报学会
主管单位：吉林省科学技术厅
地址：吉林省长春市南关区经济技术开发区深圳街 940 号，www. xdqb. net

刊名：现代日本经济
刊号：CN22-1065/F
主办单位：吉林大学
主管单位：中华人民共和国教育部
地址：吉林省长春市朝阳区前进大街 2699 号，xdrj. cbpt. cnki. net

刊名：现代生物医学进展
刊号：CN23-1544/R
主办单位：黑龙江省森工总医院、哈尔滨医科大学附属第四医院
主管单位：黑龙江省卫生健康委员会
地址：黑龙江省哈尔滨市南岗区花园街184号403室，biomed. cnjournals. com

刊名：现代实用医学
刊号：CN33-1268/R
主办单位：宁波市医学信息研究所
主管单位：浙江省卫生健康委员会
地址：浙江省宁波市海曙区迎凤街25号

刊名：现代食品科技
刊号：CN44-1620/TS
主办单位：华南理工大学
主管单位：华南理工大学
地址：广东省广州市天河区五山路华南理工大学麟鸿楼506室，www. xdspkj. cn

刊名：现代丝绸科学与技术
刊号：CN32-1812/TS
主办单位：苏州大学、现代丝绸国家工程实验室（苏州）
主管单位：江苏省教育厅
地址：江苏省苏州市姑苏区干将东路178号苏州大学北校区3号信箱，www. suda. edu. cn/science_research/xsqk. jsp

刊名：现代塑料加工应用
刊号：CN32-1326/TQ
主办单位：中国石化扬子石油化工有限公司、中国石化集团资产经营管理有限公司扬子石化分公司
主管单位：中国石油化工集团有限公司
地址：江苏省南京市六合区大厂平顶山邮局4801信箱，xdsl. cbpt. cnki. net

刊名：现代隧道技术
刊号：CN51-1600/U
主办单位：中铁西南科学研究院有限公司、中国土木工程学会隧道及地下工程分会
主管单位：中国铁路工程总公司
地址：四川省成都市郫都区古楠街97号，www. xdsdjs. com

刊名：现代特殊教育
刊号：CN32-1344/G4
主办单位：江苏教育报刊总社
主管单位：江苏省教育厅
地址：江苏省南京市鼓楼区草场门大街133号B楼《现代特殊教育》编辑部，www. jsenews. com/zslm/jsjybkzs

刊名：现代涂料与涂装
刊号：CN62-1135/TQ
主办单位：中昊北方涂料工业研究设计院有限公司
主管单位：中国昊华化工集团股份有限公司
地址：甘肃省兰州市城关区东岗东路1477号，www. mpf. com. cn

刊名：现代外语
刊号：CN44-1165/H
主办单位：广东外语外贸大学
主管单位：广东外语外贸大学
地址：广东省广州市白云区白云大道北2号，xdwy. cbpt. cnki. net

刊名：现代消化及介入诊疗
刊号：CN44-1580/R
主办单位：广东省医学学术交流中心
主管单位：广东省卫生健康委员会
地址：广东省广州市白云区广州大道北1838号南方医科大学南方医院消化疾病研究所，xdxh. cbpt. cnki. net

刊名：现代盐化工
刊号：CN32-1852/TS
主办单位：江苏苏豪传媒有限公司
主管单位：江苏省苏豪控股集团有限公司
地址：江苏省南京市雨花台区软件大道48号

刊名：现代药物与临床
刊号：CN12-1407/R
主办单位：天津药物研究院、中国药学会
主管单位：天津药物研究院
地址：天津市南开区鞍山西道308号，www. tiprpress. com

刊名：现代冶金
刊号：CN32-1799/TF
主办单位：江苏省冶金资产管理有限公司、江苏省

金属学会
主管单位：江苏省冶金资产管理有限公司
地址：江苏省南京市秦淮区中山东路412号江苏冶金大厦，www.jssm.org.cn

刊名：现代医学
刊号：CN32-1659/R
主办单位：东南大学
主管单位：中华人民共和国教育部
地址：江苏省南京市鼓楼区丁家桥87号东南大学，www.xdyx.org.cn

刊名：现代医药卫生
刊号：CN50-1129/R
主办单位：重庆市卫生信息中心
主管单位：重庆市卫生健康委员会
地址：重庆市渝北区宝环路420号，www.xdyyws.com

刊名：现代医用影像学
刊号：CN61-1289/R
主办单位：陕西省肿瘤防治研究所、陕西省肿瘤医院
主管单位：陕西省卫生健康委员会
地址：陕西省西安市碑林区南二环路115号，www.xdyyyxx.com

刊名：现代医院
刊号：CN44-1534/Z
主办单位：广东省医院协会
主管单位：广东省医院协会
地址：广东省广州市越秀区沿江中路298号中区3311室，www.xdyy.net

刊名：现代医院管理
刊号：CN21-1490/R
主办单位：中国医院协会、中国医科大学
主管单位：中华人民共和国国家卫生健康委员会
地址：辽宁省沈阳市和平区三好街36号，www.xdyygl.com.cn

刊名：现代语文
刊号：CN37-1333/G4
主办单位：曲阜师范大学
主管单位：山东省教育厅
地址：山东省济宁市曲阜区静轩西路57号，ywly.cbpt.cnki.net

刊名：现代预防医学
刊号：CN51-1365/R
主办单位：中华预防医学会、四川大学华西公共卫生学院
主管单位：中华人民共和国国家卫生健康委员会
地址：四川省成都市武侯区人民南路三段16号，xdyfyxzz.paperopen.com

刊名：现代园艺
刊号：CN36-1287/S
主办单位：江西省种植业管理处、江西省双金柑桔试验站
主管单位：江西省农业农村厅
地址：江西省宜春市樟树市双金柑桔试验站，www.xdyyzzs.com

刊名：现代远程教育研究
刊号：CN51-1580/G4
主办单位：四川广播电视大学
主管单位：四川省教育厅
地址：四川省成都市金牛区一环路西三段3号，xdyjyj.scrtvu.net

刊名：现代远距离教育
刊号：CN23-1066/G4
主办单位：黑龙江广播电视大学、黑龙江省远程教育学会
主管单位：黑龙江广播电视大学
地址：黑龙江省哈尔滨市南岗区和兴路92号，yuan.chinajournal.net.cn

刊名：现代哲学
刊号：CN44-1071/B
主办单位：广东哲学学会
主管单位：广东省社会科学界联合会
地址：广东省广州市海珠区新港西路135号中山大学锡昌堂418室，www.xdzxzz.cn

刊名：现代制造工程
刊号：CN11-4659/TH
主办单位：北京市机械工业局技术开发研究所、北京机械工程学会
主管单位：北京京城机电控股有限责任公司
地址：北京市东城区东四块玉南街28号，www.mme-journal.org

刊名：现代制造技术与装备
刊号：CN37-1442/TH
主办单位：山东省机械设计研究院
主管单位：山东省机械工业协会
地址：山东省济南市天桥区济洛路129号，www.sdji.cbpt.cnki.net

刊名：现代中文学刊
刊号：CN31-2026/G4
主办单位：全国高等教育自学考试指导委员会中文专业委员会、华东师范大学
主管单位：中华人民共和国教育部
地址：上海市普陀区中山北路3663号，www.xdzwxk.ecnu.edu.cn

刊名：现代中西医结合杂志
刊号：CN13-1283/R
主办单位：河北省中西医结合学会、中华中医药学会
主管单位：河北省科学技术协会
地址：河北省石家庄市新华区北城路35号D8-1-201，www.87738668.com

刊名：现代中小学教育
刊号：CN22-1096/G4
主办单位：东北师范大学、国家基础教育实验中心
主管单位：中华人民共和国教育部
地址：吉林省长春市南关区净月大街2555号东北师范大学学术期刊社，xdzx.cbpt.cnki.net

刊名：现代中药研究与实践
刊号：CN34-1267/R
主办单位：安徽中医药高等专科学校
主管单位：安徽省教育厅
地址：安徽省芜湖市弋江区乌霞山西路18号，jzzy.cbpt.cnki.net

刊名：现代中医临床
刊号：CN10-1157/R
主办单位：北京中医药大学
主管单位：中华人民共和国教育部
地址：北京市朝阳区北三环东路11号，xblc.bucm.edu.cn

刊名：现代中医药
刊号：CN61-1397/R
主办单位：陕西中医药大学
主管单位：陕西省教育厅
地址：陕西省咸阳市秦都区世纪大道中段，xdzyy.sntcm.edu.cn

刊名：现代肿瘤医学
刊号：CN61-1415/R
主办单位：陕西省抗癌协会、中国抗癌协会、陕西省肿瘤防治研究所
主管单位：陕西省科学技术协会
地址：陕西省西安市雁塔区雁塔西路309号，www.xdzlyx.com

刊名：现代铸铁
刊号：CN32-1112/TG
主办单位：无锡一汽铸造有限公司、中国机械工程学会
主管单位：无锡一汽铸造有限公司
地址：江苏省无锡市惠山区北惠路55号，xdzt.wx-fawf.com

刊名：香料香精化妆品
刊号：CN31-1470/TQ
主办单位：上海香料研究所
主管单位：中国轻工业联合会
地址：上海市徐汇区南宁路480号，www.ffc-journal.com

刊名：湘南学院学报
刊号：CN43-1435/C
主办单位：湘南学院
主管单位：湖南省教育厅
地址：湖南省郴州市苏仙区郴州大道889号，xnxyxb.cnmanu.cn

刊名：湘南学院学报（医学版）
刊号：CN43-1464/R
主办单位：湘南学院
主管单位：湖南省教育厅
地址：湖南省郴州市苏仙区郴州大道889号湘南学院王仙校区学报编辑部，www.xnumed.com

刊名：湘潭大学学报（哲学社会科学版）
刊号：CN43-1550/C
主办单位：湘潭大学
主管单位：湖南省教育厅

地址：湖南省湘潭市雨湖区湘潭大学出版社，www.jxtu.net

刊名：湘潭大学学报（自然科学版）
刊号：CN43-1549/N
主办单位：湘潭大学
主管单位：湖南省教育厅
地址：湖南省湘潭市雨湖区湘潭大学出版社，www.jxtu.net

刊名：襄阳职业技术学院学报
刊号：CN42-1849/Z
主办单位：襄阳职业技术学院
主管单位：湖北省教育厅
地址：湖北省襄阳市襄城区隆中路18号，xb.hbxytc.cn

刊名：项目管理技术
刊号：CN11-5007/T
主办单位：机械工业信息研究院
主管单位：中国机械工业联合会
地址：北京市西城区百万庄大街22号，pmtm.net.cn

刊名：橡胶工业
刊号：CN11-1812/TQ
主办单位：北京橡胶工业研究设计院
主管单位：中国石油和化学工业联合会
地址：北京市海淀区阜石路甲19号，www.rubbertire.com.cn

刊名：橡胶科技
刊号：CN10-1121/TQ
主办单位：北京橡胶工业研究设计院、全国橡胶工业信息总站
主管单位：中国石油和化学工业联合会
地址：北京市海淀区阜石路甲19号，www.rubbertire.com.cn

刊名：橡塑资源利用
刊号：CN12-1350/TQ
主办单位：天津市橡胶工业研究所
主管单位：天津渤海化工集团公司
地址：天津市西青区新技术产业园区华苑产业区（环外）海泰南北大街15号

刊名：消防科学与技术
刊号：CN12-1311/TU
主办单位：中国消防协会
主管单位：中华人民共和国应急管理部
地址：天津市南开区卫津南路110号，www.xfkj.com.cn

刊名：消费经济
刊号：CN43-1022/F
主办单位：湘潭大学、湖南商学院湖南师范大学
主管单位：湖南省教育厅
地址：湖南省湘潭市雨湖区羊牯塘街道湘潭大学，xfjy.cbpt.cnki.net

刊名：小城镇建设
刊号：CN11-4418/TU
主办单位：城镇规划设计研究院有限责任公司
主管单位：中华人民共和国住房和城乡建设部
地址：北京市西城区车公庄大街19号，www.dosct.cn

刊名：小水电
刊号：CN33-1204/TV
主办单位：水利部农村电气化研究所
主管单位：中华人民共和国水利部
地址：浙江省杭州市西湖区学院路122号，www.hrcshp.org/shp/cn

刊名：小说评论
刊号：CN61-1044/J
主办单位：陕西省作家协会
主管单位：中共陕西省委宣传部
地址：陕西省西安市碑林区建国路83号，www.sxzjw.org/kw/xspl

刊名：小型内燃机与车辆技术
刊号：CN12-1440/TK
主办单位：天津大学
主管单位：中华人民共和国教育部
地址：天津市南开区卫津路92号天津大学内燃机研究所，www.tju.edu.cn/kxyj/xsqk.htm

刊名：小型微型计算机系统
刊号：CN21-1106/TP
主办单位：中国科学院沈阳计算技术研究所
主管单位：中国科学院
地址：辽宁省沈阳市浑南区南屏东路16号，xwxt.sict.ac.cn

刊名：小学教学参考
刊号：CN45-1233/G4
主办单位：广西教育学院
主管单位：广西教育学院
地址：广西壮族自治区南宁市青秀区鲤湾路17号教育大厦5楼，xxjxckgw. com

刊名：小学教学研究
刊号：CN36-1052/G4
主办单位：江西教育出版社有限责任公司
主管单位：中文天地出版传媒集团股份有限公司
地址：江西省南昌市东湖区抚河北路291号，www. xxjxyj. com

刊名：小学数学教师
刊号：CN31-1071/G4
主办单位：上海教育出版社有限公司
主管单位：上海世纪出版（集团）有限公司
地址：上海市徐汇区永福路123号，www. seph. com. cn/PaperDetail. aspx？Id =1

刊名：小学数学教育
刊号：CN21-1426/G4
主办单位：辽宁教育杂志社
主管单位：辽宁教育杂志社
地址：辽宁省沈阳市皇姑区黄河南大街87号

刊名：校园心理
刊号：CN14-1326/R
主办单位：山西医药卫生传媒集团有限责任公司
主管单位：山西省卫生健康委员会
地址：山西省太原市广场收投分局010025信箱，www. sxyxqk. com

刊名：协和医学杂志
刊号：CN11-5882/R
主办单位：中国医学科学院、北京协和医院
主管单位：中华人民共和国国家卫生健康委员会
地址：北京市东城区王府井帅府园1号，mjpumch. cbpt. cnki. net

刊名：写作
刊号：CN42-1088/H
主办单位：武汉大学
主管单位：中华人民共和国教育部
地址：湖北省武汉市武昌区珞珈山16号武汉大学振华楼文学院A609，writing. whu. edu. cn

刊名：心电与循环
刊号：CN33-1377/R
主办单位：浙江省医学会
主管单位：浙江省卫生健康委员会
地址：浙江省杭州市下城区武林广场8号浙江省科协大楼10楼，www. xdyxh. com

刊名：心肺血管病杂志
刊号：CN11-3097/R
主办单位：北京市心肺血管疾病研究所、北京安贞医院
主管单位：北京市卫生健康委员会
地址：北京市朝阳区安外安贞里安贞医院内，xfxz. cbpt. cnki. net

刊名：心理发展与教育
刊号：CN11-1608/B
主办单位：北京师范大学
主管单位：中华人民共和国教育部
地址：北京市海淀区新街口外大街19号北京师范大学英东教育楼257，www. devpsy. com. cn

刊名：心理技术与应用
刊号：CN10-1104/R
主办单位：开明出版社有限公司、中央财经大学
主管单位：中国民主促进会中央委员会
地址：北京市海淀区西三环北路25号图书实验楼，www. xljsyyy. com

刊名：心理科学
刊号：CN31-1582/B
主办单位：中国心理学会
主管单位：中国科学技术协会
地址：上海市普陀区中山北路3663号，www. psysci. org

刊名：心理科学进展
刊号：CN11-4766/R
主办单位：中国科学院心理研究所
主管单位：中国科学院
地址：北京市东城区东黄城根北街16号，journal. psych. ac. cn

刊名：心理学报

刊号：CN11-1911/B
主办单位：中国心理学会、中国科学院心理研究所
主管单位：中国科学院
地址：北京市东城区东黄城根北街 16 号，journal. psych. ac. cn

刊名：**心理学探新**
刊号：CN36-1228/B
主办单位：江西师范大学
主管单位：江西省教育厅
地址：江西省南昌市东湖区北京西路 437 号，www. psytxjx. com

刊名：**心理研究**
刊号：CN41-1393/B
主办单位：河南大学
主管单位：河南大学
地址：河南省开封市金明区金明大道北段河南大学《心理研究》编辑部，xlyj. magtech. com. cn

刊名：**心理与行为研究**
刊号：CN12-1348/B
主办单位：天津师范大学
主管单位：天津市教育委员会
地址：天津市河西区吴家窑大街 57 号增 1 号天津师范大学八里台校区 106 信箱，psybeh. tjnu. edu. cn

刊名：**心脑血管病防治**
刊号：CN33-1252/R
主办单位：浙江省心脑血管病防治办公室、浙江医院、浙江省预防医学会
主管单位：浙江省卫生健康委员会
地址：浙江省杭州市西湖区灵隐路 12 号，xxfz. cbpt. cnki. net

刊名：**心血管病防治知识（学术版）**
刊号：CN44-1581/R
主办单位：广东省介入性心脏病学会、广东省岭南心血管病研究所
主管单位：广东省科学技术协会
地址：广东省广州市越秀区东川路 96 号广东省人民医院内英东楼 209 室

刊名：**心血管病学进展**
刊号：CN51-1187/R
主办单位：成都市第三人民医院、成都市心血管病研究所
主管单位：成都市卫生健康委员会
地址：四川省成都市青羊区青龙街 82 号成都市第三人民医院内《心血管病学进展》编辑部，xxgbxzz. paperopen. com

刊名：**心血管康复医学杂志**
刊号：CN35-1193/R
主办单位：福建省康复医学会、中国康复医学会
主管单位：福建省科学技术协会
地址：福建省福州市鼓楼区安泰街道新权路 29 号

刊名：**新材料产业**
刊号：CN11-4396/TU
主办单位：北京新材料发展中心
主管单位：北京市科学技术委员会
地址：北京市海淀区学院路 30 号方兴大厦 5 层

刊名：**新东方**
刊号：CN46-1023/D
主办单位：中共海南省委党校
主管单位：中共海南省委党校
地址：海南省海口市琼山区红城湖路 100 号海南省委党校，sdfa. chinajournal. net. cn

刊名：**新会计**
刊号：CN31-2022/F
主办单位：上海科技教育出版社有限公司
主管单位：上海世纪出版（集团）有限公司
地址：上海市徐汇区中山西路 2230 号，xkji. cbpt. cnki. net

刊名：**新技术新工艺**
刊号：CN11-1765/T
主办单位：中国兵器工业新技术推广研究所
主管单位：中国兵器工业集团有限公司
地址：北京市海淀区车道沟 10 号，www. xjsxgy. cn

刊名：**新建筑**
刊号：CN42-1155/TU
主办单位：华中科技大学
主管单位：华中科技大学
地址：湖北省武汉市洪山区珞喻路 1037 号华中科技大学南四楼 326 室，www. newarch. cn

刊名：新疆财经
刊号：CN65-1030/F
主办单位：新疆财经大学
主管单位：新疆财经大学
地址：新疆维吾尔自治区乌鲁木齐市新市区北京中路449号，bjb. xjufe. edu. cn

刊名：新疆财经大学学报
刊号：CN65-1269/C
主办单位：新疆财经大学
主管单位：新疆财经大学
地址：新疆维吾尔自治区乌鲁木齐市新市区北京中路449号，www. xjufe. edu. cn/qkbj

刊名：新疆财经大学学报（维文版）
刊号：CN65-1270/C-W
主办单位：新疆财经大学
主管单位：新疆财经大学
地址：新疆维吾尔自治区乌鲁木齐市新市区北京中路449号，www. xjufe. edu. cn/qkbj

刊名：新疆畜牧业（汉文版）
刊号：CN65-1021/S
主办单位：新疆维吾尔自治区畜牧厅畜牧科技资料编译室
主管单位：新疆维吾尔自治区畜牧厅
地址：新疆维吾尔自治区乌鲁木齐市天山区新华南路408号

刊名：新疆畜牧业（哈文版）
刊号：CN65-1021/S-H
主办单位：新疆维吾尔自治区畜牧厅畜牧科技资料编译室
主管单位：新疆维吾尔自治区畜牧厅
地址：新疆维吾尔自治区乌鲁木齐市天山区新华南路408号

刊名：新疆畜牧业（蒙文版）
刊号：CN65-1021/S-M
主办单位：新疆维吾尔自治区畜牧厅畜牧科技资料编译室
主管单位：新疆维吾尔自治区畜牧厅
地址：新疆维吾尔自治区乌鲁木齐市天山区新华南路408号

刊名：新疆畜牧业
刊号：CN65-1021/S-W
主办单位：新疆维吾尔自治区畜牧厅畜牧科技资料编译室
主管单位：新疆维吾尔自治区畜牧厅
地址：新疆维吾尔自治区乌鲁木齐市天山区新华南路408号

刊名：新疆大学学报（哲学社会科学哈文版）
刊号：CN65-1229/C
主办单位：新疆大学
主管单位：新疆大学
地址：新疆维吾尔自治区乌鲁木齐市天山区胜利路666号，www. xju. edu. cn

刊名：新疆大学学报（自然科学版）
刊号：CN65-1208/N
主办单位：新疆大学
主管单位：新疆大学
地址：新疆维吾尔自治区乌鲁木齐市天山区胜利路666号，www. xju. edu. cn

刊名：新疆大学学报（哲学·人文社会科学版）
刊号：CN65-1034/G4
主办单位：新疆大学
主管单位：新疆大学
地址：新疆维吾尔自治区乌鲁木齐市天山区胜利路666号，www. xju. edu. cn

刊名：新疆大学学报（哲学社会科学维文版）
刊号：CN65-1034/G4-W
主办单位：新疆大学
主管单位：新疆大学
地址：新疆维吾尔自治区乌鲁木齐市天山区胜利路666号，www. xju. edu. cn

刊名：新疆大学学报（自然科学版）
刊号：CN65-1094/N
主办单位：新疆大学
主管单位：新疆大学
地址：新疆维吾尔自治区乌鲁木齐市天山区胜利路666号，www. xju. edu. cn

刊名：新疆地方志（维文版）
刊号：CN65-1128/K
主办单位：新疆地方志编委会
主管单位：新疆地方志编委会

地址：新疆维吾尔自治区乌鲁木齐市水磨沟区南湖南路西一巷27号

刊名：新疆地质
刊号：CN65-1092/P
主办单位：新疆维吾尔自治区地质学会
主管单位：新疆维吾尔自治区地质矿产勘查开发局
地址：新疆维吾尔自治区乌鲁木齐市沙依巴克区克拉玛依东街279号，www.xjdizhi.cn

刊名：新疆广播电视大学学报
刊号：CN65-1189/G4
主办单位：新疆广播电视大学
主管单位：新疆广播电视大学
地址：新疆维吾尔自治区乌鲁木齐市天山区新华南路654号，xjgd.cbpt.cnki.net

刊名：新疆广播电视大学学报（维文版）
刊号：CN65-1189/G4-W
主办单位：新疆广播电视大学
主管单位：新疆广播电视大学
地址：新疆维吾尔自治区乌鲁木齐市天山区新华南路654号，www.xrtvu.com

刊名：新疆环境保护
刊号：CN65-1135/X
主办单位：新疆环境保护科学研究院
主管单位：新疆环境保护科学研究院
地址：新疆维吾尔自治区乌鲁木齐市新市区科学南路428号

刊名：新疆教育学院学报
刊号：CN65-1142/G4
主办单位：新疆教育学院
主管单位：新疆教育学院
地址：新疆维吾尔自治区乌鲁木齐市天山区光明路333号，www.xjei.edu.cn

刊名：新疆教育学院学报（维文版）
刊号：CN65-1142/G4-W
主办单位：新疆教育学院
主管单位：新疆教育学院
地址：新疆维吾尔自治区乌鲁木齐市天山区光明路333号，www.xjei.edu.cn

刊名：新疆金融（维文版）
刊号：CN65-1154/F
主办单位：中国人民银行乌鲁木齐中心支行
主管单位：中国人民银行乌鲁木齐中心支行
地址：新疆维吾尔自治区乌鲁木齐市天山区人民路395号

刊名：新疆警察学院学报
刊号：CN65-1299/D
主办单位：新疆警察学院
主管单位：新疆警察学院
地址：新疆维吾尔自治区乌鲁木齐市新市区长沙路1108号，jgxj.cbpt.cnki.net

刊名：新疆警察学院学报（维文版）
刊号：CN65-1300/D
主办单位：新疆警察学院
主管单位：新疆警察学院
地址：新疆维吾尔自治区乌鲁木齐市新市区长沙路1108号

刊名：新疆农村机械化
刊号：CN65-1126/TH
主办单位：新疆维吾尔自治区农牧业机械管理局信息中心
主管单位：新疆维吾尔自治区农牧业机械管理局
地址：新疆维吾尔自治区乌鲁木齐市新市区新医路193号

刊名：新疆农机化
刊号：CN65-1150/S
主办单位：新疆农业科学院农业机械化研究所
主管单位：新疆农业科学院
地址：新疆维吾尔自治区乌鲁木齐市沙依巴克区南昌南路1号

刊名：新疆农垦经济
刊号：CN65-1048/F
主办单位：新疆生产建设兵团农垦经济研究会
主管单位：新疆生产建设兵团农垦经济研究会
地址：新疆维吾尔自治区石河子市石河子大学经管楼208室，www.xjnkjj.com

刊名：新疆农垦科技
刊号：CN65-1093/S
主办单位：新疆农垦科学院
主管单位：新疆生产建设兵团科学技术局

地址：新疆维吾尔自治区石河子市乌伊路221号新疆农垦科学院

刊名：新疆农业大学学报
刊号：CN65-1173/S
主办单位：新疆农业大学
主管单位：新疆农业大学
地址：新疆维吾尔自治区乌鲁木齐市沙依巴克区农大东路311号，www.xjnydxxb.cn

刊名：新疆农业大学学报（维文版）
刊号：CN65-1206/S
主办单位：新疆农业大学
主管单位：新疆农业大学
地址：新疆维吾尔自治区乌鲁木齐市沙依巴克区农大东路311号，xb.xjau.edu.cn

刊名：新疆农业科技（汉文版）
刊号：CN65-1131/S
主办单位：新疆维吾尔自治区农业农村厅编译室
主管单位：新疆维吾尔自治区农业农村厅
地址：新疆维吾尔自治区乌鲁木齐市天山区胜利路157号

刊名：新疆农业科技
刊号：CN65-1137/S
主办单位：新疆维吾尔自治区农业农村厅信息中心
主管单位：新疆维吾尔自治区农业农村厅
地址：新疆维吾尔自治区乌鲁木齐市天山区胜利路157号

刊名：新疆农业科学
刊号：CN65-1097/S
主办单位：新疆农业科学院
主管单位：新疆农业科学院
地址：新疆维吾尔自治区乌鲁木齐市沙依巴克区南昌路403号新疆农业科学院，www.xjnykx.cn

刊名：新疆农业科学（维文版）
刊号：CN65-1098/S
主办单位：新疆农业科学院
主管单位：新疆农业科学院
地址：新疆维吾尔自治区乌鲁木齐市沙依巴克区南昌路403号新疆农业科学院

刊名：新疆社会科学（哈文版）
刊号：CN65-1129/C
主办单位：新疆社会科学院
主管单位：新疆社会科学院
地址：新疆维吾尔自治区乌鲁木齐市新市区北京南路246号

刊名：新疆社会科学（中文版）
刊号：CN65-1211/F
主办单位：新疆社会科学院
主管单位：新疆社会科学院
地址：新疆维吾尔自治区乌鲁木齐市新市区北京南路246号，www.xjass.cn/y/node_2285.htm

刊名：新疆社会科学
刊号：CN65-1038/C
主办单位：新疆社会科学院
主管单位：新疆社会科学院
地址：新疆维吾尔自治区乌鲁木齐市新市区北京南路246号

刊名：新疆社科论坛（哈文版）
刊号：CN65-1148/C
主办单位：新疆维吾尔自治区社会科学界联合会
主管单位：新疆维吾尔自治区社会科学界联合会
地址：新疆维吾尔自治区乌鲁木齐市沙依巴克区黑龙江路75号新界大厦20层

刊名：新疆社科论坛
刊号：CN65-1146/C
主办单位：新疆维吾尔自治区社会科学界联合会
主管单位：新疆维吾尔自治区社会科学界联合会
地址：新疆维吾尔自治区乌鲁木齐市沙依巴克区黑龙江路75号新界大厦20层

刊名：新疆社科论坛（维文版）
刊号：CN65-1147/C
主办单位：新疆维吾尔自治区社会科学界联合会
主管单位：新疆维吾尔自治区社会科学界联合会
地址：新疆维吾尔自治区乌鲁木齐市沙依巴克区黑龙江路75号新界大厦20层

刊名：新疆师范大学学报（自然科学版）
刊号：CN65-1183/N
主办单位：新疆师范大学
主管单位：新疆师范大学
地址：新疆维吾尔自治区乌鲁木齐市水磨沟区观景

路 100 号，xbbj. xjnu. edu. cn

刊名：新疆师范大学学报（维文自然科学版）
刊号：CN65-1207/N
主办单位：新疆师范大学
主管单位：新疆师范大学
地址：新疆维吾尔自治区乌鲁木齐市水磨沟区观景路 100 号，xbbj. xjnu. edu. cn

刊名：新疆师范大学学报（哲学社会科学版）
刊号：CN65-1039/G4
主办单位：新疆师范大学
主管单位：新疆师范大学
地址：新疆维吾尔自治区乌鲁木齐市水磨沟区观景路 100 号，xbbj. xjnu. edu. cn

刊名：新疆师范大学学报（维文哲学社会科学版）
刊号：CN65-1039/G4-W
主办单位：新疆师范大学
主管单位：新疆师范大学
地址：新疆维吾尔自治区乌鲁木齐市水磨沟区观景路 100 号，xbbj. xjnu. edu. cn

刊名：新疆石油地质
刊号：CN65-1107/TE
主办单位：新疆石油学会
主管单位：新疆石油管理局
地址：新疆维吾尔自治区克拉玛依市克拉玛依区准噶尔路 32 号，www. xjsydz. paperopen. com

刊名：新疆石油天然气
刊号：CN65-1253/TE
主办单位：中国石油天然气集团有限公司新疆培训中心
主管单位：中国石油天然气集团有限公司
地址：新疆维吾尔自治区克拉玛依市克拉玛依区安定路 355 号

刊名：新疆维吾尔医学专科学校学报
刊号：CN65-1198/R
主办单位：新疆维吾尔医学专科学校
主管单位：新疆维吾尔医学专科学校
地址：新疆维吾尔自治区和田地区和田市北京西路 370 号，www. xjumc. cn

刊名：新疆医科大学学报
刊号：CN65-1204/R
主办单位：新疆医科大学
主管单位：新疆医科大学
地址：新疆维吾尔自治区乌鲁木齐市新市区新医路 393 号，xjyy. cbpt. cnki. cn

刊名：新疆医科大学学报（维文版）
刊号：CN65-1204/R-W
主办单位：新疆医科大学
主管单位：新疆医科大学
地址：新疆维吾尔自治区乌鲁木齐市新市区新医路 393 号，xjyy. cbpt. cnki. cn

刊名：新疆医学
刊号：CN65-1070/R
主办单位：新疆医学会
主管单位：新疆维吾尔自治区卫生健康委员会
地址：新疆维吾尔自治区乌鲁木齐市新市区昆明路西一巷 127 号，xjyi. cbpt. cnki. net

刊名：新疆艺术
刊号：CN65-1297/J
主办单位：新疆维吾尔自治区文学艺术界联合会
主管单位：新疆维吾尔自治区文学艺术界联合会
地址：新疆维吾尔自治区乌鲁木齐市沙依巴克区友好南路 716 号，www. xinjiangwenyi. cn/wlkw

刊名：新疆艺术学院学报
刊号：CN65-1243/J
主办单位：新疆艺术学院
主管单位：新疆艺术学院
地址：新疆维吾尔自治区乌鲁木齐市天山区团结路 734 号，xbbjb. xjart. edu. cn

刊名：新疆艺术学院学报（维文版）
刊号：CN65-1244/J
主办单位：新疆艺术学院
主管单位：新疆艺术学院
地址：新疆维吾尔自治区乌鲁木齐市天山区团结路 734 号，xbbjb. xjart. edu. cn

刊名：新疆预防医学
刊号：CN65-1177/R
主办单位：新疆维吾尔自治区疾病预防控制中心
主管单位：新疆维吾尔自治区卫生健康委员会
地址：新疆维吾尔自治区乌鲁木齐天山区碱泉一街

380 号，www. xjcdc. com

刊名：新疆职业大学学报
刊号：CN65-1228/G4
主办单位：新疆职业大学
主管单位：新疆职业大学
地址：新疆维吾尔自治区乌鲁木齐市新市区北京北路 1075 号，www. xjvu. edu. cn

刊名：新疆职业大学学报（维文版）
刊号：CN65-1228/G4-W
主办单位：新疆职业大学
主管单位：新疆职业大学
地址：新疆维吾尔自治区乌鲁木齐市新市区北京北路 1075 号，www. xjvu. edu. cn

刊名：新疆职业教育研究
刊号：CN65-1281/G4
主办单位：乌鲁木齐职业大学
主管单位：乌鲁木齐职业大学
地址：新疆维吾尔自治区乌鲁木齐市天山区幸福路 723 号

刊名：新疆中医药
刊号：CN65-1067/R
主办单位：新疆维吾尔自治区中医药学会
主管单位：新疆维吾尔自治区卫生健康委员会
地址：新疆维吾尔自治区乌鲁木齐市天山区东风路 2 号

刊名：新教师
刊号：CN35-1315/G4
主办单位：福建教育出版社有限责任公司
主管单位：海峡出版发行集团有限责任公司
地址：福建省福州市鼓楼区梦山路 27 号，tg. fep. com. cn

刊名：新金融
刊号：CN31-1560/F
主办单位：交通银行股份有限公司
主管单位：交通银行股份有限公司
地址：上海市长宁区仙霞路 18 号

刊名：新课程研究
刊号：CN42-1778/G4
主办单位：湖北长江报刊传媒（集团）有限公司
主管单位：长江出版传媒股份有限公司
地址：湖北省武汉市洪山区桂元路 67 号，xkcy. chinajournal. net. cn

刊名：新媒体研究
刊号：CN10-1330/G2
主办单位：中国科技新闻学会
主管单位：中国科学技术协会
地址：北京市海淀区学院南路 86 号 503 室，www. nmrmagz. org

刊名：新美术
刊号：CN33-1068/J
主办单位：中国美术学院
主管单位：中国美术学院
地址：浙江省杭州市上城区南山路 218 号，xinmeishuzz. cn

刊名：新能源进展
刊号：CN44-1698/TK
主办单位：中国科学院广州能源研究所
主管单位：中国科学院
地址：广东省广州市天河区五山能源路 2 号中国科学院广州能源研究所《新能源进展》编辑部，www. xnyjz. giec. ac. cn

刊名：新世纪剧坛
刊号：CN21-1491/J
主办单位：辽宁省文化艺术研究院
主管单位：辽宁省文化演艺集团
地址：辽宁省沈阳市沈河区沈阳路 68 号

刊名：新世纪水泥导报
刊号：CN51-1510/TU
主办单位：成都建筑材料工业设计研究院
主管单位：成都建筑材料工业设计研究院
地址：四川省成都市成华区成华大道新鸿路 69 号，cement-guide. com

刊名：新世纪图书馆
刊号：CN32-1691/G2
主办单位：南京图书馆、江苏省图书馆学会
主管单位：江苏省文化和旅游厅
地址：江苏省南京市玄武区中山东路 189 号，new-century. jslib. org. cn

刊名：**新视野**
刊号：CN11-3257/D
主办单位：中共北京市委党校、北京行政学院
主管单位：中共北京市委党校、北京行政学院
地址：北京市西城区车公庄大街6号

刊名：**新文学史料**
刊号：CN11-1283/I
主办单位：人民文学出版社有限公司
主管单位：中国出版传媒股份有限公司
地址：北京市东城区朝内大街166号，xwxsl.cn

刊名：**新闻爱好者**
刊号：CN41-1025/G2
主办单位：河南日报报业集团
主管单位：河南日报报业集团
地址：河南省郑州市金水区农业路东28号报业大厦913，www.xwahz.com

刊名：**新闻春秋**
刊号：CN10-1063/G2
主办单位：中国人民大学
主管单位：中华人民共和国教育部
地址：北京市海淀区中关村大街甲59号文化大厦13、14层，www.zlzx.com.cn

刊名：**新闻大学**
刊号：CN31-1157/G2
主办单位：复旦大学
主管单位：中华人民共和国教育部
地址：上海市杨浦区国定路400号，www.xinwen-daxue.cn

刊名：**新闻记者**
刊号：CN31-1171/G2
主办单位：上海报业集团、上海社会科学院新闻研究所
主管单位：上海报业集团
地址：上海市静安区威海路755号，journalist.news365.com.cn

刊名：**新闻界**
刊号：CN51-1046/G2
主办单位：四川日报报业集团
主管单位：四川日报报业集团
地址：四川省成都市锦江区红星路二段70号四川日报，news.cbpt.cnki.net

刊名：**新闻世界**
刊号：CN34-1090/G2
主办单位：安徽日报报业集团
主管单位：安徽日报报业集团
地址：安徽省合肥市蜀山区潜山路1469号安徽报业大厦，pxws.cbpt.cnki.net

刊名：**新闻研究导刊**
刊号：CN50-1205/G2
主办单位：重庆日报报业集团
主管单位：重庆日报报业集团
地址：重庆市渝中区中山四路81号，xwdk.china-journal.net.cn

刊名：**新闻与传播研究**
刊号：CN11-3320/G2
主办单位：中国社会科学院新闻与传播研究所
主管单位：中国社会科学院
地址：北京市朝阳区金台西路2号9号楼，www.xwycbyj.org

刊名：**新闻与写作**
刊号：CN11-1109/G2
主办单位：北京日报报业集团
主管单位：北京日报报业集团
地址：北京市东城区建国门内大街20号，news.bjd.com.cn

刊名：**新闻战线**
刊号：CN11-1337/G2
主办单位：人民日报社
主管单位：人民日报社
地址：北京市朝阳区金台西路2号，paper.people.com.cn/xwzx/html/2020-04/01/node_922.htm

刊名：**新闻知识**
刊号：CN61-1022/G2
主办单位：陕西日报社、陕西省新闻研究所、陕西省新闻工作者协会
主管单位：陕西日报社
地址：陕西省西安市碑林区环城南路东段1号，www.xwzszz.cn

刊名：**新乡学院学报**

刊号：CN41-1430/Z
主办单位：新乡学院
主管单位：河南省教育厅
地址：河南省新乡市红旗区金穗大道191号新乡学院《新乡学院学报》编辑部，xb. xxu. edu. cn

刊名：新乡医学院学报
刊号：CN41-1186/R
主办单位：新乡医学院
主管单位：新乡医学院
地址：河南省新乡市红旗区金穗大道东601号新乡医学院院内，www. xxyxyxb. com

刊名：新型工业化
刊号：CN11-5947/TB
主办单位：工业和信息化部电子科学技术情报研究所
主管单位：中华人民共和国工业和信息化部
地址：北京市石景山区鲁谷路35号电科大厦，xx-hg. cbpt. cnki. net

刊名：新型建筑材料
刊号：CN33-1078/TU
主办单位：中国新型建筑材料工业杭州设计研究院
主管单位：中国新型建筑材料工业杭州设计研究院
地址：浙江省杭州市下城区华中路208号，www. china-nbm. cn

刊名：新型炭材料
刊号：CN14-1116/TQ
主办单位：中国科学院山西煤炭化学研究所
主管单位：中国科学院
地址：山西省太原市迎泽区桃园南路27号，www. xxtcl. sxicc. ac. cn

刊名：新医学
刊号：CN44-1211/R
主办单位：中山大学
主管单位：中华人民共和国教育部
地址：广东省广州市天河区天河路600号，www. xi-nyixue. cn

刊名：新余学院学报
刊号：CN36-1315/G4
主办单位：新余学院
主管单位：江西省教育厅
地址：江西省新余市渝水区阳光大道2666号

刊名：新中医
刊号：CN44-1231/R
主办单位：广州中医药大学、中华中医药学会
主管单位：国家中医药管理局
地址：广东省广州市番禺区广州大学城外环东路232号广州中医药大学办公楼，ygzx. china-journal. net. cn

刊名：忻州师范学院学报
刊号：CN14-1286/G
主办单位：忻州师范学院
主管单位：忻州师范学院
地址：山西省忻州市忻府区和平西街10号，yzsf. cbpt. cnki. net

刊名：信号处理
刊号：CN11-2406/TN
主办单位：中国电子学会、中电新一代（北京）信息技术研究院
主管单位：中国科学技术协会
地址：北京市西城区鼓楼西大街41号，www. sig-nal. org. cn

刊名：信号转导与靶向治疗
刊号：CN51-1758/R
主办单位：四川大学
主管单位：中华人民共和国教育部
地址：四川省成都市武侯区国学巷路37号，www. nature. com/sigtrans

刊名：信息安全学报
刊号：CN10-1380/TN
主办单位：中国科学院信息工程研究所、中国科技出版传媒股份有限公司
主管单位：中国科学院
地址：北京市东城区东黄城根北街16号，jcs. iie. ac. cn

刊名：信息安全研究
刊号：CN10-1345/TP
主办单位：国家信息中心
主管单位：中华人民共和国国家发展和改革委员会
地址：北京市西城区三里河路58号，www. sicri. cn

刊名：**信息安全与通信保密**
刊号：CN51-1608/TN
主办单位：中国电子科技集团公司第三十研究所
主管单位：中国电子科技集团有限公司
地址：四川省成都市武侯区创业路8号，www.cismag.net

刊名：**信息化研究**
刊号：CN32-1797/TP
主办单位：江苏省电子学会
主管单位：江苏省科学技术协会
地址：江苏省南京市栖霞区仙林大学城文澜路99号，xxhyj.njcit.cn

刊名：**信息记录材料**
刊号：CN13-1295/TQ
主办单位：全国磁性记录材料信息站
主管单位：全国磁性记录材料信息站
地址：河北省保定市竞秀区乐凯南大街6号，www.xxjlclzzs.com

刊名：**信息技术**
刊号：CN23-1557/TN
主办单位：黑龙江省信息技术学会
主管单位：黑龙江省工商行政管理局
地址：黑龙江省哈尔滨市香坊区红旗大街108号421室，hdzj.cbpt.cnki.net

刊名：**信息技术与标准化**
刊号：CN11-4753/TN
主办单位：中国电子技术标准化研究院
主管单位：中华人民共和国工业和信息化部
地址：北京市东城区安定门东大街1号，www.its.cesi.cn

刊名：**信息技术与网络安全**
刊号：CN10-1543/TP
主办单位：华北计算机系统工程研究所
主管单位：中国电子信息产业集团有限公司
地址：北京市昌平区北七家镇未来科技城南区CEC D座，www.pcachina.com

刊名：**信息技术与信息化**
刊号：CN37-1423/TN
主办单位：山东电子学会
主管单位：山东省工业和信息化厅
地址：山东省济南市历下区趵突泉北路24号，www.xxjsyxxh.com

刊名：**信息通信**
刊号：CN42-1739/TN
主办单位：湖北通信服务有限公司
主管单位：湖北通信服务有限公司
地址：湖北省武汉市江汉区江汉经济开发区江达路9号，www.xinxitongxin.com

刊名：**信息通信技术**
刊号：CN11-5650/TN
主办单位：中国联合网络通信集团有限公司
主管单位：中国联合网络通信集团有限公司
地址：北京市西城区二龙路33号，oxxt.cbpt.cnki.net

刊名：**信息网络安全**
刊号：CN31-1859/TN
主办单位：公安部第三研究所、中国计算机学会
主管单位：中华人民共和国公安部
地址：上海市徐汇区岳阳路76号，www.trimps.ac.cn

刊名：**信息系统工程**
刊号：CN12-1158/N
主办单位：天津市信息中心
主管单位：天津市发展和改革委员会
地址：天津市河西区友谊路39号，www.xxxtgc.com

刊名：**信息与控制**
刊号：CN21-1138/TP
主办单位：中国科学院沈阳自动化研究所
主管单位：中国科学院
地址：辽宁省沈阳市沈河区南塔街114号，ic.sia.cn

刊名：**信息资源管理学报**
刊号：CN42-1812/G2
主办单位：武汉大学
主管单位：中华人民共和国教育部
地址：湖北省武汉市武昌区武汉大学信息管理学院《信息资源管理学报》编辑部，，jirm.whu.edu.cn

刊名：**信阳农林学院学报**
刊号：CN41-1433/S

主办单位：信阳农林学院
主管单位：河南省教育厅
地址：河南省信阳市平桥区北环路 1 号，xyng. chinajournal. net. cn

刊名：信阳师范学院学报（哲学社会科学版）
刊号：CN41-1030/C
主办单位：信阳师范学院
主管单位：信阳师范学院
地址：河南省信阳市浉河区南湖路 237 号，xb. xynu. edu. cn

刊名：信阳师范学院学报（自然科学版）
刊号：CN41-1107/N
主办单位：信阳师范学院
主管单位：信阳师范学院
地址：河南省信阳市浉河区南湖路 237 号，journal. xynu. edu. cn

刊名：星海音乐学院学报
刊号：CN44-1132/J
主办单位：星海音乐学院
主管单位：广东省教育厅
地址：广东省广州市番禺区小谷围街外环西路 398 号，xb. xhcom. edu. cn

刊名：兴义民族师范学院学报
刊号：CN52-1153
主办单位：兴义民族师范学院
主管单位：贵州省新闻出版广电局
地址：贵州省黔西南布依族苗族自治州兴义市黄草坝镇湖南街 32 号，qxmz. cbpt. cnki. net

刊名：刑事技术
刊号：CN11-1347/D
主办单位：公安部物证鉴定中心
主管单位：中华人民共和国公安部
地址：北京市西城区木樨地南里 17 楼，www. xsjscifs. com

刊名：邢台学院学报
刊号：CN13-1337/G4
主办单位：邢台学院
主管单位：河北省教育厅
地址：河北省邢台市桥东区泉北东大街 88 号，xtsf. cbpt. cnki. net

刊名：邢台职业技术学院学报
刊号：CN13-1268/G4
主办单位：邢台职业技术学院
主管单位：河北省教育厅
地址：河北省邢台市桥西区钢铁北路 552 号《邢台职业技术学院学报》编辑部，xtjy. chinajournal. net. cn

刊名：行政法学研究
刊号：CN11-3110/D
主办单位：中国政法大学
主管单位：中华人民共和国教育部
地址：北京市海淀区西土城路 25 号，xzfx. chinajournal. net. cn

刊名：行政管理改革
刊号：CN11-5876/D
主办单位：中共中央党校
主管单位：中共中央党校
地址：北京市海淀区长春桥路 6 号国家行政学院后勤楼，www. ccps. gov. cn/bkjd/xzglgg

刊名：行政科学论坛
刊号：CN41-1428/D
主办单位：新乡学院
主管单位：河南省教育厅
地址：河南省新乡市红旗区金穗大道 191 号，xzkx. cbpt. cnki. net

刊名：行政论坛
刊号：CN23-1360/D
主办单位：黑龙江省行政学院
主管单位：黑龙江省行政学院
地址：黑龙江省哈尔滨市南岗区延兴路 49 号，xznt. chinajournal. net. cn

刊名：行政与法
刊号：CN22-1235/D
主办单位：吉林省行政学院
主管单位：吉林省行政学院
地址：吉林省长春市朝阳区前进大街 1299 号，xzyf. cbpt. cnki. net

刊名：徐州工程学院学报（社会科学版）
刊号：CN32-1790/C
主办单位：徐州工程学院

主管单位：江苏省教育厅
地址：江苏省徐州市云龙区丽水路 2 号，xzit. edu. cn

刊名：徐州工程学院学报（自然科学版）
刊号：CN32-1789/N
主办单位：徐州工程学院
主管单位：江苏省教育厅
地址：江苏省徐州市云龙区丽水路 2 号，xzit. edu. cn

刊名：徐州医科大学学报
刊号：CN32-1875/R
主办单位：徐州医科大学
主管单位：江苏省教育厅
地址：江苏省徐州市泉山区淮海西路 84 号，xb. xzhmu. edu. cn

刊名：许昌学院学报
刊号：CN41-1346/Z
主办单位：许昌学院
主管单位：中共许昌学院委员会
地址：河南省许昌市魏都区八一路 88 号，xuebao. xcu. edu. cn

刊名：蓄电池
刊号：CN21-1121/TM
主办单位：沈阳蓄电池研究所
主管单位：沈阳蓄电池研究所
地址：沈阳市铁西区经济技术开发区开发二十三号路 197 号，www. batterychn. com

刊名：畜牧兽医科技信息
刊号：CN23-1501/S
主办单位：中国农业科学院哈尔滨兽医研究所
主管单位：中华人民共和国农业农村部
地址：黑龙江省哈尔滨市香坊区哈平路 678 号，www. hvri. ac. cn

刊名：畜牧兽医学报
刊号：CN11-1985/S
主办单位：中国畜牧兽医学会
主管单位：中国科学技术协会
地址：北京市海淀区圆明园西路 2 号院 56 号楼 1 层 101、102，www. xmsyxb. com

刊名：畜牧兽医杂志
刊号：CN61-1085/S
主办单位：西北农林科技大学
主管单位：中华人民共和国教育部
地址：陕西省咸阳市杨凌区西农路 22 号

刊名：畜牧与兽医
刊号：CN32-1192/S
主办单位：南京农业大学
主管单位：中华人民共和国教育部
地址：江苏省南京市玄武区卫岗 1 号南京农业大学内，xmys. chinajournal. net. cn

刊名：畜牧与饲料科学
刊号：CN15-1228/S
主办单位：内蒙古自治区农牧业科学院
主管单位：内蒙古自治区农牧业厅
地址：内蒙古自治区呼和浩特市玉泉区昭君路 22 号内蒙古自治区农牧业科学院，www. xmysl. cn

刊名：畜禽业
刊号：CN51-1508/S
主办单位：四川省矿物学技术信息研究所
主管单位：四川省科学技术厅
地址：四川省成都市锦江区大慈寺路 32 号，xqyi. cbpt. cnki. net

刊名：选煤技术
刊号：CN13-1115/TD
主办单位：煤炭科学研究总院唐山研究院（变更中）
主管单位：国家煤矿安全监察局（变更中）
地址：河北省唐山市路北区新华西道 21 号，www. xuanmeijishu. com

刊名：学海
刊号：CN32-1308/C
主办单位：江苏省社会科学院
主管单位：江苏省社会科学院
地址：江苏省南京市秦淮区建邺路 168 号，www. xuehaibjb. com

刊名：学会
刊号：CN35-1127/G3
主办单位：福建省科学技术协会、中国科学技术协会学会服务中心
主管单位：福建省科学技术协会
地址：福建省福州市鼓楼区湖东路 7 号 208

刊名：学理论
刊号：CN23-1106/D
主办单位：哈尔滨市社会科学院
主管单位：哈尔滨市社会科学院
地址：黑龙江省哈尔滨市道里区兆麟街 125 号，www. xuelilun. org. cn

刊名：学前教育研究
刊号：CN43-1038/G4
主办单位：中国学前教育研究会、长沙师范学院
主管单位：湖南省教育厅
地址：湖南省长沙市开福区蔡锷北路 351 号，www. xqjyyj. com

刊名：学术交流
刊号：CN23-1048/C
主办单位：黑龙江省社会科学界联合会
主管单位：黑龙江省社会科学界联合会
地址：黑龙江省哈尔滨市南岗区中宣街 206 号科技大厦 9 楼，www. xueshujiaoliu. org. cn

刊名：学术界
刊号：CN34-1004/C
主办单位：安徽省社会科学界联合会
主管单位：安徽省社会科学界联合会
地址：安徽省合肥市徽州大道 1009 号社科大楼 2 楼，www. xueshuejie. net. cn

刊名：学术论坛
刊号：CN45-1002/C
主办单位：广西社会科学院
主管单位：广西社会科学院
地址：广西壮族自治区南宁市青秀区新竹路 5 号，www. gass. gx. cn/html/qikan/xs

刊名：学术评论
刊号：CN35-1313/C
主办单位：福建社会科学院
主管单位：福建社会科学院
地址：福建省福州市鼓楼区柳河路 18 号，fass. net. cn/magazine. aspx? BaseInfoCateId = 50&CateId = 50

刊名：学术前沿
刊号：CN10-1050/C
主办单位：人民论坛杂志社
主管单位：人民日报社
地址：北京市朝阳区金台西路 2 号人民日报社 9 号楼，rmxs. cbpt. cnki. net

刊名：学术探索
刊号：CN53-1148/C
主办单位：云南省社会科学界联合会
主管单位：云南省社会科学界联合会
地址：云南省昆明市五华区二环西路 397 号，yxst. chinajournal. net. cn

刊名：学术研究
刊号：CN44-1070/C
主办单位：广东省社会科学界联合会
主管单位：广东省社会科学界联合会
地址：广东省广州市天河区天河北路 618 号广东社会科学中心大楼 B 座 7 楼，www. gdskl. com. cn

刊名：学术月刊
刊号：CN31-1096/C
主办单位：上海市社会科学界联合会
主管单位：上海市社会科学界联合会
地址：上海市黄浦区淮海中路 622 弄，www. xsyk021. com

刊名：学位与研究生教育
刊号：CN11-1736/G4
主办单位：国务院学位委员会
主管单位：国务院学位委员会
地址：北京市海淀区中关村南大街 5 号，www. adge. edu. cn

刊名：学习论坛
刊号：CN41-1023/D
主办单位：中共河南省委党校、河南行政学院
主管单位：中共河南省委党校、河南行政学院
地址：河南省郑州市金水区郑开大道 36 号，www. xuexiluntan. cn

刊名：学习与科普
刊号：CN65-1236/N
主办单位：昌吉日报社
主管单位：昌吉日报社
地址：新疆维吾尔自治区昌吉回族自治州昌吉市南公园西路 129 号

刊名：学习与实践
刊号：CN42-1005/C
主办单位：武汉市社会科学院
主管单位：武汉市社会科学院
地址：湖北省武汉市江岸区发展大道495号武汉市社会科学院3楼，www.wuhanass.org.cn/news/cslm/index.html

刊名：学习与探索
刊号：CN23-1049/C
主办单位：黑龙江省社会科学院
主管单位：黑龙江省社会科学院
地址：黑龙江省哈尔滨市松北区世博路1000号，www.xxytszzs.com

刊名：学校党建与思想教育
刊号：CN42-1422/D
主办单位：湖北长江报刊传媒（集团）有限公司
主管单位：长江出版传媒股份有限公司
地址：湖北省武汉市洪山区桂元路67号，www.xxdjysxjy.cn

刊名：学周刊
刊号：CN13-1379/G4
主办单位：河北行知文化传媒有限责任公司
主管单位：河北省教育厅
地址：河北省石家庄市裕华区建设南大街269号，www.xuezhoukan.cn

刊名：雪域藏医药（藏文版）
刊号：CN54-1061/R
主办单位：西藏自治区藏医院
主管单位：西藏自治区卫生健康委员会
地址：西藏自治区拉萨市城关区娘热路26号

刊名：血管与腔内血管外科杂志
刊号：CN10-1346/R
主办单位：中国医学科学院
主管单位：中华人民共和国国家卫生健康委员会
地址：北京市东城区东单三条9号

刊名：血栓与止血学
刊号：CN44-1513/R
主办单位：广州医学院第二附属医院
主管单位：广州医科大学
地址：广东省广州市海珠区昌岗东路250号广州医科大学附属第二医院内

刊名：寻根
刊号：CN41-1209/K
主办单位：大象出版社有限公司
主管单位：中原大地传媒股份有限公司
地址：河南省郑州市金水区祥盛街27号2层，xgzz.daxing.cn

刊名：循证护理
刊号：CN14-1377/R
主办单位：山西医学期刊社
主管单位：山西医科大学第一医院
地址：山西省太原市迎泽区解放南路85号，www.suo1.cn

刊名：循证医学
刊号：CN44-1548/R
主办单位：广东省循证医学科研中心、广东省人民医院、中山大学附属第三医院
主管单位：广东省卫生健康委员会
地址：广东省广州市越秀区中山二路106号广东省人民医院内，www.jebm.cn

Y

刊名：压电与声光
刊号：CN50-1091/TN
主办单位：四川压电与声光技术研究所
主管单位：中国电子科技集团有限公司
地址：重庆市南岸区花园路14号26所，www.peaotec.com

刊名：压力容器
刊号：CN34-1058/TH
主办单位：中国机械工程学会压力容器分会
主管单位：中国科学技术协会
地址：安徽省合肥市蜀山区长江西路888号，www.chinapvt.com

刊名：压缩机技术
刊号：CN21-1176/TH
主办单位：沈阳气体压缩机研究所
主管单位：沈阳气体压缩机研究所
地址：辽宁省沈阳市铁西区开发大路16号甲，ysjjs163.com

刊名：亚太安全与海洋研究
刊号：CN10-1334/D
主办单位：国务院发展研究中心亚非发展研究所、南京大学
主管单位：国务院发展研究中心
地址：北京市海淀区知春路61号5层，www.yfzh.cbpt.cnki.net

刊名：亚热带农业研究
刊号：CN35-1279/S
主办单位：福建农林大学
主管单位：福建农林大学
地址：福建省福州市仓山区上下店路15号福建农林大学《亚热带农业研究》编辑部，yrdnyyj.paperopen.com

刊名：亚热带水土保持
刊号：CN35-1283/TV
主办单位：福建省水土保持试验站、福建省水土保持学会
主管单位：福建省水利厅
地址：福建省福州市鼓楼区铜盘路6号《亚热带水土保持》编辑部

刊名：亚热带植物科学
刊号：CN35-1243/S
主办单位：福建省亚热带植物研究所
主管单位：厦门市科学技术局
地址：福建省厦门市湖里区嘉禾路780号，www.yrdzwkx.com

刊名：亚热带资源与环境学报
刊号：CN35-1291/N
主办单位：福建师范大学
主管单位：福建省教育厅
地址：福建省福州市仓山区上三路8号，fjdl.cbpt.cnki.net

刊名：亚太传统医药
刊号：CN42-1727/R
主办单位：中药现代化科技产业（湖北）基地信息中心、湖北省科技信息研究院
主管单位：湖北省科学技术厅
地址：湖北省武汉市武昌区洪山路2号科教大厦D座5楼，www.aptm.com.cn

刊名：亚太经济
刊号：CN35-1014/F
主办单位：福建社会科学院
主管单位：福建社会科学院
地址：福建省福州市鼓楼区柳河路18号，ytjj.cbpt.cnki.net

刊名：亚洲男性学杂志
刊号：CN31-1795/R
主办单位：中国科学院上海药物研究所、上海交通大学
主管单位：中国科学院
地址：上海市徐汇区太原路294号，www.asiaandro.com

刊名：烟草科技
刊号：CN41-1137/TS
主办单位：中国烟草总公司郑州烟草研究院
主管单位：国家烟草专卖局
地址：河南省郑州市中原区枫杨街2号，www.tobst.cn

刊名：烟台大学学报（哲学社会科学版）
刊号：CN37-1104/C
主办单位：烟台大学
主管单位：山东省教育厅
地址：山东省烟台市莱山区清泉路30号，xuebao.ytu.edu.cn

刊名：烟台大学学报（自然科学与工程版）
刊号：CN37-1213/N
主办单位：烟台大学
主管单位：山东省教育厅
地址：山东省烟台市莱山区清泉路30号《烟台大学学报》编辑部，xuebao.ytu.edu.cn

刊名：燕山大学学报
刊号：CN13-1219/N
主办单位：燕山大学
主管单位：河北省教育厅
地址：河北省秦皇岛市海港区河北大街西段438号，xuebao.ysu.edu.cn

刊名：燕山大学学报（哲学社会科学版）
刊号：CN13-1277/C
主办单位：燕山大学
主管单位：河北省教育厅

地址：河北省秦皇岛市海港区河北大街西段438号，xbskb.ysu.edu.cn

刊名：**延安大学学报（社会科学版）**
刊号：CN61-1015/C
主办单位：延安大学
主管单位：陕西省教育厅
地址：陕西省延安市宝塔区圣地路580号，skxb.yau.edu.cn

刊名：**延安大学学报（医学科学版）**
刊号：CN61-1408/R
主办单位：延安大学
主管单位：陕西省教育厅
地址：陕西省延安市宝塔区圣地路580号，ykxb.yau.edu.cn

刊名：**延安大学学报（自然科学版）**
刊号：CN61-1230/N
主办单位：延安大学
主管单位：陕西省教育厅
地址：陕西省延安市宝塔区圣地路580号，zkxb.yau.edu.cn

刊名：**延安职业技术学院学报**
刊号：CN61-1472/G4
主办单位：延安职业技术学院
主管单位：延安市人民政府
地址：陕西省延安市宝塔区枣园路555号院，yaxb.cbpt.cnki.net

刊名：**延边大学农学学报**
刊号：CN22-1261/S
主办单位：延边大学
主管单位：吉林省教育厅
地址：吉林省延边朝鲜族自治州延吉市公园路977号延边大学96号信箱，journal.ybu.edu.cn

刊名：**延边大学学报（社会科学版）**
刊号：CN22-1025/C
主办单位：延边大学
主管单位：吉林省教育厅
地址：吉林省延边朝鲜族自治州延吉市公园路977号，journal.ybu.edu.cn

刊名：**延边大学学报（自然科学版）**
刊号：CN22-1191/N
主办单位：延边大学
主管单位：吉林省教育厅
地址：吉林省延边朝鲜族自治州延吉市公园路977号，ybdxxb.paperopen.com

刊名：**延边大学医学学报**
刊号：CN22-1260/R
主办单位：延边大学
主管单位：吉林省教育厅
地址：吉林省延边朝鲜族自治州延吉市局子街1327号，journal.ybu.edu.cn

刊名：**延边党校学报**
刊号：CN22-1302/D
主办单位：中共延边州委党校、延边行政学院
主管单位：中共延边州委
地址：吉林省延边朝鲜族自治州延吉市新民北街1500号

刊名：**延边教育学院学报**
刊号：CN22-1303/G4
主办单位：延边州教育学院
主管单位：延边朝鲜族自治州教育局
地址：吉林省延边朝鲜族自治州延吉市新村路1377号

刊名：**岩矿测试**
刊号：CN11-2131/TD
主办单位：中国地质学会岩矿测试专业委员会、国家地质实验测试中心
主管单位：中国科学技术协会
地址：北京市西城区百万庄大街26号，www.ykcs.ac.cn

刊名：**岩石力学与工程学报**
刊号：CN42-1397/O3
主办单位：中国岩石力学与工程学会
主管单位：中国科学技术协会
地址：湖北省武汉市武昌区小洪山2号，www.rock-mech.org

刊名：**岩石学报**
刊号：CN11-1922/P
主办单位：中国矿物岩石地球化学学会、中国科学院地质与地球物理研究所

主管单位：中国科学院
地址：北京市朝阳区北土城西路 19 号，www.ysxb.ac.cn

刊名：岩土工程技术
刊号：CN11-3813/TU
主办单位：国防机械工业工程勘察科技情报网、中国兵器工业勘察研究院
主管单位：中国兵器工业集团有限公司
地址：北京市西城区西便门内大街 79 号，www.yantuzz.com

刊名：岩土工程学报
刊号：CN32-1124/TU
主办单位：中国水利学会、中国土木工程学会、中国力学学会、中国建筑学会、中国水力发电工程学会、中国振动学会
主管单位：中国科学技术协会
地址：江苏省南京市鼓楼区虎踞关 34 号，www.cgejournal.com

刊名：岩土力学
刊号：CN42-1199/O3
主办单位：中国科学院武汉岩土力学研究所
主管单位：中国科学院
地址：湖北省武汉市武昌区水果湖街小洪山 2 号中国科学院武汉岩土力学研究所模型楼，ytlx.whrsm.ac.cn

刊名：岩性油气藏
刊号：CN62-1195/TE
主办单位：中国石油集团西北地质研究所有限公司
主管单位：中国石油天然气集团有限公司
地址：甘肃省兰州市城关区雁儿湾路 535 号，www.yxyqc.net

刊名：沿海企业与科技
刊号：CN45-1227/N
主办单位：广西社会科学院企业文化研究中心
主管单位：广西社会科学院
地址：广西壮族自治区南宁市青秀区新竹路 5 号广西社会科学院 613

刊名：研究生教育研究
刊号：CN34-1319/G4
主办单位：中国科学技术大学、中国学位与研究生教育学会
主管单位：中国科学院
地址：安徽省合肥市包河区金寨路 96 号中国科学技术大学，journal.ustc.edu.cn

刊名：研究与发展管理
刊号：CN31-1599/G3
主办单位：复旦大学
主管单位：中华人民共和国教育部
地址：上海市杨浦区邯郸路 220 号，www.rdmana.net

刊名：盐城工学院学报（社会科学版）
刊号：CN32-1499/C
主办单位：盐城工学院
主管单位：江苏省教育厅
地址：江苏省盐城市亭湖区希望大道中路 1 号《盐城工学院学报》编辑部，www.ygsk.ycit.cn

刊名：盐城工学院学报（自然科学版）
刊号：CN32-1650/N
主办单位：盐城工学院
主管单位：江苏省教育厅
地址：江苏省盐城市亭湖区希望大道中路 1 号《盐城工学院学报》编辑部，www.ygzk.ycit.cn

刊名：盐城师范学院学报（人文社会科学版）
刊号：CN32-1053/G4
主办单位：盐城师范学院
主管单位：江苏省教育厅
地址：江苏省盐城市亭湖区开放大道中路 50 号，ycsz.cbpt.cnki.net

刊名：盐湖研究
刊号：CN63-1026/P
主办单位：中国科学院青海盐湖研究所
主管单位：中国科学院大学
地址：青海省西宁市城西区新宁路 18 号，yhyj.ijournal.cn

刊名：盐业史研究
刊号：CN51-1119/TS
主办单位：自贡市盐业历史博物馆、中国盐业协会
主管单位：自贡市文化广播电视和旅游局
地址：四川省自贡市自流井区解放路 173 号

刊名：盐科学与化工

刊号：CN12-1453/TS
主办单位：中盐（天津）盐化科技信息有限公司
主管单位：中国盐业总公司
地址：天津市滨海新区于家堡融和路宝策大厦1113室

刊名：眼科
刊号：CN11-3025/R
主办单位：中日友好医院、北京同仁医院、北京市眼科研究所
主管单位：中华人民共和国国家卫生健康委员会
地址：北京市东城区崇文门内大街后沟胡同17号，www.j-bio.net

刊名：眼科新进展
刊号：CN41-1105/R
主办单位：新乡医学院
主管单位：新乡医学院
地址：河南省新乡市红旗区金穗大道601号，www.ykxjz.com

刊名：眼科学报
刊号：CN44-1119/R
主办单位：中山大学
主管单位：中华人民共和国教育部
地址：广东省广州市越秀区先烈南路54号，ykxb.amegroups.com

刊名：演艺科技
刊号：CN11-5901/TB
主办单位：中国演艺设备技术协会
主管单位：中国演艺设备技术协会
地址：北京市东城区安定门东大街28号雍和大厦东楼C座10层，www.yykj.org

刊名：扬州大学学报（高教研究版）
刊号：CN32-1466/G4
主办单位：扬州大学
主管单位：江苏省教育厅
地址：江苏省扬州市邗江区大学南路88号《扬州大学学报》编辑部，tgxt.yzu.edu.cn/yzdxgjyjb

刊名：扬州大学学报（农业与生命科学版）
刊号：CN32-1648/S
主办单位：扬州大学
主管单位：江苏省教育厅
地址：江苏省扬州市邗江区大学南路88号《扬州大学学报》编辑部，xbbjb.yzu.edu.cn

刊名：扬州大学学报（人文社会科学版）
刊号：CN32-1465/C
主办单位：扬州大学
主管单位：江苏省教育厅
地址：江苏省扬州市邗江区大学南路88号，tgxt.yzu.edu.cn/yzdxrwb

刊名：扬州大学学报（自然科学版）
刊号：CN32-1472/N
主办单位：扬州大学
主管单位：江苏省教育厅
地址：江苏省扬州市邗江区大学南路88号，xbbjb.yzu.edu.cn

刊名：扬州教育学院学报
刊号：CN32-1555/G4
主办单位：扬州教育学院
主管单位：扬州市人民政府
地址：江苏省扬州市邗江区文昌西路458号，gjxb.yzpc.edu.cn

刊名：扬州职业大学学报
刊号：CN32-1529/G4
主办单位：扬州职业大学
主管单位：扬州市人民政府
地址：江苏省扬州市邗江区文昌西路458号，gjxb.yzpc.edu.cn

刊名：杨凌职业技术学院学报
刊号：CN61-1403/G4
主办单位：杨凌职业技术学院
主管单位：陕西省教育厅
地址：陕西省咸阳市杨凌区渭惠路24号《杨凌职业技术学院学报》编辑部，xbbj.ylvtc.cn

刊名：养禽与禽病防治
刊号：CN44-1202/S
主办单位：广州华农大实验兽药有限公司
主管单位：华南农业大学
地址：广东省广州市天河区五山路483号华南农业大学9号楼，www.scvm.cn

刊名：养殖与饲料

刊号：CN42-1648/S
主办单位：华中农业大学
主管单位：中华人民共和国教育部
地址：湖北省武汉市洪山区狮子山街1号华中农业大学，chinayzsl. hzau. edu. cn

刊名：养猪
刊号：CN21-1104/S
主办单位：沈阳农业大学
主管单位：沈阳农业大学
地址：辽宁省沈阳市沈河区东陵路120号

刊名：遥测遥控
刊号：CN11-1780/TP
主办单位：中国航天科技集团有限公司第九研究院第七〇四研究所
主管单位：中国航天科技集团有限公司
地址：北京市丰台区南大红门路1号704所内

刊名：遥感技术与应用
刊号：CN62-1099/TP
主办单位：中国科学院遥感联合中心、中国科学院资源环境科学信息中心
主管单位：中国科学院
地址：甘肃省兰州市城关区天水中路8号，www. rsta. ac. cn

刊名：遥感信息
刊号：CN11-5443/P
主办单位：中国测绘科学研究院
主管单位：中华人民共和国自然资源部
地址：北京市海淀区莲花池西路28号，www. remotesensing. org. cn

刊名：遥感学报
刊号：CN11-3841/TP
主办单位：中国科学院遥感与数字地球研究所、中国地理学会环境遥感分会
主管单位：中国科学院
地址：北京市东城区东黄城根北街16号，www. jors. cn

刊名：药品评价
刊号：CN36-1259/R
主办单位：江西省药学会
主管单位：江西省药品监督管理局
地址：江西省南昌市东湖区叠山路511号原省政协大楼10楼，www. yppjqk. com

刊名：药物不良反应杂志
刊号：CN11-4015/R
主办单位：中华医学会
主管单位：中国科学技术协会
地址：北京市西城区长椿街45号（首都医科大学宣武医院内），www. cadrj. com

刊名：药物分析杂志
刊号：CN11-2224/R
主办单位：中国药学会
主管单位：中国科学技术协会
地址：北京市东城区天坛西里2号中国检定所内药分编辑室，www. ywfxzz. cn

刊名：药物流行病学杂志
刊号：CN42-1333/R
主办单位：武汉医药（集团）股份有限公司、中国药学会
主管单位：湖北省药品监督管理局
地址：湖北省武汉市江汉区台北一路2号天下国际公馆5-1801，www. cnjpe. org

刊名：药物评价研究
刊号：CN12-1409/R
主办单位：天津药物研究院、中国药学会
主管单位：天津药物研究院
地址：天津市南开区鞍山西道308号，www. tiprpress. com

刊名：药物生物技术
刊号：CN32-1488/R
主办单位：中国药科大学、中国医药科技出版社、中国药学会
主管单位：中华人民共和国教育部
地址：江苏省南京市鼓楼区童家巷24号75号信箱，www. ywswjs. com

刊名：药学教育
刊号：CN32-1352/G4
主办单位：中国药科大学
主管单位：中华人民共和国教育部
地址：江苏省南京市鼓楼区童家巷24号，jiaoyu. cpu. edu. cn

刊名：药学进展
刊号：CN32-1109/R
主办单位：中国药科大学、中国药学会
主管单位：中华人民共和国教育部
地址：江苏省南京市鼓楼区童家巷24号中国药科大学，www.cpupps.cn

刊名：药学学报
刊号：CN11-2163/R
主办单位：中国药学会、中国医学科学院药物研究所
主管单位：中国科学技术协会
地址：北京市朝阳区建外大街4号建外SOHO 9号楼1803室，www.yxxb.com.cn

刊名：药学研究
刊号：CN37-1493/R
主办单位：山东省食品药品检验研究院、山东省药学会
主管单位：山东省药品监督管理局
地址：山东省济南市历下区经十路9999号黄金时代广场G1909，www.yaoxueyanjiu.org.cn

刊名：药学与临床研究
刊号：CN32-1773/R
主办单位：江苏省药学会
主管单位：江苏省药品监督管理局
地址：江苏省南京市秦淮区中山东路448号普华大厦南大门6楼，www.pcr.org.cn

刊名：冶金动力
刊号：CN34-1127/TK
主办单位：马鞍山钢铁股份有限公司
主管单位：马鞍山钢铁股份有限公司
地址：安徽省马鞍山市雨山区湖南路51号2F，www.yjdlxxw.com

刊名：冶金分析
刊号：CN11-2030/TF
主办单位：中国钢研科技集团有限公司、中国金属学会
主管单位：中国钢铁工业协会
地址：北京市海淀区学院南路76号，yjfx.chinamet.cn

刊名：冶金经济与管理
刊号：CN21-1094/F
主办单位：中国金属学会冶金技术经济分会、中国有色金属学会经济管理学术委员会、东北大学
主管单位：中国金属学会
地址：辽宁省沈阳市和平区文化路3号巷11号东北大学328信箱

刊名：冶金能源
刊号：CN21-1183/TK
主办单位：中钢集团鞍山热能研究院有限公司
主管单位：中钢集团鞍山热能研究院有限公司
地址：辽宁省鞍山市铁东区鞍千路301号，www.yjnyzz.cn

刊名：冶金设备
刊号：CN11-2183/TF
主办单位：北京中冶设备研究设计总院有限公司、中国金属学会冶金设备分会
主管单位：中国钢铁工业协会
地址：北京市朝阳区安外胜古庄2号

刊名：冶金设备管理与维修
刊号：CN21-1343/TF
主办单位：鞍山钢铁集团有限公司
主管单位：中国钢铁工业协会
地址：辽宁省鞍山市铁东区千山中路53甲，glywx.wenyuanzz.net

刊名：冶金与材料
刊号：CN23-1602
主办单位：黑龙江省金属学会、黑龙江省冶金研究所
主管单位：黑龙江省工业和信息化厅
地址：黑龙江省哈尔滨市香坊区文昌街216号504室

刊名：冶金自动化
刊号：CN11-2067/TF
主办单位：冶金自动化研究设计院、北京钢研柏苑出版有限责任公司
主管单位：中国钢铁工业协会
地址：北京市丰台区西四环南路72号，www.yjzdh.com

刊名：野生动物学报
刊号：CN23-1587/S

主办单位：东北林业大学、中国动物园协会、中国野生动物保护协会
主管单位：国家林业和草原局
地址：黑龙江省哈尔滨市香坊区和兴路 26 号，ysdw. paperopen. com

刊名：液晶与显示
刊号：CN22-1259/O4
主办单位：中国科学院长春光学精密机械与物理研究所
主管单位：中国科学院
地址：吉林省长春市二道区经济技术开发区东南湖大路 3888 号，www. yjyxs. com

刊名：液压气动与密封
刊号：CN11-4839/TH
主办单位：中国液压气动密封件工业协会
主管单位：中国机械工业联合会
地址：北京市西城区三里河路 46 号，www. chpsa. org. cn/News/NewsWeb/ViewNews. aspx? NewsId = K4RFEU3S&PG = 1&StbKeyword =

刊名：液压与气动
刊号：CN11-2059/TH
主办单位：北京机械工业自动化研究所、中国机械工程学会
主管单位：中国机械工业联合会
地址：北京市西城区德胜门外教场口 1 号，journal. yeyanet. com

刊名：一重技术
刊号：CN21-1551/TH
主办单位：一重集团大连工程技术有限公司
主管单位：中国一重集团有限公司
地址：辽宁省大连市金州区东北大街 96 号

刊名：伊犁师范学院学报（自然科学版）
刊号：CN65-1263/N
主办单位：伊犁师范学院
主管单位：伊犁师范学院
地址：新疆维吾尔自治区伊犁哈萨克自治州伊宁市解放西路 448 号

刊名：伊犁师范学院学报
刊号：CN65-1264/N
主办单位：伊犁师范学院
主管单位：伊犁师范学院
地址：新疆维吾尔自治区伊犁哈萨克自治州伊宁市解放西路 448 号

刊名：伊犁师范学院学报（社会科学版）
刊号：CN65-1186/G4
主办单位：伊犁师范学院
主管单位：伊犁师范学院
地址：新疆维吾尔自治区伊犁哈萨克自治州伊宁市解放西路 448 号

刊名：医学动物防制
刊号：CN13-1068/R
主办单位：中国民主促进会河北省委员会
主管单位：中国民主促进会河北省委员会
地址：河北省石家庄市桥西区休门街 3 号滨江优谷大厦商务办公楼 0937，www. yxdwfz. com

刊名：医学分子生物学杂志
刊号：CN42-1720/R
主办单位：华中科技大学
主管单位：中华人民共和国教育部
地址：湖北省武汉市硚口区航空路 13 号同济医学院图书馆南侧楼，tjxb. hust. edu. cn

刊名：医学检验与临床
刊号：CN37-1443/R
主办单位：山东省千佛山医院
主管单位：山东省卫生健康委员会
地址：山东省济南市历下区经十路 16766 号，www. yxjyylc. cn

刊名：医学教育管理
刊号：CN10-1335/G4
主办单位：首都医科大学
主管单位：北京市教育委员会
地址：北京市丰台区右安门外西头条 10 号首都医科大学，mem. ccmu. edu. cn

刊名：医学教育研究与实践
刊号：CN61-1507/G4
主办单位：西安交通大学、陕西省医学会
主管单位：中华人民共和国教育部
地址：陕西省西安市雁塔区雁塔西路 76 号 12 号信箱，www. xbyx. cbpt. cnki. net

刊名：医学理论与实践
刊号：CN13-1122R
主办单位：河北省预防医学会
主管单位：河北省科学技术协会
地址：河北省石家庄市新华区农科路1号第46号信箱，www.yxllysj.com

刊名：医学临床研究
刊号：CN43-1382/R
主办单位：湖南省医学会
主管单位：湖南省卫生健康委员会
地址：湖南省长沙市芙蓉区新军路43号，www.jcr.net.cn

刊名：医学新知
刊号：CN42-1220/R
主办单位：武汉大学中南医院、中国农工民主党湖北省委医药卫生工作委员会
主管单位：中国农工民主党湖北省委员会
地址：湖北省武汉市武昌区东湖路169号，www.jnewmed.com

刊名：医学信息学杂志
刊号：CN11-5447/R
主办单位：中国医学科学院
主管单位：中华人民共和国国家卫生健康委员会
地址：北京市朝阳区雅宝路3号，www.yxxxx.ac.cn

刊名：医学研究与教育
刊号：CN13-1393/R
主办单位：河北大学
主管单位：河北省教育厅
地址：河北省保定市莲池区五四东路180号

刊名：医学研究杂志
刊号：CN11-5453/R
主办单位：中国医学科学院
主管单位：中华人民共和国国家卫生健康委员会
地址：北京市朝阳区雅宝路3号，www.yxyjzz.cn

刊名：医学影像学杂志
刊号：CN37-1426/R
主办单位：山东省医学影像学研究会、山东省医学影像学研究所
主管单位：山东省卫生健康委员会
地址：山东省济南市槐荫区经四纬九路37号，zz.medimg.org

刊名：医学与法学
刊号：CN51-1721/R
主办单位：西南医科大学、中国卫生法学会
主管单位：西南医科大学
地址：四川省泸州市江阳区忠山路三段319号西山楼413，yxyfx.swmu.edu.cn

刊名：医学与社会
刊号：CN42-1387/R
主办单位：华中科技大学同济医学院
主管单位：中华人民共和国教育部
地址：湖北省武汉市硚口区航空路13号，www.yxysh.org

刊名：医学与哲学
刊号：CN21-1093/R
主办单位：中国自然辩证法研究会
主管单位：中国科学技术协会
地址：辽宁省大连市旅顺口区旅顺南路西段9号，www.yizhe.org

刊名：医学综述
刊号：CN11-3553/R
主办单位：中国医师协会
主管单位：中华人民共和国国家卫生健康委员会
地址：北京市通州区北苑通典铭居F座0806室，www.yxzszz.com

刊名：医药导报
刊号：CN42-1293/R
主办单位：华中科技大学同济医学院附属同济医院、中国药理学会
主管单位：湖北省药品监督管理局
地址：湖北省武汉市蔡甸区中法生态城同济医院专家社区C栋平层，www.yydbzz.com

刊名：医药高职教育与现代护理
刊号：CN32-1876/R
主办单位：江苏卫生健康职业学院
主管单位：江苏省卫生健康委员会
地址：江苏省南京市秦淮区汉中路129号，gzyhl.jssmu.edu.cn

刊名：医用生物力学

刊号：CN31-1624/R
主办单位：上海交通大学
主管单位：中华人民共和国教育部
地址：上海市黄埔区制造局路 639 号，www. mechanobiology. cn

刊名：医院管理论坛
刊号：CN11-4830/R
主办单位：北京大学
主管单位：中华人民共和国教育部
地址：北京市海淀区学院路 38 号，www. oaj. pku. edu. cn/wk3/yygllt/CN/1671-9069/home. shtml

刊名：仪表技术
刊号：CN31-1266/TH
主办单位：上海仪器仪表研究所、上海市仪器仪表学会
主管单位：上海科学院
地址：上海市杨浦区龙江路 214 号，www. ybjszz. com

刊名：仪表技术与传感器
刊号：CN21-1154/TH
主办单位：沈阳仪表科学研究院
主管单位：沈阳仪表科学研究院
地址：辽宁省沈阳市大东区北海街 242 号，www. is. com. cn

刊名：仪器仪表标准化与计量
刊号：CN11-3365/TK
主办单位：机械工业仪器仪表综合技术经济研究所
主管单位：中国机械工业联合会
地址：北京市西城区广安门外大街甲 397 号，www. ism-j. net

刊名：仪器仪表学报
刊号：CN11-2179/TH
主办单位：中国仪器仪表学会
主管单位：中国科学技术协会
地址：北京市东城区北河沿大街 79 号，yqyb. etm-china. com

刊名：仪器仪表用户
刊号：CN12-1334/TH
主办单位：天津仪表集团有限公司
主管单位：天津中环电子信息集团有限公司
地址：天津市西青区华苑产业园区（环外）海泰发展二路 1 号

刊名：仪器仪表与分析监测
刊号：CN11-2048/TH
主办单位：北京京仪仪器仪表研究总院有限公司
主管单位：北京京仪集团有限责任公司
地址：北京市海淀区大钟寺东路 9 号 1 幢 B1068 室

刊名：宜宾学院学报
刊号：CN51-1630/Z
主办单位：宜宾学院
主管单位：四川省教育厅
地址：四川省宜宾市翠屏区酒圣路 8 号，ybsg. cbpt. cnki. net

刊名：宜春学院学报
刊号：CN36-1250/Z
主办单位：宜春学院
主管单位：江西省教育厅
地址：江西省宜春市袁州区学府路 576 号《宜春学院学报》编辑部，ycsb. chinajournal. net. cn

刊名：移动电源与车辆
刊号：CN62-1040/U
主办单位：兰州电源车辆研究所有限公司
主管单位：中国机械工业集团有限公司
地址：甘肃省兰州市七里河区民乐路 64 号，www. zgnrfd. com

刊名：移动通信
刊号：CN44-1301/TN
主办单位：广州通信研究所
主管单位：中国电子科技集团有限公司
地址：广东省广州市海珠区新港中路 381 号，www. mbcom. cn

刊名：遗传
刊号：CN11-1913/R
主办单位：中国科学院遗传与发育生物学研究所、中国遗传学会
主管单位：中国科学院
地址：北京市东城区东黄城根北街 16 号，www. chinagene. cn

刊名：疑难病杂志
刊号：CN13-1316/R

主办单位：中国医师协会
主管单位：中华人民共和国国家卫生健康委员会
地址：湖北省石家庄市裕华区天山大街 238 号，www. ynbzz. com

刊名：乙烯工业
刊号：CN11-4819/TQ
主办单位：中国石化工程建设有限公司
主管单位：中国石油化工集团有限公司
地址：北京市朝阳区安慧北里安园 21 号，yxgy. sei. com. cn

刊名：艺术百家
刊号：CN32-1092/J
主办单位：江苏省文化艺术研究院
主管单位：江苏省文化和旅游厅
地址：江苏省南京市秦淮区中山南路 89 号江苏文化大厦 8 楼，ysbj. chinajournal. net. cn

刊名：艺术当代
刊号：CN31-1918/J
主办单位：上海书画出版社
主管单位：上海文艺出版总社
地址：上海市长宁区延安西路 593 号，www. shshu-hua. com/journal/lists/5

刊名：艺术工作
刊号：CN21-1598/J
主办单位：鲁迅美术学院
主管单位：辽宁省教育厅
地址：辽宁省沈阳市和平区三好街 19 号

刊名：艺术广角
刊号：CN21-1047/J
主办单位：辽宁省文学艺术界联合会
主管单位：辽宁省文学艺术界联合会
地址：辽宁省沈阳市皇姑区鸭绿江街 53 号

刊名：艺术教育
刊号：CN11-1188/J
主办单位：中国文化传媒集团有限公司
主管单位：中华人民共和国文化和旅游部
地址：北京市朝阳区东土城路 15 号 405 室，www. ccmg. cn

刊名：艺术科技
刊号：CN33-1166/TN
主办单位：浙江舞台设计研究院有限公司
主管单位：浙江省文化和旅游厅
地址：浙江省杭州市滨江区滨康路 680 号，www. wutaiyuan. com

刊名：艺术评论
刊号：CN11-4907/J
主办单位：中国艺术研究院
主管单位：中华人民共和国文化和旅游部
地址：北京市朝阳区惠新北里甲 1 号，www. zgysyjy. org. cn/154/154_1. html

刊名：艺术设计研究
刊号：CN11-5869/J
主办单位：北京服装学院
主管单位：北京市教育委员会
地址：北京市朝阳区樱花路甲 2 号，kjc. bift. edu. cn/xzqk/yzsjyj/index. htm

刊名：艺术生活——福州大学学报（艺术版）
刊号：CN35-1102/J
主办单位：福州大学
主管单位：福州大学
地址：福建省福州市鼓楼区东水路 133 号福新苑 B805

刊名：艺术探索
刊号：CN45-1077/J
主办单位：广西艺术学院
主管单位：广西艺术学院
地址：广西壮族自治区南宁市青秀区教育路 7 号，www. gxau. edu. cn/kxyj/xsqk/xbysts

刊名：艺术研究
刊号：CN23-1529/J
主办单位：哈尔滨师范大学
主管单位：哈尔滨师范大学
地址：黑龙江省哈尔滨市南岗区和兴路 50 号

刊名：艺苑
刊号：CN35-1278/G0
主办单位：福建艺术职业学院
主管单位：福建省文化和旅游厅
地址：福建省福州市闽侯县甘蔗街道学院路 8 号，yyyb. cbpt. cnki. net

刊名：阴山学刊
刊号：CN15-1063/C
主办单位：包头师范学院
主管单位：内蒙古自治区教育厅
地址：内蒙古自治区包头市青山区科学路3号包头师范学院学报编辑部，xbbjb.bttc.edu.cn

刊名：音乐传播
刊号：CN10-1064/J
主办单位：中国传媒大学
主管单位：中华人民共和国教育部
地址：北京市朝阳区定福庄东街1号中国传媒大学42号楼316，yycb.cuc.edu.cn

刊名：音乐创作
刊号：CN11-1658/J
主办单位：中国音乐家协会
主管单位：中国文学艺术界联合会
地址：北京市朝阳区北沙滩桥东1号院32号楼B座，yyczbjb.cn

刊名：音乐生活
刊号：CN21-1044/J
主办单位：辽宁省文学艺术界联合会
主管单位：辽宁省文学艺术界联合会
地址：辽宁省沈阳市沈河区沈阳路68号

刊名：音乐探索
刊号：CN51-1067/J
主办单位：四川音乐学院
主管单位：四川省教育厅
地址：四川省成都市武侯区新生路6号四川音乐学院

刊名：音乐研究
刊号：CN11-1665/J
主办单位：人民音乐出版社有限公司
主管单位：中国出版传媒股份有限公司
地址：北京市东城区朝内大街甲55号，www.sccm.cn/departments/index.asp? id=28

刊名：音乐艺术（上海音乐学院学报）
刊号：CN31-1004/J
主办单位：上海音乐学院
主管单位：上海市教育委员会
地址：上海市徐汇区汾阳路20号，www.shcmpress.com/paper

刊名：殷都学刊
刊号：CN41-1032/C
主办单位：安阳师范学院
主管单位：安阳师范学院
地址：河南省安阳市文峰区弦歌大道436号，ydxk.aynu.edu.cn

刊名：饮料工业
刊号：CN11-5556/TS
主办单位：中国饮料工业协会
主管单位：中国轻工业联合会
地址：北京市朝阳区东三环北路丙2号天元港中心，www.bimag.com.cn

刊名：印度洋经济体研究
刊号：CN53-1227/F
主办单位：云南财经大学
主管单位：云南省教育厅
地址：云南省昆明市五华区龙泉路237号

刊名：印染
刊号：CN31-1245/TS
主办单位：上海市纺织科学研究院、全国印染科技信息中心
主管单位：上海纺织控股（集团）公司
地址：上海市杨浦区平凉路988号，shtexcloud.com

刊名：印染助剂
刊号：CN32-1262/TQ
主办单位：江苏苏豪传媒有限公司
主管单位：江苏省苏豪控股集团有限公司
地址：江苏省南京市雨花台区软件大道48号，www.meetsohomedia.com/index.php/Home/Gaikuang/index.html? lanmu=4

刊名：印刷杂志
刊号：CN31-1402/TS
主办单位：上海印刷技术研究所
主管单位：上海文艺出版总社
地址：上海市静安区新闸路1209弄60号，yszz.chinajournal.net.cn

刊名：印制电路信息
刊号：CN31-1791/TN
主办单位：上海印制电路行业协会
主管单位：上海市经济和信息化委员会

地址：上海市闵行区都会路 2338 号，www. cpca. org. cn

刊名：英国医学杂志（中文版）
刊号：CN11-3904/R
主办单位：中华医学会
主管单位：中国科学技术协会
地址：北京市东城区东四西大街 42 号，bmj. yiigle. com

刊名：影像技术
刊号：CN12-1173/TB
主办单位：全国轻工感光材料信息中心、中国感光学会、天津远大感光材料公司
主管单位：天津远大感光材料公司
地址：天津市河西区洞庭路 20 号

刊名：影像科学与光化学
刊号：CN11-5604/O6
主办单位：中国科学院理化技术研究所、中国感光学会
主管单位：中国科学院
地址：北京市海淀区中关村东路 29 号，www. yxkx-yghx. org

刊名：影像诊断与介入放射学
刊号：CN44-1391/R
主办单位：中山大学
主管单位：中华人民共和国教育部
地址：广东省广州市中山二路 58 号中山大学附属第一医院曾宪梓楼 3 楼，www. yxyjr. com

刊名：应用泛函分析学报
刊号：CN11-4016/TL
主办单位：中国原子能科学研究院、中国科学院数学与系统科学研究院
主管单位：中国核工业集团有限公司
地址：北京市东城区东黄城根北街 16 号，www. matheco. ac. cn

刊名：应用概率统计
刊号：CN31-1256/O1
主办单位：中国数学会概率统计学会
主管单位：中国科学技术协会
地址：上海市普陀区中山北路 3663 号，aps. ecnu. edu. cn

刊名：应用光学
刊号：CN61-1171/O4
主办单位：中国兵器工业集团第二〇五研究所、中国兵工学会
主管单位：中国兵器工业集团有限公司
地址：陕西省西安市 123 信箱《应用光学》编辑部，www. yygx. net

刊名：应用海洋学学报
刊号：CN35-1319/P
主办单位：国家海洋局第三海洋研究所、中国海洋学会、福建省海洋学会
主管单位：国家海洋局
地址：福建省厦门市思明区大学路 178 号，xuebao. jao. org. cn

刊名：应用化工
刊号：CN61-1370/TQ
主办单位：陕西省石油化工研究设计院、陕西省化工学会、陕西省延长石油（集团）有限责任公司
主管单位：陕西省科学技术厅
地址：陕西省西安市雁塔区西延路 61 号，zgyyhg. cbpt. cnki. net

刊名：应用化学
刊号：CN22-1128/O6
主办单位：中国科学院长春应用化学研究所、中国化学会
主管单位：中国科学院
地址：吉林省长春市朝阳区人民大街 5625 号，yy-hx. ciac. jl. cn

刊名：应用基础与工程科学学报
刊号：CN11-3242/TB
主办单位：中国自然资源学会
主管单位：中国科学技术协会
地址：北京市海淀区颐和园路 5 号北京大学老地学楼 110 室，www. jbse. net

刊名：应用激光
刊号：CN31-1375/T
主办单位：上海市激光技术研究所
主管单位：上海科学院
地址：上海市徐汇区宜山路 770 号，yyjg. cbpt. cnki. net

刊名：应用技术学报
刊号：CN31-2133/N
主办单位：上海应用技术大学
主管单位：上海市教育委员会
地址：上海市徐汇区漕宝路 120 号，xuebao. sit. edu. xn

刊名：应用科技
刊号：CN23-1191/U
主办单位：哈尔滨工程大学
主管单位：中华人民共和国工业和信息化部
地址：黑龙江省哈尔滨市南岗区南通大街 1451 号，yykj. hrbeu. edu. cn

刊名：应用科学学报
刊号：CN31-1404/N
主办单位：上海大学、中国科学院上海技术物理研究所
主管单位：上海市教育委员会
地址：上海市宝山区上大路 99 号，www. jas. shu. edu. cn

刊名：应用昆虫学报
刊号：CN11-6020/Q
主办单位：中国科学院动物研究所、中国昆虫学会
主管单位：中国科学院
地址：北京市朝阳区北辰西路 1 号院 5 号中国科学院动物研究所内，www. ent-bull. com. cn

刊名：应用力学学报
刊号：CN61-1112/O3
主办单位：西安交通大学
主管单位：中华人民共和国教育部
地址：陕西省西安市碑林区咸宁西路 28 号，www. cjam. xjtu. edu. cn

刊名：应用能源技术
刊号：CN23-1184/TK
主办单位：黑龙江省能源研究所
主管单位：黑龙江省工业和信息化厅
地址：黑龙江省哈尔滨市南岗区文昌街 139 号

刊名：应用气象学报
刊号：CN11-2690/P
主办单位：中国气象科学研究院、国家气象中心、国家卫星气象中心、国家气候中心、国家气象信息中心、中国气象局气象探测中心
主管单位：中国气象局
地址：北京市海淀区中关村南大街 46 号，qikan. camscma. cn

刊名：应用生态学报
刊号：CN21-1253/Q
主办单位：中国科学院沈阳应用生态研究所、中国生态学学会
主管单位：中国科学院
地址：辽宁省沈阳市沈河区文化路 72 号，www. cjae. net

刊名：应用声学
刊号：CN11-2121/O4
主办单位：中国科学院声学研究所
主管单位：中国科学院
地址：北京市海淀区北四环西路21号中国科学院声学研究所，yysx. cnjournals. cn

刊名：应用数学
刊号：CN42-1184/O1
主办单位：华中科技大学
主管单位：中华人民共和国教育部
地址：湖北省武汉市洪山区珞瑜路 1037 号，yysx. hust. edu. cn

刊名：应用数学学报
刊号：CN11-2040/O1
主办单位：中国科学院数学与系统科学研究院、中国数学会
主管单位：中国科学院
地址：北京市海淀区中关村东路 55 号，www. applmath. com. cn

刊名：应用数学与计算数学学报
刊号：CN31-1436/O1
主办单位：上海大学
主管单位：上海市教育委员会
地址：上海市宝山区上大路 99 号，www. camc. shu. edu. cn

刊名：应用心理学
刊号：CN33-1012/B
主办单位：浙江省心理学会、浙江大学

主管单位：浙江省科学技术协会
地址：浙江省杭州市西湖区天目山路 148 号，www.appliedpsy.cn

刊名：应用与环境生物学报
刊号：CN51-1482/Q
主办单位：中国科学院成都生物研究所
主管单位：中国科学院
地址：四川省成都市武侯区人民南路四段 9 号，www.cibj.com

刊名：应用预防医学
刊号：CN45-1345/R
主办单位：广西壮族自治区疾病预防控制中心
主管单位：广西壮族自治区卫生健康委员会
地址：广西壮族自治区南宁市青秀区金洲路 18 号，gxyx.cbpt.cnki.net

刊名：硬质合金
刊号：CN43-1107/TF
主办单位：株洲硬质合金集团有限公司、中国钨业协会硬质合金分会
主管单位：株洲硬质合金集团有限公司
地址：湖南省株洲市荷塘区钻石路钻石大厦，yzhj.chinajournal.net.cn

刊名：邮电设计技术
刊号：CN10-1043/TN
主办单位：中讯邮电咨询设计院有限公司
主管单位：中国联合网络通信集团有限公司
地址：北京市海淀区首体南路 9 号主语国际 3 号楼，www.ydsjjs.com

刊名：邮政研究
刊号：CN13-1153/TN
主办单位：石家庄邮电职业技术学院
主管单位：中国邮政集团有限公司
地址：河北省石家庄市裕华区体育南大街 318 号，www.cpoc.cn

刊名：油画艺术
刊号：CN45-1398/J
主办单位：广西美术出版社有限公司
主管单位：广西出版传媒集团有限公司
地址：广西壮族自治区南宁市青秀区望园路 9 号

刊名：油气藏评价与开发
刊号：CN32-1825/TE
主办单位：中国石油化工集团公司华东石油局
主管单位：中国石油化工集团有限公司
地址：江苏省南京市建邺区江东中路 315 号中泰国际广场 6 号楼，red.magtech.org.cn

刊名：油气储运
刊号：CN13-1093/TE
主办单位：中国石油天然气股份有限公司管道分公司
主管单位：中国石油天然气集团有限公司
地址：河北省廊坊市广阳区金光道 51 号，yqcy.paperopen.com

刊名：油气地质与采收率
刊号：CN37-1359/TE
主办单位：中国石油化工股份有限公司胜利油田分公司
主管单位：中国石油化工集团有限公司
地址：山东省东营市东营区聊城路 2 号，yqdzycsl.cnjournals.com

刊名：油气井测试
刊号：CN13-1147/TE
主办单位：中国石油集团渤海钻探工程有限公司
主管单位：中国石油天然气集团有限公司
地址：河北省廊坊市广阳区万庄石油矿区油气井测试公司，www.yqjcs.com

刊名：油气论坛
刊号：CN11-5128/TK
主办单位：中国石油集团经济技术研究院
主管单位：中国石油天然气集团有限公司
地址：北京市西城区六铺炕 6 号

刊名：油气田地面工程
刊号：CN23-1395/TE
主办单位：大庆油田有限责任公司、大庆油田工程有限公司
主管单位：中国石油天然气集团有限公司
地址：黑龙江省大庆市让胡路区西苑路 46 号，yqtdmgc.com

刊名：油气田环境保护
刊号：CN11-3369/X

主办单位：中国石油集团安全环保技术研究院有限公司
主管单位：中国石油天然气集团有限公司
地址：北京市昌平区沙河镇西沙屯桥西中国石油创新基地，yqthjbh. com

刊名：油田化学
刊号：CN51-1292/TE
主办单位：四川大学高分子研究所、高分子材料工程国家重点实验室
主管单位：中国石油天然气集团有限公司
地址：四川省成都市武侯区一环路南一段 24 号，ythx. scu. edu. cn

刊名：铀矿地质
刊号：CN11-1971/TL
主办单位：中国核学会铀矿地质学会
主管单位：中国核工业集团有限公司
地址：北京市 9818 信箱，ykdz. briug. cn

刊名：铀矿冶
刊号：CN11-1969/TL
主办单位：中国核学会铀矿冶学会
主管单位：中国核工业集团有限公司
地址：北京市通州区九棵树 145 号，ykyi. cbpt. cnki. net

刊名：有机氟工业
刊号：CN31-1631/TQ
主办单位：上海市有机氟材料研究所、化工部有机氟材料技术开发中心、中国氟硅有机材料工业协会
主管单位：上海华谊（集团）公司
地址：上海市闵行区龙吴路 4600 号

刊名：有机硅材料
刊号：CN51-1594/TQ
主办单位：中蓝晨光化工研究设计院有限公司、中国氟硅有机材料工业协会、国家有机硅工程技术研究中心
主管单位：中蓝晨光化工研究设计院有限公司
地址：四川省成都市武侯区人民南路四段 30 号，www. siliconemat. com

刊名：有机化学
刊号：CN31-1321/O6
主办单位：中国化学会、中国科学院上海有机化学研究所
主管单位：中国科学院
地址：上海市徐汇区零陵路 345 号，sioc-journal. ac. cn

刊名：有色金属（矿山部分）
刊号：CN11-1839/TF
主办单位：北京矿冶科技集团有限公司
主管单位：中国有色金属工业协会
地址：北京市西城区西直门外文兴街 1 号，ysks. bgrimm. cn

刊名：有色金属（选矿部分）
刊号：CN11-1840/TF
主办单位：北京矿冶科技集团有限公司
主管单位：中国有色金属工业协会
地址：北京市西城区西直门外文兴街 1 号，ysxk. bgrimm. cn

刊名：有色金属（冶炼部分）
刊号：CN11-1841/TF
主办单位：北京矿冶科技集团有限公司
主管单位：中国有色金属工业协会
地址：北京市西城区西直门外文兴街 1 号，ysyl. bgrimm. cn

刊名：有色金属材料与工程
刊号：CN31-2125/TF
主办单位：上海市有色金属学会、上海理工大学
主管单位：上海市科学技术协会
地址：上海市杨浦区军工路 516 号，snm. usst. edu. cn

刊名：有色金属工程
刊号：CN10-1004/TF
主办单位：北京矿冶科技集团有限公司
主管单位：中国有色金属工业协会
地址：北京市西城区西直门外文兴街 1 号，ysjsgc. bgrimm. cn

刊名：有色金属加工
刊号：CN11-4742/TF
主办单位：中国有色金属工业协会、洛阳有色金属加工设计研究院有限公司
主管单位：中国有色金属工业协会

地址：河南省洛阳市涧西区西苑路 1 号，www. my-np. com. cn

刊名：有色金属科学与工程
刊号：CN36-1311/TF
主办单位：江西理工大学、中国有色金属学会、江西省有色金属学会
主管单位：江西理工大学
地址：江西省赣州市章贡区红旗大道 86 号，ysjskx. paperopen. com

刊名：有色金属设计
刊号：CN53-1060/TG
主办单位：昆明有色冶金设计研究院股份公司
主管单位：云南冶金集团股份有限公司
地址：云南省昆明市盘右区白塔路 208 号

刊名：有色矿冶
刊号：CN21-1112/TF
主办单位：辽宁省有色金属学会
主管单位：中国有色矿业集团有限公司
地址：辽宁省沈阳市沈河区十三纬路 58 号

刊名：有色设备
刊号：CN11-2919/TG
主办单位：中国有色工程有限公司、中国有色金属学会
主管单位：中国有色金属工业协会
地址：北京市海淀区复兴路 12 号

刊名：有色冶金节能
刊号：CN11-4011/TF
主办单位：中国有色工程有限公司
主管单位：中国有色金属工业协会
地址：北京市海淀区复兴路 12 号

刊名：有色冶金设计与研究
刊号：CN36-1111/TF
主办单位：中国瑞林工程技术有限公司
主管单位：中国瑞林工程技术有限公司
地址：江西省南昌市红谷滩区红角洲前湖大道 888 号，ysyj. cbpt. cnki. net

刊名：有线电视技术
刊号：CN11-4021/TN
主办单位：国家广播电视总局无线电台管理局
主管单位：国家广播电视总局
地址：北京市西城区月坛公园内中央电视发射台，www. rti. cn

刊名：右江民族医学院学报
刊号：CN45-1085/R
主办单位：右江民族医学院
主管单位：右江民族医学院
地址：广西壮族自治区百色市右江区城乡路 98 号，www. yjmzyxyxb. cn/ch/index. aspx

刊名：右江医学
刊号：CN45-1126/R
主办单位：右江民族医学院附属医院
主管单位：广西壮族自治区卫生健康委员会
地址：广西壮族自治区百色市右江区中山二路 18 号，www. yjyx. org

刊名：幼儿教育研究
刊号：CN35-1326/G4
主办单位：福建人民出版社有限责任公司
主管单位：海峡出版发行集团有限责任公司
地址：福建省福州市鼓楼区东水路 76 号 9—11 层

刊名：渔业科学进展
刊号：CN37-1466/S
主办单位：中国水产科学研究院黄海水产研究所、中国水产学会
主管单位：中华人民共和国农业农村部
地址：山东省青岛市市南区南京路 106 号，www. yykxjz. cn

刊名：渔业现代化
刊号：CN31-1737/S
主办单位：中国水产科学研究院渔业机械仪器研究所
主管单位：中华人民共和国农业农村部
地址：上海市杨浦区赤峰路 63 号，www. fmiri. ac. cn

刊名：渔业信息与战略
刊号：CN31-2072/S
主办单位：中国水产科学研究院东海水产研究所
主管单位：中华人民共和国农业农村部办公厅
地址：上海市杨浦区军工路 300 号，www. ecsf. ac. cn/info/1085/6617. htm

刊名：渔业研究
刊号：CN35-1331/S
主办单位：福建省水产学会、福建省水产研究所
主管单位：福建省海洋与渔业厅
地址：福建省厦门市湖里区东渡海山路7号，www.hyyysci.com

刊名：榆林学院学报
刊号：CN61-1432/C
主办单位：榆林学院
主管单位：陕西省教育厅
地址：陕西省榆林市榆阳区崇文路4号，ylxy.paperonce.org

刊名：宇航材料工艺
刊号：CN11-1824/V
主办单位：航天材料及工艺研究所
主管单位：中国航天科技集团有限公司
地址：北京市9200信箱73分箱18号，www.yhclgy.com

刊名：宇航计测技术
刊号：CN11-2052/V
主办单位：北京航天计量测试技术研究所、北京无线电计量测试研究所
主管单位：中国航天科技集团有限公司
地址：北京市9200信箱24分箱，www.yhjcjs.com.cn

刊名：宇航学报
刊号：CN11-2053/V
主办单位：中国宇航学会
主管单位：中国科学技术协会
地址：北京市海淀区阜成路8号院主楼3层，yhxb.org.cn

刊名：语文教学通讯
刊号：CN14-1017/G4
主办单位：山西师大教育科技传媒集团有限公司、山西师大资产经营有限公司
主管单位：山西师范大学
地址：山西省太原市万柏林区和平南路45号，ywjxtx.caizhizz.net

刊名：语文教学之友
刊号：CN13-1044/G4
主办单位：廊坊师范学院
主管单位：河北省教育厅
地址：河北省廊坊市安次区爱民西道100号，ywzy.cbpt.cnki.net

刊名：语文学习
刊号：CN31-1070/H
主办单位：上海教育出版社有限公司
主管单位：上海世纪出版（集团）有限公司
地址：上海市徐汇区永福路123号，www.yuwenxuexizazhi.com

刊名：语文研究
刊号：CN14-1059/H
主办单位：山西省社会科学院
主管单位：山西省社会科学院
地址：山西省太原市小店区大昌南路14号，www.ywyjzz.cn

刊名：语文月刊
刊号：CN44-1143/H
主办单位：华南师范大学
主管单位：华南师范大学
地址：广东省广州市番禺区外环西路378号华南师范大学文学院1栋401，wxy.scnu.edu.cn/yuwenyuekan

刊名：语言教学与研究
刊号：CN11-1472/H
主办单位：北京语言大学
主管单位：中华人民共和国教育部
地址：北京市海淀区学院路15号，yyjx.cbpt.cnki.net

刊名：语言教育
刊号：CN21-1586/H
主办单位：大连外国语大学
主管单位：辽宁省教育厅
地址：辽宁省大连市旅顺口区旅顺南路西段6号

刊名：语言科学
刊号：CN32-1678/G
主办单位：江苏师范大学
主管单位：江苏省教育厅
地址：江苏省徐州市云龙区和平路57号江苏师范大学215信箱，www.linsci.com

刊名：语言文字应用
刊号：CN11-2888/H
主办单位：教育部语言文字应用研究所
主管单位：中华人民共和国教育部
地址：北京市东城区朝阳门内南小街 51 号，www.yywzyyzz.cn

刊名：语言研究
刊号：CN42-1025
主办单位：华中科技大学
主管单位：中华人民共和国教育部
地址：湖北省武汉市洪山区珞瑜路 1037 号，yyyjzz.cn

刊名：语言与翻译（哈文版）
刊号：CN64-1017/H
主办单位：《语言与翻译》杂志社
主管单位：新疆维吾尔自治区教育厅
地址：新疆维吾尔自治区乌鲁木齐市天山区新华南路 654 号

刊名：语言与翻译（汉文版）
刊号：CN65-1015/H
主办单位：《语言与翻译》杂志社
主管单位：新疆维吾尔自治区教育厅
地址：新疆维吾尔自治区乌鲁木齐市天山区新华南路 654 号

刊名：语言与翻译（柯尔克孜文版）
刊号：CN65-1019/H
主办单位：《语言与翻译》杂志社
主管单位：新疆维吾尔自治区教育厅
地址：新疆维吾尔自治区乌鲁木齐市天山区新华南路 654 号

刊名：语言与翻译（蒙文版）
刊号：CN65-1018/H
主办单位：《语言与翻译》杂志社
主管单位：新疆维吾尔自治区教育厅
地址：新疆维吾尔自治区乌鲁木齐市天山区新华南路 654 号

刊名：语言与翻译（维文版）
刊号：CN65-1016/H
主办单位：《语言与翻译》杂志社
主管单位：新疆维吾尔自治区教育厅
地址：新疆维吾尔自治区乌鲁木齐市天山区新华南路 654 号

刊名：语言战略研究
刊号：CN10-1361/H
主办单位：商务印书馆有限公司
主管单位：中国出版传媒股份有限公司
地址：北京市东城区王府井大街 36 号，yyzlyj.cp.com.cn

刊名：玉林师范学院学报
刊号：CN45-1300/Z
主办单位：玉林师范学院
主管单位：玉林师范学院
地址：广西壮族自治区玉林市玉州区教育东路 1303 号，www.ylu.edu.cn

刊名：玉米科学
刊号：CN22-1201/S
主办单位：吉林省农业科学院
主管单位：吉林省农业科学院
地址：吉林省长春市南关区生态大街 1363 号，www.ymkx.com.cn

刊名：玉溪师范学院学报
刊号：CN53-1166/G4
主办单位：玉溪师范学院
主管单位：云南省教育厅
地址：云南省玉溪市红塔区凤凰路 134 号，xuebao.yxnu.edu.cn

刊名：预测
刊号：CN34-1013/N
主办单位：合肥工业大学预测与发展研究所
主管单位：中华人民共和国教育部
地址：安徽省合肥市包河区屯溪路 193 号合肥工业大学 290 信箱，yuce.cbpt.cnki.net

刊名：预防青少年犯罪研究
刊号：CN10-1048/D
主办单位：中国预防青少年犯罪研究会、中国青少年研究中心
主管单位：共青团中央
地址：北京市东城区东四十二条 21 号

刊名：预防医学
刊号：CN33-1400/R

主办单位：浙江省预防医学会
主管单位：浙江省科学技术协会
地址：浙江省杭州市滨江区滨盛路 3399 号，www.zjyfyxzz.com

刊名：预防医学论坛
刊号：CN37-1428/R
主办单位：中华预防医学会、山东省疾病预防控制中心
主管单位：中华人民共和国国家卫生健康委员会
地址：山东省济南市历下区经十路 16992 号

刊名：预防医学情报杂志
刊号：CN51-1276/R
主办单位：四川省疾病预防控制中心
主管单位：四川省卫生健康委员会
地址：四川省成都市武侯区中学路 6 号，www.sc-cdc.cn/View.aspx? id=016001

刊名：园艺学报
刊号：CN11-1924/S
主办单位：中国园艺学会、中国农业科学院蔬菜花卉研究所
主管单位：中国科学技术协会
地址：北京市海淀区中关村南大街 12 号中国农业科学院内，www.ahs.ac.cn

刊名：园艺与种苗
刊号：CN21-1574/S
主办单位：辽宁省农业科学院
主管单位：辽宁省农业科学院
地址：辽宁省沈阳市沈河区东陵路 84 号创新大厦 607

刊名：原生态民族文化学刊
刊号：CN52-1150/C
主办单位：凯里学院
主管单位：贵州省教育厅
地址：贵州省黔东南苗族侗族自治州凯里市经济开发区开元大道 3 号，ystm.cbpt.cnki.net

刊名：原子核物理评论
刊号：CN62-1131/O4
主办单位：中国科学院近代物理研究所、中国核物理学会
主管单位：中国科学院
地址：甘肃省兰州市城关区南昌路 509 号，www.npr.ac.cn

刊名：原子能科学技术
刊号：CN11-2044/TL
主办单位：中国原子能科学研究院
主管单位：中国核工业集团有限公司
地址：北京市 275 信箱 65 分箱，aest.org.cn

刊名：原子与分子物理学报
刊号：CN51-1199/O4
主办单位：四川省物理学会、四川大学
主管单位：四川省科学技术协会
地址：四川省成都市武侯区一环路南一段 24 号四川大学望江校区西五教，jamp.ijournals.cn

刊名：远程教育杂志
刊号：CN33-1304/G4
主办单位：浙江广播电视大学
主管单位：浙江省教育厅
地址：浙江省杭州市西湖区教工路 42 号，dej.zjtvu.edu.cn

刊名：乐府新声（沈阳音乐学院学报）
刊号：CN21-1080/J
主办单位：沈阳音乐学院
主管单位：辽宁省教育厅
地址：辽宁省沈阳市和平区三好街 61 号，www.sy-cm.com.cn

刊名：乐器
刊号：CN11-2511/TS
主办单位：国家轻工业乐器信息中心、中国乐器协会、北京乐器研究所
主管单位：中国轻工业联合会
地址：北京市朝阳区南新园西路甲 6 号

刊名：岳阳职业技术学院学报
刊号：CN43-1425/Z
主办单位：岳阳职业技术学院
主管单位：湖南省教育厅
地址：湖南省岳阳市岳阳楼区湘北大道岳阳职业技术学院科研处，yyzj.cbpt.cnki.net

刊名：阅江学刊
刊号：CN32-1802/C

主办单位：南京信息工程大学
主管单位：江苏省教育厅
地址：江苏省南京市浦口区宁六路 219 号，yjxk. cbpt. cnki. net

刊名：云梦学刊
刊号：CN43-1240/C
主办单位：湖南理工学院
主管单位：湖南省教育厅
地址：湖南省岳阳市岳阳楼区学院路湖南理工学院东院综合楼，qks. hnist. cn

刊名：云南财经大学学报
刊号：CN53-1209/F
主办单位：云南财经大学
主管单位：云南省教育厅
地址：云南省昆明市五华区龙泉路 237 号，yncm. cbpt. cnki. net

刊名：云南畜牧兽医
刊号：CN53-1099/S
主办单位：云南省畜牧兽医科学院、云南省畜牧兽医学会
主管单位：云南省农业农村厅
地址：云南省昆明市盘龙区金殿青龙山 6 号云南省畜牧兽医科学院，www. asvi. cn/list/cnPc/22/62/auto/12/0. html

刊名：云南大学学报（社会科学版）
刊号：CN53-1176/C
主办单位：云南大学
主管单位：云南省教育厅
地址：云南省昆明市呈贡区大学城东外环南路云南大学明远楼 3 楼，www. wkxb. ynu. edu. cn

刊名：云南大学学报（自然科学版）
刊号：CN53-1045/N
主办单位：云南大学
主管单位：云南省教育厅
地址：云南省昆明市呈贡区大学城东外环南路，www. yndxxb. ynu. edu. cn

刊名：云南地理环境研究
刊号：CN53-1079/P
主办单位：云南大学
主管单位：云南省教育厅
地址：云南省昆明市五华区学云路 5 号，www. yig. ynu. edu. cn/info/1092/1082. htm

刊名：云南地质
刊号：CN53-1041/P
主办单位：云南地矿总公司（集团）
主管单位：云南地矿总公司（集团）
地址：云南省昆明市盘龙区东风东路东风巷 87 号

刊名：云南电力技术
刊号：CN53-1117/TM
主办单位：云南省电机工程学会
主管单位：云南电网有限责任公司
地址：云南省昆明市官渡区经济技术开发区云大西路中段云电科技园 206 室，yndljs. cnjournals. cn

刊名：云南行政学院学报
刊号：CN53-1134/D
主办单位：云南行政学院
主管单位：云南行政学院
地址：云南省昆明市西山区碧鸡办事处杨家村 52 号，www. ynxzxyxb. cn

刊名：云南化工
刊号：CN53-1087/TQ
主办单位：云南省化工研究院、云天化集团有限责任公司、云南煤化工集团有限公司、云南省化学化工学会
主管单位：云南省化工行业协会
地址：云南省昆明市西山区滇池路 1417 号云天化集团公司总部科技楼 311 室，www. ynhg. chinajournal. net. cn

刊名：云南建筑
刊号：CN53-1065/TU
主办单位：云南省土木建筑学会
主管单位：云南省住房和城乡建设厅
地址：云南省昆明市西山区拥金路 1 号

刊名：云南警官学院学报
刊号：CN53-1190/D
主办单位：云南警官学院
主管单位：云南省公安厅
地址：云南省昆明市五华区教场北路 249 号，www. ynpc. edu. cn/site/ypoa/xb/index. html

刊名：云南开放大学学报
刊号：CN53-1226/G4
主办单位：云南开放大学
主管单位：云南省教育厅
地址：云南省昆明市呈贡区雨花街道7号，yndd.chinajournal.net.cn

刊名：云南科技管理
刊号：CN53-1085/N
主办单位：云南省科学技术厅科技宣传教育中心
主管单位：云南省科学技术厅
地址：云南省昆明市五华区护国路28号，tnkj.cbpt.cnki.net

刊名：云南民族大学学报（哲学社会科学版）
刊号：CN53-1191/C
主办单位：云南民族大学
主管单位：云南省教育厅
地址：云南省昆明市五华区一二一大街134号，ynzz.chinajournal.net.cn

刊名：云南民族大学学报（自然科学版）
刊号：CN53-1192/N
主办单位：云南民族大学
主管单位：云南省教育厅
地址：云南省昆明市五华区一二一大街134号，xb.ynni.edu.cn

刊名：云南农业大学学报
刊号：CN53-1044/S
主办单位：云南农业大学
主管单位：云南省教育厅
地址：云南省昆明市盘龙区黑金路95号《云南农业大学学报》编辑部，xb.ynau.edu.cn

刊名：云南农业科技
刊号：CN53-1042/S
主办单位：云南省农业科学院
主管单位：云南省农业科学院
地址：云南省昆明市盘龙区北京路2238号，www.yaas.org.cn/list/front.article.articleList/15/6/362.html

刊名：云南社会科学
刊号：CN53-1001/C
主办单位：云南省社会科学院
主管单位：云南省社会科学院
地址：云南省昆明市西山区环城西路577号，yshx.cbpt.cnki.net

刊名：云南省社会主义学院学报
刊号：CN53-1133/D
主办单位：云南省社会主义学院
主管单位：中共云南省委统一战线工作部
地址：云南省昆明市五华区五一路221号，ynsh.cbpt.cnki.net

刊名：云南师范大学学报（对外汉语教学与研究版）
刊号：CN53-1183/G4
主办单位：云南师范大学
主管单位：云南省教育厅
地址：云南省昆明市五华区一二一大街298号，ynjx.chinajournal.net.cn

刊名：云南师范大学学报（哲学社会科学版）
刊号：CN53-1003/C
主办单位：云南师范大学
主管单位：云南省教育厅
地址：云南省昆明市五华区一二一大街298号，ynsf.cbpt.cnki.net

刊名：云南师范大学学报（自然科学版）
刊号：CN53-1046/N
主办单位：云南师范大学
主管单位：云南省教育厅
地址：云南省昆明市五华区一二一大街298号，ynsk.chinajournal.net.cn

刊名：云南水力发电
刊号：CN53-1112/TK
主办单位：云南省水力发电工程学会
主管单位：云南电网有限责任公司
地址：云南省昆明市官渡区拓东路73号云南电网公司3号楼202室，ynsd.cbpt.cnki.net

刊名：云南冶金
刊号：CN53-1057/TF
主办单位：昆明冶金研究院、云南省金属学会
主管单位：云南冶金集团股份有限公司
地址：云南省昆明市五华区圆通北路86号，www.ynyjbjb.com

刊名：云南医药
刊号：CN53-1056/R
主办单位：云南省医学会
主管单位：云南省卫生健康委员会
地址：云南省昆明市西山区人民西路 205 号保利六合 5 栋 813，2302. esouou. com

刊名：云南艺术学院学报
刊号：CN53-1132/J
主办单位：云南艺术学院
主管单位：云南省教育厅
地址：云南省昆明市呈贡区雨花路 1577 号，xb. ynart. edu. cn

刊名：云南中医学院学报
刊号：CN53-1048/R
主办单位：云南中医学院
主管单位：云南省教育厅
地址：云南省昆明市呈贡区雨花路 1076 号，www. xb. ynutcm. edu. cn

刊名：云南中医中药杂志
刊号：CN53-1120/R
主办单位：云南省中医中药研究院
主管单位：云南省卫生健康委员会
地址：云南省昆明市五华区学府路 139 号，yzyy. chinajournal. net. cn

刊名：运城学院学报
刊号：CN14-1316/G4
主办单位：运城学院
主管单位：运城学院
地址：山西省运城市盐湖区复旦西街 1155 号，www. ycu. edu. cn

刊名：运筹学学报
刊号：CN31-1732/O1
主办单位：中国运筹学会
主管单位：中国科学技术协会
地址：上海市宝山区上大路 99 号，www. ort. shu. edu. cn

刊名：运筹与管理
刊号：CN34-1133/G3
主办单位：中国运筹学会
主管单位：中国科学技术协会
地址：安徽省合肥市包河区屯溪路 193 号合肥工业大学内，www. jorms. net

刊名：运动精品
刊号：CN45-1296/G8
主办单位：广西壮族自治区体育科学研究所
主管单位：广西壮族自治区体育局
地址：广西壮族自治区南宁市江南区星光大道 3 号广西体育科研所

刊名：运动与健康科学
刊号：CN31-2066/G8
主办单位：上海体育学院
主管单位：上海市教育委员会
地址：上海市杨浦区清源环路 650 号，www. jshs. org. cn

Z

刊名：杂草学报
刊号：CN32-1861/S
主办单位：江苏省杂草研究会、江苏省农业科学院植物保护研究所
主管单位：江苏省农业科学院
地址：江苏省南京市玄武区孝陵卫钟灵街 50 号省江苏农业科学院内

刊名：杂技与魔术
刊号：CN11-1184/J
主办单位：中国杂技家协会
主管单位：中国文学艺术界联合会
地址：北京市朝阳区北沙滩 1 号院 32 号楼 B 座 410 房间

刊名：杂交水稻
刊号：CN43-1137/S
主办单位：国家杂交水稻工程技术研究中心、湖南杂交水稻研究中心
主管单位：湖南省农业科学院
地址：湖南省长沙市芙蓉区远大二路 736 号，zjsd. cbpt. cnki. net

刊名：灾害学
刊号：CN61-1097/P
主办单位：陕西省地震局
主管单位：陕西省地震局

地址：陕西省西安市碑林区边家村水文巷4号，www.zaihaixue.com

刊名：再生资源与循环经济
刊号：CN12-1397/X
主办单位：天津再生资源研究所、中国再生资源回收利用协会
主管单位：中华全国供销合作总社
地址：天津市南开区红旗南路247号，www.rrtj.cn/nav/12.html

刊名：凿岩机械气动工具
刊号：CN62-1088/TD
主办单位：天水凿岩机械气动工具研究所
主管单位：天水凿岩机械气动工具研究所
地址：甘肃省天水市麦积区社棠路16号

刊名：早期教育
刊号：CN32-1099/G4
主办单位：江苏教育报刊总社
主管单位：江苏教育报刊总社
地址：江苏省南京市鼓楼区草场门大街133号A楼《早期教育》编辑部，www.jsenews.com/zs-lm/jsjybkzs

刊名：枣庄学院学报
刊号：CN37-1431/Z
主办单位：枣庄学院
主管单位：山东省教育厅
地址：山东省枣庄市市中区北安路1号，xb.uzz.edu.cn

刊名：造船技术
刊号：CN31-1247/U
主办单位：中国船舶工业集团公司第十一研究所
主管单位：中国船舶集团有限公司
地址：上海市徐汇区中山南二路851号，www.zcjs1973.com

刊名：造纸化学品
刊号：CN33-1202/TQ
主办单位：中国造纸化学品工业协会、全国造纸化学品信息站、杭州市化工研究所
主管单位：杭州市工业资产经营有限公司
地址：浙江省杭州市拱墅区石灰坝7号

刊名：造纸科学与技术
刊号：CN44-1532/TS
主办单位：广东省造纸研究所、广东省造纸学会
主管单位：广东省广业科技集团有限公司
地址：广东省广州市海珠区新港西路154号，zz-kxyjs.cnjournals.com

刊名：造纸装备及材料
刊号：CN43-1535/TS
主办单位：湖南省造纸研究所有限公司、湖南省造纸学会
主管单位：湖南省轻工盐业集团有限公司
地址：湖南省湘潭市岳塘区建设中路7号，www.flzz.cbpt.cnki.net

刊名：噪声与振动控制
刊号：CN31-1346/TB
主办单位：中国声学学会
主管单位：中国科学技术协会
地址：上海市徐汇区华山路1954号，nvc.sjtu.edu.cn

刊名：藏文教育
刊号：CN63-1069/G4
主办单位：中共青海省委教育工作委员会
主管单位：青海省教育厅
地址：青海省西宁市城西区五四西路35号，old.qhedu.cn/zwgk/zzjg/sjyt/tzsdw/jyzzs

刊名：藏医药教育与研究
刊号：CN54-1055/R
主办单位：西藏藏医药大学
主管单位：西藏自治区教育厅
地址：西藏自治区拉萨市城关区当热中路10号，www.ttmc.edu.cn

刊名：轧钢
刊号：CN11-2466/TF
主办单位：中国钢研科技集团有限公司、东北大学
主管单位：中国钢铁工业协会
地址：北京市海淀区学院南路76号，www.chinarolling.com

刊名：债券
刊号：CN34-1320/F
主办单位：时代出版传媒股份有限公司、中央国债

登记结算有限责任公司
主管单位：安徽出版集团有限责任公司
地址：安徽省合肥市蜀山区政务文化新区翡翠路 1118 号，www.ccdc.com.cn/Channel/145172817

刊名：粘接
刊号：CN42-1183/TQ
主办单位：湖北省襄樊市胶粘技术研究所
主管单位：襄阳市科学技术局
地址：湖北省襄阳市樊城区航天路 7 号，www.zhanjie.com.cn

刊名：战略决策研究
刊号：CN44-1673/C
主办单位：广东外语外贸大学
主管单位：广东省教育厅
地址：广东省广州市白云区白云大道北 2 号广东外语外贸大学五教 204 室，giis.gdufs.edu.cn/new_site/cbw/xsqk/zljcyj.htm

刊名：战术导弹技术
刊号：CN11-1771/TJ
主办单位：中国航天科工飞航技术研究院
主管单位：中国航天科工集团有限公司
地址：北京市丰台区云岗北区西里 1 号，www.haiying.org.cn

刊名：张家口职业技术学院学报
刊号：CN13-1248/G4
主办单位：张家口职业技术学院
主管单位：张家口市教育局
地址：河北省张家口市桥东区胜利南路 50 号，www.zhz.cn

刊名：漳州职业技术学院学报
刊号：CN35-1280/Z
主办单位：漳州职业技术学院
主管单位：漳州市人民政府
地址：福建省漳州市芗城区大学路 2 号，www.fjzzit.edu.cn/xuebao

刊名：昭通学院学报
刊号：CN53-1225/G4
主办单位：昭通学院
主管单位：云南省教育厅
地址：云南省昭通市昭阳区国学路，ztsf.chinajournal.net.cn

刊名：照明工程学报
刊号：CN11-3029/TM
主办单位：中国照明学会
主管单位：中国科学技术协会
地址：北京市海淀区成府路 35 号西楼 411 室，www.zmgx.chinajournal.net.cn

刊名：肇庆学院学报
刊号：CN44-1508/C
主办单位：肇庆学院
主管单位：肇庆学院
地址：广东省肇庆市端州区肇庆大道，sjdi.cbpt.cnki.net

刊名：哲学动态
刊号：CN11-1141/B
主办单位：中国社会科学院哲学研究所
主管单位：中国社会科学院
地址：北京市东城区建国门内大街 5 号，zxdt.cbpt.cnki.net

刊名：哲学分析
刊号：CN31-2054/C
主办单位：上海人民出版社有限责任公司
主管单位：上海世纪出版集团
地址：上海市徐汇区中山西路 1610 号，zxfx.cbpt.cnki.net

刊名：哲学文摘
刊号：CN11-5765/B
主办单位：中国人民大学
主管单位：中华人民共和国教育部
地址：北京市海淀区中关村大街甲 59 号文化大厦 13、14 层，www.zlzx.com.cn

刊名：哲学研究
刊号：CN11-1140/B
主办单位：中国社会科学院哲学研究所
主管单位：中国社会科学院
地址：北京市东城区建国门内大街 5 号，zxyj.cbpt.cnki.net

刊名：浙江畜牧兽医
刊号：CN33-1098/S

主办单位：浙江省畜牧兽医学会
主管单位：浙江省科学技术协会
地址：浙江省杭州市江干区凯旋路 268 号

刊名：浙江创伤外科
刊号：CN33-1253/R
主办单位：温州医科大学
主管单位：浙江省教育厅
地址：浙江省杭州市上城区解放路 88 号，www.zjc-swk.net

刊名：浙江大学学报（工学版）
刊号：CN33-1245/T
主办单位：浙江大学
主管单位：中华人民共和国教育部
地址：浙江省杭州市西湖区天目山路 148 号，www.zjujournals.com/eng

刊名：浙江大学学报（理学版）
刊号：CN33-1246/N
主办单位：浙江大学
主管单位：中华人民共和国教育部
地址：浙江省杭州市西湖区天目山路 148 号，www.zjujournals.com/sci

刊名：浙江大学学报（农业与生命科学版）
刊号：CN33-1247/S
主办单位：浙江大学
主管单位：中华人民共和国教育部
地址：浙江省杭州市西湖区天目山路 148 号浙江大学出版社内，www.zjujournals.com/agr

刊名：浙江大学学报（人文社会科学版）
刊号：CN33-1237/C
主办单位：浙江大学
主管单位：中华人民共和国教育部
地址：浙江省杭州市西湖区天目山路 148 号，www.zjujournals.com/soc

刊名：浙江大学学报（医学版）
刊号：CN33-1248/R
主办单位：浙江大学
主管单位：中华人民共和国教育部
地址：浙江省杭州市西湖区天目山路 148 号，www.zjujournals.com/med

刊名：浙江电力
刊号：CN33-1080/TM
主办单位：浙江省电力学会、浙江省电力试验研究所
主管单位：浙江省电力工业局
地址：浙江省杭州市下城区华电弄 1 号，zjdl.cbpt.cnki.net

刊名：浙江纺织服装职业技术学院学报
刊号：CN33-1351/Z
主办单位：浙江纺织服装职业技术学院
主管单位：宁波市教育局
地址：浙江省宁波市江北区风华路 495 号，nbfz.cbpt.cnki.net

刊名：浙江柑桔
刊号：CN33-1103/S
主办单位：浙江省柑桔研究所
主管单位：浙江省农业科学院
地址：浙江省台州市黄岩区头陀镇鱼山坪浙江省柑桔研究所

刊名：浙江工贸职业技术学院学报
刊号：CN33-1299/Z
主办单位：浙江工贸职业技术学院
主管单位：杭州钢铁集团公司
地址：浙江省温州市鹿城区府东路 717 号，xuebao.zjitc.net

刊名：浙江工商大学学报
刊号：CN33-1337/C
主办单位：浙江工商大学
主管单位：浙江省教育厅
地址：浙江省杭州市江干区学正路 18 号，zzs.zjgsu.edu.cn

刊名：浙江工商职业技术学院学报
刊号：CN33-1303/Z
主办单位：浙江工商职业技术学院
主管单位：浙江省商业集团公司
地址：浙江省宁波市海曙区机场路 1988 号，navi.cnki.net/knavi/JournalDetail?pcode=CJFD&pykm=ZJGS

刊名：浙江工业大学学报
刊号：CN33-1193/T

主办单位：浙江工业大学
主管单位：浙江省教育厅
地址：浙江省杭州市下城区潮王路 18 号，xb. qks. zjut. edu. cn

刊名：**浙江海洋大学学报（人文科学版）**
刊号：CN33-1403/C
主办单位：浙江海洋大学
主管单位：浙江省教育厅
地址：浙江省舟山市定海区临城体育路海月道中国海洋科学城 A12 幢 307 室，xuebao. zjou. edu. cn/rwb

刊名：**浙江海洋大学学报（自然科学版）**
刊号：CN33-1404/P
主办单位：浙江海洋大学
主管单位：浙江省教育厅
地址：浙江省舟山市定海区临城体育路海月道中国海洋科学城 A12 幢 307 室，xuebao. zjou. edu. cn/zkb

刊名：**浙江化工**
刊号：CN33-1093/TQ
主办单位：浙江省化工研究院有限公司
主管单位：中化蓝天集团有限公司
地址：浙江省杭州市西湖区天目山路 387 号，zjhg. cbpt. cnki. net

刊名：**浙江建筑**
刊号：CN33-1102/TU
主办单位：浙江省建筑科学设计研究院、浙江省土木建筑学会
主管单位：浙江省建设厅
地址：浙江省杭州市西湖区文二路 8 号，220. 189. 211. 52/zjjzqk

刊名：**浙江交通职业技术学院学报**
刊号：CN33-1262/Z
主办单位：浙江交通职业技术学院
主管单位：浙江省交通厅
地址：浙江省杭州市余杭区莫干山路 1515 号，zjjtzyjsxyxb. hanhaiqikan. com

刊名：**浙江警察学院学报**
刊号：CN33-1350/D
主办单位：浙江警察学院
主管单位：浙江省公安厅
地址：浙江省杭州市滨江区滨文路 555 号，www. zjjcxy. cn/xbxk/default. html

刊名：**浙江科技学院学报**
刊号：CN33-1294/Z
主办单位：浙江科技学院
主管单位：浙江省教育厅
地址：浙江省杭州市西湖区留和路 318 号，xbbj. zust. edu. cn

刊名：**浙江理工大学学报**
刊号：CN33-1338/TS
主办单位：浙江理工大学
主管单位：浙江省教育厅
地址：浙江省杭州市江干区二号大街 928 号，xuebao. zstu. edu. cn

刊名：**浙江林业科技**
刊号：CN33-1112/S
主办单位：浙江省林业科学研究院、浙江省林学会、浙江省林业科技情报中心
主管单位：浙江省林业局
地址：浙江省杭州市西湖区留和路 399 号，zjlykj. paperopen. com

刊名：**浙江临床医学**
刊号：CN33-1233/R
主办单位：浙江中医学院、浙江省科普作家协会医卫委员会
主管单位：浙江省教育厅
地址：浙江省杭州市滨江区滨文路 548 号，www.. zjlcyx. com

刊名：**浙江农林大学学报**
刊号：CN33-1370/S
主办单位：浙江农林大学
主管单位：浙江省教育厅
地址：浙江省杭州市临安区武肃路 666 号，zlxb. zafu. edu. cn

刊名：**浙江农业科学**
刊号：CN33-1076/S
主办单位：浙江省农业科学院、浙江大学
主管单位：浙江省农业科学院
地址：浙江省杭州市江干区德胜中路 298 号，www. zjnykx. cn

刊名：浙江农业学报
刊号：CN33-1151/S
主办单位：浙江省农业科学院、浙江省农学会
主管单位：浙江省农业科学院
地址：浙江省杭州市江干区德胜中路 298 号，www.zjnyxb.cn

刊名：浙江气象
刊号：CN33-1281/P
主办单位：浙江省气象局、浙江省气象学会
主管单位：浙江省气象局
地址：浙江省杭州市上城区钱江路 139 号

刊名：浙江社会科学
刊号：CN33-1149/C
主办单位：浙江省社会科学界联合会
主管单位：浙江省社会科学界联合会
地址：浙江省杭州市西湖区省府路省府 2 号楼，www.zjskw.gov.cn/zjshkx/index.jhtml

刊名：浙江师范大学学报（社会科学版）
刊号：CN33-1011/C
主办单位：浙江师范大学
主管单位：浙江师范大学
地址：浙江省金华市婺城区迎宾大道 688 号，qks.zjnu.edu.cn

刊名：浙江师范大学学报（自然科学版）
刊号：CN33-1291/N
主办单位：浙江师范大学
主管单位：浙江师范大学
地址：浙江省金华市婺城区迎宾大道 688 号，qks.zjnu.edu.cn

刊名：浙江实用医学
刊号：CN33-1207/R
主办单位：浙江省医学情报研究所
主管单位：浙江省卫生健康委员会
地址：浙江省杭州市西湖区天目山路 182 号，www.zjyxqb.cn/html/qkzz/qkzz2.htm

刊名：浙江树人大学学报
刊号：CN33-1261/Z
主办单位：浙江树人大学
主管单位：浙江省教育厅
地址：浙江省杭州市拱墅区舟山东路 19 号，xbtg.zjsru.edu.cn

刊名：浙江水利科技
刊号：CN33-1162/TV
主办单位：浙江省水利河口研究院、浙江省水利学会
主管单位：浙江省水利厅
地址：浙江省杭州市江干区凤起东路 50 号，zjslkj.paperonce.org

刊名：浙江水利水电学院学报
刊号：CN33-1385/TK
主办单位：浙江水利水电学院
主管单位：浙江省水利厅
地址：浙江省杭州市江干区学林街路 583 号，zjsdxb.zjweu.edu.cn：8081

刊名：浙江体育科学
刊号：CN33-1128/G8
主办单位：浙江省体育科学学会
主管单位：浙江省体育局
地址：浙江省杭州市下城区体育场路 212 号浙江体育大厦

刊名：浙江外国语学院学报
刊号：CN33-1376/Z
主办单位：浙江外国语学院
主管单位：浙江外国语学院
地址：浙江省杭州市西湖区留和路 299 号，zjjyxyxb.paperonce.org

刊名：浙江万里学院学报
刊号：CN33-1274/Z
主办单位：浙江万里学院
主管单位：浙江省教育厅
地址：浙江省宁波市鄞州区钱湖南路 8 号，wlxb.zwu.edu.cn

刊名：浙江学刊
刊号：CN33-1005/C
主办单位：浙江省社会科学院
主管单位：浙江省社会科学院
地址：浙江省杭州市西湖区凤起路 620 号，zhejiangxuekan.com

刊名：浙江医学
刊号：CN33-1109/R
主办单位：浙江省医学会
主管单位：浙江省卫生健康委员会
地址：浙江省杭州市下城区武林广场路 8 号，www.zjyxzzs.com

刊名：浙江医学教育
刊号：CN33-1297/R
主办单位：浙江省医学教育研究室
主管单位：浙江省卫生健康委员会
地址：浙江省杭州市滨江区滨文路 481 号

刊名：浙江艺术职业学院学报
刊号：CN33-1315/Z
主办单位：浙江艺术职业学院
主管单位：浙江省文化和旅游厅
地址：浙江省杭州市滨江区滨文路 518 号浙江艺术职业学院科研处，zjys.chinajournal.net.cn

刊名：浙江中西医结合杂志
刊号：CN33-1177/R
主办单位：浙江省中西医结合学会、浙江省中西医结合医院
主管单位：浙江省卫生健康委员会
地址：浙江省杭州市下城区环城东路 208 号，zjzxy.alljournal.com.cn：8080

刊名：浙江中医药大学学报
刊号：CN33-1349/R
主办单位：浙江中医药大学
主管单位：浙江中医药大学
地址：浙江省杭州市滨江区滨文路 548 号，xuebao.zcmu.edu.cn

刊名：浙江中医杂志
刊号：CN33-1083/R
主办单位：浙江省中医药研究院
主管单位：浙江省中医药管理局
地址：浙江省杭州市西湖区天目山路 132 号，www.zjzyzz.com.cn

刊名：针刺研究
刊号：CN11-2274/R
主办单位：中国中医科学院针灸研究所、中国针灸学会
主管单位：国家中医药管理局
地址：北京市东城区东直门内南小街 16 号，www.zhenciyanjiu.cn

刊名：针灸临床杂志
刊号：CN23-1354/R
主办单位：黑龙江中医药大学、中华中医药学会
主管单位：黑龙江省教育厅
地址：黑龙江省哈尔滨市香坊区和平路 24 号，zjlczz.hljucm.net

刊名：针织工业
刊号：CN12-1119/TS
主办单位：天津市针织技术研究所、中国纺织信息中心
主管单位：天津市针织技术研究所
地址：天津市南开区鹊桥路 25 号，www.knitting-pub.com

刊名：真空
刊号：CN21-1174/TB
主办单位：沈阳真空技术研究所
主管单位：沈阳真空技术研究所
地址：辽宁省沈阳市大东区万柳塘路 2 号，www.vacjour.com

刊名：真空电子技术
刊号：CN11-2485/TN
主办单位：北京真空电子技术研究所
主管单位：中国电子科技集团有限公司
地址：北京市朝阳区酒仙桥路 13 号，zkdj.cbpt.cnki.net

刊名：真空科学与技术学报
刊号：CN11-5177/TB
主办单位：中国真空学会
主管单位：中国科学技术协会
地址：北京市朝阳区建国路 93 号万达广场 9 号楼 614 号，zkkx.cbpt.cnki.net

刊名：真空与低温
刊号：CN62-1125/O4
主办单位：兰州空间技术物理研究所
主管单位：中国航天科技集团有限公司
地址：甘肃省兰州市城关区飞雁街 100 号，zkdw.cbpt.cnki.net

刊名：诊断学理论与实践
刊号：CN31-1876/R
主办单位：上海交通大学医学院附属瑞金医院
主管单位：上海交通大学
地址：上海市黄浦区瑞金二路197号

刊名：振动、测试与诊断
刊号：CN32-1361/V
主办单位：南京航空航天大学、全国高校机械工程测试技术研究会
主管单位：中华人民共和国工业和信息化部
地址：江苏省南京市秦淮区御道街29号，zdcs.nuaa.edu.cn

刊名：振动工程学报
刊号：CN32-1349/TB
主办单位：中国振动工程学会
主管单位：中国科学技术学会
地址：江苏省南京市秦淮区御道街29号，zdxb.nuaa.edu.cn

刊名：振动与冲击
刊号：CN31-1316/TU
主办单位：中国振动工程学会、上海交通大学、上海市振动工程学会
主管单位：中国科学技术协会
地址：上海市徐汇区华山路1954号，jvs.sjtu.edu.cn

刊名：震灾防御技术
刊号：CN11-5429/P
主办单位：中国地震台网中心
主管单位：中国地震局
地址：北京市西城区三里河路56号，zzfy.eq-j.cn/zzfyjs/ch

刊名：镇江高专学报
刊号：CN32-1511/G4
主办单位：镇江高等专科学校
主管单位：江苏省教育厅
地址：江苏省镇江市丹徒区长香西大道518号，xuebao.zjc.edu.cn

刊名：征信
刊号：CN41-1407/F
主办单位：中国人民银行郑州培训学院
主管单位：中国人民银行郑州培训学院
地址：河南省郑州市金水区郑花路29号中国人民银行郑州培训学院，zhengxinzz.cn

刊名：证据科学
刊号：CN11-5643/D
主办单位：中国政法大学
主管单位：中华人民共和国教育部
地址：北京市海淀区西土城路25号，zjkxyjy.cupl.edu.cn/jes.htm

刊名：证券市场导报
刊号：CN44-1343/F
主办单位：深圳证券交易所
主管单位：深圳证券交易所
地址：广东省深圳市福田区深南大道2012号深圳证券交易所14楼1443室，zqscdb.cn

刊名：郑州大学学报（工学版）
刊号：CN41-1339/T
主办单位：郑州大学
主管单位：河南省教育厅
地址：河南省郑州市中原区科学大道100号，gxb.zzu.edu.cn

刊名：郑州大学学报（理学版）
刊号：CN41-1338/N
主办单位：郑州大学
主管单位：河南省教育厅
地址：河南省郑州市中原区科学大道100号，zzdz.cbpt.cnki.net

刊名：郑州大学学报（医学版）
刊号：CN41-1340/R
主办单位：郑州大学
主管单位：河南省教育厅
地址：河南省郑州市中原区科学大道100号，jms.zzu.edu.cn

刊名：郑州大学学报（哲学社会科学版）
刊号：CN41-1027/C
主办单位：郑州大学
主管单位：郑州大学
地址：河南省郑州市中原区科学大道100号，www5.zzu.edu.cn/xuebao

刊名：郑州航空工业管理学院学报

刊号：CN41-1200/V
主办单位：郑州航空工业管理学院
主管单位：河南省教育厅
地址：河南省郑州市金水区郑东新区文苑西路15号，xbbjb. zua. edu. cn

刊名：郑州航空工业管理学院学报（社会科学版）
刊号：CN41-1311/C
主办单位：郑州航空工业管理学院
主管单位：河南省教育厅
地址：河南省郑州市金水区郑东新区文苑西路15号，xbbjb. zua. edu. cn

刊名：郑州轻工业学院学报（社会科学版）
刊号：CN41-1312/C
主办单位：郑州轻工业学院
主管单位：河南省教育厅
地址：河南省郑州市金水区东风路5号，qgxb. zzuli. edu. cn/zzqgyxyxb

刊名：郑州师范教育
刊号：CN41-1419/G4
主办单位：郑州师范学院
主管单位：河南省教育厅
地址：河南省郑州市惠济区英才街6号

刊名：郑州铁路职业技术学院学报
刊号：CN41-1299/Z
主办单位：郑州铁路职业技术学院
主管单位：河南省教育厅
地址：河南省郑州市金水区郑东新区前程路9号，www. zzrvtc. edu. cn/kyc

刊名：政法学刊
刊号：CN44-1007/D
主办单位：广东警官学院、广东省公安司法管理干部学院
主管单位：广东警官学院
地址：广东省广州市海珠区滨江东路500号，zfxk. cbpt. cnki. net

刊名：政治经济学评论
刊号：CN11-5859/D
主办单位：中国人民大学
主管单位：中华人民共和国教育部
地址：北京市海淀区中关村大街甲59号文化大厦13、14层，www. zlzx. com. cn

刊名：政治思想史
刊号：CN12-1419/D
主办单位：天津师范大学
主管单位：天津师范大学
地址：天津市西青区宾水西道393号天津师范大学政治与行政学院内

刊名：政治学文摘
刊号：CN11-5776/D
主办单位：中国人民大学
主管单位：中华人民共和国教育部
地址：北京市海淀区中关村大街甲59号文化大厦13、14层，www. zlzx. com. cn

刊名：政治学研究
刊号：CN11-1396/D
主办单位：中国社会科学院政治学研究所
主管单位：中国社会科学院
地址：北京市朝阳区曙光西里28号中冶大厦，zzxyj. ajcass. org

刊名：政治与法律
刊号：CN31-1106/D
主办单位：上海社会科学院法学研究所
主管单位：上海社会科学院
地址：上海市黄浦区淮海中路622弄7号，zhen. cbpt. cnki. net

刊名：知识产权
刊号：CN11-2760/N
主办单位：中国知识产权研究会
主管单位：国家知识产权局
地址：北京市海淀区蓟门桥西土城路6号，www. cnips. org

刊名：知与行
刊号：CN23-1595/D
主办单位：黑龙江省社会科学信息中心
主管单位：黑龙江省社会科学界联合会
地址：黑龙江省哈尔滨市南岗区中宣街206号科技大厦908，ziyx. cbpt. cnki. net

刊名：直升机技术
刊号：CN36-1141/V

主办单位：中国直升机设计研究所
主管单位：中国航空工业集团有限公司
地址：江西省景德镇市825信箱《直升机技术》编辑部

刊名：职大学报
刊号：CN15-1203/G4
主办单位：包头市职工大学
主管单位：内蒙古自治区教育厅
地址：内蒙古自治区包头市青山区建华路15号

刊名：职教论坛
刊号：CN36-1078/G4
主办单位：江西科技师范大学
主管单位：江西科技师范大学
地址：江西省南昌市红谷滩区学府大道589号，zzs. jxstnu. edu. cn

刊名：职教通讯
刊号：CN32-1806/G4
主办单位：江苏理工学院
主管单位：江苏省教育厅
地址：江苏省常州市武进区中吴大道1801号，zjy. jsut. edu. cn/zjtx

刊名：职业技术
刊号：CN23-1509/TU
主办单位：黑龙江旅游职业技术学院
主管单位：黑龙江旅游职业技术学院
地址：黑龙江省哈尔滨市南岗区学府路315号，zyju. cbpt. cnki. net

刊名：职业技术教育
刊号：CN22-1019/G4
主办单位：吉林工程技术师范学院
主管单位：吉林省教育厅
地址：吉林省长春市宽城区凯旋路3050号，cctve. com. cn

刊名：职业教育研究
刊号：CN12-1358/G4
主办单位：天津职业技术师范大学
主管单位：天津职业技术师范大学
地址：天津市河西区大沽南路1310号天津职业技术师范大学，zyjyyj. com. cn

刊名：职业卫生与病伤
刊号：CN51-1246/R
主办单位：四川省疾病预防控制中心
主管单位：四川省卫生健康委员会
地址：四川省成都市武侯区中学路6号，www. sc-cdc. cn/View. aspx? id = 016002004

刊名：职业卫生与应急救援
刊号：CN31-1719/R
主办单位：上海市化工职业病防治院、上海市职业安全健康研究院
主管单位：上海市安全生产监督管理局
地址：上海市静安区成都北路369号，www. oher. com. cn

刊名：职业与健康
刊号：CN12-1133/R
主办单位：天津市疾病预防控制中心、中华预防医学会
主管单位：天津市卫生健康委员会
地址：天津市河东区华龙道76号，www. zyyjk. com. cn

刊名：植物保护
刊号：CN11-1982/S
主办单位：中国植物保护学会、中国农业科学院植物保护研究所
主管单位：中国科学技术协会
地址：北京市海淀区圆明园西路2号中国农业科学院植物保护研究所院内，www. plantprotection. ac. cn

刊名：植物保护学报
刊号：CN11-1983/S
主办单位：中国植物保护学会、中国农业大学
主管单位：中国科学技术协会
地址：北京市海淀区圆明园西路2号中国农业大学农学与生物技术学院，www. zwbhxb. cn

刊名：植物病理学报
刊号：CN11-2184/Q
主办单位：中国植物病理学会、中国农业大学
主管单位：中国科学技术协会
地址：北京市海淀区圆明园西路2号中国农业大学（西校区）植保楼406室，zwblxb. magtech. com. cn

刊名：植物分类学报
刊号：CN11-5779/Q
主办单位：中国科学院植物研究所、中国植物学会
主管单位：中国科学院
地址：北京市海淀区香山南辛村 20 号，www. jse. ac. cn

刊名：植物检疫
刊号：CN11-1990/S
主办单位：中国检验检疫科学研究院、中国植物保护学会
主管单位：国家市场监督管理总局
地址：北京市朝阳区高碑店北路甲 3 号，zwjy. cbpt. cnki. net

刊名：植物科学学报
刊号：CN42-1817/Q
主办单位：中国科学院武汉植物园、湖北省植物学会
主管单位：中国科学院
地址：湖北省武汉市江夏区东湖高新区九峰一路 201 号（九峰一路与光谷七路路口以北）中国科学院武汉植物园内，plantscience. cn

刊名：植物生理学报
刊号：CN31-2055/Q
主办单位：中国植物生理学会、中国科学院上海生命科学研究院植物生理生态研究所
主管单位：中国科学技术协会
地址：上海市徐汇区岳阳路 319 号，www. plant-physiology. com

刊名：植物生态学报
刊号：CN11-3397/Q
主办单位：中国科学院植物研究所、中国植物学会
主管单位：中国科学院
地址：北京市海淀区香山南辛村 20 号，www. plant-ecology. com

刊名：植物学报
刊号：CN11-5705/Q
主办单位：中国科学院植物研究所、中国植物学会
主管单位：中国科学院
地址：北京市海淀区香山南辛村 20 号中国科学院植物研究所，www. chinbullbotany. com

刊名：植物研究
刊号：CN23-1480/S
主办单位：东北林业大学
主管单位：中华人民共和国教育部
地址：黑龙江省哈尔滨市香坊区和兴路 26 号东北林业大学老逸夫楼 401，bbr. nefu. edu. cn

刊名：植物遗传资源学报
刊号：CN11-4996/S
主办单位：中国农业科学院作物科学研究所、中国农学会
主管单位：中华人民共和国农业农村部
地址：北京市海淀区中关村南大街 12 号，www. zw-yczy. cn

刊名：植物营养与肥料学报
刊号：CN11-3996/S
主办单位：中国植物营养与肥料学会
主管单位：中华人民共和国农业农村部
地址：北京市海淀区中关村南大街 12 号中国农业科学院，www. plantnutrifert. org

刊名：植物资源与环境学报
刊号：CN32-1339/S
主办单位：江苏省中国科学院植物研究所、江苏省植物学会
主管单位：江苏省科学技术厅
地址：江苏省南京市玄武区中山门外前湖后村 1 号江苏省中国科学院植物研究所内，zwzy. cn-bg. net

刊名：纸和造纸
刊号：CN11-2709/TS
主办单位：中国造纸学会
主管单位：中国科学技术协会
地址：北京市朝阳区启阳路 4 号院 1 号楼 2 单元 10 层，zhzz. chinajournal. net. cn

刊名：指挥控制与仿真
刊号：CN32-1759/TJ
主办单位：中国船舶重工集团公司第七一六研究所
主管单位：中国船舶集团有限公司
地址：江苏省连云港市海州区圣湖路 18 号，www. zhkzyfz. cn

刊名：指挥信息系统与技术

刊号：CN32-1818/TP
主办单位：中国电子科技集团公司第二十八研究所
主管单位：中国电子科技集团有限公司
地址：南京市 1406 信箱 62 分箱，zhxxxtyjs. paperopen. com

刊名：指挥与控制学报
刊号：CN14-1379/TP
主办单位：北方自动控制技术研究所、中国指挥与控制学会
主管单位：中国兵器工业集团有限公司
地址：山西省太原市小店区体育路 351 号，jc2. org. cn

刊名：制导与引信
刊号：CN31-1373/TN
主办单位：上海航天技术研究院第 802 研究所
主管单位：中国航天科技集团有限公司
地址：上海市闵行区中春路 1555 号

刊名：制冷
刊号：CN44-1220/TB
主办单位：广东省制冷学会、河南省制冷学会、广西壮族自治区制冷学会、福建省（区）制冷学会
主管单位：广东省科学技术协会
地址：广东省广州市越秀区庙前西街 48 号

刊名：制冷技术
刊号：CN31-1492/TB
主办单位：上海市制冷学会、中国制冷学会
主管单位：上海市科学技术协会
地址：上海市黄浦区南昌路 47 号，zljs. cbpt. cnki. net

刊名：制冷学报
刊号：CN11-2182/TB
主办单位：中国制冷学会
主管单位：中国科学技术协会
地址：北京市海淀区阜成路 67 号银都大厦 10 层，www. zhilengxuebao. com

刊名：制冷与空调
刊号：CN51-1622/TB
主办单位：四川省制冷学会、西南交通大学
主管单位：四川省科学技术协会
地址：四川省成都市金牛区二环路北一段 111 号西南交通大学机械馆，www. scszlxh. com/xhkw/zlykt

刊名：制冷与空调
刊号：CN11-4519/TB
主办单位：中国科学技术交流中心、中国制冷空调工业协会
主管单位：中华人民共和国科学技术部
地址：北京市西城区广安门南街 6 号广安大厦北楼 7 层，www. chinacraa. org/publications_show. aspx? id = 1266

刊名：制造技术与机床
刊号：CN11-3398/TH
主办单位：中国机械工程学会、北京机床研究所有限公司
主管单位：中国科学技术协会
地址：北京市朝阳区望京路 4 号，www. mtmt. com. cn

刊名：制造业自动化
刊号：CN11-4389/TP
主办单位：北京机械工业自动化研究所有限公司
主管单位：中国机械工业联合会
地址：北京市西城区德胜门外教场口 1 号，magazine. cmanu-automation. cn

刊名：质量技术监督研究
刊号：CN35-1300/T
主办单位：福建省技术监督情报所
主管单位：福建省技术监督局
地址：福建省福州市鼓楼区华林路 147 号

刊名：质量与标准化
刊号：CN31-2058/G3
主办单位：上海市质量和标准化研究院、上海市标准化协会、上海市质量检测协会
主管单位：上海市质量技术监督局
地址：上海市徐汇区长乐路 1227 号，qk. cnsis. org. cn

刊名：质量与可靠性
刊号：CN11-2715/V
主办单位：中国航天工业质量协会、中国航天标准化研究所
主管单位：中国航天科技集团有限公司
地址：北京市西城区月坛北小街 2 号院 1 号楼

刊名：质谱学报
刊号：CN11-2979/TH

主办单位：北京中科科仪技术发展有限责任公司、中国物理学会质谱分会
主管单位：中国科学院
地址：北京市275信箱65分箱，www. jcmss. com. cn

刊名：治淮
刊号：CN34-1030/TV
主办单位：水利部淮河水利委员会
主管单位：水利部淮河水利委员会
地址：安徽省蚌埠市蚌山区东海大道3055号

刊名：治理研究
刊号：CN33-1406/D
主办单位：中共浙江省委党校
主管单位：中共浙江省委党校
地址：浙江省杭州市余杭区文一西路1000号，zlyj. zjdx. gov. cn

刊名：智慧健康
刊号：CN10-1365/TN
主办单位：工业和信息化部电子科学技术情报研究所
主管单位：中华人民共和国工业和信息化部
地址：北京市石景山区鲁谷路35号，www. chinazhjk. com

刊名：智慧电力
刊号：CN61-1512/TM
主办单位：国网陕西省电力公司
主管单位：国家电网有限公司
地址：陕西省西安市碑林区柿园路218号，zhdl. paperopen. com

刊名：智库理论与实践
刊号：CN10-1413/N
主办单位：中国科学院文献情报中心、南京大学
主管单位：中国科学院
地址：北京市海淀区北四环西路33号，zksl. cbpt. cnki. net

刊名：智能城市
刊号：CN21-1602/N
主办单位：辽宁省科学技术情报研究所
主管单位：辽宁省重要技术创新与研发基地建设工程中心
地址：辽宁省沈阳市浑南区朗月街2甲号，www. zncszz. com

刊名：智能计算机与应用
刊号：CN23-1573/TN
主办单位：哈尔滨工业大学
主管单位：中华人民共和国工业和信息化部
地址：黑龙江省哈尔滨市南岗区繁荣街155号《智能计算机与应用》编辑部，www. cs. hit. edu. cn

刊名：智能建筑
刊号：CN11-4991/TU
主办单位：中国建筑业协会
主管单位：中华人民共和国住房和城乡建设部
地址：北京市海淀区三里河路9号院劳服中心办公楼102室

刊名：智能建筑与智慧城市
刊号：CN10-1392/TU
主办单位：中国勘察设计协会
主管单位：中华人民共和国住房和城乡建设部
地址：北京市海淀区万寿路27号院1号楼9层901，www. ibzxchina. com

刊名：智能系统学报
刊号：CN23-1538/TP
主办单位：哈尔滨工程大学、中国人工智能学会
主管单位：中华人民共和国工业和信息化部
地址：黑龙江省哈尔滨市南岗区南通大街145号1号楼，tis. hrbeu. edu. cn

刊名：智能制造
刊号：CN10-1315/TP
主办单位：机械工业信息研究院
主管单位：中国机械工业联合会
地址：北京市西城区百万庄大街22号，www. idnovo. com. cn

刊名：中北大学学报（社会科学版）
刊号：CN14-1329/C
主办单位：中北大学
主管单位：中北大学
地址：山西省太原市尖草坪区学院路3号，xuebao. nuc. edu. cn

刊名：中北大学学报（自然科学版）

刊号：CN14-1332/TH
主办单位：中北大学
主管单位：山西省教育厅
地址：山西省太原市尖草坪区学院路3号，xuebao.nuc.edu.cn

刊名：中草药
刊号：CN12-1108/R
主办单位：天津药物研究院、中国药学会
主管单位：天津药物研究院
地址：天津市南开区鞍山西道308号，www.tiprpress.com

刊名：中成药
刊号：CN31-1368/R
主办单位：国家药品监督管理局信息中心中成药信息站、上海中药行业协会
主管单位：上海市卫生健康委员会
地址：上海市黄浦区福州路107号，www.zcyjournal.com

刊名：中氮肥
刊号：CN51-1379/TQ
主办单位：川化集团有限责任公司、全国中氮情报协作组
主管单位：四川化工控股（集团）有限责任公司
地址：四川省成都市青白江区团结路311号

刊名：中低纬山地气象
刊号：CN52-1171/P
主办单位：贵州省山地环境气候研究所、贵州省气象学会
主管单位：贵州省气象局
地址：贵州省贵阳市南明区新华路翠微巷9号，www.gzqx1962.com

刊名：中共成都市委党校学报
刊号：CN51-1541/D
主办单位：中共成都市委党校
主管单位：中共成都市委党校
地址：四川省成都市龙泉驿区驿都西路1492号，cddx.cbpt.cnki.net

刊名：中共党史研究
刊号：CN11-1675/D
主办单位：中共中央党史和文献研究院
主管单位：中共中央党史和文献研究院
地址：北京市海淀区北四环西路69号，zgds.chinajournal.net.cn

刊名：中共福建省委党校学报
刊号：CN35-1198/C
主办单位：中共福建省委党校
主管单位：中共福建省委党校
地址：福建省福州市鼓楼区柳河路61号，zgfjswdxxb.cn

刊名：中共桂林市委党校学报
刊号：CN45-1291/D
主办单位：中共桂林市委党校
主管单位：中共桂林市委党校
地址：广西壮族自治区桂林市象山区万福路25号

刊名：中共杭州市委党校学报
刊号：CN33-1243/D
主办单位：中共杭州市委党校、杭州行政学院
主管单位：中共杭州市委党校
地址：浙江省杭州市西湖区科海路288号，xueb.hzswdx.gov.cn

刊名：中共合肥市委党校学报
刊号：CN34-1249/Z
主办单位：中共合肥市委党校
主管单位：中共合肥市委
地址：安徽省合肥市蜀山区长江西路901号《中共合肥市委党校学报》编辑部，www.hfdx.gov.cn

刊名：中共乐山市委党校学报
刊号：CN51-1585/C
主办单位：中共乐山市委党校
主管单位：中共乐山市委
地址：四川省乐山市市中区人民北路116路，lsdb.chinajournal.net.cn

刊名：中共南昌市委党校学报
刊号：CN36-1266/C
主办单位：中共南昌市委党校
主管单位：中共南昌市委
地址：江西省南昌市红谷滩区求实路8号，swdx.nc.gov.cn/article/DangJiaoJiaoKan

刊名：中共南京市委党校学报
刊号：CN32-1783/D
主办单位：中共南京市委党校、南京市行政学院
主管单位：中共南京市委党校、南京市行政学院
地址：江苏省南京市栖霞区灵山北路190号，dx.nanjing.gov.cn/kyzx/dzxk_64920

刊名：中共南宁市委党校学报
刊号：CN45-1267/C
主办单位：中共南宁市委党校
主管单位：中共南宁市委党校
地址：广西壮族自治区南宁市西乡塘区大学西路166号，www.nnswdx.com/web/loadWebPage.do?4441_440110901_0_4

刊名：中共宁波市委党校学报
刊号：CN33-1228/D
主办单位：中共宁波市委党校
主管单位：中共宁波市委党校
地址：浙江省宁波市江北区慈水东街328号，xb.nbdx.cn

刊名：中共山西省直机关党校学报
刊号：CN14-1346/D
主办单位：中共山西省委党校
主管单位：中共山西省委党校
地址：山西省太原市万柏林区晋祠路一段129号

刊名：中共石家庄市委党校学报
刊号：CN13-1275/C
主办单位：中共石家庄市委党校、石家庄行政学院、石家庄市社会主义学院
主管单位：中共石家庄市委
地址：河北省石家庄市鹿泉区山区大道626号，sjzd.cbpt.cnki.net

刊名：中共四川省委党校学报
刊号：CN51-1540/D
主办单位：中共四川省委党校
主管单位：中共四川省委党校
地址：四川省成都市青羊区光华村街43号中共四川省委党校期刊社，zscd.cbpt.cnki.net

刊名：中共太原市委党校学报
刊号：CN14-1238/D
主办单位：中共太原市委党校
主管单位：中共太原市委
地址：山西省太原市小店区南内环街148号

刊名：中共天津市委党校学报
刊号：CN12-1285/D
主办单位：中共天津市委党校
主管单位：中共天津市委党校
地址：天津市南开区育梁道4号，www.tjdx.gov.cn/qikanbu

刊名：中共乌鲁木齐市委党校学报
刊号：CN65-1231/D
主办单位：乌鲁木齐市委党校
主管单位：乌鲁木齐市委党校
地址：新疆维吾尔自治区乌鲁木齐市新市区杭州西路335号，zgwm.chinajournal.net.cn

刊名：中共伊犁州委党校学报（哈文版）
刊号：CN65-1230/D-H
主办单位：中共伊犁州委党校
主管单位：中共伊犁州委党校
地址：新疆维吾尔自治区伊犁哈萨克自治州伊宁市新华西路154号

刊名：中共伊犁州委党校学报
刊号：CN65-1230/D
主办单位：中共伊犁州委党校
主管单位：中共伊犁州委党校
地址：新疆维吾尔自治区伊犁哈萨克自治州伊宁市新华西路154号

刊名：中共银川市委党校学报
刊号：CN64-1044/D
主办单位：中共银川市委党校
主管单位：中共银川市委
地址：宁夏回族自治区银川市兴庆区滨河新区金源路

刊名：中共云南省委党校学报
刊号：CN53-1159/C
主办单位：中共云南省委党校
主管单位：中共云南省委党校
地址：云南省昆明市西山区碧鸡办事处杨家村52号，www.yndx.gov.cn/list.aspx?id=868874286742

刊名：中共郑州市委党校学报

刊号：CN41-1445/D
主办单位：中共郑州市委党校
主管单位：中共郑州市委
地址：河南省郑州市中原区中原西路 90 号，www.zgzzswdx.com/dbxb.html

刊名：中共中央党校（国家行政学院）学报
刊号：CN10-1640/C
主办单位：中共中央党校
主管单位：中共中央党校
地址：北京市海淀区长春桥路 6 号，zgxb.cbpt.cnki.net

刊名：中国 CT 和 MRI 杂志
刊号：CN44-1592/R
主办单位：北京大学深圳临床医学院、北京大学第一附属医院
主管单位：中华人民共和国教育部
地址：广东省深圳市福田区福华一路国际商会大厦 B 座 2103 室，www.diagnoschina.com/newest/zazhi_id-2

刊名：中国癌症防治杂志
刊号：CN45-1366/R
主办单位：中国医师协会、广西肿瘤防治研究所
主管单位：中华人民共和国国家卫生健康委员会
地址：广西壮族自治区南宁市青秀区河堤路 71 号，manu33.magtech.com.cn/Jweb_azfz/CN/1674-5671/home.shtml

刊名：中国癌症杂志
刊号：CN31-1727/R
主办单位：复旦大学附属肿瘤医院
主管单位：中华人民共和国教育部
地址：上海市徐汇区东安路 270 号，www.china-oncology.com

刊名：中国艾滋病性病
刊号：CN11-4818/R
主办单位：中国性病艾滋病防治协会
主管单位：中华人民共和国国家卫生健康委员会
地址：北京市西城区南纬路 27 号，xbya.cbpt.cnki.net

刊名：中国安全科学学报
刊号：CN11-2865/X
主办单位：中国职业安全健康协会
主管单位：中国科学技术协会
地址：北京市朝阳区安华西里 5 区 21 号楼 6 楼 3603，www.cssjj.com.cn

刊名：中国安全生产科学技术
刊号：CN11-5335/TB
主办单位：中国安全生产科学研究院
主管单位：中华人民共和国应急管理部
地址：北京市朝阳区惠新西街 17 号，www.aqskj.com

刊名：中国版权
刊号：CN11-4780/G2
主办单位：中国版权保护中心
主管单位：国家版权局
地址：北京市西城区车公庄大街甲 4 号物华大厦 5 层，www.ccopyright.com.cn/index.php?optionid=1576

刊名：中国报业
刊号：CN11-4629/G2
主办单位：中国报业协会
主管单位：中国报业协会
地址：北京市朝阳区金台西路 2 号，www.cnpiw.cn

刊名：中国比较文学
刊号：CN31-1694/I
主办单位：上海外国语大学、中国比较文学学会
主管单位：中华人民共和国教育部
地址：上海市虹口区大连西路 558 号，clc.shisu.edu.cn

刊名：中国比较医学杂志
刊号：CN11-4822/R
主办单位：中国实验动物学会、中国医学科学院医学实验动物研究所
主管单位：中国科学技术协会
地址：北京市朝阳区潘家园南里 5 号，zgsydw.cnjournals.com

刊名：中国边疆史地研究
刊号：CN11-2795/K
主办单位：中国社会科学院中国边疆史地研究中心
主管单位：中国社会科学院
地址：北京市东城区先晓胡同 10 号，www.zgbjsdyj.com

刊名：中国标准化

刊号：CN11-2345/T

主办单位：中国标准化研究院、中国标准化协会

主管单位：国家市场监督管理总局

地址：北京市昌平区东小口镇天通中苑 51 号 2 层 2010，www. cspress. com. cn

刊名：中国表面工程

刊号：CN11-3905/TG

主办单位：中国机械工程学会

主管单位：中国科学技术协会

地址：北京市丰台区杜家坎 21 号，www. csejournal. com

刊名：中国病案

刊号：CN11-4998/R

主办单位：中国医院协会

主管单位：中华人民共和国国家卫生健康委员会

地址：北京市朝阳区白家庄路 8 号，zgba. org. cn

刊名：中国病毒病杂志

刊号：CN11-5969/R

主办单位：中华预防医学会

主管单位：中华人民共和国国家卫生健康委员会

地址：北京市朝阳区潘家园华威里 25 号 5 层，zgbdb. paperopen. com

刊名：中国病毒学

刊号：CN42-1760/Q

主办单位：中国科学院武汉病毒研究所、中国微生物学会

主管单位：中国科学院

地址：湖北省武汉市武昌区小洪山中区 44 号中国科学院武汉病毒研究所内，www. virosin. org

刊名：中国病理生理杂志

刊号：CN44-1187/R

主办单位：中国病理生理学会

主管单位：中国科学技术协会

地址：广东省广州市天河区黄埔大道西 601 号暨南大学石牌校区医学院楼 649 室，www. cjpp. net

刊名：中国病原生物学杂志

刊号：CN11-5457/R

主办单位：中华预防医学会、山东省寄生虫病防治研究所

主管单位：中华人民共和国国家卫生健康委员会

地址：北京市西城区鼓楼西大街 154 号，www. cjpb. org

刊名：中国博物馆

刊号：CN11-1462/G2

主办单位：中国博物馆协会

主管单位：国家文物局

地址：北京市西城区阜成门内大街宫门口二条 19 号，www. chinamuseum. org. cn/plus/list. php? tid = 102

刊名：中国材料进展

刊号：CN61-1473/TG

主办单位：西北有色金属研究院、中国材料研究学会

主管单位：西北有色金属研究院

地址：陕西省西安市未央区未央路 96 号，mat-china. com/ifamat. com

刊名：中国蚕业

刊号：CN32-1421/S

主办单位：中国农业科学院蚕业研究所

主管单位：中华人民共和国农业农村部

地址：江苏省镇江市润州区中国农业科学院蚕业研究所，www. zgcyjournal. com

刊名：中国草地学报

刊号：CN15-1344/S

主办单位：中国农业科学院草原研究所、中国草学会

主管单位：中华人民共和国农业农村部

地址：内蒙古自治区呼和浩特市赛罕区乌兰察布东街 120 号，zgcd. cbpt. cnki. net

刊名：中国草食动物科学

刊号：CN62-1206/Q

主办单位：中国农业科学院兰州畜牧与兽药研究所

主管单位：中华人民共和国农业农村部

地址：甘肃省兰州市七里河区硷沟沿 335 号，cycz. cbpt. cnki. net

刊名：中国测试

刊号：CN51-1714/TB

主办单位：中国测试技术研究院

主管单位：中国测试技术研究院

地址：四川省成都市成华区玉双路 10 号，www. chinamtt. cn

刊名：中国茶叶
刊号：CN33-1117/S
主办单位：中国农业科学院茶叶研究所
主管单位：中华人民共和国农业农村部
地址：浙江省杭州市西湖区梅灵南路 9 号，www. tricaas. com/zyfw/cbw/zgcy

刊名：中国茶叶加工
刊号：CN33-1157/TS
主办单位：中华全国供销合作总社杭州茶叶研究院、全国茶叶加工科技情报中心站
主管单位：中华全国供销合作总社
地址：浙江省杭州市江干区采荷路 41 号，www. cotea. com

刊名：中国超声医学杂志
刊号：CN11-2110/R
主办单位：中国科学技术信息研究所、中国超声医学工程学会
主管单位：中华人民共和国科学技术部
地址：北京市海淀区复兴路 15 号，zgcsyxzz. cn

刊名：中国朝鲜语文
刊号：CN22-1068/H
主办单位：吉林省《中国朝鲜语文》杂志社
主管单位：吉林省民族事务委员会
地址：吉林省延边朝鲜族自治州延吉市光明街 608 号，mw. jl. gov. cn/bmjs/sydw/bgs_44323

刊名：中国成人教育
刊号：CN37-1214/G4
主办单位：教育部职业教育与成人教育司、中国成人教育协会、山东省教育厅
主管单位：中华人民共和国教育部
地址：山东省济南市历下区青年东路 1 号，www. zgcrjy. com

刊名：中国城市林业
刊号：CN11-5061/S
主办单位：中国林业科学研究院
主管单位：国家林业和草原局
地址：北京市海淀区香山路东小府 1 号中国林业科学研究院科信所本刊编辑部，csly. cbpt. cnki. net

刊名：中国城乡企业卫生
刊号：CN12-1170/R
主办单位：中华预防医学会、天津市职业病防治院
主管单位：中华人民共和国国家卫生健康委员会
地址：天津市南开区长实道中部南侧凯祥花园 68 号，zcxw. cbpt. cnki. net

刊名：中国出版
刊号：CN11-2807/G2
主办单位：中国新闻出版传媒集团有限公司
主管单位：国家新闻出版广电总局
地址：北京市朝阳区东四环南路 55 号，www. zgcbbjb. cn

刊名：中国出版史研究
刊号：CN10-1176/G2
主办单位：中华书局有限公司
主管单位：中国出版传媒股份有限公司
地址：北京市丰台区太平桥西里 38 号，oldweb. zhbc. com. cn/qikanchubanshi. asp

刊名：中国初级卫生保健
刊号：CN23-1040/R
主办单位：中国初级卫生保健基金会
主管单位：中华人民共和国国家卫生健康委员会
地址：黑龙江省哈尔滨市香坊区农场街 30 号，www. cphc. cn

刊名：中国处方药
刊号：CN44-1549/T
主办单位：国家市场监督管理总局南方医药经济研究所
主管单位：国家市场监督管理总局南方医药经济研究所
地址：广东省广州市越秀区东风东路 753 号天誉商务大厦西塔 6 楼，www. chinapid. com

刊名：中国传媒大学学报（自然科学版）
刊号：CN11-5379/N
主办单位：中国传媒大学
主管单位：中华人民共和国教育部
地址：北京市朝阳区定福庄中国传媒大学 30 号信箱

刊名：中国卒中杂志
刊号：CN11-5434/R

主办单位：中国科学技术信息研究所、科学技术文献出版社有限公司
主管单位：中华人民共和国科学技术部
地址：北京市西城区天坛西里 6 号，www. chinastroke. org. cn

刊名：中国大学教学
刊号：CN11-3213/G4
主办单位：高等教育出版社有限公司
主管单位：中华人民共和国教育部
地址：北京市西城区德外大街 4 号，jxcy. cbpt. cnki. net

刊名：中国当代儿科杂志
刊号：CN43-1301/R
主办单位：中南大学、中南大学湘雅医院
主管单位：中华人民共和国教育部
地址：湖南省长沙市开福区湘雅路 87 号，www. zgddek. com

刊名：中国当代医药
刊号：CN11-5786/R
主办单位：中国保健协会、当代创新（北京）医药科学研究院
主管单位：中国保健协会
地址：北京市朝阳区东四环中路 78 号楼 7 层 8B02，www. dangdaiyiyao. com

刊名：中国党政干部论坛
刊号：CN11-3331/D
主办单位：中共中央党校
主管单位：中共中央党校
地址：北京市海淀区大有庄 100 号，www. cntheory. com

刊名：中国稻米
刊号：CN33-1201/S
主办单位：中国水稻研究所
主管单位：中华人民共和国农业农村部
地址：浙江省杭州市富阳区新桥水稻所路 28 号，www. zgdm. net

刊名：中国地方病防治杂志
刊号：CN22-1136/R
主办单位：吉林省地方病第二防治研究所、中华预防医学会
主管单位：中华人民共和国国家卫生健康委员会
地址：吉林省吉林市昌邑区重庆街 2158 号，dybf. cbpt. cnki. net

刊名：中国地方志
刊号：CN11-1395/K
主办单位：中国地方志指导小组办公室
主管单位：中国社会科学院
地址：北京市朝阳区潘家园东里 9 号，www. zgdfz. cn

刊名：中国地震
刊号：CN11-2008/P
主办单位：中国地震台网中心
主管单位：中国地震局
地址：北京市西城区三里河路 56 号，zgdz. eq-j. cn

刊名：中国地质
刊号：CN11-1167/P
主办单位：中国地质调查局、中国地质科学院
主管单位：中华人民共和国自然资源部
地址：北京市东城区东黄城根北街 16 号，geochina. cgs. gov. cn

刊名：中国地质大学学报（社会科学版）
刊号：CN42-1627/C
主办单位：中国地质大学（武汉）
主管单位：中华人民共国和教育部
地址：湖北省武汉市洪山区鲁磨路 388 号，ddxs. cbpt. cnki. net

刊名：中国地质教育
刊号：CN11-3777/G4
主办单位：中国地质学会、中国地质大学（北京）
主管单位：中华人民共和国自然资源部
地址：北京市海淀区学院路 29 号中国地质大学内，www. chinageoeducation. net. cn

刊名：中国地质灾害与防治学报
刊号：CN11-2852/P
主办单位：中国地质环境监测院、中国地质灾害防治工程行业协会
主管单位：中华人民共和国自然资源部
地址：北京市海淀区大慧寺 20 号，www. zgdzzhyfzxb. com

刊名：中国电化教育
刊号：CN11-3792/G4

主办单位：中央电化教育馆
主管单位：中华人民共和国教育部
地址：北京市西城区复兴门内大街 160 号电教大楼 013 信箱，www.webcet.cn

刊名：中国电机工程学报
刊号：CN11-2107/TM
主办单位：中国电机工程学会
主管单位：中国科学技术协会
地址：北京市海淀区小营东路 15 号中国电力科学研究院，www.pcsee.org

刊名：中国电力
刊号：CN11-3265/TM
主办单位：国网能源研究院有限公司、中国电机工程学会
主管单位：国家电网有限公司
地址：北京市西城区白广路二条 1 号，www.chinapower.org

刊名：中国电视
刊号：CN11-2750/J
主办单位：中国电视艺术委员会
主管单位：国家广播电视总局
地址：北京市西城区复兴门外大街 2 号（广电总局内），www.zgdianshi.cn

刊名：中国电梯
刊号：CN13-1126/TU
主办单位：中国电梯协会、中国建筑科学研究院建筑机械化研究分院
主管单位：中华人民共和国住房和城乡建设部
地址：河北省廊坊市广阳区金光道 61 号，www.chinaelevator.org

刊名：中国电子科学研究院学报
刊号：CN11-5401/TN
主办单位：中国电子科技集团公司电子科学研究院
主管单位：中国电子科技集团有限公司
地址：北京市石景山区八大处高科技园区双园路 11 号，www.caeit.cn

刊名：中国动脉硬化杂志
刊号：CN43-1262/R
主办单位：中国病理生理学会、南华大学
主管单位：中国科学技术协会
地址：湖南省衡阳市蒸湘区南华大学内《中国动脉硬化杂志》编辑部，www.dmzzbjb.net

刊名：中国动物传染病学报
刊号：CN31-2031/S
主办单位：中国农业科学院上海兽医研究所
主管单位：中华人民共和国农业农村部
地址：上海市闵行区紫月路 518 号，zsjb.cbpt.cnki.net

刊名：中国动物检疫
刊号：CN37-1246/S
主办单位：中国动物卫生与流行病学中心
主管单位：中华人民共和国农业农村部
地址：山东省青岛市市北区南京路 369 号，zgdwjy.cahec.cn/zgdwjy/home

刊名：中国俄语教学
刊号：CN11-2727/H
主办单位：北京外国语大学
主管单位：中华人民共和国教育部
地址：北京市海淀区 833 信箱，www.kaprial.org.cn

刊名：中国儿童保健杂志
刊号：CN61-1346/R
主办单位：西安交通大学
主管单位：中华人民共和国教育部
地址：陕西省西安市新城区西五路 157 号，manu41.magtech.com.cn/Jwk_zgetbjzz/CN/volumn/home.shtml

刊名：中国耳鼻咽喉颅底外科杂志
刊号：CN43-1241/R
主办单位：中南大学、中南大学湘雅医院
主管单位：中华人民共和国教育部
地址：湖南省长沙市开福区湘雅路 87 号，www.xyosbs.com

刊名：中国耳鼻咽喉头颈外科
刊号：CN11-5175/R
主办单位：中国医疗保健国际交流促进会、北京市耳鼻咽喉科研究所
主管单位：中华人民共和国国家卫生健康委员会
地址：北京市东城区后沟胡同 17 号，www.entbjb.com

刊名：中国发明与专利

刊号：CN11-5124/T
主办单位：知识产权出版社有限责任公司、中国发明协会
主管单位：国家知识产权局
地址：北京市海淀区马甸南村 1 号，www.fmyzl.com

刊名：中国发展
刊号：CN11-4683/Z
主办单位：中国致公党中央委员会
主管单位：中国致公党中央委员会
地址：北京市西城区德胜门东滨河路 11 号，www.chinadevelop.com.cn

刊名：中国发展观察
刊号：CN11-5279/F
主办单位：中国发展出版社
主管单位：国务院发展研究中心
地址：北京市西城区百万庄大街 16 号 8 层，www.chinado.cn

刊名：中国法律评论
刊号：CN10-1210/D
主办单位：法律出版社有限公司
主管单位：中华人民共和国司法部
地址：北京市丰台区莲花池西里 7 号，chinalawreview.com.cn

刊名：中国法学
刊号：CN11-1030/D
主办单位：中国法学会
主管单位：中国法学会
地址：北京市西城区兵马司胡同 63 号，zgfxqk.org.cn

刊名：中国法医学杂志
刊号：CN11-1721/R
主办单位：中国法医学会、公安部物证鉴定中心
主管单位：中华人民共和国公安部
地址：北京市西城区木樨地南里中国公安大学院内 17 号楼，zgfyxzz.cbpt.cnki.net

刊名：中国翻译
刊号：CN11-1354/H
主办单位：当代中国与世界研究院、中国翻译协会
主管单位：中国外文出版发行事业局
地址：北京市西城区百万庄大街 24 号，www.zgfyzz.com

刊名：中国防痨杂志
刊号：CN11-2761/R
主办单位：中国防痨协会
主管单位：中国科学技术协会
地址：北京市东城区东四西大街 42 号，www.zgflzz.cn

刊名：中国防汛抗旱
刊号：CN11-5587/TV
主办单位：中国水利学会
主管单位：中国科学技术协会
地址：北京市海淀区玉渊潭南路 1 号 D 座 706 室，www.cfdm.cn

刊名：中国非金属矿工业导刊
刊号：CN11-3924/TD
主办单位：中国建材集团有限公司、中国建筑材料工业地质勘查中心、中国非金属矿工业协会
主管单位：中国建筑材料联合会
地址：北京市朝阳区望京西路甲 50 号卷石天地大厦 A 座 5 层，www.cnma.com.cn

刊名：中国肺癌杂志
刊号：CN12-1395/R
主办单位：中国抗癌协会、中国防痨协会、天津医科大学总医院
主管单位：中国科学技术协会
地址：天津市和平区南京路 228 号，www.lungca.org

刊名：中国分子心脏病学杂志
刊号：CN11-4726/R
主办单位：中国医学科学院、中国协和医科大学
主管单位：中华人民共和国国家卫生健康委员会
地址：北京市西城区北礼士路 167 号，www.mdheart.cn

刊名：中国粉体技术
刊号：CN37-1316/TU
主办单位：济南大学、中国颗粒学会、中国非金属矿工业协会矿物加工利用技术专业委员会
主管单位：中国建筑材料联合会
地址：山东省济南市市中区南辛庄西路 336 号，ftjs.cbpt.cnki.net

刊名：中国蜂业

刊号：CN11-5358/S
主办单位：中国农业科学院蜜蜂研究所、中国养蜂学会
主管单位：中华人民共和国农业农村部
地址：北京市海淀区香山北沟 1 号，zgyf. cbpt. cnki. net

刊名：中国辐射卫生
刊号：CN37-1206/R
主办单位：山东省医学科学院放射医学研究所、中华预防医学会
主管单位：中华人民共和国国家卫生健康委员会
地址：山东省济南市历下区经十路 18877 号，www. zgfsws. com

刊名：中国腐蚀与防护学报
刊号：CN21-1474/TG
主办单位：中国腐蚀与防护学会、中国科学院金属研究所
主管单位：中国科学技术协会
地址：辽宁省沈阳市沈河区文化路 72 号，www. jcscp. org

刊名：中国妇产科临床杂志
刊号：CN11-4967/R
主办单位：北京大学
主管单位：中华人民共和国教育部
地址：北京市西城区西直门南大街 11 号，www. obgyncn. com

刊名：中国妇幼保健
刊号：CN22-1127/R
主办单位：中华预防医学会、吉林省医学期刊社
主管单位：中华人民共和国国家卫生健康委员会
地址：吉林省长春市朝阳区建政路 971 号，zgfybjbjb. cn

刊名：中国妇幼健康研究
刊号：CN61-1448/R
主办单位：西安交通大学、妇幼健康研究会
主管单位：中华人民共和国教育部
地址：陕西省西安市雁塔区雁塔西路 76 号 009 信箱，mchchina. xjtu. edu. cn

刊名：中国妇幼卫生杂志
刊号：CN11-5816/R
主办单位：中国疾病预防控制中心
主管单位：中华人民共和国国家卫生健康委员会
地址：北京市西城区南纬路 27 号，www. chinacdc. cn/cbw/zgfywszz

刊名：中国感染控制杂志
刊号：CN43-1390/R
主办单位：中南大学、中南大学湘雅医院
主管单位：中华人民共和国教育部
地址：湖南省长沙市开福区湘雅路 87 号，www. zggrkz. com

刊名：中国感染与化疗杂志
刊号：CN31-1965/R
主办单位：复旦大学附属华山医院
主管单位：中华人民共和国教育部
地址：上海市静安区乌鲁木齐中路 12 号，www. cjic. com. cn

刊名：中国港湾建设
刊号：CN12-1310/U
主办单位：中国交通建设股份有限公司
主管单位：中国交通建设集团有限公司
地址：天津市河西区大沽南路 1002 号，www. zggwjs. com

刊名：中国高等教育
刊号：CN11-1200/G4
主办单位：中国教育报刊社
主管单位：中华人民共和国教育部
地址：北京市海淀区文慧园北路 10 号，www. jyb. cn/zggdjy

刊名：中国高等学校学术文摘·法学
刊号：CN11-5742/D
主办单位：高等教育出版社有限公司
主管单位：中华人民共和国教育部
地址：北京市西城区德胜门外大街 4 号，journal. hep. com. cn

刊名：中国高等学校学术文摘·工商管理研究
刊号：CN11-5746/F
主办单位：高等教育出版社有限公司
主管单位：中华人民共和国教育部
地址：北京市西城区德胜门外大街 4 号，journal. hep. com. cn

刊名：中国高等学校学术文摘·教育学
刊号：CN11-5741/G4
主办单位：高等教育出版社有限公司
主管单位：中华人民共和国教育部
地址：北京市西城区德胜门外大街 4 号，journal. hep. com. cn

刊名：中国高等学校学术文摘·经济学
刊号：CN11-5744/F
主办单位：高等教育出版社有限公司
主管单位：中华人民共和国教育部
地址：北京市西城区德胜门外大街 4 号，journal. hep. com. cn

刊名：中国高等学校学术文摘·历史学
刊号：CN11-5740/K
主办单位：高等教育出版社有限公司
主管单位：中华人民共和国教育部
地址：北京市西城区德胜门外大街 4 号，journal. hep. com. cn

刊名：中国高等学校学术文摘·文学研究
刊号：CN11-5745/I
主办单位：高等教育出版社有限公司
主管单位：中华人民共和国教育部
地址：北京市西城区德胜门外大街 4 号，journal. hep. com. cn

刊名：中国高等学校学术文摘·哲学
刊号：CN11-5743/B
主办单位：高等教育出版社有限公司
主管单位：中华人民共和国教育部
地址：北京市西城区德胜门外大街 4 号，journal. hep. com. cn

刊名：中国高等医学教育
刊号：CN33-1050/G4
主办单位：浙江大学、全国高等医学教育学会
主管单位：中华人民共和国教育部
地址：浙江省杭州市西湖区余杭塘路 866 号，www. gdyxjy. cn

刊名：中国高教研究
刊号：CN11-2962/G4
主办单位：中国高等教育学会
主管单位：中华人民共和国教育部
地址：北京市海淀区学院路 35 号世宁大厦 2 层，www. cahe. edu. cn/site/term/733. html

刊名：中国高校科技
刊号：CN10-1017/N
主办单位：教育部科技发展中心
主管单位：中华人民共和国教育部
地址：北京市海淀区中关村大街 35 号 1102 室，zgkc. chinajournal. net. cn

刊名：中国高原医学与生物学杂志
刊号：CN63-1081/R
主办单位：青海大学
主管单位：青海大学
地址：青海省西宁市城西区昆仑路 16 号

刊名：中国个体防护装备
刊号：CN11-4626/X
主办单位：全国个体防护装备标准化技术委员会
主管单位：中华人民共和国应急管理部
地址：北京市海淀区西直门北大街 28 号

刊名：中国工程机械学报
刊号：CN31-1926/TH
主办单位：中国工程机械学会
主管单位：中国科学技术协会
地址：上海市杨浦区四平路 1239 号，www. zg-gcjxxb. cn

刊名：中国工程科学
刊号：CN11-4421/G3
主办单位：中国工程院战略咨询中心、高等教育出版社有限公司
主管单位：中国工程院
地址：北京市西城区德外大街 4 号，www. engineer-ing. org. cn

刊名：中国工业经济
刊号：CN11-3536/F
主办单位：中国社会科学院工业经济研究所
主管单位：中国社会科学院
地址：北京市西城区阜城门外大街月坛北小街 2 号，www. ciejournal. org

刊名：中国工业医学杂志
刊号：CN21-1267/R

主办单位：中华预防医学会、沈阳市劳动卫生职业病研究所
主管单位：中华人民共和国国家卫生健康委员会
地址：辽宁省沈阳市铁西区南十一西路 18 号，zggyyx. ijournals. cn

刊名：中国公共卫生
刊号：CN21-1234/R
主办单位：中华预防医学会、辽宁省疾病预防控制中心
主管单位：中华人民共和国国家卫生健康委员会
地址：辽宁省沈阳市和平区砂阳路 242 号，www. zgggws. com

刊名：中国公共卫生管理
刊号：CN23-1318/R
主办单位：中华预防医学会、黑龙江省疾病预防控制中心
主管单位：中华人民共和国国家卫生健康委员会
地址：黑龙江省哈尔滨市香坊区油坊街 40 号，ggws. cbpt. cnki. net

刊名：中国公路学报
刊号：CN61-1313/U
主办单位：中国公路学会
主管单位：中国科学技术协会
地址：陕西省西安市雁塔区南二环路中段长安大学杂志社，zgglxb. chd. edu. cn

刊名：中国骨伤
刊号：CN11-2483/R
主办单位：中国中西医结合学会、中国中医科学院
主管单位：国家中医药管理局
地址：北京市东城区东直门内南小街甲 16 号，www. zggszz. com

刊名：中国骨与关节损伤杂志
刊号：CN11-5265/R
主办单位：中华预防医学会、中国人民解放军第一七五医院
主管单位：中华人民共和国国家卫生健康委员会
地址：福建省漳州市芗城区漳华中路 209 号中国人民解放军第一七五医院内，www. zggygjsszz. cn

刊名：中国骨与关节杂志
刊号：CN10-1022/R
主办单位：中国医疗保健国际交流促进会、北京中科康辰骨关节伤病研究所
主管单位：中华人民共和国国家卫生健康委员会
地址：北京市海淀区阜成路 51 号中国人民解放军总医院第四医学中心内，www. cjbj2012. com

刊名：中国骨质疏松杂志
刊号：CN11-3701/R
主办单位：中国老年学和老年医学学会
主管单位：中华人民共和国民政部
地址：北京市朝阳区望京南湖西园 124 楼 1205 室，www. chinacjo. com

刊名：中国瓜菜
刊号：CN41-1374/S
主办单位：中华人民共和国农业农村部
主管单位：中华人民共和国农业农村部
地址：河南省郑州市管城区港湾路 28 号，zgxg. cbpt. cnki. net

刊名：中国管理科学
刊号：CN11-2835/G3
主办单位：中国优选法统筹法与经济数学研究会、中国科学院科技政策与管理科学研究所
主管单位：中国科学院
地址：北京市海淀区中关村东路 55 号（北京 8712 信箱），www. zgglkx. com

刊名：中国管理信息化
刊号：CN22-1359/TP
主办单位：吉林科学技术出版社有限责任公司
主管单位：吉林出版集团股份有限公司
地址：吉林省长春市南关区福祉大路 5188 号出版集团 A 座，www. glxxh. cn

刊名：中国惯性技术学报
刊号：CN12-1222/O3
主办单位：中国惯性技术学会、天津航海仪器研究所
主管单位：中国科学技术协会
地址：天津市红桥区丁字沽一号路 268 号，www. zggxjsxb. com

刊名：中国光学
刊号：CN22-1400/O4
主办单位：中国科学院长春光学精密机械与物理研

究所
主管单位：中国科学院
地址：吉林省长春市二道区东南湖大路3888号长春光学精密机械与物理研究所，www.chineseoptics.net.cn

刊名：中国广播
刊号：CN11-3074/G2
主办单位：中央人民广播电台
主管单位：国家广播电视总局
地址：北京市西城区复兴门外大街2号，www.cnr.cn/gbzz

刊名：中国广播电视学刊
刊号：CN11-1746/G2
主办单位：中国广播电影电视社会组织联合会
主管单位：国家广播电视总局
地址：北京市西城区复兴门外大街2号，www.zggbdsxk.cn

刊名：中国国家博物馆馆刊
刊号：CN10-1005/K
主办单位：中国国家博物馆
主管单位：中华人民共和国文化和旅游部
地址：北京市东城区东长安街16号中国国家博物馆，www.chnmuseum.cn/yj/gbgk

刊名：中国国土资源经济
刊号：CN11-5172/F
主办单位：中国地质矿产经济学会、中国自然资源经济研究院
主管单位：中华人民共和国自然资源部
地址：河北省廊坊市三河市燕郊开发区京哈路43号，zdkj.cbpt.cnki.net

刊名：中国果树
刊号：CN21-1165/S
主办单位：中国农业科学院果树研究所
主管单位：中华人民共和国农业农村部
地址：辽宁省葫芦岛市兴城市兴海南街98号，www.zggskj.com

刊名：中国果业信息
刊号：CN50-1173/S
主办单位：中国农业科学院柑桔研究所
主管单位：中华人民共和国农业农村部
地址：重庆市北碚区歇马镇柑桔研究所，www.zhggy.com

刊名：中国海商法研究
刊号：CN21-1584/D
主办单位：中国海商法协会、大连海事大学
主管单位：中国国际贸易促进委员会
地址：辽宁省大连市甘井子区凌海路1号，law.dlmu.edu.cn/info/1163/2497.htm

刊名：中国海上油气
刊号：CN11-5339/TE
主办单位：中海油研究总院有限责任公司
主管单位：中国海洋石油集团有限公司
地址：北京市东城区东直门外小街6号海油大厦20层，coog.cnooc.com.cn

刊名：中国海事
刊号：CN11-5352/U
主办单位：中华人民共和国海事局（交通部海事局）
主管单位：中华人民共和国交通运输部
地址：北京市东城区建国门内大街11号，hsbj.bhhb.org.cn

刊名：中国海洋大学学报（社会科学版）
刊号：CN37-1407/C
主办单位：中国海洋大学
主管单位：中华人民共和国教育部
地址：山东省青岛市崂山区松岭路238号，zghz.cbpt.cnki.net

刊名：中国海洋大学学报（自然科学版）
刊号：CN37-1414/P
主办单位：中国海洋大学
主管单位：中华人民共和国教育部
地址：山东省青岛市崂山区松岭路238号，qdhy.cbpt.cnki.net

刊名：中国海洋工程
刊号：CN32-1441/P
主办单位：中国海洋学会
主管单位：中国科学技术协会
地址：江苏省南京市鼓楼区虎踞关34号，www.chinaoceanengin.cn

刊名：中国海洋平台

刊号：CN31-1546/TE
主办单位：中国船舶工业集团公司第十一研究所
主管单位：中国船舶集团有限公司
地址：上海市徐汇区中山南二路 851 号，www.zghypt1986.com

刊名：中国海洋药物
刊号：CN37-1155/R
主办单位：中国药学会
主管单位：中国科学技术协会
地址：山东省青岛市市南区鱼山路 5 号，hyyw.journalsystem.net

刊名：中国航海
刊号：CN31-1388/U
主办单位：中国航海学会
主管单位：中国科学技术协会
地址：上海市浦东新区民生路 600 号，zghhzz.cn

刊名：中国核电
刊号：CN11-5660/TL
主办单位：中国原子能出版传媒有限公司
主管单位：中国核工业集团有限公司
地址：北京市海淀区阜成路 43 号《中国核电》杂志社，zghd.cbpt.cnki.net

刊名：中国呼吸与危重监护杂志
刊号：CN51-1631/R
主办单位：四川大学华西医学中心、四川大学华西医院
主管单位：中华人民共和国教育部
地址：四川省成都市武侯区国学巷 37 号，www.cjrccm.com

刊名：中国合理用药探索
刊号：CN10-1462/R
主办单位：中国药师协会
主管单位：国家药品监督管理局
地址：北京市西城区车公庄大街 9 号五栋大楼 B1-1001，www.chinahlyy.com

刊名：中国护理管理
刊号：CN11-4979/R
主办单位：国家卫生健康委医院管理研究所
主管单位：中华人民共和国国家卫生健康委员会
地址：北京市西城区广安门南滨河路 31 号华亨大厦 1 幢 816 室，www.zghlgl.com

刊名：中国化工装备
刊号：CN11-4001/TQ
主办单位：中国化工装备协会
主管单位：中国石油和化学工业协会
地址：北京市朝阳区胜古中路 2 号院 5 号楼 4 层 416 室，www.cciea.com/index.php?m = content&c = index&a = lists&catid = 74

刊名：中国化学
刊号：CN31-1547/O6
主办单位：中国化学会、中国科学院上海有机化学研究所
主管单位：中国科学技术协会
地址：上海市徐汇区零陵路 345 号，www.cjc.wiley-vch.de

刊名：中国环保产业
刊号：CN11-3627/X
主办单位：中国环境保护产业协会
主管单位：中华人民共和国生态环境部
地址：北京市西城区扣钟北里甲 4 楼，www.caepi.org.cn/epasp/website/webgl/webglController/intoServiceCenterZzsQkll

刊名：中国环境管理
刊号：CN11-5806/X
主办单位：生态环境部环境发展中心
主管单位：中华人民共和国生态环境部
地址：北京市朝阳区育慧南路 1 号 10 号信箱，zghjgl.ijournal.cn

刊名：中国环境监测
刊号：CN11-2861/X
主办单位：中国环境监测总站
主管单位：中华人民共和国生态环境部
地址：北京市朝阳区安外大羊坊 8 号院乙，www.cnemce.cn

刊名：中国环境科学
刊号：CN11-2201/X
主办单位：中国环境科学学会
主管单位：中国科学技术协会
地址：北京市海淀区红联南村 54 号，www.zghjkx.com.cn

刊名：中国货币市场
刊号：CN31-1873/F
主办单位：中国外汇交易中心（全国银行间同业拆借中心）
主管单位：中国人民银行
地址：上海市浦东新区张东路 1387 号，www. chinamoney. com. cn/chinese/acpub

刊名：中国机械
刊号：CN11-5417/TH
主办单位：中国工业报社
主管单位：中国工业经济联合会
地址：北京市西城区葡萄园 1 号，www. cinn. cn/zgjxzz

刊名：中国机械工程
刊号：CN42-1294/TH
主办单位：中国机械工程学会
主管单位：中国科学技术协会
地址：湖北省武汉市洪山区狮子山街李家墩一村 1 号，www. cmemo. org. cn

刊名：中国基层医药
刊号：CN34-1190/R
主办单位：中华医学会、安徽医科大学
主管单位：中华人民共和国国家卫生健康委员会
地址：安徽省淮南市田家庵区洞山中路 16 号，www. cjpmp. com

刊名：中国基础科学
刊号：CN11-4427/G3
主办单位：科学技术部高技术研究发展中心
主管单位：中华人民共和国科学技术部
地址：北京市海淀区复兴路乙 15 号，www. htrdc. com/gjszx

刊名：中国激光
刊号：CN31-1339/TN
主办单位：中国科学院上海光学精密机械研究所、中国光学学会
主管单位：中国科学院
地址：上海市嘉定区清河路 390 号，zgjg. opticsjournal. net

刊名：中国激光医学杂志
刊号：CN11-2926/R
主办单位：中国光学学会
主管单位：中国科学技术协会
地址：北京市东城区珠市口东大街 6 号 306 室，www. cncos. org/journal. aspx? typename = zgjgyxzz

刊名：中国急救复苏与灾害医学杂志
刊号：CN11-5452/R
主办单位：中国医学救援协会
主管单位：中华人民共和国国家卫生健康委员会
地址：北京市海淀区复兴路乙 59 号，www. caderm. org

刊名：中国急救医学
刊号：CN23-1201/R
主办单位：中国医师协会、黑龙江省科学技术情报研究院（黑龙江省生产力促进中心）
主管单位：中华人民共和国国家卫生健康委员会
地址：黑龙江省哈尔滨市松北区创新三路 600 号科技大厦 612 室，www. cnemergency. org. cn

刊名：中国给水排水
刊号：CN12-1073/TU
主办单位：中国市政工程华北设计研究总院有限公司、国家城市给水排水工程技术研究中心
主管单位：中华人民共和国住房和城乡建设部
地址：天津市和平区新兴路 52 号都市花园大厦 5 号楼 21 层，www. cnww1985. com

刊名：中国脊柱脊髓杂志
刊号：CN11-3027/R
主办单位：中国康复医学会、中日友好医院
主管单位：中华人民共和国国家卫生健康委员会
地址：北京市朝阳区樱花园东街中日友好医院内，www. cspine. org. cn/zgjzjszz/ch/index. aspx

刊名：中国计划生育和妇产科
刊号：CN51-1708/R
主办单位：中国医师协会、四川省卫生计生政策和医学情报研究所
主管单位：中华人民共和国国家卫生健康委员会
地址：四川省成都市青羊区上汪家拐街 39 号，zgjhsyhfckzz. paperonce. com

刊名：中国计划生育学杂志
刊号：CN11-4550/R
主办单位：国家卫生健康委科学技术研究所

主管单位：中华人民共和国国家卫生健康委员会
地址：北京市海淀区大慧寺路 12 号，manu27. magtech. com. cn/Jwk_jhsy_new/CN/volumn/home. shtml

刊名：中国计量大学学报
刊号：CN33-1401/C
主办单位：中国计量大学
主管单位：浙江省教育厅
地址：浙江省杭州市江干区学源路 258 号，zgjl. cbpt. cnki. net

刊名：中国记者
刊号：CN11-1275/G2
主办单位：新华通讯社
主管单位：新华通讯社
地址：北京市石景山区京原路 8 号，chinesejournalist. xinhuanet. com

刊名：中国继续医学教育
刊号：CN11-5709/R
主办单位：中国水利电力医学科学技术学会
主管单位：中华人民共和国国家卫生健康委员会
地址：北京市西城区红莲南路 30 号 7 层，www. ccmezz. com

刊名：中国寄生虫学与寄生虫病杂志
刊号：CN31-1248/R
主办单位：中华预防医学会、中国疾病预防控制中心寄生虫病预防控制所
主管单位：中华人民共和国国家卫生健康委员会
地址：上海市黄埔区瑞金二路 207 号，www. jsczz. cn

刊名：中国家禽
刊号：CN32-1222/S
主办单位：江苏省家禽科学研究所
主管单位：江苏省农业农村厅
地址：江苏省扬州市邗江区仓颉路 58 号，www. zgjq. cn

刊名：中国监狱学刊
刊号：CN13-1201/D
主办单位：中央司法警官学院
主管单位：中华人民共和国司法部
地址：河北省保定市莲池区七一中路 103 号中央司法警官学院编辑部，www. cicp. edu. cn/qkjj/846. jhtml

刊名：中国建设信息化
刊号：CN10-1357/TU
主办单位：住房和城乡建设部信息中心
主管单位：中华人民共和国住房和城乡建设部
地址：北京市海淀区三里河路 9 号

刊名：中国建筑防水
刊号：CN32-1462/TU
主办单位：中国建筑防水协会、中建材防水材料公司、中国建筑材料科学研究总院苏州防水研究院
主管单位：中建材防水材料公司
地址：江苏省苏州市姑苏区广济路 284 号，www. jzfsonline. com

刊名：中国健康教育
刊号：CN11-2513/R
主办单位：中国健康教育中心、中国健康促进与教育协会
主管单位：中华人民共和国国家卫生健康委员会
地址：北京市朝阳区安华西里一区 12 楼，www. zgjkjy. org

刊名：中国健康心理学杂志
刊号：CN11-5257/R
主办单位：中国心理卫生协会
主管单位：中国科学技术协会
地址：北京市西城区安康胡同 5 号，www. cjhp. com. cn

刊名：中国舰船研究
刊号：CN42-1755/TJ
主办单位：中国舰船研究设计中心
主管单位：中国船舶集团有限公司
地址：湖北省武汉市武昌区张之洞路 268 号，www. ship-research. com

刊名：中国检验检测
刊号：CN10-1469/TB
主办单位：中国计量科学研究院、中国合格评定国家认可中心
主管单位：国家市场监督管理总局
地址：北京市朝阳区北三环东路 18 号

刊名：中国交通信息化
刊号：CN11-5951/U

主办单位：中国公路学会
主管单位：中国科学技术协会
地址：北京市朝阳区北辰东路8号汇欣大厦A座5层，www. chinaits. cn

刊名：中国胶粘剂
刊号：CN31-1601/TQ
主办单位：上海市合成树脂研究所、中国胶粘剂和胶粘带工业协会、全国粘合剂信息站
主管单位：上海华谊（集团）公司
地址：上海市青浦区诸陆西路1251号，gxlj. china-journal. net. cn

刊名：中国矫形外科杂志
刊号：CN37-1247/R
主办单位：中国人民解放军第八十八医院
主管单位：中国残疾人康复协会
地址：山东省泰安市泰山区环山路217号，jxwk. ijournal. cn/zgjxwkzz/ch

刊名：中国教师
刊号：CN11-4801/Z
主办单位：北京师范大学
主管单位：中华人民共和国教育部
地址：北京市海淀区新街口外大街19号，www. zgjszz. cn

刊名：中国教育技术装备
刊号：CN11-4754/T
主办单位：中国教育装备行业协会
主管单位：中华人民共和国教育部
地址：北京市海淀区中关村南大街34号3号楼9层1002室，www. cete1987. com

刊名：中国教育信息化
刊号：CN11-5572/TP
主办单位：教育部教育管理信息中心
主管单位：中华人民共和国教育部
地址：北京市西城区大木仓胡同35号，www. ict. edu. cn

刊名：中国教育学刊
刊号：CN11-2606/G4
主办单位：中国教育学会
主管单位：中华人民共和国教育部
地址：北京市丰台区方庄芳城园3区13号楼，www. jcse. com. cn

刊名：中国结合医学杂志
刊号：CN11-4928/R
主办单位：中国中医科学院、中国中西医结合学会
主管单位：国家中医药管理局
地址：北京市海淀区西苑操场1号，www. cjim. cn

刊名：中国介入心脏病学杂志
刊号：CN11-3155/R
主办单位：北京大学
主管单位：中华人民共和国教育部
地址：北京市西城区大红罗厂街1号，zjxb. cbpt. cnki. net

刊名：中国介入影像与治疗学
刊号：CN11-5213/R
主办单位：中国科学院声学研究所
主管单位：中国科学院
地址：北京市海淀区北四环西路21号综合楼502—503，www. cjiit. com/cjiit/ch/index. aspx

刊名：中国金融电脑
刊号：CN11-2623/F
主办单位：《中国金融电脑》杂志社
主管单位：中国工商银行股份有限公司
地址：北京市海淀区双贝子坟路7号院1号楼101，www. fcc. com. cn

刊名：中国京剧
刊号：CN11-2869/J
主办单位：文化和旅游部人才中心
主管单位：中华人民共和国文化和旅游部
地址：北京市朝阳区东土城路15号，www. zgjingju. cn

刊名：中国经济史研究
刊号：CN11-1082/F
主办单位：中国社会科学院经济研究所
主管单位：中国社会科学院
地址：北京市西城区阜外月坛北小街2号2号楼中国社会科学院经济所，www. zgjjsyj. org

刊名：中国经济问题
刊号：CN35-1020/F
主办单位：厦门大学经济研究所
主管单位：厦门大学

地址：福建省厦门市思明区思明南路 422 号厦门大学经济楼，ces. xmu. edu. cn

刊名：中国经贸导刊
刊号：CN11-3876/F
主办单位：《中国经贸导刊》杂志社
主管单位：中华人民共和国国家发展和改革委员会
地址：北京市东城区东长安街 12 号，www. cetm. cn

刊名：中国井冈山干部学院学报
刊号：CN36-1295/C
主办单位：中国井冈山干部学院
主管单位：中国共产党中央委员会组织部
地址：江西省井冈山市茨坪镇红军北路 6 号中国井冈山干部学院，www. celaj. gov. cn

刊名：中国井矿盐
刊号：CN51-1344/TS
主办单位：全国井矿盐工业信息中心
主管单位：自贡市轻工业设计研究院有限责任公司
地址：四川省自贡市自流井区丹桂大街 184 号

刊名：中国康复
刊号：CN42-1251/R
主办单位：华中科技大学同济医学院、中国残疾人康复协会
主管单位：中华人民共和国教育部、中国残疾人联合会
地址：湖北省武汉市硚口区解放大道 1095 号，www. zgkfzz. com

刊名：中国康复理论与实践
刊号：CN11-3759/R
主办单位：中国残疾人康复协会、中国医师协会、中国康复研究中心
主管单位：中国残疾人联合会
地址：北京市丰台区角门北路 10 号，www. cjrtponline. com

刊名：中国康复医学杂志
刊号：CN11-2540/R
主办单位：中国康复医学会
主管单位：中华人民共和国国家卫生健康委员会
地址：北京市朝阳区樱花园东街中日友好医院，rehabi. com. cn

刊名：中国抗生素杂志
刊号：CN51-1126/R
主办单位：中国医药集团总公司四川抗菌素工业研究所、中国医学科学院医药生物技术研究所
主管单位：成都大学
地址：四川省成都市成华区华冠路 168 号，www. zgkss. com. cn

刊名：中国科技翻译
刊号：CN11-2771/N
主办单位：中国科学院科技翻译工作者协会
主管单位：中国科学院
地址：北京市西城区三里河路 52 号中国科学院，www. sttacas. org

刊名：中国科技论坛
刊号：CN11-1344/G3
主办单位：中国科学技术发展战略研究院
主管单位：中华人民共和国科学技术部
地址：北京市海淀区玉渊潭南路 8 号，www. zgkjlt. org. cn

刊名：中国科技论文
刊号：CN10-1033/N
主办单位：教育部科技发展中心
主管单位：中华人民共和国教育部
地址：北京市海淀区中关村大街 35 号，zkzx. cbpt. cnki. net

刊名：中国科技期刊研究
刊号：CN11-2684/G3
主办单位：中国科学院自然科学期刊编辑研究会、中国科学院文献情报中心
主管单位：中国科学院
地址：北京市海淀区北四环西路 33 号中国科学院文献情报中心，www. cjstp. cn

刊名：中国科技史杂志
刊号：CN11-5254/N
主办单位：中国科学技术史学会、中国科学院自然科学史研究所
主管单位：中国科学技术协会
地址：北京市海淀区中关村东路 55 号中国科学院自然科学史研究所，zgks. cbpt. cnki. net

刊名：中国科技术语
刊号：CN11-5554/N
主办单位：全国科学技术名词审定委员会、全国科学技术名词审定委员会事务中心
主管单位：中国科学院
地址：北京市东城区东黄城根北街16号，www.term.org.cn

刊名：中国科技资源导刊
刊号：CN11-5649/F
主办单位：中国科学技术信息研究所、南京大学
主管单位：中华人民共和国科学技术部
地址：北京市海淀区复兴路15号，www.zgkjzydk.com.cn

刊名：中国科学：地球科学
刊号：CN11-5842/P
主办单位：中国科学院、国家自然科学基金委员会
主管单位：中国科学院
地址：北京市东城区东黄城根北街16号，www.sci-china.com

刊名：中国科学：化学
刊号：CN11-5838/O6
主办单位：中国科学院、国家自然科学基金委员会
主管单位：中国科学院
地址：北京市东城区东黄城根北街16号，www.sci-china.com

刊名：中国科学：技术科学
刊号：CN11-5844/TH
主办单位：中国科学院、国家自然科学基金委员会
主管单位：中国科学院
地址：北京市东城区东黄城根北街16号，www.sci-china.com

刊名：中国科学：生命科学
刊号：CN11-5840/Q
主办单位：中国科学院、国家自然科学基金委员会
主管单位：中国科学院
地址：北京市东城区东黄城根北街16号，www.sci-china.com

刊名：中国科学：数学
刊号：CN11-5836/O1
主办单位：中国科学院、国家自然科学基金委员会
主管单位：中国科学院
地址：北京市东城区东黄城根北街16号，www.sci-china.com

刊名：中国科学：物理学 力学 天文学
刊号：CN11-5848/N
主办单位：中国科学院、国家自然科学基金委员会
主管单位：中国科学院
地址：北京市东城区东黄城根北街16号，www.sci-china.com

刊名：中国科学：信息科学
刊号：CN11-5846/TP
主办单位：中国科学院、国家自然科学基金委员会
主管单位：中国科学院
地址：北京市东城区东黄城根北街16号，www.sci-china.com

刊名：中国科学基金
刊号：CN11-1730/N
主办单位：国家自然科学基金委员会
主管单位：国家自然科学基金委员会
地址：北京市海淀区双清路83号，www.nsfc.gov.cn/csc/20345/20348

刊名：中国科学技术大学学报
刊号：CN34-1054/N
主办单位：中国科学技术大学
主管单位：中国科学院
地址：安徽省合肥市包河区中国科学技术大学东校区，just.ustc.edu.cn

刊名：中国科学院大学学报
刊号：CN10-1131/N
主办单位：中国科学院大学
主管单位：中国科学院
地址：北京市石景山区玉泉路甲19号，journal.ucas.ac.cn

刊名：中国科学院院刊
刊号：CN11-1806/N
主办单位：中国科学院
主管单位：中国科学院
地址：北京市东城区东黄城根北街16号，www.bulletin.cas.cn/zgkxyyk/ch

刊名：中国空间科学技术
刊号：CN11-1859/V
主办单位：中国空间技术研究院、北京空间科技信息研究所
主管单位：中国航天科技集团公司
地址：北京市9622信箱，zgkj. cast. cn

刊名：中国口腔颌面外科杂志
刊号：CN11-4980/R
主办单位：中华口腔医学会
主管单位：中华人民共和国国家卫生健康委员会
地址：上海市黄浦区制造局路639号，www. cjoms. org

刊名：中国口腔种植学杂志
刊号：CN10-1535/R
主办单位：中华口腔医学会
主管单位：中华人民共和国国家卫生健康委员会

刊名：中国矿山工程
刊号：CN11-5068/TF
主办单位：中国有色工程有限公司
主管单位：中国有色金属工业协会
地址：北京市海淀区复兴路12号，ysks. cbpt. cnki. net

刊名：中国矿业
刊号：CN11-3033/TD
主办单位：中国矿业联合会
主管单位：中国矿业联合会
地址：北京市西城区西直门外文兴街1号，www. chinaminingmagazine. com

刊名：中国矿业大学学报（社会科学版）
刊号：CN32-1593/C
主办单位：中国矿业大学
主管单位：中华人民共和国教育部
地址：江苏省徐州市泉山区金山东路1号中国矿业大学文昌校区学报编辑部，xb. cumt. edu. cn

刊名：中国矿业大学学报
刊号：CN32-1152/TD
主办单位：中国矿业大学
主管单位：中华人民共和国教育部
地址：江苏省徐州市泉山区金山东路1号中国矿业大学文昌校区学报编辑部，xb. cumt. edu. cn

刊名：中国劳动
刊号：CN11-3892/F
主办单位：人力资源和社会保障部劳动科学研究所、中国劳动学会
主管单位：中华人民共和国人力资源和社会保障部
地址：北京市朝阳区惠新西街17号，ldkx. china-journal. net. cn

刊名：中国劳动关系学院学报
刊号：CN11-5360/D
主办单位：中国劳动关系学院
主管单位：中华全国总工会
地址：北京市海淀区增光路45号中国劳动关系学院，news. culr. edu. cn/xbbjb

刊名：中国老年保健医学
刊号：CN11-4981/R
主办单位：中国老年保健医学研究会
主管单位：中华人民共和国国家卫生健康委员会
地址：北京市东城区和平里七区16号楼115室，www. lnbj. cbpt. cnki. net

刊名：中国老年学杂志
刊号：CN22-1241/R
主办单位：吉林省医学期刊社、中国老年学和老年医学学会
主管单位：吉林省卫生健康委员会
地址：吉林省长春市朝阳区建政路971号，lnx. jl-syxqks. org

刊名：中国历史地理论丛
刊号：CN61-1027/K
主办单位：陕西师范大学
主管单位：中华人民共和国教育部
地址：陕西省西安市长安区陕西师范大学长安校区教育博物馆西附楼，zgld. cbpt. cnki. net

刊名：中国粮油学报
刊号：CN11-2864/TS
主办单位：中国粮油学会
主管单位：中国科学技术协会
地址：北京市西城区百万庄大街11号粮科大厦，www. lyxuebao. net

刊名：中国疗养医学
刊号：CN13-1332/R
主办单位：中国煤矿工人北戴河疗养院

主管单位：中华人民共和国应急管理部
地址：河北省秦皇岛市北戴河区海滨保二路 13 号，www. zglyyx. com

刊名：中国林副特产
刊号：CN23-1303/S
主办单位：黑龙江省林副特产研究所
主管单位：黑龙江省森林工业总局
地址：黑龙江省牡丹江市爱民区北山街 165 号，zglftc. org. cn

刊名：中国林业教育
刊号：CN11-2729/S
主办单位：北京林业大学、中国林业教育学会
主管单位：中华人民共和国教育部
地址：北京市海淀区清华东路 35 号北京林业大学综合楼 117 室，manu27. magtech. com. cn/Jweb_jy/CN/volumn/current. shtml

刊名：中国林业经济
刊号：CN23-1539/F
主办单位：东北林业大学、中国林业经济
主管单位：中华人民共和国教育部
地址：黑龙江省哈尔滨市香坊区和兴路 26 号，yqyl. cbpt. cnki. net

刊名：中国临床保健杂志
刊号：CN34-1273/R
主办单位：北京医院、中共安徽省委保健委员会
主管单位：中华人民共和国国家卫生健康委员会
地址：安徽省合肥市庐阳区红星路 1 号 715 信箱，www. zglcbjzz. com

刊名：中国临床护理
刊号：CN42-1787/R
主办单位：中国医师协会、武汉市卫生计生信息中心
主管单位：中华人民共和国国家卫生健康委员会
地址：湖北省武汉市江岸区黎黄陂路 47 号，www. zglchl. cn

刊名：中国临床解剖学杂志
刊号：CN44-1153/R
主办单位：中国解剖学会
主管单位：中国科学技术协会
地址：广东省广州市白云区沙太南路 1023 号南方医科大学解剖学教研室，www. chjcana. com

刊名：中国临床神经科学
刊号：CN31-1752/R
主办单位：复旦大学附属华山医院、复旦大学神经病学研究所
主管单位：中华人民共和国教育部
地址：上海市静安区乌鲁木齐中路 12 号

刊名：中国临床实用医学
刊号：CN11-5570/R
主办单位：中华医学会
主管单位：中华人民共和国国家卫生健康委员会
地址：北京市东城区东四西大街 42 号，zglcsyyxzz. yiigle. com

刊名：中国临床心理学杂志
刊号：CN43-1214/R
主办单位：中国心理卫生协会、中南大学
主管单位：中华人民共和国教育部
地址：湖南省长沙市芙蓉区人民路 139 号湘雅二医院内精卫楼，www. clinicalpsychojournal. com

刊名：中国临床新医学
刊号：CN45-1365/R
主办单位：中国医师协会、广西壮族自治区人民医院
主管单位：中华人民共和国国家卫生健康委员会
地址：广西壮族自治区南宁市青秀区桃源路 6 号，www. zglcxyxzz. com

刊名：中国临床研究
刊号：CN32-1811/R
主办单位：中华预防医学会
主管单位：中华人民共和国国家卫生健康委员会
地址：江苏省南京市鼓楼区山西路 8 号 B 座 1305 室，www. zglczz. com

刊名：中国临床药理学与治疗学
刊号：CN34-1206/R
主办单位：中国药理学会
主管单位：中国科学技术协会
地址：安徽省芜湖市镜湖区赭山西路 2 号，www. cjcpt. com

刊名：中国临床药理学杂志

刊号：CN11-2220/R
主办单位：中国药学会
主管单位：中国科学技术协会
地址：北京市朝阳区建外大街4号建外SOHO 9号楼1803室，www.cpa.org.cn/index.php? do=info&cid=65963

刊名：中国临床药学杂志
刊号：CN31-1726/R
主办单位：中国药学会
主管单位：中国科学技术协会
地址：上海市徐汇区医学院路138号，lczz.cbpt.cnki.net

刊名：中国临床医生杂志
刊号：CN10-1239/R
主办单位：人民卫生出版社有限公司
主管单位：中华人民共和国国家卫生健康委员会
地址：北京市朝阳区潘家园南里19号，zglcyszz.pmph.com

刊名：中国临床医学
刊号：CN31-1794/R
主办单位：复旦大学附属中山医院
主管单位：中华人民共和国教育部
地址：上海市徐汇区医学院路136号，www.c-jcm.com/zglcyx/ch/index.aspx

刊名：中国临床医学影像杂志
刊号：CN21-1381/R
主办单位：中国医学影像技术研究会、中国医科大学
主管单位：中华人民共和国国家卫生健康委员会
地址：辽宁省沈阳市和平区三好街36号，www.zglcyxyxzz.org

刊名：中国流通经济
刊号：CN11-3664/F
主办单位：北京物资学院
主管单位：北京市教育委员会
地址：北京市通州区富河大街321号，zglt.cbpt.cnki.net

刊名：中国氯碱
刊号：CN12-1221/TQ
主办单位：中国氯碱工业协会
主管单位：中国氯碱工业协会
地址：天津市南开区白堤路186号1105室，www.ccaia.org.cn/zzjs.asp

刊名：中国麻风皮肤病杂志
刊号：CN37-1348/R
主办单位：中国麻风防治协会、山东省皮肤病性病防治研究所
主管单位：中国科学技术协会
地址：山东省济南市槐荫区经十路27397号，www.zgmfskin.net

刊名：中国麻业科学
刊号：CN43-1467/S
主办单位：中国农业科学院麻类研究所
主管单位：中华人民共和国农业农村部
地址：湖南省长沙市岳麓区咸嘉湖西路348号，www.chinaibfc.com/zyzz/jj

刊名：中国马铃薯
刊号：CN23-1477/S
主办单位：东北农业大学、中国作物学会马铃薯专业委员会
主管单位：东北农业大学
地址：黑龙江省哈尔滨市香坊区长江路600号东北农业大学学术理论研究部，mlsz.cbpt.cnki.net

刊名：中国慢性病预防与控制
刊号：CN12-1196/R
主办单位：中华预防医学会、天津市疾病预防控制中心
主管单位：中华人民共和国国家卫生健康委员会
地址：天津市河东区华越道6号，www.cdctj.com.cn/xsqk/mxb

刊名：中国媒介生物学及控制杂志
刊号：CN10-1522/R
主办单位：中国疾病预防控制中心
主管单位：中华人民共和国国家卫生健康委员会
地址：北京市昌平区昌百路155号，www.bmsw.net.cn

刊名：中国煤层气
刊号：CN11-5011/TD
主办单位：煤炭信息研究院、中联煤层气有限责任公司
主管单位：国家煤矿安全监察局

地址：北京市朝阳区芍药居 35 号，www. nios. com. cn/mcqkw. html

刊名：中国煤炭
刊号：CN11-3621/TD
主办单位：煤炭信息研究院
主管单位：中国煤炭工业协会
地址：北京市朝阳区芍药居 35 号，www. zgmt. com. cn

刊名：中国煤炭地质
刊号：CN10-1364/TD
主办单位：中国煤炭地质总局
主管单位：国务院国有资产监督管理委员会
地址：北京市丰台区靛厂路 299 号，zgmt. chinajournal. net. cn

刊名：中国煤炭工业医学杂志
刊号：CN13-1211/R
主办单位：华北理工大学
主管单位：河北省教育厅
地址：河北省唐山市曹妃甸区渤海大道 21 号，zmgy. cbpt. cnki. net

刊名：中国美容医学
刊号：CN61-1347/R
主办单位：西安交通大学
主管单位：中华人民共和国教育部
地址：陕西省西安市新城区新科路 1 号，www. zgmryx. com

刊名：中国美容整形外科杂志
刊号：CN21-1542/R
主办单位：中国医师协会、辽宁省人民医院、沈阳军区总医院
主管单位：中华人民共和国国家卫生健康委员会
地址：辽宁省沈阳市沈河区文艺路 33 号，www. apsjournal. com

刊名：中国美术
刊号：CN11-5887/J
主办单位：中国美术出版总社有限公司
主管单位：中国出版传媒股份有限公司
地址：北京市东城区北总布胡同 32 号 2 幢

刊名：中国美术教育
刊号：CN32-1300
主办单位：南京师范大学
主管单位：中华人民共和国教育部
地址：江苏省南京市鼓楼区宁海路 122 号（南京师范大学随园校区内），www. cnartedu. cn

刊名：中国蒙古学
刊号：CN15-1339/C
主办单位：内蒙古自治区社会科学院
主管单位：内蒙古自治区社会科学院
地址：内蒙古自治区呼和浩特市赛罕区大学东街 129 号，www. nmgshkxzzs. com/kanwujieshao/45. html

刊名：中国蒙医药
刊号：CN15-1345/R
主办单位：内蒙古中蒙医研究所、中国民族医药学会
主管单位：内蒙古自治区卫生健康委员会
地址：内蒙古自治区呼和浩特市赛罕区大学东路 83 号，www. zgmyyzz. com

刊名：中国锰业
刊号：CN43-1128/TD
主办单位：全国锰业技术委员会、湖南特种金属材料有限责任公司
主管单位：全国锰业技术委员会
地址：湖南省长沙市岳麓区麓山路 33 号《中国锰业》，www. zgmyzz. com

刊名：中国棉花
刊号：CN41-1140/S
主办单位：中国农业科学院棉花研究所
主管单位：中华人民共和国农业农村部
地址：河南省安阳市文峰区黄河大道 38 号中国农业科学院棉花研究所，journal. cricaas. com. cn

刊名：中国棉花加工
刊号：CN41-1161/TS
主办单位：中华全国供销合作总社郑州棉麻工程技术设计研究所
主管单位：中华全国供销合作总社
地址：河南省郑州市金水区东明路北 21 号，www. chinacotton. net. cn

刊名：中国免疫学杂志
刊号：CN22-1126/R

主办单位：中国免疫学会、吉林省医学期刊社
主管单位：中国科学技术协会
地址：吉林省长春市朝阳区建政路971号《中国免疫学杂志》编辑部，www.immune99.com

刊名：中国民航大学学报
刊号：CN12-1396/U
主办单位：中国民航大学
主管单位：中国民用航空局
地址：天津市东丽区滨海国际机场，www.cauc.edu.cn/xb

刊名：中国民航飞行学院学报
刊号：CN51-1589/U
主办单位：中国民航飞行学院
主管单位：中国民航飞行学院
地址：四川省德阳市广汉市南昌路46号，mhfx.cbpt.cnki.net

刊名：中国民间疗法
刊号：CN11-3555/R
主办单位：中国中医药出版社、中国民间中医医药研究开发协会
主管单位：国家中医药管理局
地址：北京市朝阳区北三环东路28号易亨大厦1602，zgmjlf.cbpt.cnki.net

刊名：中国民康医学
刊号：CN11-4917/R
主办单位：中国社会工作协会
主管单位：中华人民共和国民政部
地址：北京市西城区白广路7号，www.zgmkyx.com

刊名：中国民族美术
刊号：CN10-1266/J
主办单位：民族出版社
主管单位：中华人民共和国国家民族事务委员会
地址：北京市东城区和平里北街14号

刊名：中国民族民间医药
刊号：CN53-1102/R
主办单位：云南省民族民间医药学会
主管单位：云南省科学技术协会
地址：云南省昆明市五华区威远街166号龙园A座2104，www.mzmjyy.com

刊名：中国民族医药杂志
刊号：CN15-1175/R
主办单位：内蒙古自治区中医药研究所
主管单位：国家中医药管理局
地址：内蒙古自治区呼和浩特市新城区健康街11号，zgmzyyzz.com

刊名：中国名城
刊号：CN321793/G0
主办单位：《中国名城》杂志社
主管单位：中共扬州市委
地址：江苏省扬州市广陵区文昌中路1号5号楼13层，www.chinaac.net

刊名：中国钼业
刊号：CN61-1238/TF
主办单位：金堆城钼业集团有限公司、陕西省有色金属学会、中国有色金属工业协会钼业分会
主管单位：金堆城钼业集团有限公司
地址：陕西省西安市雁塔区锦业一路88号B座2层

刊名：中国奶牛
刊号：CN11-3009/S
主办单位：中国奶业协会、北京四而博达广告有限公司
主管单位：中华人民共和国农业农村部
地址：北京市朝阳区清河南镇奶牛中心院内，www.zgnn.org.cn

刊名：中国男科学杂志
刊号：CN31-1762/R
主办单位：上海交通大学医学院附属仁济医院
主管单位：中华人民共和国教育部
地址：上海市黄埔区江西中路452号，zgnkxzz.cn

刊名：中国南方果树
刊号：CN50-1112/S
主办单位：中国农业科学院柑桔研究所
主管单位：中华人民共和国农业农村部
地址：重庆市北碚区歇马镇柑桔研究所，www.zhggy.com

刊名：中国脑血管病杂志
刊号：CN11-5126/R
主办单位：中国医师协会、首都医科大学宣武医院

主管单位：中华人民共和国国家卫生健康委员会
地址：北京市西城区长椿街45号宣武医院综合5楼306室，www.cjcvd.cn

刊名：中国内部审计
刊号：CN11-4068/F
主办单位：中国内部审计协会
主管单位：中国内部审计协会
地址：北京市海淀区中关村南大街4号，chinanbsj.cn

刊名：中国内镜杂志
刊号：CN43-1256/R
主办单位：中南大学、中南大学湘雅医院
主管单位：中华人民共和国教育部
地址：湖南省长沙市开福区湘雅路87号，www.zgnjzz.com

刊名：中国能源
刊号：CN11-2587/TK
主办单位：国家发展和改革委员会能源研究所
主管单位：中华人民共和国国家发展和改革委员会
地址：北京市西城区木樨地北里甲11号国宏大厦B座1403室，www.zhgny.org.cn

刊名：中国酿造
刊号：CN11-1818/TS
主办单位：中国调味品协会、北京食品科学研究院
主管单位：中国商业联合会
地址：北京市西城区禄长街头条4号，manu61.magtech.com.cn/zgnz/CN/volumn/home.shtml

刊名：中国牛业科学
刊号：CN61-1449/S
主办单位：西北农林科技大学
主管单位：中华人民共和国教育部
地址：陕西省咸阳市杨凌区西北农林科技大学北校区动物科技学院129室，zgnykx.ijournals.cn/ch

刊名：中国农村观察
刊号：CN11-3586/F
主办单位：中国社会科学院农村发展研究所
主管单位：中国社会科学院
地址：北京市东城区建国门内大街5号，zgncgc.crecrs.org

刊名：中国农村经济
刊号：CN11-1262/F
主办单位：中国社会科学院农村发展研究所
主管单位：中国社会科学院
地址：北京市东城区建国门内大街5号，zgncjj.crecrs.org

刊名：中国农村水利水电
刊号：CN42-1419/TV
主办单位：中国灌溉排水发展中心
主管单位：中华人民共和国水利部
地址：湖北省武汉市武昌区校园北路武汉大学工学部，www.irrigate.com.cn

刊名：中国农村卫生事业管理
刊号：CN11-5269/R
主办单位：中华预防医学会
主管单位：中华人民共和国国家卫生健康委员会
地址：安徽省合肥市蜀山区梅山路81号安徽医科大学校内，znws.cbpt.cnki.net

刊名：中国农机化学报
刊号：CN32-1837/S
主办单位：农业农村部南京农业机械化研究所
主管单位：中华人民共和国农业农村部
地址：江苏省南京市玄武区中山门外柳营100号，zgnjhxb.nriam.com

刊名：中国农技推广
刊号：CN11-2834/S
主办单位：全国农业技术推广服务中心
主管单位：中华人民共和国农业农村部
地址：北京市朝阳区麦子店街20号，www.natesc.org.cn/ztzl/AgriExtension

刊名：中国农史
刊号：CN32-1061/S
主办单位：中国农业历史学会、南京农业大学中国农业遗产研究室、中国农业博物馆
主管单位：中华人民共和国教育部
地址：江苏省南京市玄武区卫岗1号南京农业大学《中国农史》编辑部，www.icac.edu.cn

刊名：中国农学通报
刊号：CN11-1984/S
主办单位：中国农学会

主管单位：中国科学技术协会
地址：北京市朝阳区麦子店街 20 号，www. casb. org. cn

刊名：中国农业大学学报
刊号：CN11-3837/S
主办单位：中国农业大学
主管单位：中华人民共和国教育部
地址：北京市海淀区圆明园西路 2 号，zgnydxxb. ijournals. cn

刊名：中国农业大学学报（社会科学版）
刊号：CN11-4084/S
主办单位：中国农业大学
主管单位：中华人民共和国教育部
地址：北京市海淀区清华东路 17 号中国农业大学主楼 339 房间，zgnydxsk. cnjournals. net

刊名：中国农业会计
刊号：CN11-2907/F
主办单位：中国农业会计学会
主管单位：中华人民共和国农业农村部
地址：北京市朝阳区麦子店街 20 号楼，www. zgnykjzz. com

刊名：中国农业教育
刊号：CN32-1572/G4
主办单位：南京农业大学
主管单位：中华人民共和国教育部
地址：江苏省南京市玄武区卫岗 1 号南京农业大学内，nyjz. chinajournal. net. cn

刊名：中国农业科技导报
刊号：CN11-3900/S
主办单位：中国农村技术开发中心
主管单位：中华人民共和国科学技术部
地址：北京市海淀区中关村南大街 12 号，www. nk-db. net

刊名：中国农业科学
刊号：CN11-1328/S
主办单位：中国农业科学院、中国农学会
主管单位：中华人民共和国农业农村部
地址：北京市海淀区中关村南大街 12 号，www. chinaagrisci. com

刊名：中国农业气象
刊号：CN11-1999/S
主办单位：中国农业科学院农业环境与可持续发展研究所
主管单位：中华人民共和国农业农村部
地址：北京市海淀区中关村南大街 12 号，zgnyqx. ieda. org. cn

刊名：中国农业文摘·农业工程
刊号：CN11-2531/S
主办单位：中国农业大学
主管单位：中华人民共和国教育部
地址：北京市海淀区清华东路 17 号中国农业大学图书馆，zgnywz. cnjournals. net

刊名：中国农业资源与区划
刊号：CN11-3513/S
主办单位：中国农业科学院农业资源与农业区划研究所、中国农业资源与区划学会
主管单位：中华人民共和国农业农村部
地址：北京市海淀区中关村南大街 12 号，cjarrp. com

刊名：中国皮肤性病学杂志
刊号：CN61-1197/R
主办单位：西安交通大学
主管单位：中华人民共和国教育部
地址：陕西省西安市新城区皇城西路 30 号西安交通大学第二附属医院南院，pfxbxzz. paperopen. com

刊名：中国皮革
刊号：CN11-2649/TS
主办单位：中国皮革制鞋研究院有限公司
主管单位：中国轻工业联合会
地址：北京市朝阳区将台西路 18 号，www. leather365. com

刊名：中国浦东干部学院学报
刊号：CN31-1998/C
主办单位：中国浦东干部学院
主管单位：中共中央组织部
地址：上海市浦东新区前程路 99 号，www. celap. org. cn/col/col2722/index. html

刊名：中国普通外科杂志
刊号：CN43-1213/R
主办单位：中南大学、中南大学湘雅医院

主管单位：中华人民共和国教育部
地址：湖南省长沙市开福区湘雅路87号，www.zp-wz.net

刊名：中国普外基础与临床杂志
刊号：CN51-1505/R
主办单位：四川大学华西医院
主管单位：中华人民共和国教育部
地址：四川省成都市武侯区国学巷37号，www.gen-surg.cn

刊名：中国钱币
刊号：CN11-1266/F
主办单位：中国钱币博物馆、中国钱币学会
主管单位：中国人民银行
地址：北京市西城区西交民巷22号，zgqb.cbpt.cnki.net

刊名：中国青年研究
刊号：CN11-2579/D
主办单位：中国青少年研究中心、中国青少年研究会
主管单位：共青团中央委员会
地址：北京市海淀区西三环北路25号，zgql.cbpt.cnki.net

刊名：中国青年社会科学
刊号：CN10-1318/C
主办单位：中国青年政治学院
主管单位：共青团中央委员会
地址：北京市海淀区西三环北路25号，xb.cyu.edu.cn

刊名：中国轻工教育
刊号：CN12-1278/G4
主办单位：天津科技大学
主管单位：天津科技大学
地址：天津市河西区大沽南路1038号，qgjy.chinajournal.net.cn

刊名：中国全科医学
刊号：CN13-1222/R
主办单位：中国医院协会、中国全科医学杂志社
主管单位：中华人民共和国国家卫生健康委员会
地址：河北省邯郸市丛台区光明路349号，www.chinagp.net

刊名：中国热带医学
刊号：CN46-1064/R
主办单位：中华预防医学会、海南省疾病预防控制中心
主管单位：中华人民共和国国家卫生健康委员会
地址：海南省海口市美兰区海府路40号，www.cntropmed.com

刊名：中国人口·资源与环境
刊号：CN37-1196/N
主办单位：中国可持续发展研究会、山东省可持续发展研究中心、中国21世纪议程管理中心、山东师范大学
主管单位：中华人民共和国科学技术部、山东省科学技术厅
地址：山东省济南市历下区文化东88号，www.cpre.sdnu.edu.cn

刊名：中国人口科学
刊号：CN11-1043/C
主办单位：中国社会科学院人口与劳动经济研究所
主管单位：中国社会科学院
地址：北京市东城区建国门内大街5号1029房间，www.zgrkkx.com

刊名：中国人力资源开发
刊号：CN11-2822/C
主办单位：中国人力资源开发研究会
主管单位：中华人民共和国国家发展和改革委员会
地址：北京市西城区百万庄子区38号，www.chrdm.com

刊名：中国人民大学教育学刊
刊号：CN11-5978/G4
主办单位：中国人民大学
主管单位：中华人民共和国教育部
地址：北京市海淀区中关村大街59号，rdxk.cbpt.cnki.net

刊名：中国人民大学学报
刊号：CN11-1476/C
主办单位：中国人民大学
主管单位：中华人民共和国教育部
地址：北京市海淀区中关村大街59号，xuebao.ruc.edu.cn

刊名：中国人民公安大学学报（社会科学版）

刊号：CN10-1450/C
主办单位：中国人民公安大学
主管单位：中华人民共和国公安部
地址：北京市西城区木樨地南里甲1号，gadx. cbpt. cnki. net

刊名：中国人兽共患病学报
刊号：CN35-1284/R
主办单位：中国微生物学会
主管单位：中国科学技术协会
地址：福建省福州市鼓楼区津泰路76号《中国人兽共患病学报》编辑部，www. rsghb. cn

刊名：中国乳品工业
刊号：CN23-1177/TS
主办单位：黑龙江省乳品工业技术开发中心
主管单位：中国轻工业联合会
地址：黑龙江省哈尔滨市松北区科技创新城创新一路2727号

刊名：中国乳业
刊号：CN11-4768/S
主办单位：中国农业科学院农业信息研究所
主管单位：中华人民共和国农业农村部
地址：北京市海淀区中关村南大街12号，zhgry. aii-journal. com

刊名：中国软科学
刊号：CN11-3036/G3
主办单位：中国软科学研究会、中国科学技术信息研究所
主管单位：中华人民共和国科学技术部
地址：北京市西城区三里河路54号270室，www. cssm. com. cn

刊名：中国森林病虫
刊号：CN21-1459/S
主办单位：国家林业和草原局森林和草原病虫害防治总站
主管单位：国家林业和草原局
地址：辽宁省沈阳市皇姑区黄河北大街58号，zgsl-bc. forestpest. org

刊名：中国沙漠
刊号：CN62-1070/P
主办单位：中国科学院寒区旱区环境与工程研究所
主管单位：中国科学院
地址：甘肃省兰州市城关区天水中路8号，www. desert. ac. cn

刊名：中国烧伤创疡杂志
刊号：CN11-2650/R
主办单位：中国医师协会
主管单位：中华人民共和国国家卫生健康委员会
地址：北京市朝阳区东大桥路尚都国际中心A座31层，www. cjbwu. org

刊名：中国设备工程
刊号：CN11-4623/N
主办单位：中国设备管理协会
主管单位：中华人民共和国国家发展和改革委员会
地址：北京市西城区月坛北小街2号院1号楼3层西侧，www. cpe86. com. cn

刊名：中国社会经济史研究
刊号：CN35-1023/F
主办单位：厦门大学历史研究所
主管单位：厦门大学
地址：福建省厦门市思明区思明南路422号厦门大学399信箱，history. xmu. edu. cn/yjjg/zg-shjjsyjbjb. htm

刊名：中国社会科学
刊号：CN11-1211/C
主办单位：中国社会科学院
主管单位：中国社会科学院
地址：北京市朝阳区光华路15号院1号楼泰达时代中心11—12层，sscp. cssn. cn

刊名：中国社会科学评价
刊号：CN10-1267/C
主办单位：中国社会科学杂志社
主管单位：中国社会科学院
地址：北京市朝阳区光华路15号院1号楼泰达时代中心11—12层，www. cssn. cn

刊名：中国社会科学文摘
刊号：CN11-4116/C
主办单位：中国社会科学杂志社
主管单位：中国社会科学院
地址：北京市朝阳区光华路15号院1号楼泰达时代中心11—12层

刊名：中国社会科学院研究生院学报
刊号：CN11-1131/C
主办单位：中国社会科学院研究生院
主管单位：中国社会科学院
地址：北京市房山区长阳镇多宝路北，www.sky-yjsyxb.org

刊名：中国社会医学杂志
刊号：CN42-1758/R
主办单位：华中科技大学同济医学院
主管单位：中华人民共和国教育部
地址：湖北省武汉市硚口区航空路13号华中科技大学同济医学院内，gwsy.chinajournal.net.cn/

刊名：中国神经精神疾病杂志
刊号：CN44-1213/R
主办单位：中山大学
主管单位：中华人民共和国教育部
地址：广东省广州市越秀区中山二路58号，www.zgsjjs.com

刊名：中国神经免疫学和神经病学杂志
刊号：CN11-3552/R
主办单位：北京医院、中国免疫学会神经免疫分会
主管单位：中华人民共和国国家卫生健康委员会
地址：北京市东城区东单大华路1号，www.zsmb.cbpt.cnki.net

刊名：中国生漆
刊号：CN61-1098/TQ
主办单位：中华全国供销合作总社西安生漆涂料研究所
主管单位：中华全国供销合作总社
地址：陕西省咸阳市秦都区西咸新区沣西新城信息四路和沣景路交叉口，sqzg.cbpt.cnki.net

刊名：中国生态农业学报（中英文）
刊号：CN13-1432/S
主办单位：中国科学院遗传与发育生物学研究所、中国生态经济学学会
主管单位：中国科学院
地址：河北省石家庄市裕华区槐中路286号，www.ecoagri.ac.cn

刊名：中国生物防治学报
刊号：CN11-5973/S
主办单位：中国农业科学院植物保护研究所、中国植物保护学会
主管单位：中华人民共和国农业农村部
地址：北京市海淀区圆明园西路2号中国农业科学院植物保护研究所行政楼105室，www.zg-swfz.com.cn

刊名：中国生物工程杂志
刊号：CN11-4816/Q
主办单位：中国科学院文献情报中心、中国生物技术发展中心、中国生物工程学会
主管单位：中国科学院
地址：北京市海淀区中关村北四环西路33号，www.biotech.ac.cn

刊名：中国生物化学与分子生物学报
刊号：CN11-3870/Q
主办单位：中国生物化学与分子生物学会、北京大学
主管单位：中国科学技术协会
地址：北京市海淀区学院路38号北京大学医学部生化楼101室，cjbmb.bjmu.edu.cn

刊名：中国生物学文摘
刊号：CN31-1394/Q
主办单位：中国科学院上海生命科学研究院、中国科学院文献情报中心、中国科学院生物学文献情报网
主管单位：中国科学院
地址：上海市徐汇区岳阳路31号

刊名：中国生物医学工程学报
刊号：CN11-2057/R
主办单位：中国生物医学工程学会
主管单位：中国科学技术协会
地址：北京市东城区东单三条9号，cjbme.csbme.org

刊名：中国生物制品学杂志
刊号：CN22-1197/Q
主办单位：中华预防医学会、长春生物制品研究所有限责任公司
主管单位：中华人民共和国国家卫生健康委员会
地址：吉林省长春市绿园区西安大路3455号《中国生物制品学杂志社》，zjswj.com.cn

刊名：中国生育健康杂志

刊号：CN11-4831/R
主办单位：北京大学
主管单位：中华人民共和国教育部
地址：北京市海淀区学院路 38 号，cjrh. bjmu. edu. cn

刊名：中国石油大学胜利学院学报
刊号：CN37-1446/TE
主办单位：中国石油大学胜利学院
主管单位：山东省教育厅
地址：山东省东营市东营区济南路 1 号，xb. slcupc. edu. cn

刊名：中国石油大学学报（社会科学版）
刊号：CN37-1447/C
主办单位：中国石油大学（华东）
主管单位：中华人民共和国教育部
地址：山东省东营市东营区北二路 271 号，journal. upc. edu. cn

刊名：中国石油大学学报（自然科学版）
刊号：CN37-1441/TE
主办单位：中国石油大学（华东）
主管单位：中华人民共和国教育部
地址：山东省东营市东营区北二路 271 号，journal. upc. edu. cn

刊名：中国石油和化工标准与质量
刊号：CN11-5385/TQ
主办单位：中国化工信息中心
主管单位：中国石油和化学工业联合会
地址：北京市朝阳区安外小关街 53 号，hgbj. cbpt. cnki. net

刊名：中国石油勘探
刊号：CN11-5215/TE
主办单位：石油工业出版社有限公司
主管单位：中国石油天然气集团有限公司
地址：北京市朝阳区安华西里三区 18 号楼，www. cped. cn

刊名：中国石油文摘
刊号：CN11-2358/TE
主办单位：中国石油集团经济技术研究院
主管单位：中国石油天然气集团有限公司
地址：北京市西城区六铺炕街 6 号，etri. cnpc. com. cn/etri/zgsy/column_common. shtml

刊名：中国实验动物学报
刊号：CN11-2986/Q
主办单位：中国实验动物学会、中国医学科学院医学实验动物研究所
主管单位：中国科学技术协会
地址：北京市朝阳区潘家园南里 5 号，zgsydw. cnjournals. com

刊名：中国实验方剂学杂志
刊号：CN11-3495/R
主办单位：中国中医科学院中药研究所、中华中医药学会
主管单位：国家中医药管理局
地址：北京市东城区东直门内北新仓 18 号，www. syfjxzz. com

刊名：中国实验血液学杂志
刊号：CN11-4423/R
主办单位：中国病理生理学会
主管单位：中国科学技术协会
地址：北京市海淀区永定路57 号院 202-1，xysy. cbpt. cnki. net

刊名：中国实验诊断学
刊号：CN22-1257/R
主办单位：吉林大学中日联谊医院
主管单位：中华人民共和国教育部
地址：吉林省长春市南关区仙台大街 126 号

刊名：中国实用儿科杂志
刊号：CN21-1333/R
主办单位：中国医师协会、中国医科大学
主管单位：中华人民共和国国家卫生健康委员会
地址：辽宁省沈阳市和平区南京南街 9 号 5 层，www. zgsyz. com

刊名：中国实用妇科与产科杂志
刊号：CN21-1332/R
主办单位：中国医师协会、中国医科大学
主管单位：中华人民共和国国家卫生健康委员会
地址：辽宁省沈阳市和平区南京南街 9 号，www. zgsyz. com

刊名：中国实用护理杂志

刊号：CN21-1501/R
主办单位：中华医学会、大连理论医学研究所
主管单位：中华人民共和国国家卫生健康委员会
地址：辽宁省大连市西岗区南石道街丙寅巷 3 号，www.zgsyhlzz.com

刊名：中国实用口腔科杂志
刊号：CN21-1561/R
主办单位：中国医师协会、中国医科大学、中国医科大学附属口腔医院
主管单位：中华人民共和国国家卫生健康委员会
地址：辽宁省沈阳市和平区南京南街 9 号，www.zgsyz.com/sykqk

刊名：中国实用内科杂志
刊号：CN21-1330/R
主办单位：中国医师协会、中国医科大学
主管单位：中华人民共和国国家卫生健康委员会
地址：辽宁省沈阳市和平区南京南街 9 号 512，www.zgsyz.com/synk

刊名：中国实用神经疾病杂志
刊号：CN41-1381/R
主办单位：郑州大学
主管单位：中华人民共和国教育部
地址：河南省郑州市金水区经八路 2 号，cn-shenjing.com

刊名：中国实用外科杂志
刊号：CN21-1331/R
主办单位：中国医师协会、中国医科大学
主管单位：中华人民共和国国家卫生健康委员会
地址：辽宁省沈阳市和平区南京南街 9 号，www.zgsyz.com

刊名：中国实用乡村医生杂志
刊号：CN21-1502/R
主办单位：中国医师协会、中国医科大学
主管单位：中华人民共和国国家卫生健康委员会
地址：辽宁省沈阳市沈北新区蒲河路 77 号，xcys.cmu.edu.cn

刊名：中国实用眼科杂志
刊号：CN21-1348/R
主办单位：中华医学会、中国医科大学
主管单位：中华人民共和国国家卫生健康委员会
地址：辽宁省沈阳市和平区南京北街 155 号，zgsyykzz.yiigle.com

刊名：中国实用医刊
刊号：CN11-5689/R
主办单位：中华医学会
主管单位：中华人民共和国国家卫生健康委员会
地址：河南省郑州市金水区经三路 7 号，zgsyyk.yiigle.com

刊名：中国食品添加剂
刊号：CN11-3542/TS
主办单位：中国食品添加剂和配料协会
主管单位：中国轻工业联合会
地址：北京市朝阳区朝阳门外大街甲 6 号万通中心 3 座 1401 室，zstj.cbpt.cnki.net

刊名：中国食品卫生杂志
刊号：CN11-3156/R
主办单位：中国预防医学会、中国卫生信息与健康医疗大数据学会
主管单位：中华人民共和国国家卫生健康委员会
地址：北京市朝阳区潘家园南里 7 号，www.zgspws.com

刊名：中国食品学报
刊号：CN11-4528/TS
主办单位：中国食品科学技术学会
主管单位：中国科学技术协会
地址：北京市海淀区阜成路 11 号 3 号楼 3 层 305、306，zgspxb.cnjournals.org

刊名：中国食物与营养
刊号：CN11-3716/TS
主办单位：中国农业科学院、国家食物与营养咨询委员会
主管单位：中华人民共和国农业农村部
地址：北京市海淀区中关村南大街 12 号，foodandn.caas.cn

刊名：中国食用菌
刊号：CN53-1054/Q
主办单位：中华全国供销合作总社昆明食用菌研究所
主管单位：中华全国供销合作总社
地址：云南省昆明市五华区政教路 14 号，www.chinafungi.cn/index.php? s =/Home/List/index/id/73.html

刊名：**中国史研究**
刊号：CN11-1039/K
主办单位：中国社会科学院历史研究所
主管单位：中国社会科学院
地址：北京市东城区建国门内大街5号中国科学院历史研究所，zgsyj. zgsyjzzs. org

刊名：**中国史研究动态**
刊号：CN11-1040/K
主办单位：中国社会科学院历史研究所
主管单位：中国社会科学院
地址：北京市东城区建国门内大街5号中国科学院历史研究所，zgsyjdt. zgsyjzzs. org

刊名：**中国市场监管研究**
刊号：CN10-1388/F
主办单位：中国市场监督管理学会
主管单位：国家市场监督管理总局
地址：北京市西城区三里河东路8号

刊名：**中国市政工程**
刊号：CN31-1523/TU
主办单位：上海市城市建设设计研究总院（集团）有限公司
主管单位：上海城建（集团）公司
地址：上海市浦东新区东方路3447号，zgsz. chinajournal. net. cn

刊名：**中国兽药杂志**
刊号：CN11-2820/S
主办单位：中国兽医药品监察所
主管单位：中华人民共和国农业农村部
地址：北京市海淀区中关村南大街8号，zgsyzz. ijournals. cn

刊名：**中国兽医科学**
刊号：CN62-1192/S
主办单位：中国农业科学院兰州兽医研究所
主管单位：中华人民共和国农业农村部
地址：甘肃省兰州市城关区盐场堡徐家坪1号，zgsy. cbpt. cnki. net

刊名：**中国兽医学报**
刊号：CN22-1234/R
主办单位：吉林大学
主管单位：中华人民共和国教育部
地址：吉林省长春市绿园区西安大路5333号，zsyx. cbpt. cnki. net

刊名：**中国兽医杂志**
刊号：CN11-2471/S
主办单位：中国畜牧兽医学会
主管单位：中国科学技术协会
地址：北京市海淀区圆明园西路2号院56号楼1层101、102，zsyz. cbpt. cnki. net

刊名：**中国书法**
刊号：CN11-1136/J
主办单位：中国书法家协会
主管单位：中国文学艺术界联合会
地址：北京市朝阳区农展馆南里10号文联大楼

刊名：**中国书画**
刊号：CN11-5021/J
主办单位：经济日报社
主管单位：经济日报社
地址：北京市海淀区阜外亮甲店1号中关村互联网文化创意产业园13号楼B-1、B-3，www. zgsh. com

刊名：**中国输血杂志**
刊号：CN51-1394/R
主办单位：中国输血协会、中国医学科学院输血研究所
主管单位：中华人民共和国国家卫生健康委员会
地址：四川省成都市成华区东三环路二段龙潭寺华彩路26号，www. cjbt. cn

刊名：**中国蔬菜**
刊号：CN11-2326/S
主办单位：中国农业科学院蔬菜花卉研究所
主管单位：中华人民共和国农业农村部
地址：北京市海淀区中关村南大街12号，www. cnveg. org

刊名：**中国数学教育**
刊号：CN21-1548/G4
主办单位：辽宁北方教育报刊出版有限公司、中国教育学会中学数学教学专业委员会、中国教育学会小学数学教学专业委员会

主管单位：辽宁北方期刊出版集团有限公司
地址：辽宁省沈阳市和平区中山路 205 号，www. zgsxjy. com. cn

刊名：中国数字医学
刊号：CN11-5550/R
主办单位：国家卫生健康委医院管理研究所
主管单位：中华人民共和国国家卫生健康委员会
地址：北京市朝阳区光华路甲 8 号，www. zgszyx. org

刊名：中国水产科学
刊号：CN11-3446/S
主办单位：中国水产科学研究院、中国水产学会、中国科技出版传媒股份有限公司
主管单位：中华人民共和国农业农村部
地址：北京市东城区东黄城根北街 16 号，www. fishscichina. com

刊名：中国水稻科学
刊号：CN33-1146/S
主办单位：中国水稻研究所
主管单位：中华人民共和国农业农村部
地址：浙江省杭州市富阳区水稻所路 28 号，www. ricesci. cn

刊名：中国水利
刊号：CN11-1374/TV
主办单位：中国水利报社
主管单位：中华人民共和国水利部
地址：北京市海淀区玉渊潭南路 3 号，www. chinawater. com. cn

刊名：中国水利水电科学研究院学报
刊号：CN11-5020/TV
主办单位：中国水利水电科学研究院
主管单位：中华人民共和国水利部
地址：北京市海淀区复兴路甲 1 号，journal. iwhr. com

刊名：中国水能及电气化
刊号：CN11-5543/TK
主办单位：水利部农村水电及电气化发展局、中国水利工程协会、中国大坝工程学会、四川省地方电力局
主管单位：中华人民共和国水利部
地址：北京市西城区南滨河路 27 号 7 号楼 11 层 1117，zgsn. cweun. org

刊名：中国水土保持
刊号：CN41-1144/TV
主办单位：水利部黄河水利委员会
主管单位：中华人民共和国水利部
地址：河南省郑州市金水区金水路 11 号，www. swcczz. cn

刊名：中国水土保持科学
刊号：CN10-1449/S
主办单位：中国水土保持学会
主管单位：中国科学技术协会
地址：北京市海淀区清华东路 35 号北京林业大学 197 信箱，www. sswcc. com. cn

刊名：中国水运
刊号：CN42-1395/U
主办单位：长江航务管理局
主管单位：中华人民共和国交通运输部
地址：湖北省武汉市江岸区青岛路 7 号 14 楼，www. zgsyzz. com

刊名：中国司法鉴定
刊号：CN31-1863/N
主办单位：司法鉴定科学研究院
主管单位：中华人民共和国司法部
地址：上海市普陀区光复西路 1347 号，www. chsfjd. cn

刊名：中国饲料
刊号：CN11-2975/S
主办单位：中国饲料工业协会
主管单位：中华人民共和国农业农村部
地址：北京市东城区安外大街东后巷 28 号

刊名：中国塑料
刊号：CN11-1846/TQ
主办单位：中国塑料加工工业协会、北京工商大学、轻工业塑料加工应用研究所
主管单位：中国轻工业联合会
地址：北京市海淀区阜成路 11 号，www. plaschina. com. cn

刊名：中国糖料
刊号：CN23-1406/S
主办单位：黑龙江大学
主管单位：黑龙江省教育厅

地址：黑龙江省哈尔滨市南岗区学府路 74 号，zgti. cbpt. cnki. net

刊名：中国糖尿病杂志
刊号：CN11-5449/R
主办单位：北京大学
主管单位：中华人民共和国教育部
地址：北京市西城区大红罗厂街 1 号，www. cds. org. cn

刊名：中国陶瓷
刊号：CN36-1090/TQ
主办单位：中国轻工业陶瓷研究所
主管单位：中国轻工业陶瓷研究所
地址：江西省景德镇市珠山区新厂西路 556 号，zgtc. cbpt. cnki. net

刊名：中国陶瓷工业
刊号：CN36-1197/TS
主办单位：景德镇陶瓷大学、中国陶瓷工业协会
主管单位：景德镇陶瓷大学、中国陶瓷工业协会
地址：江西省景德镇市珠山区陶阳南路景德镇陶瓷大学科技艺术学院内，ztcg. cbpt. cnki. net

刊名：中国特色社会主义研究
刊号：CN11-3527/D
主办单位：北京市社会科学界联合会、北京市科学社会主义学会、北京市邓小平理论研究会
主管单位：北京市社会科学界联合会
地址：北京市朝阳区北四环中路 33 号，www. zgtsshzy. net

刊名：中国特殊教育
刊号：CN11-3826/G4
主办单位：中国教育科学研究院
主管单位：中华人民共和国教育部
地址：北京市海淀区北三环中路 46 号，zgtsjyzz. cn

刊名：中国特种设备安全
刊号：CN11-5345/TK
主办单位：中国特种设备检测研究院、中国特种设备检验协会、中国锅炉水处理协会
主管单位：国家市场监督管理总局
地址：北京市朝阳区和平街西苑 2 号，www. csespub. org

刊名：中国疼痛医学杂志
刊号：CN11-3741/R
主办单位：北京大学、中华医学会疼痛学分会
主管单位：中华人民共和国教育部
地址：北京市海淀区学院路 38 号，casp. ijournals. cn

刊名：中国体视学与图像分析
刊号：CN11-3739/R
主办单位：中国体视学学会
主管单位：中国科学技术协会
地址：北京市海淀区双清路 30 号清华大学工程物理系 113 室，www. tscss. org/detail. html? id = 60

刊名：中国体育教练员
刊号：CN31-1644/G8
主办单位：上海体育学院、中华全国体育总会科教部
主管单位：上海市教育委员会
地址：上海市杨浦区清源环路 650 号，tyjl. cbpt. cnki. net

刊名：中国体育科技
刊号：CN11-2284/G8
主办单位：国家体育总局体育科学研究所
主管单位：国家体育总局
地址：北京市东城区体育馆路 11 号，www. cisszgty. com

刊名：中国甜菜糖业
刊号：CN23-1320/TS
主办单位：轻工业甜菜糖业研究所
主管单位：中国轻工联合会
地址：黑龙江省哈尔滨市南岗区学府路 333 号，food. hit. edu. cn/5342/list. htm

刊名：中国调味品
刊号：CN23-1299/TS
主办单位：全国调味品科技情报中心站
主管单位：中国商业联合会
地址：黑龙江省哈尔滨市呼兰区利民开发区南京路 6 号，www. zgtwp. cn

刊名：中国铁道科学
刊号：CN11-2480/U
主办单位：中国铁道科学研究院集团有限公司
主管单位：中国铁路总公司
地址：北京市海淀区大柳树路 2 号中国铁道科学研

究院，zgtk. chinajournal. net. cn

刊名：中国铁路
刊号：CN11-2702/U
主办单位：中国铁道科学研究院集团有限公司
主管单位：中国铁路总公司
地址：北京市海淀区大柳树路 2 号 1 区 15 号楼 3 层，www. crj. com. cn

刊名：中国听力语言康复科学杂志
刊号：CN11-5138/R
主办单位：中国听力语言康复研究中心
主管单位：中国残疾人联合会
地址：北京市 9822 信箱，www. chsr. cn

刊名：中国统计
刊号：CN11-2448/C
主办单位：中国统计出版社
主管单位：国家统计局
地址：北京市西城区月坛南街 57 号，www. zgtjcbs. com/periodicals/periodicals. jsp

刊名：中国图书馆学报
刊号：CN11-2746/G2
主办单位：国家图书馆、中国图书馆学会
主管单位：中华人民共和国文化和旅游部
地址：北京市海淀区中关村南大街33 号，www. jlis. cn

刊名：中国图书评论
刊号：CN21-1035/G2
主办单位：中国图书评论杂志社
主管单位：中国图书评论学会
地址：辽宁省沈阳市和平区和平南大街 2 号 528 室

刊名：中国图象图形学报
刊号：CN11-3758/TB
主办单位：中国科学院遥感与数字地球研究所、中国图象图形学学会、北京应用物理与计算数学研究所
主管单位：中国科学院
地址：北京市朝阳区安定门外大屯路甲 20 号北，www. cjig. cn

刊名：中国涂料
刊号：CN11-3544/TQ
主办单位：中国涂料工业协会
主管单位：中国石油和化学工业联合会
地址：北京市丰台区成寿寺 158 号办公楼 4 层西侧，www. chinacoatings. com. cn

刊名：中国土地科学
刊号：CN11-2640/F
主办单位：中国土地学会、中国土地勘测规划院
主管单位：中国科学技术协会
地址：北京市西城区冠英园西区 37 号，www. chinalandscience. com. cn

刊名：中国土壤与肥料
刊号：CN11-5498/S
主办单位：中国农业科学院农业资源与农业区划研究所、中国植物营养与肥料学会
主管单位：中华人民共和国农业农村部
地址：北京市海淀区中关村南大街 12 号，chinatrfl. alljournal. net. cn

刊名：中国外语
刊号：CN11-5280/H
主办单位：高等教育出版社有限公司
主管单位：中华人民共和国教育部
地址：北京市西城区德外大街 4 号，www. hep. com. cn/flcjournal

刊名：中国微创外科杂志
刊号：CN11-4526/R
主办单位：北京大学、北京大学第三医院
主管单位：中华人民共和国教育部
地址：北京市海淀区花园北路49 号北京大学第三医院，zgwcwk. paperopen. com

刊名：中国微生态学杂志
刊号：CN21-1326/R
主办单位：中华预防医学会、大连医科大学
主管单位：中华人民共和国国家卫生健康委员会
地址：辽宁省大连市旅顺口区旅顺南路西段 9 号《中国微生态学杂志》编辑部，zgwstxzz. cnjournals. com

刊名：中国卫生标准管理
刊号：CN11-5908/R
主办单位：中国水利电力医学科学技术学会
主管单位：中华人民共和国国家卫生健康委员会
地址：北京市西城区红莲南路 30 号 7 层，www. chsmzz. com

刊名：**中国卫生法制**
刊号：CN11-3044/D
主办单位：中国卫生监督协会
主管单位：中华人民共和国国家卫生健康委员会
地址：北京市西城区西绦南巷2号

刊名：**中国卫生工程学**
刊号：CN22-1333/R
主办单位：中华预防医学会、吉林省预防医学会
主管单位：中华人民共和国国家卫生健康委员会
地址：吉林省长春市绿园区景阳大路3145号，www.jlcdc.com.cn

刊名：**中国卫生监督杂志**
刊号：CN11-3803/R
主办单位：国家卫生健康委卫生健康监督中心
主管单位：中华人民共和国国家卫生健康委员会
地址：北京市东城区交道口北三条32号

刊名：**中国卫生检验**
刊号：CN41-1192/R
主办单位：中华预防医学会
主管单位：中华人民共和国国家卫生健康委员会
地址：河南省郑州市金水区经二路13号，www.cpma.org.cn/zhyfyxh/zgwsjyzz/xlzz_list.shtml

刊名：**中国卫生经济**
刊号：CN23-1042/F
主办单位：中国卫生经济学会、国家卫生健康委卫生发展研究中心
主管单位：中华人民共和国国家卫生健康委员会
地址：黑龙江省哈尔滨市香坊区农场街30号，www.cn-he.cn

刊名：**中国卫生事业管理**
刊号：CN51-1201/R
主办单位：四川省卫生健康委员会
主管单位：四川省卫生健康委员会
地址：四川省成都市青羊区下汪家拐街19号，www.wssygl.com

刊名：**中国卫生统计**
刊号：CN21-1153/R
主办单位：中国卫生信息与健康医疗大数据学会、中国医科大学
主管单位：中华人民共和国国家卫生健康委员会
地址：辽宁省沈阳市沈北新区蒲河路77号，zgwstj.paperonce.org

刊名：**中国卫生信息管理杂志**
刊号：CN11-5120/R
主办单位：国家卫生健康委统计信息中心
主管单位：中华人民共和国国家卫生健康委员会
地址：北京市西城区西直门外大街18号楼12层1单元1503，www.chim.org.cn

刊名：**中国卫生政策研究**
刊号：CN11-5694/R
主办单位：中国医学科学院
主管单位：中华人民共和国国家卫生健康委员会
地址：北京市朝阳区雅宝路3号，journal.healthpolicy.cn

刊名：**中国卫生质量管理**
刊号：CN61-1283/R
主办单位：中国医院协会、陕西省人民医院
主管单位：中华人民共和国国家卫生健康委员会
地址：陕西省西安市碑林区友谊西路256号，www.cnwszl.com

刊名：**中国卫生资源**
刊号：CN31-1751/R
主办单位：中国卫生经济学会、中国卫生资源杂志社
主管单位：中华人民共和国国家卫生健康委员会
地址：上海市长宁区延安西路1326号，www.journalchr.com

刊名：**中国文化**
刊号：CN11-2603/G2
主办单位：中国艺术研究院
主管单位：中华人民共和国文化和旅游部
地址：北京市朝阳区惠新北里甲1号2521室，www.zgysyjy.org.cn/3512/3512_1.html

刊名：**中国文化研究**
刊号：CN11-3306/G2
主办单位：北京语言文化大学
主管单位：中华人民共和国教育部
地址：北京市海淀区学院路15号北京语言大学内，www.zgwhyjzz.cn

刊名：中国文化遗产
刊号：CN11-5191/G2
主办单位：中国文物报社
主管单位：国家文物局
地址：北京市东城区东直门内北小街2号楼

刊名：中国文物科学研究
刊号：CN11-5285/K
主办单位：中国文物学会、故宫博物院
主管单位：国家文物局
地址：北京市东城区雍和宫大街戏楼胡同1号，www.cach.org.cn/tabid/206/Default.aspx

刊名：中国文学年鉴
刊号：CN11-4096/I
主办单位：中国社会科学院文学研究所
主管单位：中国社会科学院
地址：北京市东城区建国门内大街5号，literature.cssn.cn/xsqk/zgwxndd/200506/t20050630_4443030.shtml

刊名：中国文学批评
刊号：CN10-1314/I
主办单位：中国社会科学杂志社
主管单位：中国社会科学院
地址：北京市朝阳区光华路15号院1号楼泰达时代中心11—12层，www.cssn.cn

刊名：中国文学研究
刊号：CN43-1084/I
主办单位：湖南师范大学
主管单位：湖南师范大学
地址：湖南省长沙市岳麓区湖南师范大学文学院《中国文学院研究》编辑部，zgwxyj.cn

刊名：中国钨业
刊号：CN11-3236/TF
主办单位：中国钨业协会
主管单位：中国有色金属工业协会
地址：北京市海淀区复兴路乙12号，zgwu.chinajournal.net.cn

刊名：中国无机分析化学
刊号：CN11-6005/O6
主办单位：北京矿冶科技集团有限公司
主管单位：中国有色金属工业协会
地址：北京市西城区文兴街1号22号楼415室，zgwjfxhx.bgrimm.cn

刊名：中国无线电
刊号：CN11-5203/TN
主办单位：人民邮电报社
主管单位：中华人民共和国工业和信息化部
地址：北京市朝阳区安苑路11号，paper.cnii.com.cn/home/zgwxd.html

刊名：中国物价
刊号：CN11-2248/F
主办单位：国家发展和改革委员会市场与价格研究所
主管单位：中华人民共和国国家发展和改革委员会
地址：北京市西城区木樨地北里甲11号国宏大厦B座1213室

刊名：中国物理B
刊号：CN11-5639/O4
主办单位：中国科学院物理研究所、中国物理学会
主管单位：中国科学院
地址：北京市海淀区中关村南三街8号，cpb.iphy.ac.cn

刊名：中国物理C
刊号：CN11-5641/O4
主办单位：中国科学院高能物理研究所、中国科学院近代物理研究所、中国物理学会
主管单位：中国科学院
地址：北京市东城区东黄城根北街16号，cpc.ihep.ac.cn

刊名：中国物业管理
刊号：CN11-4669/TU
主办单位：中国物业管理协会
主管单位：中国物业管理协会
地址：北京市海淀区羊坊店路18号2幢5层544房间，www.zgwygl.org

刊名：中国稀土学报
刊号：CN11-2365/TG
主办单位：中国稀土学报、有研科技集团有限公司
主管单位：中国科学技术协会

地址：北京市西城区新街口外大街 2 号，www. re-journal. com

刊名：中国洗涤用品工业
刊号：CN11-3366/TS
主办单位：中国洗涤用品工业协会
主管单位：中国轻工业联合会
地址：北京市海淀区高粱桥斜街 59 号中坤大厦 1015 室，www. ccia-cleaning. org

刊名：中国戏剧
刊号：CN11-1767/J
主办单位：中国戏剧家协会
主管单位：中国文学艺术界联合会
地址：北京市东城区东四八条 52 号，zgxiju. cn

刊名：中国细胞生物学学报
刊号：CN31-2035/Q
主办单位：中国科学院上海生命科学研究院生物化学与细胞生物学研究所、中国细胞生物学学会
主管单位：中国科学院
地址：上海市徐汇区岳阳路 319 号，www. cjcb. org

刊名：中国纤检
刊号：CN11-4772/T
主办单位：中国纤维质量监测中心
主管单位：国家市场监督管理总局
地址：北京市东城区和平里东街 20 号，www. xian-jian315. com

刊名：中国现代教育装备
刊号：CN11-4994/T
主办单位：中国高等教育学会
主管单位：中华人民共和国教育部
地址：北京市海淀区西直门北大街 32 号院 2 号楼 9 层 910B，zgxdjyzb. com

刊名：中国现代普通外科进展
刊号：CN37-1369/R
主办单位：山东大学
主管单位：中华人民共和国教育部
地址：山东省济南市历下区文化西路 107 号，www. puwaijinzhan. com

刊名：中国现代神经疾病杂志
刊号：CN12-1363/R
主办单位：中国医师协会、天津市科学技术协会、天津市神经科学学会、天津市环湖医院
主管单位：中华人民共和国国家卫生健康委员会
地址：天津市津南区吉兆路 6 号，journal11. magtech-journal. com/Jwk_cjcnn/CN/volumn/home. shtml

刊名：中国现代手术学杂志
刊号：CN43-1335/R
主办单位：中南大学
主管单位：中华人民共和国教育部
地址：湖南省长沙市芙蓉区人民中路 139 号湘雅二医院内《中国现代手术学杂志》编辑部，www. surgerychina. com

刊名：中国现代文学研究丛刊
刊号：CN11-2589/I
主办单位：中国现代文学馆
主管单位：中国作家协会
地址：北京市朝阳区文学馆路 45 号，www. zgxd-wxyjck. cn

刊名：中国现代药物应用
刊号：CN11-5581/R
主办单位：中国康复医学会
主管单位：中华人民共和国国家卫生健康委员会
地址：北京市东城区和平里七区 18 号楼 207 室，zgxdywyy. com

刊名：中国现代医生
刊号：CN11-5603/R
主办单位：中国医学科学院
主管单位：中华人民共和国国家卫生健康委员会
地址：北京市朝阳区东四环中路 78 号楼 6 层 708-3，www. zgxdys. com

刊名：中国现代医学杂志
刊号：CN43-1225/R
主办单位：中南大学、中南大学湘雅医院
主管单位：中华人民共和国教育部
地址：湖南省长沙市开福区湘雅路 87 号，www. zgx-dyx. com

刊名：中国现代医药杂志
刊号：CN11-5248/R
主办单位：北京航天总医院

主管单位：中国航天科技集团有限公司
地址：北京市丰台区万源北路7号，zgxdyyzz. com. cn

刊名：中国现代应用药学
刊号：CN33-1210/R
主办单位：中国药学会
主管单位：中国科学技术协会
地址：浙江省杭州市西湖区莫干山路文北巷27号，www. chinjmap. com

刊名：中国现代中药
刊号：CN11-5442/R
主办单位：中国中药协会、中国医药集团有限公司、中国中药有限公司
主管单位：国家中医药管理局
地址：北京市海淀区西四环北路15号8层，www. zgxdzy. net

刊名：中国乡村医药
刊号：CN11-3458/R
主办单位：中国农村卫生协会
主管单位：中华人民共和国国家卫生健康委员会
地址：北京市西城区广渠门南小街领行国际1号楼2单元1701房，xcyy. cbpt. cnki. net

刊名：中国小儿急救医学
刊号：CN11-5454/R
主办单位：中华医学会、中国医科大学
主管单位：中华人民共和国国家卫生健康委员会
地址：辽宁省沈阳市和平区三好街36号，www. cpem. com. cn

刊名：中国小儿血液与肿瘤杂志
刊号：CN11-5466/R
主办单位：中日友好医院、中国抗癌协会
主管单位：中华人民共和国国家卫生健康委员会
地址：北京市朝阳区樱花东街2号中日友好医院，zgxy. cbpt. cnki. net

刊名：中国校医
刊号：CN32-1199/R
主办单位：中华预防医学会、江苏省预防医学会
主管单位：江苏省卫生健康委员会
地址：江苏省徐州市鼓楼区淮海东路169号，www. zgxyzz. org. cn

刊名：中国斜视与小儿眼科杂志
刊号：CN11-3256/R
主办单位：北京大学
主管单位：中华人民共和国教育部
地址：北京市西城区西安门大街1号

刊名：中国心理卫生杂志
刊号：CN11-1873/R
主办单位：中国心理卫生协会
主管单位：中国科学技术协会
地址：北京市海淀区花园北路44号1号楼B313室，www. cnhj. cn

刊名：中国心血管病研究
刊号：CN11-5122/R
主办单位：中国医师协会、煤炭总医院
主管单位：中华人民共和国国家卫生健康委员会
地址：北京市朝阳区西坝河南里29号，www. xxgzz. com. cn

刊名：中国心血管杂志
刊号：CN11-3805/R
主办单位：北京医院、天津医科大学
主管单位：中华人民共和国国家卫生健康委员会
地址：北京市东城区东单大华路1号，zgxxgzz. yiigle. com

刊名：中国心脏起搏与心电生理杂志
刊号：CN42-1421/R
主办单位：中国生物医学工程学会、武汉大学人民医院
主管单位：中国科学技术协会
地址：湖北省武汉市武昌区张之洞路9号，www. zgxz. cbpt. cnki. net

刊名：中华新生儿科杂志
刊号：CN10-1451/R
主办单位：中华医学会
主管单位：中国科学技术协会
地址：北京市西城区西什库大街37号院3号楼4单元，www. cjneo. org. cn

刊名：中国新药与临床杂志
刊号：CN31-1746/R
主办单位：中国药学会、上海市市场监督管理局科技情报研究所

主管单位：中国科学技术协会
地址：上海市徐汇区宜山路728号，xyyl. cbpt. cnki. net

刊名：中国新药杂志
刊号：CN11-2850/R
主办单位：中国医药科技出版社有限公司、中国医药集团有限公司、中国药学会
主管单位：国家药品监督管理局
地址：北京市海淀区知春路20号中国医药大厦803室，newdrug. cn

刊名：中国信息技术教育
刊号：CN11-5678/TP
主办单位：中央电化教育馆、北京中图联文化教育开发中心
主管单位：中华人民共和国教育部
地址：北京市朝阳区东三环南路98号1幢4层510，www. chinaitedu. cn

刊名：中国刑警学院学报
刊号：CN21-1310/N
主办单位：中国刑事警察学院
主管单位：中华人民共和国公安部
地址：辽宁省沈阳市皇姑区塔湾街83号，www. xing. cbpt. cnki. net

刊名：中国行政管理
刊号：CN11-1145/D
主办单位：中国行政管理学会
主管单位：国务院办公厅
地址：北京市西城区西安门大街22号，www. cpaj. com. cn

刊名：中国性科学
刊号：CN11-4982/R
主办单位：中国性学会
主管单位：中华人民共和国国家卫生健康委员会
地址：北京市海淀区学院路38号北京大学医学部公共教学楼317号，www. zgxkxzzs. com

刊名：中国胸心血管外科临床杂志
刊号：CN51-1492/R
主办单位：四川大学
主管单位：中华人民共和国教育部
地址：四川省成都市国学巷37号四川大学华西医院，www. tcsurg. org

刊名：中国修船
刊号：CN12-1144/U
主办单位：天津修船技术研究所
主管单位：中国船舶集团有限公司
地址：天津市滨海新区塘沽新港三号路4号，zgxc. cbpt. cnki. net

刊名：中国修复重建外科杂志
刊号：CN51-1372/R
主办单位：中国康复医学会、四川大学
主管单位：中华人民共和国国家卫生健康委员会
地址：四川省成都市武侯区国学巷37号华西医院水塔楼3010室，www. rrsurg. com

刊名：中国畜牧兽医
刊号：CN11-4843/S
主办单位：中国农业科学院北京畜牧兽医研究所
主管单位：中华人民共和国农业农村部
地址：北京市海淀区圆明园西路2号，www. chvm. net

刊名：中国畜牧杂志
刊号：CN11-2083/S
主办单位：中国畜牧兽医学会
主管单位：中国科学技术协会
地址：北京市海淀区圆明园西路2号院56号楼1层101、102，www. zgxmzz. cn

刊名：中国畜禽种业
刊号：CN11-5342/S
主办单位：中国农业科学院农业信息研究所
主管单位：中华人民共和国农业农村部
地址：北京市海淀区中关村南大街12号，aii. cass. net. cn

刊名：中国学术期刊文摘
刊号：CN11-3501/N
主办单位：科技导报社
主管单位：中国科学技术协会
地址：北京市海淀区学院南路86号，www. cast. org. cn

刊名：中国学校体育
刊号：CN11-2999/G8
主办单位：中国大学生体育协会、中国中学生体育协会
主管单位：中华人民共和国教育部

地址：北京市海淀区中关村上地信息产业基地北区6号D座602室，zgxt. cbpt. cnki. net

刊名：中国学校卫生
刊号：CN34-1092/R
主办单位：中华预防医学会
主管单位：中华人民共和国国家卫生健康委员会
地址：安徽省蚌埠市蚌山区胜利中路51号，www. cjsh. org. cn

刊名：中国血吸虫病防治杂志
刊号：CN32-1374/R
主办单位：江苏省血吸虫病防治研究所
主管单位：江苏省卫生健康委员会
地址：江苏省无锡市滨湖区梅园杨巷117号，www. zgxfzz. com

刊名：中国血液净化
刊号：CN11-4750/R
主办单位：中国医院协会
主管单位：中华人民共和国国家卫生健康委员会
地址：北京市西城区阜成门内大街133号，www. cjbp. org

刊名：中国血液流变学杂志
刊号：CN32-1625/R
主办单位：中国生物医学工程学会、苏州大学
主管单位：中国科学技术协会
地址：江苏省苏州市姑苏区人民路708号，www. csbme. org

刊名：中国循环杂志
刊号：CN11-2212/R
主办单位：国家心血管病中心
主管单位：中华人民共和国国家卫生健康委员会
地址：北京市西城区北礼士路167号，www. chinacirculation. org

刊名：中国循证儿科杂志
刊号：CN31-1969/R
主办单位：复旦大学
主管单位：中华人民共和国教育部
地址：上海市闵行区万源路399号，www. cjebp. net

刊名：中国循证医学杂志
刊号：CN51-1656/R
主办单位：四川大学
主管单位：中华人民共和国教育部
地址：四川省成都市武侯区国学巷四川大学华西医院水塔楼3014，www. ebm. org. cn

刊名：中国烟草科学
刊号：CN37-1277/S
主办单位：中国农业科学院烟草研究所、中国烟草总公司青州烟草研究所
主管单位：中华人民共和国农业农村部
地址：山东省青岛市崂山区科苑经四路11号，www. zgyckx. com. cn

刊名：中国烟草学报
刊号：CN11-2985/TS
主办单位：中国烟草学会
主管单位：中国科学技术协会
地址：北京市西城区月坛南街55号中国烟草学会，ycxb. tobacco. org. cn

刊名：中国延安干部学院学报
刊号：CN61-1456/C
主办单位：中国延安干部学院
主管单位：中共中央组织部
地址：陕西省延安市宝塔区枣园路40号院，www. celay. org. cn/zyyxb/zxyd. htm

刊名：中国岩溶
刊号：CN45-1157/P
主办单位：中国地质科学院岩溶地质研究所
主管单位：中国地质科学院
地址：广西壮族自治区桂林市七星区七星路50号，zgyr. karst. ac. cn

刊名：中国研究型医院
刊号：CN10-1274/R
主办单位：中国研究型医院学会、中国科学技术出版社有限公司
主管单位：中国研究型医院学会
地址：北京市海淀区永定路69号，www. chinrhj. com

刊名：中国眼耳鼻喉科杂志
刊号：CN31-1875/R
主办单位：复旦大学附属眼耳鼻喉科医院
主管单位：中华人民共和国教育部
地址：上海市徐汇区汾阳路83号，cjoo. fudan. edu. cn

刊名：中国养兔
刊号：CN32-1321/S
主办单位：江苏省畜牧总站、中国畜牧业协会、江苏农牧科技职业学院
主管单位：中华人民共和国农业农村部
地址：江苏省泰州市海陵区凤凰东路8号江苏农牧科技职业学院

刊名：中国药房
刊号：CN50-1055/R
主办单位：中国医院协会、中国药房杂志社
主管单位：中华人民共和国国家卫生健康委员会
地址：重庆市渝中区大坪正街129号四环大厦8层，china-pharmacy.com

刊名：中国药科大学学报
刊号：CN32-1157/R
主办单位：中国药科大学
主管单位：中华人民共和国教育部
地址：江苏省南京市鼓楼区童家巷24号《中国药科大学学报》编辑部，www.zgykdxxb.cn/jcpu/ch/index.aspx

刊名：中国药理学报
刊号：CN31-1347/R
主办单位：中国药理学会、中国科学院上海药物研究所
主管单位：中国科学技术协会
地址：上海市徐汇区太原路294号，chinaphar.com

刊名：中国药理学通报
刊号：CN34-1086/R
主办单位：中国药理学会
主管单位：中国科学技术学会
地址：安徽省合肥市蜀山区梅山路81号安徽医科大学校内，www.zgylxtb.cn

刊名：中国药品标准
刊号：CN11-4422/R
主办单位：国家药典委员会
主管单位：国家药品监督管理局
地址：北京市西城区法华南里11号楼，ypbz.cnjournals.com

刊名：中国药师
刊号：CN42-1626/R
主办单位：国家市场监督管理总局高级研修学院，武汉医药（集团）股份有限公司
主管单位：国家市场监督管理总局
地址：湖北省武汉市江汉区台北一路2号天下国际公馆5-1801，www.zgys.org

刊名：中国药事
刊号：CN11-2858/R
主办单位：中国食品药品检定研究院
主管单位：国家药品监督管理局
地址：北京市东城区天坛西里2号，zgys.cnjournals.org

刊名：中国药物化学杂志
刊号：CN21-1313/R
主办单位：沈阳药科大学、中国药学会
主管单位：辽宁省教育厅
地址：辽宁省沈阳市沈河区文化路103号，zgyh.cbpt.cnki.net

刊名：中国药物警戒
刊号：CN11-5219/R
主办单位：国家药品监督管理局药品评价中心（国家药品不良反应监测中心）
主管单位：国家药品监督管理局
地址：北京市西城区三里河一区3号院6号楼，www.zgywjj.com

刊名：中国药物滥用防治杂志
刊号：CN11-3742/R
主办单位：中国药物滥用防治协会、中国人民解放军军事医学科学院毒物药物研究所
主管单位：中华人民共和国国家卫生健康委员会
地址：北京市大兴区兴华大街二段13号院4号楼608室，www.cadapt.com.cn/index.php? m=content&id=392

刊名：中国药物评价
刊号：CN10-1056/R
主办单位：国家药品监督管理局信息中心
主管单位：国家药品监督管理局
地址：北京市西城区宣武门西大街26号院2号楼，www.zgywpj.cn

刊名：中国药物依赖性杂志
刊号：CN11-3920/R

主办单位：北京大学、中国毒理学会
主管单位：中华人民共和国教育部
地址：北京市海淀区学院路38号，nidd. bjmu. edu. cn

刊名：中国药物与临床
刊号：CN11-4706/R
主办单位：中国医院协会
主管单位：中华人民共和国国家卫生健康委员会
地址：北京市海淀区复兴路15号中国科技信息所信息市场楼内596房间，www. sxyxqk. com

刊名：中国药学杂志
刊号：CN11-2162/R
主办单位：中国药学会
主管单位：中国科学技术协会
地址：北京市朝阳区东三环中路39号院9号楼1803室，www. zgyxzz. com. cn

刊名：中国药业
刊号：CN50-1054/R
主办单位：重庆市市场监督管理局
主管单位：国家药品监督管理局
地址：重庆市渝中区长江一路61号地产大厦1号楼19层，www. zhongguoyaoye023. com

刊名：中国冶金
刊号：CN11-3729/TF
主办单位：中国金属学会、北京钢研柏苑出版有限责任公司
主管单位：中国科学技术协会
地址：北京市东城区东四西大街46号，www. zgyj. ac. cn

刊名：中国冶金工业医学杂志
刊号：CN21-1340/R
主办单位：鞍山钢铁（集团）公司
主管单位：中国钢铁工业协会
地址：辽宁省鞍山市铁东区健身街3号，www. zgyj-gyyxzz. com

刊名：中国冶金教育
刊号：CN11-3775/G4
主办单位：中国冶金教育学会
主管单位：中国钢铁工业协会
地址：北京市海淀区学院路30号，www. csmedu. org

刊名：中国野生植物资源
刊号：CN32-1381/Q
主办单位：南京野生植物综合利用研究所
主管单位：中华全国供销合作总社
地址：江苏省南京市江宁区秣陵街道江云路7号，www. co-plant. com/news_xueshuqikan. asp? id =5

刊名：中国医刊
刊号：CN11-3942/R
主办单位：人民卫生出版社有限公司
主管单位：中华人民共和国国家卫生健康委员会
地址：北京市朝阳区潘家园南里19号楼，www. zgyk. pmph. com

刊名：中国医科大学学报
刊号：CN21-1227/R
主办单位：中国医科大学
主管单位：辽宁省教育厅
地址：辽宁省沈阳市沈北新区蒲河路77号，journal. cmu. edu. cn/CN/0258-4646/home. shtml

刊名：中国医疗保险
刊号：CN11-5708/R
主办单位：中国医疗保险研究会
主管单位：中华人民共和国人力资源和社会保障部
地址：北京市东城区和平里中街17、19、21号2幢6层2-2-1，www. zgylbx. com

刊名：中国医疗管理科学
刊号：CN10-1208/R
主办单位：国家卫生健康委医院管理研究所
主管单位：中华人民共和国国家卫生健康委员会
地址：北京市东城区东单三条9号，www. zgylglkx. org

刊名：中国医疗美容
刊号：CN11-6007/R
主办单位：中国整形美容协会
主管单位：中华人民共和国国家卫生健康委员会
地址：北京市海淀区漳华路7号楼7-10，zgylmr. org. cn

刊名：中国医疗器械杂志
刊号：CN31-1319/R
主办单位：上海市医疗器械检测所
主管单位：上海市市场监督管理局
地址：上海市浦东新区金银花路1号，chjmi. cmtc. com. cn

刊名：中国医疗设备
刊号：CN11-5655/R
主办单位：中国整形美容协会
主管单位：中华人民共和国国家卫生健康委员会
地址：北京市朝阳区酒仙桥中路 26 号院 2 号楼 11 层 1216，www. china-cmd. org

刊名：中国医师进修杂志
刊号：CN11-5455/R
主办单位：中华医学会、大连理论医学研究所
主管单位：中华人民共和国国家卫生健康委员会
地址：辽宁省大连市西岗区南石道街丙寅巷 3 号，www. zgysjxzz. com

刊名：中国医学创新
刊号：CN11-5784/R
主办单位：中国保健协会
主管单位：中国保健协会
地址：北京市丰台区菜户营桥 58 号财富西环 15A05 室，www. zgyxcx. com

刊名：中国医学计算机成像杂志
刊号：CN31-1700/TH
主办单位：复旦大学附属华山医院
主管单位：中华人民共和国教育部
地址：上海市徐汇区乌鲁木齐中路 12 号，www. zgyxjsjcxzz. cn

刊名：中国医学教育技术
刊号：CN61-1317/G4
主办单位：西安交通大学
主管单位：中华人民共和国教育部
地址：陕西省西安市雁塔区雁塔西路 76 号，cmet. xjtu. edu. cn

刊名：中国医学科学院学报
刊号：CN11-2237/R
主办单位：中国医学科学院、中国协和医科大学
主管单位：中华人民共和国国家卫生健康委员会
地址：北京市东城区东单三条 9 号，www. actacams. com

刊名：中国医学科学杂志
刊号：CN11-2752/R
主办单位：中国医学科学院
主管单位：中华人民共和国国家卫生健康委员会
地址：北京市东城区东单三条 9 号，cmsj. cams. cn

刊名：中国医学伦理学
刊号：CN61-1203/R
主办单位：西安交通大学
主管单位：中华人民共和国教育部
地址：陕西省西安市雁塔区雁塔西路 76 号，yxllx. xjtu. edu. cn

刊名：中国医学物理学杂志
刊号：CN44-1351/R
主办单位：南方医科大学、中国医学物理学会
主管单位：南方医科大学
地址：广东省广州市白云区南方医科大学生物医学工程学院，www. cjomp. com

刊名：中国医学影像技术
刊号：CN11-1881/R
主办单位：中国科学院声学研究所
主管单位：中国科学院
地址：北京市海淀区北四环西路 21 号综合楼 502—503，www. cjmit. com/cjmit/ch/index. aspx

刊名：中国医学影像学杂志
刊号：CN11-3154/R
主办单位：中国医学影像技术研究会、北京医院
主管单位：中华人民共和国国家卫生健康委员会
地址：北京市东城区东单大华路 1 号，zyyz. cbpt. cnki. net

刊名：中国医学装备
刊号：CN11-5211/TH
主办单位：中国医学装备协会
主管单位：中国医学装备协会
地址：北京市西城区南纬路 27 号 6 号楼 305—307 房间，www. yxzb. cbpt. cnki. net

刊名：中国医药
刊号：CN11-5451/R
主办单位：中国医师协会
主管单位：中华人民共和国国家卫生健康委员会
地址：北京市东城区东四西大街 42 号，www. china-medicinej. com

刊名：中国医药导报

刊号：CN11-5539/R
主办单位：中国医学科学院
主管单位：中华人民共和国国家卫生健康委员会
地址：北京市朝阳区东四环中路 78 号楼 8B01 室，www.yiyaodaobao.com.cn

刊名：中国医药导刊
刊号：CN11-4395/R
主办单位：国家药品监督管理局信息中心
主管单位：国家药品监督管理局
地址：北京市西城区宣武门西大街 26 号院 2 号楼，www.zgyydk.cn

刊名：中国医药工业杂志
刊号：CN31-1243/R
主办单位：上海医药工业研究院、中国药学会、中国化学制药工业协会
主管单位：上海医药工业研究院
地址：上海市静安区北京西路 1320 号，www.cjph.com.cn

刊名：中国医药科学
刊号：CN11-6006/R
主办单位：海峡两岸医药卫生交流协会、二十一世纪联合创新（北京）医药科学研究院
主管单位：中华人民共和国国家卫生健康委员会
地址：北京市朝阳区东四环中路 78 号楼 6 层 708-2，www.zgyykx.com

刊名：中国医药生物技术
刊号：CN11-5512/R
主办单位：中国医药生物技术协会
主管单位：中国医药生物技术协会
地址：北京市东城区广渠家园 2 号楼 10 层 1011 室，cmbp.net.cn

刊名：中国医药指南
刊号：CN11-4856/R
主办单位：中国保健协会
主管单位：中国保健协会
地址：北京市朝阳区东三环中路 55 号富力城双子座 B 座 902 室，www.zgyyzn2004.com

刊名：中国医院
刊号：CN11-4674/R
主办单位：中国医院协会
主管单位：中华人民共和国国家卫生健康委员会
地址：北京市西城区南线阁街 10 号，www.chaj.com.cn

刊名：中国医院管理
刊号：CN23-1041/C
主办单位：黑龙江省卫生发展研究中心
主管单位：黑龙江省卫生健康委员会
地址：黑龙江省哈尔滨市香坊区农场街 31 号黑龙江省公共卫生中心，www.zgyygl.com

刊名：中国医院建筑与装备
刊号：CN11-4851/T
主办单位：国家卫生健康委医院管理研究所
主管单位：中华人民共和国国家卫生健康委员会
地址：北京市西城区广安门南滨河路 31 号 412 室，www.cnhae.com

刊名：中国医院药学杂志
刊号：CN42-1204/R
主办单位：中国药学会
主管单位：中国科学技术协会
地址：湖北省武汉市江岸区胜利街 155 号，www.zgyyyx.com

刊名：中国医院用药评价与分析
刊号：CN11-4975/R
主办单位：中国医药生物技术协会、重庆市肿瘤研究所
主管单位：中国医药生物技术协会
地址：北京市西城区广义街 5 号 5 层 1－511，www.yypf-china.com

刊名：中国仪器仪表
刊号：CN11-3359/TH
主办单位：机械工业仪器仪表综合技术经济研究所、中国仪器仪表行业协会
主管单位：中国机械工业联合会
地址：北京市西城区广安门外大街甲 397 号，cnim.cn

刊名：中国艺术
刊号：CN11-1697/J
主办单位：中国美术出版总社有限公司
主管单位：中国出版传媒股份有限公司
地址：北京市东城区北总布胡同 32 号

刊名：中国艺术时空
刊号：CN11-5874/J
主办单位：中国艺术研究院
主管单位：中华人民共和国文化和旅游部
地址：北京市朝阳区惠新北里甲 1 号 533 室，www.zgysyjy.org.cn/161/161_1.html

刊名：中国疫苗和免疫
刊号：CN11-5517/R
主办单位：中国疾病预防控制中心
主管单位：中华人民共和国国家卫生健康委员会
地址：北京市西城区南纬路 27 号，zgjm.cbpt.cnki.net

刊名：中国音乐
刊号：CN11-1379/J
主办单位：中国音乐学院
主管单位：北京市教育委员会
地址：北京市朝阳区德胜门外丝竹园中国音乐学院，www.ccmusic.edu.cn

刊名：中国音乐教育
刊号：CN11-2543/J
主办单位：人民音乐出版社有限公司
主管单位：中国出版传媒股份有限公司
地址：北京市东城区朝内大街甲 55 号

刊名：中国音乐学
刊号：CN11-1316/J
主办单位：中国艺术研究院
主管单位：中华人民共和国文化和旅游部
地址：北京市朝阳区惠新北里甲 1 号，www.zgysyjy.org.cn/160/160_1.html

刊名：中国优生与遗传杂志
刊号：CN11-3743/R
主办单位：中国优生科学协会
主管单位：中华人民共和国国家卫生健康委员会
地址：北京市海淀区玉泉路 15 号，www.zgysyjy.org.cn/160/160_1.html

刊名：中国油料作物学报
刊号：CN42-1429/S
主办单位：中国农业科学院油料作物研究所
主管单位：中国农业科学院油料作物研究所
地址：湖北省武汉市武昌区徐东二路 2 号中国农业科学院油料作物研究所内，www.jouroilcrops.cn

刊名：中国油脂
刊号：CN61-1099/TS
主办单位：西安中粮工程研究设计院有限公司
主管单位：中粮工程科技有限公司
地址：陕西省西安市莲湖区劳动路 118 号，www.chinaoils.cn

刊名：中国有色金属学报
刊号：CN43-1238/TG
主办单位：中国有色金属学会
主管单位：中国科学技术协会
地址：湖南省长沙市岳麓区麓山南路 932 号中南大学校本部中南大学出版社 3 楼，www.ysxbcn.comwww.cjonm.com

刊名：中国有色冶金
刊号：CN11-5066/TF
主办单位：中国有色工程有限公司
主管单位：中国有色金属工业协会
地址：北京市海淀区复兴路 12 号，ysyl.cbpt.cnki.net

刊名：中国有线电视
刊号：CN61-1309/TN
主办单位：西安交通大学
主管单位：中华人民共和国教育部
地址：陕西省西安市碑林区咸宁西路 28 号，www.ccatv.com

刊名：中国渔业经济
刊号：CN11-4508/F
主办单位：中国水产科学研究院、中国农业发展集团有限公司、中国海洋大学、上海海洋大学、中国水产学会
主管单位：中华人民共和国农业农村部
地址：北京市丰台区永定路南口青塔村 150 号，www.cafscfe.com

刊名：中国渔业质量与标准
刊号：CN11-6018/S
主办单位：中国水产科学研究院
主管单位：中华人民共和国农业农村部
地址：北京市丰台区永定路南口青塔村 150 号，www.fisheryqs.com

刊名：中国语文
刊号：CN11-1053/H
主办单位：中国社会科学院语言研究所
主管单位：中国社会科学院
地址：北京市东城区建国门内大街 5 号，www.zgyw.org.cn

刊名：中国预防兽医学报
刊号：CN23-1417/S
主办单位：中国农业科学院哈尔滨兽医研究所
主管单位：中华人民共和国农业农村部
地址：黑龙江省哈尔滨市香坊区哈平路 678 号，yfsy.paperopen.com

刊名：中国预防医学杂志
刊号：CN11-4529/R
主办单位：中华预防医学会
主管单位：中华人民共和国国家卫生健康委员会
地址：北京市朝阳区潘家园华威里 25 号 5 层，www.zgyfyxzz.cn

刊名：中国园林
刊号：CN11-2165/TU
主办单位：中国风景园林学会
主管单位：中国科学技术协会
地址：北京市海淀区甘家口 21 号楼 708 室，www.jchla.com

刊名：中国远程教育
刊号：CN11-4089/G4
主办单位：国家开放大学
主管单位：中华人民共和国教育部
地址：北京市海淀区西四环中路 45 号，ddjy.cbpt.cnki.net

刊名：中国运动医学杂志
刊号：CN11-1298/R
主办单位：中国体育科学学会
主管单位：国家体育总局
地址：北京市东城区体育馆路 4 号西门，www.cjsm.org.cn

刊名：中国韵文学刊
刊号：CN43-1014/H
主办单位：湘潭大学、中国韵文学会
主管单位：湖南省教育厅
地址：湖南省湘潭市雨湖区湘潭大学出版社，www.jxtu.net

刊名：中国藏学
刊号：CN11-1725/C
主办单位：中国藏学研究中心
主管单位：中国藏学研究中心
地址：北京市朝阳区北四环东路 131 号，ctrc.cbpt.cnki.net

刊名：中国藏学（藏文版）
刊号：CN11-1726/C
主办单位：中国藏学研究中心
主管单位：中国藏学研究中心
地址：北京市朝阳区北四环东路 131 号

刊名：中国藏医药
刊号：CN63-1066/R
主办单位：青海省藏医药研究院、青海省藏医院
主管单位：青海金诃藏医药集团有限公司
地址：青海省西宁市城北区生物园区经四路 26 号

刊名：中国造船
刊号：CN31-1497/U
主办单位：中国造船工程学会
主管单位：中国船舶集团有限公司
地址：上海市黄浦区高雄路 185 号，www.csname.org.cn

刊名：中国造纸
刊号：CN11-1967/TS
主办单位：中国造纸学会、中国制浆造纸研究院有限公司
主管单位：中国轻工业联合会
地址：北京市朝阳区启阳路 4 号院 2 号楼，zgzz.cnjournals.com

刊名：中国造纸学报
刊号：CN11-2075/TS
主办单位：中国造纸学会
主管单位：中国科学技术协会
地址：北京市朝阳区启阳路 4 号院 1 号楼 2 单元 10 层，zgzzxb.ijournals.cn

刊名：中国沼气
刊号：CN51-1206/S

主办单位：农业农村部沼气科学研究所、中国沼气学会
主管单位：中华人民共和国农业农村部
地址：四川省成都市武侯区人民南路四段 13 号，biogas. caas. cn

刊名：中国照明电器
刊号：CN11-2766/O4
主办单位：中国照明电器协会、国家轻工业照明电器信息中心、北京电光源研究所
主管单位：中国轻工业联合会
地址：北京市朝阳区大北窑厂坡甲 3 号，www. zgzm. chinajournal. net. cn

刊名：中国哲学年鉴
刊号：CN11-2935/B
主办单位：中国社会科学院哲学研究所
主管单位：中国社会科学院
地址：北京市东城区建国门内大街 5 号，philosophy. cssn. cn/zykw/zgzxnj

刊名：中国哲学史
刊号：CN11-3042/B
主办单位：中国哲学史学会
主管单位：中国社会科学院
地址：北京市东城区建国门内大街 5 号，www. zgzxszz. cn

刊名：中国针灸
刊号：CN11-2024/R
主办单位：中国针灸学会、中国中医科学院针灸研究所
主管单位：中国科学技术协会
地址：北京市东城区东直门内南小街 16 号，www. cjacupuncture. com

刊名：中国职业技术教育
刊号：CN11-3117/G4
主办单位：教育部职业技术教育中心研究所、中国职业技术教育学会、高等教育出版社有限公司、北京师范大学
主管单位：中华人民共和国教育部
地址：北京市朝阳区惠新东街 4 号，www. zgzyjsjy. cn

刊名：中国职业医学
刊号：CN44-1484/R
主办单位：中华预防医学会、广东省职业病防治院
主管单位：中华人民共和国国家卫生健康委员会
地址：广东省广州市海珠区新港西路海康街 68 号，xyyx. chinajournal. net. cn

刊名：中国植保导刊
刊号：CN11-5173/S
主办单位：全国农业技术推广服务中心
主管单位：中华人民共和国农业农村部
地址：北京市朝阳区麦子店街 20 号楼 117 室，www. natesc. org. cn/ztzl/PlantProtect

刊名：中国中西医结合儿科学
刊号：CN21-1569/R
主办单位：中国医师协会、辽宁省基础医学研究所、辽宁中医药大学附属医院
主管单位：中华人民共和国国家卫生健康委员会
地址：辽宁省沈阳市苏家屯区乔松路 2 号，ww. zxek. net

刊名：中国中西医结合急救杂志
刊号：CN12-1312/R
主办单位：中国中西医结合学会、中国中医科学院、天津市第一中心医院、天津中医药大学
主管单位：中国科学技术协会
地址：天津市和平区睦南道 122 号，www. cccmem120. com

刊名：中国中西医结合皮肤性病学杂志
刊号：CN12-1380/R
主办单位：中国中西医结合学会、天津市中西医结合皮肤病研究所
主管单位：中国科学技术协会
地址：天津市红桥区北马路 354 号，zxyd. cbpt. cnki. net

刊名：中国中西医结合肾病杂志
刊号：CN14-1277/R
主办单位：中国中西医结合学会、中国中西医结合学会肾病专业委员会
主管单位：中国科学技术协会
地址：山西省太原市迎泽区解放南路 85 号

刊名：中国中西医结合外科杂志
刊号：CN12-1249/R

主办单位：中国中西医结合学会、天津市中西医结合急腹症研究所
主管单位：中国科学技术协会
地址：天津市南开区长江道6号（南开医院内），tcmsj. ijournal. cn

刊名：中国中西医结合消化杂志
刊号：CN42-1612/R
主办单位：华中科技大学同济医学院、中国中西医结合学会消化系统疾病专业委员会、中华中医药学会脾胃病分会
主管单位：中华人民共和国教育部
地址：湖北省武汉市江汉区解放大道1277号，www. whuhzzs. com

刊名：中国中西医结合影像学杂志
刊号：CN11-4894/R
主办单位：中国中西医结合学会、山东中医药大学附属医院
主管单位：中国科学技术协会
地址：山东省济南市历下区经十路16369号《中国中西医结合影像学杂志》编辑部，jhyx. cbpt. cnki. net

刊名：中国中西医结合杂志
刊号：CN11-2787/R
主办单位：中国中西医结合学会、中国中医科学院
主管单位：中国科学技术协会
地址：北京市海淀区西苑操场1号，www. cjim. cn

刊名：中国中药杂志
刊号：CN11-2272/R
主办单位：中国药学会
主管单位：中国科学技术协会
地址：北京市东城区东直门内南小街16号，www. cjcmm. com. cn

刊名：中国中医骨伤科杂志
刊号：CN42-1340/R
主办单位：中华中医药学会、湖北省中医药研究院
主管单位：中国科学技术协会
地址：湖北省武汉市洪山区珞喻路856号，www. totcm. org. cn

刊名：中国中医基础医学杂志
刊号：CN11-3554/R
主办单位：中国中医科学院中医基础理论研究所
主管单位：国家中医药管理局
地址：北京市东城区东直门内南小街16号，zyjc. ac. cn

刊名：中国中医急症
刊号：CN50-1102/R
主办单位：中华中医药学会、重庆市中医研究院
主管单位：国家中医药管理局
地址：重庆市江北区盘溪七支路6号，www. zgzyjz. com

刊名：中国中医眼科杂志
刊号：CN11-2849/R
主办单位：中国中医科学院
主管单位：国家中医药管理局
地址：北京市石景山区鲁谷路9号，zgkz. cbpt. cnki. net

刊名：中国中医药科技
刊号：CN23-1353/R
主办单位：黑龙江省中医药管理局
主管单位：国家中医药管理局
地址：黑龙江省哈尔滨市香坊区香顺街41号，www. zgzyykjzzs. org. cn

刊名：中国中医药图书情报杂志
刊号：CN10-1113/R
主办单位：中国中医科学院中医药信息研究所
主管单位：国家中医药管理局
地址：北京市东城区东直门内南小街16号，tsqb. cintcm. com

刊名：中国中医药现代远程教育
刊号：CN11-5024/R
主办单位：中华中医药学会
主管单位：国家中医药管理局
地址：北京市朝阳区关东店北街核桃园30号瑞昌国际大厦B座301，www. zgzyyycjy. com

刊名：中国中医药信息杂志
刊号：CN11-3519/R
主办单位：中国中医科学院中医药信息研究所
主管单位：国家中医药管理局
地址：北京市东城区东直门内南小街16号，xxzz. cintcm. com

刊名：中国肿瘤
刊号：CN11-2859/R
主办单位：中国医学科学院
主管单位：中华人民共和国国家卫生健康委员会
地址：北京市朝阳区左安门外潘家园，www.china-oncology.cn

刊名：中国肿瘤临床
刊号：CN12-1099/R
主办单位：中国抗癌协会、天津医科大学肿瘤医院
主管单位：中国科学技术协会
地址：天津市河西区体院北环湖西路天津医科大学肿瘤医院C楼3层，www.cjco.cn

刊名：中国肿瘤临床与康复
刊号：CN11-3494/R
主办单位：中国癌症基金会
主管单位：中华人民共和国国家卫生健康委员会
地址：北京市朝阳区潘家园17号，zgzk.cbpt.cnki.net

刊名：中国肿瘤生物治疗杂志
刊号：CN31-1725/R
主办单位：中国免疫学会、中国抗癌协会
主管单位：中国科学技术协会
地址：上海市杨浦区翔殷路800号，www.biother.org

刊名：中国肿瘤外科杂志
刊号：CN32-1795/R
主办单位：中国医师协会、江苏省医学情报研究所、江苏省肿瘤医院
主管单位：中华人民共和国国家卫生健康委员会
地址：江苏省南京市秦淮区汉中路129号，www.zgzlwkzz.com

刊名：中国种业
刊号：CN11-4413/S
主办单位：中国农业科学院作物科学研究所、中国种子协会
主管单位：中华人民共和国农业农村部
地址：北京市海淀区中关村南大街12号，www.chinaseedqks.cn

刊名：中国重型装备
刊号：CN51-1702/TH
主办单位：中国第二重型机械集团有限公司、中国重型机械工业协会
主管单位：中国第二重型机械集团有限公司
地址：四川省德阳市旌阳区珠江西路460号《中国重型装备》编辑部，zxjk.chinajournal.net.cn

刊名：中国猪业
刊号：CN11-5435/S
主办单位：中国农业科学院农业信息研究所
主管单位：中华人民共和国农业农村部
地址：北京市海淀区中关村南大街12号，zhuy.chinajournal.net.cn

刊名：中国注册会计师
刊号：CN11-4552/F
主办单位：中国注册会计师协会
主管单位：中华人民共和国财政部
地址：北京市海淀区西四环中路16号院2号楼，www.cicpa.org.cn/knowledge/zazhi2020

刊名：中国铸造
刊号：CN21-1498/TG
主办单位：沈阳铸造研究所、中国机械工程学会铸造分会
主管单位：中国机械工业联合会
地址：辽宁省沈阳市铁西区云峰南街17号

刊名：中国铸造装备与技术
刊号：CN37-1269/TG
主办单位：中国机械工程学会、济南铸造锻压机械研究所有限公司
主管单位：中国科学技术协会
地址：山东省济南市长清区凤凰路500号，www.cfmt.com.cn

刊名：中国资源综合利用
刊号：CN32-1332/TG
主办单位：中国物资再生协会、江苏北矿金属循环利用科技有限公司
主管单位：江苏北矿金属循环利用科技有限公司
地址：江苏省徐州市贾汪区和平路东延段江苏北矿金属循环利用科技有限公司院内，www.crra.com.cn

刊名：中国自动识别技术
刊号：CN11-5503/TP
主办单位：中国自动识别技术协会
主管单位：国家市场监督管理总局

地址：北京市东城区安定门外大街138号6层B座611，www.aidchina.com.cn

刊名：**中国综合临床**
刊号：CN12-1361/R
主办单位：中华医学会、天津市环湖医院、华北理工大学
主管单位：中华人民共和国国家卫生健康委员会
地址：河北省唐山市曹妃甸区渤海大道21号，zgzhlc.yiigle.com

刊名：**中国总会计师**
刊号：CN11-5056/F
主办单位：中国总会计师协会
主管单位：中国科学技术协会
地址：北京市西城区广安门外大街248号机械大厦1613—1614室，www.cmcfo.cn

刊名：**中国组织工程研究**
刊号：CN21-1581/R
主办单位：中国康复医学会
主管单位：中华人民共和国国家卫生健康委员会
地址：辽宁省沈阳市10001信箱，www.cjter.com

刊名：**中国组织化学与细胞化学杂志**
刊号：CN42-1300/Q
主办单位：中国解剖学会、华中科技大学同济医学院
主管单位：中国科学技术协会
地址：湖北省武汉市硚口区航空路13号，www.cjhc.org.cn

刊名：**中华病理学杂志**
刊号：CN11-2151/R
主办单位：中华医学会
主管单位：中国科学技术协会
地址：北京市东城区东四西大街42号，www.epathology.org.cn

刊名：**中华超声影像学杂志**
刊号：CN13-1148/R
主办单位：中华医学会
主管单位：中国科学技术协会
地址：河北省石家庄市长安区中山东路361号《中华超声影像学杂志》编辑部，zhcsyxxzz.yiigle.com

刊名：**中华传染病杂志**
刊号：CN31-1365/R
主办单位：中华医学会
主管单位：中国科学技术协会
地址：上海市静安区北京西路1623号，zhcrbzz.com

刊名：**中华创伤骨科杂志**
刊号：CN11-5530/R
主办单位：中华医学会
主管单位：中国科学技术协会
地址：北京市东城区东四西大街42号，www.cjot.org

刊名：**中华创伤杂志**
刊号：CN50-1098/R
主办单位：中华医学会
主管单位：中国科学技术协会
地址：重庆市渝中区大坪长江路10号，www.zhcszz.com

刊名：**中华地方病学杂志**
刊号：CN23-1583/R
主办单位：中华医学会、哈尔滨医科大学
主管单位：中华人民共和国国家卫生健康委员会
地址：黑龙江省哈尔滨市南岗区保健路157号，cje.hrbmu.edu.cn

刊名：**中华儿科杂志**
刊号：CN11-2140/R
主办单位：中华医学会
主管单位：中国科学技术协会
地址：北京市东城区东四西大街42号，www.cmaped.org.cn

刊名：**中华耳鼻咽喉头颈外科杂志**
刊号：CN11-5330/R
主办单位：中华医学会
主管单位：中国科学技术协会
地址：北京市东城区东四西大街42号，www.cmaent.org.cn

刊名：**中华放射学杂志**
刊号：CN11-2149/R
主办单位：中华医学会
主管单位：中国科学技术协会
地址：北京市东城区东四西大街42号，www.cjrjournal.org

刊名：中华放射医学与防护杂志
刊号：CN11-2271/R
主办单位：中华医学会
主管单位：中国科学技术协会
地址：北京市西城区德胜门外新康街2号，www.cjrmp.net

刊名：中华放射肿瘤学杂志
刊号：CN11-3030/R
主办单位：中华医学会
主管单位：中国科学技术协会
地址：北京市朝阳区左安门潘家园南里17号，www.cjro.org

刊名：中华风湿病学杂志
刊号：CN14-1217/R
主办单位：中华医学会
主管单位：中国科学技术协会
地址：山西省太原市杏花岭区东华门23号（太原市广场收投分局010025信箱），zhfsbxzz.yiigle.com

刊名：中华妇产科杂志
刊号：CN11-2141/R
主办单位：中华医学会
主管单位：中国科学技术协会
地址：北京市东城区东四西大街42号，www.zhfckzz.org.cn

刊名：中华肝胆外科杂志
刊号：CN11-3884/R
主办单位：中华医学会
主管单位：中国科学技术协会
地址：北京市海淀区复兴路28号，www.zhgdwkzz.com

刊名：中华肝脏病杂志
刊号：CN50-1113/R
主办单位：中华医学会
主管单位：中国科学技术协会
地址：重庆市渝中区临江路74号，www.chinesehepatology.net.cn

刊名：中华高血压杂志
刊号：CN11-5540/R
主办单位：中华预防医学会、福建医科大学
主管单位：中华人民共和国国家卫生健康委员会
地址：福建省福州市台江区茶中路20号，www.zhgxyzz.cn

刊名：中华骨科杂志
刊号：CN12-1113/R
主办单位：中华医学会
主管单位：中国科学技术协会
地址：天津市河西区解放南路406号，www.chinjorthop.com

刊名：中华骨与关节外科杂志
刊号：CN10-1316/R
主办单位：中国医学科学院
主管单位：中华人民共和国国家卫生健康委员会
地址：北京市东城区东单三条9号，www.cjbjs.com

刊名：中华骨质疏松和骨矿盐疾病杂志
刊号：CN11-5685/R
主办单位：中国医学科学院、中国医学科学院北京协和医院
主管单位：中华人民共和国国家卫生健康委员会
地址：北京市东城区王府井帅府园1号，cjobmr.cbpt.cnki.net

刊名：中华航海医学与高气压医学杂志
刊号：CN31-1847/R
主办单位：中华医学会
主管单位：中国科学技术协会
地址：上海市杨浦区翔殷路880号，zhhh.cbpt.cnki.net.cn

刊名：中华航空航天医学杂志
刊号：CN11-3854/R
主办单位：中华医学会
主管单位：中国科学技术协会
地址：北京市海淀区阜成路28号，zhhkhtyxzz.yiigle.com

刊名：中华核医学与分子影像杂志
刊号：CN32-1828/R
主办单位：中华医学会
主管单位：中国科学技术协会
地址：江苏省无锡市梁溪区大娄巷23号，zhhyxyfzyxzz.yiigle.com

刊名：**中华护理教育**
刊号：CN11-5289/R
主办单位：中华护理学会
主管单位：中国科学技术协会
地址：北京市西城区西直门南大街 2 号 28 层 2 门 2803，www.zhhlzzs.com

刊名：**中华护理杂志**
刊号：CN11-2234/R
主办单位：中华护理学会
主管单位：中国科学技术协会
地址：北京市西城区西直门南大街 2 号 28 层 2 门 2803，www.zhhlzzs.com

刊名：**中华急诊医学杂志**
刊号：CN11-4656/R
主办单位：中华医学会
主管单位：中国科学技术协会
地址：浙江省杭州市上城区解放路 88 号，www.cem.org.cn

刊名：**中华疾病控制杂志**
刊号：CN34-1304/R
主办单位：中华预防医学会、安徽医科大学
主管单位：中华人民共和国国家卫生健康委员会
地址：安徽省合肥市蜀山区梅山路 81 号安徽医科大学 109 信箱，zhjbkz.ahmu.edu.cn

刊名：**中华检验医学杂志**
刊号：CN11-4452/R
主办单位：中华医学会
主管单位：中国科学技术协会
地址：北京市东城区东四西大街 42 号，www.med-lab.org.cn

刊名：**中华健康管理学杂志**
刊号：CN11-5624/R
主办单位：中华医学会
主管单位：中国科学技术协会
地址：北京市东城区东四西大街 42 号，www.zhjkgl.org.cn

刊名：**中华结核和呼吸杂志**
刊号：CN11-2147/R
主办单位：中华医学会
主管单位：中国科学技术协会
地址：北京市东城区东四西大街 42 号，www.lung.org.cn

刊名：**中华解剖与临床杂志**
刊号：CN10-1202/R
主办单位：中华医学会
主管单位：中国科学技术协会
地址：北京市东城区东四西大街 42 号，www.cjac.com.cn

刊名：**中华精神科杂志**
刊号：CN11-3661/R
主办单位：中华医学会
主管单位：中国科学技术协会
地址：北京市东城区东四西大街 42 号，www.cjop.org.cn

刊名：**中华口腔医学杂志**
刊号：CN11-2144/R
主办单位：中华医学会
主管单位：中国科学技术协会
地址：北京市东城区东四西大街 42 号，www.cma-dent.com

刊名：**中华口腔正畸学杂志**
刊号：CN11-5797/R
主办单位：中华医学会
主管单位：中国科学技术协会
地址：北京市海淀区中关村南大街 22 号，zh-kqzjxzz.yiigle.com

刊名：**中华劳动卫生职业病杂志**
刊号：CN12-1094/R
主办单位：中华医学会
主管单位：中国科学技术协会
地址：天津市河东区华越道 6 号，zhldwszybzz.yiigle.com

刊名：**中华老年医学杂志**
刊号：CN11-2225/R
主办单位：中华医学会
主管单位：中国科学技术协会
地址：北京市东城区东单大华路 1 号北京医院内，zhlnyxzz.yiigle.com

刊名：**中华临床感染病杂志**

刊号：CN11-5673/R
主办单位：中华医学会
主管单位：中国科学技术协会
地址：北京市东城区东四西大街42号，www.zhgrb.com

刊名：中华临床免疫和变态反应杂志
刊号：CN11-5558/R
主办单位：中国医学科学院、中国医学科学院北京协和医院
主管单位：中华人民共和国国家卫生健康委员会
地址：北京市东城区帅府园1号，ozhl.cbpt.cnki.net

刊名：中华临床营养杂志
刊号：CN11-5822/R
主办单位：中华医学会、中国医学科学院
主管单位：中国科学技术协会
地址：北京市东城区东单三条9号，www.cjcn.cn

刊名：中华流行病学杂志
刊号：CN11-2338/R
主办单位：中华医学会
主管单位：中国科学技术协会
地址：北京市昌平区昌百路155号传染病所13115，chinaepi.icdc.cn

刊名：中华麻醉学杂志
刊号：CN13-1073/R
主办单位：中华医学会
主管单位：中国科学技术协会
地址：河北省石家庄市新华区和平西路299号，www.anesthesiology.org.cn

刊名：中华泌尿外科杂志
刊号：CN11-2330/R
主办单位：中华医学会
主管单位：中国科学技术协会
地址：北京市东城区东单三条甲7号，zhmnwkzz.yiigle.com

刊名：中华内分泌代谢杂志
刊号：CN31-1282/R
主办单位：中华医学会
主管单位：中国科学技术协会
地址：上海市黄浦区瑞金二路197号，endocrmetab.com

刊名：中华内分泌外科杂志
刊号：CN11-5807/R
主办单位：中华医学会
主管单位：中国科学技术协会
地址：北京市东城区东四西大街42号，zhnfmwkzz.yiigle.com

刊名：中华内科杂志
刊号：CN11-2138/R
主办单位：中华医学会
主管单位：中国科学技术协会
地址：北京市东城区东四西大街42号，www.emedicine.org.cn

刊名：中华女子学院学报
刊号：CN11-3809/B
主办单位：中华女子学院
主管单位：中华全国妇女联合会
地址：北京市朝阳区育慧东路1号，www.cwu.edu.cn/xbbjb

刊名：中华皮肤科杂志
刊号：CN32-1138/R
主办单位：中华医学会
主管单位：中国科学技术协会
地址：江苏省南京市玄武区蒋王庙街12号，www.pifukezazhi.com

刊名：中华普通外科杂志
刊号：CN11-3855/R
主办单位：中华医学会
主管单位：中国科学技术协会
地址：北京市西城区阜内大街133号，www.cjgs.com.cn

刊名：中华器官移植杂志
刊号：CN42-1203/R
主办单位：中华医学会
主管单位：中国科学技术协会
地址：湖北省武汉市江岸区胜利街155号，zhqgyzzz.yiigle.com

刊名：中华全科医师杂志
刊号：CN11-4798/R
主办单位：中华医学会
主管单位：中国科学技术协会

地址：北京市东城区东四西大街 42 号，zhqkys.cma.org.cn

刊名：**中华全科医学**
刊号：CN11-5710/R
主办单位：中华预防医学会、安徽省全科医学会
主管单位：中华人民共和国国家卫生健康委员会
地址：北京市西城区鼓楼西大街 154 号，www.zhqkyx.net

刊名：**中华烧伤杂志**
刊号：CN50-1120/R
主办单位：中华医学会
主管单位：中国科学技术协会
地址：重庆市沙坪坝区高滩岩正街，www.zhsszz.org

刊名：**中华神经科杂志**
刊号：CN11-3694/R
主办单位：中华医学会
主管单位：中国科学技术协会
地址：北京市东城区东四西大街 42 号，www.ecjn.org.cn

刊名：**中华神经外科杂志**
刊号：CN11-2050/R
主办单位：中华医学会
主管单位：中国科学技术协会
地址：北京市西城区天坛西里 6 号，www.cjns.org.cn

刊名：**中华神经医学杂志**
刊号：CN11-5354/R
主办单位：中华医学会
主管单位：中国科学技术协会
地址：北京市东城区东四西大街 42 号，www.cjnm.net

刊名：**中华肾脏病杂志**
刊号：CN44-1217/R
主办单位：中华医学会
主管单位：中国科学技术协会
地址：广东省广州市越秀区中山二路 58 号，www.cjn.org.cn

刊名：**中华生物医学工程杂志**
刊号：CN11-5668/R
主办单位：中华医学会、广州医科大学
主管单位：中国科学技术协会
地址：北京市东城区东四西大街 42 号，www.cjbme.org

刊名：**中华实验和临床病毒学杂志**
刊号：CN11-2866/R
主办单位：中华医学会
主管单位：中国科学技术协会
地址：北京市西城区迎新街 100 号，zhsyhlcbdxzz.yiigle.com

刊名：**中华实验外科杂志**
刊号：CN42-1213/R
主办单位：中华医学会
主管单位：中国科学技术协会
地址：湖北省武汉市武昌区东湖路 165 号，zhsywkzz.yiigle.com

刊名：**中华实验眼科杂志**
刊号：CN11-5989/R
主办单位：中华医学会
主管单位：中国科学技术协会
地址：北京市东城区东四西大街 42 号，zhsyykzz.yiigle.com

刊名：**中华实用儿科临床杂志**
刊号：CN10-1070/R
主办单位：中华医学会
主管单位：中国科学技术协会
地址：北京市东城区东四西大街 42 号，www.zhsyeklczz.com

刊名：**中华实用诊断与治疗杂志**
刊号：CN41-1400/R
主办单位：中华预防医学会、河南省人民医院
主管单位：中华人民共和国国家卫生健康委员会
地址：河南省郑州市金水区纬五路 7 号，www.zhsyzd.com

刊名：**中华手外科杂志**
刊号：CN31-1653/R
主办单位：中华医学会
主管单位：中国科学技术协会
地址：上海市长宁区江苏路 796 号，zhswkzz.yiigle.com

刊名：中华糖尿病杂志
刊号：CN11-5791/R
主办单位：中华医学会
主管单位：中国科学技术协会
地址：北京市东城区东四西大街 42 号，www. cds. org. cn

刊名：中华外科杂志
刊号：CN11-2139/R
主办单位：中华医学会
主管单位：中国科学技术协会
地址：北京市东城区东四西大街 42 号，zhwkzz. yiigle. com

刊名：中华危重病急救医学
刊号：CN12-1430/R
主办单位：中华医学会、天津市第一中心医院、天津市天津医院
主管单位：中华人民共和国国家卫生健康委员会
地址：天津市和平区睦南道 122 号，www. cccm-em120. com

刊名：中华微生物学和免疫学杂志
刊号：CN11-2309/R
主办单位：中华医学会
主管单位：中国科学技术协会
地址：北京市朝阳区三间房南里 4 号，zhwswxhmyx-zz. yiigle. com

刊名：中华围产医学杂志
刊号：CN11-3903/R
主办单位：中华医学会
主管单位：中国科学技术协会
地址：北京市西城区西安门大街 1 号，zhwcyxzz. yiggle. com

刊名：中华胃肠外科杂志
刊号：CN44-1530/R
主办单位：中华医学会、中山大学
主管单位：中国科学技术协会
地址：广东省广州市天河区员村二横路 26 号中山大学附属第六医院内，china-gisj. com

刊名：中华文化论坛
刊号：CN51-1504/G0
主办单位：四川省社会科学院
主管单位：四川省社会科学院
地址：四川省成都市青羊区一环路西一段 155 号，zhwl. cbpt. cnki. net

刊名：中华文史论丛
刊号：CN31-1984/K
主办单位：上海古籍出版社有限公司
主管单位：上海世纪出版（集团）有限公司
地址：上海市黄浦区瑞金二路 272 号，www. zhwslc-zz. cn

刊名：中华物理医学与康复杂志
刊号：CN42-1666/R
主办单位：中华医学会、华中科技大学同济医学院
主管单位：中国科学技术协会
地址：湖北省武汉市蔡甸区中法新城同济专家社区 E 栋《中华物理医学与康复杂志》编辑部，www. cjpmr. cn

刊名：中华显微外科杂志
刊号：CN44-1206/R
主办单位：中华医学会
主管单位：中国科学技术协会
地址：广东省广州市越秀区竹丝岗二马路 3-5 号龙珠大厦写字楼 2 楼，zhxwwkzz. yiigle. com

刊名：中华现代护理杂志
刊号：CN11-5682/R
主办单位：中华医学会
主管单位：中国科学技术协会
地址：北京市西城区宣武门外大街香炉营东巷 2 号院 1-7-301，www. cjmn. net

刊名：中华行为医学与脑科学杂志
刊号：CN37-1468/R
主办单位：中华医学会、济宁医学院
主管单位：中华人民共和国国家卫生健康委员会
地址：山东省济宁市太白湖新区荷花路 16 号，www. xwyx. cn

刊名：中华消化内镜杂志
刊号：CN32-1463/R
主办单位：中华医学会
主管单位：中国科学技术协会
地址：江苏省南京市鼓楼区紫竹林 3 号，www. xhnj. com

刊名：**中华消化外科杂志**
刊号：CN11-5610/R
主办单位：中华医学会
主管单位：中国科学技术协会
地址：北京市东城区东四西大街42号，www. zhxhwk. com

刊名：**中华消化杂志**
刊号：CN31-1367/R
主办单位：中华医学会
主管单位：中国科学技术协会
地址：上海市静安区北京西路1623号，zhxhzz. yiigle. com

刊名：**中华小儿外科杂志**
刊号：CN42-1158/R
主办单位：中华医学会
主管单位：中国科学技术协会
地址：湖北省武汉市江岸区胜利街155号，zhxewkzz. yiigle. com

刊名：**中华心律失常学杂志**
刊号：CN11-3859/R
主办单位：中华医学会
主管单位：中国科学技术协会
地址：北京市西城区北礼士路167号，zhxlscxzz. yiigle. com

刊名：**中华心血管病杂志**
刊号：CN11-2148/R
主办单位：中华医学会
主管单位：中国科学技术协会
地址：北京市东城区东四西大街42号，www. cjcv. org. cn

刊名：**中华胸心血管外科杂志**
刊号：CN11-2434/R
主办单位：中华医学会
主管单位：中国科学技术协会
地址：北京市朝阳区安定门外安贞里北京安贞医院，zhxxxgwkzz. yiigle. com

刊名：**中华血液学杂志**
刊号：CN12-1090/R
主办单位：中华医学会
主管单位：中国科学技术协会
地址：天津市和平区南京路288号，www. hematoline. com

刊名：**中华眼底病杂志**
刊号：CN51-1434/R
主办单位：中华医学会
主管单位：中国科学技术协会
地址：四川省成都市武侯区国学巷37号，www. coretina. com

刊名：**中华眼科杂志**
刊号：CN11-2142/R
主办单位：中华医学会
主管单位：中国科学技术协会
地址：北京市东城区东四西大街42号，zhykzz. yiigle. com

刊名：**中华眼视光学与视觉科学杂志**
刊号：CN11-5909/R
主办单位：中华医学会
主管单位：中国科学技术协会
地址：浙江省温州市瓯海区茶山高教园区温州医学院，www. cjoovs. com

刊名：**中华眼外伤职业眼病杂志**
刊号：CN11-6022/R
主办单位：中华医学会
主管单位：中国科学技术协会
地址：北京市东城区东四西大街42号，zhywszyybzz. yiigle. com

刊名：**中华医史杂志**
刊号：CN11-2155/R
主办单位：中华医学会
主管单位：中国科学技术协会
地址：北京市东城区东直门内南小街16号，zhyszz. yiigle. com

刊名：**中华医学教育探索杂志**
刊号：CN11-6021/R
主办单位：中华医学会
主管单位：中国科学技术协会
地址：北京市东城区东四西大街42号，yxjyts. cnjournals. com

刊名：**中华医学教育杂志**

刊号：CN11-5259/R
主办单位：中华医学会
主管单位：中国科学技术协会
地址：北京市海淀区学院路 38 号北京大学医学部，www. zhyxjyzz. com

刊名：中华医学科研管理杂志
刊号：CN11-3565/R
主办单位：中华医学会
主管单位：中国科学技术协会
地址：北京市海淀区学院路38 号北京医科大学科研处，zhyxkygl. ijournals. com. cn

刊名：中华医学美学美容杂志
刊号：CN11-4657/R
主办单位：中华医学会
主管单位：中国科学技术
地址：北京市朝阳区安外黄寺大街 9 号，zhyxmxmrzz. yiigle. com

刊名：中华医学遗传学杂志
刊号：CN51-1374/R
主办单位：中华医学会
主管单位：中国科学技术协会
地址：四川省成都市武侯区人民南路三段 17 号，zhyxycxzz. yiigle. com

刊名：中华医学杂志
刊号：CN11-2137/R
主办单位：中华医学会
主管单位：中国科学技术协会
地址：北京市东城区东四西大街 42 号，www. nmjc. net. cn

刊名：中华医院管理杂志
刊号：CN11-1325/R
主办单位：中华医学会
主管单位：中国科学技术协会
地址：北京市东城区东单三条甲 7 号，www. zgyygl. com

刊名：中华胰腺病杂志
刊号：CN11-5667/R
主办单位：中华医学会
主管单位：中国科学技术协会
地址：北京市东城区东四西大街 42 号，zhyxbzz. yiigle. com

刊名：中华预防医学杂志
刊号：CN11-2150/R
主办单位：中华医学会
主管单位：中国科学技术协会
地址：北京市东城区东四西大街 42 号，www. pubhealth. org. cn

刊名：中华整形外科杂志
刊号：CN11-4453/R
主办单位：中华医学会
主管单位：中国科学技术协会
地址：北京市石景山区整形外科医院内，zhzxwkzz. yiigle. com

刊名：中华中医药学刊
刊号：CN21-1546/R
主办单位：中华中医药学会、辽宁中医药大学
主管单位：国家中医药管理局
地址：辽宁省沈阳市皇姑区崇山东路 79 号，zhzyyxk. cbpt. cnki. net

刊名：中华中医药杂志
刊号：CN11-5334/R
主办单位：中华中医药学会
主管单位：中国科学技术协会
地址：北京市朝阳区和平街北口樱花路甲 4 号，www. zhzyyzz. com

刊名：中华肿瘤防治杂志
刊号：CN11-5456/R
主办单位：中华预防医学会、山东省肿瘤防治研究院
主管单位：中华人民共和国国家卫生健康委员会
地址：北京市朝阳区潘家园华威里 25 号，www. cjcpt. org

刊名：中华肿瘤杂志
刊号：CN11-2152/R
主办单位：中华医学会
主管单位：中国科学技术协会
地址：北京市朝阳区潘家园南里 17 号，www. chinjoncol. com

刊名：中南财经政法大学学报

刊号：CN42-1663/F
主办单位：中南财经政法大学
主管单位：中华人民共和国教育部
地址：湖北省武汉市江夏区东湖高新技术开发区南湖大道 182 号，xuebao. zuel. edu. cn

刊名：中南大学学报（社会科学版）
刊号：CN43-1393/C
主办单位：中南大学
主管单位：中华人民共和国教育部
地址：湖南省长沙市岳麓区麓山南路 932 号中南大学校本部中南大学出版社 2 楼，www. zndxsk. com. cn

刊名：中南大学学报（医学版）
刊号：CN43-1427/R
主办单位：中南大学
主管单位：中华人民共和国教育部
地址：湖南省长沙市开福区湘雅路 110 号，xbyxb. csu. edu. cn

刊名：中南大学学报（自然科学版）
刊号：CN43-1426/N
主办单位：中南大学
主管单位：中华人民共和国教育部
地址：湖南省长沙市岳麓区麓山南路 932 号中南大学校本部中南大学出版社 2 楼，www. zndxzk. com. cn

刊名：中南林业科技大学学报
刊号：CN43-1470/S
主办单位：中南林业科技大学
主管单位：湖南省教育厅
地址：湖南省长沙市天心区韶山南路 498 号中南林业科技大学期刊社，zkxb. csuft. edu. cn

刊名：中南林业科技大学学报（社会科学版）
刊号：CN43-1478/F
主办单位：中南林业科技大学
主管单位：湖南省教育厅
地址：湖南省长沙市天心区韶山南路 498 号中南林业科技大学期刊社，skxb. csuft. edu. cn

刊名：中南林业调查规划
刊号：CN43-1095/S
主办单位：国家林业和草原局中南调查规划设计院
主管单位：国家林业和草原局
地址：湖南省长沙市雨花区香樟东路 143 号

刊名：中南民族大学学报（人文社会科学版）
刊号：CN42-1704/C
主办单位：中南民族大学
主管单位：中华人民共和国国家民族事务委员会
地址：湖北省武汉市洪山区民族大道 182 号，znzx. chinajournal. net. cn

刊名：中南民族大学学报（自然科学版）
刊号：CN42-1705
主办单位：中南民族大学
主管单位：中华人民共和国国家民族事务委员会
地址：湖北省武汉市洪山区民族大道 182 号，znzk. scuec. edu. cn/ch/index. aspx

刊名：中南药学
刊号：CN43-1408/R
主办单位：湖南省药学会
主管单位：湖南省药品监督管理局
地址：湖南省长沙市芙蓉区人民中路 139 号中南大学湘雅二医院药学楼 4 楼，znyx. cbpt. cnki. net

刊名：中南医学科学杂志
刊号：CN43-1509/R
主办单位：南华大学
主管单位：湖南省教育厅
地址：湖南省衡阳市蒸湘区常胜西路 28 号，nhqks. cnjournals. com/yx/ch/index. aspx

刊名：中日友好医院学报
刊号：CN11-2622/R
主办单位：中日友好医院
主管单位：中华人民共和国国家卫生健康委员会
地址：北京市朝阳区樱花东街 2 号中日友好医院内，zryh. chinajournal. net. cn

刊名：中山大学学报（社会科学版）
刊号：CN44-1158/C
主办单位：中山大学
主管单位：中华人民共和国教育部
地址：广东省广州市海珠区新港西路 135 号，xuebao. sysu. edu. cn

刊名：中山大学学报（医学科学版）
刊号：CN44-1575/R
主办单位：中山大学
主管单位：中华人民共和国教育部
地址：广东省广州市越秀区中山二路74号中山大学北校园办公楼前座123室，xuebao. sysu. edu. cn

刊名：中山大学学报（自然科学版）
刊号：CN44-1241/N
主办单位：中山大学
主管单位：中华人民共和国教育部
地址：广东省广州市海珠区新港西路135号，xuebao. sysu. edu. cn

刊名：中兽医学杂志
刊号：CN36-1096/S
主办单位：江西省中兽医研究所
主管单位：江西省农业农村厅
地址：江西省南昌市东湖区省府南一路5号，zyss. cbpt. cnki. net

刊名：中兽医医药杂志
刊号：CN62-1063/R
主办单位：中国农业科学院中兽医研究所
主管单位：中华人民共和国农业农村部
地址：甘肃省兰州市七里河区硷沟沿335号，www. zszz. cbpt. cnki. net

刊名：中外公路
刊号：CN43-1363/U
主办单位：长沙理工大学
主管单位：长沙理工大学
地址：湖南省长沙市天心区万家丽南路二段960号，www. csust. edu. cn/qkzx

刊名：中外建筑
刊号：CN43-1255/TU
主办单位：住房和城乡建设部信息中心长沙市住房和城乡建设信息中心
主管单位：中华人民共和国住房和城乡建设部
地址：湖南省长沙市芙蓉区蔡锷中路196号，www. coanew. com

刊名：中外酒业
刊号：CN10-1355/TS
主办单位：中国酒业协会
主管单位：中国轻工业联合会
地址：北京市西城区阜外大街乙22号，old. cada. cc/templates/General/index. aspx? nodeid = 41

刊名：中外能源
刊号：CN11-5438/TK
主办单位：中国能源研究会
主管单位：中国科学技术协会
地址：北京市东城区安定门外大街甲88号，syzw. cbpt. cnki. net

刊名：中外葡萄与葡萄酒
刊号：CN37-1349/TS
主办单位：山东省葡萄研究院
主管单位：山东省葡萄研究院
地址：山东省济南历城区山大南路1-27号，www. vw1976. cn

刊名：中外医疗
刊号：CN11-5625/R
主办单位：国家卫生健康委医院管理研究所
主管单位：中华人民共和国国家卫生健康委员会
地址：北京市丰台区菜户营58号财富西环名苑2609，www. chinazwyl. com

刊名：中外医学研究
刊号：CN23-1555/R
主办单位：黑龙江省卫生发展研究中心
主管单位：黑龙江省卫生健康委员会
地址：黑龙江省哈尔滨市香坊区农场街30号，www. zwyxyj. com

刊名：中文信息学报
刊号：CN11-2325/N
主办单位：中国中文信息学会、中国科学院软件研究所
主管单位：中国科学技术协会
地址：北京市海淀区中关村南四街4号，jcip. cipsc. org. cn

刊名：中西医结合肝病杂志
刊号：CN42-1322/R
主办单位：湖北中医药大学
主管单位：湖北省教育厅
地址：湖北省武汉市武昌区花园山4号，www. zxyjhgbzz. com

刊名：**中西医结合护理（中英文）**
刊号：CN31-2114/R
主办单位：上海交通大学
主管单位：上海交通大学
地址：上海市徐汇区番禺路951号，www.zxyjhhl.com.cn

刊名：**中西医结合心脑血管病杂志**
刊号：CN14-1312/R
主办单位：山西医科大学第一医院
主管单位：山西省卫生健康委员会
地址：山西省太原市迎泽区解放南路85号，www.suo1.cn

刊名：**中西医结合研究**
刊号：CN42-1789/R
主办单位：华中科技大学
主管单位：中华人民共和国教育部
地址：湖北省武汉市硚口区航空路13号

刊名：**中小学德育**
刊号：CN44-1682/G4
主办单位：华南师范大学
主管单位：广东省教育厅
地址：广东省广州市天河区华南师范大学基础教育培训与研究院，jjy.scnu.edu.cn/qikanchuban/zxxdy

刊名：**中小学电教**
刊号：CN22-1044/G4
主办单位：吉林省电化教育馆
主管单位：吉林省教育厅
地址：吉林省长春市二道区金川街85号，www.zxxdjzzs.com

刊名：**中小学管理**
刊号：CN11-2545/G4
主办单位：北京教育学院
主管单位：北京市教育委员会
地址：北京市西城区德外什坊街2号，www.zxxgl.com

刊名：**中小学教师培训**
刊号：CN22-1214/G4
主办单位：东北师范大学
主管单位：中华人民共和国教育部
地址：吉林省长春市南关区人民大街5268号，zxxx.cbpt.cnki.net

刊名：**中小学教学研究**
刊号：CN21-1396/G4
主办单位：辽宁省基础教育教研培训中心
主管单位：辽宁省教育厅
地址：辽宁省沈阳市皇姑区黄河北大街249号

刊名：**中小学实验与装备**
刊号：CN42-1685/N
主办单位：湖北省教育考试院、湖北省教育技术装备处
主管单位：湖北省教育厅
地址：湖北省武汉市洪山区桂元路5号，zbxx.e21.cn/zt

刊名：**中小学外语教学**
刊号：CN11-1318/G4
主办单位：北京师范大学
主管单位：中华人民共和国教育部
地址：北京市海淀区新街口外大街19号北京师范大学后主楼902室，www.flts.cn

刊名：**中小学心理健康教育**
刊号：CN11-4699/G4
主办单位：开明出版社有限公司
主管单位：中国民主促进会中央委员会
地址：北京市海淀区西三环北路25号71幢6层609室，www.xljkzz.com

刊名：**中小学信息技术教育**
刊号：CN11-4860/G4
主办单位：北京教育音像报刊总社
主管单位：北京市教育委员会
地址：北京市西城区白广路18号，itedu.org.cn

刊名：**中小学音乐教育**
刊号：CN33-1044/J
主办单位：浙江省音乐家协会
主管单位：浙江省文学艺术界联合会
地址：浙江省杭州市下城区建德路9号路512室，zxxyyjy.com

刊名：**中小学英语教学与研究**

刊号：CN31-1122/G4
主办单位：华东师范大学
主管单位：中华人民共和国教育部
地址：上海市普陀区中山北路 3663 号，etrn. ecnu. edu. cn

刊名：中兴通讯技术
刊号：CN34-1228/TN
主办单位：时代出版传媒股份有限公司深圳航天广宇工业有限公司
主管单位：安徽出版集团有限责任公司
地址：安徽省合肥市庐阳区金寨路 329 号，tech. zte. com. cn

刊名：中学地理教学参考
刊号：CN61-1035/G4
主办单位：陕西师范大学
主管单位：中华人民共和国教育部
地址：陕西省西安市雁塔区长安南路 202 号，www. jwdili. com

刊名：中学化学教学参考
刊号：CN61-1034/G4
主办单位：陕西师范大学
主管单位：中华人民共和国教育部
地址：陕西省西安市雁塔区长安南路 204 号，www. huaxue. snupg. com

刊名：中学教研（数学）
刊号：CN33-1069/G4
主办单位：浙江师范大学
主管单位：浙江师范大学
地址：浙江省金华市婺城区迎宾大道 688 号，qks. zjnu. edu. cn

刊名：中学课程资源
刊号：CN21-1526/G4
主办单位：大连理工大学出版社
主管单位：大连理工大学
地址：辽宁省大连市甘井子区凌工路 2 号大连理工大学南门老专家楼 4 楼，zukz. cbpt. cnki. net

刊名：中学理科园地
刊号：CN35-1282/O4
主办单位：福建省物理学会
主管单位：福建省科学技术协会
地址：福建省福州市鼓楼区梦山路 73 号福建教育学院理科研修部，zxlkyd. caizhizz. net

刊名：中学历史教学
刊号：CN44-1142/G4
主办单位：华南师范大学
主管单位：华南师范大学
地址：广东省广州市天河区中山大道西 55 号华南师范大学石牌校区文科楼 405 室，lswh. scnu. edu. cn/a/20140507/148. html

刊名：中学历史教学参考
刊号：CN61-1036/G4
主办单位：陕西师范大学
主管单位：中华人民共和国教育部
地址：陕西省西安市雁塔区长安南路 203 号，www. lsjxck. com

刊名：中学生物教学
刊号：CN61-1256/G4
主办单位：陕西师范大学
主管单位：中华人民共和国教育部
地址：陕西省西安市雁塔区长安南路 206 号，www. zxswjx. com

刊名：中学生物学
刊号：CN32-1232/Q
主办单位：南京师范大学
主管单位：江苏省教育厅
地址：江苏省南京市栖霞区文苑路 1 号，www. zxswxue. com

刊名：中学数学
刊号：CN42-1167/O1
主办单位：湖北大学
主管单位：湖北省教育厅
地址：湖北省武汉市武昌区友谊大道 368 号湖北大学数统学院 503，www. hbzxsx. com

刊名：中学数学教学
刊号：CN34-1070/O1
主办单位：合肥师范学院、安徽师范大学、安徽省数学会
主管单位：安徽省教育厅
地址：安徽省合肥市蜀山区经开区莲花路 1688 号合肥师范学院行知楼 1103，zxsxjx. hfnu. edu. cn

刊名：**中学数学教学参考**
刊号：CN61-1032/G4
主办单位：陕西师范大学
主管单位：中华人民共和国教育部
地址：陕西省西安市雁塔区长安南路 201 号，www.zhongshucan.com

刊名：**中学数学研究**
刊号：CN44-1140/O1
主办单位：华南师范大学
主管单位：华南师范大学
地址：广东省广州市天河区华南师范大学数学科学学院，manu55.magtech.com.cn/Jweb_zxsxyj

刊名：**中学数学研究**
刊号：CN36-1100/O1
主办单位：数学与信息科学学院
主管单位：江西师范大学
地址：江西省南昌市东湖区北京西路 437 号江西师范大学青山湖校区

刊名：**中学数学月刊**
刊号：CN32-1444/O1
主办单位：苏州大学
主管单位：江苏省教育厅
地址：江苏省苏州市姑苏区十梓街 1 号苏州大学本部精正楼 214 室，math.suda.edu.cn/yuekan

刊名：**中学数学杂志**
刊号：CN37-1116/O1
主办单位：曲阜师范大学
主管单位：山东省教育厅
地址：山东省济宁市曲阜区静轩西路 57 号，zxsz.chinajournal.net.cn

刊名：**中学物理教学参考**
刊号：CN61-1033/G4
主办单位：陕西师范大学
主管单位：中华人民共和国教育部
地址：陕西省西安市雁塔区长安南路 205 号，www.zhongwucan.com

刊名：**中学语文教学**
刊号：CN11-1277/H
主办单位：首都师范大学
主管单位：北京市教育委员会
地址：北京市海淀区西三环北路 105 号首都师范大学，www.zxywjxzz.cn

刊名：**中学语文教学参考**
刊号：CN61-1031/G4
主办单位：陕西师范大学
主管单位：中华人民共和国教育部
地址：陕西省西安市雁塔区长安南路 200 号，www.zyucan.com

刊名：**中学政治教学参考**
刊号：CN61-1030/G4
主办单位：陕西师范大学
主管单位：中华人民共和国教育部
地址：陕西省西安市雁塔区长安南路 199 号，www.cnzzc.cn

刊名：**中央财经大学学报**
刊号：CN11-3846/F
主办单位：中央财经大学
主管单位：中华人民共和国教育部
地址：北京市海淀区学院南路 39 号，xsqks.cufe.edu.cn

刊名：**中央民族大学学报（哲学社会科学版）**
刊号：CN11-3530/C
主办单位：中央民族大学
主管单位：中华人民共和国国家民族事务委员会
地址：北京市海淀区中关村南大街 27 号《中央民族大学学报》编辑部，www.zymzdxxb.cn

刊名：**中央民族大学学报（自然科学版）**
刊号：CN11-3499/N
主办单位：中央民族大学
主管单位：中华人民共和国国家民族事务委员会
地址：北京市海淀区中关村南大街 27 号，qks.muc.edu.cn/zrkxb/sy.htm

刊名：**中央社会主义学院学报**
刊号：CN11-2778/D
主办单位：中央社会主义学院
主管单位：中共中央统一战线工作部
地址：北京市海淀区万寿寺甲 4 号，www.zyshzyxyxb.cn

刊名：**中药材**

刊号：CN44-1286/R
主办单位：国家市场监督管理总局中药材信息中心站
主管单位：广东省科学技术厅
地址：广东省广州市越秀区中山二路24号中粤大厦，zyca. chinajournal. net. cn

刊名：中药新药与临床药理
刊号：CN44-1308/R
主办单位：广州中医药大学、中华中医药学会
主管单位：国家市场监督管理总局
地址：广东省广州市番禺区广州大学城外环东路232号广州中医药大学，www. zyxy. com. cn

刊名：中药药理与临床
刊号：CN51-1188/R
主办单位：中国药理学会、四川省中医药科学院（四川省中药研究所）
主管单位：四川省中医药管理局
地址：四川省成都市武侯区人民南路四段51号，zyyl. cbpt. cnki. net

刊名：中药与临床
刊号：CN51-1723/R
主办单位：成都中医药大学
主管单位：四川省教育厅
地址：四川省成都市青羊区下汪家拐街19号，zyyl-czz. paperopen. com

刊名：中医儿科杂志
刊号：CN62-1176/R
主办单位：甘肃中医药大学、中华中医药学会
主管单位：甘肃省教育厅
地址：甘肃省兰州市城关区定西东路35号，zyekzz. gszy. edu. cn

刊名：中医教育
刊号：CN11-1349/R
主办单位：北京中医药大学
主管单位：中华人民共和国教育部
地址：北京市朝阳区北三环东路11号，zyjy. bucm. edu. cn

刊名：中医临床研究
刊号：CN11-5895/R
主办单位：中华中医药学会
主管单位：中国科学技术协会
地址：北京市朝阳区樱花东路甲4号，www. cccjcm. com

刊名：中医外治杂志
刊号：CN14-1195/R
主办单位：山西医药卫生传媒集团
主管单位：山西省卫生健康委员会
地址：山西省晋城市城区南大街周元巷13号，zy-wzzz. net. cn

刊名：中医文献杂志
刊号：CN31-1682/R
主办单位：上海市中医文献馆、中华中医药学会
主管单位：上海市卫生健康委员会
地址：上海市黄浦区瑞金二路156号，zywxzz. zy-wxg. com

刊名：中医学报
刊号：CN41-1411/R
主办单位：河南中医药大学、中华中医药学会
主管单位：河南省教育厅
地址：河南省郑州市金水区郑东新区金水东路156号河南中医药大学龙子湖校区，zyxb. hactcm. edu. cn

刊名：中医研究
刊号：CN41-1124/R
主办单位：河南省中医药研究院、中华中医药学会
主管单位：河南省卫生健康委员会
地址：河南省郑州市金水区城北路7号，www. zyyj. cbpt. cnki. net

刊名：中医眼耳鼻喉杂志
刊号：CN51-1726/R
主办单位：成都中医药大学
主管单位：四川省教育厅
地址：四川省成都市金牛区十二桥路37号，zyyeb-hzz. paperopen. com

刊名：中医药导报
刊号：CN43-1446/R
主办单位：湖南省中医药学会、湖南省中医药管理局
主管单位：湖南省卫生健康委员会
地址：湖南省长沙市芙蓉区新军路43号，www. zyy-db. com

刊名：中医药管理杂志
刊号：CN11-3070/R
主办单位：中华中医药学会
主管单位：国家中医药管理局
地址：北京市朝阳区樱花园东街甲4号

刊名：中医药临床杂志
刊号：CN34-1268/R
主办单位：中医药临床杂志社、中华中医药学会
主管单位：安徽省卫生健康委员会
地址：安徽省合肥市庐阳区永红路15号，ahlc. cbpt. cnki. net

刊名：中医药通报
刊号：CN35-1250/R
主办单位：厦门市中医药学会、中华中医药学会
主管单位：厦门市卫生健康委员会
地址：福建省厦门市湖里区仙岳路1739号，zyytbzz. cn

刊名：中医药文化
刊号：CN31-1971/R
主办单位：上海中医药大学、中华中医药学会
主管单位：上海市教育委员会
地址：上海市浦东新区蔡伦路1200号，www. shzyyzz. com/zyywhzz/ch/index. aspx

刊名：中医药信息
刊号：CN23-1194/R
主办单位：黑龙江中医药大学、中华中医药学会
主管单位：黑龙江省教育厅
地址：黑龙江省哈尔滨市香坊区和平路24号，xxzz. cintcm. com

刊名：中医药学报
刊号：CN23-1193/R
主办单位：黑龙江中医药大学、中华中医药学会
主管单位：黑龙江省教育厅
地址：黑龙江省哈尔滨市香坊区和平路24号，zyyxb. hljucm. net

刊名：中医杂志
刊号：CN11-2166/R
主办单位：中华中医药学会、中国中医科学院
主管单位：国家中医药管理局
地址：北京市东城区东直门内南小街16号，www. jtcm. net. cn

刊名：中医正骨
刊号：CN41-1162/R
主办单位：河南省正骨研究院、中华中医药学会
主管单位：国家中医药管理局
地址：河南省洛阳市瀍河区启明南路82号，www. zyzgzz. com

刊名：中原工学院学报
刊号：CN41-1341/T
主办单位：中原工学院
主管单位：河南省教育厅
地址：河南省郑州市新郑龙湖镇淮河路1号中原工学院南校区行政楼317室，www. xuebao. zut. edu. cn

刊名：中原文化研究
刊号：CN41-1426/C
主办单位：河南省社会科学院
主管单位：河南省社会科学院
地址：河南省郑州市金水区丰产路21号，www. zywhyj. com

刊名：中原文物
刊号：CN41-1012/K
主办单位：河南博物院
主管单位：河南博物院
地址：河南省郑州市金水区农业路8号，www. chnmus. net/sitesources/hnsbwy/page _ pc/xsyj/%E3%80%8Azyww%E3%80%8B/index. html

刊名：中州大学学报
刊号：CN41-1275/G4
主办单位：中州大学
主管单位：河南省教育厅
地址：河南省郑州市惠济区英才街18号，zozo. chinajournal. net. cn

刊名：中州学刊
刊号：CN41-1006/C
主办单位：河南省社会科学院
主管单位：河南省社会科学院
地址：河南省郑州市金水区文化路50号，www. zzxk1979. com

刊名：中风与神经疾病杂志
刊号：CN22-1137/R
主办单位：吉林大学
主管单位：中华人民共和国教育部
地址：吉林省长春市朝阳区东民主大街519号，zfsj.cbpt.cnki.net

刊名：肿瘤
刊号：CN31-1372/R
主办单位：上海交通大学医学院附属仁济医院、上海市肿瘤研究所
主管单位：中华人民共和国教育部
地址：上海市徐汇区斜土路2200弄25号，www.tumorsci.org

刊名：肿瘤防治研究
刊号：CN42-1241/R
主办单位：湖北省卫生健康委员会、中国抗癌协会、湖北省肿瘤医院
主管单位：中华人民共和国国家卫生健康委员会
地址：湖北省武汉市洪山区卓刀泉南路116号，www.zlfzyj.com

刊名：肿瘤基础与临床
刊号：CN41-1383/R
主办单位：河南省抗癌协会、郑州大学、河南省肿瘤医院、河南省肿瘤研究所
主管单位：河南省科学技术协会
地址：河南省郑州市二七区大学路40号，www5.zzu.edu.cn/xuebao/zyk/zljcylc.htm

刊名：肿瘤学杂志
刊号：CN33-1266/R
主办单位：浙江省肿瘤医院、浙江省抗癌协会
主管单位：浙江省卫生健康委员会
地址：浙江省杭州市拱墅区半山东路1号，www.chinaoncology.cn

刊名：肿瘤研究与临床
刊号：CN11-5355/R
主办单位：中华医学会、山西省肿瘤研究所、山西省肿瘤医院
主管单位：中华人民共和国国家卫生健康委员会
地址：北京市东城区东四西大街42号，www.zlyjylc.com.cn

刊名：肿瘤药学
刊号：CN43-1507/R
主办单位：湖南省肿瘤医院
主管单位：湖南省卫生健康委员会
地址：湖南省长沙市岳麓区桐梓坡路283号，www.zgzlyx.com

刊名：肿瘤影像学
刊号：CN31-2087/R
主办单位：复旦大学附属肿瘤医院
主管单位：复旦大学
地址：上海市徐汇区东安路270号，www.zhongliuyingxiangxue.com

刊名：肿瘤预防与治疗
刊号：CN51-1703/R
主办单位：四川省肿瘤医院
主管单位：四川省卫生健康委员会
地址：四川省成都市武侯区人民南路四段55号，www.zlyfyzl.cn

刊名：种业导刊
刊号：CN41-1392/S
主办单位：河南省农业科学院农业经济与信息研究所
主管单位：河南省农业科学院
地址：河南省郑州市金水区花园路116号，www.seedsee.com

刊名：种子
刊号：CN52-1066/S
主办单位：贵州农业职业学院、贵州省种子管理站
主管单位：贵州农业职业学院
地址：贵州省贵阳市清镇职教城乡愁校区黄柿路3号贵州农业职业学院，www.gznyzyxy.cn

刊名：种子科技
刊号：CN14-1160/S
主办单位：山西科技新闻出版传媒集团、山西省种子协会
主管单位：山西省科学技术协会
地址：山西省太原市小店区高新开发区创业街35号，www.zzkjzzs.com

刊名：仲恺农业工程学院学报
刊号：CN44-1660/S

主办单位：仲恺农业工程学院
主管单位：广东省教育厅
地址：广东省广州市海珠区纺织路东沙街24号，journal.zhku.edu.cn

刊名：重型机械
刊号：CN61-1113/TH
主办单位：中国重型机械研究院股份公司
主管单位：中国重型机械研究院股份公司
地址：陕西省西安市未央区东元路209号，www.zxjxqk.com

刊名：周口师范学院学报
刊号：CN41-1345/Z
主办单位：周口师范学院
主管单位：河南省教育厅
地址：河南省周口市川汇区文昌路东段，xbbjb.zknu.edu.cn

刊名：周易研究
刊号：CN37-1191/C
主办单位：山东大学
主管单位：中华人民共和国教育部
地址：山东省济南市历城区山大南路27号，zhouyi.sdu.edu.cn

刊名：轴承
刊号：CN41-1148/TH
主办单位：洛阳轴承研究所有限公司
主管单位：洛阳轴承研究所有限公司
地址：河南省洛阳市涧西区吉林路1号，cucw.cbpt.cnki.net

刊名：珠江水运
刊号：CN44-1376/U
主办单位：交通运输部珠江航务管理局
主管单位：中华人民共和国交通运输部
地址：广东省广州市越秀区沿江中路263号，www.zjsyzz.com

刊名：珠算与珠心算
刊号：CN23-1511/O1
主办单位：珠算心算研究指导中心黑龙江省珠算协会
主管单位：黑龙江省财政厅
地址：黑龙江省哈尔滨市南岗区银行街10号，www.hljszx.com

刊名：蛛形学报
刊号：CN42-1376/Q
主办单位：中国动物学会蛛形学专业委员会、湖北大学
主管单位：湖北省教育厅
地址：湖北省武汉市武昌区友谊大道368号湖北大学，czs.ioz.cas.cn/xhqk/zxxb

刊名：竹子学报
刊号：CN33-1399/S
主办单位：国家林业和草原局竹子研究开发中心
主管单位：浙江省林业局
地址：浙江省杭州市西湖区文一路310号

刊名：住区
刊号：CN11-5915/TU
主办单位：清华大学、清华大学建筑设计研究院有限公司、中国建筑出版传媒有限公司
主管单位：中华人民共和国教育部
地址：北京市海淀区双清路30号清华大学建筑设计中心楼307室，www.designcommunity.cn

刊名：住宅产业
刊号：CN11-5221/TU
主办单位：住房和城乡建设部住宅产业化促进中心
主管单位：中华人民共和国住房和城乡建设部
地址：北京市海淀区三里河路9号住房和城乡建设部北配楼

刊名：住宅科技
刊号：CN31-1407/TU
主办单位：住房和城乡建设部住宅产业化促进中心、上海市房地产科学研究院
主管单位：中华人民共和国住房和城乡建设部
地址：上海市徐汇区复兴西路193号

刊名：铸造
刊号：CN21-1188/TG
主办单位：沈阳铸造研究所、中国机械工程学会铸造分会
主管单位：沈阳铸造研究所
地址：辽宁省沈阳市铁西区云峰南街17号，www.foundryworld.com/zzzz

刊名：铸造技术
刊号：CN61-1134/TG
主办单位：西安市铸造学会
主管单位：西安市科学技术协会
地址：陕西省西安市碑林区金花南路5号西安理工大学608号信箱，www.zhuzaojishu.net

刊名：铸造设备与工艺
刊号：CN14-1352/TG
主办单位：太原科技大学
主管单位：太原科技大学
地址：山西省太原市区万柏林区瓦流路66号太原科技大学240信箱，www.foundrycn.cn

刊名：筑路机械与施工机械化
刊号：CN61-1119/U
主办单位：长安大学
主管单位：中华人民共和国教育部
地址：陕西省西安市雁塔区南二环路中段长安大学杂志社，zljx.chd.edu.cn

刊名：专利代理
刊号：CN10-1332/TB
主办单位：中华全国专利代理人协会、中国知识产权报社
主管单位：国家知识产权局
地址：北京市海淀区西土城路6号，www.acpaa.cn

刊名：专用车与零部件
刊号：CN10-1268/U
主办单位：北京卓众出版有限公司
主管单位：中国机械工业联合会
地址：北京市朝阳区德外北沙滩1号

刊名：专用汽车
刊号：CN42-1292/U
主办单位：汉阳专用汽车研究所
主管单位：汉阳专用汽车研究所
地址：湖北省武汉市蔡甸区沌阳大道55号

刊名：装备环境工程
刊号：CN50-1170/X
主办单位：中国兵器工业第五九研究所、国防科技工业自然环境试验研究中心
主管单位：中国兵器装备集团有限公司
地址：重庆市九龙坡区渝州路33号，www.eee-j.com

刊名：装备机械
刊号：CN31-1892/TH
主办单位：上海电气（集团）总公司
主管单位：上海电气（集团）总公司
地址：上海市静安区中兴路960号

刊名：装备维修技术
刊号：CN42-1335/U
主办单位：东风汽车集团有限公司
主管单位：东风汽车集团有限公司
地址：湖北省武汉市蔡甸区经济技术开发区东风三路东合中心B座904号

刊名：装备制造技术
刊号：CN45-1320/TH
主办单位：广西机械工程学会
主管单位：广西壮族自治区科学技术协会
地址：广西壮族自治区南宁市兴宁区长堽路99号广西水利电力职业技术学院综合楼2楼，www.zbzzjsqk.com

刊名：装饰
刊号：CN11-1392/J
主办单位：清华大学
主管单位：中华人民共和国教育部
地址：北京市海淀区双清路30号清华大学美术学院，www.izhsh.com.cn

刊名：资源环境与工程
刊号：CN42-1736/P
主办单位：湖北省地质调查院
主管单位：湖北省地质局
地址：湖北省武汉市硚口区古田五路9号地质大楼1805室，hbdk.cbpt.cnki.net

刊名：资源节约与环保
刊号：CN12-1377/X
主办单位：天津市节能协会
主管单位：天津市经济和信息化委员会
地址：天津市南开区长江道75号清新大厦B座1门6层，zyjh.chinajournal.net.cn

刊名：资源开发与市场
刊号：CN51-1448/N
主办单位：四川省自然资源科学研究院
主管单位：四川省科技厅

地址：四川省成都市武侯区一环路南二段24号，www.zykf.com.cn

刊名：资源科学
刊号：CN11-3868/N
主办单位：中国科学院地理科学与资源研究所、中国自然资源学会
主管单位：中国科学院
地址：北京市朝阳区大屯路甲11号，www.resci.cn/CN/1007-7588/home.shtml

刊名：资源信息与工程
刊号：CN43-1533/TD
主办单位：中南大学
主管单位：中南大学
地址：湖南省长沙市岳麓区麓山南路932号

刊名：资源与产业
刊号：CN11-5426/TD
主办单位：中国地质大学（北京）、中国地质调查局、自然资源部人力资源开发中心
主管单位：中华人民共和国教育部
地址：北京市海淀区学院路29号中国地质大学（北京）综合办公楼418室，www.resourcesindustries.net.cn

刊名：自动化技术与应用
刊号：CN23-1474/TP
主办单位：黑龙江省自动化学会
主管单位：黑龙江省科学院
地址：黑龙江省哈尔滨市香坊区汉水路265号，www.caauto.com.cn

刊名：自动化学报
刊号：CN11-2109/TP
主办单位：中国科学院自动化研究所、中国自动化学会
主管单位：中国科学院
地址：北京市东城区东黄城根北街16号，www.aas.net.cn

刊名：自动化仪表
刊号：CN31-1501/TH
主办单位：中国仪器仪表学会、上海工业自动化仪表研究院有限公司
主管单位：中国科学技术协会
地址：上海市徐汇区漕宝路103号，www.paimag.com

刊名：自动化应用
刊号：CN50-1201/TP
主办单位：重庆西南信息有限公司
主管单位：重庆西南信息有限公司
地址：重庆市渝北区洪湖西路18号

刊名：自动化与信息工程
刊号：CN44-1632/TP
主办单位：广东省智能制造研究所、广州市自动化学会
主管单位：广东省科学院
地址：广东省广州市越秀区先烈中路100号大院13号楼901，gia.ac.cn

刊名：自动化与仪表
刊号：CN12-1148/TP
主办单位：天津工业自动化仪表研究所有限公司、天津市自动化学会
主管单位：天津中环电子信息集团有限公司
地址：天津市河西区体院北环湖中道9号，www.zdhyyb.com

刊名：自然辩证法通讯
刊号：CN11-1518/N
主办单位：中国科学院大学
主管单位：中国科学院
地址：北京市石景山区玉泉路19号甲中国科学院大学内，jdn.ucas.ac.cn

刊名：自然辩证法研究
刊号：CN11-1649/B
主办单位：中国自然辩证法研究会
主管单位：中国科学技术协会
地址：北京市西城区三里河路54号，www.chinasdn.org.cn

刊名：自然科学史研究
刊号：CN11-1810/N
主办单位：中国科学院自然科学史研究所、中国科学技术史学会
主管单位：中国科学院
地址：北京市海淀区中关村东路55号自然科学史研究所，www.shns.ac.cn

刊名：自然杂志
刊号：CN31-1418/N
主办单位：上海大学
主管单位：上海市教育委员会
地址：上海市宝山区上大路 99 号，nature. shu. edu. cn

刊名：自然灾害学报
刊号：CN23-1324/X
主办单位：中国地震局工程力学研究所
主管单位：中国地震局
地址：黑龙江省哈尔滨市南岗区学府路 29 号，zrzh. iemzzs. com

刊名：自然资源学报
刊号：CN11-1912/N
主办单位：中国自然资源学会、中国科学院地理科学与资源研究所
主管单位：中国科学技术协会
地址：北京市朝阳区大屯路甲 11 号，www. jnr. ac. cn

刊名：宗教学研究
刊号：GB51-1069/B
主办单位：四川大学道教与宗教文化研究所
主管单位：四川大学
地址：四川省成都市武侯区望江路29号四川大学文科楼 138 室，daoism. scu. edu. cn

刊名：组合机床与自动化加工技术
刊号：CN21-1132/TG
主办单位：大连组合机床研究所、中国机械工程学会
主管单位：中国科学技术协会
地址：辽宁省大连市沙河口区新生路 80 号 504 室，zhjcz. com. cn

刊名：组织工程与重建外科
刊号：CN31-1946/R
主办单位：上海交通大学医学院附属第九人民医院
主管单位：上海交通大学
地址：上海市黄浦区制造局路 639，www. qk. sjtu. edu. cn/jter

刊名：钻采工艺
刊号：CN51-1177/TE
主办单位：四川石油管理局钻采工艺技术研究院
主管单位：中国石油天然气集团四川石油管理局
地址：四川省德阳市广汉市中山大道南二段 88 号，www. zcgyzz. com

刊名：钻井液与完井液
刊号：CN13-1118/TE
主办单位：渤海钻探工程有限公司、华北油田分公司
主管单位：中国石油天然气集团有限公司
地址：河北省沧州市任丘市燕山南道渤海钻探工程技术研究院，www. zjyywjy. com. cn

刊名：遵义师范学院学报
刊号：CN52-5026/G4
主办单位：遵义师范学院
主管单位：遵义师范学院
地址：贵州省遵义市新蒲新区平安大道中段遵义师范学院，www. xbbjb. dep. zync. edu. cn

刊名：遵义医学院学报
刊号：CN52-5016/R
主办单位：遵义医科大学
主管单位：遵义医科大学
地址：贵州省遵义市新蒲新区学府西路 6 号，zyyk-dx. paperopen. com

刊名：作物学报
刊号：CN11-1809/S
主办单位：中国作物学会、中国农业科学院作物科学研究所、中国科技出版传媒股份有限公司
主管单位：中国科学技术协会
地址：北京市海淀区中关村南大街 12 号中国农业科学院作物所，zwxb. chinacrops. org

刊名：作物研究
刊号：CN43-1110/S
主办单位：湖南省作物学会、湖南农业大学
主管单位：湖南农业大学
地址：湖南省长沙市芙蓉区湖南农业大学期刊社，zwyj. cbpt. cnki. net

刊名：作物杂志
刊号：CN11-1808/S
主办单位：中国作物学会、中国农业科学院作物科

学研究所
主管单位：中国科学技术协会
地址：北京市海淀区中关村南大街12号，zwzz. chinacrops. org

刊名：生物化学与生物物理学报（Acta Biochimica et Biophysica Sinica）
刊号：CN31-1940/Q
主办单位：中国科学院上海生命科学研究院生物化学与细胞生物学研究所
主管单位：中国科学院
地址：上海市徐汇区岳阳路319号，www. abbs. org. cn

刊名：地质学报（Acta Geologica Sinica）
刊号：CN11-2001/P
主办单位：中国地质学会
主管单位：中国科学技术协会
地址：北京市西城区百万庄大街26号，www. geojournals. cn/dzxbcn/ch/index. aspx

刊名：应用数学学报（Acta Mathematicae Applicatae Sinica）
刊号：CN11-2041/O1
主办单位：中国科学院数学与系统科学研究院、中国数学会
主管单位：中国科学院
地址：北京市海淀区中关村东路55号，www. applmath. com. cn

刊名：数学物理学报（Acta Mathematica Scientia）
刊号：CN42-1227/O
主办单位：中国科学院武汉物理与数学研究所
主管单位：中国科学院
地址：湖北省武汉市武昌区东三路小洪山西30号，manu45. magtech. com. cn/sxwlxbA

刊名：数学学报（Acta Mathematica Sinica）
刊号：CN11-2039/O1
主办单位：中国数学会
主管单位：中国科学技术协会
地址：北京市海淀区中关村东路55号，www. actamath. com

刊名：力学学报（Acta Mechanica Sinica）
刊号：CN11-2063/O3
主办单位：中国力学学会、中国科学院力学研究所
主管单位：中国科学技术协会
地址：北京市海淀区北四环西路15号，ams. cstam. org. cn

刊名：金属学报（Acta Metallurgica Sinica）
刊号：CN21-1361/TG
主办单位：中国金属学会
主管单位：中国科学技术协会
地址：辽宁省沈阳市沈河区文化路72号，www. amse. org. cn

刊名：固体力学学报（Acta Mechanica Solida Sinica）
刊号：CN42-1121/O3
主办单位：中国力学学会
主管单位：中国科学技术协会
地址：湖北省武汉市洪山区珞瑜路1037号华中科技大学南一楼东317，amss. hust. edu. cn

刊名：海洋学报（Acta Oceanologica Sinica）
刊号：CN11-2056/P
主办单位：中国海洋学会
主管单位：中国科学技术协会
地址：北京市海淀区大慧寺8号，www. hyxb. org. cn/aosen/ch/index. aspx

刊名：药学学报（Acta Pharmaceutica Sinica）
刊号：CN10-1171/R
主办单位：中国药学会、中国医学科学院药物研究所
主管单位：中国科学技术协会
地址：北京市朝阳区东三环中路39号院9号楼1803，//www. yxxb. com. cn

刊名：气候变化研究进展（Advances in Climate Change Research）
刊号：CN11-5918/P
主办单位：国家气候中心
主管单位：中国气象局
地址：北京市海淀区中关村南大街46号国家气候中心，www. climatechange. cn

刊名：先进制造进展（Advances in Manufacturing）
刊号：CN31-2069/TB
主办单位：上海大学
主管单位：上海市教育委员会

地址：上海市宝山区上大路 99 号，www. aim. shu. edu. cn

刊名：气象科技进展（Advances in Meteorological Science and Technology）
刊号：CN10-1000/P
主办单位：中国气象局气象干部培训学院
主管单位：中国气象局
地址：北京市海淀区中关村南大街 46 号，cmalibrary. cn/amst

刊名：极地科学进展（Advances in Polar Science）
刊号：CN31-2050/P
主办单位：中国极地研究中心、国家海洋局极地考察办公室
主管单位：国家海洋局
地址：上海市浦东新区金桥路 451 号，www. apspolar. org

刊名：应用数学年刊（Annals of Applied Mathematics）
刊号：CN35-1328/O1
主办单位：福州大学数学与计算机科学学院
主管单位：福州大学
地址：福建省福州市闽侯县上街大学城福州大学数学与计算机科学学院

刊名：应用地球物理（Applied Geophysics）
刊号：CN11-5212/O
主办单位：中国地球物理学会
主管单位：中国科学技术协会
地址：北京市东城区兴化路甲 11 号 407，www. appliedgeophysics. cn

刊名：应用数学和力学（Applied Mathematics and Mechanics）
刊号：CN31-1650/O1
主办单位：上海大学、中国力学学会
主管单位：上海市教育委员会
地址：上海市宝山区上大 99 号，www. applmathmech. cn

刊名：应用数学和力学（Applied Mathematics and Mechanics）
刊号：CN50-1060/O3
主办单位：重庆交通大学
主管单位：重庆交通大学
地址：重庆市南岸区学府大道 66 号重庆交通大学 90 信箱，www. applmathmech. cn

刊名：高校应用数学学报 B 辑（Applied Mathematics：A Journal of Chinese Universities）
刊号：CN33-1171/O
主办单位：浙江大学
主管单位：中华人民共和国教育部
地址：浙江省杭州市西湖区浙大路 38 号，www. amjcu. zju. edu. cn/amjcub

刊名：亚洲两栖爬行动物研究（Asian Herpetological Research）
刊号：CN51-1735/Q
主办单位：中国科学院成都生物研究所、中国科技出版传媒股份有限公司
主管单位：中国科学院
地址：四川省成都市武侯区人民南路四段 9 号，www. ahr-journal. com

刊名：大气和海洋科学快报（Atmospheric and Oceanic Science Lett）
刊号：CN11-5693/P
主办单位：中国科学院大气物理研究所、中国气象学会
主管单位：中国科学院
地址：北京市朝阳区华严里 40 号楼，www. iapjournals. ac. cn/aosl

刊名：鸟类学研究（Avian Research）
刊号：CN10-1240/Q
主办单位：北京林业大学、中国动物学会
主管单位：中华人民共和国教育部
地址：北京市海淀区双清路 30 号清华大学学研大厦 A 座，www. avianres. com

刊名：骨研究（Bon Research）
刊号：CN51-1745/R
主办单位：四川大学
主管单位：中华人民共和国教育部
地址：四川省成都市武侯区人民南路三段 14 号，www. nature. com/boneres

刊名：神经科学（Brain Science Advances）
刊号：CN10-1534/R

主办单位：清华大学
主管单位：中华人民共和国教育部
地址：北京市海淀区双清路学研大厦 B 座 6 层，bsa. tsinghuajournals. com

刊名：建筑模拟（Building Simulation）
刊号：CN10-1106/TU
主办单位：清华大学
主管单位：中华人民共和国教育部
地址：北京市海淀区清华大学学研大厦 A 座 6 层，www. springer. com/journal/12273

刊名：癌症生物学与医学（Cancer Biology and Medicine）
刊号：CN12-1431/R
主办单位：中国抗癌协会、天津医科大学肿瘤医院
主管单位：中国科学技术协会
地址：天津市河西区体院北环湖西路天津医科大学肿瘤医院 C 楼 3 层，www. cancerbiomed. org

刊名：细胞研究（Cell Research）
刊号：CN31-1568/Q
主办单位：中国科学院上海生命科学研究院生物化学与细胞生物学研究所、中国细胞生物学学会
主管单位：中国科学院
地址：上海市徐汇区岳阳路 319 号，www. cell-research. com

刊名：中国免疫学杂志（Cellular & Molecular Immunology）
刊号：CN11-4987/R
主办单位：中国免疫学会、中国科学技术大学
主管单位：中国科学技术协会
地址：北京市东城区东单三条 5 号，nature. com/cmi

刊名：城市规划（China City Planning Review）
刊号：CN11-1735/TU
主办单位：中国城市规划学会
主管单位：中华人民共和国住房和城乡建设部
地址：北京市海淀区双清路 30 号清华大学学研大厦 B 座 101，www. ccprjournal. com. cn

刊名：中国通信（China Communications）
刊号：CN11-5439/TN
主办单位：中国通信学会
主管单位：中国科学技术协会
地址：北京市海淀区皂君庙 14 号院 1 号楼 9 层 908 室，www. cic-chinacommunications. cn

刊名：中国经济学人（China Economist）
刊号：CN10-1238/F
主办单位：中国社会科学院工业经济研究所
主管单位：中国社会科学院
地址：北京市西城区阜外月坛北小街 2 号，www. chinaeconomist. com

刊名：中国财政与经济研究（China Finance and Economic Review）
刊号：CN10-1077/F
主办单位：中国社会科学院财经战略研究院、社会科学文献出版社
主管单位：中国社会科学院
地址：北京市朝阳区建国门内大街 5 号，www. ssap. com. cn/c/2014 - 01 - 22/1030053. shtml

刊名：国际问题研究（China International Studies）
刊号：CN11-5344/D
主办单位：中国国际问题研究院
主管单位：中华人民共和国外交部
地址：北京市东城区台基厂头条 3 号，www. ciis. org. cn/gjwtyj

刊名：中国法学（China Legal Science）
刊号：CN10-1091/D
主办单位：中国法学会
主管单位：中共中央政法委员会
地址：北京市西城区兵马司胡同 63 号，clgs. cbpt. cnki. net

刊名：中国医学文摘内科学分册（China Medical Abstracts（Internal Medicine））
刊号：CN32-1150/R
主办单位：东南大学
主管单位：中华人民共和国教育部
地址：江苏省南京市鼓楼区丁家桥 87 号东南大学医学院内

刊名：中国油气（China Oil & Gas）
刊号：CN11-3543/TE
主办单位：石油工业出版社有限公司
主管单位：中国石油天然气集团有限公司

地址：北京市朝阳区安定门外安华里二区 1 号楼，www. coag. com. cn

刊名：中国炼油与石油化工（China Petroleum Processing & Petrochemical Technology）
刊号：CN11-4012/TE
主办单位：中国石油化工股份有限公司石油化工科学研究院
主管单位：中国石油化工集团有限公司
地址：北京市海淀区学院路 18 号，www. chinarefining. com

刊名：中国藏学（China Tibetology）
刊号：CN11-4711/D
主办单位：中国藏学研究中心
主管单位：中共中央统一战线工作部
地址：北京市朝阳区北四环东路 131 号，www. chinatibetanacademicjournalnet. cn

刊名：中国焊接（China Welding）
刊号：CN23-1332/TG
主办单位：哈尔滨焊接研究所、中国焊接协会
主管单位：中国机械工业联合会
地址：黑龙江省哈尔滨市松北区创新路 2077 号，magazines. hwi. com. cn

刊名：中国与世界经济（China & World Economy）
刊号：CN11-4639/F
主办单位：中国社会科学院世界经济与政治研究所
主管单位：中国社会科学院
地址：北京市东城区建国门内大街 5 号，iwep. org. cn

刊名：中国耐火材料（China's Refractories）
刊号：CN41-1183/TQ
主办单位：中钢集团洛阳耐火材料研究院有限公司
主管单位：中钢集团洛阳耐火材料研究院有限公司
地址：河南省洛阳市涧西区西苑路 43 号，www. china-refractories. cn

刊名：数学年刊 B 辑（Chinese Annals of Mathematics. Series B）
刊号：CN31-1329/O1
主办单位：复旦大学
主管单位：中华人民共和国教育部
地址：上海市杨浦区邯郸路 220 号，www. camath. fudan. edu. cn

刊名：中国化学快报（Chinese Chemical Letters）
刊号：CN11-2710/O6
主办单位：中国化学会、中国医学科学院药物研究所
主管单位：中国科学技术协会
地址：北京市西城区先农坛街 1 号，www. chinchemlett. com. cn

刊名：中国地理科学（Chinese Geographical Science）
刊号：CN22-1174/P
主办单位：中国科学院东北地理与农业生态研究所、中国地理学会
主管单位：中国科学院
地址：吉林省长春市宽城区高新北区盛北大街 4888 号，egeoscien. neigae. ac. cn

刊名：中草药（Chinese Herbal Medicine）
刊号：CN12-1410/R
主办单位：天津药物研究院、中国医学科学院药用植物研究
主管单位：天津药物研究院
地址：天津市南开区鞍山西道 308 号，www. tiprpress. com/chmen/ch/index. aspx

刊名：声学学报（Chinese Journal of Acoustics）
刊号：CN11-2066/O3
主办单位：中国科学院声学研究所
主管单位：中国科学院
地址：北京市海淀区北四环西路 21 号，www. ioa. cas. cn/xscbw1/sxxb1

刊名：中国航空学报（Chinese Journal of Aeronautics）
刊号：CN11-1732/V
主办单位：中国航空学会、北京航空航天大学
主管单位：中国科学技术协会
地址：北京市海淀区学院路37 号，hkxb. buaa. edu. cn

刊名：中国生物医学工程学报（Chinese Journal of Biomedical Engineering）
刊号：CN11-2953/R
主办单位：中国生物医学工程学会
主管单位：中国科学技术协会
地址：北京市东城区东单三条 5 号，cjbme. csbme. org

刊名：中国癌症研究（Chinese Journal of Cancer Research）
刊号：CN11-2591/R
主办单位：中国抗癌协会
主管单位：中国科学技术协会
地址：北京市海淀区阜成路52号北京肿瘤医院，www.cjcrcn.org

刊名：中国化学工程学报（Chinese Journal of Chemical Engineering）
刊号：CN11-3270/TQ
主办单位：中国化工学会、化学工业出版社有限公司
主管单位：中国科学技术协会
地址：北京市东城区青年湖南街13号，www.cjche.com.cn

刊名：化学物理学报（Chinese Journal of Chemical Physics）
刊号：CN34-1295/O6
主办单位：中国物理学会
主管单位：中国科学技术协会
地址：安徽省合肥市包河区金寨路96号中国科学技术大学，cjcp.ustc.edu.cn

刊名：中国电气工程学报（Chinese Journal of Electrical Engineering）
刊号：CN10-1382/TM
主办单位：机械工业信息研究院
主管单位：中国机械工业联合会
地址：北京市西城区百万庄大街22号，www.cjeec-mp.com/EN/2096-1529/home.shtml

刊名：中国机械工程学报（Chinese Journal of Mechanical Engineering）
刊号：CN11-2737/TH
主办单位：中国机械工程学会
主管单位：中国科学技术协会
地址：北京市西城区百万庄大街22号，www.cjmenet.com

刊名：中国天然药物（Chinese Journal of Natural Medicines）
刊号：CN32-1845/R
主办单位：中国药科大学、中国药学会
主管单位：中华人民共和国教育部
地址：江苏省南京市鼓楼区童家巷24号中国药科大学，www.cjnmcpu.com

刊名：高分子科学（Chinese Journal of Polymer Science）
刊号：CN11-2015/O6
主办单位：中国化学会、中国科学院化学研究所
主管单位：中国科学技术协会
地址：北京市海淀区中关村北一街2号，www.cjps.org

刊名：中国人口·资源与环境（Chinese Journal of Population Resources and Environment）
刊号：CN37-1202/N
主办单位：中国可持续发展研究会、山东省可持续发展研究中心、中国21世纪议程管理中心、山东师范大学
主管单位：中华人民共和国科学技术部、山东省科学技术厅
地址：山东省济南市历下区文化东路88号，www.tandfonline.com/toc/tpre20/11/1

刊名：中华创伤杂志（Chinese Journal of Traumatology）
刊号：CN50-1115/R
主办单位：中华医学会
主管单位：中国科学技术协会
地址：重庆市渝中区大坪长江支路10号，www.cjtrauma.com

刊名：中国光学快报（Chinese Optics Letters）
刊号：CN31-1890/O4
主办单位：中国科学院上海光学精密机械研究所、中国光学学会
主管单位：中国科学院
地址：上海市嘉定区清河路390号，www.opticsjournal.net/Journals/col.htm

刊名：中国物理快报（Chinese Physics Letters）
刊号：CN11-1959/O4
主办单位：中国科学院物理研究所、中国物理学会
主管单位：中国科学院
地址：北京市海淀区中关村南三街8号，cpl.iphy.ac.cn

刊名：中华医学杂志（Chinese Medical Journal）
刊号：CN11-2154/R

主办单位：中华医学会
主管单位：中国科学技术协会
地址：北京市东城区东四西大街42号，www.cmj.org

刊名：中华神经外科杂志（Chinese Neurosurgical Journal）
刊号：CN10-1275/R
主办单位：中华医学会
主管单位：中国科学技术协会
地址：北京市东城区东四西大街42号，www.cnjournal.org

刊名：护理前沿（Chinese Nursing Research）
刊号：CN14-1395/R
主办单位：山西医学期刊社
主管单位：山西医科大学第一医院
地址：山西省太原市迎泽区解放南路85号，www.suo1.cn

刊名：数学季刊（Chinese Quarterly Journal of Mathematics）
刊号：CN41-1102/O1
主办单位：河南大学
主管单位：河南大学
地址：河南省开封市金明区河南大学金明校区《数学季刊》编辑部

刊名：中国铁路（Chinese Railways）
刊号：CN11-3231/U
主办单位：中国铁道科学研究院集团有限公司
主管单位：中国铁路总公司
地址：北京市海淀区大柳树路2号1区15号楼3层，tlzg.cbpt.cnki.net

刊名：慢性疾病与转化医学（Chronic Diseases and Translational Medicine）
刊号：CN10-1249/R
主办单位：中华医学会
主管单位：中国科学技术协会
地址：北京市东城区东四西大街42号，www.cdatm.org

刊名：计算可视媒体（Computational Visual Media）
刊号：CN10-1320/TP
主办单位：清华大学
主管单位：中华人民共和国教育部
地址：北京市海淀区清华大学学研大厦A座6层，www.springer.com/juurnal/41095

刊名：现代国际关系（Contemporary International Relations）
刊号：CN11-2874/D
主办单位：中国现代国际关系研究院
主管单位：中国现代国际关系研究院
地址：北京市海淀区万寿寺甲2号

刊名：控制理论与技术（Control Theory and Technology）
刊号：CN44-1706/TP
主办单位：华南理工大学、中国科学院数学与系统科学研究院
主管单位：中华人民共和国教育部
地址：广东省广州市天河区五山路381号华南理工大学3号楼，www.springer.com/journal/11768

刊名：中国电机工程学会电力与能源系统学报（CSEE Journal of Power and Energy Systems）
刊号：CN10-1328/TM
主办单位：中国电机工程学会
主管单位：中国科学技术协会
地址：北京市西城区白广路二条1号，www.csee.org.cn/english

刊名：动物学报（Current Zoology）
刊号：CN11-5794/Q
主办单位：中国科学院动物研究所、中国动物学会
主管单位：中国科学院
地址：北京市朝阳区大屯路，academic.oup.com/cz

刊名：防务技术（Defence Technology）
刊号：CN10-1165/TJ
主办单位：中国兵工学会
主管单位：中国科学技术协会
地址：北京市海淀区车道沟10号中国兵工学会，www.cos.org.cn

刊名：数字通信与网络（Digital Communications and Networks）
刊号：CN50-1212/TN
主办单位：重庆邮电大学
主管单位：重庆市教育委员会

地址：重庆市南岸区崇文路2号，www.keaipublishing.com/dcan

刊名：地震工程与工程振动（Earthquake Engineering and Engineering Vibration）
刊号：CN23-1496/P
主办单位：中国地震局工程力学研究所
主管单位：中国地震局
地址：黑龙江省哈尔滨市南岗区学府路29号，www.iemzzs.com

刊名：中国地震研究（Earthquake Research in China）
刊号：CN11-2009/P
主办单位：中国地震台网中心
主管单位：中国地震局
地址：北京市西城区三里河路56号，erc.eq-j.cn

刊名：地震学报（Earthquake Science）
刊号：CN11-5695/P
主办单位：中国地震学会、中国地震局地球物理研究所
主管单位：中国科学技术协会
地址：北京市海淀区民族大学南路5号，www.equsci.org.cn

刊名：生态经济（Ecological Economy）
刊号：CN53-1197/F
主办单位：云南教育出版社有限责任公司
主管单位：云南出版集团有限责任公司
地址：云南省昆明市西山区环城西路577号云南省社科大楼2楼

刊名：经济与政治研究（Economic and Political Studies）
刊号：CN10-1049/C
主办单位：中国人民大学
主管单位：中华人民共和国教育部
地址：北京市海淀区中关村大街31号，www.tandfonline.com/reps

刊名：工程（Engineering）
刊号：CN10-1244/N
主办单位：中国工程院战略咨询中心、高等教育出版社有限公司
主管单位：中国工程院
地址：北京市西城区德外大街4号C座503，www.engineering.org.cn

刊名：眼视光学杂志（Eye and Vision）
刊号：CN33-1397/R
主办单位：温州医科大学
主管单位：浙江省教育厅
地址：浙江省温州市鹿城区学院西路82号，www.eandv.org

刊名：森林生态系统（Forest Ecosystems）
刊号：CN10-1166/S
主办单位：北京林业大学
主管单位：中华人民共和国教育部
地址：北京市海淀区清华东路35号北京林业大学，www.forestecosyst.com

刊名：摩擦（Friction）
刊号：CN10-1237/TH
主办单位：清华大学
主管单位：中华人民共和国教育部
地址：北京市海淀区双清路30号学研大厦，www.tsinghua.journals.com

刊名：能源前沿（Frontiers in Energy）
刊号：CN11-6017/TK
主办单位：高等教育出版社有限公司、中国工程院、上海交通大学
主管单位：中华人民共和国教育部
地址：北京市西城区德胜门外大街4号，journal.hep.com.cn/fie

刊名：农业科学与工程前沿（Frontiers of Agricultural Science and Engineering）
刊号：CN10-1204/S
主办单位：中国工程院、中国农业大学、高等教育出版社有限公司
主管单位：中国工程院
地址：北京市西城区德胜门外大街4号，journal.hep.com.cn/fase

刊名：建筑学研究前沿（Frontiers of Architectural Research）
刊号：CN10-1024/TU
主办单位：高等教育出版社有限公司、东南大学
主管单位：中华人民共和国教育部

地址：北京市西城区德胜门外大街4号，journal.hep.com.cn/foar

刊名：高等学校学术文摘.化学科学与工程前沿（Frontiers of Chemical Science and Engineering）

刊号：CN11-5981/TQ

主办单位：高等教育出版社有限公司、中国工程院、天津大学

主管单位：中华人民共和国教育部

地址：北京市西城区德胜门外大街4号，journal.hep.com.cn/fcse

刊名：计算机科学前沿（Frontiers of Computer Science）

刊号：CN10-1014/TP

主办单位：高等教育出版社有限公司、北京航空航天大学

主管单位：中华人民共和国教育部

地址：北京市西城区德胜门外大街4号，journal.hep.com.cn/fcs

刊名：高等学校学术文摘.地球科学前沿（Frontiers of Earth Science）

刊号：CN11-5982/P

主办单位：高等教育出版社有限公司、华东师范大学

主管单位：中华人民共和国教育部

地址：北京市西城区德胜门外大街4号，journal.hep.com.cn/fesci

刊名：工程管理前沿（Frontiers of Engineering Management）

刊号：CN10-1205/N

主办单位：中国工程院、高等教育出版社有限公司、清华大学、华中科技大学

主管单位：中国工程院

地址：北京市西城区德胜门外大街4号，journal.hep.com.cn/fem

刊名：环境科学与工程前沿（Frontiers of Environmental Science & Engineering）

刊号：CN10-1013/X

主办单位：高等教育出版社有限公司、中国工程院、清华大学

主管单位：中华人民共和国教育部

地址：北京市西城区德胜门外大街4号，journal.hep.com.cn/fese

刊名：信息与电子工程前沿（Frontiers of Information Technology & Electronic Engineering）

刊号：CN33-1389/TP

主办单位：中国工程院、浙江大学

主管单位：中国工程院

地址：浙江省杭州市西湖区天目山路148号浙大西溪校区出版社楼，www.jzus.zju.edu.cn

刊名：高等学校学术文摘.材料学前沿（Frontiers of Materials Science）

刊号：CN11-5985/TB

主办单位：高等教育出版社有限公司

主管单位：中华人民共和国教育部

地址：北京市西城区德胜门外大街4号，journal.hep.com.cn/foms

刊名：中国数学前沿（Frontiers of Mathematics in China）

刊号：CN11-5739/O1

主办单位：高等教育出版社有限公司

主管单位：中华人民共和国教育部

地址：北京市西城区德胜门外大街4号，journal.hep.com.cn/fmc

刊名：高等学校学术文摘.机械工程前沿（Frontiers of Mechanical Engineering）

刊号：CN11-5984/TH

主办单位：高等教育出版社有限公司、中国工程院、华中科技大学

主管单位：中华人民共和国教育部

地址：北京市西城区德胜门外大街4号，journal.hep.com.cn/fme

刊名：高等学校学术文摘.医学前沿（Frontiers of Medicine）

刊号：CN11-5983/R

主办单位：高等教育出版社有限公司、中国工程院、上海交通大学医学院附属瑞金医院

主管单位：中华人民共和国教育部

地址：北京市西城区德胜门外大街4号，journal.hep.com.cn/fmd

刊名：光电子学前沿（Frontiers of Optoelectronics）

刊号：CN10-1029/TN
主办单位：高等教育出版社有限公司、华中科技大学、中国光学学会
主管单位：中华人民共和国教育部
地址：北京市西城区德胜门外大街 4 号，journal. hep. com. cn/foe/

刊名：高等学校学术文摘. 物理学前沿（Frontiers of Physics）
刊号：CN11-5994/O4
主办单位：高等教育出版社有限公司
主管单位：中华人民共和国教育部
地址：北京市西城区德胜门外大街 4 号，journal. hep. com. cn/fop

刊名：结构与土木工程前沿（Frontiers of Structural and Civil Engineering）
刊号：CN10-1023/X
主办单位：高等教育出版社有限公司、中国工程院、同济大学
主管单位：中华人民共和国教育部
地址：北京市西城区德胜门外大街 4 号，journal. hep. com. cn/fsce

刊名：复旦人文社会科学论丛（Fudan Journal of the Humanities and Social Sciences）
刊号：CN31-2000/C
主办单位：复旦大学
主管单位：中华人民共和国教育部
地址：上海市杨浦区邯郸路 220 号，www. editorialmanager. com/fdhs

刊名：综合精神医学（General Psychiatry）
刊号：CN31-2152/R
主办单位：上海市精神卫生中心
主管单位：上海市卫生健康委员会
地址：上海市徐汇区宛平南路 600 号，gpsych. bmj. com

刊名：大地测量与地球动力学（Geodesy and Geodynamics）
刊号：CN42-1806/P
主办单位：中国地震局地震研究所、地壳运动监测工程研究中心、地壳应力研究所、第一监测中心、地球物理勘探中心、第二监测中心、中科院测量与地球物理研究所
主管单位：中国地震局
地址：湖北省武汉市武昌区洪山侧路 40 号，www. jgg09. com

刊名：地学前缘（Geoscience Frontiers）
刊号：CN11-5920/P
主办单位：中国地质大学（北京）
主管单位：中华人民共和国教育部
地址：北京市海淀区学院路 29 号，www. earthsciencefrontiers. net. cn

刊名：地球空间信息科学学报（Geo-spatial Information Science）
刊号：CN42-1610/P
主办单位：武汉大学
主管单位：中华人民共和国教育部
地址：湖北省武汉市洪山区八一路 299 号武汉大学本科学院大楼北 509，www. tandfonline. com/tgsi

刊名：国际肝胆胰疾病杂志（Hepatobiliary & Pancreatic Diseases International）
刊号：CN33-1391/R
主办单位：浙江省医学学术交流管理中心、浙江大学医学院附属第一医院、浙江大学出版社有限责任公司
主管单位：浙江省卫生健康委员会
地址：浙江省杭州市上城区老浙大直路 17 号，www. hbpdint. com

刊名：高功率激光科学与工程（High Power Laser Science and Engineering）
刊号：CN31-2078/O4
主办单位：中国科学院上海光学精密机械研究所、中国光学学会
主管单位：中国科学院
地址：上海市嘉定区清河路 390 号，www. opticsjournal. net/Journals/hpl. htm

刊名：高技术通讯（High Technology Letters）
刊号：CN11-3683/N
主办单位：中国科学技术信息研究所
主管单位：中华人民共和国科学技术部
地址：北京市西城区三里河路 54 号，www. hitech863. com

刊名：园艺学报（Horticultural Plant Journal）
刊号：CN10-1305/S

主办单位：中国园艺学会、中国农业科学院蔬菜花卉研究所、中国农业科学技术出版社
主管单位：中国科学技术协会
地址：北京市海淀区中关村南大街 12 号，www.keaipublishing.com/en/journals/horticultural-plant-journal

刊名：自动化学报（IEEE/CAA Journal of Automatica Sinica）
刊号：CN10-1193/TP
主办单位：中国自动化学会、中国科学院自动化研究所、中国科技出版传媒股份有限公司
主管单位：中国科学技术协会
地址：北京市东城区东黄城根北街 16 号，www.ieee-jas.org

刊名：昆虫科学（Insect Science）
刊号：CN11-6019/Q
主办单位：中国昆虫学会、中国科学院动物研究所
主管单位：中国科学技术协会
地址：北京市朝阳区北辰西路 1 号院中国科学院动物研究所，ins.ioz.ac.cn

刊名：整合动物学（Integrative Zoology）
刊号：CN11-6012/Q
主办单位：中国科学院动物研究所、国际动物学会
主管单位：中国科学院
地址：北京市朝阳区北辰西路 1 号院 5 号中国科学院动物研究所 C 座 506，onlinelibrary.wiley.com/journal/17494877

刊名：国际煤炭科学技术学报（International Journal of Coal Science & Technology）
刊号：CN10-1252/TD
主办单位：中国煤炭学会
主管单位：中国科学技术协会
地址：北京市朝阳区和平里煤科院，www.springer.com/journal/40789

刊名：国际灾害风险科学学报（International Journal of Disaster Risk Science）
刊号：CN11-5970/N
主办单位：北京师范大学、民政部国家减灾中心
主管单位：中华人民共和国教育部
地址：北京市海淀区学院南路 12 号京师科技大厦 B 座 8 楼北京师范大学减灾与应急管理研究院，www.springer.com/journal/13753

刊名：矿业科学技术学报（International Journal of Mining Science and Technology）
刊号：CN32-1827/TD
主办单位：中国矿业大学
主管单位：中华人民共和国教育部
地址：江苏省徐州市泉山区金山东路 1 号中国矿业大学文昌校区学报编辑部，www.sciencedirect.com/journal/international-journal-of-mining-science-and-technology

刊名：国际水土保持研究（International Soil and Water Conservation Research）
刊号：CN10-1107/P
主办单位：国际泥沙研究培训中心、中国水利水电出版社有限公司、中国水利水电科学研究院
主管单位：中华人民共和国水利部
地址：北京市西城区三里河路 6 号，www.waswac.org

刊名：针灸推拿医学（Journal of Acupuncture and Tuina Science）
刊号：CN31-1908/R
主办单位：上海市针灸经络研究所
主管单位：上海市卫生健康委员会
地址：上海市徐汇区宛平南路 650 号，tn.acumoxj.com

刊名：先进陶瓷（Journal of Advanced Ceramics）
刊号：CN10-1154/TQ
主办单位：清华大学
主管单位：中华人民共和国教育部
地址：北京市海淀区清华大学学研大厦 A 座 6 层，www.springer.com/journal/40145

刊名：畜牧与生物技术杂志（Journal of Animal Science and Biotechnology）
刊号：CN11-5967/S
主办单位：中国畜牧兽医学会
主管单位：中国科学技术协会
地址：北京市海淀区圆明园西路 2 号院 56 号楼 1 层 101、102，jasbsci.biomedcentral.com

刊名：北京理工大学学报（Journal of Beijing Institute of Technology）
刊号：CN11-2916/T
主办单位：北京理工大学
主管单位：中华人民共和国工业和信息化部

地址：北京市海淀区中关村南大街5号，journal. bit. edu. cn/yw/bjlgyw/ch/index. aspx

刊名：中南大学学报（Journal of Central South University）
刊号：CN43-1516/TB
主办单位：中南大学
主管单位：中华人民共和国教育部
地址：湖南省长沙市岳麓区麓山南路932号中南大学校本部中南大学出版社2楼，www. zndxzk. com. cn

刊名：中国药学（Journal of Chinese Pharmaceutical Sciences）
刊号：CN11-2863/R
主办单位：中国药学会
主管单位：中国科学技术协会
地址：北京市海淀区学院路38号，www. jcps. ac. cn

刊名：通信与信息网络学报（Journal of Communications and Information Networks）
刊号：CN10-1375/TN
主办单位：人民邮电出版社有限公司
主管单位：中华人民共和国工业和信息化部
地址：北京市东城区广渠门内大街80号606室，www. jcin. com. cn

刊名：计算数学（Journal of Computational Mathematics）
刊号：CN11-2126/O1
主办单位：中国科学院数学与系统科学研究院
主管单位：中国科学院
地址：北京市2719信箱，www. computmath. com

刊名：计算机科学技术学报（Journal of Computer Science and Technology）
刊号：CN11-2296/TP
主办单位：中科院计算所、中国计算机学会
主管单位：中国科学院
地址：北京市东城区东黄城根北街16号，jcst. ict. ac. cn

刊名：数据与情报科学学报（Journal of Data and Information Science）
刊号：CN10-1394/G2
主办单位：中国科学院文献情报中心
主管单位：中国科学院
地址：北京市海淀区北四环西路33号，www. jdis. org

刊名：地球科学学刊（Journal of Earth Science）
刊号：CN42-1788/P
主办单位：中国地质大学（武汉）
主管单位：中华人民共和国教育部
地址：湖北省武汉市洪山区鲁磨路388号，www. earth-science. net

刊名：电子科技学刊（Journal of Electronic Science Technology）
刊号：CN51-1724/TN
主办单位：电子科技大学
主管单位：中华人民共和国教育部
地址：四川省成都市成华区建设北路二段4号，www. journal. uestc. edu. cn

刊名：能源化学（Journal of Energy Chemistry）
刊号：CN10-1287/O6
主办单位：中国科技出版传媒股份有限公司、中国科学院大连化学物理研究所
主管单位：中国科学院
地址：北京市东城区东黄城根北街16号，www. jec-composites. com

刊名：环境核算与管理（Journal of Environmental Accounting and Management）
刊号：CN10-1358/X
主办单位：北京师范大学
主管单位：中华人民共和国教育部
地址：北京市海淀区新街口外大街19号，lhscientificpublishing. com/journals/JEAM-Default. aspx

刊名：环境科学学报（Journal of Environmental Sciences）
刊号：CN11-2629/X
主办单位：中国科学院生态环境研究中心
主管单位：中国科学院
地址：北京市东城区东黄城根北街16号，www. jesc. ac. cn

刊名：遗传学报（Journal of Genetics and Genomics）
刊号：CN11-5450/R
主办单位：中国科学院遗传与发育生物学研究所、

中国遗传学会
主管单位：中国科学院
地址：北京市东城区东黄城根北街 16 号，www.jgenetgenomics.org

刊名：世界地质（Journal of Geoscientific Research）
刊号：CN22-1371/P
主办单位：吉林大学东北亚国际地学研究与教学中心
主管单位：中华人民共和国教育部
地址：吉林省长春市朝阳区西民主大街 938 号，sjdz.jlu.edu.cn

刊名：地理学报（Journal of Geographical Sciences）
刊号：CN11-4546/P
主办单位：中国地理学会、中国科学院地理科学院与资源研究所
主管单位：中国科学技术协会
地址：北京市朝阳区安外大屯路甲 11 号，www.geogsci.com

刊名：哈尔滨工业大学学报（Journal of Harbin Institute of Technology）
刊号：CN23-1378/T
主办单位：哈尔滨工业大学
主管单位：中华人民共和国工业和信息化部
地址：黑龙江省哈尔滨市南岗区西大直街 92 号，hit.alljournals.cn/jhit_cn/ch/index.aspx

刊名：水动力学研究与进展 B 辑（Journal of Hydrodynamics）
刊号：CN31-1563/T
主办单位：中国船舶科学研究中心
主管单位：中国船舶集团有限公司
地址：上海市黄浦区高雄路 185 号，www.jhydrodynamics.com

刊名：农业科学学报（Journal of Integrative Agriculture）
刊号：CN10-1039/S
主办单位：中国农业科学院、中国农学会
主管单位：中华人民共和国农业农村部
地址：北京市海淀区中关村南大街 12 号，www.chinaagrisci.com

刊名：结合医学学报（Journal of Integrative Medicine）
刊号：CN31-2083/R
主办单位：上海市中西医结合学会、上海长海医院
主管单位：上海市卫生健康委员会
地址：上海市杨浦区翔殷路 800 号，www.jcimjournal.com

刊名：植物学报（Journal of Integrative Plant Biology）
刊号：CN11-5067/Q
主办单位：中国科学院植物研究所、中国植物学会
主管单位：中国科学院
地址：北京市海淀区香山南路南辛村 20 号，www.jipb.net

刊名：钢铁研究学报（Journal of Iron and Steel Research）
刊号：CN11-3678/TF
主办单位：中国钢研科技集团有限公司
主管单位：中国钢铁工业协会
地址：北京市海淀区学院南路 76 号，www.chinamet.cn/Jweb_gtyjxb_en

刊名：材料科学技术（Journal of Materials Science & Technology）
刊号：CN21-1315/TG
主办单位：中国金属学会、中国材料研究学会、中国科学院国际材料物理中心
主管单位：中国科学技术协会
地址：辽宁省沈阳市沈河区文化路 72 号，www.jmst.org

刊名：数学研究及应用（Journal of Mathematical Research with Applications）
刊号：CN21-1579/O1
主办单位：大连理工大学、中国工业与应用数学学会
主管单位：中华人民共和国教育部科技司
地址：辽宁省大连市甘井子区凌工路 2 号大连理工大学创新园大厦 A1112 房间，jmre.dlut.edu.cn

刊名：测试科学与仪器（Journal of Measurement Science and Instrumentation）
刊号：CN14-1357/TH

主办单位：中北大学
主管单位：中北大学
地址：山西省太原市尖草坪区学院路3号出版中心，xuebao. nuc. edu. cn

刊名：气象学报（Journal of Meteorological Research）
刊号：CN11-2277/P
主办单位：中国气象学会
主管单位：中国科学技术协会
地址：北京市海淀区中关村南大街46号，www. cmsjournal. net

刊名：山地科学学报（Journal of Mountain Science）
刊号：CN51-1668/P
主办单位：中国科学院水利部成都山地灾害与环境研究所
主管单位：中国科学院
地址：四川省成都市武侯区人民南路四段9号，jms. imde. ac. cn

刊名：东北农业大学学报（Journal of Northeast Agricultural University）
刊号：CN23-1391/S
主办单位：东北农业大学
主管单位：东北农业大学
地址：黑龙江省哈尔滨市香坊区长江路600号东北农业大学学术理论研究部，dbyn. cbpt. cnki. net

刊名：中国海洋大学学报（Journal of Ocean University of China）
刊号：37-1415/P
主办单位：中国海洋大学
主管单位：中华人民共和国教育部
地址：山东省青岛市崂山区松岭路238号，qdhb. cbpt. cnki. net

刊名：海洋湖沼学报（Journal of Oceanology and Limnology）
刊号：CN37-1518/P
主办单位：中国海洋湖沼学会
主管单位：中国科学技术协会
地址：山东省青岛市市南区南海路7号，www. jol343. com

刊名：中国运筹学会会刊（Journal of the Operations Research Society of China）
刊号：CN10-1191/O1
主办单位：中国运筹学会、中国科技出版传媒股份有限公司
主管单位：中国科学技术协会
地址：北京市东城区东黄城根北街16号，link. springer. com/journal/40305

刊名：古地理学报（Journal of Palaeogeography）
刊号：CN10-1041/P
主办单位：中国石油大学（北京）、科学出版社有限责任公司
主管单位：中华人民共和国教育部
地址：北京市东城区东黄城根北街16号，www. journalofpalaeogeography. org

刊名：药物分析学报（Journal of Pharmaceutical Analysis）
刊号：CN61-1484/R
主办单位：西安交通大学
主管单位：中华人民共和国教育部
地址：陕西省西安市雁塔区雁塔西路76号，www. elsevier. com/locate/jpa

刊名：植物生态学报（Journal of Plant Ecology）
刊号：CN10-1172/Q
主办单位：中国植物学会、中国科学院植物研究所、中国科技出版传媒股份有限公司
主管单位：中国科学技术协会
地址：北京市东城区东黄城根北街16号，www. jpe. ac. cn

刊名：稀土学报（Journal of Rare Earths）
刊号：CN11-2788/TF
主办单位：中国稀土学会、有研科技集团有限公司
主管单位：中国科学技术协会
地址：北京市西城区新街口外大街2号，www. re-journal. com

刊名：稀有金属（Journal of Rare Metals）
刊号：CN11-2112/TF
主办单位：中国有色金属学会、有研科技集团有限公司
主管单位：中国科学技术协会
地址：北京市西城区新街口外大街2号，www. rmet-

journal. com

刊名：资源与生态学报（Journal of Resources and Ecology）
刊号：CN11-5885/P
主办单位：中国科学院地理科学与资源研究所、中国自然资源学会、中国生态学学会
主管单位：中国科学院
地址：北京市朝阳区安外大屯路甲 11 号，www. jorae. cn

刊名：岩石力学与岩土工程学报（Journal of Rock Mechanics and Geotechnical Engineering）
刊号：CN42-1801/O3
主办单位：中国科学院武汉岩土力学研究所、中国岩石力学与工程学会、武汉大学
主管单位：中国科学院
地址：湖北省武汉市武昌区小洪山 2 号，www. rockgeotech. org/en/dqml. asp

刊名：半导体学报（Journal of Semiconductors）
刊号：CN11-5781/TN
主办单位：中国科学院半导体研究所、中国电子学会
主管单位：中国科学院
地址：北京市海淀区清华东路甲 35 号，www. jos. ac. cn

刊名：上海交通大学学报（Journal of Shanghai Jiaotong University（Science））
刊号：CN31-1943/U
主办单位：上海交通大学
主管单位：中华人民共和国教育部
地址：上海市徐汇区华山路 1954，xuebao. sjtu. edu. cn

刊名：东南大学学报（Journal of Southeast University）
刊号：CN32-1325/N
主办单位：东南大学
主管单位：中华人民共和国教育部
地址：江苏省南京市玄武区四牌楼 2 号，journal. seu. edu. cn

刊名：系统科学与信息学报（Journal of Systems Science and Information）
刊号：CN10-1192/N
主办单位：中国系统工程学会、中国科技出版传媒股份有限公司
主管单位：中国科学技术协会
地址：北京市东城区东黄城根北街 16 号，www. syssci. ac. cn

刊名：系统科学与复杂性（Journal of Systems Science and Complexity）
刊号：CN11-4543/O1
主办单位：中国科学院数学与系统科学研究院
主管单位：中国科学院
地址：北京市海淀区中关村东路 55 号，www. sysmath. com

刊名：系统科学与系统工程学报（Journal of Systems Science and Systems Engineering）
刊号：CN11-2983/N
主办单位：中国系统工程学会
主管单位：中国科学技术协会
地址：北京市海淀区双清路 30 号清华大学经济管理学院，www. springer. com/journal/11518

刊名：系统工程与电子技术（Journal of Systems Engineering and Electronics）
刊号：CN11-3018/N
主办单位：中国航天科工防御技术研究院、中国宇航学会、中国系统工程学会、北京航天情报与信息研究所
主管单位：中国航天科工集团有限公司
地址：北京市海淀区永定路 50 号，www. jseepub. com

刊名：中医科学杂志（Journal of Traditional Chinese Medical Sciences）
刊号：CN10-1218/R
主办单位：北京中医药大学、清华大学出版社有限公司
主管单位：中华人民共和国教育部
地址：北京市海淀区双清路 30 号学研大厦，qikan. bucm. edu. cn/ywzz/index. htm

刊名：中医杂志（Journal of Traditional Chinese Medicine）
刊号：CN11-2167/R
主办单位：中华中医药学会、中国中医科学院
主管单位：国家中医药管理局

地址：北京市东城区东直门内南小街 16 号，www.journaltcm.com

刊名：交通运输工程学报（Journal of Traffic and Transportation Engineering English Edition）
刊号：CN61-1494/U
主办单位：长安大学
主管单位：中华人民共和国教育部
地址：陕西省西安市雁塔区南二环路中段长安大学杂志社，jtte.chd.edu.cn

刊名：热带气象学报（Journal of Tropical Meteorology）
刊号：CN44-1409/P
主办单位：广州热带海洋气象研究所
主管单位：广东省气象局
地址：广东省广州市越秀区福今路 6 号大院，www.itmm.org.cn/rdqxen/rdqxcn/ch/index.aspx

刊名：武汉理工大学学报（材料科学版）（Journal of Wuhan University of Technology（Materials Science Edition）
刊号：CN42-1680/TB
主办单位：中华人民共和国教育部
主管单位：中华人民共和国教育部
地址：湖北省武汉市洪山区珞狮路 122 号，www.jwutms.net

刊名：浙江大学学报 A 辑（Journal of Zhejiang University-ScienceA）
刊号：CN33-1236/O4
主办单位：浙江大学
主管单位：中华人民共和国教育部
地址：浙江省杭州市西湖区天目山路 148 号，www.jzus.zju.edu.cn

刊名：浙江大学学报 B 辑（Journal of Zhejiang University-ScienceB）
刊号：CN33-1356/Q
主办单位：浙江大学
主管单位：中华人民共和国教育部
地址：浙江省杭州市西湖区天目山路 148 号，www.jzus.zju.edu.cn

刊名：景观设计学（Landscape Architecture Frontiers）
刊号：CN10-1467/TU
主办单位：高等教育出版社有限公司、北京大学
主管单位：中华人民共和国教育部
地址：北京市海淀区中关村北大街 1271 号北大科技园 303－3 室，www.lafrontiers.com

刊名：语言与符号学研究（Language & Semiotic Studies）
刊号：CN32-1859/H
主办单位：苏州大学
主管单位：江苏省教育厅
地址：江苏省苏州市姑苏区东环路 50 号苏州大学学报编辑部，lass.suda.edu.cn

刊名：光：科学与应用（Light：Science & Applications）
刊号：CN22-1404/O4
主办单位：中国科学院长春光学精密机械与物理研究所、中国光学学会
主管单位：中国科学院
地址：吉林省长春市二道区东南湖大路 3888 号，www.nature.com/lsa

刊名：海洋通报（Marine Science Bulletin）
刊号：CN12-1271/N
主办单位：国家海洋信息中心
主管单位：国家海洋局
地址：天津市河东区六纬路 93 号，library.nmdis.org.cn/wxg/bjcb/hytbywb/bkjj

刊名：微系统与纳米工程（Microsystems & Nanoengineering）
刊号：CN10-1327/TN
主办单位：中国科学院电子学研究所
主管单位：中国科学院
地址：北京市东城区东黄城根北街 16 号，www.nature.com/micronano

刊名：纳米研究（Nano Research）
刊号：CN11-5974/O4
主办单位：清华大学、中国化学会
主管单位：中华人民共和国教育部
地址：北京市海淀区双清路 30 号学研大厦，www.thenanoresearth.com

刊名：纳微快报（Nano-Micro Letters）

刊号：CN31-2103/TB
主办单位：上海交通大学
主管单位：中华人民共和国教育部
地址：上海市徐汇区番禺路951号，www.nanomicr-dett.com

刊名：国家科学评论（National Science Review）
刊号：CN10-1088/N
主办单位：中国科技出版传媒股份有限公司
主管单位：中国科学院
地址：北京市东城区东黄城根北街16号，academic.oup.com/nsr

刊名：神经科学通报（Neuroscience Bulletin）
刊号：CN31-1975/R
主办单位：中国科学院上海生命科学研究院、中国神经科学学会、中国人民解放军第二军医大学
主管单位：中国科学院
地址：上海市徐汇区岳阳路319号，neurosci.cn

刊名：中国神经再生研究（Neural Regeneration Research）
刊号：CN11-5422/R
主办单位：中国康复医学会、辽宁省细胞生物学学会
主管单位：中华人民共和国国家卫生健康委员会
地址：北京市东城区和平里七区乙16号楼403A，www.sjzsyj.com.cn

刊名：国际泥沙研究（Nternational Journal of Sediment Research）
刊号：CN11-2699/P
主办单位：国际泥沙研究培训中心、中国水利水电科学研究院、清华大学
主管单位：中华人民共和国水利部
地址：北京市海淀区车公庄西路20号，www.irtces.org

刊名：核技术（Nuclear Science and Techniques）
刊号：CN31-1559/TL
主办单位：中国科学院上海应用物理研究所、中国核学会
主管单位：中国科学院
地址：上海市嘉定区嘉罗公路2019号，www.j.sinap.ac.cn

刊名：高等学校计算数学学报（Numerical Mathematics：Theory，Methods and Applications）
刊号：CN32-1348/O1
主办单位：南京大学
主管单位：中华人民共和国教育部
地址：江苏省南京市鼓楼区汉口路22号南京大学数学系，mathj.nju.edu.cn

刊名：中国油料作物学报（Oil Crop Science）
刊号：CN42-1861/S
主办单位：中国农业科学院油料作物研究所
主管单位：中国农业科学院油料作物研究所
地址：湖北省武汉市武昌区徐东二路2号中国农业科学院油料作物研究所内，www.journalocs.cn

刊名：肿瘤学与转化医学（Oncology and Translational Medicine）
刊号：CN42-1865/R
主办单位：华中科技大学同济医学院
主管单位：中华人民共和国教育部
地址：湖北省武汉市硚口区解放大道1095号同济医院《肿瘤学与转化医学》编辑部，otm.tjh.com.cn

刊名：光电子快报（Optoelectronics Letters）
刊号：CN12-1370/TN
主办单位：天津理工大学
主管单位：天津市教育委员会
地址：天津市西青区宾水西道391号，www.oelett.com

刊名：造纸与生物质材料（Paper and Biomaterials）
刊号：CN10-1401/TS
主办单位：中国造纸学会、中国制浆造纸研究院有限公司
主管单位：中国轻工业联合会
地址：北京市朝阳区望京启阳路4号院2号楼，pbm.ijournals.cn/ch/index.aspx

刊名：颗粒学报（Particuology）
刊号：CN11-5671/O3
主办单位：中国颗粒学会、中国科学院过程工程研究所
主管单位：中国科学技术协会
地址：北京市东城区东黄城根北街16号，www.jcsp.org.cn

刊名：土壤圈（Pedosphere）
刊号：CN32-1315/P
主办单位：中国科学院南京土壤研究所、中国土壤学会
主管单位：中国科学院
地址：江苏省南京市玄武区北京东路71号中科院南京土壤研究所，pedosphere. issas. ac. cn/trqen/ch/index. aspx

刊名：石油科学（Petroleum Science）
刊号：CN11-4995/TE
主办单位：中国石油大学（北京）
主管单位：中华人民共和国教育部
地址：北京市昌平区府学路，link. springer. com/journal/12182

刊名：光子传感器（Photonic Sensors）
刊号：CN51-1725/TP
主办单位：电子科技大学
主管单位：中华人民共和国教育部
地址：四川省成都市成华区建设北路二段4号电子科技大学学报编辑部，www. springer. com/journal/13320

刊名：等离子体科学和技术（Plasma Science and Technology）
刊号：CN34-1187/TL
主办单位：中国科学院合肥物质科学研究院、中国力学学会
主管单位：中国科学院
地址：安徽省合肥市庐阳区蜀山湖路350号《PST》编辑部，pst. hfcas. ac. cn

刊名：蛋白质与细胞（Protein & Ceu）
刊号：CN11-5886/Q
主办单位：高等教育出版社有限公司、中国生物物理学会
主管单位：中华人民共和国教育部
地址：北京市西城区德胜门外大街4号，www. protein-cell. org

刊名：定量生物学（Quantitative Biology）
刊号：CN10-1082/Q
主办单位：高等教育出版社有限公司、清华大学
主管单位：中华人民共和国教育部
地址：北京市西城区德胜门外大街4号，journal. hep. com. cn/qb

刊名：现代交通学报（Railway Engineering Science）
刊号：CN51-1739/U
主办单位：西南交通大学
主管单位：中华人民共和国教育部
地址：四川省成都市高新西部园区校园路西南交通大学综合楼453号，www. springer. com. journal/40534

刊名：稀有金属材料与工程（Rare Metal Materials and Engineering）
刊号：CN10-1190/TG
主办单位：中国有色金属学会、西北有色金属研究院、中国科技出版传媒股份有限公司
主管单位：中国科学技术协会
地址：北京市东城区东黄城根北街16号，www. rmme. ac. cn

刊名：生殖与发育医学（Reproductive and Developmental Medicine）
刊号：CN10-1442/R
主办单位：中华医学会、上海市计划生育科学研究所、复旦大学附属妇产科医院
主管单位：中国科学技术协会
地址：北京市东城区东四西大街42号，www. repdevmed. org

刊名：研究（Research）
刊号：CN10-1541/N
主办单位：科技导报社
主管单位：中国科学技术协会
地址：北京市海淀区学院南路86号，spj. sciencemag. org/research

刊名：天文和天体物理学研究（Research in Astronomy and Astrophysics）
刊号：CN11-5721/P
主办单位：中国科学院国家天文台、中国天文学会
主管单位：中国科学院
地址：北京市朝阳区大屯路甲20号，www. raa-journal. org

刊名：水稻科学（Rice Science）
刊号：CN33-1317/S

主办单位：中国水稻研究所
主管单位：中华人民共和国农业农村部
地址：浙江省杭州市富阳区水稻所路 28 号，www.ricescience.org

刊名：科学通报（Science Bulletin）
刊号：CN10-1298/N
主办单位：中国科学院、国家自然科学基金委员会
主管单位：中国科学院
地址：北京市东城区东黄城根北街 16 号，www.sci-china.com

刊名：中国科学：化学（Science China. Chemistry）
刊号：CN11-5839/O6
主办单位：中国科学院、国家自然科学基金委员会
主管单位：中国科学院
地址：北京市东城区东黄城根北街 16 号，www.sci-china.com

刊名：中国科学：地球科学（Science China. Earth Sciences）
刊号：CN11-5843/P
主办单位：中国科学院、国家自然科学基金委员会
主管单位：中国科学院
地址：北京市东城区东黄城根北街 16 号，www.sci-china.com

刊名：中国科学：信息科学（Science China. Information Sciences）
刊号：CN11-5847/TP
主办单位：中国科学院、国家自然科学基金委员会
主管单位：中国科学院
地址：北京市东城区东黄城根北街 16 号，www.sci-china.com

刊名：中国科学：生命科学（Science China. Life Sciences）
刊号：CN11-5841/Q
主办单位：中国科学院、国家自然科学基金委员会
主管单位：中国科学院
地址：北京市东城区东黄城根北街 16 号，www.sci-china.com

刊名：中国科学：材料科学（Sciencein China. Materials）
刊号：CN10-1236/TB
主办单位：中国科学院、国家自然科学基金委员会
主管单位：中国科学院
地址：北京市东城区东黄城根北街 16 号，www.sci-china.com

刊名：中国科学：数学（Science China. Mathematics）
刊号：CN11-5837/O1
主办单位：中国科学院、国家自然科学基金委员会
主管单位：中国科学院
地址：北京市东城区东黄城根北街 16 号，www.sci-china.com

刊名：中国科学：物理学 力学 天文学（Science China. Physics，Mechanics & Astronomy）
刊号：CN11-5849/N
主办单位：中国科学院、国家自然科学基金委员会
主管单位：中国科学院
地址：北京市东城区东黄城根北街 16 号，www.sci-china.com

刊名：中国科学：技术科学（Science China. Technological Sciences）
刊号：CN11-5845/TH
主办单位：中国科学院、国家自然科学基金委员会
主管单位：中国科学院
地址：北京市东城区东黄城根北街 16 号，www.sci-china.com

刊名：中国科学基金（Science Foundation in China）
刊号：CN11-2851/N
主办单位：国家自然科学基金委员会
主管单位：国家自然科学基金委员会
地址：北京市海淀区双清路 83 号，www.nsfc.gov.cn/csc/20345/20350

刊名：寒旱区科学（Sciences in Cold and Arid Regions）
刊号：CN62-1201/P
主办单位：中国科学院寒区旱区环境与工程研究所
主管单位：中国科学院
地址：甘肃省兰州市城关区东岗西路 320 号，www.scar.ac.cn

刊名：中国社会科学（Social Sciences in China）
刊号：CN11-1335/C

主办单位：中国社会科学院
主管单位：中国社会科学院
地址：北京市朝阳区光华路15号院1号楼泰达时代中心11－12层，sscp. cssn. cn

刊名：岭南心血管病杂志（South China Journal of Cardiology）
刊号：CN44-1512/R
主办单位：广东省心血管病研究所
主管单位：广东省卫生健康委员会
地址：广东省广州市越秀区东川路96号二楼，jcd. org. cn

刊名：中国牙科研究杂志（The Chinese Journal of Dental Research）
刊号：CN10-1194/R
主办单位：中华口腔医学会、科学普及出版社
主管单位：中国科学技术协会
地址：北京市海淀区中关村南大街16号，cjdr. cndent. com

刊名：作物学报（The Crop Journal）
刊号：CN10-1112/S
主办单位：中国作物学会、中国农业科学院作物科学研究所、中国科技出版传媒股份有限公司
主管单位：中国科学技术协会
地址：北京市东城区东黄城根北街16号，www. keaipublishing. com

刊名：中国邮电高校学报（The Journal of China Universities of Posts and Telecommunications）
刊号：CN11-3486/TN
主办单位：北京邮电大学
主管单位：中华人民共和国教育部
地址：北京市海淀区西土城路10号北京邮电大学231信箱，jcupt. bupt. edu. cn

刊名：力学快报（Theoretical and Applied Mechanics Letters）
刊号：CN11-5991/O3
主办单位：中国科学院力学研究所、中国力学学会
主管单位：中国科学院
地址：北京市海淀区北四环西路15号，taml. cstam. org. cn

刊名：中国有色金属学报（Transactions of Nonferrous Metals Society of China）
刊号：CN43-1239/TG
主办单位：中国有色金属学会
主管单位：中国科学技术协会
地址：湖南省长沙市岳麓区麓山南路932号中南大学校本部中南大学出版社3楼，www. tnmsc. cn

刊名：南京航空航天大学学报（Trsanctions of Nanjing University of Aeronautics and Astronautics）
刊号：CN32-1389/V
主办单位：南京航空航天大学
主管单位：中华人民共和国工业和信息化部
地址：江苏省南京市秦淮区御道街29号《南京航空航天大学学报》编辑部，tnuaa. nuaa. edu. cn

刊名：清华大学学报（自然科学版）（Tsinghua Science and Technology）
刊号：CN11-3745/N
主办单位：清华大学
主管单位：中华人民共和国教育部
地址：北京市海淀区双清路30号清华大学学研大厦B座908，qhxb. lib. tsinghua. edu. con

刊名：水科学与水工程（Water Science and Engineering）
刊号：CN32-1785/TV
主办单位：河海大学
主管单位：中华人民共和国教育部
地址：江苏省南京市鼓楼区西康路1号 *Water Science and Engineering* 编辑部，wse. hhu. edu. cn

刊名：世界史研究（World History Studies）
刊号：CN10-1180/K
主办单位：中国社会科学院世界历史研究所、社会科学文献出版社
主管单位：中国社会科学院
地址：北京市西城区北三环中路甲29号院3楼华龙大厦A/B座13、15层，iwh. cssn. cn

刊名：世界耳鼻咽喉头颈外科杂志（World Journal of Otorhinolaryngology-head and Neck Surgery）
刊号：CN10-1248/R
主办单位：中华医学会

主管单位：中国科学技术协会

地址：北京市东城区东四西大街 42 号，www.sciencedirect.com/science/journal/20958811

刊名：世界儿科杂志（World Journal of Pediatrics）

刊号：CN33-1390/R

主办单位：浙江大学、浙江大学医学院附属儿童医院、浙江大学出版社有限责任公司

主管单位：中华人民共和国教育部

地址：浙江省杭州市西湖区天目山路 148 号，www.wjpch.com

刊名：世界中医药杂志（World Journal of Traditional Chinese Medicine）

刊号：CN10-1395/R

主办单位：世界中医药学会联合会

主管单位：国家中医药管理局

地址：北京市朝阳区小营路 19 号

刊名：武汉大学自然科学学报（Wuhan University Journal of Natural Science）

刊号：CN42-1405/N

主办单位：武汉大学

主管单位：中华人民共和国教育部

地址：湖北省武汉市武昌区珞珈山 16 号武汉大学，wujns.whu.edu.cn

刊名：动物分类学报（Zoological Systematics）

刊号：CN10-1160/Q

主办单位：中国科学院动物研究所、中国动物学会、中国昆虫学会

主管单位：中国科学院

地址：北京市朝阳区北辰西路 1 号院，www.zootax.com.cn

刊名：中兴通讯技术（ZTE Communications）

刊号：CN34-1294/TN

主办单位：时代出版传媒股份有限公司、深圳航天广宇工业有限公司

主管单位：安徽出版集团有限责任公司

地址：安徽省合肥市庐阳区金寨路 329 号，tech.zte.com.cn